わかるをつくる

中学

国語

GAKKEN PERFECT COURSE

JAPANESE

Gakken

はじめに

「わかる」経験は、今の世の中、勉強しなくても簡単に手に入ります。たいていのことは、スマホで検索すればわかります。計算もできるし、翻訳機能を使えば、英語を話せなくても海外旅行だってできます。こんなに簡単に「わかる」が手に入る社会に、人は今まで暮らしたことがありません。

こんなにすぐに答えが「わかる」世の中で、わざわざ何かを覚えたり、勉強したりする必要なんて、あるのでしょうか。実はこんな便利な時代でも、知識が自分の頭の「中」にあることの大切さは、昔と何も変わっていないのです。運転のやり方を検索しながら自動車を運転するのは大変です。スポーツのルールを検索しながらプレーしても、勝てないでしょう。相手の発言を検索ばかりしながら深い議論ができるでしょうか。

知識が頭の「中」にあるからこそ、より効率よく課題を解決できます。それは昔も今も、これからもずっと変わりません。そしてみなさんは、自分の「中」の知識と「外」の知識を上手に組み合わせて、新しいものを、より自由に生み出していくことができるすばらしい時代を生きているのです。

この『パーフェクトコース　わかるをつくる』参考書は、意欲さえあればだれでも、学校の授業をも上回る知識を身につけられる道具です。検索サイトをさがし回る必要はありません。ただページを開くだけで、わかりやすい解説にアクセスできます。知識のカタログとして、自分の好きな分野や苦手な分野を見つけるのにも役立ちます。

そしてこの本でみなさんに経験してほしい「わかる」は、教科の知識だけではありません。ほんとうの「わかる」は、新しいことを学ぶ楽しさが「わかる」ということ。自分が何に興味があるのかが「わかる」ということ。学んだことが役に立つよろこびが「わかる」ということ。検索しても手に入らない、そんなほんとうの「わかる」をつくる一冊に、この本がなることを願っています。

学研プラス

本書の特長

本書は、中学生の国語の学習に必要な内容を広く網羅した参考書です。テスト対策や高校入試対策だけでなく、中学生の毎日の学びの支えとなり、どんどん力を伸ばしていけるように構成されています。本書をいつも手元に置いて学習することで、わからないことが自分で解決でき、自ら学びに向かう力をつけていくことができます。

「わかる」をつくる、ていねいな解説

基礎的なことを一から学びたい人、難しいことを調べたい人、どちらの人にも「わかる」と思ってもらえる解説を心がけました。用語だけの短い箇条書きではなく、文章でていねいに解説しているので、読解力・思考力も身につきます。関連事項へのリンクや索引も充実しているので、断片的な知識で終わることなく、興味・関心に応じて次々に新しい学びを得ることができます。

考える力・表現する力につながる内容

まずは、本書で調べたり学んだりしたことを、きちんと身につけることが大切です。各解説の最後にある「確認問題」でチェックをしながら、着実に知識を積み重ねていってください。

次に、身につけた知識を活用して、さらに学びや思考を深め、表現の幅を広げましょう。豊富な資料やコラムを、よりくわしく研究したり、考察したことをまとめたりする学習に役立ててください。

高校の先取りも含む、充実の情報量

本書は学習指導要領をベースにしつつも、その枠にとらわれず、高校で学習する内容や、教科書では扱っていない知識もたくさん紹介しています。

定期テスト対策や高校入試対策に役立つだけでなく、国語に興味・関心をもって新たな課題を自ら発見・解決し、将来にわたって学び続ける姿勢を身につけることができます。

監修者紹介

中島克治

［なかじま・かつじ］
麻布学園中学校
高等学校教諭

専門分野…日本近代文学。大学院では明治時代の文学、特に夏目漱石・森鷗外・樋口一葉などについて研究しました。現在は、麻布学園中学・高校で「現代文」を担当しながら、良質な児童書の紹介や読解力養成に関する指針などを、著作や連載などで随時発表しています。

中学生のときの夢…中学生のときには、実は何になったらよいか、悩んでいました。小学生のときにもっていた、宮沢賢治のような作家になりたいというあこがれと、天文学者になりたいという夢が、両方とも自分には向かないなあ、と感じ始めていたからです。理数系ではなくて、文科系かなあと、重心を決めるぐらいはしていたと思います。

中学生へのメッセージ…すぐに答えは出なくても、いろいろなことについて、考えたり悩んだりするしかないと思います。そして、最後は「どうにかなる」と楽天的に考えることとの、バランスを取ってください。そのためには、いろいろな悩みと個人的に向き合った作家たちの作品などを、読書することに尽きると思います。

梅澤実

［うめざわ・みのる］
元 鳴門教育大学教授

専門分野…将来、先生をめざす大学生に、言葉についての様々な問題を講義をし、いっしょに議論してきました。

中学生のときの夢…勉強する人もすばらしい。スポーツする人もすばらしい。でも、いちばんすばらしい人は、ユーモアがわかる人だと思っていました。将来自分もそんな人になりたいと考えていました。

中学生へのメッセージ…言葉について学ぶ国語は、本から知識を得ることで終わりではありません。この本から学んだ知識を使って、日々の生活で自分が使う言葉をふり返ったり、周りの人が使う言葉にどのような思いがあるかを考えてみたりすることが大切です。

PERFECT COURSE

構成と使い方

ここでは、この本の全体の流れと各ページの構成、使い方について説明します。

◉本書の構成

目次

↓

漢字・語句編［全3章］
- 章の導入
- 本文・確認問題
- 資料・なるほどコラム
- 完成問題
- 思考力 表現力UP

↓

文法編［全4章］
- 章の導入
- 本文・確認問題
- 完成問題
- 思考力 表現力UP

↓

現代文編［全3章］
- 章の導入
- 本文・確認問題
- 資料・なるほどコラム
- 完成問題
- 思考力 表現力UP

↓

コミュニケーション編［全2章］
- 章の導入
- 本文・確認問題
- なるほどコラム
- 完成問題
- 思考力 表現力UP

↓

古典編［全2章］
- 章の導入
- 本文・確認問題
- 資料・なるほどコラム
- 完成問題
- 思考力 表現力UP

↓

さくいん

◉本文ページ

❶ ❷ ❸ ❹

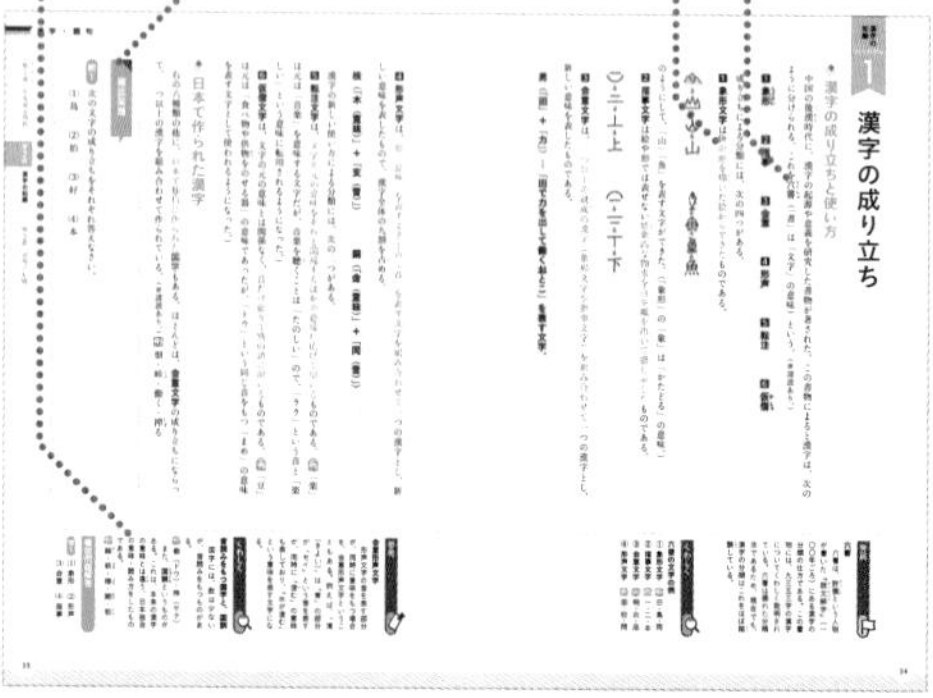

❶ **赤い文字と黒い文字**
特に重要な用語は赤い太字に、それに次いで重要な用語は黒い太字にしてあります。

❷ **色文字**
おさえておくべき大事なポイントは色文字にしています。

❸ **確認問題**
各解説の終わりには、確認問題がついているので、理解度のチェックがすぐにできます。

❹ **解説コーナーについて**
下段には以下のようなコーナーがあります。

くわしく
本文の内容を、さらにくわしく解説。

要注意
間違えやすい内容について取り上げ、解説。

参考
本文に関連して、参考となるような事項を解説。

用語解説
重要用語や、少し難しい用語について、くわしく解説。

発展
発展的な内容について取り上げ、解説。

確認
本文を理解するための内容について解説。

章の導入［各章のトップページ］

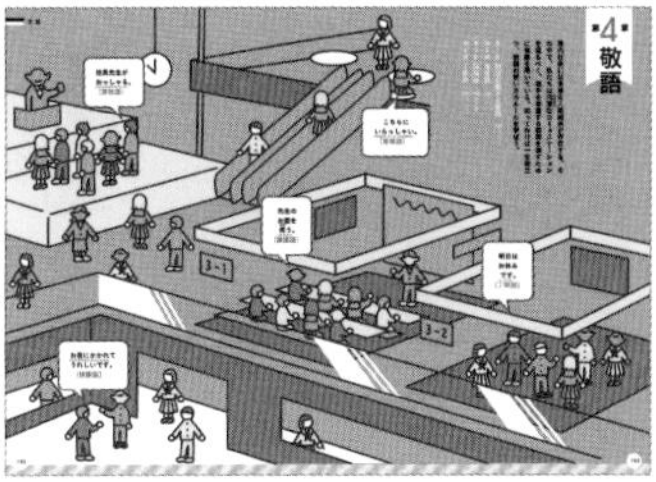

この章で学習することについて、イメージをビジュアル化しました。インデックスがついているので、気になる内容があったら、そのページへ行ってみてください。

資料［例1］

本文に関連した補足資料です。さらに知識を深められるものをまとめました。

資料［例2］

ビジュアル的な資料も掲載しています。眺めるだけでも、学びの幅が広がるものをまとめました。

なるほどコラム

本文に関連して、さらにいろいろな分野へと興味が広がるようなテーマを選びました。

完成問題

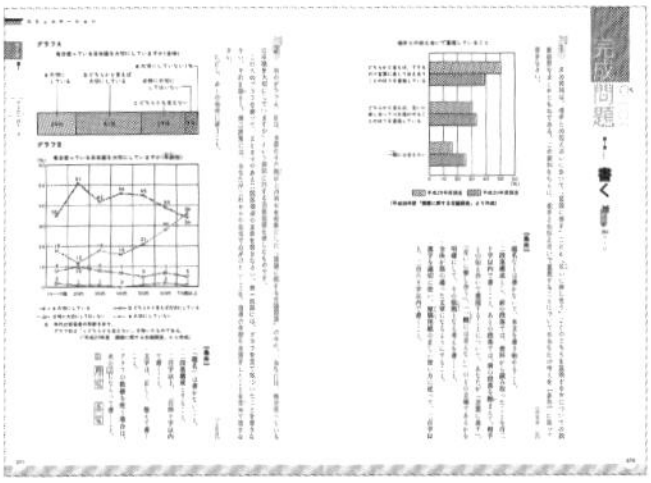

各章末に掲載しています。その章で学んだことの確認として、活用してください。

思考力 表現力UP［コラム］

各編末に掲載しています。これからの時代に必要な、「自ら考える力」「自分の考えを表現する力」を育てるテーマを取り上げました。

CONTENTS

目次

学研パーフェクトコース わかるをつくる 中学国語

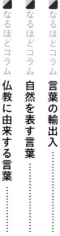

文法編

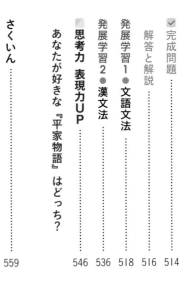

学びて思はざればすなはち罔《くら》し。思ひて学ばざればすなはち殆《あや》ふし。

孔子

漢字・語句編

第1章 日本語の特徴

外国語として日本語を学ぶのは難しいと、よくいわれる。実際はどうなのだろうか。日本語の特徴《とくちょう》をもとに、私たちが使っている日本語とはどんな言語なのかを考えてみよう。

日本語の文字は、漢字と平仮名《ひらがな》、あと一つは？

➡ 18ページ

日本語ってどんな言語？

「おおきに」のような、ある地方で使われる言葉を何という？

➡ 24ページ

日本語の特徴として、文の成分のうち、何が省略されることが多い？

➡ 22ページ

日本語の「ありがとう」。共通語では、どこに高さアクセントがくる？

➡ 20ページ

日本語の文字と表記

◆日本語の文字の歴史

日本語を書き表す文字ができた経緯《けいい》についての最も有力な説は、文字とよべるものがなく**音声言語**しかなかった日本に、中国から、**漢字**という**文字言語**が入ってきたという説である。

1 漢字の伝来

中国から日本に漢字が伝わった時期は、古墳《こふん》時代に当たる五世紀ごろ、儒教《じゅきょう》などの文化とともに渡《と》来人《らいじん》によってもたらされたとする説が一般《いっぱん》的である。

2 万葉仮名《まんようがな》の成立

表意文字である漢字を、本来の意味とは無関係に音だけを借りたり日本語の訓を当てはめたりして**表音文字**として使用したのが、**万葉仮名**である。奈良《なら》時代には、日本語の表記に広く用いられた。特に万葉集《まんようしゅう》での用法が多彩《たさい》だったため、この呼び名がある。

3 平仮名の成立

平安《へいあん》時代、万葉仮名の字体をくずした**草仮名《そうがな》**が生まれ、それがさらにくずされて平仮名が誕生した。この表音文字の成立により、日本語を自由に記すことがようやく可能になった。

4 片仮名の成立

平安時代に、主に万葉仮名の一部分を使って作られた表音文字が片仮名である。「加→カ」「多→タ」「保→ホ」のようにして作られた。仏典や漢文を訓読する際、原文の横に小さく書き添《そ》えるために簡略化していったものとされる。

参考

万葉仮名

音の読みを用いた音仮名と、訓の読みを用いた訓仮名とがある。発音と表記が一対一で対応していたわけではなく、一つの言葉でもいろいろな字が当てられた。

例「なつかし」

奈都可之 }音仮名
奈都可思

名津蚊為 }訓仮名
夏借
夏樫

夏香思――訓仮名＋音仮名

平仮名、片仮名、万葉仮名、草仮名を総称《そうしょう》して**仮名《かな》**という。「仮」は「正式でない仮の」ということで、仮名に対して漢字は正式なものであるとされ、**真名《まな》**とよぶ。万葉仮名は**真仮名《まがな》**ともいうが、これは「正式な仮名」という意味である。

◆日本語の表記

現代の日本語は、**現代仮名遣《かなづか》い**に基づき、漢字・平仮名・片仮名を用いて表記する。アルファベットやアラビア数字、ギリシャ文字なども、必要に応じて併用《へいよう》される。日本語の文は、漢字と仮名を適《てき》宜《ぎ》使った「漢字仮名交じり文」で書かれる。同じ文を仮名だけで書いた場合と比べ、文節の切れ目が明らかになるため、読みやすく、意味も取りやすい。

現代仮名遣いの基準

現代仮名遣いは、**歴史的仮名遣い**とは異なり、現代の発音をもとにした仮名遣いである。原則として、発音どおりに表記するが、次の五つの場合においては、発音と表記が異なる。

①助詞の「を・は・へ」は、「オ・ワ・エ」と発音する。
②オ列ののばす音は、「う」を添える。例 ろうどう（労働）→発音は「ロオドオ」
③「ねえさん」「ええ」を除き、エ列ののばす音は、「い」を添える。例 けいせい（形勢）
④動詞の「言う」は、「ユー」と発音する。「そういうもの」などの「いう」も同様。
⑤二語が合わさって「ち・つ」が濁音《だくおん》化する場合（「はなぢ」「みかづき」など）と、同音が連続する場合（「ちぢむ」「つづく」など）は、「ジ・ズ」と発音するが表記は「ぢ・づ」とする。

確認問題

問1 「じ・ぢ・ず・づ」の表記が正しくないものを選び、書き直しなさい。
じめん・つづら・すずめ・うなじ・ちぢれる・つずる・しぢみ・いちじるしい

発展 **例外的に「お」を添える言葉**

オ列ののばす音（長音）には「う」を添えるのが原則だが、例外もある。長音の部分を歴史的仮名遣いで「ほ・を」と書いた次のような言葉には、「お」を添えて表記する。

おおい（多い）
おおきい（大きい）
おおやけ（公）
おおかみ
こおり（氷）
こおる（凍る）
こおろぎ　とお（十）
とおり（通り）
とおい（遠い）
ほお（頬）　ほおずき

「とお（十）」は「とを」と書いた。ほかの言葉は、長音の部分の「お」を、「ほ」と書いた。

確認問題解答

問1 つずる→つづる
しぢみ→しじみ
（順不同）

日本語の音節

◆数の少ない日本語の音節

一まとまりの音の区切りを「**音節**」という。日本語は、［a・i・u・e・o］の五つの**母音**と、［k・s・t・g・z……］などの**子音**とを組み合わせた、百余り（諸説ある）の種類の音節で成り立つ。外来語などの表記に用いる「ファ・ティ・ウォ」などの音節を加えても、百三十ほどである。この数は、一説には三万以上の音節があるとされる英語と比べ、格段に少ない。

❶ 音節の数え方

①清音、濁音《だくおん》、半濁音、促音《そくおん》（つまる音）、長音（のばす音）、撥音《はつおん》（はねる音）は、一文字で一音節となる。例 筆（ふで）→二音節　言った（いった）→三音節　本当（ほんとう）→四音節

②拗音《ようおん》（ねじれる音）は、二文字で一音節となる。例 食料品（しょくりょうひん）→六音節

❷ 同音語の多い日本語

音節の種類の少なさに起因して、日本語には同じ音をもつ同音語が極めて多い。よって、同音語の区別には、漢字やアクセントが重要な役割を果たしているのである。

◆日本語のアクセント

日本語は、一部の方言を除き、音の高さで差をつける「**高低アクセント**（高さアクセント）」をもっている。日本語のアクセントは地域による違《ちが》いが大きい。

くわしく

母音と子音

音声（人間が言葉として用いる音）のいちばん小さな単位を、単音という。単音は、発音の違《ちが》いによって、母音と子音とに分類される。

・**母音**…のどの奥《おく》の声帯を振動《しんどう》させ、口や鼻に共鳴させて出す音。口の開きや、舌の位置の違いによって、音色の違いが生じる。

・**子音**…くちびる、歯、舌を使って出す音。日本語の場合、大部分の音は母音をつけて発音する。

例「か」という音節…子音［k］と母音［a］の単音の組み合わせから成る。

参考

日本語の高低アクセントに対し、単語の一部に「**強弱アクセント**（強さアクセント）」をもつのは、英語などの言語である。

アクセントのルール（共通語の例）

一つの語の中では、最初の音が低ければ、次は必ず高い音になる。反対に、最初の音が高ければ、次は必ず低い音になる。そして、一度下がった場合は、次の語が始まるまでは上がらない。

「箸《はし》」「橋《はし》」「端《はし》」のアクセントはそれぞれ、「高低」「低高」「低高」となる。「橋」と「端」はアクセントが同じである。助詞をつけて、文節単位でアクセントを見てみると次のようになる。

※アクセントを表記する方法は他にもいくつかあるが、上の図では4種類で示した。

確認問題

問1 「観覧車」はいくつの音節の言葉か。漢数字で答えなさい。

問2 次の言葉のうち、他とアクセントが異なるものを、記号で答えなさい。

ア からし　**イ** みりん　**ウ** しょうゆ　**エ** わさび

くわしく

方言のアクセント

共通語のアクセントとは異なる、以下のようなアクセントも、方言には存在する。

- **最初の音と連続して同じ高さの音が続く**…例えば「かみなり」は、共通語だと「低高高低」だが、西日本の一部の地域などでは、「高高高低」である。
- **一語の中で上がり下がりを繰《く》り返す**…例えば「ありがとう」は、共通語だと「低高低低低」だが、西日本の一部の地域などでは「低低低高低」である。
- **アクセントそのものがない**…一語の中で高さの変化がない。

確認問題解答

問1 五

問2 **エ**（ア・イ・ウは低高高、エは高低低である。）

日本語の文法

◆日本語の文法の特徴《とくちょう》

1 主語の省略が可能

日本語では、すでに述べられた内容など、場面や文脈によってあえて述べなくてもわかりきっている内容が主語になる場合、それは省略されることが多い。

2 語順の自由度が高い

姉は、雑誌を読んでいる。／雑誌を、姉は読んでいる。

右の二つの文は、ほぼ同じ内容を表している。日本語では語と語の関係は助詞で示されるため、語順は比較《ひかく》的自由にできる。一部を省略できるのも、このためである。一方、英語は、文中での位置によって主語や目的語などを決定するため、語順の入れ替《か》えができない。

3 語と語を結ぶ付属語

話し｜たかっ｜た｜の｜だ。

右の文は、動詞「話す」の活用形である自立語に、付属語の助詞・助動詞が付いている。このように、付属語が「接着剤《ざい》（膠《にかわ》）」のような働きをして、自立語に次々と付いたり、ほかの語と語を付けたりして全体で意味を表す言語を、「**膠着語**《こうちゃくご》」という。

英語は、例えばI am a boy. の文の主格が複数になればWe are boys. のように動詞も補語も複数に変化する。このような、単語どうしが互《たが》いに影響《えいきょう》し合い文法的な関係を示す言語を、「**屈折語**《くっせつご》」という。

参考

主語の省略

英語やフランス語やドイツ語では、主語の省略はしないが、スペイン語やイタリア語では頻繁《ひんぱん》に行われる。このように、ほかの言語と共通する特徴が、日本語にはたくさんある。

くわしく

「話したかったのだ」の構造

「たかっ」は助動詞「たい」の連用形、「た」は助動詞「た」の連体形、「の」は助詞、「だ」は助動詞「だ」の終止形。これらの付属語が、自立語である「話し」に付いている。

4 文末決定性

私は最終バスに間に合った。／私は最終バスに間に合わなかった。

右の二つの文は相反する内容を表しているが、それは文末まで読んで、はじめて理解できる。日本語では、文の根本的な内容を表す語（述語）は文末にくるのである。そのため、あまりに長い文は、意味をとらえにくくなってしまう。英語では、文頭の主語の次には動詞がくる。否定文の場合も、文末まで待たずに打ち消しの語がくるので、文意の大きな枠《わく》をすぐにとらえられる。

5 敬語の発達

日本語は、相手によって言葉を変える、さまざまな敬語のしくみが発達している。敬意を示す表現は英語など他言語にもあるが、日本語の敬語のような、体系的なものではない。

6 その他、英語など他言語との比較で相対的にいえること

①人称《にんしょう》代名詞の数が多い。　例 わたくし・ぼく・おれ・わたし・あたし
②時制の区別が厳密ではない。
③話し手の性別や年齢《ねんれい》などによって、言葉遣《づか》いに相違《そうい》が生じる場合がある。

確認問題

問1 次の文を、(1)・(2)の指示に従って書き直しなさい。

＊朝食を食べる。

(1) 過去の文　(2) 否定文

くわしく

文末決定性

① 肯定《こうてい》文か、否定文か、疑問文か
② 現在の文か、過去の文か、未来の文か
③ 断定している文か、推量している文か、問いかけている文か、など

このようなことも、日本語では文末まではわからない。よって、説明的な文章では特に、一文は短いほうが望ましい。

参考

二人称

「あなた・きみ・おまえ・そちら」など、二人称の人称代名詞も多彩《たさい》である。ただ、日本語には、目上の人に呼びかけるのにふさわしい二人称がない。

確認問題解答

問1 (1) 朝食を食べた。
(2) 朝食を食べない。

方言と共通語

◆方言と共通語の違い

方言とは、ある地方で日常の生活語として使う言葉遣《づか》いの全体（語・文法・アクセントなど）のことである。**共通語**とは、日本全国で一般《いっぱん》的に通用する言葉のことである。

◆日本語の方言

1 方言が成立した理由

昔は交通手段や伝達手段が発達していなかったため、地方どうしの交流が少なく、政治や文化の中心地から言葉や習慣が地方に伝わるまでに時間がかかった。こうしたことから、多様な方言が生まれたといわれている。

2 方言の区分け

代表的な分類と使用地域は、次のようになる。

日本語
- **本土方言**
  - **東部方言……北海道・東北・関東地方および、富山・石川・福井を除く中部地方の言葉（東北方言や関東方言などがある）**
  - **西部方言……富山・石川・福井および、近畿《きんき》・中国・四国地方の言葉**
  - **九州方言……沖縄を除く九州地方の言葉**
- **沖縄方言（琉球《りゅうきゅう》方言）……奄美《あまみ》や沖縄の言葉**

参考

標準語とは

現在の共通語は、東京周辺で使われている東京地方語がもとになっている。この「共通語」と意味の近い言葉に、「標準語」がある。くだけた表現もある共通語を、**模範《もはん》的な言語として整えたものが標準語**である。新聞や放送、公用文などで使われる言葉ととらえればよい。

次のような語で考えるとわかりやすい。

- 落っこちる（共通）
- 落ちる（標準）

- とんがる（共通）
- とがる（標準）

- ひらべったい（共通）
- ひらたい（標準）

共通語のくだけた表現は、辞書では「俗語《ぞくご》」とされていることが多い。

3 方言の特徴《とくちょう》

言葉の違《ちが》いは、語句・語法・発音・アクセントの四つの要素に表れる。以下で例を示す。

語句 **かわいい**…共通語　**めんこい**…北海道・東北方言／**幸せ**…共通語　**かりゆし**…沖縄方言

語法 打ち消しの表現　**食べない**…東部方言　**食べん**…西部方言・九州方言
断定の表現　**そうだ**…東部方言　**そうや・そうじゃ**…西部方言　**そうじゃ・そうたい**…九州方言

発音 **東北方言**…「イ」が「エ」、「シ・チ・ジ」が「ス・ツ・ズ」となる。
例 **いす→エス　はなし→ハナス　はじめ→ハズメ**
関東方言…「ヒ」が「シ」となる。 例 **ひまわり→シマワリ　ひこうき→シコウキ**
西部方言…一音節の言葉は二音節で発音する。 例 **「木」→キィ　「目」→メェ**
九州方言…鼻濁音《びだくおん》ができない。「セ」が「シェ」となる。 例 **せんせい→シェンシェイ**
沖縄方言…母音が「ア・イ・ウ」の三つであり、「エ」が「イ」、「オ」が「ウ」となる。
例 **こころ→ククル**
古いハ行音の［p］の音が残っている。 例 **はな→パナ　ひと→ピチュ**

アクセント 関東と関西で高低が逆になるなど、地方ごとの違いが大きい。
例 「橋《はし》」…関東では低高、関西では高低　「箸《はし》」…関東では高低、関西では低高

確認問題

問1 次の文の（　）に入る言葉を答えなさい。
(1) 日本語の方言は、大きくは（　）方言と沖縄方言に分けられる。
(2) 方言に対して、全国で一般的に通用する言葉を（　）という。

参考 **ウ音便が多い西部方言**
共通語の「買った」「はやくなる」は西部方言では「こうた」「はようなる」という。このように、ウ音便が多いということも西部方言の特徴の一つだ。

くわしく **鼻濁音**
鼻に抜《ぬ》いて発音するガ行音のこと。半濁点を付けてガギグゲゴと表記する。語頭以外のガ行音や助詞の「が」に用いる音で、東京を含《ふく》む東日本で主に使われる。しかし、若い人を中心に、用いる人は減少傾向《けいこう》にあるといわれる。

確認問題解答
問1 (1) 本土　(2) 共通語

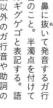

なるほどコラム

言葉の輸出入

日本語の中の外来語

日本語には数多くの外来語が存在する。中国から伝わった漢語も、広い意味では外来語である。西洋の国からの外来語は、室町《むろまち》時代から日本に入り始めた。そうして日本語として日常語となった外来語は、漢語を除けば英語からのものが圧《あっ》倒《とう》的に多い。他にも、ポルトガル語、オランダ語、ドイツ語、フランス語、イタリア語、スペイン語、朝鮮《ちょうせん》語、ロシア語などから入って外来語として定着した言葉がある。

英語になった日本語

英語になった日本語もある。次に挙げる言葉は、中型の英和辞典にも登場する英単語である。

●日本食ブームを反映した言葉

・sushi〈寿司《すし》〉　・sashimi〈刺身《さしみ》〉　・tofu〈豆腐《とうふ》〉

・miso〈みそ〉※みそ汁《しる》のことはmiso soup(ミソスープ)という。

●スポーツに関する言葉

・judo〈柔道《じゅうどう》〉　・karate〈空手《からて》〉　・sumo〈相撲《すもう》〉※力士のことはsumo wrestler(スモーレスラー)という。

●古くからの日本語や日本文化に由来する言葉

・ninja〈忍者《にんじゃ》〉　・shogun〈将軍〉

・kimono〈着物〉　・futon〈布団《ふとん》〉

●現代の日本文化に由来する言葉

・karaoke〈カラオケ〉　・manga〈漫画《まんが》〉

・anime〈アニメ〉※もともと英語のanimation(アニメーション)を略した言葉だが、それが英語として「逆輸出」された。

中国語になった日本語

もともと中国からやってきた漢字を組み合わせて熟語にした和製漢語が、日本語にはたくさんある。その多くは、英語やドイツ語などの学術用語を意訳した言葉だ。

英語となって「逆輸出」されていく和製英語が数少ないのとは違《ちが》い、和製漢語は、既《すで》に千語ほどが中国語となっている。「理性」「世紀」「組合」「時間」「出版」「景気」「絶対」「歴史」「電波」「社会」「記録」「漫画《まんが》」「図書館」「企業《きぎょう》」「自然科学」「国際」「体育」「石油」「予算」「民主」「百貨店」「代表」などである。また、日本で作られた漢字を「国字《こくじ》」というが、「鯰《なまず》」や「鱈《たら》」などいくつかの国字も、中国語に取り入れられている。

なるほどコラム

自然を表す言葉

日本語には、自然を表す語彙《ごい》が豊富だといわれる。その中のごく一部を紹介《しょうかい》するので、味わってみよう。

星を表す言葉

・凍《い》て星《ぼし》➡冬の夜空で、凍《こお》りついたように冴《さ》えた光を放つ星。
・銀漢《ぎんかん》➡銀河。天の川。
・源氏星《げんじぼし》➡オリオン座のリゲル。青白色の恒星《こうせい》で、源氏の白旗にたとえての命名。
・平家星《へいけぼし》➡オリオン座のベテルギウス。赤色の恒星で、平家の赤旗にたとえての命名。
・糠星《ぬかぼし》➡夜空に散らばって見える、無数の小さな星。
・三《み》つ星《ぼし》➡オリオン座の中央に見える、一直線に並んだ三つの星。参星《さんせい》。
・青星《あおぼし》➡おおいぬ座のシリウス。空全体で最も明るく輝《かがや》く、青白色の恒星。天狼星《てんろうせい》。
・赤星《あかぼし》➡さそり座のアンタレス。赤く輝く恒星。
・客星《かくせい》➡一時的に現れる、彗星《すいせい》や新星などの星。
・残星《ざんせい》➡夜明けの空に残って光る星。

雨や雪を表す言葉

・御湿《おしめ》り➡晴天が続いたあとに降る、適度の雨。
・甘雨《かんう》➡草木を潤《うるお》し、育てる雨。
・快雨《かいう》➡勢いよく降り、気分をさっぱりさせる雨。
・煙雨《えんう》➡煙《けむ》ったように降る、細かい雨。
・雪帽子《ゆきぼうし》➡ふっくらとした、大きな塊《かたまり》で降る雪。
・餅雪《もちゆき》➡餅のように、白くふんわりとした雪。
・六花《りっか》➡雪のこと。六弁の花の意味で、雪の結晶《けっしょう》の形にちなむ。
・雪肌《ゆきはだ》➡積もった雪の表面。

風を表す言葉

・緑風《りょくふう》➡青葉を吹《ふ》き渡《わた》る初夏の風。
・通《とお》り風《かぜ》➡ひとしきり吹く風。また、さっと吹き過ぎる風。
・松風《しょうふう》➡松に吹く風。また、その音。まつかぜ。
・小夜嵐《さよあらし》➡夜に吹く、強い風。夜の嵐。
・軽風《けいふう》➡そよそよと吹く風。微風《びふう》。
・薫風《くんぷう》➡若葉の香《かお》りを漂《ただよ》わせて吹く、さわやかな初夏の風。
・木《こ》の芽風《めかぜ》➡木の芽が出る季節に吹く風。木の芽を吹く春風。

なるほどコラム

仏教に由来する言葉

大きく変化した言葉の意味

六世紀の半ば、日本に伝えられた仏教は、その教えとともに数多くの言葉をもたらした。それらの中には、日本語として現在一般《いっぱん》的に使われる意味ともともとの意味が、大きく異なるものも少なくない。仏教語としてのもとの意味は、どういうものだったのかを紹介《しょうかい》しよう。

・愚痴《ぐち》⬇真理を理解する能力がなく、「無知」であること。愚《おろ》かなこと。
・玄関《げんかん》⬇禅学《ぜんがく》に入門する糸口。
・堂堂《どうどう》めぐり⬇祈願《きがん》のため、社寺の堂の周りを何度も回ること。
・我慢《がまん》⬇自分のことを偉《えら》いと思い、他人を軽んずること。
・言語道断《ごんごどうだん》⬇仏教の教えの奥深《おくぶか》い真理は、言葉では表現しきれないということ。
・四苦八苦《しくはっく》⬇人生における四つの苦しみである生老病死《しょうろうびょうし》に、愛する人と別れる苦しみである愛別離苦《あいべつりく》、憎《にく》む人と会う苦しみである怨憎会苦《おんぞうえく》、求めて得られぬ苦しみである求不得苦《ぐふとくく》、心身から生ずる苦しみである五陰盛苦《ごおんじょうく》の四つを加えたもの。
・出世《しゅっせ》⬇衆生《しゅじょう》(人間を含《ふく》むあらゆる生き物)を迷いから救うために、仏が仮の姿でこの世に現れること。また、世を捨てて仏道に入ること。
・他力本願《たりきほんがん》⬇阿弥陀如来《あみだにょらい》の力にすがって、極楽往生《ごくらくおうじょう》すること。
・知恵《ちえ》⬇煩悩《ぼんのう》を去って真理をとらえ、悟《さと》りを開く精神の力のこと。仏教では普通《ふつう》、「智慧」と書く。
・分別《ふんべつ》⬇煩悩を生むもととされる、知識に頼《たよ》った理解のこと。また、煩悩にとらわれている人の誤った認識のこと。
・未来《みらい》⬇死後の世界のこと。また、来世のこと。
・退屈《たいくつ》⬇仏道修行の苦しさや難しさに負け、精進《しょうじん》しようとする気持ちを失うこと。
・律儀《りちぎ》⬇悪を抑制《よくせい》する働きのあるもの。戒律《かいりつ》を守り、行動を正すこと。仏教では「りつぎ」という。
・悲願《ひがん》⬇仏や菩薩《ぼさつ》の、人々を救おうとする願い。
・無念《むねん》⬇無我の境地に入って、心の中で何も思わないこと。余計なことを考えないこと。
・後生大事《ごしょうだいじ》⬇後生(人が死後に生まれ変わっていくという世界)の幸福を大切に思って、信仰《しんこう》に励《はげ》むこと。

なるほどコラム

日本語の音

一音が一字に対応する日本語

日本語の音節の数が少ないことは、「日本語の音節（20ページ）」で説明した。この特徴《とくちょう》からいえることは、「日本語で話すすべての音が文字になり得る」ということである。一音が一字に対応しているので、表音文字である平仮名《ひらがな》（あるいは片仮名）さえ書ければ、日本語の文を作ることができる。

言葉遊び

音節が少ないと、同音語が多くなる。したがって、こうした特徴をもつ日本語では、次のような言葉遊びができる。

●しゃれ、地口《じぐち》、語呂《ごろ》合わせ

例 ・布団《ふとん》が吹《ふ》っ飛んだ　・電話に出んわ

・恐《おそ》れ入谷《いりや》の鬼子母神《きしもじん》↑「恐れ入りました」の代わりに。入谷は東京の地名。

・その手は桑名《くわな》の焼きはまぐり↑「その手は食わない」の代わりに。桑名は三重《みえ》県の地名。焼きはまぐりで有名。

●アナグラム（言葉の音節の順番を変え、別の語を作る）

例 ・とけい（時計）↓けいと（毛糸）

・みかん↓かんみ（甘味）↓みんか（民家）

●回文（上から読んでも下から読んでも同音になる言葉）

例 ・新聞紙　・竹やぶ焼けた　・わたし負けましたわ

●倒語《とうご》（音節の一部を逆にした隠語《いんご》）

例 ・ねた↑「種」より　・とうしろ↑「素人《しろうと》」より

音による語彙の分布

国語辞典には「あ～わ」で始まる言葉が順に載《の》っている。『学研国語大辞典（第二版）』で、見出し語のページ数を調べてみると、「あかさたな…」のあ列で始まる言葉が最も多く（27・3％）、い列（26・6％）、お列（20・5％）、う列（13・4％）、え列（12・2％）となる。

今度は行ごとに見てみると、「かきくけこ」のか行（21・4％）が最多で、以下さ行（19・6％）、は行（14・0％）、た行（13・4％）、あ行（12・8％）と続く。残りの順位は、ま行、な行、や行、ら行、わ行である。

また、ページ数が最多だったのは「し」なので、日本語には「し」で始まる言葉が最も多いといえる。次点は「か」だった。

完成問題 CHECK

第1章

日本語の特徴

解答 84ページ

1 次から、表音文字であるものをすべて選び、記号で答えなさい。

ア 平仮名《ひらがな》　**イ** 片仮名　**ウ** 漢字
エ 草仮名《そうがな》　**オ** 万葉仮名《まんようがな》

2 次の言葉のうち、仮名遣《づか》いが正しくないものを選び、正しく直しなさい。

・みかづき　・ねいさん　・おおやけ　・かぢかむ
・おうさま　・いもうと　・いなずま　・ていせえ
・つづみ　・きょうきゅう　・まちどうしい

3 次の文章の中から、普通《ふつう》は片仮名では表記しない言葉を二つ抜《ぬ》き出しなさい。

叔父《おじ》が来週イギリスから帰国する。ピアニストの叔父は、年の大半はヨーロッパで生活している。年末から年始にかけては日本でユックリするそうだ。どんな話が聞けるかと、今からワクワクする。リクエストしたばらの写真集も手に入ったそうだ。

4 次の各文のうち、日本語について正しく説明しているものを四つ選び、記号で答えなさい。

ア シナ・チベット語族の言語である。
イ アイヌ語や朝鮮《ちょうせん》語との類似点がある。
ウ 漢字仮名交じり文で表記される。
エ 英語と比べ、音節の数が多い。
オ 膠着《こうちゃく》語に分類される言語である。
カ 主語の省略より述語の省略が多い。
キ 語と語の関係は助詞で示される。
ク 主語の次には動詞がくる場合が多い。

5 次から、アクセントが正しく示されていない組み合わせを選び、記号で答えなさい。（共通語の場合で答えること。）

ア 弁当（低高高低）――お弁当（低高高高高）
イ 野菜（低高高）――お野菜（低高低低）
ウ 天気（高低低）――お天気（低高低低）
エ 祝い（低高高）――お祝い（低高低低）

6 次の言葉のうち、五音節ではないものを選びなさい。

・健康的　・キーワード　・パーティー
・チャレンジ　・調味料　・バスケット
・チャリティー　・参考書　・半導体

7 次の各文のうち、九州方言の特徴《とくちょう》としてふさわしいものを選び、記号で答えなさい。

ア 母音は「ア・イ・ウ」の三つである。
イ「はしる」を「ハスル」と発音するなど、「シ」の音が「ス」となる。
ウ 鼻濁音《びだくおん》ができない。
エ 共通語のもととなっている。

8 現在使われている、または昔使われていた、次の人称《にんしょう》代名詞の中で、①一人称のもの、②二人称のもの、③三人称のものはそれぞれいくつずつあるか、算用数字で答えなさい。

・おぬし　・わたくし(私)　・あちら
・かのじょ(彼女)　・うち　・そなた
・わがはい(我輩)　・あんた　・そやつ
・かれ(彼)　・せっしゃ(拙者)　・なんじ
・おいら　・あなた　・きみ(君)

9 次の言葉と、アクセントが同じである言葉をそれぞれあとから選び、記号で答えなさい。(共通語の場合で答えること。)

(1) こねこ(子猫)
ア ふとん　**イ** くすり(薬)　**ウ** しろい(白い)

(2) かばん
ア こだま　**イ** ノート　**ウ** パンダ

(3) たに(谷)
ア いと(糸)　**イ** パン　**ウ** くつ(靴)

(4) とびばこ(跳び箱)
ア けいさん(計算)　**イ** おてだま(お手玉)
ウ まめまき(豆まき)

(5) シャツ
ア ぼう(棒)　**イ** はり(針)　**ウ** いけ(池)

(6) にじ(二時)
ア すみ(炭)　**イ** すみ(墨)　**ウ** すみ(隅)

(7) ランニング
ア さつまいも　**イ** ハプニング
ウ うつくしい(美しい)

(8) こづつみ(小包)
ア からかう　**イ** のりまき(のり巻き)
ウ がいこく(外国)

第2章 漢字の知識

漢字は数が多いので、苦手意識をもっている人もいるかもしれない。しかし、漢字を使うことで思考が広がり、精神的に成熟する。だから、漢字はただ丸暗記するだけではもったいない。興味をもって、積極的に知識を広げていこう。

「山」「魚」のような成り立ちの漢字は、〇〇文字という？
➡ 34ページ
漢字を上下左右で分けたとき、上にくる部分の名称《めいしょう》は？
➡ 36ページ

美しい書体ね。
それぞれ何とよばれる
書体かな？
➡ 40ページ
抽象《ちゅうしょう》的な「下」を
点や線で表した、
この漢字は〇〇文字？
➡ 34ページ
漢和
辞典
漢和辞典を引いて
みよう。
索引《さくいん》の種類、
三つ言える？
➡ 47ページ

漢字の成り立ち

◆漢字の成り立ちと使い方

中国の後漢《ごかん》時代に、漢字の起源や意義を研究した書物が著された。この書物によると漢字は、次のように分けられる。これを六書《りくしょ》（「書」は「文字」の意味）という。（※諸説あり。）

❶象形《しょうけい》　**❷指事**　**❸会意**　**❹形声**　**❺転注**　**❻仮借《かしゃ》**

成り立ちによる分類には、次の四つがある。

❶象形文字は物の形を描《えが》いた絵からできたものである。

のようにして、「山」「魚」を表す文字ができた。（「象形」の「象」は「かたどる」の意味。）

❷指事文字は絵や形では表せない抽象的《ちゅうしょう》な物事を点や線を用いて指し示したものである。

❸会意文字は、二つ以上の既成《きせい》の漢字（象形文字や指事文字）を組み合わせて一つの漢字とし、新しい意味を表したものである。

男（「田」＋「力」）…「田で力を出して働くおとこ」を表す文字。

発展

六書

六書は、許慎《きょしん》という人物が書いた『説文解字《せつもんかいじ》』（一〇〇年ごろ）にある漢字の分類の仕方である。この書物には、九三五三字の漢字についてくわしく説明されている。六書は優れた分類法であるため、現在でも、漢字の分類はこれをほぼ踏襲《とうしゅう》している。

くわしく

六書の文字の例

① **象形文字**　例 日・鳥・雨
② **指事文字**　例 一・二・本
③ **会意文字**　例 明・炎・品
④ **形声文字**　例 固・校・問

4 形声文字は、形（意味）を表す文字と声（音）を表す文字を組み合わせて一つの漢字とし、新しい意味を表したもので、漢字全体の九割を占《し》める。

枝（「木（意味）」＋「支（音）」）　**銅（「金（意味）」＋「同（音）」）**

漢字の新しい使い方による分類には、次の二つがある。

5 転注文字は、文字の元の意味をそれと関連するほかの意味に広げて用いるものである。（例「楽」は元は「音楽」を意味する文字だが、音楽を聴《き》くことは「たのしい」ので、「ラク」という音と「楽しい」という意味に転用されるようになった。）

6 仮借文字は、文字の元の意味とは関係なく、音だけ借りて別の語に用いるものである。（例「豆」は元は「食べ物や供物《くもつ》をのせる器」の意味であったが、「トウ」という同じ音をもつ「まめ」の意味を表す文字として使われるようになった。）

◆日本で作られた漢字

右の六種類の他に、日本で独自に作られた**国字**もある。ほとんどは、**会意文字**の成り立ちにならって、二つ以上の漢字を組み合わせて作られている。（※諸説あり。）例 畑・峠《とうげ》・働く・搾《しぼ》る

確認問題

問1 次の文字の成り立ちをそれぞれ答えなさい。

(1) 鳥　(2) 拍　(3) 好　(4) 本

参考　会意形声文字

形声文字の音を表す部分が、同時に意味をもつ場合を、会意形声文字ということもある。例えば、「清（きよい）」は「青」の部分が「セイ」という音を表すが、同時に「澄《す》む」の意味も表しており、「水が澄む」という意味を表す文字になる。

くわしく　音読みをもつ国字と、国訓

国字には、数は少ないが、音読みをもつものがある。

例 働（ドウ）・搾（サク）

また、**国訓**《こっくん》というものがある。これは、本来の漢字の意味とは違《ちが》う、日本独自の意味・読み方をしたものである。

例 鮨《すし》・萩《はぎ》・椿《つばき》・鮑《あわび》・柏《かしわ》

確認問題解答

問1 (1) 象形　(2) 形声　(3) 会意　(4) 指事

部首

◆部首の種類

複数の漢字が共通してもち、形の上から分類するもとになるものを**部首**という。部首は、その漢字の意味を表していることが多い。

部首は二百以上に及《およ》び、漢字の中での位置によって、大きく七つに分類することができる。漢字の左側に付くものを**偏**《へん》、右側に付くものを**旁**《つくり》、上部に付くものを**冠**《かんむり》、下部に付くものを**脚**《あし》という。また、漢字の上から左下に垂れるものを**垂**《たれ》、漢字の左から下部に付くものを**繞**《にょう》、漢字の外側を囲むものを**構**《かまえ》という。

1 偏 
亻(にんべん)・口(くちへん)・土(つちへん)・扌(てへん)・氵(さんずい)
日(ひへん)・木(きへん)・禾(のぎへん)・糸(いとへん)・言(ごんべん)

2 旁 
刂(りっとう)・力(ちから)・卩(ふしづくり・わりふ)・彡(さんづくり)
阝(おおざと)・斤(おのづくり)・隹(ふるとり)・頁(おおがい)

3 冠 
亠(なべぶた・けいさんかんむり)・冖(わかんむり)・宀(うかんむり)
艹(くさかんむり)・穴(あなかんむり)・竹(たけかんむり)・雨(あめかんむり)

4 脚 
儿(ひとあし・にんにょう)・廾(にじゅうあし・こまぬき)
⺗(したごころ)・灬(れんが・れっか)・氺(したみず)・皿(さら)

5 垂 
厂(がんだれ)・尸(かばね・しかばね)・广(まだれ)・戸(とだれ・とかんむり)
疒(やまいだれ)

発展 **現代の部首分類の原点**

現代(明治《めいじ》時代以降)の漢和辞典はすべて中国の清《しん》時代に編纂《へんさん》された『康熙字《こうきじ》典《てん》』の部首の配列に従って作られている。この字典の部首の配列は、字形ではなく字義(字の意味)によって決められているので、所属する部首がわかりにくい漢字も多い。

参考 **部首を誤りやすい漢字**

部首を誤りやすい、同じ部分をもつ漢字は、まとめて覚えておくとよい。

間…門(もんがまえ)
問…口(くち)
聞…耳(みみ)
視…見(みる)
現…𤣩(たまへん・おうへん)
栄…木(き)
相…目(め)

6 繞

廴（えんにょう）・辶（しんにょう・しんにゅう）・走（そうにょう）・鬼（きにょう）

7 構

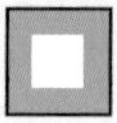

匚（はこがまえ）・冂（どうがまえ・けいがまえ・まきがまえ）・勹（つつみがまえ）

囗（くにがまえ）・行（ぎょうがまえ・ゆきがまえ）・門（もんがまえ）

◆形が異なる部首

部首の中には、元は同じ部首だが、使われる場所によって違《ちが》う形になるものがある。

刀（かたな）―刂（りっとう）　**人（ひと）―亻（にんべん）・𠆢（ひとやね）**

示（しめす）―礻（しめすへん）　**水（みず）―氵（さんずい）・氺（したみず）**

肉（にく）―月（にくづき）　**心（こころ）―忄（りっしんべん）・⺗（したごころ）**

犬（いぬ）―犭（けものへん）　**火（ひ）―灬（れんが・れっか）**

確認問題

問1 次の漢字の部首名をあとからそれぞれ選びなさい。

(1) 秋　(2) 求　(3) 包　(4) 空　(5) 雑　(6) 延　(7) 店

ア ふるとり　**イ** えんにょう　**ウ** つつみがまえ　**エ** したみず

オ まだれ　**カ** のぎへん　**キ** あなかんむり

〔歴…止（とめる）
〔暦…日（ひ）

〔者…耂（おいかんむり・おいがしら）
〔孝…子（こ）

〔厚…厂（がんだれ）
〔圧…土（つち）

また、単独では以下のような漢字の部首に注意するとよい。

冬…冫（にすい）
務…力（ちから）
次…欠（あくび）
項…頁（おおがい）
応…心（こころ）
主…丶（てん）
乗…丿（の・はらいぼう）
具…八（はち）
出…凵（うけばこ）
去…厶（む）
寺…寸（すん）
夢…夕（ゆうべ・た）
字…子（こ）

確認問題解答

問1 (1) **カ**　(2) **エ**　(3) **ウ**　(4) **キ**　(5) **ア**　(6) **イ**　(7) **オ**

筆順・画数

◆筆順とは

漢字を構成する点や画を書く順序を、**筆順**という。筆順は、字全体を整った形で自然に書けるように、長い年月をかけて多くの人によって考えられたきまりである。複数の筆順をもつ漢字もあるが、ここでは大まかな原則に従って見ていく。

1 上から下へ書く……例 三→一 二 三

2 左から右へ書く……例 川→丿 丿丨 川

3 縦画と横画が交わるときは、横画を先に書く……例 土→一 十 土

例外 **横画より縦画を先に書く**……例 田→丨 冂 𠕁 田　王→一 丅 王

4 中と左右に分かれる字は、中の画を先に書く……例 小→亅 小 小

5 外側の囲みは先に書く……例 同→丨 冂 同 同

6 左払《ひだりばら》いと右払いが交わるときは、左払いを先に書く……例 文→丶 亠 ナ 文

7 全体を貫《つらぬ》く縦画や横画は最後に書く……例 中→口 口 中　母→乚 母 母 母

8 左払いと横画が交わるときは、二つの書き方がある

①左払いが短い字は左払いを先に書く……例 右→ノ ナ 右

②左払いが長い字は横画を先に書く……例 左→一 ナ 左

◆画数とは

漢字を書くとき、ひと続きに書く線や点を**画**といい、一つの漢字に使われている画の総数を**画数**

参考 **その他の筆順の原則**

その他の筆順の原則を、いくつか見てみよう。

①右肩《みぎかた》の点「、」は最後に書く

例 犬→大 犬

②繞《にょう》を先に書く場合

例 起→走 起

③繞をあとに書く場合

例 進→隹 進

くわしく **原則以外の筆順**

筆順には、原則とは違《ちが》う書き順で書くものがある。

4の原則から外れるものとしては、次のものがある。

中の画をあとに書く

例 火→丶 丷 火
↑↓ 丶 丶 忄 性

5の原則から外れるものとしては、次のものがある。

外側の囲みの一部をあとに書く

例 区→一 ㄨ 区
医→一 矢 医

第1章 日本語の特徴
第2章 漢字の知識
第3章 語句の知識

（または**総画**）という。画数を数える際には、折れる画や曲がった画、はねる画などでも、ひと続きに書く画はすべて一画と数えるということに注意する。

漢和辞典の部首索引《さくいん》や総画索引では、部首や漢字が画数の少ない順に並べられている。したがってこれらの索引を使って漢字を調べる場合には、画数を正しく数えることが必要になる。漢字を構成する点画の基本になるもののうち、特に間違《まちが》えやすい画をもつ字には、次のようなものがある。赤い画が一画で書く箇所《かしょ》、（　）内が総画数である。

乙（一画）　九（二画）　女（三画）　口（三画）　及（三画）　与（三画）　片（四画）　比（四画）
乏（四画）　区（四画）　収（四画）　民（五画）　母（五画）　巨（五画）　皮（五画）　辺（五画）
糸（六画）　叫（六画）　仰（六画）　身（七画）　防（七画）　改（七画）　延（八画）　直（八画）
発（九画）　虐（九画）　卸（九画）　馬（十画）　歯（十二画）

確認問題

問1 次の漢字の筆順として正しいほうを選びなさい。

(1) 世　**ア** 一 七 廿 世
　　　イ 一 十 廿 廿 世

(2) 必　**ア** 丶 ソ 义 必 必
　　　イ 丶 心 心 心 必

問2 次の数え間違えやすい画を含《ふく》む漢字の総画数を、算用数字で答えなさい。

(1) 考　(2) 食　(3) 卵　(4) 距

要注意

注意したい筆順の漢字

筆順を間違えやすい漢字はたくさんあるが、そのうち、特に間違えやすい例を挙げておく。筆順とともに、一画ごとの書き方にも注意して覚えよう。

及→ノ 乃 及
互→一 工 互 互
可→一 一 可 可 可
成→丿 厂 万 成 成 成
長→丨 厂 E 巨 長 長
為→丶 ソ 为 為 為
飛→乁 飞 下 飛 飛
哀→亠 亡 亨 哀 哀
集→亻 亻 什 隹 集

確認問題解答

問1 (1) **イ**　(2) **ア**
問2 (1) 6　(2) 9　(3) 7　(4) 12

書体・書写

漢字の書体の変遷《へんせん》

漢字の起源とされる最古の書体は、中国殷《いん》時代の**甲骨《こうこつ》文字**である。その甲骨文字を肉太かつ装飾的《そうしょくてき》に変化させた字体が、周《しゅう》時代の青銅器や石に刻まれた**金文《きんぶん》**（**金石文《きんせきぶん》**）である。

時代が進むと漢字は次第に発達し、**篆書《てんしょ》**という書体ができた。このうち**大篆《だいてん》**とよばれるものは周時代に、**小篆《しょうてん》**とよばれるものは秦《しん》時代に作られた。小篆は、秦の始皇帝《しこうてい》が天下統一に伴《ともな》って書体の統一と簡略化を図ったもので、公文書用の書体である。秦から漢《かん》時代にかけて、小篆をさらに簡略化した**隷書《れいしょ》**という書体が作られた。後漢《ごかん》の時代以降には、**楷書《かいしょ》**という書体ができた。また、楷書よりもややくずれた書体である**行書《ぎょうしょ》**や**草書《そうしょ》**も作られた。唐《とう》の時代の初めまでに、今日まで使われている楷書・行書・草書が完成されたのである。

漢字のいろいろな書体

篆書以降の書体を見比べよう。**小篆**は現在も印鑑《いんかん》などに使われる装飾的で美しい書体である。

隷書は記録を効率的に行うための実用的な書体で、広く使われるようになった。

楷書は標準的な書体として今日まで使われており、「正書《せいしょ》」「真書《しんしょ》」ともよばれる。

参考

書体の成立について

各書体の成立年代や成立順、できた過程については、上段の他にも諸説ある。

発展

印刷物の書体

現在の日本の印刷物で主に使われている書体には、次のようなものがある。

明朝体《みんちょうたい》は中国の明《みん》（一三六八年～一六四四年）の時代の印刷書体を参考に作られた。大半の書籍《しょせき》や雑誌の本文で使われる。

ゴシック体は、新聞の見出しなど強調したい部分によく使われる。

教科書体は、手書きの楷書体に近い書体で、小学校の教科書などに使われる。

字　字　字

〈明朝体〉〈ゴシック体〉〈教科書体〉

子 右 林 馬

行書は、後漢以後、三国《さんごく》時代の頃《ころ》にできたとされている。

子 右 林 馬

草書のできた年代は、秦の時代末以降とも、漢のあとの三国時代の頃ともいわれている。

子 右 林 馬

◆書写とは

書写には、鉛筆《えんぴつ》を使って書く**硬筆《こうひつ》書写**と、筆を使って書く**毛筆《もうひつ》書写**がある。書写では漢字の**点画**を正しく書くことが大切である。楷書の主な点画には**横画**、**縦画**、**左払《ひだりばら》い**、**右払い**、**そり**、**曲がり**、**折れ**、**点**といった種類があるが、行書や草書で書く際の筆使いは楷書とは違《ちが》う。

漢字を書く際の筆の運び方を**運筆《うんぴつ》**という。特に、書き出しである**始筆《しひつ》**ははっきり書き、書き終わりである**終筆《しゅうひつ》**は、とめ・はね・はらいを正確に書く。（始筆から終筆に至る筆の運びを**送筆《そうひつ》**という。）

確認問題

問1 現在でも日常的に使われている主な書体を次から三つ選びなさい。

ア 篆書　**イ** 草書　**ウ** 隷書　**エ** 行書　**オ** 楷書

くわしく

基本の点画を含んだ字

「永」は楷書の八つの点画を含《ふく》んだ字で、永字《えいじ》八法《はっぽう》とよばれる。

1側《そく》（点）、**2**勒《ろく》（横画）、**3**努《ど》（縦画）、**4**趯《てき》（はね）、**5**策《さく》（右上がりの横画）、**6**掠《りゃく》（左払い）、**7**啄《たく》（短い払い）、**8**磔《たく》（右払い）である。

後漢時代の書家により唱えられたとされ、この「永」を正しく書くことが書写の上達に役立つと伝えられている。

確認問題解答

問1 **イ・エ・オ**（順不同）

音と訓

◆音読みと訓読み

漢字は、五世紀頃《ごろ》に日本に伝来してきたといわれている。その漢字の中国での読み方が、そのまま日本での**音読み**となった。ただし、もとの発音とはかなり違《ちが》っているものが多い。それに対して、漢字のもっている意味に対応する日本語の言葉（和語）を、その漢字の読み方として当てはめたものが**訓読み**である。例えば、「草・花」には、それぞれ音読みと訓読みがある。

草…〈音〉ソウ　〈訓〉くさ　　**花…〈音〉カ　〈訓〉はな**

音読みは、もともとの漢字の発音に近いものである。それに対して訓読みは、もともと日本にあった言葉（和語）である。だから、訓読みは発音だけで意味を理解できるが、音読みはそれだけだと意味を理解しにくいのである。

◆複数の音読み・訓読み

音読み・訓読みは、一つの漢字に一つだけしかないわけではない。例えば、「行」を見てみよう。

行…〈音〉コウ・ギョウ　〈訓〉い-く・ゆ-く・おこな-う

複数の音読みが存在するのは、異なる漢字の読み方が、異なる時代に日本に伝来してきたことが主な理由である。また、複数の訓読みが存在するのは、漢字のもつ意味に合わせて複数の日本語を当てはめたからである。

くわしく

さまざまな音読み

音読みには、呉音《ごおん》・漢音・唐音《とうおん》・慣用音という種類がある。

①呉音…最も古い音読み。百済《くだら》（朝鮮半島《ちょうせんはんとう》）もしくは中国の南方から伝来した読み方といわれる。

②漢音…7～8世紀、遣唐《けんとう》使《し》などによって伝えられた読み方。

③唐音…主に鎌倉《かまくら》時代以降に伝来した読み方。唐宋《とうそう》音《おん》ということもある。

④慣用音…以上の三つに当てはまらない読み方。主に誤用が定着したもの。

上段の「行」の音読みなら、「コウ」は漢音、「ギョウ」は呉音である。また、上段には挙げなかったが、「行脚《あんぎゃ》」などで使う「アン」は唐音である。慣用音の例としては、「分」の音読みの一つ「ブ」がある。

◆熟語の読み方

漢字二字からなる熟語は、そのさまざまな成り立ちから、音読みと訓読みを使い分け、組み合わせて読んでいる。要するに、熟語の読み方には、次の四通りがあるということになる。

1 音読み＋音読み 例 **学習《がくしゅう》・土地《とち》・運動《うんどう》・書物《しょもつ》**

2 音読み＋訓読み（重箱読《じゅうばこ》み） 例 **台所《だいどころ》・先手《せんて》・地主《じぬし》・役場《やくば》**

3 訓読み＋音読み（湯桶読《ゆとう》み） 例 **雨具《あまぐ》・強気《つよき》・見本《みほん》・荷物《にもつ》**

4 訓読み＋訓読み 例 **刃物《はもの》・門出《かどで》・村人《むらびと》・足音《あしおと》**

※**2**・**3**の「**重箱読み**」「**湯桶読み**」という呼び名は、「重箱」「湯桶」という熟語の読み方がそれぞれ音＋訓、訓＋音になっていることによる。

◆熟字訓

熟字訓とは、漢字がもつ読み方とは関係なく、熟語全体に与《あた》えられた特別な訓読みのことである。例えば、「小豆」には「あずき」という熟字訓があるが、「小」「豆」には、熟字訓に当たる読み方はない。その熟語の意味に当たる日本語を読み方として当てはめた、当て字の一種である。

確認問題

問1 次の(1)~(4)の熟語の読み方の組み合わせをあとから選びなさい。

(1) 雨具　(2) 学習　(3) 足音　(4) 地主

ア 音＋音　**イ** 音＋訓（重箱読み）　**ウ** 訓＋音（湯桶読み）　**エ** 訓＋訓

参考

音だけの漢字・訓だけの漢字

音読みしかない漢字は、その漢字の意味に日本語を当てはめられなかった漢字で、訓読みしかないものは、主に国字である。

参照 35ページ **国字**

要注意

中学で習う主な熟字訓

田舎（いなか）
笑顔（えがお）
乙女（おとめ）
芝生（しばふ）
相撲（すもう）
梅雨（つゆ）
名残（なごり）
土産（みやげ）
息子（むすこ）
行方（ゆくえ）
五月雨（さみだれ）

確認問題解答

問1 (1) **ウ**　(2) **ア**　(3) **エ**　(4) **イ**

送り仮名

◆送り仮名とは

漢字には、音読みと訓読みがあるが、訓読みは、もともとの日本語の言葉（和語）をその漢字の読み方として当てはめたものである。例えば「映」には、三つの訓読みがある。

映…〈音〉エイ
〈訓〉うつ-す・うつ-る・は-える

三つの訓読みを読み間違《まちが》えないように漢字に添《そ》えられているものが**送り仮名《がな》**である。「映」の訓読みの送り仮名は、「映《うつ》す」「映《うつ》る」「映《は》える」となる。これにより、三つの訓読みを読み分けている。

◆送り仮名の付け方①――活用する語

まず、**活用する語**についての主なきまりは、次の四つである。

1 活用する語は、活用語尾《ごび》を送る 例 **承《うけたまわ》る・生きる・考える・助ける**

2 活用語のうち、活用語尾以外の部分に他の語を含《ふく》むものは、含まれている語の送り仮名の付け方によって送る 例 **動かす・生まれる・頼《たの》もしい・重んずる・男らしい**

3 語幹が「し」で終わる形容詞は、「し」から送る 例 **著《いちじる》しい・美しい・珍《めずら》しい**

4 「か」「やか」「らか」を含む形容動詞は、その音節から送る 例 **暖《あたた》かだ・穏《おだ》やかだ**

※活用する語は、1のように活用語尾から送るのが基本。3・4は例外。この他にも、「哀《あわ》れむ」「教わる」「異なる」などの例外もある。

くわしく

送り仮名の付け方

送り仮名の付け方には、次のような原則がある。

送り仮名は、活用する言葉（動詞・形容詞・形容動詞）に付く。原則として、言葉の形が変わる部分から送る。

例 動く（動詞）

動
- か（ない）
- き（ます）
- く（。）
- け（ば）
- こ（う）

発展

送り仮名の付け方の許容

上段に挙げた送り仮名の付け方には、例外の他に許容として認められているものがある。例えば、次のそれぞれの（ ）内が許容の例である。ただし、基本的には上段のきまりに従って書く。

表す（表わす）
行う（行なう）

◆送り仮名の付け方②―活用しない語

活用しない語については、次のように決められている。

1 名詞は、基本的に送り仮名を付けない 例 **花・山・男**

2 活用する語から転じた名詞と活用のある語に「さ」「み」「げ」などの接尾語が付いて名詞になったものは、元の語の送り仮名の付け方によって送る 例 **動き・答え・暑さ**

3 副詞・連体詞・接続詞は、最後の音節を送る 例 **必ず・最も・来《きた》る**

※例外があり、例えば「辺《あた》り」「勢い」「後ろ」などの名詞は、最後の音節を送る。

◆送り仮名の付け方③―複合語

複合語については、その複合語の表記に使う漢字の、それぞれの送り仮名の付け方によって送る。

1 活用する語 例 **書き抜《ぬ》く・申し込《こ》む・打ち合わせる・聞き苦しい**

2 活用しない語 例 **後ろ姿・田植え・生き物・売り上げ**

確認問題

問1 次の――線部の平仮名を、漢字と送り仮名で書きなさい。

(1) いさぎよくあきらめる。

(2) 集合時間におくれる。

(3) くやしい思いをした。

断る（断わる）
聞こえる（聞える）
書き抜く（書抜く）
申し込む（申込む）

要注意

慣用による省略

地位・身分についての語句など、ある特定の範囲《はんい》で用いる場合には、送り仮名を省略することがある。

例 取締役《とりしまりやく》

また、一般《いっぱん》的に慣用が固定した言葉についても、送り仮名を省略する。

例 献立《こんだて》・試合・割合・建物

確認問題解答

問1 (1) 潔く (2) 遅れる (3) 悔しい

漢和辞典の使い方

◆漢和辞典の特徴

国語辞典は、言葉の意味や使い方、品詞などを調べる際に利用するものである。一方、**漢和辞典**は、漢字の音訓や画数、部首、漢字の意味・用法やその漢字を使った熟語の意味などを調べる際に利用するものである。漢和辞典の内容をくわしく見てみよう。

1 【幅】 **2** 巾 9 **3** 12 常用 **4** 音 フク 呉漢 訓 はば

5 

6 なりたち 形声。巾〔ぬの〕と畐《ふく》を合わせた字で、畐は発音だけを表す。副《ふく》〔主となるものにぴたりとつくそえもの〕と同じ仲間のことばで、ひざやすねにぴたりとつけるひざあてやすねあてのこと。その布の寸法が、織り布の横はばと同じだったことから、横の長さを表すようになった。

7 意味 ①はば。織物の横の長さ。転じて、物の横の長さ。「一員」②掛《か》け軸《じく》。また、それを数えることば。ふく。③物のまわり。へり。「辺一」

8 【幅員】《ふくいん》 船・道・橋などの横の長さ。はば。

9 逆熟語 大幅《おおはば》・肩幅《かたはば》・振幅《しんぷく》・全幅《ぜんぷく》

（学研『現代標準漢和辞典』より）

1…親字（各部首ごとに画数順に配列されている見出しの漢字。）
2…数字は親字の部首を除いた画数、数字の左横は親字の部首。
3…数字は総画数、下の赤字は常用漢字であることを表す。
4…その漢字の音読み（下の赤字は音読みの種類）・訓読み。
5…親字の筆順。
6…成り立ち
7…意味を説明した部分。
8…親字が最初にくる熟語の例とその意味。
9…親字が最後にくる熟語の例。

◆必要な漢字の探し方

漢和辞典の引き方としては、次の三つの索引《さくいん》を使う方法がある。

参考

漢和辞典ごとの違い

上段に漢和辞典の一例を挙げたが、漢和辞典によって、配列や内容などが異なる場合もある。

また、教育漢字（小学校で習う漢字）の配当学年や、楷書《かいしょ》や行書などの書体の例が出ているものもある。

参考

部首を見分けにくい漢字

部首を見分けにくい漢字には、以下のようなものがある。

乳…乚（おつ・つりばり）
卵…卩（ふしづくり・わりふ）
商…口（くち）
奥…大（だい）
承…手（て）
業…木（き）
穀…禾（のぎ）
裏…衣（ころも）

また、次の漢字は、一字がそのまま部首になっているものの例である。

1 部首索引を使う。（部首引き）
2 音訓索引を使う。（音訓引き）
3 総画索引を使う。（総画引き）

1 部首索引は、調べたい漢字の部首がわかる場合（あるいは予測が立てられる場合）に利用するとよい。漢和辞典の親字は、部首別に、同じ部首内ではその部首を除いた画数の少ない順に配列されていることが多い。そこで、最初にその漢字の部首が何画かを調べ、部首を除いた画数から該当《がいとう》の漢字を探す。

2 音訓索引は、部首はわからないが漢字の読み方がわかる場合に利用できる。音訓索引は五十音順に並んでおり、同じ音訓をもつ漢字は総画数の少ない順に並んでいる。同じ訓をもつ漢字のほうが、同じ音をもつ漢字より普通《ふつう》は少ないので、訓読みのある漢字は訓読みで引くと早い。

3 総画索引は、部首も読み方もわからない場合に利用して、漢字全体の画数で調べて引く。総画索引は画数の少ない順に並んでおり、同じ画数の漢字が並ぶときには、その漢字の部首の画数の少ない順に配列されている。

確認問題

問1 次の漢字を漢和辞典で調べ、部首名を平仮名《ひらがな》で、総画数を算用数字で答えなさい。

(1) 肥　(2) 影　(3) 登　(4) 慕　(5) 建　(6) 街

青・非・斉・面・革
音・風・飛・食・首
香・馬・高・鬼・竜
麻・黄・黒・歯・鼓
鼻

発展　国語学習に関する専門的な辞典

国語辞典や漢和辞典のほかにも、学習に役立つ専門的な辞典がある。

①百科事典
②古語辞典
③類義語・対義語の辞典
④ことわざ・慣用句・故事成語などの辞典
⑤外来語や新語の辞典
⑥人名・地名についての辞典
⑦アクセント・方言の辞典

確認問題解答

問1
(1) にくづき・8
(2) さんづくり・15
(3) はつがしら・12
(4) したごころ・14
(5) えんにょう・9
(6) ぎょうがまえ（ゆきがまえ）・12

資料1

重要同音異義語

イサイ
- 文壇《ぶんだん》の中で**異彩**を放つ作家。……他と違《ちが》って目立つ様子。
- **委細**は面談のときに説明する。……細かい事情。

イショウ
- 花嫁《はなよめ》**衣装**を着る。……衣服。特に豪華《ごうか》なものや舞台《ぶたい》用のもの。
- 作品に**意匠**を凝《こ》らす。……あるものを作る上での工夫。

イゼン
- この街は**以前**とは変わった。……今より前の時点。
- **依然**として態度を改めない。……前のとおりである様子。

カイコ
- この一年の生活を**回顧**する。……過去を思い返すこと。
- 古きよき時代を**懐古**する。……昔をなつかしく思うこと。
- 社長が従業員を**解雇**する。……被雇用《ひこよう》者を辞めさせること。

カイホウ
- 勉強から**解放**される。……制限をなくし自由にすること。
- 校庭を一般《いっぱん》に**開放**する。……自由に出入りさせること。
- 病状が**快方**に向かう。……病気やけがが治ってくること。
- 病人を**介抱**する。……病人やけが人の世話をすること。

カンキ
- 窓を開けて**換気**する。……空気を入れ換《か》えること。
- 皆《みな》に注意を**喚起**する。……良心や注意を呼び起こすこと。
- 優勝に**歓喜**の声が上がる。……非常に喜ぶこと。

カンショウ
- 熱帯魚を**観賞**する。……動植物や景色を見て楽しむこと。
- 映画を**鑑賞**するのが趣味《しゅみ》だ。……芸術作品を味わうこと。
- 私生活に**干渉**される。……他人のことに立ち入り、口を出すこと。
- 卒業の**感傷**に浸《ひた》る。……物事に感じて心を痛めること。

カンシン
- 熱心な態度に**感心**する。……立派だと心に深く感じること。
- 文学に**関心**を抱《いだ》く。……心を引かれて、興味をもつこと。
- **寒心**に堪《た》えない事件。……恐《おそ》ろしくてぞっとすること。
- 先生の**歓心**を得る。……喜び、うれしいと思う心。

キコウ
- 流通**機構**を調べる。……会社などの組織の仕組み。
- ビルは今月末に**起工**する。……工事を始めること。
- 雑誌に**寄稿**する。……新聞などに載《の》せる原稿《げんこう》を書き送ること。
- 植物の葉の**気孔**を観察する。……植物の葉の裏などにある穴。
- 東北**紀行**を読む。……旅行中の体験や感想を書いた文章。

キセイ
- **既成**の概念《がいねん》を打ち破る。……すでに出来上がっている物事。
- **既製**のスーツを買う。……前もって製造されている品物。
- 交通**規制**が行われる。……規則に従って物事を制限すること。
- 猿《さる》が**奇声**を発する。……普通《ふつう》と違《ちが》う奇妙《きみょう》な声。
- 回虫が**寄生**する。……別の生物から養分を得て生きること。

キセキ

●奇跡の生還《せいかん》を果たす。……常識を超《こ》えた不思議な出来事。
●画家の心の軌跡をたどる。……その人や物事がたどった跡《あと》。
●著名な作家が鬼籍に入《い》る。……死者の名などを記した帳面。

キトク

●祖父が危篤に陥《おちい》る。……病気が重く、死にそうなこと。
●若いのに奇特な人だ。……珍《めずら》しいほど行いなどが立派なこと。

キハク

●社員の熱意が希薄だ。……乏《とぼ》しいこと。少なく薄《うす》いこと。
●相手の気迫に押《お》される。……意気込《ご》み。力強い精神力。

キョウイ

●大自然の驚異に目を見張る。……不思議で驚《おどろ》くべきこと。
●戦争の脅威にさらされる。……強い力でおびやかすこと。
●身体測定で胸囲を測る。……胸の周りの長さ。

クジュウ

●大敗という苦汁をなめる。……苦い汁《しる》。つらい経験。
●苦渋に満ちた顔。……物事がうまくいかず苦しみ悩《なや》むこと。

ケイキ

●昨年より景気が上向く。……社会全体の経済の状態。
●入院を契機に飲酒をやめる。……きっかけ。動機。
●裁判で刑期が言い渡《わた》される。……刑罰《けいばつ》を受ける期間。

ケイジ

●当選番号を掲示する。……人目につく場所に示すこと。
●神の啓示がある。……人知を超《こ》えた真理を神が示すこと。
●身内の慶事を祝う。……結婚《けっこん》や出産などの祝い事。

ケイショウ

●敬称を省略する。……人名の下に付けて敬意を表す言葉。
●王位を継承する。……地位や財産を受け継《つ》ぐこと。
●現代への警鐘となる事件。……注意を促《うなが》すもの。

コウセイ

●厚生施設《しせつ》が充実《じゅうじつ》する。……生活を健康で豊かにすること。
●登記事項《じこう》の誤りを更正する。……誤りを正しくすること。
●会は十人で構成される。……複数の要素を組み立てること。

コジ

●権力を誇示する。……自慢《じまん》して見せびらかすこと。
●役員就任を固辞する。……固く辞退すること。

シコウ

●実験方法を試行する。……試《ため》しにやってみること。
●条令を施行する。……有効なものとして実際に行うこと。
●至高の芸を目指す。……この上なく優れていること。

シュサイ

●コンサートを主催する。……中心となって会を催《もよお》すこと。
●劇団を主宰する。……中心となって全体をまとめること。

シュシ

●会社設立の趣旨を述べる。……あることをする目的。
●論文の主旨をとらえる。……考えや文章の中心となる内容。

シンギ

●うわさの真偽のほどを確かめる。……本当とうそ。
●原案を審議する。……くわしく検討して善し悪《あ》しを決めること。

シンチョウ
●慎重な態度で臨《のぞ》む。……軽々しく行動しないこと。
●深長な意味合いの言葉。……意味が深く含《ふく》みが多いこと。
●販売網《もう》が伸張する。……勢力などが伸《の》び広がること。

セッセイ
●甘《あま》い物を節制する。……物事を控《ひか》えめにすること。
●摂生を心がける。……規則正しい生活で健康を保つこと。

ソガイ
●植物の生育を阻害する。……妨《さまた》げること。
●よそ者を疎外する。……のけ者にすること。

タイショウ
●中学生が対象の参考書。……行為《こうい》の目標となるもの。
●訳文と原文を対照する。……比べ合わせること。
●左右が対称の建物。……互《たが》いに対応していること。

ツイキュウ
●利益を追求する。……目的のものを追い求めること。
●物事の本質を追究する。……深く調べ、研究すること。
●責任の所在を追及する。……原因や責任を問い詰《つ》めること。

テンカ
●防腐剤《ぼうふざい》を添加する。……別のものを加えること。
●責任を転嫁する。……罪などを他人になすりつけること。
●愛が憎《にく》しみに転化する。……他の状態に変わること。

ハイシュツ
●戸外へ煙《けむり》を排出する。……不要物を外に出すこと。
●芸術家を輩出する名門校。……優れた人物が次々に出ること。

フキュウ
●携帯《けいたい》電話が国民に普及する。……広く行き渡《わた》ること。
●不朽の名作を味わう。……価値を失わずに後世に残ること。

フキョウ
●長引く不況で賃金が下がる。……景気が悪いこと。
●失言して上司の不興を買う。……機嫌《きげん》が悪いこと。

フシン
●不審な人物を警戒《けいかい》する。……疑わしく思うこと。
●暑さで食欲が不振だ。……勢いが振《ふ》るわないこと。
●彼《かれ》の言い訳に不信の念を抱《いだ》く。……信用できないこと。
●会社の再建に腐心する。……目的のために苦心すること。

フンゼン
●無礼な発言に憤然として席を立つ。……激しく怒《おこ》る様子。
●敵に奮然と立ち向かう。……勇気や気力を奮い起こす様子。

ヘイコウ
●二本の線を平行に引く。……直線や平面が交わらないこと。
●線路に並行した道路。……二つ以上が並んで行くこと。
●体の平衡を保つ。……物事の釣《つ》り合いが取れていること。

ホショウ
●責任をもって品質を保証する。……確かだと請《う》け合うこと。
●身の安全を保障する。……危険から保護すること。
●労働災害を補償する。……損害を償《つぐな》うこと。

ユウシ
●有志を募《つの》って出かける。……あることをしようとする気持ち。
●銀行から融資を受ける。……資金を融通《ゆうずう》して貸し出すこと。

資料2

重要同訓異字

あらい
- 波の荒い海で漁をする。
- セーターの編み目が粗い。

おかす
- 窃盗《せっとう》の罪を犯す。
- 危険を冒す価値はない。
- 隣国《りんごく》の船が領海を侵す。

おどる
- 社交ダンスを踊る。
- 新生活への期待に胸が躍る。

かかる
- 友人の安否が気に掛かる。
- 次の試合には優勝が懸かる。
- 川に頑丈《がんじょう》な橋が架かる。

かる
- 草原で馬を駆る。
- 庭の雑草を刈る。
- 山でしかを狩る。

かわく
- 午前中に洗濯《せんたく》物が乾く。
- 塩分の取りすぎでのどが渇く。

さく
- 桜の花が見事に咲く。
- 二人の仲を裂く。
- 貴重な時間を割く。

しめる
- 女性の参加者が多数を占める。
- 財布のひもを締める。
- 無謀《むぼう》な計画で自分の首を絞める。

すすめる
- 相手との交渉《こうしょう》を進める。
- 後輩《こうはい》に入部を勧める。
- 委員長として彼《かれ》を薦める。

せめる
- 仲間の裏切り行為《こうい》を責める。
- 敵の陣地《じんち》を攻める。

たえる
- 深夜に人通りが絶える。
- 数年に渡《わた》る厳しい訓練に耐える。
- 鑑賞《かんしょう》に堪える作品に仕上がる。

つく
- 相手の弱点を突く。
- 自分の好きな職に就く。

とる
- 川で魚を捕る。
- 旅行先で風景の写真を撮る。
- 社員を新たに十名採る。
- 著名な作家が筆を執る。

のびる
- 身長が五センチメートル伸びる。
- 雨で運動会の日程が延びる。

はかる
- 取り引き相手に便宜《べんぎ》を図る。
- 懸案事項《けんあんじこう》を会議に諮る。

はく
- 新しい運動靴《ぐつ》を履く。
- 先輩《せんぱい》に弱音を吐く。
- 道路の落ち葉を掃く。

はなす
- 釣《つ》り上げた魚を川に放す。
- 椅《い》子《す》と椅子の間を少し離す。

ほる
- 不用意な発言で墓穴を掘る。
- 仏師が見事な仏像を彫る。

完成問題 CHECK

第2章 **漢字の知識**

解答 84ページ

1 次の各文の説明に合う文字をあとから選び、記号で答えなさい。

(1) 絵や形では表せない抽象《ちゅうしょう》的な物事を、点や線を用いて指し示した文字。

(2) 二つ以上の既成《きせい》の文字を組み合わせた形が多く、日本独自の物事を書き表すために考え出された文字。

ア 象形文字　**イ** 指事文字　**ウ** 会意文字
エ 形声文字　**オ** 転注文字　**カ** 仮借《かしゃ》文字　**キ** 国字

2 次の成り立ちに当てはまる漢字を、それぞれ［　］から一つ選びなさい。

(1) 象形文字 ［ 炎　車　洋　下 ］
(2) 指事文字 ［ 三　日　頭　位 ］
(3) 会意文字 ［ 拍　鳥　本　信 ］
(4) 形声文字 ［ 雪　詞　林　雨 ］

3 下の漢字群は部首の種類が同じである。その部首の種類の呼び名をあとから選び、記号で答えなさい。

(1) 包・医・固・関　(2) 悲・益・然・泰
(3) 助・歌・印・政　(4) 交・者・虚・登

ア 偏《へん》　**イ** 旁《つくり》　**ウ** 冠《かんむり》　**エ** 脚《あし》　**オ** 垂《たれ》
カ 繞《にょう》　**キ** 構《かまえ》

4 次の漢字について、①部首名を平仮名《ひらがな》で、②総画数を算用数字で答えなさい。

(1) 祖　(2) 郷　(3) 免
(4) 厚　(5) 再　(6) 魅

5 次の漢字の赤線の画は何画目に書くか。算用数字で答えなさい。

(1) 飛　(2) 誠　(3) 難　(4) 断

6 次の行書《ぎょうしょ》で書かれた漢字について、①部首を楷書《かいしょ》で書き、②部首名を平仮名で答えなさい。

(1) 沼　(2) 橋　(3) 閑

7 次の――線部の音読みを、それぞれ答えなさい。

(1) ① 国境　② 境内
(2) ① 精鋭　② 精進
(3) ① 露顕　② 披露

8 次の熟語の読み方の組み合わせと同じものを、それぞれ［　］から一つ選びなさい。また、その読み方の種類をあとから選び、記号で答えなさい。

(1) 組曲［網元《あみもと》　砂漠《さばく》　鉄棒　相性］
(2) 潮風［幻影《げんえい》　邸宅《ていたく》　刃物《はもの》　客間］
(3) 献立《こんだて》［新芽　撃退《げきたい》　煙突《えんとつ》　企画《きかく》］

ア 音読み＋音読み　イ 音読み＋訓読み（重箱読み）
ウ 訓読み＋訓読み　エ 訓読み＋音読み（湯桶《ゆとう》読み）

9 次の熟字訓の読み方を、それぞれ答えなさい。

(1) 芝生　(2) 吹雪　(3) 雪崩　(4) 五月雨
(5) 草履　(6) 白髪　(7) 硫黄　(8) 相撲

10 次の――線部で、送り仮名の付け方が間違《まちが》っているものを二つ選んで記号で答え、それぞれ正しく書き直しなさい。

ア 彼女《かのじょ》は、物腰《ものごし》が柔かい人だ。
イ 頼もしい味方ができる。
ウ 敵の術中に陥る。
エ 上司から忠告を承わる。

11 次は、「猟《りょう》」という漢字を漢和辞典で調べる方法を説明した文である。□に当てはまる言葉を答えなさい。

漢字を漢和辞典で調べるには、部首がわかっていれば部首索引《さくいん》を使う。「猟」の部首は「(1)」である。読み方ならわかる場合には音訓索引を使う。「猟」の読み方は「(2)」だけである。部首も読み方もわからない場合には、(3)索引を使う。

12 次の――線部について、(1)・(2)は同音異義語を、(3)・(4)は同訓異字を、それぞれ漢字で書きなさい。

(1) ケイジ
① 神からのケイジを書き記した本。
② 周囲で、結婚《けっこん》や出産などのケイジが続く。
③ 会合の日程の変更《へんこう》のお知らせがケイジされる。

(2) カンキ
① 応援団《おうえんだん》が選手の得点にカンキする。
② 台所のカンキを頻繁《ひんぱん》にする。
③ 環境《かんきょう》問題への世論をカンキする。

(3) ハ（く）
① 火山が黒い煙《けむり》をハく。
② 廊下《ろうか》をほうきでハく。
③ 建物内でスリッパをハく。

(4) タ（える）
① 聞くにタえないような話を耳にする。
② 客足がタえない人気店へ行く。
③ 室内の空気の悪さにタえかねる。

第3章

語句の知識

語句に関する知識は、他者とのコミュニケーションを図って生活するための語彙《ごい》力を養うのに必要である。また、文章を正しく理解し、自分の思いや考えを文章で伝えるためにも役立っている。ぜひ、語句の世界を豊かに広げていってほしい。

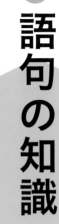

熟語の構成には、
接尾《せつび》語や接頭《せっとう》語が
付いているものがある。
➡ 57，58ページ
不
非
無
真
性
化
的
然

「カルタ」は、
実はポルトガルから
来た外来語。
➡ 65ページ

「集合」⇔「解散」
➡ 71ページ
「切磋琢磨《せっさたくま》」
➡ 62ページ
「好きこそものの上手なれ」
➡ 75ページ
「舌つづみを打つ」
➡ 79ページ

二字熟語の構成

◆二字熟語の構成とは

二字熟語は、漢字の組み合わせによっていくつかの構成に分けることができる。

温暖…「温かい」＋「暖かい」⬇二つの漢字が互《たが》いに似た意味を表している。

寒暖…「寒い」＋「暖かい」⬇二つの漢字が互いに反対の意味を表している。

暖冬…「暖かい」＋「冬」⬇上の漢字が下の漢字を修飾《しゅうしょく》している。

◆主な二字熟語の構成

主な熟語の構成には、次のようなものがある。

1 意味が似ている漢字を重ねた構成 例 善良・豊富・減少・皮膚《ひふ》・繁栄《はんえい》・華麗《かれい》

2 意味が反対や対《つい》になる漢字を重ねた構成 例 善悪・表裏《ひょうり》・断続・経緯《けいい》・抑揚《よくよう》・送迎《そうげい》

3 上の漢字が下の漢字を修飾する構成 例 国旗・晩秋・厳禁・濃霧《のうむ》・激突《げきとつ》・互助《ごじょ》

4 下の漢字が上の漢字の動作の目的や対象になる構成 例 着席・観劇・延期・握手《あくしゅ》・遅刻《ちこく》・排水《はいすい》

5 上の漢字が主語で、下の漢字が述語になる構成 例 国立・市営・腹痛・人造・地震《じしん》・雷鳴《らいめい》・仏滅《ぶつめつ》

一つ一つの漢字を訓読みしたり、言葉を補って文の形にしたりすると、構成がわかることもある。

珍事《ちんじ》…珍《めずら》しい事⬇上の漢字が下の漢字を修飾している。

炊飯《すいはん》…飯《めし》を炊《た》く⬇下の漢字が上の漢字の動作の目的になっている。

参考

漢字の性質や働きによる分類

上段の1～3の構成については、さらにくわしく分けることができる。

1 意味が似ている漢字を重ねた構成

①様子や性質を表す漢字どうし 例 永久・清潔

②動作を表す漢字どうし 例 分割・勤務・過去

③物の名前を表す漢字どうし 例 道路・樹木・宮殿《きゅうでん》・霊魂《れいこん》

2 意味が反対や対になる漢字を重ねた構成

①様子や性質を表す漢字どうし 例 苦楽・軽重

②動作を表す漢字どうし 例 発着・授受・贈答《ぞうとう》

③物の名前を表す漢字どうし 例 今昔《こんじゃく》・縦横・吉凶《きっきょう》

3 上の漢字が下の漢字を修飾する構成

①物の名前を表す漢字を修飾 例 血管・暖流

②動作を表す漢字を修飾 例 楽勝・永住・急増

◆そのほかの二字熟語の構成

二字熟語の構成には、他にも次のようなものがある。

6 接頭語が付いている構成 例 **不滅《ふめつ》・無縁《むえん》・未熟・非常・真昼・御恩《ごおん》・貴社**

7 接尾語《せつびご》が付いている構成 例 **酸性・平然・緑化・端的《たんてき》**

8 同じ漢字が重なっている構成 例 **人人（人々）・散散（散々）・延延（延々）・喜喜（喜々）**

6と7の接頭語や接尾語は、**一方の漢字に、ある一定の意味を添《そ》える**ものである。例えば、「真」は「まさに〜」の意味で、「真昼」「真夏」「真南」のようにいろいろな語に、その意味を添える。なお、6「接頭語が付いている構成」には、例に挙げた熟語にもあるように、否定の意味をもつ接頭語**「不・無・未・非」**などが付いて**下の漢字の意味を打ち消しているもの**も多い。また、「御（御用《ごよう》）」「弊（弊社《へいしゃ》）」など、**敬意を表す接頭語**もある。

確認問題

問1 次の(1)〜(3)の構成に当てはまる二字熟語を、あとから選びなさい。

(1) 上の漢字が下の漢字を修飾する構成
(2) 下の漢字が上の漢字の動作の目的や対象になる構成
(3) 上の漢字が主語で、下の漢字が述語になる構成

ア 屈伸《くっしん》 **イ** 日没《にちぼつ》 **ウ** 陰影《いんえい》 **エ** 養豚《ようとん》 **オ** 芳香《ほうこう》

要注意

複数の否定の接頭語が付く漢字

否定の接頭語が付く熟語の中には、同じ漢字に複数の否定の接頭語が付くものがある。意味の違《ちが》いに気をつけよう。

不定…定まらないこと。
未定…決まっていないこと。
無能…能力がないこと。
不能…できないこと。

くわしく

敬意を表す接頭語

二字熟語の接頭語で敬意を表すものは、次のような種類に分けられる。

① **尊敬の意味を添える**
貴…貴校 **御**…御社《おんしゃ》
② **謙譲《けんじょう》の意味を添える**
小…小生 **弊**…弊社
③ **丁寧《ていねい》の意味を添える**
御…御飯《ごはん》

確認問題解答

問1 (1) **オ** (2) **エ** (3) **イ**

三字熟語・四字熟語の構成

◆三字熟語の構成

三字熟語は大きく三つの構成に分けられる。

1 二字熟語の上に漢字が一字付いた構成 例 **短時間→短＋時間（短い時間）**

2 二字熟語の下に漢字が一字付いた構成 例 **共通語→共通＋語（共通の語）**

3 それぞれの漢字が対等に並んだ構成 例 **市町村→市＋町＋村（市と町と村）**

三字熟語の構成をさらに細かく分けると、主に次の四つに分けられる。

1 ①二字熟語の上に否定の接頭語が付いた構成 例 **不本意・無意識・非公開・未完成**

②上の一字が下の二字熟語を修飾《しゅうしょく》する構成 例 **好景気・美意識・手荷物・悪循環《あくじゅんかん》**

2 ①二字熟語の下に接尾《せつび》語が付いた構成 例 **簡略化・重要性・肯定《こうてい》的・外交上・人間味**

②上の二字熟語が下の一字を修飾する構成 例 **私有地・専門家・屋根裏・排気口《はいきこう》・向上心**

◆四字熟語の構成

四字熟語は、二字熟語どうしの関係を中心に構成を考えると、主に次の六つに分けられる。

1 意味が似ている二字熟語を重ねた構成…悪戦苦闘《あくせんくとう》・日進月歩・起死回生・完全無欠

2 意味が反対や対《つい》になる二字熟語を重ねた構成…一進一退・質疑応答・針小棒大・有名無実

くわしく

三字熟語と四字熟語の構成

三字熟語も四字熟語も、それぞれの漢字が対等に並んでいるもの以外は、二字熟語に注目して構成を考えるとよい。

急斜面《きゅうしゃめん》↓急な斜面（一字＋二字熟語）。

必需品《ひつじゅひん》↓必需の品（二字熟語＋一字）。

中途半端《ちゅうとはんぱ》↓上下の熟語の意味が類似《るいじ》。

半信半疑↓上下の熟語の意味が反対。

くわしく

間違《まちが》えやすい四字熟語の例

× 危機一発《ききいっぱつ》 ○ 危機一髪《ききいっぱつ》

× 短刀直入《たんとうちょくにゅう》 ○ 単刀直入《たんとうちょくにゅう》

× 絶対絶命《ぜったいぜつめい》 ○ 絶体絶命《ぜったいぜつめい》

× 異句同音《いくどうおん》 ○ 異口同音《いくどうおん》

× 五里夢中《ごりむちゅう》 ○ 五里霧中《ごりむちゅう》

× 不和雷同《ふわらいどう》 ○ 付和雷同《ふわらいどう》

× 厚顔無知《こうがんむち》 ○ 厚顔無恥《こうがんむち》

× 晴天白日《せいてんはくじつ》 ○ 青天白日《せいてんはくじつ》

× 心気一転《しんきいってん》 ○ 心機一転《しんきいってん》

3 意味が反対や対になる構成の二字熟語を二つ重ねた構成…古今東西・栄枯盛衰《えいこせいすい》・老若男女《ろうにゃくなんにょ》

4 上と下の二字熟語が修飾・被修飾《ひしゅうしょく》の関係か連続した関係にある構成…暗中模索《あんちゅうもさく》・取捨選択《しゅしゃせんたく》

5 上と下の二字熟語が主語・述語の関係にある構成…本末転倒《ほんまつてんとう》・用意周到《よういしゅうとう》

6 四字の漢字が対等に並んでいる構成…東西南北・起承転結・喜怒哀楽《きどあいらく》・花鳥風月・冠婚葬祭《かんこんそうさい》

※「循環系統《じゅんかんけいとう》」「信任投票」など二字熟語を適宜《てきぎ》重ねて作られる四字熟語や、「傍若無人《ぼうじゃくぶじん》」のように、右の分類には当てはまらないものもある。

確認問題

問1 次の(1)~(3)の構成の三字熟語を、あとから選びなさい。

(1) 上の一字が下の二字熟語を修飾する構成
(2) 上の二字熟語が下の一字を修飾する構成
(3) 三字が対等な関係で並んでいる構成

ア 心技体　**イ** 微生物《びせいぶつ》　**ウ** 審美眼《しんびがん》

問2 次の(1)~(3)の構成の四字熟語を、あとから選びなさい。

(1) 意味が似ている二字熟語を重ねた構成
(2) 意味が反対や対になる二字熟語を重ねた構成
(3) 上と下の二字熟語が修飾・被修飾の関係か連続した関係にある構成

ア 首尾一貫《しゅびいっかん》　**イ** 内憂外患《ないゆうがいかん》　**ウ** 群集心理　**エ** 美辞麗句《びじれいく》

×思考錯誤《しこうさくご》　○試行錯誤《しこうさくご》
×意味慎重《いみしんちょう》　○意味深長《いみしんちょう》

参考

故事成語の四字熟語

四字熟語には、次のように中国の故事に由来するものがある。

四面楚歌《しめんそか》…周りが敵や反対者ばかりで、味方がいないこと。

【故事】 楚《そ》の項羽《こうう》が漢軍《かんぐん》に包囲され、四面にいる漢軍が楚の歌を歌うのを聞いて、楚の民《たみ》が漢に降伏《こうふく》したと絶望した。

確認問題解答

問1 (1) イ　(2) ウ　(3) ア
問2 (1) エ　(2) イ　(3) ウ

資料3

重要四字熟語

青息吐息《あおいきといき》
どうにもやりくりがつかず、ひどく困った状態。

悪戦苦闘《あくせんくとう》
苦しんで戦うこと。困難な状況《じょうきょう》の中で努力すること。

悪口雑言《あっこうぞうごん》
さまざまな悪口。

暗中模索《あんちゅうもさく》
手がかりがないままに、いろいろとやってみること。

唯唯諾諾《いいだくだく》
善悪や自分の考えに関係なく、人の意見に従う様子。

意気消沈《いきしょうちん》
すっかり元気がなくなること。↔意気揚揚《いきようよう》・意気衝天《いきしょうてん》

異口同音《いくどうおん》
多くの人が、口をそろえて同じことを言うこと。

以心伝心《いしんでんしん》
言葉にしなくても、相手に気持ちが伝わること。

一期一会《いちごいちえ》
一生の間に一度しかない出会いや機会。

一日千秋《いちじつせんしゅう》 ※「一日」は「いちにち」とも読む。
非常に待ち遠しいこと。

一汁一菜《いちじゅういっさい》
汁物《しるもの》とおかずが一つずつだけの質素な食事。

一網打尽《いちもうだじん》
悪人などを一度に全部捕《と》らえること。

一蓮托生《いちれんたくしょう》
結果がどうだろうと、行動や運命をともにすること。

一攫千金《いっかくせんきん》 ※「一攫」は「一獲《いっかく》」とも書く。
一度にたやすく大きな利益を得ること。

一喜一憂《いっきいちゆう》
状況《じょうきょう》が変わるたびに、喜んだり心配したりすること。

一騎当千《いっきとうせん》
一人で千人の敵に立ち向かえるほど強いこと。

一触即発《いっしょくそくはつ》
少しのきっかけで、危険なことになりそうな様子。

一進一退《いっしんいったい》
状態や情勢がよくなったり悪くなったりすること。

一心不乱《いっしんふらん》
一つのことに集中して、ほかに気を散らさないこと。

一石二鳥《いっせきにちょう》
一つのことをして二つの利益を得ること。
＝一挙両得《いっきょりょうとく》

一朝一夕《いっちょういっせき》
ほんのわずかな時間のこと。

一長一短《いっちょういったん》
よいところもある一方、悪いところもあること。

一刀両断《いっとうりょうだん》
物事を思い切ってすみやかに処置すること。

意味深長《いみしんちょう》
表面上の意味の奥《おく》に深い意味を含《ふく》む様子。

因果応報《いんがおうほう》
仏教で、善悪の行いに応じて報《むく》いが必ずあるということ。

有為転変《ういてんぺん》
この世のすべてのものは、移り変わってゆくもので、同じ状態にとどまっていないこと。
＝諸行無常《しょぎょうむじょう》・有為無常《ういむじょう》

栄枯盛衰《えいこせいすい》
●栄えたり衰《おとろ》えたりすること。

温故知新《おんこちしん》
●過去の物事を研究して新しい知識を得ること。

外柔内剛《がいじゅうないごう》
●見かけは優しくおとなしそうだが、意志は強くてしっかりしていること。↔内柔外剛《ないじゅうがいごう》

花鳥風月《かちょうふうげつ》
●自然界の美しい景色や風物。

我田引水《がでんいんすい》
●自分の都合のいいように言ったりしたりすること。

換骨奪胎《かんこつだったい》
●他の人の作品の表現・内容・形式などをうまく利用して、自分の作品を作り出すこと。

勧善懲悪《かんぜんちょうあく》
●良い行いを勧《すす》め、悪い行いを懲《こ》らしめること。

危機一髪《ききいっぱつ》
●ごくわずかな差で危険なことに陥《おちい》りそうな状態。

起死回生《きしかいせい》
●絶望的な状態のものを立ち直らせること。

起承転結《きしょうてんけつ》
●物事の順序や文章の組み立て。

疑心暗鬼《ぎしんあんき》
●疑い出すと、何でもないことまで信じられなくなること。

奇想天外《きそうてんがい》
●普通《ふつう》では思いつかないほど、奇抜《きばつ》であること。

喜怒哀楽《きどあいらく》
●喜び・怒《いか》り・悲しみ・楽しみ。いろいろな感情。

旧態依然《きゅうたいいぜん》
●昔のままで、少しも進歩していない様子。

空前絶後《くうぜんぜつご》
●今までになく、これからもないと思われるほど、非常に珍《めずら》しいこと。

厚顔無恥《こうがんむち》
●厚かましくて、恥《はじ》を知らない様子。

荒唐無稽《こうとうむけい》
●根拠《こんきょ》がなくて、でたらめであること。

公明正大《こうめいせいだい》
●隠《かく》し立てがなく、公平で正しいこと。

孤軍奮闘《こぐんふんとう》
●たった一人で、一生懸命《けんめい》がんばること。

古色蒼然《こしょくそうぜん》
●年月を経て、いかにも古びている様子。

五臓六腑《ごぞうろっぷ》
●腹の中全体。

五里霧中《ごりむちゅう》
●心が迷って、どうしたらよいかわからなくなること。

言語道断《ごんごどうだん》
●言葉も出ないくらいにひどいこと。

三寒四温《さんかんしおん》
●寒い日が三日間続くと、そのあと四日間暖かい日が続くこと。冬から春先の気候。

三三五五《さんさんごご》
●ここに三人、あちらに五人という小さなまとまりで、人が散らばっている様子。

自画自賛《じがじさん》
●自分で自分のことを褒《ほ》めること。

四苦八苦《しくはっく》
●うまくいかなくて、非常に苦しむこと。

時代錯誤《じだいさくご》
●時代遅《おく》れであること。

七転八倒《しちてんばっとう》
●痛みや苦しみのために、のた打ち回っていること。

質実剛健《しつじつごうけん》
●飾《かざ》り気がなく、真面目でたくましいこと。

自暴自棄《じぼうじき》
●思いどおりにならなくて、投げやりになること。

自問自答《じもんじとう》
●自分で問いかけて、自分で答えること。

縦横無尽《じゅうおうむじん》
●物事を自由自在に行うこと。

十人十色《じゅうにんといろ》
●人によって考え方や好みなどがさまざまなこと。

主客転倒《しゅかくてんとう》
●物事の順序や立場が逆になること。

首尾一貫《しゅびいっかん》
●初めから終わりまで変わらないで、筋が通っていること。＝終始一貫《しゅうしいっかん》

順風満帆《じゅんぷうまんぱん》
●物事が順調にはかどること。

枝葉末節《しようまっせつ》
●本筋から外れた、つまらない事柄《ことがら》。

支離滅裂《しりめつれつ》
●まとまりがなくて、ばらばらな様子。

神出鬼没《しんしゅつきぼつ》
●現れたり隠《かく》れたりして、所在がわからないこと。

針小棒大《しんしょうぼうだい》
●小さなことをおおげさに言うこと。

新進気鋭《しんしんきえい》
●ある分野に新しく現れて、勢いが盛んなこと。

森羅万象《しんらばんしょう》
●この世に存在するすべての物事や現象。

晴耕雨読《せいこううどく》
●晴れた日には畑を耕し、雨の日には読書をして過ごすような、のんびりした気ままな暮らし。

青天白日《せいてんはくじつ》
●よく晴れた天気。また、心にやましいところがなく、潔白であること。＝清廉潔白《せいれんけっぱく》

切磋琢磨《せっさたくま》
●仲間で励《はげ》まし合い、競《きそ》い合って向上すること。

絶体絶命《ぜったいぜつめい》
●追いつめられて、どうすることもできないこと。

千客万来《せんきゃくばんらい》
●たくさんの客が入れ替《か》わり立ち替わり来ること。

千載一遇《せんざいいちぐう》
●千年に一度しかない巡《めぐ》ってこないほどまれな機会。

千差万別《せんさばんべつ》
●さまざまな種類があり、それぞれ違《ちが》っていること。

前代未聞《ぜんだいみもん》
●今までに聞いたこともないような珍《めずら》しいこと。

千変万化《せんぺんばんか》
●めまぐるしくさまざまに変わること。

大義名分《たいぎめいぶん》
●人として守るべき道義や節度。また、行動のよりどころになる道理や理由。

泰然自若《たいぜんじじゃく》
●ゆったりと落ち着いている様子。

大胆不敵《だいたんふてき》
●図太く構え、敵を敵とも思わないこと。

大同小異《だいどうしょうい》
●少しの違《ちが》いはあるが、だいたいは同じであること。

単刀直入《たんとうちょくにゅう》
●前置きもなく、いきなり話の中心に入ること。

朝令暮改《ちょうれいぼかい》
●法律や規則がたびたび変わって、あてにならないこと。

津津浦浦《つつうらうら》
●全国至るところ。

徹頭徹尾《てっとうてつび》
●考え方やり方が最初から最後まで変わらない様子。

天衣無縫《てんいむほう》
●詩や文章などでわざとらしさがなく、完全で美しいこと。また、とても無邪気《むじゃき》であること。＝天真爛漫《てんしんらんまん》

電光石火《でんこうせっか》
●非常に素早いこと。

天変地異《てんぺんちい》
●自然界に起こる異変。台風・地震《じしん》・日食・月食など。

当意即妙《とういそくみょう》
●その場に合わせて機転をきかすこと。

同工異曲《どうこういきょく》
●見かけは違《ちが》うようだが、内容は同じであること。

東奔西走《とうほんせいそう》
●目的のために、あちこち忙《いそが》しく走り回ること。

内憂外患《ないゆうがいかん》
●国内の心配事と、外国から受ける心配事。

二束三文《にそくさんもん》
●数が多くても、値段が非常に安いこと。

日進月歩《にっしんげっぽ》
●絶え間なく進歩すること。

二律背反《にりつはいはん》
●相反している事柄《ことがら》が、どちらも正しく、妥当《だとう》であること。

白砂青松《はくしゃせいしょう》 ※「白砂」は「はくさ」とも読む。
●白い砂浜《すなはま》と青い松林。美しい海岸の風景。

馬耳東風《ばじとうふう》
●人の忠告や批評を聞き流して、全く反省しないこと。

八方美人《はっぽうびじん》
●だれからもよく思われるように立ち回る人。

半信半疑《はんしんはんぎ》
●本当かどうか信じ切れないこと。

美辞麗句《びじれいく》
●美しく飾《かざ》った言葉。

付和雷同《ふわらいどう》
●自分の主義・主張がなく、安易にほかの人の意見に同調すること。

粉骨砕身《ふんこつさいしん》
●一生懸命《けんめい》努力すること。

片言隻語《へんげんせきご》
●ちょっとした短い言葉。ひと言。＝一言半句《いちごんはんく》

傍若無人《ぼうじゃくぶじん》
●そばに人がいないかのように、勝手気ままに振《ふ》る舞《ま》うこと。

無我夢中《むがむちゅう》
●その物事に熱中し、我を忘れること。

明鏡止水《めいきょうしすい》
●わだかまりがなく、心が澄《す》み切って安らかなこと。

優柔不断《ゆうじゅうふだん》
●ぐずぐずして、物事をはっきり決められないこと。

有名無実《ゆうめいむじつ》
●名前だけで実質が伴《ともな》わないこと。

油断大敵《ゆだんたいてき》
●失敗や事故のもとになるので、油断は恐《おそ》ろしい敵であるということ。

羊頭狗肉《ようとうくにく》
●表面ばかりが立派で、内容が伴《ともな》わないこと。

流言飛語《りゅうげんひご》 ※「飛語」は「蜚語」とも書く。
●根拠《こんきょ》のない、いい加減なうわさ。

竜頭蛇尾《りゅうとうだび》
●初めは勢いがよいが、終わりは振《ふ》るわないこと。

臨機応変《りんきおうへん》
●その時々の場面に応じて適切な処置をすること。

老若男女《ろうにゃくなんにょ》
●老人も若者も、男も女も含《ふく》むあらゆる人。

和洋折衷《わようせっちゅう》
●日本風と西洋風のものをうまく組み合わせること。

和語・漢語・外来語

◆日本語の起源による分類

日本語を言葉の起源によって分類したものが、**和語・漢語・外来語**である。他の国との交流で加わった語彙《ごい》が漢語・外来語である。和語は、それらが流入する以前から日本に存在した言葉である。

◆和語

漢語・外来語が流入する以前から存在していた和語は、大和《やまと》言葉ともいわれる。漢字の読み方でいえば訓読みが和語である。漢字が五世紀頃《ごろ》、日本に伝来してきたときに、漢字のもっている意味に当たるもともとの日本語の言葉を、その漢字の読み方として当てはめたのである。現代の表記においては、平仮名《ひらがな》だけで表記したり、漢字と平仮名を交ぜて表記したりするものが多い。

春《はる》・夏《なつ》・秋《あき》・冬《ふゆ》・海《うみ》・心《こころ》・物語・行く・話す・見る・聞く・考える・美しい・面白《おもしろ》い・楽しい・明るい・静かだ・穏《おだ》やかだ・きれいだ　など

動詞・形容詞については、漢語・外来語との複合語以外のほとんどの言葉が和語である。また、「は」「のみ」「らしい」などの助詞や助動詞はすべて和語である。

◆漢語

漢語とは、古代に中国から日本に伝来してきた言葉であり、当時の中国の言葉をそのまま流用し、その発音をまねた読み方、つまり音読みで表される言葉である。

参考

漢語・外来語を用いた動詞・形容詞

上段で述べたように、日本語の動詞・形容詞のほとんどは和語である。例外として、

例 緊張《きんちょう》する・運動する・達する・イメージする

などの、漢語・外来語にサ行変格活用動詞「する」を付けた複合動詞と、

例 騒々《そうぞう》しい・仰々《ぎょうぎょう》しい

など漢字の音読みを重ねた漢語を形容詞にしたものがある。

参考

明治時代以降の漢語

明治維新《めいじいしん》以降、日本にはそれまでとは異なる文化が大量に流入してきた。それに伴《ともな》って大量の概念《がいねん》も流入してきたが、それに対応する日本語がなかったので、多くの漢語を作り出したり、もとからある漢語に新しい意味を加えたりしたのである。

1 中国から流入した漢語 例 **流行・乱舞《らんぶ》・臨時《りんじ》・人生**

2 江戸《えど》時代以前に作られた日本製の漢語 例 **三味線《しゃみせん》・介錯《かいしゃく》・世話・大切**

3 明治時代以降に作られた日本製の漢語 例 **経済・科学・自由・意識・進化**

漢語は、すべて中国から流入した言葉ではなく、2・3のように漢語の作り方に合わせて日本で新たに作り出されたものも含《ふく》む。むしろ、3のように明治時代以降に作られた漢語が圧倒《あっとう》的に多い。

◆外来語

外来語とは、中国以外の外国から日本に流入してきた言葉のことである。一般《いっぱん》に、片仮名を使って表記する。外来語には、明治時代以降に英語から流入したものが多い。

ボール・ミルク・シャツ・カップ・コミュニケーション・マニュアル

また、室町《むろまち》・江戸時代にポルトガル・オランダから流入したもの（例 タバコ・カルタ）も多い。「ボールペン」「テレビ」のように、もとの語の一部を省略するなどして作った日本製の外来語もある。

確認問題

問1 次の(1)~(5)の言葉の起源による種類を、あとから選びなさい。

(1) 看病《かんびょう》 (2) 用心 (3) 心得 (4) ワイン (5) あやまち

ア 和語 **イ** 漢語 **ウ** 外来語

例 郵便・野球・哲学《てつがく》・恋愛《れんあい》

など、それまでの日本に存在しなかった制度や学問、考え方などの名称《めいしょう》として、多くの漢語を作り出した。

くわしく

外来語の輸入先

外来語のほとんどは、明治維新以降に流入してきたものであるが、その輸入先は、用語の分野によって分かれている。

①鉄道用語…イギリス
例 レール・プラットホーム・ダイヤグラム

②医学用語…ドイツ
例 ワクチン・カルテ

③芸術用語…フランス
例 アトリエ・デッサン

明治時代以降に技術輸入が多かった国の言葉を、外来語として使用している場合が多い。

確認問題解答

問1 (1) **イ** (2) **イ** (3) **ア** (4) **ウ** (5) **ア**

類義語・対義語

◆類義語――共通する部分をもつ言葉

私たちは、頭の中にいろいろな言葉を数多く記憶《きおく》している。そして、それらは頭の中でばらばらに存在しているのではなく、いろいろな関連付けによって結び付けられているのである。

次のように、人に伝えるとき、言葉を換《か》えることがある。

放送の一部に誤りがありました。…ある日テレビのニュースで聞いた内容

放送の一部に間違《まちが》いがあったらしいよ。…聞いた内容を人に伝えた場合

「誤り」と「間違い」がほぼ同じ意味の言葉であるという認識から、何らかの理由で「間違い」のほうを選択《せんたく》して伝えたのであろう。「誤り」と「間違い」に意味において共通する部分を認め、この二つをイコールで結び付けているのだ。

私たちは、このように、さまざまな言葉を共通する部分のある言葉として、グループにまとめている。そして、その中から場面に応じて使い分けをしているのである。このような意味の上で共通する部分をもつ言葉を類義語という。

類義語には、**1漢語の熟語**や、**2和語の動詞・形容詞・形容動詞**もある。

1 案外＝意外　興味＝関心　欠乏《けつぼう》＝不足

2 ためる＝蓄《たくわ》える　美しい＝うるわしい　ほのかだ＝かすかだ

用語解説

類義語の定義

類義語は、意味の上で共通する部分のある言葉、つまり似た意味の言葉であるが、その中に、

例 書物 ＝ 読み物
病気 ＝ 病《やまい》

のように、ほぼ同じ意味で語形が異なる同意語（同義語）も含《ふく》むことがある。

また、類義語のことを類語ということもある。

要注意

類義語の相違点

類義語には、意味は似ているが用法が異なるものが多い。例えば、「従う」と「仕える」は類義語で、

主君に仕える。

という文は、

主君に従う。

と言い換えることができる。しかし、

法則に従う。

とはいえても、

◆対義語―意味が対立する言葉

言葉を関連付ける方法として、言葉の対立関係をとらえる方法もある。類義語のように似た意味でグループ化するだけでなく、対義語によって対立関係をとらえることで、言葉を論理的に理解することができる。そして、それにより、文章を論理的に考えることができるのである。

例えば、次のような場合、一つ目の文よりも、二つ目の文のほうが、より明確でわかりやすい文になる。「自立」と「依存《いそん》」という対義語の関係を利用した文章の対立的な構造を見いだすことができ、その論理性をとらえやすくなる。また、読解においても、対義語によって文章の対立的な構造を見いだすことができ、その論理性をとらえやすくなる。

彼《かれ》は自立している。

彼は、親に依存するのではなく、自立している。

以上のように、類義語・対義語の関係をとらえることで一つ一つの言葉が関連付けられ、論理的な文章において、さまざまな言葉が利用しやすくなる。

確認問題

問1 次の(1)~(3)の言葉は類義語を、(4)~(6)の言葉は対義語を、それぞれあとから選びなさい。

(1) 厚意　(2) 音信　(3) 通商　(4) 販売《はんばい》　(5) 必然　(6) 乾燥《かんそう》

ア 消息　**イ** 貿易　**ウ** 親切　**エ** 購買《こうばい》　**オ** 偶然《ぐうぜん》　**カ** 湿潤《しつじゅん》

法則に仕える。とはいえない。

このように、言葉は、その違《ちが》いによって用法が制限されている場合が多く、すべての場合で言い換えられるとは限らない。

発展

対義語の種類

対義語の熟語は、使われている漢字の関係から、次のように分類することができる。

①一字が対立しているもの

例 甘口《あまくち》↔辛口《からくち》　給水↔排水《はいすい》

②全体で対立しているもの

例 形式↔内容　失敗↔成功

③否定《ひてい》の接頭語が付くもの

例 安心↔不安　既定《きてい》↔未定

確認問題解答

問1 (1) **ウ**　(2) **ア**　(3) **イ**　(4) **エ**　(5) **オ**　(6) **カ**

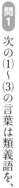

重要類義語

案外《あんがい》＝意外《いがい》＝存外《ぞんがい》
異議《いぎ》＝異存《いぞん》＝異論《いろん》
一族《いちぞく》＝一門《いちもん》
意図《いと》＝計画《けいかく》
遺品《いひん》＝形見《かたみ》
内訳《うちわけ》＝明細《めいさい》
運命《うんめい》＝天命《てんめい》
永久《えいきゅう》＝永遠《えいえん》
得手《えて》＝得意《とくい》
会得《えとく》＝理解《りかい》
延期《えんき》＝延長《えんちょう》
縁者《えんじゃ》＝親類《しんるい》
円満《えんまん》＝温厚《おんこう》
重荷《おもに》＝負担《ふたん》

音信《おんしん》＝消息《しょうそく》
改革《かいかく》＝革新《かくしん》
外見《がいけん》＝体裁《ていさい》
改正《かいせい》＝修正《しゅうせい》＝訂正《ていせい》
回想《かいそう》＝追想《ついそう》
改良《かいりょう》＝改善《かいぜん》
核心《かくしん》＝中核《ちゅうかく》
我慢《がまん》＝忍耐《にんたい》
簡潔《かんけつ》＝簡明《かんめい》＝簡単《かんたん》
刊行《かんこう》＝出版《しゅっぱん》
感心《かんしん》＝敬服《けいふく》
関心《かんしん》＝興味《きょうみ》
気化《きか》＝蒸発《じょうはつ》
帰郷《ききょう》＝帰省《きせい》

機構《きこう》＝組織《そしき》
気質《きしつ》＝性質《せいしつ》
機知《きち》＝機転《きてん》
気品《きひん》＝風格《ふうかく》
許可《きょか》＝認可《にんか》
拒絶《きょぜつ》＝拒否《きょひ》
空想《くうそう》＝想像《そうぞう》
屈指《くっし》＝有数《ゆうすう》
苦情《くじょう》＝不平《ふへい》＝不満《ふまん》
欠点《けってん》＝短所《たんしょ》
欠乏《けつぼう》＝不足《ふそく》
現職《げんしょく》＝現役《げんえき》
倹約《けんやく》＝節約《せつやく》
厚意《こうい》＝親切《しんせつ》＝好意《こうい》

考査《こうさ》＝試験《しけん》
効用《こうよう》＝効果《こうか》
後日《ごじつ》＝他日《たじつ》
固有《こゆう》＝特有《とくゆう》
才覚《さいかく》＝才能《さいのう》＝技量《ぎりょう》
細心《さいしん》＝綿密《めんみつ》
再生《さいせい》＝復活《ふっかつ》
作法《さほう》＝礼儀《れいぎ》
参考《さんこう》＝参照《さんしょう》
賛成《さんせい》＝同意《どうい》＝合意《ごうい》
志願《しがん》＝願望《がんぼう》＝希望《きぼう》
熟読《じゅくどく》＝精読《せいどく》
手段《しゅだん》＝方法《ほうほう》
順調《じゅんちょう》＝快調《かいちょう》

滋養《じよう》＝栄養《えいよう》
状態《じょうたい》＝状況《じょうきょう》
所得《しょとく》＝収入《しゅうにゅう》
進展《しんてん》＝発展《はってん》
進歩《しんぽ》＝向上《こうじょう》
推測《すいそく》＝推量《すいりょう》
素直《すなお》＝従順《じゅうじゅん》
絶交《ぜっこう》＝断交《だんこう》
世論《せろん》＝民意《みんい》
先日《せんじつ》＝過日《かじつ》
創造《そうぞう》＝創作《そうさく》
代理《だいり》＝代行《だいこう》
短気《たんき》＝性急《せいきゅう》
知識《ちしき》＝見識《けんしき》
長所《ちょうしょ》＝美点《びてん》
重宝《ちょうほう》＝便利《べんり》

調和《ちょうわ》＝協調《きょうちょう》
通常《つうじょう》＝日常《にちじょう》＝普段《ふだん》
提案《ていあん》＝発案《はつあん》
的中《てきちゅう》＝命中《めいちゅう》
天然《てんねん》＝自然《しぜん》
動機《どうき》＝契機《けいき》＝転機《てんき》
当然《とうぜん》＝必然《ひつぜん》
突然《とつぜん》＝不意《ふい》
納得《なっとく》＝了解《りょうかい》
難局《なんきょく》＝苦境《くきょう》
任意《にんい》＝随意《ずいい》
任務《にんむ》＝職務《しょくむ》
年代《ねんだい》＝世代《せだい》
反骨《はんこつ》＝気骨《きこつ》
判然《はんぜん》＝歴然《れきぜん》＝明白《めいはく》
品行《ひんこう》＝素行《そこう》

布教《ふきょう》＝伝道《でんどう》
不評《ふひょう》＝悪評《あくひょう》
普遍《ふへん》＝一般《いっぱん》
無礼《ぶれい》＝非礼《ひれい》
変化《へんか》＝変動《へんどう》
返事《へんじ》＝返答《へんとう》＝回答《かいとう》
貿易《ぼうえき》＝通商《つうしょう》
暴動《ぼうどう》＝騒動《そうどう》
方針《ほうしん》＝指針《ししん》
本人《ほんにん》＝当人《とうにん》
末路《まつろ》＝晩年《ばんねん》
密接《みっせつ》＝密着《みっちゃく》
名手《めいしゅ》＝達人《たつじん》
命令《めいれい》＝指示《しじ》
面接《めんせつ》＝面談《めんだん》
野心《やしん》＝野望《やぼう》

有名《ゆうめい》＝著名《ちょめい》
用意《ようい》＝準備《じゅんび》
様式《ようしき》＝形式《けいしき》
要点《ようてん》＝要所《ようしょ》
欲望《よくぼう》＝欲求《よっきゅう》
予想《よそう》＝予測《よそく》
余命《よめい》＝余生《よせい》
落下《らっか》＝降下《こうか》
利害《りがい》＝損得《そんとく》
利子《りし》＝利息《りそく》
立身《りっしん》＝栄達《えいたつ》
理由《りゆう》＝事情《じじょう》
了承《りょうしょう》＝承知《しょうち》
類似《るいじ》＝相似《そうじ》
留守《るす》＝不在《ふざい》
列席《れっせき》＝参列《さんれつ》

重要対義語

一字が対立しているもの

悪意《あくい》⇔善意《ぜんい》
悪評《あくひょう》⇔好評《こうひょう》
以前《いぜん》⇔以後《いご》
緯度《いど》⇔経度《けいど》
加害《かがい》⇔被害《ひがい》
可決《かけつ》⇔否決《ひけつ》
巻頭《かんとう》⇔巻末《かんまつ》
起点《きてん》⇔終点《しゅうてん》
偶然《ぐうぜん》⇔必然《ひつぜん》
黒字《くろじ》⇔赤字《あかじ》
下品《げひん》⇔上品《じょうひん》
肯定《こうてい》⇔否定《ひてい》
債権《さいけん》⇔債務《さいむ》

歳出《さいしゅつ》⇔歳入《さいにゅう》
散文《さんぶん》⇔韻文《いんぶん》
重視《じゅうし》⇔軽視《けいし》
就任《しゅうにん》⇔辞任《じにん》
主観《しゅかん》⇔客観《きゃっかん》
守勢《しゅせい》⇔攻勢《こうせい》
進化《しんか》⇔退化《たいか》
正常《せいじょう》⇔異常《いじょう》
整然《せいぜん》⇔雑然《ざつぜん》
積極《せっきょく》⇔消極《しょうきょく》
相対《そうたい》⇔絶対《ぜったい》
濁流《だくりゅう》⇔清流《せいりゅう》
長所《ちょうしょ》⇔短所《たんしょ》
直接《ちょくせつ》⇔間接《かんせつ》

能動《のうどう》⇔受動《じゅどう》
被告《ひこく》⇔原告《げんこく》
美徳《びとく》⇔悪徳《あくとく》
敏感《びんかん》⇔鈍感《どんかん》
返信《へんしん》⇔往信《おうしん》
凡人《ぼんじん》⇔偉人《いじん》
与党《よとう》⇔野党《やとう》
楽観《らっかん》⇔悲観《ひかん》
良質《りょうしつ》⇔悪質《あくしつ》

否定の接頭語が付くもの

安心《あんしん》⇔不安《ふあん》
完結《かんけつ》⇔未完《みかん》
完備《かんび》⇔不備《ふび》
既決《きけつ》⇔未決《みけつ》

既知《きち》⇔未知《みち》
既定《きてい》⇔未定《みてい》
幸運《こううん》⇔不運《ふうん》
好況《こうきょう》⇔不況《ふきょう》
清潔《せいけつ》⇔不潔《ふけつ》
成熟《せいじゅく》⇔未熟《みじゅく》
当番《とうばん》⇔非番《ひばん》
平常《へいじょう》⇔非常《ひじょう》
平凡《へいぼん》⇔非凡《ひぼん》
便利《べんり》⇔不便《ふべん》
有益《ゆうえき》⇔無益《むえき》
有効《ゆうこう》⇔無効《むこう》
有能《ゆうのう》⇔無能《むのう》
有利《ゆうり》⇔不利《ふり》

全体で対立しているもの

愛護《あいご》⇕虐待《ぎゃくたい》
安楽《あんらく》⇕苦痛《くつう》
遺失《いしつ》⇕拾得《しゅうとく》
依存《いそん》⇕自立《じりつ》
一般《いっぱん》⇕特殊《とくしゅ》
栄転《えいてん》⇕左遷《させん》
延長《えんちょう》⇕短縮《たんしゅく》
温暖《おんだん》⇕寒冷《かんれい》
解散《かいさん》⇕集合《しゅうごう》
開放《かいほう》⇕閉鎖《へいさ》
革新《かくしん》⇕保守《ほしゅ》
拡大《かくだい》⇕縮小《しゅくしょう》
歓喜《かんき》⇕悲哀《ひあい》
干渉《かんしょう》⇕放任《ほうにん》
乾燥《かんそう》⇕湿潤《しつじゅん》

陥没《かんぼつ》⇕隆起《りゅうき》
簡略《かんりゃく》⇕詳細《しょうさい》
凝固《ぎょうこ》⇕融解《ゆうかい》
許可《きょか》⇕禁止《きんし》
虚偽《きょぎ》⇕真実《しんじつ》
勤勉《きんべん》⇕怠惰《たいだ》
具体《ぐたい》⇕抽象《ちゅうしょう》
軽快《けいかい》⇕鈍重《どんじゅう》
形式《けいしき》⇕内容《ないよう》
軽率《けいそつ》⇕慎重《しんちょう》
軽薄《けいはく》⇕重厚《じゅうこう》
原因《げんいん》⇕結果《けっか》
減少《げんしょう》⇕増加《ぞうか》
権利《けんり》⇕義務《ぎむ》
高尚《こうしょう》⇕低俗《ていぞく》
興隆《こうりゅう》⇕滅亡《めつぼう》

困難《こんなん》⇕容易《ようい》
賛成《さんせい》⇕反対《はんたい》
質素《しっそ》⇕華美《かび》
失敗《しっぱい》⇕成功《せいこう》
出発《しゅっぱつ》⇕到着《とうちゃく》
需要《じゅよう》⇕供給《きょうきゅう》
上昇《じょうしょう》⇕下降《かこう》
承諾《しょうだく》⇕拒否《きょひ》
勝利《しょうり》⇕敗北《はいぼく》
親密《しんみつ》⇕疎遠《そえん》
生産《せいさん》⇕消費《しょうひ》
前進《ぜんしん》⇕後退《こうたい》
全体《ぜんたい》⇕部分《ぶぶん》
総合《そうごう》⇕分析《ぶんせき》
創造《そうぞう》⇕模倣《もほう》
脱退《だったい》⇕加入《かにゅう》

単純《たんじゅん》⇕複雑《ふくざつ》
徴収《ちょうしゅう》⇕納入《のうにゅう》
沈下《ちんか》⇕浮上《ふじょう》
天然《てんねん》⇕人工《じんこう》
肉体《にくたい》⇕精神《せいしん》
濃厚《のうこう》⇕希薄《きはく》
販売《はんばい》⇕購買《こうばい》
普通《ふつう》⇕特別《とくべつ》
凡庸《ぼんよう》⇕偉大《いだい》
抑制《よくせい》⇕促進《そくしん》
利益《りえき》⇕損失《そんしつ》
理性《りせい》⇕感情《かんじょう》
理想《りそう》⇕現実《げんじつ》
冷淡《れいたん》⇕親切《しんせつ》
連続《れんぞく》⇕断絶《だんぜつ》
浪費《ろうひ》⇕倹約《けんやく》

ことわざ・慣用句

◆ことわざとは

ことわざは、日常の会話の中にもたびたび登場する。例えば、慌《あわ》てている人に向かって「落ち着いて。『急《せ》いては事を仕損じる』だよ。」と注意を促《うなが》したり、見知らぬ土地に引っ越《こ》して不安そうな人に「『住めば都』というじゃないか。」と励《はげ》ましたりすることがあるだろう。

この「急いては事を仕損じる」や「住めば都」のように、**古くから言い伝えられてきた、教えや戒《いまし》め、生活の知恵などが含《ふく》まれているひと続きの言葉**を、ことわざという。ことわざには、「馬の耳に念仏」「猫《ねこ》に小判《こばん》」のような動物を表す言葉を使ったもの、「頭隠《かく》して尻隠《しりかく》さず」「背に腹はかえられぬ」のような体の一部を表す言葉を使ったもの、「一寸の虫にも五分《ごぶ》の魂《たましい》」「二度あることは三度ある」のような数を表す言葉、「紺屋《こうや》の白袴《しろばかま》」「朱《しゅ》に交われば赤くなる」のような色を表す言葉を使ったものがある。

また、似た意味のことわざや反対の意味のことわざはまとめて覚えておくとよいだろう。

1 似た意味のことわざ

急がば回れ＝急《せ》いては事を仕損じる
果報は寝《ね》て待て＝待てば海路の日和《ひより》あり
うそから出たまこと＝ひょうたんから駒《こま》
光陰《こういん》矢の如《ごと》し＝歳月《さいげつ》人を待たず

2 反対の意味のことわざ

うどの大木《たいぼく》⇔山椒《さんしょう》は小粒《こつぶ》でもぴりりと辛《から》い
急いては事を仕損じる⇔先んずれば人を制す
好きこそものの上手なれ⇔下手の横好き
立つ鳥跡《あと》を濁《にご》さず⇔後は野となれ山となれ

くわしく

似た意味のことわざ

石橋をたたいて渡《わた》る
＝転ばぬ先の杖《つえ》
念には念を入れよ
言わぬが花
＝沈黙《ちんもく》は金、雄弁《ゆうべん》は銀
思い立ったが吉日《きちじつ》
＝善は急げ
恩をあだで返す
＝後足《あとあし》で砂をかける
寝耳《ねみみ》に水＝やぶから棒

反対の意味のことわざ

まかぬ種は生えぬ
⇔果報は寝て待て
棚《たな》からぼた餅《もち》
待てば海路の日和あり
人を見たら泥棒《どろぼう》と思え
⇔七度尋《たびたず》ねて人を疑え
渡る世間に鬼《おに》はない
待つ身より待たるる身
⇔待たれる身より待つ身は辛《つら》い
柳《やなぎ》の下にいつもどじょうはいない
⇔二度あることは三度ある
苦あれば楽あり
⇔楽は苦の種、苦は楽の種

◆慣用句とは

慣用句には、文字どおりの意味と、習慣的に長く使われている慣用的な意味がある。

文字どおりの意味の「骨を折る」…体のどこかの部分を骨折する。

慣用的な意味の「骨を折る」…目的のために苦労を惜《お》しまず努力する。人のために力を尽《つ》くす。

慣用句とは、このように**二つ以上の言葉が一緒《いっしょ》になって、全体である特別な意味を表す言い回しのこと**である。「骨」の他にも、「頭が下がる」「手も足も出ない」「目鼻がつく」のように体の一部を表す言葉を使った慣用句は数多くある。また、ことわざと同様、「馬が合う」「おうむ返し」のような動物を表す言葉を使った慣用句や「一から十まで」「二つ返事」のような数を表す言葉を使った慣用句、「青田買い」「目を白黒させる」のような色を表す言葉を使った慣用句もある。

確認問題

問1 次のことわざと似た意味のことわざを、あとから選びなさい。

(1) 転ばぬ先の杖《つえ》　(2) のれんに腕押《うでお》し　(3) 寝耳《ねみみ》に水

ア 青天のへきれき　**イ** 豆腐《とうふ》にかすがい　**ウ** 石橋をたたいて渡《わた》る

問2 次の慣用句の□に入る、体の一部を表す言葉を、あとから選びなさい。

(1) □が滑《すべ》る　(2) 二の□を踏《ふ》む　(3) □を明かす

ア 手　**イ** 足　**ウ** 鼻　**エ** 耳　**オ** 口

参考

似た意味をもつ慣用句

朝飯前《あさめしまえ》＝お茶の子さいさい
いたちごっこ＝堂々巡《めぐ》り
固唾《かたず》をのむ
＝手に汗《あせ》を握《にぎ》る
心を奪《うば》われる＝我を忘れる
しのぎを削《けず》る＝火花を散らす
自腹を切る＝身銭を切る・
ふところを痛める
対岸の火事＝高みの見物
花を持たせる＝顔を立てる
目から鼻へ抜《ぬ》ける
＝一を聞いて十を知る

反対の意味をもつ慣用句

遅《おく》れを取る⇔機先を制する
顔が立つ⇔顔がつぶれる
閑古鳥《かんこどり》が鳴く
⇔門前市《いち》を成す
水を得た魚のよう
⇔陸に上がったかっぱ
実を結ぶ⇔棒に振《ふ》る・水の泡《あわ》

確認問題解答

問1 (1) **ウ**　(2) **イ**　(3) **ア**

問2 (1) **オ**　(2) **イ**　(3) **ウ**

重要ことわざ

悪事千里《あくじせんり》を走《はし》る

●悪い行いは、すぐに世間に知れ渡《わた》る。

悪銭身《あくせんみ》につかず

●不正に手に入れたお金は、無駄《むだ》に使ってしまいがちだ。

あぶはち取《と》らず

●両方を手に入れようとして、どちらも得られない。
＝二兎《にと》を追《お》う者《もの》は一兎《いっと》をも得《え》ず

雨垂《あまだ》れ石《いし》を穿《うが》つ

●小さな力でも根気よく続ければ、物事を成し遂《と》げられる。　＝石《いし》の上《うえ》にも三年《さんねん》

石橋《いしばし》をたたいて渡《わた》る

●とても用心深く物事を行うこと。
＝転《ころ》ばぬ先《さき》の杖《つえ》・念《ねん》には念《ねん》を入《い》れる

一事《いちじ》が万事《ばんじ》

●一つのことを見れば、それですべてがわかるということ。

一寸《いっすん》の虫《むし》にも五分《ごぶ》の魂《たましい》

●小さいものや弱いものにも、それに応じた意地があるので、ばかにできないということ。

井《い》の中《なか》の蛙大海《かわずたいかい》を知《し》らず

●見聞が狭《せま》くて、ほかに広い世界があることを知らない。

鰯《いわし》の頭《あたま》も信心《しんじん》から

●つまらないものでも、信心の対象となればありがたがられること。

魚心《うおごころ》あれば水心《みずごころ》

●相手の出方次第《しだい》で、こちらにも応じ方があるということ。

うそも方便《ほうべん》

●物事をうまく進めるために、ときにはうそも必要だということ。

江戸《えど》の敵《かたき》を長崎《ながさき》で討《う》つ

●意外なところ、または筋違《すじちが》いなことで、以前の仕返しをする。

鬼《おに》に金棒《かなぼう》

●強い者が好条件を得てさらに強くなること。

鬼《おに》の居《い》ぬ間《ま》に洗濯《せんたく》

●怖《こわ》い人や気詰《きづ》まりな人のいない間にくつろぐこと。

帯《おび》に短《みじか》したすきに長《なが》し

●中途半端《ちゅうとはんぱ》で役に立たないこと。

おぼれる者《もの》はわらをもつかむ

●危険な立場にある者は、頼《たよ》りになりそうもないものにも助けを求める。

飼《か》い犬《いぬ》に手《て》をかまれる

●かわいがっていたものから害を受けてしまう。

壁《かべ》に耳《みみ》あり障子《しょうじ》に目《め》あり

●だれがどこで聞いているか見ているかわからないということ。

果報《かほう》は寝《ね》て待《ま》て

●運は人の力ではどうにもならないから、焦《あせ》らず時機が来るのを待つのがよい。

枯《か》れ木《き》も山《やま》のにぎわい

●つまらないものでも、ないよりはあったほうがよい。

聞《き》くは一時《いっとき》の恥《はじ》聞《き》かぬは一生《いっしょう》の恥《はじ》

●知らないことを聞く恥《は》ずかしさは一時のことだが、聞かないで知らずに過ごせば一生恥ずかしい思いをすることになる。だから、わからないことはすぐに聞きなさいという教え。

窮《きゅう》すれば通《つう》ず
●行き詰《づ》まったときこそ、かえって活路が開ける。

窮鼠猫《きゅうそねこ》をかむ
●弱い者でも、必死になると強い者を苦しめる。

腐《くさ》っても鯛《たい》
●本当によいものは、古くなったり落ちぶれたりしても、価値があるということ。

けがの功名《こうみょう》
●何気なくやったことが、予想もしないよい結果になること。

光陰矢《こういんや》の如《ごと》し
●月日のたつのは、矢の飛ぶように早い。

後悔先《こうかいさき》に立《た》たず
●終わったあとで悔《く》やんでみても、取り返しがつかない。

好事魔多《こうじまおお》し
●よいことやめでたいことには、邪魔《じゃま》が入りやすい。

郷《ごう》に入《い》っては郷《ごう》に従《したが》え
●自分の住む土地の風俗《ふうぞく》・習慣に従うべきだ。

弘法《こうぼう》にも筆《ふで》の誤《あやま》り
●その道に長じた人でも、ときには失敗することもある。［注］弘法は、書道の名人である弘法大師。＝猿《さる》も木《き》から落《お》ちる・上手《じょうず》の手《て》から水《みず》が漏《も》れる

紺屋《こうや》の白袴《しろばかま》
●他人のことばかりに忙《いそが》しくて、自分のことをする暇《ひま》がないこと。＝医者《いしゃ》の不養生《ふようじょう》

転《ころ》ばぬ先《さき》の杖《つえ》
●失敗しないように、前もって用意しておくこと。

先《さき》んずれば人《ひと》を制《せい》す
●他人より先に事を行えば、有利な立場に立てる。

去《さ》る者《もの》は日々《ひび》に疎《うと》し
●親しかった者も、遠く離《はな》れると、親しみが薄《うす》れていく。

三人寄《さんにんよ》れば文殊《もんじゅ》の知恵《ちえ》
●何人《なんにん》かが集まって相談すれば、よい知恵が出るものだ。［注］「文殊」は知恵をつかさどる文殊菩薩《ぼさつ》のこと。

釈迦《しゃか》に説法《せっぽう》
●物事をよく知りつくしている人に対して教えを説くのは、愚《おろ》かなことだ。

知《し》らぬが仏《ほとけ》
●知っていれば腹《はら》も立つが、知らないから心を動かさずにいられるということ。

好《す》きこそものの上手《じょうず》なれ
●好きなものは熱心に取り組むので、自然と上達するものだ。↔下手《へた》の横好《よこず》き

捨《す》てる神《かみ》あれば拾《ひろ》う神《かみ》あり
●一方で見捨てられたときでも、他方で救いの手が差し伸べられることがある。

住《す》めば都《みやこ》
●どんなところでも、住み慣れると住みよくなるものだ。

急《せ》いては事《こと》を仕損《しそん》じる
●物事は、焦《あせ》るとかえって失敗しやすい。

船頭多《せんどうおお》くして船山《ふねやま》に上《のぼ》る
●指図する者が多くて、物事が目標に向かって順調に進まないこと。

善《ぜん》は急《いそ》げ
●よいことだと思ったら、ためらわずにすぐ実行せよ。＝思《おも》い立《た》ったが吉日《きちじつ》

前門《ぜんもん》の虎《とら》、後門《こうもん》の狼《おおかみ》
●一つの災難《さいなん》を逃《のが》れてすぐに、また災難に遭《あ》うこと。

千里《せんり》の道《みち》も一歩《いっぽ》より始《はじ》まる
●遠い旅も一歩から始まるように、大きな事業も手近なところから始まる。

袖振《そでふ》り合《あ》うも多生《たしょう》の縁《えん》
●ちょっとした出来事も前世からの因縁《いんねん》で起こるものだということ。［注］「多生」とは、何度も生まれ変わること。

備《そな》えあれば憂《うれ》いなし
- 用意が十分なら心配することはない。

大山鳴動《たいざんめいどう》して鼠一匹《ねずみいっぴき》
- 前触《まえぶ》れが大きいわりに、実際の結果は大したことがないこと。

立《た》つ鳥跡《とりあと》を濁《にご》さず
- 飛び立つ水鳥が水面を汚《よご》さないように、何事も後始末《あとしまつ》をきれいにすべきである。
↔後は野《の》となれ山《やま》となれ

蓼食《たでく》う虫《むし》も好《す》き好《ず》き
- 人の好みはさまざまである。［注］「蓼」は植物。葉と茎《くき》に辛《から》みがある。

棚《たな》からぼた餅《もち》
- 思いがけない幸運に遭《あ》うこと。

短気《たんき》は損気《そんき》
- 短気を起こすと、結局は失敗して損をするということ。

ちょうちんに釣《つ》り鐘《がね》
- 差がありすぎて釣り合わないこと。
＝月《つき》とすっぽん

ちりも積《つ》もれば山《やま》となる
- わずかなものでも積もり積もれば大きなものになる。

鉄《てつ》は熱《あつ》いうちに打《う》て
- 熱いうちに鍛《きた》える鉄のように、物事は時機を逃《のが》さず遂行《すいこう》すべきだ。

出《で》る杭《くい》は打《う》たれる
- 優れて目立つ者は、とかく人からうらまれるものだ。

灯台《とうだい》もと暗《くら》し
- 身近なことはかえってわかりにくいものだ。
［注］「灯台」は、昔の照明器具のこと。

同病相憐《どうびょうあいあわ》れむ
- 同じ苦しみを受けている人は、互《たが》いに同情し合うものだ。

毒《どく》を食《く》らわば皿《さら》まで
- 一度悪事をやったなら、最後までやり通そう。

所変《ところか》われば品変《しなか》わる
- 土地が変われば、風俗《ふうぞく》・習慣・言語なども変わる。

取《と》らぬ狸《たぬき》の皮算用《かわざんよう》
- 手に入るかどうかわからないものを当てにして、あれこれ計画を立てること。

どんぐりの背比《せいくら》べ
- どれを取っても似たりよったりで、特に優れたものがないこと。

飛《と》んで火《ひ》に入《い》る夏《なつ》の虫《むし》
- 明るさにひかれて火に飛び込《こ》む虫のように、進んで危険なことに関わりをもつこと。

鳶《とんび》に油揚《あぶらあ》げをさらわれる
- 大事なものを横合いから奪《うば》われる。

泣《な》き面《つら》に蜂《はち》
- 不運の上に、さらにまた不運が重なること。
＝弱《よわ》り目《め》に祟《たた》り目《め》

情《なさ》けは人《ひと》のためならず
- 人に情けをかければ、巡《めぐ》り巡って自分によい報《むく》いがあるものだ。

生兵法《なまびょうほう》は大怪我《おおけが》のもと
- 中途半端《ちゅうとはんぱ》な知識や技能に頼《たよ》ると、大きな失敗をしてしまうこと。

二階《にかい》から目薬《めぐすり》
- ひどく回りくどいこと。また、全く効き目のないこと。

逃《に》がした魚《さかな》は大《おお》きい
- もう少しで手に入りそうなところで失ったものは、いちだんと惜《お》しく感じる。

ぬかに釘《くぎ》
- いくら努力しても、相手に何の効き目もないこと。
＝のれんに腕押《うでお》し・豆腐《とうふ》にかすがい

盗人《ぬすびと》にも三分《さんぶ》の理《り》
●その気になれば、どんな理屈《りくつ》でも理由でもつくこと。

ぬれ手《て》で粟《あわ》
●苦労しないで利益を得ること。

猫《ねこ》に小判《こばん》
●いくら価値があるものでも、持つ人によっては、何の役にも立たないこと。
＝豚《ぶた》に真珠《しんじゅ》

能《のう》ある鷹《たか》は爪《つめ》を隠《かく》す
●優れた才能のある人は、むやみにそれを見せびらかさない。

喉元《のどもと》過《す》ぎれば熱《あつ》さを忘《わす》れる
●苦しいときが過ぎると、そのときの苦しさなどを忘れてしまう。

早起《はやお》きは三文《さんもん》の徳《とく》
●早起きをすれば、何らかの利益があるということ。

ひさしを貸《か》して母屋《おもや》を取《と》られる
●一部の使用を許したために、いつの間にか全体を占領《せんりょう》されてしまうこと。

人《ひと》のうわさも七十五日《しちじゅうごにち》
●世間のうわさや評判は、自然に消えていくものであるということ。

人《ひと》の口《くち》に戸《と》は立《た》てられぬ
●世間の人々のうわさは、防ぎようがない。

火《ひ》のない所《ところ》に煙《けむり》は立《た》たぬ
●うわさが立つのは、何か原因になることがあるからだ。

百聞《ひゃくぶん》は一見《いっけん》にしかず
●何回も人から聞くより、一回自分の目で見て確かめるほうがよくわかる。

仏《ほとけ》の顔《かお》も三度《さんど》
●どんなに情け深い人でも、何度もひどいことをされれば最後は怒《おこ》り出すものだということ。

まかぬ種《たね》は生《は》えぬ
●何もしないでいれば、よい結果を得ることは不可能である。　↔待《ま》てば海路《かいろ》の日和《ひより》あり

待《ま》てば海路《かいろ》の日和《ひより》あり
●落ち着いて待っていれば、そのうちよいことが訪れる。　＝果報《かほう》は寝《ね》て待《ま》て

ミイラ取《と》りがミイラになる
●人を説得しようとしたものが、かえって相手に説得されて同意してしまう。

水清《みずきよ》ければ魚《うお》棲《す》まず
●あまりに実直すぎると、かえって人に親しまれず孤立《こりつ》してしまう。

門前《もんぜん》の小僧《こぞう》習《なら》わぬ経《きょう》を読《よ》む
●日頃《ひごろ》、見聞きしていると、習わなくても知らず知らず覚えてしまうこと。

焼《や》け石《いし》に水《みず》
●努力や助けが足りなくて、何の役にも立たないこと。

安物買《やすものか》いの銭失《ぜにうしな》い
●値段の安いものは質が悪いものが多く、かえって損をするということ。

柳《やなぎ》の下《した》にいつもどじょうはいない
●たまたま幸運を得られたからといって、いつも同じ方法で得られるわけではない。

良薬《りょうやく》は口《くち》に苦《にが》し
●よく効く薬が飲みにくいように、自分のためになる忠告は、聞くのがつらいものだ。

論語《ろんご》読《よ》みの論語《ろんご》知《し》らず
●書物から得た知識を、生かして実行することができない人のこと。

論《ろん》より証拠《しょうこ》
●人を納得させるには、議論よりも証拠を示すほうが確実だ。

渡《わた》りに船
●必要なときに都合よく条件が整うこと。

重要慣用句

あうんの呼吸《こきゅう》
- 一緒《いっしょ》に物事を行う際に微妙《びみょう》な気持ちが合うこと。

青菜《あおな》に塩《しお》
- 今まで元気だった人が、急に元気をなくすこと。

生《い》き馬《うま》の目《め》を抜《ぬ》く
- 人を出し抜いて、素早《すばや》く利益を得る。

一矢《いっし》を報《むく》いる
- 相手の攻撃《こうげき》に対して、負けずに反撃する。

引導《いんどう》を渡《わた》す
- 相手が諦《あきら》めるように、最終的な宣告を言い渡す。

雨後《うご》のたけのこ
- 似たような物事が、次々に現れ出ること。

腕《うで》をこまねく　※「こまねく」は「こまぬく」ともいう。
- 自分は何もしないで、脇《わき》からただ見ている。

裏《うら》をかく
- 相手の予想とは違《ちが》ったことをして、出し抜《ぬ》く。

英気《えいき》を養《やしな》う
- いざというときに力を出せるよう、休養を取る。

悦《えつ》に入《い》る
- 気に入ったことや満足することがあり、一人で喜ぶ。

襟《えり》を正《ただ》す
- 身なりや姿勢をきちんとして、気持ちを引き締《し》める。

おはちが回《まわ》る
- 自分の番が回ってくる。［注］「おはち」はご飯を入れる器《うつわ》。

尾《お》ひれをつける
- 事実以外のことを付け加えて、話を大げさにする。

折《お》り紙《がみ》つき
- その物事が確かであると保証されていること。

かさに着《き》る
- 権力や勢力を頼《たよ》りにしていばる。

固唾《かたず》をのむ
- 事の成り行きを心配して、緊張《きんちょう》して見守る。

片腹痛《かたはらいた》い
- 余りにばからしくて、おかしくてたまらない。

片棒《かたぼう》をかつぐ
- 仕事や企《くわだ》てに協力する。荷担《かたん》する。

気炎《きえん》を上《あ》げる
- 威勢《いせい》のいいことを盛んにしゃべる。

帰心矢《きしんや》のごとし
- 故郷や家にすぐにでも帰りたいという気持ちが強い。

機先《きせん》を制《せい》する
- 相手より先に行動を起こして相手の勢いをくじく。

木《き》で鼻《はな》をくくる
- 相手に対して、冷たくそっけない態度を取る。

口火《くちび》を切《き》る
- 多数の人の中で、物事を最初に始める。

苦杯《くはい》をなめる
- つらい経験をする。

下駄《げた》を預《あず》ける
- 問題の解決や物事の決定を人にすっかり任せる。

煙《けむ》に巻《ま》く
- 大げさなことや予想外のことを言って相手をごまかす。

口角泡《こうかくあわ》を飛《と》ばす
- 激しい勢いで、盛んに議論をする。

功《こう》を奏《そう》する

● 効き目が現れる。成功する。

業《ごう》を煮《に》やす

● うまくいかないことに腹を立てて、いらいらする。

小耳《こみみ》に挟《はさ》む

● 聞くつもりはなく何となく聞く。ちらっと聞く。

采配《さいはい》を振《ふ》る

● 全体を統率して、指図する。

策《さく》を弄《ろう》する

● 必要以上に不正な手段や計略を用いる。

舌《した》つづみを打《う》つ

● おいしい食べ物を満足して味わう。

下《した》にも置《お》かない

● 相手を非常に大事にして、丁重《ていちょう》にもてなす様子。

しのぎを削《けず》る

● 互《たが》いに激しく争う。［注］「しのぎ」は刃《は》と峰《みね》との間にある、少し盛り上がった部分。

白羽《しらは》の矢《や》が立《た》つ

● 多くの中から選び出される。

尻目《しりめ》にかける

● ちらっと見るだけで、まともに相手にしない。

水泡《すいほう》に帰《き》す

● これまでの努力などが無駄《むだ》になる。

すねに傷持《きずも》つ

● 人に知られては困るような前歴がある。

隅《すみ》に置《お》けない

● 思ったより優れていて、油断できない。

赤貧洗《せきひんあら》うがごとし

● 非常に貧しく、洗い流したように何も持たない様子。

せきを切《き》る

● それまで抑《おさ》えていたものが、一度にあふれ出る。

相好《そうごう》を崩《くず》す

● うれしくて、思わずにこにこした顔になる。

そばづえを食《く》う

● 自分とは関係のないことで、思わぬ災難を受ける。

対岸《たいがん》の火事《かじ》

● 自分に影響《えいきょう》が及《およ》ばないので、少しも苦痛を感じない事件や災難。

高嶺《たかね》の花《はな》

● 見ているだけで、自分の手には入らないもの。

多勢《たぜい》に無勢《ぶぜい》

● 大人数に対して少人数なので勝ち目がないこと。

立《た》つ瀬《せ》がない

● 誤解されたり悪く言われたりして、立場がない。

たもとを分《わ》かつ

● 今まで行動を共にした人との関係を断《た》ち切る。

竹馬《ちくば》の友《とも》

● 小さいときから共に遊んだ親しい友人。

長蛇《ちょうだ》を逸《いっ》する

● 惜《お》しい獲物《えもの》や大きな機会を取り逃《に》がす。

つじつまを合《あ》わせる

● 話や物事の筋道が通るようにする。

手《て》ぐすね引《ひ》く

● 十分に準備を整えて、機会が来るのを待ち構える。

てこでも動《うご》かない

● どんな手段を用いても動かせない。どんなに説得しても考えを変えない。

出《で》ばなをくじく

● 物事のし始めを邪魔《じゃま》して、やる気をなくさせる。

峠《とうげ》を越《こ》す

● 物事《ものごと》の盛んな時期や非常に危険な時が過ぎる。

取《と》り付《つ》く島《しま》もない

● 相手が無愛想で冷たく、話しかけるすきがない。

長《なが》い目《め》で見《み》る
● 現在のことだけで判断せず、気長に見守る。

なしのつぶて
● 手紙などを出しても、何の返事もないこと。

鳴《な》り物《もの》入《い》り
● 楽器を演奏するなどして、にぎやかにすること。または、大げさに宣伝すること。

鳴《な》りをひそめる
● 物音を立てずに静かにする。活動を休止する。

煮《に》え湯《ゆ》を飲《の》まされる
● 信用していた人に裏切られて、ひどい目に遭《あ》う。

苦虫《にがむし》をかみつぶしたよう
● 非常に不快そうな、機嫌《きげん》の悪い顔をする様子。

ぬか喜《よろこ》び
● あとになって当て外れだとわかる一時的な喜び。

抜《ぬ》き差《さ》しならない
● 身動きが取れない。どうにもならない。

猫《ねこ》も杓子《しゃくし》も
● だれもかれも。［注］「杓子」は飯や汁《しる》をよそう道具。しゃもじ。

年貢《ねんぐ》の納《おさ》め時《どき》
● 悪事を働いた者が捕《と》らえられ、罰《ばつ》を受ける時期。

のしを付《つ》ける
● もらってくれる相手に、喜んであげる。

のべつ幕《まく》なし
● 休みなく物事が続くこと。

のれんを分《わ》ける
● 長年勤めて一人前になった者に、同じ屋号（店の呼び名）の新しい店を出させる。

掃《は》き溜《だ》めに鶴《つる》
● つまらない中にずば抜《ぬ》けて優れたものが混じること。

馬脚《ばきゃく》を現《あらわ》す
● 隠《かく》していたことが表に出る。化けの皮がはがれる。

はくが付《つ》く
● 世間から認められて値打ちが上がる。

はしにも棒《ぼう》にもかからない
● どうにも取り扱《あつか》いようがないほどひどい。

発破《はっぱ》をかける
● 強い言葉をかけて励《はげ》ます。気合いを入れる。

一泡吹《ひとあわふ》かせる
● 人の不意をついて驚《おどろ》かせる。

人《ひと》のふんどしで相撲《すもう》を取《と》る
● 他人の力やものを利用して、自分の利益を図る。

一肌脱《ひとはだぬ》ぐ
● 人を助けるために、自分の力を貸す。

火蓋《ひぶた》を切《き》る
● 戦争や競技を始める。

氷山《ひょうざん》の一角《いっかく》
● 表面に表れた部分は、大きな物事のごく一部にすぎないこと。

風雲急《ふううんきゅう》を告《つ》げる
● 大きな変動が起きそうな差し迫《せま》った状態である。

風前《ふうぜん》のともしび
● 危険が迫《せま》っていて、今にも滅《ほろ》びそうな状態。

不問《ふもん》に付《ふ》す
● あやまちや失敗をとがめないでおく。

へそで茶《ちゃ》を沸《わ》かす
● あまりにばからしくて、おかしくてたまらない。

減《へ》らず口《ぐち》を叩《たた》く
● 負け惜《お》しみで、悪口やへ理屈《りくつ》を言う。

墓穴《ぼけつ》を掘《ほ》る
● 自分の身を滅《ほろ》ぼすようなことを自分でする。

矛先《ほこさき》を向《む》ける
● 非難や攻撃《こうげき》を相手に向ける。

ほぞをかむ
●済んでしまったことを後悔《こうかい》する。

枚挙《まいきょ》にいとまがない
●たくさんありすぎて、一つ一つ数えられない。

末席《まっせき》を汚《けが》す
●自分が集まりに参加したり仲間に加わったりすることを、謙遜《けんそん》する言い方。

満《まん》を持《じ》す
●十分に準備して、よい機会を待つ。

みこしを上《あ》げる
●やっと立ち上がったり仕事に取りかかったりする。

身銭《みぜに》を切《き》る
●自分のお金で支払《しはら》う。自腹を切る。

胸三寸《むねさんずん》に納《おさ》める
●言葉にも顔にも出さずに、心の中にしまい込《こ》む。

無用《むよう》の長物《ちょうぶつ》
●あっても役に立たず、かえって邪魔《じゃま》になるもの。

眼鏡《めがね》にかなう
●目上の人に認められたり、気に入られたりする。

目《め》から鼻《はな》へ抜《ぬ》ける
●頭の働きが非常によい。抜け目がない。

目星《めぼし》をつける
●これだという見当をつける。

面目《めんぼく》を施《ほどこ》す
●立派に事を成し遂《と》げて、よい評価を得る。

元《もと》も子《こ》もない
●利益ばかりか元手まで失って、無駄《むだ》になる。

諸刃《もろは》の剣《つるぎ》 ※「諸刃」は「両刃」とも書く。
●一方では役に立つが、他方では害になること。

門前払《もんぜんばら》い
●訪ねてきた人を、会わないままに帰らせること。

焼《や》きが回《まわ》る
●頭や体の働きが衰《おとろ》えて、鈍《にぶ》くなる。

柳《やなぎ》に風《かぜ》
●相手の強い態度に逆らわずに、軽く受け流すこと。

破《やぶ》れかぶれ
●もうどうにでもなれと、やけになること。

矢《や》も楯《たて》もたまらず
●そうしたい気持ちが強くて、じっとしていられない様子。

有終《ゆうしゅう》の美《び》
●物事を最後までやり通して、立派に終わらせること。

横車《よこぐるま》を押《お》す
●車を横向きにして押すように、筋道の通らないことを思いどおりにしようと、無理に押し通すこと。

余念《よねん》がない
●一つのことに集中して、ほかのことを考えない。

烙印《らくいん》を押《お》される
●消すことのできないような悪評を立てられる。

らちが明《あ》かない
●物事がはかどらない。決着がつかない。

溜飲《りゅういん》が下《さ》がる
●これまでの不平不満がなくなり、胸がすっとする。

累《るい》を及《およ》ぼす
●周囲に迷惑《めいわく》をかける。巻き添《ぞ》えにする。

レッテルを貼《は》る
●ある物事に対して、一方的に評価や格付けをする。

老骨《ろうこつ》にむち打《う》つ
●老人が衰《おとろ》えた力を奮い起こして物事に当たる。

ろれつが回《まわ》らない
●舌が十分に動かず、うまくしゃべれない。

割《わり》を食《く》う
●他人のしたことの影響《えいきょう》を受けて損をする。

完成問題 CHECK

第3章

語句の知識

解答 85ページ

1 次の各文の――線部の熟語は、どの構成で成り立っているか。適切なものをあとから選び、記号で答えなさい。

(1) 十年ぶりに、友人と再会した。
(2) 負傷した選手の代理として出場した。
(3) 遠くで信号が点滅《てんめつ》しているのが見える。
(4) 県営の美術館で、有名な画家の展覧会が開かれた。
(5) 本心を言い当てられて、少し動揺《どうよう》した。

ア 意味が似ている漢字を重ねた構成。
イ 意味が反対や対《つい》になる漢字を重ねた構成。
ウ 上の漢字が下の漢字を修飾《しゅうしょく》する構成。
エ 下の漢字が上の漢字の動作の目的や対象になる構成。
オ 上の漢字が主語で、下の漢字が述語になる構成。

2 次の(1)～(5)が熟語になるように、□に当てはまる漢字をあとから選び、記号で答えなさい。

(1) □罪　(2) 美□　(3) 酸□　(4) □安　(5) □開

ア 不　**イ** 無　**ウ** 未　**エ** 性　**オ** 的

3 次の熟語と同じ構成の熟語をそれぞれ［　］から選び、記号で答えなさい。

(1) 真昼　［**ア** 旧姓《きゅうせい》　**イ** 求人　**ウ** 添加《てんか》　**エ** 御恩《ごおん》］
(2) 暗示　［**ア** 視線　**イ** 援助《えんじょ》　**ウ** 迷惑《めいわく》　**エ** 繁栄《はんえい》］
(3) 日没《にちぼつ》　［**ア** 変化　**イ** 人造　**ウ** 円柱　**エ** 入学］
(4) 握手《あくしゅ》　［**ア** 知識　**イ** 幸福　**ウ** 投球　**エ** 緑化］

4 次の四字熟語の意味をあとから選び、記号で答えなさい。

(1) 旧態依然《きゅうたいいぜん》　(2) 森羅万象《しんらばんしょう》　(3) 徹頭徹尾《てっとうてつび》
(4) 当意即妙《とういそくみょう》　(5) 明鏡止水《めいきょうしすい》　(6) 四面楚歌《しめんそか》

ア 考え方ややり方が最初から最後まで変わらない様子。
イ 周りが敵や反対者ばかりで、味方がいないこと。
ウ わだかまりがなく、心が澄《す》み切って安らかなこと。
エ 昔のままで、少しも進歩していない様子。
オ この世に存在するすべてのもの。
カ その場に合わせて機転をきかすこと。

第1章 日本語の特徴
第2章 漢字の知識
第3章 語句の知識

5

次の三字熟語は、二字熟語を中心にして、それに一字が加わってできた熟語である。それぞれ中心となる二字熟語を抜《ぬ》き出しなさい。

(1) 非常識　(2) 重要性　(3) 非常口　(4) 好景気
(5) 新製品　(6) 修飾語　(7) 不完全　(8) 自由化

6

次の言葉に当てはまるものをあとから選び、記号で答えなさい。

(1) 橋渡《はしわた》し　(2) 推測する　(3) 要素　(4) 皮肉
(5) 置き土産《みやげ》　(6) 昇降口《しょうこうぐち》　(7) 迷子《まいご》　(8) 電圧計

ア 和語　イ 漢語　ウ 漢語＋和語

7

次の言葉の類義語をあとから選び、記号で答えなさい。

(1) 普遍《ふへん》　(2) 屈指《くっし》　(3) 機構
(4) 明細　(5) 外見

ア 組織　イ 有数　ウ 体裁《ていさい》　エ 内訳　オ 一般《いっぱん》

8

次の言葉の対義語をあとから選び、記号で答えなさい。

(1) 保守　(2) 干渉《かんしょう》　(3) 凝固《ぎょうこ》
(4) 内容　(5) 依存《いぞん》

ア 融解《ゆうかい》　イ 自立　ウ 放任　エ 形式　オ 革新

9

次のことわざの意味として正しいものをあとから選び、記号で答えなさい。

(1) 魚心あれば水心
(2) 灯台《とうだい》もと暗し
(3) ぬかに釘《くぎ》
(4) ちょうちんに釣《つ》り鐘《がね》

ア 差がありすぎて釣《つ》り合わないこと。
イ 身近なことはかえってわかりにくいものだ。
ウ 相手の出方次第で、こちらにも応じ方があるということ。
エ いくら努力しても、相手に何の効き目もないこと。

10

次の文が正しい慣用句を含《ふく》んだ文になるように、（　）に当てはまる言葉をあとから選び、記号で答えなさい。

(1) 流行しているブーツを、（　）もしゃくしも履《は》いている。
(2) 勝敗の行方《ゆくえ》を、（　）をのんで見守った。
(3) 実験が失敗し、今までの努力が（　）に帰す。
(4) 審判《しんぱん》長の（　）を押《お》す発言で、判定がくつがえった。
(5) 両者の（　）を削《けず》る戦いは、長時間に及《およ》んだ。
(6) 話しかけると、突然、（　）を切ったように話し始めた。

ア 横車　イ 目星　ウ せき　エ 固唾《かたず》
オ 猫《ねこ》　カ 水泡《すいほう》　キ 口火　ク しのぎ

解答と解説

第1章　日本語の特徴

↓30ページ

1 ア・イ・エ・オ

2 ねいさん→ねえさん・かぢかむ→かじかむ・ていせえ→ていせい
まちどうしい→まちどおしい

3 ユックリ・ワクワク

4 イ・ウ・オ・キ

5 エ

6 健康的・パーティー・チャレンジ・チャリティー・半導体

7 ウ

8 ①一人称・5　②二人称・6　③三人称・4

9 (1)ウ　(2)ア　(3)ウ　(4)ア　(5)イ　(6)ウ　(7)ア　(8)イ

解説

3 擬態語《ぎたい》である「わくわく」は、平仮名で表記するのが普通《ふつう》である。

4 日本語の音節数は少なく、主語の省略が多い。

5 エの「祝い」は低高高で正しいが、「お祝い」だと低高高高となる。

6 「健康的」と「半導体」は六音節、「パーティー」と「チャレンジ」と「チャリティー」は四音節の言葉。

7 アは沖縄《おきなわ》方言（琉球《りゅうきゅう》方言）の特徴《とくちょう》、イは東北方言の特徴、エは東京地方語のことである。

8 一人称《いちにんしょう》は「わたくし、うち、わがはい、せっしゃ、おいら」、二人称は「おぬし、そなた、あんた、なんじ、あなた、きみ」、三人称は「あちら、かのじょ、そやつ、かれ」である。

9 (1)「子猫《こねこ》・白い」は低高低、「ふとん・薬」は低高高。(2)「かばん・こだま」は低高高、「ノート・パンダ」は高低低。(3)「谷・靴《くつ》」は低高、「糸・パン」は高低。(4)「跳《と》び箱《ばこ》・計算」は低高高高、「お手玉・豆まき」は低高低低。(5)「シャツ・針」は高低、「棒・池」は低高。(6)「二時・隅《すみ》」は高低、「炭・墨《すみ》」は低高。なお、「二字」だと高低、「虹《にじ》」なら低高となる。(7)「ランニング・さつまいも」は低高高高高、「ハプニング」は高低低低低、「美しい」は低高高高低。(8)「小包・のり巻き」は低高低低、「からかう」は低高高低、「外国」は低高高高。

第2章　漢字の知識

↓52ページ

1 (1)イ　(2)キ

2 (1)車　(2)三　(3)信　(4)詞

3 (1)キ　(2)エ　(3)イ　(4)ウ

4 (1)①しめすへん　②9　(2)①おおざと　②11
(3)①ひとあし（にんにょう）　②8　(4)①がんだれ　②9
(5)①どうがまえ（けいがまえ・まきがまえ）　②6
(6)①きにょう　②15

5 (1)4　(2)8　(3)15　(4)7

6 (1)①氵　②さんずい　(2)①木　②きへん　(3)①門　②もんがまえ

7 (1)①きょう　②けい　(2)①せい　②しょう　(3)①ろ　②ろう
※片仮名《かたかな》で答えていても正解。

8 (1)相性・エ　(2)刃物・ウ　(3)新芽・イ

9 (1)しばふ　(2)ふぶき　(3)なだれ　(4)さみだれ　(5)ぞうり
(6)しらが　(7)いおう　(8)すもう

10 ア柔らかい・エ承る

11 (1)犭（けものへん）　(2)リョウ（りょう）　(3)総画

12 (1)①啓示　②慶事　③掲示　(2)①歓喜　②換気　③喚起
(3)①吐　②掃　③履　(4)①堪　②絶　③耐

解説

1 (2)**キ** 「国字」は、二つ以上の既成《きせい》の文字を組み合わせた形、つまり会意文字の組み立てをまねて作られたものが多い。

2 解答以外の文字は、(1)「炎」は会意、「洋」は形声、「下」は指事。(2)「日」は象形、「頭」は形声、「位」は会意。(3)「拍」は形声、「鳥」は象形、「本」は指事。(4)「雪」「林」は会意、「雨」は象形。

3 (1)個々の部首名は、上から順に「勹」はつつみがまえ、「匚」はかくしがまえ、「囗」はくにがまえ、「門」はもんがまえであるが、それら漢字の外側を囲む部分をまとめて**キ**「構《かまえ》」とよぶ。

7 (1)は①が呉音《ごおん》、②が漢音、(2)は①が漢音、②が呉音、(3)は①が漢音、②が慣用音である。

8 (2)「刃物《はもの》」の「刃《は》」は訓読みであることに注意。音読みは、中学校では学習しないが「ジン」である。

9 (6)「白髪」は、音読みで読むと「ハクハツ」である。

12 (2)②「換気」の「換」と③「喚起」の「喚」は、同じ部分をもつ漢字なので、正確に書き分けられるように注意する。(4)①「堪《た》える」は「それをするだけの価値がある。」、②「絶える」は「続いていたものが途絶《とだ》える。」、③「耐《た》える」は「苦しみやつらさを我慢《がまん》する。」という意味。

第3章　語句の知識

↓82ページ

1 (1)**ウ**　(2)**エ**　(3)**イ**　(4)**オ**　(5)**ア**

2 (1)**イ**　(2)**オ**　(3)**エ**　(4)**ア**　(5)**ウ**

3 (1)**エ**　(2)**ア**　(3)**イ**　(4)**ウ**

4 (1)**エ**　(2)**オ**　(3)**ア**　(4)**カ**　(5)**ウ**　(6)**イ**

5 (1)常識　(2)重要　(3)非常　(4)景気　(5)製品　(6)修飾　(7)完全　(8)自由

6 (1)**ア**　(2)**ウ**　(3)**イ**　(4)**イ**　(5)**ア**　(6)**ウ**　(7)**ア**　(8)**イ**

7 (1)**オ**　(2)**イ**　(3)**ア**　(4)**エ**　(5)**ウ**

8 (1)**オ**　(2)**ウ**　(3)**ア**　(4)**エ**　(5)**イ**

9 (1)**ウ**　(2)**イ**　(3)**エ**　(4)**ア**

10 (1)**オ**　(2)**エ**　(3)**カ**　(4)**ア**　(5)**ク**　(6)**ウ**

解説

3 (1)「真昼」の「真」は「完全な。正確な」の意味の接頭語。この意味の「真」の付く熟語は、ほかに「真夏」「真下」「真南」などがある。

4 (1)「旧態依然《きゅうたいいぜん》」は、「旧態」を「旧体」、「依然」を「以前」などとする間違《まちが》いに注意。(3)「徹頭徹尾《てっとうてつび》」の「徹」を「撤」と書かないように。

5 (1)「非常識」は「常識」に否定の接頭語が付いた構成、(3)「非常口」は上の「非常」という二字熟語が下の「口」という一字を修飾《しゅうしょく》する構成。

6 (5)「置き土産《みやげ》」の「土産」と、(7)「迷子《まいご》」の読みは熟字訓。

7 類義語は、意味は似ているが用法は異なるものが多い。(1)「普遍《ふへん》」は「人類普遍の真理を探究する。」などのように用いるが、類義語の「一般《いっぱん》」で「人類一般の真理……。」と言い換《か》えることはできない。

8 (1)「保守」は「古くからのやり方や制度を守ろうとすること。」の意味。対義語の**オ**「革新」は「制度・仕組みなどをすっかり変えて新しくすること。」の意味。

9 (3)「ぬかに釘《くぎ》」は「のれんに腕押《うでお》し」「豆腐《とうふ》にかすがい」、(4)「ちょうちんに釣《つ》り鐘《がね》」は「月とすっぽん」と同じ意味のことわざである。

10 それぞれの慣用句の意味は、78〜81ページで確認するとよい。(1)「しゃくし」は汁《しる》をすくったりご飯をよそったりする、柄《え》の付いた道具のこと。(2)**エ**「固唾《かたず》」は緊張《きんちょう》したときなどに口の中にたまる唾《つば》のこと。

思考力
表現力
UP

私の「推し」を紹介します

好きな作品を紹介する文章を書いてみよう

何度も繰《く》り返し読んでいる、お気に入りの小説や漫画《まんが》などの作品はあるでしょうか。あなたを引き付けるその作品の魅力《みりょく》を、クラスの人たちに紹介《しょうかい》する文章を書いてみましょう。

いくら推《お》しの作品でも、いきなり長い文章を書くのは難しいよね。

「かっこいい」とか「面白い」みたいな言葉しか思い浮《う》かばないよ……。

①どんな観点で紹介するかを決める

紹介する作品を決めたら、まずは、どんな観点(目のつけどころ)で紹介するかを決めよう。観点には、大きく分けると、次の二つがある。

A　構成する要素

……登場人物／ストーリー／設定／関係性など

B　読んだ感想

……作品を読んだときの気持ち／作品から受けた印象／作品に対する評価など

僕《ぼく》は主人公の生き方に憧《あこが》れているから、それをかっこいい言葉で紹介したい。

私は作品のストーリーや読んだ感想を、素敵な言葉で伝えたいな。

②観点ごとに言葉を集める

選んだ観点で、その作品の特徴《とくちょう》を表す言葉を、できるだけ挙げてみよう。ぴったりくる言葉が見つからないときは、国語辞典や、類義語辞典を使うとよい。

観点A「構成する要素」に関する言葉の例

「推し」の登場人物

破天荒《はてんこう》≒型破り≒異彩《いさい》
一途《いちず》≒真摯《しんし》≒真剣
冷静≒冷淡《れいたん》≒クール

地味≒目立たない
理知的⇔情熱的
積極的⇔消極的

ストーリー

癒《い》やし≒リラックス≒安心感≒心休まる
ドラマチック⇔日常的
手に汗握《あせにぎ》る⇔心安らぐ

ノスタルジック⇔未来的
単純⇔複雑
革新的⇔保守的
先進的⇔伝統的

設定

青春≒思春期≒十代
特殊《とくしゅ》能力≒魔法《まほう》≒パワー
輪廻《りんね》転生≒生まれ変わり
家族愛≒アットホーム

戦い≒争い≒闘争《とうそう》
友情≒きずな≒繋《つな》がり
夢≒野望≒野心
仕事≒職業≒業界

登場人物の関係性

家族≒親子≒きょうだい
友達≒仲間≒クラスメイト≒チームメイト
宿敵≒ライバル

教師⇔生徒
上級生⇔下級生
主君⇔家来
恋人《こいびと》

「友達」であって「ライバル」のような、相反《あいはん》する関係性もあるよね。

観点B「読んだ感想」に関する言葉の例

気持ち

■感動

琴線《きんせん》に触《ふ》れる

目頭が熱くなる

心を打たれる

感銘《かんめい》を受ける

心が揺《ゆ》さぶられる

■満足度

申し分ない

期待を裏切らない

満喫《まんきつ》する

堪能《たんのう》する

至福

印象

■様子

強烈《きょうれつ》

衝撃《しょうげき》的

驚異《きょうい》的

洗練された

■内容

難解

抽象《ちゅうしょう》的

写実的

幻想《げんそう》的

哲学《てつがく》的

評価

■特徴《とくちょう》

独特

斬新《ざんしん》

類を見ない

独創《どくそう》性

■完成度

完璧《かんぺき》

圧巻

抜群《ばつぐん》

圧倒《あっとう》的

会心の出来

読み手の心に「刺《さ》さる」言葉を探してみよう。

思考力 表現力 UP ▸▸▸ **紹介《しょうかい》文を書こう**

観点A・Bで集めた言葉をもとに、**その作品の魅力《みりょく》が伝わる文章**を150字程度で書こう。「ぜひ一度読んでみてほしい。」「あなたの人生観を変えるかもしれない。」などと**読み手に訴《うった》えかける言葉で結ぶ**と、印象に残りやすい。

文法編

第1章 文法の基礎

言葉は時代と共に変化していくものである。新しく生まれた物や考え方に応じて、新しい言葉が誕生する。しかし、現代の言葉は乱れていると感じる人は多いようだ。

言葉の乱れか、それとも進化か——。

文をできるだけ小さく区切ったまとまりを何という？
➡ 93ページ
「空は今も青い。」という文の、「空は」と「青い」の関係は？
➡ 94ページ
「僕《ぼく》は火星人で、君は地球人だ。」は、単文？　複文？
➡ 99ページ

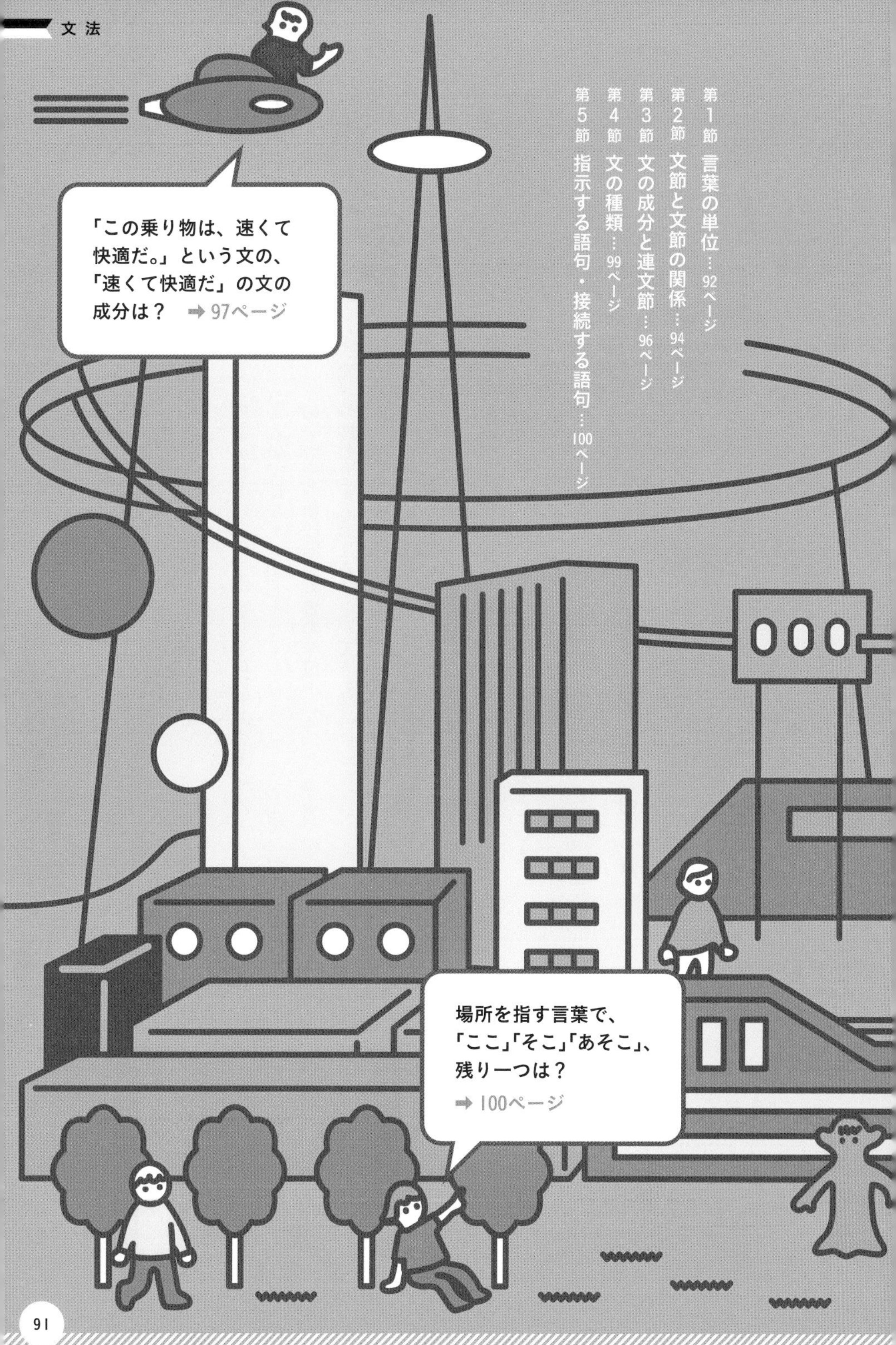

「この乗り物は、速くて快適だ。」という文の、「速くて快適だ」の文の成分は？ ➡ 97ページ
場所を指す言葉で、「ここ」「そこ」「あそこ」、残り一つは？ ➡ 100ページ

言葉の単位

◆言葉を単位でとらえる

日本語で書かれた本を開き、そこに書かれている言葉の意味を理解しようとすると、並んでいる文字を単に一つ一つの文字としてとらえるのではなく、まとまりでとらえることが必要になる。このまとまりにはいくつか段階がある。その一つ一つの段階を**言葉の単位**という。言葉を単位でとらえることによって、それぞれの言葉の働きや関わりを意識することができる。

◆文

本などに書かれたものを読むと、まず「。」（句点）で区切られたまとまりがあるのがわかる。このまとまりを**文**という。文は言葉の**基本単位**である。文は、句点だけでなく「?」「!」などの記号によって区切られることもある。また、「大変!」「はい。」などのごく短い言葉も文といえる。

◆文章・段落

一編の小説や一通の手紙のように、文がたくさん集まって全体で一つの大きな内容を表しているものを**文章**という。文章は言葉の**最大の単位**である。普通《ふつう》は二つ以上の文によって構成されているが、一編の詩や短歌や俳句なども一つの内容を表すまとまりなので、文章にあたるといえる。

また、長い文章の場合は、内容のまとまりによって区切るのが一般《いっぱん》的である。これを**段落**という。

段落は、**改行して一字下げて書き始める**のが一般的な形式である。

くわしく

文章と談話

文章には、小説・随筆《ずいひつ》・論説・日記・詩・短歌・俳句などの種類がある。また、演説や講義など、話し言葉の場合は、文章ではなく談話とよぶことがある。

発展

段落の種類

冒頭《ぼうとう》を改行して、一字下げて表記したものを形式段落という。また、その形式段落を意味のまとまりでひとまとめにしたものを意味段落ということもある。

参考

詩のまとまりは「連」

詩の場合は文章と異なり、一行空きで分けられたまとまりのことを「連」という。小説や説明文などの段落に該当《がいとう》する。

◆文節・単語

意味を壊《こわ》さず、発音上不自然でないところで、文をできるだけ小さく区切ったものが**文節**である。文節の切れ目は、次の例のように、「**ネ・サ・ヨ**」などを入れて探すのがよい。

市立図書館に｜置いて｜ある｜模型の｜作り方の｜本は｜すべて｜読み終えた。
ネ　ネ　ネ　ネ　サ　サ　サ　ヨ

文節をさらに細かく分けた、意味のある言葉としては**最小の単位**を**単語**という。単語は、これ以上分けると意味がなくなったり、言葉が変わったりしてしまうというところまで細かく区切ったものである。文を単語に分けると、次の例のようになる。

市立図書館｜に｜置い｜て｜ある｜模型｜の｜作り方｜の｜本｜は｜すべて｜読み終え｜た。

文法の学習は、言葉の単位の中でも、主に**文節**と**単語**の働きについてとらえることが中心となる。

確認問題

問1 次の各文にある「｜」が、文節の切れ目を示していれば**ア**、単語の切れ目を示していれば**イ**と答えなさい。

(1) 昨日｜クラスで｜話し合いが｜あった。

(2) 兄｜が｜高校｜を｜卒業し｜た。

要注意 誤りやすい文節の区切り

上段・例文の「置いてある」は、一文節と誤解しやすいが、「置いて｜ある」のように二文節に分けるのが正しい。

要注意 誤りやすい単語の区切り

上段・例文の「市立図書館」「作り方」「読み終える」は複合語なので、一単語である。また、「読み終え｜た」の「読み終え」は「読み終える」が活用した形なので一単語であり、それに接続する「た」は過去の意味を表す一単語(付属語)である。

確認問題解答

問1 (1) **ア** (2) **イ**

文節と文節の関係

◆主語・述語の関係

「**何が**（**誰《だれ》が**）」を表す文節を主語といい、その主語に対して、「**どうする・どんなだ・何だ・ある**（**いる・ない**）」を表す文節を述語という。この二つの文節の関係を、「**主語・述語の関係**」という。

主語（何が）**鳥が** → 述語（どうする）**鳴く。**

主語（何が）**外は** → 述語（どんなだ）**寒い。**

主語（誰が）**君こそ** → 述語（何だ）**主役だ。**

◆修飾・被修飾の関係

他の文節をくわしく説明する文節を修飾語《しゅうしょくご》といい、その修飾語によって詳しく説明される文節を被《ひ》修飾語という。この二つの文節の係り受けの関係を、「**修飾・被修飾の関係**」という。

修飾語 **かわいい** → 被修飾語 **ひよこが**　修飾語 **ピヨピヨと** → 被修飾語 **鳴く。**

◆接続の関係と独立の関係

前後の文や文節をつなぐ働きをする文節を接続語という。このような接続語とあとに続く文や文節との関係を、「**接続の関係**」という。

くわしく

文節の係り受け

文は、文節と文節が結び付くことでまとまった内容を表す。二文節が意味の上で結び付くとき、前の文節があとの文節に「**係る**」、あとの文節が前の文節を「**受ける**」という。

発展

連用修飾語と連体修飾語

上段の文例「かわいいひよこがピヨピヨと鳴く。」の「かわいい」は「ひよこが」という物の名前を表す言葉（体言）を含《ふく》む文節を修飾するので、**連体修飾語**といい、「ピヨピヨと」は「鳴く」という動きを表す言葉（用言）の文節を修飾するので、**連用修飾語**という。

また、他の文節と直接係り受けの関係がなく、比較《ひかく》的独立している文節を独立語という。このような独立語と他の文節との関係を、「**独立の関係**」という。

寒かった。けれども（接続語） 出かけた。　**ああ、（独立語） きれいだな。**

◆並立の関係と補助の関係

二つ以上の文節が対等な役割で並ぶ関係を「**並立の関係**」といい、主な意味を表す文節とそのすぐあとに付いて補助的な意味を添《そ》える文節との関係を「**補助の関係**」という。

妹も 弟も（並立） 映画を 楽しんで いる。（補助）

並立の関係または補助の関係にある文節は、必ず**連文節**となって、全体で他の文節と結び付く。

確認問題

問1 次の各文の――線部と＝＝線部の文節と文節の関係を答えなさい。

(1) ようやく仕事が終わった。
(2) 細くて長いパンを食べる。
(3) 妹はとても明るい。
(4) 対策を考えてみる。
(5) 遊ぶ前に宿題をやっておく。

要注意

並立の関係の特徴

並立の関係は、文節どうしが対等な役割で並ぶ関係なので、文節を互《たが》いに入れ替《か》えても文意が変わらない。

くわしく

補助の関係を作る語

補助の関係を作る単語には、「いる・おく・もらう・みる・しまう・あげる・ほしい・ない・よい」などがある。また、これらの単語が補助の関係になるときは、「買ってもらう」のように、「て」や「で」のあとに続くことが多い。

確認問題解答

問1 (1) 修飾・被修飾の関係
(2) 並立の関係
(3) 主語・述語の関係
(4) 補助の関係
(5) 補助の関係

文の成分と連文節

◆文の成分と連文節

文節は、それぞれの部分がそれぞれの働きをもって、最終的に述語に係っている。

私は　白い　紙に　りんごの　絵を　描《か》く。

これらのある働きをもって文を作っている要素のことを、**文の成分**という。文の成分には、「**主語・述語・修飾《しゅうしょく》語・接続語・独立語**」の五種類がある。また、「白い　紙に」や「りんごの　絵を」のように、二つ以上の連続した文節がまとまって、一つの文節のような働きをするものを**連文節**という。連文節になっている文の成分は、「**主部・述部・修飾部・接続部・独立部**」というよび方をする。

◆主語（主部）

主語（主部）は、「日が　沈《しず》む。」の「日が」のように文の中の「**何が**」に当たる部分で、述語（述部）で表される動作や状態の主体を表すものである。

日が　沈んだので、　私は　家に　帰る。

のような場合、「日が」は「沈んだので」の主語であるが、文全体の主語は、「帰る」という述語に対する主語である「私は」になる。このように、文の成分としての主語（主部）を考える場合は、文全体の述語（述部）に係るものを探す必要がある。なお、「日が沈んだので」は接続部である。

くわしく

連文節のルール

① 連体修飾語《しゅうしょくご》は、被《ひ》修飾語と必ず連文節となって文の成分を構成する。

美しい花が咲く。　…主部の一部

大きな船に乗る。　…修飾部の一部

彼《かれ》は良い人だ。　…述部の一部

② 連体修飾語に係る文節は、必ずその連体修飾語と連文節になる。

③ 並立の関係・補助の関係になる文節は、必ず連文節になる。

要注意

主語の形

主語の形は、「〜が」「〜は」の他にもいくつかの形がある。

私、賛成よ。（助詞が付かない。）

君だけ乗れるよ。

弟も参加する。

◆述語（述部）

述語（述部）は、「犬が　走る。」の「走る」のように文の中の「**どうする・どんなだ・何だ・ある（いる・ない）**」に当たる部分で、物事の動作や状態、内容などを表すものである。位置としては、普通《ふつう》は文の終わりにある。

主語	修飾語	述語
部屋は	**とても**	**暖かい。**

主語	修飾語	述部
明日は	**いよいよ**	**兄の　卒業式だ。**

◆修飾語（修飾部）

修飾語（修飾部）は、文の中の「**どんな・何を・いつ・どのように**」などに当たる部分で、様子や状《じょう》況《きょう》、程度などをくわしく説明するものである。文の成分としての修飾語（修飾部）は、

主語	修飾語	述語
先生が	**ゆっくり**	**話す。**

主語	修飾部	述語
私は、	**言われた　ことを**	**忘れた。**

のように、述語（述部）を詳しく説明する部分といえる。つまり、文の成分としての修飾語（修飾部）は、必ず**連用修飾語**（連用修飾部）である。そして、

主部	述語
美しい　花が	**咲《さ》く。**

修飾部	述語
大きな　船に	**乗る。**

の「美しい」「大きな」のような**連体修飾語**は、文の成分にはならず、必ず**文の成分の一部**になる。

要注意

述語の形

述語は、「どうする」「どんなだ」などの形の他に、「名詞＋だ（です）」の形がある。

今日は　雨だ。
妹は　小学生です。

くわしく

連文節の文の成分

連文節の文の成分を見分けるには、その終わりにある文節の働きに注目するとよい。例えば、「高くて太い木に登る。」の「高くて太い木に」は、「木に」が連用修飾語なので、修飾部である。

◆接続語（接続部）

接続語（**接続部**）は、あとに続く部分に対して、条件・理由・原因などを示す部分である。「疲《つか》れた。だから、座った。」という文では、「だから」が接続語で、前の部分が理由になっていることを示している。

1 疲れたので、（接続語）座った。（述語）

2 雨が 降ったが、（接続部）遊びに（修飾《しゅうしょく》語）行った。（述語）

◆独立語（独立部）

他の文の成分から比較《ひかく》的独立していて、直接係り受けの関係がない部分を**独立語**（**独立部**）といい、感動・呼びかけ・応答・挨拶《あいさつ》・かけ声・提示などを表す。文の最初にあることが多い。

確認問題

問1 次の各文の――線部の文の成分を答えなさい。

(1) 明日が晴れさえすれば出かける。
(2) 私も兄も暑がりだ。
(3) 公園の広場に集まる。
(4) それは、姉にもらった人形です。
(5) 成績の向上、それが当面の目標だ。

くわしく

接続語・接続部の構成
接続語には、上段・例文**1**の「疲れたので」のように二単語以上のものもある。また、**2**の「雨が降ったが」のような二文節以上のものは、他の文の成分と同じように**接続部**という。

参考

独立語の種類と例文
感動…ああ、おいしいな。
呼びかけ…おい、どこへ行くんだ。
応答…はい、山田《やまだ》です。
挨拶…こんにちは、久しぶりですね。
かけ声…えいっ、参ったか。
提示…命、それはとても重いものです。

確認問題解答

問1 (1) 接続部　(2) 主部　(3) 修飾部　(4) 述部　(5) 独立部

文の種類

文をその**述べる意味・性質の違《ちが》い**によって分けると、次の四種類に分けられる。

1 平叙文《へいじょ》……断定・推量・決意などの意味を述べる文。
2 疑問文……疑問・質問・反語の意味を述べる文。
3 感動文……感動の意味を述べる文。
4 命令文……命令・禁止・願望の意味を述べる文。

また、文を、文節と文節の関係でとらえ、**構造の違い**によって分けると、次の三種類に分けられる。

1 単文……主語・述語の関係が一つだけの文。
2 複文……主語・述語の関係が二つ以上あり、それらが対等でない文。
3 重文……主語・述語の関係が二つ以上あり、それらが対等に並ぶ文。

確認問題

問1 次の各文の構造上の種類を答えなさい。
(1) 私は、友達がくれたお菓子《かし》を食べた。
(2) 秋植えの球根の芽が、地面から顔を出した。

くわしく
性質上の種類の見分け方
文の性質上の種類は、文末の違いで見分ける。
① **平叙文**…用言・助動詞の終止形が多い。
② **疑問文**…助詞の「か」が多い。
③ **感動文**…感動の意味を表す助詞が多い。
④ **命令文**…用言・助動詞の命令形や禁止の意味を表す助詞の「な」が多い。

要注意
重文と間違えやすい複文
［主・述］雨は 強いが、［主・述］風は 弱い。
接続部
の文は、主語・述語の関係が二つあるが、前半は接続部になっていて対等とはいえないので、**複文**である。

確認問題解答
問1 (1) 複文 (2) 単文

第1章 文法の基礎
第2章 自立語
第3章 付属語
第4章 敬語

指示する語句・接続する語句

◆指示する語句

会話の中では、お互《たが》いが共通して理解していたり認識していたりする事柄《ことがら》について、

「あの件は、どうしましたか。」
「それなら、こんなふうに仕上げましたよ。」

と、**指示する語句**、つまり**指示語**を用いて表現することが多い。友人、家族など、共通して理解している事柄が多い関係であれば、会話の中では指示する語句を用いる頻度《ひんど》が高くなる。

文章においても、話題の中で同じ事柄が何度も登場する場合、同じ言葉を繰《く》り返さず指示する語句を使って表現することが多い。会話と同じく、文章が進むにつれて書き手と読み手の間に共通して理解する事柄が増えていくからであるが、それだけでなく、指示する語句を用いることで文や語句が関連付けられて、まとまった論理的な文章となるからでもある。

つまり、指示する語句とは、「これが、私の家だ。」のように単純に具体的な物事を指し示すだけの言葉ではなく、互いの共通理解を深めたり、文をつなぐことで論理的な展開を作り出したりする言葉なのである。

◆接続する語句

語句と語句、文と文、段落と段落をつなぐ働きをする**接続する語句**は、それぞれの関係を示すことで、会話や文章の論理的な展開を作り出している。例えば、

くわしく

指示する語句の種類

指し示す内容によって次のように分類する。

① **事物を指す**
これ・それ・あれ・どれ

② **場所を指す**
ここ・そこ・あそこ・どこ

③ **方向を指す**
こちら・そちら・あちら・どちら

④ **状態・様子を指す**
こんな・そんな・あんな・どんな
こう・そう・ああ・どう

⑤ **指定する**
この・その・あの・どの

また、話し手からの距離《きょり》によって、

近称《きんしょう》…話し手の近くを指す
中称…聞き手の近くを指す
遠称…話し手・聞き手より遠くを指す
不定称…指す内容がはっきりしない

のようにも分類する。

1 姉は読書家だ。この本は、まだ読んでいないらしい。
2 彼《かれ》は大金を手にした。［　　］、浪費《ろうひ》してしまった。

のような場合、**1**では、前の「姉は読書家だ。」という文と、あとの「この本は、まだ読んでいないらしい。」という文が、何の関係も示されずに並んでいるが、この二文を接続詞「しかし」を使ってつなげば、その関係が明確になる。**2**の場合、［　　］には接続詞「しかし」を入れても、「だから」を入れても、文意が通じる。これなどは、接続する語句を入れて前後の関係を明らかにしなければ、その文章で伝えようとすることが的確に表現できない例である。つまり、接続する語句の役割には、単なる関係性を示すことだけでなく、話し手や書き手の意思を示すことも含《ふく》まれる。

確認問題

問1 次の各文の（　）に入る語句を、あとから選びなさい。

(1) 昨日買った本は、（　）に置いた？
(2)（　）は、今読んでいるこの本のこと？
(3) 必ず話し合いに出席するように言っておいた。（　）、友人は来なかった。
(4) 小学生が親切に道を教えてくれた。（　）、案内までしてくれた。

ア それ　**イ** その　**ウ** どれ　**エ** どこ　**オ** そればかりか
カ だからといって　**キ** にもかかわらず

参考

接続する語句の分類

接続する語句は、その語句の前後の関係から、
① **順接**…そういうわけで・以上から
② **逆接**…しかしながら・にもかかわらず・そうはいっても
③ **並立《へいりつ》・累加《るいか》**…さらに・それに加えて
④ **対比・選択《せんたく》**…その一方・そのほかに
⑤ **説明・補足**…というのは・要するに
⑥ **転換《てんかん》**…話は変わるが
のように分類する。

参照 148ページ **接続詞**

確認問題解答

問1 (1) **エ** (2) **ア** (3) **キ** (4) **オ**

完成問題 CHECK

第1章 文法の基礎

解答 204ページ

1 次の各文を、例にならって｜を引いて文節に分けなさい。

(例) 庭に｜白い｜ばらが｜咲《さ》いた。

(1) 友人の好きな色はオレンジ色です。

(2) 昨日、私は父と母と買い物に行きました。

(3) 図書館に読み終えた本を返してきた。

(4) 突然《とつぜん》空が光ったかと思うと、雷鳴《らいめい》がとどろいた。

(5) 私は、父からの伝言を父の友人に告げて、足早にその場を立ち去ろうとした。

(6) 彼《かれ》はすべてを打ち明けてしまってからは、ほっとしたのか、寝《ね》てしまった。

2 次の各文を、例にならって｜を引いて単語に分けなさい。

(例) 小鳥｜の｜声｜が｜聞こえる。

(1) 面白《おもしろ》くない話はこれ以上聞きたくない。

(2) 運動場の一角で子供たちがおしゃべりしている。

(3) この夏休みは、九州に遊びに行く予定です。

(4) いつもの所で、五時に待ち合わせしましょうか。

(5) 落とし物を届けるために、交番に行ってきました。

3 次の各文の――線部と＝＝線部の文節の関係は何か。あとから選び、記号で答えなさい。

(1) この本は、中学生や高校生に人気がある。

(2) 天気予報が外れて、今日は晴れたので、出かけた。

(3) もし失敗しても、後悔《こうかい》は絶対にしないだろう。

(4) 地震《じしん》に備えて、防災グッズを買っておいた。

(5) 次の成功に向けて、原因の究明が何をおいても不可欠だ。

(6) このバスの座席は、広くてふかふかだ。

(7) 古い洋館の門前に白くて大きな犬が寝そべる。

ア 主語・述語の関係　**イ** 修飾《しゅうしょく》・被《ひ》修飾の関係

ウ 接続の関係　**エ** 並立《へいりつ》の関係

オ 補助の関係

4 次の各文の文節のうち、主語の文節には――線を、述語の文節には～～線を右側に引きなさい。

(1) 昨日、妹は風邪《かぜ》で学校を休んだ。
(2) 父の誕生日に、姉がケーキを作った。
(3) 図書館の隣《となり》の広場には、弟だけ先に行った。

5 次の各文の――線部の修飾語が修飾している文節を抜《ぬ》き出しなさい。

(1) 青く澄《す》んだ小さな湖に白鳥が一羽だけ浮《う》かんでいる。
(2) いつもいろいろとお手を煩《わずら》わせまして、すみません。
(3) たとえ何が起きようとも、僕《ぼく》は君の味方だ。

6 次の各文の――線部の連文節の文の成分をあとから選び、記号で答えなさい。

(1) ゆっくり休むことも、ときには大切である。
(2) 昼休みに、公園の隅《すみ》のベンチでじっくり本を読む。
(3) よく考えてみると、おかしな話である。
(4) この学校での思い出は私の大切な宝物だ。

ア 主部　**イ** 述部　**ウ** 修飾部　**エ** 接続部　**オ** 独立部

7 次の各文の文の構造上の種類をあとから選び、記号で答えなさい。

(1) 最近、日が暮れるのがとても早くなった。
(2) 広場に大きな木が一本すっくと立っている。
(3) うさぎはのんびり昼寝をし、かめはゆっくり歩み続けた。

ア 単文　**イ** 複文　**ウ** 重文

8 次の文章を読んで、(1)～(3)に答えなさい。

公園の芝生《しばふ》に寝①ころんでいる②と、遠くで歓声《かんせい》が沸《わ》き起こるのが聞こえた。③歓声は、公園の奥《おく》にあるテニスコートのあたりからしているようだった。④僕は不思議な気分で、遠くに聞こえる歓声に耳を傾《かたむ》けた。

(1) ――線部①と――線部②の文節の関係を答えなさい。
(2) ――線部③の文は、いくつの文節から成り立っているか。算用数字で答えなさい。
(3) ――線部④の文を文の成分に分けて、それぞれの文の成分の名称《めいしょう》を答えなさい。

第2章 自立語

文法の学習のカギとなるのが、自立語である。自立語は物事の名前や様子を表したり、前後の文や語をつないだり、感動を表したりする単語で、八つの品詞に分類される。品詞や活用形の種類を、しっかり覚えていこう。

飛べない
飛べます
飛べる。
飛べるとき…
〔可能動詞〕
静かだろう
静かだった
静かだ。
静かなとき…
〔形容動詞〕

単語

1 自立語と付属語・単語の活用

◆自立語と付属語

文節を組み立てる要素で、意味のある言葉として最小の単位が単語である。例えば、次の文を単語に分けてみよう。（——線部は、一つの文節。）

春｜に｜なり、｜桜｜が｜咲《さ》き｜まし｜た。

のようになる。単語には、「春」「なり」「桜」「咲き」などのように、文節の頭にくることができたり、単独でも文節となることができたりするものと、「に」「が」「まし」「た」のように単独では文節を作ることができないものと、二つの種類がある。「春」「咲き」のように、**一単語だけで意味がわかり、単独で文節を作ることができる**ものを**自立語**という。自立語は、一文節に必ず一つあり、文節の頭にくる。「が」「まし」のように、**それだけでは意味がわからない**もので、**自立語のあとに付いて文節を作る**ものを**付属語**という。付属語は一文節に複数ある場合も、また一つもない場合もある。

◆単語の活用

右の例文の「春」「桜」「に」「が」などのような単語は、いつも決まった形を取る言葉である。これらは、あとにどんな言葉が続いても形を変えることはない。

くわしく

自立語と付属語の見分け方

単語が自立語か付属語かを見分けるには、それだけで文節を作ることができるか、文節の頭に置くことができるかを見てみるとよい。できれば自立語、できなければ付属語である。

参考

付属語の役割

上段の例文から付属語を抜《ぬ》き、「春なり、桜咲く。」としたら、意味は通じるものの、読みづらく、言葉足らずの文になる。付属語があることで、文の意味が決まり、文節どうしの関係がはっきりするのである。

発展

活用する単語の意味

活用する単語は、あとに続く言葉によってだけでは一方、「咲きました」は「咲き」「まし」「た」という三つの単語に分けられるが、このうち自立語の「咲き」と付属語の「まし」は、それぞれ「咲く」「ます」という単語が形を変えたものである。

つまり、「咲く」は「**咲か**ない」「**咲い**た」、「まし」は「…**ましょ**う」「…**ませ**ん」などのように、あとに続く言葉によって、単語の終わりの部分が変化する。同じように考えると、「た」も「…**たろ**う」「…**たら**ば」などのように変化する単語であることがわかる。

このように、用いられ方によって単語の形が変化することを**活用**という。活用する単語、活用しない単語は、自立語、付属語の両方に存在する。

確認問題

問1 次の各文から自立語を抜《ぬ》き出しなさい。
(1) 毎日、早く起きて、散歩に行く。
(2) 今日は、午後から雨が降るらしい。

問2 次の各文から付属語を抜き出しなさい。
(1) 私は、公園で遊ぶのが好きだ。
(2) 今度、駅前に新しい書店ができるそうだ。

問3 次の各文から活用する単語をすべて抜き出しなさい。
(1) 留学していた兄が、来月帰国するらしい。
(2) 部活で帰宅が遅《おそ》くなるので、家に電話をかけた。

なく、文の表す意味に応じても変化する。
① 図書館に行く。
② 図書館に行け。
という二つの文を比べてみると、①「行く」が通常の文末であるのに対して、②「行け」は命令する形になっている。このように、活用する単語は、活用することで文に意味を与《あた》えてもいる。

確認問題解答

問1 (1) 毎日・早く・起き・散歩・行く (2) 今日・午後・雨・降る
問2 (1) は・で・の・が (2) に・が・そうだ
問3 (1) 留学し・い・た・帰国する・らしい (2) 遅く・なる・かけ・た

2 品詞の分類

◆品詞とは

単語は自立語と付属語に分けられ、それぞれに活用するものとしないものがある。これを文法上の性質や働きの違《ちが》いからさらに細かく分類すると、十種類になる。単語を文法上の性質や働きによって分けたこれらの十種類を、**品詞**という。

◆自立語・付属語の品詞

自立語で活用するものには、言い切りの形がウ段の音で終わり、動作や存在を表す**動詞**、言い切りの形が「い」で終わり、状態・性質を表す**形容詞**、言い切りの形が「だ・です」で終わり、状態・性質を表す**形容動詞**がある。これらの三つはまとめて**用言**とよばれる。自立語で活用しないものには、物や事柄《ことがら》の名前を表す**名詞**、状態や程度を表し、主に用言を修飾《しゅうしょく》する**副詞**、様子や性質を表し、体言(名詞)だけを修飾する**連体詞**、前後の文や文節や単語をつなぐ働きをする**接続詞**、応答や感動、呼びかけを表す**感動詞**がある。このうち、名詞は**体言**とよばれる。

付属語で活用するものには、用言や体言、その他の語に付いていろいろな意味を添《そ》える**助動詞**がある。付属語で活用しないものには、用言や体言、その他の語に付いて文節と文節の関係や単語と単語の関係を示したり、細かい意味を添えたりする**助詞**がある。

◆品詞の分類

自立語の**動詞**・**形容詞**・**形容動詞**・**名詞**・**副詞**・**連体詞**・**接続詞**・**感動詞**の八品詞、付属語の**助動**

くわしく

品詞の例

自立語で活用するものでは、「走る・教える」などが動詞、「青い・明るい」などが形容詞、「きれいだ・楽です」などが形容動詞である。これら用言は、

犬が**走る**。

のように、単独で述語になることができる。

自立語で活用しないものでは、「自転車・私」などが名詞、「ゆっくり・まだ」などが副詞、「小さな・この」などが連体詞、「しかし・さて」などが接続詞、「はい・やあ」などが感動詞である。このうち名詞(体言)は、

自転車が壊《こわ》れる。

のように、「が」などの付属語を伴《ともな》って主語になることができる。

付属語は、「そうだ・らしい」などが助動詞、「の・て・こそ」などが助詞である。

詞・助詞の二品詞を表にまとめてみると、次のようになる。

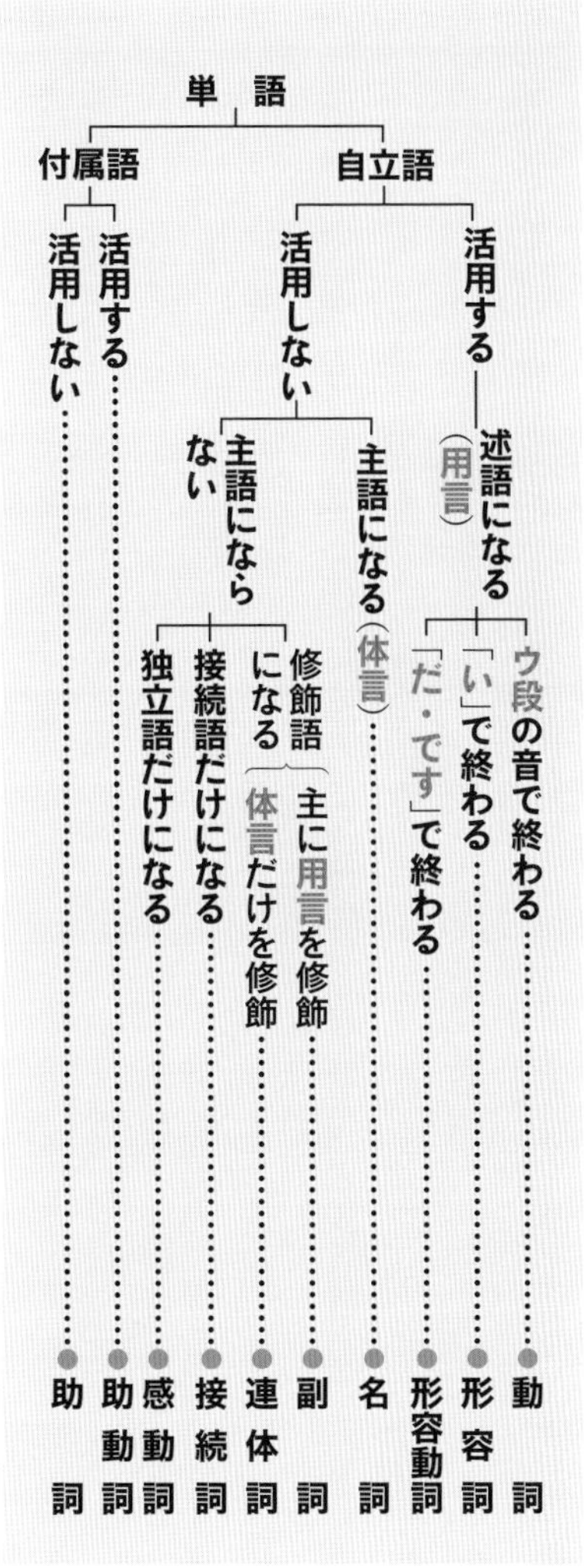

確認問題

問1 次の(1)～(5)の説明に合う品詞名を、あとから選びなさい。

(1) 活用しない自立語で、主語になる。
(2) 活用しない付属語。
(3) 活用する自立語で、ウ段の音で終わる。
(4) 活用する付属語。
(5) 活用しない自立語で、体言だけを修飾する。

ア 助動詞　**イ** 助詞　**ウ** 動詞　**エ** 形容詞　**オ** 名詞　**カ** 副詞　**キ** 連体詞

参考

代名詞は名詞

代名詞は、「私」「これ」「どれ」のように、人・物・場所・方向を指し示す単語である。この代名詞を、名詞と区別して、一つの独立した品詞として扱《あつか》うこともあるが、ここでは、名詞の中に含《ふく》めるものとする。

発展

品詞の転成

選手が**走り**ます。（動詞）
↓選手の**走り**は快調だ。（名詞）

のように、ある品詞が、本来の品詞から転じて、別の品詞としての性質や働きをもつようになることを、品詞の転成という。

確認問題解答

問1 (1) **オ** (2) **イ** (3) **ウ** (4) **ア** (5) **キ**

用言

◆用言の性質

自立語のうち、活用する単語を用言という。用言には、**動詞**・**形容詞**・**形容動詞**の三つの品詞がある。このうち、動詞は**動作**や**存在**を表し、形容詞、形容動詞は**性質**や**状態**を表す。これら用言は単独で述語になることができ、付属語の助けを借りていろいろな文の成分になることができる。

◆活用と活用形

用言は主にあとに続く語によって形が変化するが、あとに続く語などによって単語の形が規則的に変わることを**活用**という。単語が活用してできる形には、

1 未然形…まだそうなっていない場合の形。助動詞「ない」「う」「よう」などに続く。

2 連用形…用言や助動詞「ます」、助詞「て」「たり」などに続く場合で、連用修飾《しゅうしょく》語になるときの形。（用言に連なるので、「連用」形という。）

3 終止形…言い切って文を終える場合の形。

4 連体形…体言や「の」「ようだ」などの助詞・助動詞に続く場合で、連体修飾語になるときの形。（体言に連なるので、「連体」形という。）

5 仮定形…わかっていないことを仮定していう形。助詞「ば」に続く。

6 命令形…命令して言い切り、文を終える形。（形容詞・形容動詞には命令形はない。）

発展

活用する品詞

活用する品詞は、自立語の中の用言以外に、付属語にもある。助動詞が活用する付属語である。

参照 170ページ **助動詞の性質**

くわしく

連用形の用法

連用形は、用言や助動詞などが続く形だが、あとに言葉を続けないで用いる場合もある。

家に帰り、手を洗う。
よく遊び、よく学べ。

のように、直後に読点(、)を付けて、一度文を中断し、また続ける用法である。これを中止法(連用中止法)という。

第1章 文法の基礎
第2章 自立語
第3章 付属語
第4章 敬語

の六種類がある。これらを**活用形**という。このうち、❸終止形を用言（動詞・形容詞・形容動詞）のもとの形（**基本形**）とする。動詞・形容詞の意味を国語辞典で調べる場合には、終止形で引くことになる。形容動詞は語幹で引く。

◆語幹と活用語尾

用言が活用したとき、**変わらない部分**を**語幹**といい、**変わる部分**を**活用語尾**《ごび》という。例えば「**歩か**ない」「**歩き**ます」「**歩け**ば」の場合、「歩（ある）」が語幹で、「か」「き」「け」の部分が活用語尾である。ただし、動詞の中には「着る」「得る」「似る」「来る」「する」などのように、語幹と活用語尾の区別がつけられないものもある。これについてはあとでくわしく見ていく。

確認問題

問1 用言に当たる品詞を、三つ答えなさい。

問2 次の各文の――線部の単語の活用形を、あとから選びなさい。

(1) 明日、出かける予定だ。
(2) 遅刻《ちこく》しそうだから、急げ。
(3) 読みたい本を探してみよう。
(4) 先に聞いておけばよかった。
(5) お金が足りなくて、買えなかった。

ア 未然形　**イ** 連用形　**ウ** 終止形　**エ** 連体形　**オ** 仮定形　**カ** 命令形

くわしく

終止形の用法

終止形は、言い切って文を終える形だが、あとに言葉を続ける場合もある。
明日は**晴れる**らしい。
もう**遅**《おそ》**い**から、寝《ね》よう。
直進すると公園がある。
のように、一部の助動詞や助詞を続ける用法である。

参考

語幹の用法

形容詞・形容動詞は、
おお、**寒**。
彼《かれ》は、**親切**そうだ。
のように、語幹だけで用いることもある。

確認問題解答

問1 動詞・形容詞・形容動詞（順不同）
問2 (1) **エ** (2) **カ** (3) **イ** (4) **オ** (5) **ア**

動詞

1 動詞の性質と働き

◆動詞とは

人や物事の動作・作用・存在などを表す単語を**動詞**という。動詞の、形の上での最も大きな特徴《とくちょう》は、「行**く**(ku)」「倒《たお》れ**る**(ru)」「い**る**(ru)」のように、**基本の形(終止形)が必ずウ(u)段の音**で終わることである。

◆動詞の性質と働き

動詞は、「話す」「走る」「歌う」などのように一単語だけでも意味がわかり、単独で文節を作れる**自立語**である。また、「**話さ**ない」「**話そ**う」「**話し**ます」「**話し**て」「**話す**」「**話す**とき」「**話せ**ば」「**話せ**」のように用いられ方によって単語の形がいろいろに変化する。このような**活用する自立語**は、**用言**とよばれる。文の中での用言の働きを見てみよう。(「|」は文節の区切り)

1 友達と|電話で|話す。
2 そよ風が、|話すように|耳を|くすぐる。
3 話すのが|得意だ。
4 話せば、|わかって|もらえると|思う。

発展

動作・作用・存在

動作を表す動詞は、「読む・走る」などのように、人やもの自体の動きを表すもので、動詞の中では最も数が多い。

作用を表す動詞は、「流れる・降る」などのように、人やものが他のものに影響《えいきょう》を及《およ》ぼすことを表す。

存在を表す動詞は、「いる」の他は「ある・おる」だけで、人やものがあることを表す。

くわしく

段と行

段は五十音図の横の列、行は縦の列のことである。段には「ア段」「イ段」「ウ段」「エ段」「オ段」の五段がある。

行には「あ行」「か行」「さ行」「た行」「な行」「は行」「ま行」「や行」「ら行」

まず、**1**「話す」は、**単独で述語**になっている。**2**「話すように」は「動詞の連体形＋助動詞『ようだ』」の形で**修飾《しゅうしょく》語**に、**3**「話すのが」は「動詞の連体形＋格助詞『の』＋格助詞『が』」の形で**主語**に、**4**「話せば」は「動詞の仮定形＋接続助詞『ば』」の形で**接続語**になっている。このように、動詞は、文の中でいろいろな働きをする。

◆動詞の活用形

動詞の活用形には、**未然形・連用形・終止形・連体形・仮定形・命令形**の六つがある。文の中の動詞の活用形を見分けるには、それぞれあとにどのような言葉が続くかで判断する。

終止形・命令形については、主に文末にあるので、文意によって判断できるが、文の途中《とちゅう》にある場合は、句点(。)を付けて文を終わらせても意味が通るかどうかで判断する。なお、すべての動詞の**終止形と連体形は同じ形**になる。

確認問題

問1 次の各文の――線部の動詞を含《ふく》む文節の働きを、あとから選びなさい。

(1) おなかが減ったので、食堂に食べに行く。
(2) 待つのが、とてもつらい。
(3) 春になり、池に張った厚い氷が割れた。

ア 主語　**イ** 述語　**ウ** 修飾語　**エ** 接続語

「わ行」の十行がある。「か・き・く・け・こ」「は・ひ・ふ・へ・ほ」のように、各行の音に「ア・イ・ウ・エ・オ」の五段の音(母音)が含《ふく》まれている。

要注意
終止形と連体形
すべての動詞の終止形と連体形は、同じ形になる。終止形はそこで文を終えるのが基本で、連体形は体言(「とき・こと・もの」など)に連なるものだということで見分けられる。

確認問題解答
問1 (1) **ウ** (2) **ア** (3) **イ**

2 動詞の活用の種類

◆動詞の活用の種類

動詞には、活用するときの語尾《ごび》の変化のしかたが五通りある。

1 五段活用……「読む・貸す」など
2 上一段活用……「着る・起きる」など
3 下一段活用……「出る・受ける」など
4 カ行変格活用……「来る」一語
5 サ行変格活用……「する」(「〜する(ずる)」)

1 五段活用は、**ア・イ・ウ・エ・オ**(**a・i・u・e・o**)の**五段**に変化する。

2 上一段活用はすべての活用語尾に**イ**(**i**)**段**の音が入り、3 下一段活用はすべての活用語尾に**エ**(**e**)**段**の音が入る形で変化する。

4 カ行変格活用(カ変)は**カ行**をもとに、5 サ行変格活用(サ変)は**サ行**をもとに、それぞれ変則的に活用する。

◆五段活用

五段活用の活用語尾は、**五十音図のア・イ・ウ・エ・オ段のすべてにわたって変化**する。五つの段にわたって活用するので、**五段活用**という。また、五段活用は、活用する行によって、「**○行五段活用**」と細かく分類できる。例えば、「書く」は「カ行五段活用」と分類される。

要注意

活用形と活用の種類

活用形と活用の種類は混同しがちである。活用形は、一つの単語があとに続く言葉によって規則的に変化するそれぞれの形のことで、六つの形がある。活用の種類は、すべての動詞を語尾の変化のしかたによって分類したもので、五種類ある。

くわしく

「ある」も五段活用動詞

「ある」という動詞の未然形は、「ない」に続けると「あらナイ」となり、不自然な形になる。そのため、五段活用の動詞ではないと思いがちだ。しかし、「ない」の代わりに同じ否定の助動詞「ぬ」を続けてみると「あらヌ」となり、自然な形となる(「ない」「ぬ」ともに否定の助動詞)。よって、「ある」も、

行	基本形	語幹	未然形	連用形	終止形	連体形	仮定形	命令形	他の語例
カ行	咲《さ》く	さ	か・こ	き・い	く	く	け	け	歩く・行く
ガ行	泳ぐ	およ	が・ご	ぎ・い	ぐ	ぐ	げ	げ	急ぐ・騒《さわ》ぐ
サ行	押《お》す	お	さ・そ	し	す	す	せ	せ	返す・消す
タ行	打つ	う	た・と	ち・っ	つ	つ	て	て	勝つ・立つ
ナ行	死ぬ	し	な・の	に・ん	ぬ	ぬ	ね	ね	死ぬ(一語)
バ行	飛ぶ	と	ば・ぼ	び・ん	ぶ	ぶ	べ	べ	遊ぶ・選ぶ
マ行	飲む	の	ま・も	み・ん	む	む	め	め	勇む・恨《うら》む
ラ行	乗る	の	ら・ろ	り・っ	る	る	れ	れ	売る・集まる
ワア行	買う	か	わ・お	い・っ	う	う	え	え	扱《あつか》う・洗う
主な用法			ナイ・ウに連なる	マス・タに連なる	言い切る	トキに連なる	バに連なる	命令して言い切る	

右のような表を**活用表**というが、この動詞の活用表からわかるように、五段活用の動詞の**未然形**には、「**ナイ・ウ**」に連なる二つの形がある。

五段活用の動詞かどうかを識別するには、「**ナイ**」を付けてみるとよい。活用語尾が**ア段**なら(つまり、「**ナイ**」の直前がア段なら)、五段活用の動詞である。

咲く ⬇ 咲かナイ……活用語尾は「か」[ka]
勝つ ⬇ 勝たナイ……活用語尾は「た」[ta]
⬇ **五段活用**

あらヌ・あろウ
ありマス
ある。
あるトキ
あれバ
あれ。
と、「ら・ろ・り・る・れ」という五段に活用する、ラ行五段活用の動詞である。

参考

ワア行五段活用とは

「買う」の活用を見てみよう。

買わナイ・買おウ
買いマス
買う。
買うトキ
買えバ
買え。

「お・い・う・え」というア行と、「買わナイ」の「わ」のようにワ行の音の両方に活用していることがわかる。このように、ワ行とア行の両方に活用する場合を、「ワア行五段活用」という。

◆五段活用の動詞の音便

前ページの活用表の連用形には、五十音図の五段に沿った形の他に、五段から外れた「い」「っ」「ん」という活用語尾《ごび》がある。五段活用の動詞は、**「タ(ダ)・テ(デ)・テモ(デモ)・タリ(ダリ)」**などがあとに続くときに、この五段から外れた「い」「っ」「ん」という活用語尾を用いる(サ行の活用の動詞を除く)。発音の関係から、普通《ふつう》の五段に沿った連用形とは違《ちが》った形になるのである。例えば、「読む」に「ダ」が付くと「読**ん**(ダ)」、「行く」に「タ」が付くと「行**っ**(タ)」となり、「マス」が付くときのような、「読**み**(マス)」「行**き**(マス)」という連用形の形にはならない。

このように、発音の関係で音が変化することを**音便**《おんびん》といい、このときの、普通の五段活用の連用形(=その活用行のイ段の音)とは異なる形のことを**音便形**という。

五段活用の動詞の音便には、**1** イ音便 **2** 撥《はつ》音便 **3** 促《そく》音便の三種類がある。

1 イ音便…書く+「タ」↓書いタ
2 撥音便…読む+「タ」↓読んダ(「ダ」は「タ」の濁音《だくおん》化したもの)
3 促音便…走る+「テモ」↓走っテモ

1 イ音便は、「い」**に変わる音便**のことをいう。カ行・ガ行五段活用動詞の音便形である。

咲《さ》く+「タ・テ・タリ」↓咲いタ・咲いテ・咲いタリ
急ぐ+「タ・テ・タリ」↓急いダ・急いデ・急いダリ

2 撥音便は、**「ん(はねる音)」に変わる音便**のことをいう。ナ行・バ行・マ行五段活用動詞の音便形である。

くわしく

「ナイ」を用いた識別

五段活用の動詞に「ナイ」を付けると、
書く → 書か(ナイ)
待つ → 待た(ナイ)
のように、活用語尾がア段の音になる。五段活用の動詞は、これによって識別できる。
↓115ページ

他の活用の種類の動詞も「ナイ」を付けてみることによって、どの活用の種類なのかを識別できる。例えば、「借りる」に「ナイ」を付けると、「借りナイ」とイ段の音になる。イ段の音になるのは、上一段活用の動詞である。また、「覚める」に「ナイ」を付けると、「覚めナイ」とエ段の音になる。エ段の音になるのは、下一段活用の動詞である。

五段・上一段・下一段の活用の種類は、このようにして識別するとよい。

選ぶ＋「タ・テ・タリ」⬇選んダ・選んデ・選んダリ

3 促音便は、**「っ（つまる音）」に変わる音便**のことをいう。タ行・ラ行・ワア行五段活用動詞の音便形である。

立つ＋「タ・テ・タリ」⬇立っタ・立っテ・立っタリ

確認問題

問1 次の動詞の中から、五段活用の動詞をすべて選びなさい。

ア 借りる　**イ** 食べる　**ウ** 集まる　**エ** 交わす　**オ** 述べる　**カ** 打ち切る

問2 次の――線部の五段活用の動詞の活用形を、あとから選びなさい。

(1) あと一試合勝てば、優勝だ。

(2) 早く海で泳ぎたい。

(3) 今回は、この参考書を買おう。

ア 未然形　**イ** 連用形　**ウ** 終止形　**エ** 連体形　**オ** 仮定形　**カ** 命令形

問3 次の――線部の五段活用の動詞の音便の種類を、あとから選びなさい。

(1) 巻いた　(2) 打った　(3) 飲んだ

ア 撥音便　**イ** イ音便　**ウ** 促音便

参考

五段活用動詞のオ段の音

五段活用の動詞は、基本的に、上から順番に、未然形でア段、連用形でイ段、終止形・連体形でウ段、仮定形・命令形でエ段と活用する。オ段は最後ではなく、未然形のもう一つの活用語尾であることを覚えておこう。

確認問題解答

問1 **ウ・エ・カ**（順不同）

問2 (1) **オ**　(2) **イ**　(3) **ア**

問3 (1) **イ**　(2) **ウ**　(3) **ア**

◆上一段活用

上一段活用では、**すべての活用語尾《ごび》にイ(i)段の音**が入る。五十音図のア・イ・ウ・エ・オ段のうち、中央のウ段よりも一つ上にあるイ段を中心に活用するので、**上一段活用**という。

行	基本形	語幹	未然形	連用形	終止形	連体形	仮定形	命令形	他の語例
ア行	居る	○	い	い	いる	いる	いれ	いろ・いよ	用いる
カ行	起きる	お	き	き	きる	きる	きれ	きろ・きよ	着る
タ行	落ちる	お	ち	ち	ちる	ちる	ちれ	ちろ・ちよ	朽《く》ちる
ナ行	似る	○	に	に	にる	にる	にれ	にろ・によ	煮《に》る
バ行	浴びる	あ	び	び	びる	びる	びれ	びろ・びよ	延びる
マ行	試みる	こころ	み	み	みる	みる	みれ	みろ・みよ	省みる
主な用法			ナイ・ヨウに連なる	マス・タに連なる	言い切る	トキに連なる	バに連なる	命令して言い切る	

右の活用表の「起きる」という動詞を見てみると、語幹の「お」に、「**き・き・きる・きる・きれ・きろ・きよ**」という活用語尾が付いている。活用語尾は、「**き**(ki)」という**イ段の音**を中心に、終止形と連体形には「**る**」、仮定形には「**れ**」、命令形には「**ろ・よ**」が付く形になっている。

ただし、上一段活用には、語幹と活用語尾の区別のないものがある。例えば、「居る」という動詞の活用は、「**い**ナイ(未然形)」「**い**マス(連用形)」「**い**る(終止形)」「**い**るトキ(連体形)」「**い**れバ(仮定

要注意

命令形の活用語尾

五段活用・上一段活用・下一段活用のうち、「ーろ・ーよ」という命令形の活用語尾の形になるのは、上一段活用・下一段活用の二つ。したがって、

手紙を**書け**。
早く**読め**。

などの、命令形が「ーろ・ーよ」の形にはならない動詞は、五段活用の動詞だと判断できる。

くわしく

語幹の区別のない動詞

上一段活用の動詞で、語幹と活用語尾の区別のない主なものは、

干《ひ》る　着る
居る　射る
似る　煮る
見る　診《み》る

などである。

参照 111ページ **語幹と活用語尾**

形)」「いろ・いよ(命令形)」となる。「い」の音はすべての活用形に含《ふく》まれてはいるが、未然形・連用形は「い」のみであるため、語幹と活用語尾の区別をしない。語幹と活用語尾の区別がない場合、活用表では、一般《いっぱん》的に語幹を「○」で示す。

また、上一段活用は、五段活用と同様、活用する行によって、「**○行上一段活用**」と細かく分類できる。例えば、前述の「起きる」は「カ行上一段活用」、「居る」は「ア行上一段活用」と分類される。

上一段活用の動詞を識別するには、五段活用の動詞と同様に、「**ナイ**」を付けて活用させてみるとよい。「ナイ」の直前が**イ段の音**になれば、上一段活用の動詞である。

落ちる ⬇ 落ちナイ……活用語尾は「ち」[ti] ⬇ 上一段活用

確認問題

問1 次の動詞の中から、上一段活用の動詞をすべて選びなさい。

ア 付ける　**イ** 降りる　**ウ** 回る　**エ** 閉じる　**オ** 論じる　**カ** 限る

問2 次の——線部の上一段活用の動詞の活用形を、あとから選びなさい。

(1) 今年も春が過ぎて、暑い夏がやってきた。
(2) 寒がっていないで、早く上着を着ろ。
(3) 面白そうなので、この本を借りよう。

ア 未然形　**イ** 連用形　**ウ** 終止形　**エ** 連体形　**オ** 仮定形　**カ** 命令形

参考

上一段動詞の活用の行

上一段動詞の「起きる」の活用語尾にはすべて「き」が付く。「き」はカ行の音なので、「起きる」は「カ行」の上一段活用と分類する。このように、上一段動詞が活用する行は、活用語尾の中心であるイ段の音が属する行で考える。

これは次に学習する下一段活用の動詞でも、同様に考える。

参照 120ページ **下一段活用**

確認問題解答

問1 イ・エ・オ　(順不同)

問2 (1) イ　(2) カ　(3) ア

◆下一段活用

下一段活用では、**すべての活用語尾《ごび》にエ（e）段の音**が入る。五十音図のア・イ・ウ・エ・オ段のうち、中央のウ段よりも一つ下にあるエ段を中心に活用するので、**下一段活用**という。

行	基本形	語幹	未然形	連用形	終止形	連体形	仮定形	命令形	他の語例
ア行	得る	○	え	え	える	える	えれ	えろ・えよ	見える
カ行	受ける	う	け	け	ける	ける	けれ	けろ・けよ	負ける
サ行	乗せる	の	せ	せ	せる	せる	せれ	せろ・せよ	痩《や》せる
タ行	捨てる	す	て	て	てる	てる	てれ	てろ・てよ	建てる
バ行	食べる	た	べ	べ	べる	べる	べれ	べろ・べよ	述べる
主な用法			ナイ・ヨウに連なる	マス・タに連なる	言い切る	トキに連なる	バに連なる	命令して言い切る	

右の活用表の「受ける」という動詞を見てみると、語幹の「う」に、「**け**・**け**・**ける**・**ける**・**けれ**・**けろ**・**けよ**」という活用語尾が付いている。活用語尾は、「**け**（**ke**）」という**エ段の音**を中心に、終止形と連体形には「**る**」、仮定形には「**れ**」、命令形には「**ろ**・**よ**」が付く形になっている。

また、下一段活用には、上一段活用と同様、語幹と活用語尾の区別のないものがある。例えば、「得る」という動詞の活用は、「**え**ナイ（未然形）」「**え**マス（連用形）」「**え**る（終止形）」「**え**るトキ（連体形）」「**え**れバ（仮定形）」「**え**ろ・**え**よ（命令形）」となる。「**え**」の音はすべての活用形に含《ふく》まれてはいるが、

くわしく

語幹の区別のない動詞

下一段活用の動詞で、語幹と活用語尾の区別のない主なものは、

得る　出る
寝《ね》る　経る

などである。

右の動詞のうち、「経る」については、

十年を経て再会する。
名古屋《なごや》を経て行く。

などのように、「……を経て」という言い方以外は、現在ではあまり用いない。

未然形・連用形は「え」のみであるため、語幹と活用語尾の区別をしない。語幹と活用語尾の区別がない場合、活用表では、一般的《いっぱん》に語幹を「○」で示す。

また、下一段活用は、五段活用・上一段活用と同様、活用する行によって、「**○行下一段活用**」と細かく分類できる。例えば、前述の「受ける」は「カ行下一段活用」、「得る」は「ア行下一段活用」と分類される。

下一段活用の動詞を識別するには、五段活用・上一段活用と同様に、「**ナイ**」を付けて活用させてみるとよい。「ナイ」の直前が**エ段の音**になれば、下一段活用の動詞である。

乗せる ⬇ 乗せナイ……活用語尾は「せ」[se] ⬇ 下一段活用

確認問題

問1 次の動詞の中から、下一段活用の動詞をすべて選びなさい。

ア 暮れる　**イ** 晴れる　**ウ** 感じる　**エ** 泳ぐ　**オ** 寝《ね》る　**カ** 信じる

問2 次の――線部の下一段活用の動詞の活用形を、あとから選びなさい。

(1) どんな点を改めればよいかを考えよう。
(2) 羽を痛めた小鳥は、しばらくの間は飛べなかったようだ。
(3) 苗木《なえぎ》を植えるときの注意点を教わる。

ア 未然形　**イ** 連用形　**ウ** 終止形　**エ** 連体形　**オ** 仮定形　**カ** 命令形

参考

可能動詞は下一段活用

五段活用の動詞を、可能の意味をもつようにして転じた動詞を可能動詞という。この可能動詞は、すべて下一段活用になる。例えば、五段活用の動詞「飛ぶ」が、「飛ぶことができる」という可能の意味をもつ動詞として転じた「飛べる」は、下一段活用である。

参照 128ページ 可能動詞

確認問題解答

問1 ア・イ・オ（順不同）

問2 (1) オ　(2) ア　(3) エ

◆カ行変格活用

「来る」という動詞は、五段活用、上一段活用、下一段活用の動詞と違《ちが》って、**変則的に活用する。**

基本形	語幹	未然形	連用形	終止形	連体形	仮定形	命令形
来る	○	こ	き	くる	くる	くれ	こい
主な用法		ナイ・ヨウに連なる	マス・タに連なる	言い切る	トキに連なる	バに連なる	命令して言い切る

「来る」は、右の活用表のように、**カ行を中心に変則的に活用する。**語幹と活用語尾《ごび》の区別はない。
この活用を**カ行変格活用（カ変）**という。カ行変格活用の動詞は、「**来る**」**一語**のみである。

◆サ行変格活用

カ行変格活用の他に、**変則的に活用する**動詞には、**サ行を中心に活用する**「**する**」がある。

基本形	語幹	未然形	連用形	終止形	連体形	仮定形	命令形
する	○	し・せ・さ	し	する	する	すれ	しろ・せよ
主な用法		ナイ・ヌ・セルに連なる	マス・タに連なる	言い切る	トキに連なる	バに連なる	命令して言い切る

要注意

カ変・サ変は特殊な活用

大多数の動詞は、五段活用、上一段活用、下一段活用のどれかに属している。

これに対し、カ行変格活用は「来る」一語、サ行変格活用は「する」(「〜する(ずる)」の複合動詞)に限られた特殊《とくしゅ》な活用である。

したがって、カ変とサ変の変則的な活用は、そのまま覚えてしまうのがよい。

参考

サ変の未然形

サ行変格活用の未然形は、活用語尾が三つあるが、それぞれ、

しナイ
せヌ(せズ)
さセル(さレル)

のように、あとに続く主な用法によって使い分けている。

第1章 文法の基礎
第2章 自立語
第3章 付属語
第4章 敬語

「する」は、右の活用表のように、**サ行を中心に変則的に活用する**。語幹と活用語尾の区別はない。この活用を**サ行変格活用**（**サ変**）という。サ行変格活用の動詞は、「**する**」である。

「する」は、「達**する**」「勉強**する**」「びっくり**する**」のように、他の言葉と結び付いて、多くの**複合動詞**を作る。「リード**する**」「キャンセル**する**」のように、外来語と複合する場合もある。複合動詞は、あとに付く言葉によって活用の種類が決まるため、これらの「〜する」という動詞もサ行変格活用になる。

また、一字の漢語と複合する場合には、「感ずる」「禁ずる」のように「〜ずる」と濁《にご》って発音されるものもある。これらもまた、サ行変格活用の動詞である。（発音の都合上、濁っただけなので、「ザ行」変格活用とはいわない。）

確認問題

問1 次の各文の（　）に、「来る」を活用させて、それぞれ平仮名《ひらがな》で書きなさい。

(1) 早く学校に（　）ば、準備できた。　(2) 友人は、学校に（　）なかった。

(3) （　）ようと思えばいつでも来られたのに、つい足が遠のいてしまった。

問2 次の——線部のサ行変格活用の動詞の活用形を、あとから選びなさい。

(1) すぐに片付けをしろと注意された。　(2) 気持ちを察して、助け船を出す。

(3) 世界に通ずる最新技術を学ぶ。　(4) 勉強しないでいたことを後悔《こうかい》した。

ア 未然形　**イ** 連用形　**ウ** 終止形　**エ** 連体形　**オ** 仮定形　**カ** 命令形

くわしく

「〜する」の複合動詞

複合動詞とは、他の語と動詞が結び付いて派生した動詞である。特に、「する」はいろいろな語のあとに付いて多くの複合動詞を作る。上段で述べた語の他に、

決する　罰《ばっ》する
論ずる　講ずる
休憩《きゅうけい》する　選択《せんたく》する
うわさする
どきどきする
重んずる　甘《あま》んずる
スケッチする
ドライブする

などがある。

また、「論ずる」「重んずる」などは、「論じる」「重んじる」のようにもいう。その場合には、ザ行上一段活用の動詞となる。

確認問題解答

問1 (1) くれ　(2) こ　(3) こ

問2 (1) **カ**　(2) **イ**　(3) **エ**　(4) **ア**

◆動詞の活用形の主な用法

動詞の**未然形**は、あとに**助動詞が連なる用法**である。どの助動詞がどの活用の種類に連なるかは、左のように決まっている。

1 「ない」「ぬ」 ↓ **飲まない・来ない・起きぬ・暮れぬ**……すべての活用の種類
2 「う」 ↓ **話そう・言おう・行こう・飛ぼう**……五段活用
3 「よう」「まい」 ↓ **見よう・寝《ね》よう・落ちまい・捨てまい**……五段活用以外
4 「れる」「せる」 ↓ **打たれる・される・歩かせる・させる**……五段活用・サ変
5 「られる」「させる」 ↓ **感じられる・食べさせる・来られる**……上一段・下一段・カ変

動詞の**連用形**には、用言に連なる他に、**1**助詞「**て**」「**たり**」「**ながら**」、助動詞「**ます**」「**た**(**だ**)」「**たい**」などに連なる用法、**2**文をいったん中止する用法(**中止法**)がある。**1**の用法では、助詞・助動詞(付属語)に連なる場合には、動詞によっては「**言います**」「**笑った**」「**飛んで**」のように、音便《おんびん》(イ音便・促《そく》音便・撥《はつ》音便)の形を取ることもある。**2**の中止法とは、「クラスの皆《みな》を**集め**、連絡事項《れんらくじこう》を伝えた。」のように、連用形のあとに読点(「、」)を打つことで、文の流れを一度中止して、またあとに続ける用法のことである。**連用中止法**ともいう。

動詞の**終止形**は、動詞の基本形で、**1**文末(「。」の前)で、文をそこで**言い切る用法**、**2**助詞「**と**」「**けれど**(**けれども**)」「**が**」「**から**」、助動詞「**そうだ**(伝聞の意味の場合)」「**まい**(五段活用の動詞に連なる場合)」「**らしい**」などに連なる用法がある。**1**の言い切る用法だけでなく、**2**の助詞・助動詞(付属語)に連なる場合もあることに注意する。例えば、「弟とはよく**話す**けれど、兄とはあまり話さない。」「明日は一週間ぶりに**晴れる**そうだ。」のように用いる。

参考

転成名詞になる連用形

動詞の連用形は、

帰りに用事を済ませる。
観客の笑いを誘《さそ》う。

などのように、名詞として用いられることもある。これは、動詞の連用形が名詞に転じたもので、転成名詞とよばれる。

参照 141ページ **転成名詞**

くわしく

活用形に連なる付属語

命令形以外の活用形には、連なる付属語が存在する。付属語が何形に接続するのかを覚えておくことで、その動詞の活用形を判断することもできる。

未然形→**話さ**(れる)
連用形→**話し**(た)
終止形→**話す**(らしい)
連体形→**話す**(ようだ)
仮定形→**話せ**(ば〜)

動詞の**連体形**は終止形と同形なので、用法を覚えて正しく識別できるようにする。連体形には、**1**「**とき**」「**こと**」「**もの**」「**人**」などの**体言**に連なる用法、**2**助詞「**の**」「**のに**」「**ので**」「**ほど**」「**ばかり**」などや、助動詞「**ようだ**」に連なる用法がある。**2**の助詞・助動詞(付属語)に連なる場合は、「よく**食べる**ので、大きくなった。」「父はこれから**出かける**ようだ。」のように用いる。

動詞の**仮定形**は、助詞「**ば**」に連なって、「もし〜したなら」という仮定を表す用法である。「辞書を**引け**ば、意味がわかる。」「あと少し早く**来れ**ば、電車に間に合ったのに。」のように用いる。

動詞の**命令形**は、命令の意味をもって言い切り、文を終える用法である。「早く**来い**。」「全員、外に**出ろ**。」のように用いる。

確認問題

問1 次の各文の(　)に合うように「選ぶ」を活用させて、それぞれ答えなさい。

(1) これを(　)ば間違《まちが》いない。
(2) よく吟味《ぎんみ》して(　)だ商品だ。
(3) あとは行き先を(　)ばかりだ。
(4) この候補者は誰《だれ》も(　)ないだろう。

問2 次の各文の——線部の動詞の活用形を、あとから選びなさい。

(1) 宿題があるから、早く家に帰る。
(2) 旅行には彼《かれ》も誘《さそ》おう。
(3) 何年もたつのに、まだ完成しない。
(4) かめばかむほど、味が出る。
(5) 肥料をやり、毎日世話をした。
(6) 暇《ひま》なときは、散歩したりする。

ア 未然形　**イ** 連用形　**ウ** 終止形　**エ** 連体形　**オ** 仮定形　**カ** 命令形

要注意

音便形は中止法にならない

連用形のうち、五段活用の音便形は中止法では使えない。

それぞれの音便の「…い」「…っ」「…ん」の形は、あとに助詞「て」や助動詞「た」などが続く場合に用いられる。これは、あとに言葉が続くときに、発音しやすくなるように音便が存在するからである。

したがって音便は、直後に読点(、)が続く中止法では起こりえないのである。

確認問題解答

問1 (1) 選べ (2) 選ん (3) 選ぶ (4) 選ば

問2 (1) **ウ** (2) **ア** (3) **エ** (4) **オ** (5) **イ** (6) **イ**

3 自動詞・他動詞

◆自動詞・他動詞とは

1 電気が消える。　**2 姉が電気を消す。**

1の「消える」は、「電気が」という主語だけに関わる動作を表している。2の「消す」は、主語である「姉が」が、他のもの(電気)に対して影響《えいきょう》を及《およ》ぼす動作を表している。意味の近い「消える」と「消す」という動詞には、このような働きの違《ちが》いがある。

1「消える」のような動詞は、「〜を」という目的や対象を表す修飾《しゅうしょく》語を受けることはできないもので、**主語自体の動作**を表す。こうした動詞を**自動詞**という。

2「消す」のような動詞は、「〜を」という修飾語を伴《ともな》って、**主語とは別のもの(人)に及ぼす動作**を表す。こうした動詞を**他動詞**という。

◆対になる自動詞と他動詞

自動詞と他動詞は互《たが》いに対応関係にあるものが多い。これらは、語幹すべて、または語幹の一部が共通している。

1 湯が沸《わ》く。 ⬇ 自動詞　**湯を沸かす。** ⬇ 他動詞
2 魚が焼ける。 ⬇ 自動詞　**魚を焼く。** ⬇ 他動詞
3 人が集まる。 ⬇ 自動詞　**人を集める。** ⬇ 他動詞

くわしく
「〜を」以外の形
他動詞が伴う目的や対象を表す文節は、
母は僕《ぼく》まで叱った。
新しい本も借りる。
などのように、「〜を」以外の形のこともある。

要注意
「〜を」という修飾語
「〜を」などの修飾語を伴ったからといって、すべてが他動詞であるとは限らない。例えば、
① 鳥が空を飛ぶ。
② 選手が競技場を走る。
という二つの文について見てみると、①「空を」、②「競技場を」は、場所を表す修飾語であって、目的や対象を表す修飾語ではない。①「飛ぶ」は「鳥が」、②「走る」は「選手が」という主語自体の動作を表す自動詞である。

自動詞と他動詞には、❶のように、**活用の種類は同じで、活用する行が違う**ものがある。❶の「沸く」はカ行五段活用、「沸かす」はサ行五段活用になっている。また、❷「焼ける」はカ行下一段活用、「焼く」はカ行五段活用だが、このように、**活用する行は同じで、活用の種類が違う**ものもある。そして、❸「集まる」はラ行五段活用、「集める」はマ行下一段活用だが、このように、**活用の種類も行も違う**ものもある。さらに、

カーテンが開《ひら》く。 ⬇ **自動詞**
カーテンを開《ひら》く。 ⬇ **他動詞**

のように、自動詞と他動詞で語形が全く同じものもある。

また、すべての自動詞と他動詞に対になるものがあるわけではない。例えば、「ある・いる・来る・気づく・憧《あこが》れる」などは**自動詞**で、**対になる他動詞は存在しない**。また、「着る・たたく・読む・投げる・叱《しか》る・蹴《け》る・命じる」などは**他動詞**で、**対になる自動詞は存在しない**。

確認問題

問1 次の各文の——線部が、自動詞なら**ア**、他動詞なら**イ**と答えなさい。

(1) 口から火を噴《ふ》くくらい辛《から》い。　(2) 美しい音楽が室内に流れる。
(3) 五枚組みの皿が一枚割れる。　(4) 隣《となり》の家に荷物を届ける。

問2 次の自動詞と対になる他動詞を、それぞれ答えなさい。

(1) 折れる　(2) 返る　(3) 変わる　(4) 痛む　(5) 照る　(6) 続く

要注意

他動詞と使役表現

薬を飲む。

球根を植える。

やる気を出す。

に対して、
薬を飲ま**せる**。

球根を植え**させる**。

やる気を出さ**せる**。

は、同じように、目的や対象を表す修飾語を受けてはいるが、一単語の他動詞ではない。「飲む」「植える」「出す」という動詞に、使《し》役《えき》の助動詞「せる」「させる」が付いた言葉である。

確認問題解答

問1 (1) **イ**　(2) **ア**　(3) **ア**　(4) **イ**
問2 (1) 折る　(2) 返す　(3) 変える　(4) 痛める　(5) 照らす　(6) 続ける

4 可能動詞・補助動詞

◆可能動詞

「泳ぐ」と「泳げる」の二つの動詞を比べてみると、「泳げる」は、「泳ぐ」に対して「**～することができる**」という可能の意味が加わっている。このような動詞は、**五段活用の動詞**が可能の意味をもつように変化してできたもので、**可能動詞**といい、一つの動詞として考える。

話す ⬇ 話せる　**行く ⬇ 行ける**　**飲む ⬇ 飲める**　**遊ぶ ⬇ 遊べる**

右のように、五段活用の動詞の多くに、対応する可能動詞がある。可能動詞は、いずれも**下一段活用**であるが、意味として成り立たないので、命令形はない。また、五段活用以外の動詞には対応する可能動詞はない。

◆補助動詞

1 床《ゆか》に大きな荷物をおく（置く）。
2 話をよく聞いておく。

1の「おく（置く）」が「人や物などをある場所にとどめる」という本来の意味で使われているのに対して、2の「おく」は「聞く」という動詞に「今後のためにあらかじめする」という意味を添《そ》えている。このように、**動詞の本来の意味から離《はな》れて、直前の文節を補助する意味で用いられる動詞**を**補助動詞（形式動詞）**という。「補助」動詞といっても、単独で文節を作ることができる自立語の一つの

要注意 !

「ら抜き言葉」

上一段活用・下一段活用・カ行変格活用の動詞について、可能の意味を加えて、

見る　→見れる
食べる→食べれる
来る　→来れる

のようにするのは、文法的な誤用である。これらは、「ら抜《ぬ》き言葉」といわれる。

対応する可能動詞があるのは、五段活用だけである。上一段活用・下一段活用・カ行変格活用の動詞に可能の意味を加えるには、可能の意味をもつ助動詞「られる」を付けて、

見る　→見られる
食べる→食べられる
来る　→来られる

のように表す。

五段活用の動詞にも、可能の助動詞「れる」を付けて、可能の意味を加えることもできるが、一般《いっぱん》的には、可能動詞を用いることが多い。

動詞であることには変わりがない。

主な補助動詞となる動詞は次のようなもので、数があまり多くないので覚えておくとよい。

動詞	本来の用法	補助動詞の用例
ある	本がある。	これは本である。
いく	書店に行く。	書店に寄っていく。
やる	餌《えさ》をやる。	餌を食べさせてやる。
もらう	パンをもらう。	パンを作ってもらう。
みる	城を見る。	城を訪ねてみる。
いる	部屋にいる。	部屋で待っている。
くる	台風が来る。	台風がやってくる。
あげる	本をあげる。	本を読んであげる。
くれる	手袋《てぶくろ》をくれる。	手袋を編んでくれる。
しまう	皿をしまう。	皿を割ってしまう。

補助動詞は平仮名《ひらがな》で表記されることが多い。また、補助動詞が意味を加えている、直前の文節は、「〜て(で)」の形になる。

確認問題

問1 次の動詞に対応する可能動詞を、それぞれ答えなさい。

(1) 飛ぶ　(2) 集まる　(3) 聞く　(4) 待つ　(5) 買う

問2 次の各文の――線部が、補助動詞なら○、そうでなければ×と答えなさい。

(1) 宿題をやってしまう。　(2) 友人の作品を展覧会でみる。

(3) 大きな建物がある。　(4) 前髪《まえがみ》を切ってもらう。

くわしく

補助の関係

補助動詞は、本来の動詞の意味が薄《うす》れ、直前の文節の意味を補助する働きをする動詞である。したがって、必ず直前の文節と補助の関係になり、連文節を作る。

補助の関係
目を　閉じて　いる。
連文節

参照 95ページ **補助の関係**

確認問題解答

問1 (1) 飛べる　(2) 集まれる　(3) 聞ける　(4) 待てる　(5) 買える

問2 (1) ○　(2) ×　(3) ×　(4) ○

形容詞

1 形容詞の性質と働き

◆形容詞とは

「厚い」や「美しい」のように、物事の性質や状態を表す単語を形容詞という。

◆形容詞の性質と働き

形容詞は、**活用する自立語で、言い切りの形が「い」で終わる**単語である。また、形容詞は、**単独で述語**になることができ、**単独で修飾《しゅうしょく》語**にもなることができる。

青く　光る。　⬇　言い切りの形「青い」

人が　多かった。　⬇　言い切りの形「多い」

確認問題

問1 次の文の中から、形容詞をすべて抜《ぬ》き出し、言い切りの形に直しなさい。

おいしいスープだったけれども、少し熱かったので、舌が痛くなった。

発展

形容詞と動詞

形容詞と動詞は、言い切りの形の違《ちが》いで見分ける。

① 腕《うで》を痛めた。
　↓腕を痛める。

② 腕が痛かった。
　↓腕が痛い。

①「痛める」はウ段の音で終わるので動詞、②の「痛い」は「い」で終わるので形容詞である。

くわしく

形容詞の働き（例）

とても　楽しい。（述語）

のように、形容詞は単独で述語になる。また、

楽しく　過ごした。（修飾語）

のように、単独で修飾《しゅうしょく》語にもなることができる。

確認問題解答

問1 おいしい・熱い・痛い（順不同）

2 形容詞の活用と用法

◆形容詞の活用

基本形	語幹	未然形	連用形	終止形	連体形	仮定形	命令形
厚い	あつ	かろ	かっ く・う	い	い	けれ	○
美しい	うつくし	かろ	かっ く・う	い	い	けれ	○
主な用法		ウに連なる	タ・ナイ・ナルに連なる	言い切る	トキに連なる	バに連なる	命令して言い切る

右の活用表のように、**形容詞の活用は一種類**で、すべての形容詞は同じ活用のしかたをし、**命令形はない**。また、語幹に「し」の付くものと付かないものがある。「厚い・よい・寒い」などは付かないもので、「美しい・うれしい・おとなしい」などは付くものである。

◆形容詞の音便

動詞の五段活用の連用形に、音便《おんびん》という語尾《ごび》の変化があった。形容詞にも、「**ございます**」「**存じます**」などが続くときに、同じような語尾の変化がある。

とても　面白く　ございます。　⬇　**とても　面白う　ございます。**

のように、「面白く」が「面白う」と語尾が変化をする。これを**ウ音便**とよぶ。

くわしく

形容詞の中止法

形容詞の連用形には、「―く」の形がある。この形は、例えば「美しくナイ」「美しくテ」のように使われる他、次のようにも使われる。

連用形
海は美しく、波は輝《かがや》く。

このように、形容詞の連用形には動詞と同じように、いったん文をそこで中止してまた続ける用法があり、これを中止法という。

参照 124ページ
連用中止法

参考

形容詞のウ音便

形容詞のウ音便には、
美しくございます
↓
美しゅうございます
のように、語幹の一部が変化することもある。

◆補助形容詞

動詞には本来の意味から離《はな》れて直前の文節に付いて補助的な働きをする補助動詞(形式動詞)があるが、形容詞にも同じような働きをする補助形容詞(形式形容詞)がある。

1 この店には安い商品はない。　**2 この店の商品は安くない。**

1の「ない」が「存在しない」という**本来の意味**で使われているのに対して、2の補助形容詞である「ない」は直前の語に否定の**意味を添《そ》えている**。補助形容詞の働きをする形容詞は、「**ない**」「**よい**」「**ほしい**」などである。

◆形容詞の語幹の用法

1 おお、寒。　**2 ああ、楽し。**

3 今日は暑そうだ。　**4 とても悲しそうだ。**

形容詞には1・2のように**語幹だけで言い切る形**で使われ、単独で述語になる用法がある。また、3・4のように、**形容詞の語幹**が様態を表す助動詞「**そうだ**」に連なる用法もある。

◆形容詞の転成

1 高さがある。　**2 悲しみが押《お》し寄せる。**

右の1の「高さ」、2の「悲しみ」は活用しない単独で主語になる名詞だが、これらは、**形容詞か**

要注意

補助形容詞の「ない」

否定(打ち消し)の意味を表す「ない」には、上段で示したような補助形容詞の他に、助動詞がある。

① 高く(は)ない
　→補助形容詞
② 食べ(は)ない
　→助動詞

のように、直前に「は」や「も」を入れて意味が通じるものが補助形容詞、通じなくなるものが付属語の助動詞と見分ける。つまり、一文節として区切ることができる「ない」が補助形容詞である。

助動詞の「ない」は、付属語なので、「は」や「も」を入れて、直前の語と区切ることができないのである。

参照 178ページ **「ない」の識別**

第1章 文法の基礎
第2章 自立語
第3章 付属語
第4章 敬語

らできた名詞である。**1**「高さ」は形容詞「高い」の語幹「たか(高)」に「**さ**」が、**2**「悲しみ」は形容詞「悲しい」の語幹「かなし(悲し)」に「**み**」が付いて名詞になっている。このように形容詞の語幹に接尾《せつび》語の「さ」や「み」が付いて名詞を作ることがあり、これを**転成名詞**という。

◆形容詞を作る接尾語

「子供っぽい」「大人っぽい」などの語尾にある「っぽい」は、**形容詞を作る接尾語**である。「子供っぽい」を例に考えてみると、「子供っぽかろウ」「子供っぽくナイ」のように活用する自立語であり、言い切りの形が「い」で終わる形容詞とわかる。このような接尾語には、次のようなものがある。

許しがたい話。　信じがたい事件。 ➡ **「がたい」**
春らしい天候。　学生らしい振《ふ》る舞《ま》い。 ➡ **「らしい」**

確認問題

問1 次の各文の——線部の形容詞の活用形を、あとから選びなさい。
(1) 天気がよければ、行こう。　(2) この映画は面白くて勉強になる。
ア 未然形　**イ** 連用形　**ウ** 終止形　**エ** 連体形　**オ** 仮定形　**カ** 命令形

問2 次の各文の——線部の形容詞から、補助形容詞であるものを選びなさい。
ア ケーキがほしい。　**イ** 何もしなくてよい。　**ウ** あまり影響《えいきょう》はない。

参考
連用形の転成名詞
形容詞の連用形からできた転成名詞もある。
遠くが見えない。
近くに住む。
どちらも形容詞の連用形「遠く」「近く」が転じて名詞になったものである。

発展
派生語
上段で示した「子供っぽい」のように、接尾語が付いてできた語を派生語という。接尾語だけでなく、「か細い」のように接頭語が付いてできた語もある。

確認問題解答
問1 (1) **オ**　(2) **イ**
問2 **イ**

形容動詞

1 形容動詞の性質と働き

◆形容動詞とは

「きれいだ」や「静かです」のように、物事の性質や状態を表す単語を**形容動詞**という。

◆形容動詞の性質と働き

形容動詞は、**活用する自立語で、言い切りの形が「だ・です」で終わる**単語である。また、形容動詞は、**単独で述語**になることができ、**単独で修飾《しゅうしょく》語**にもなることができる。

正直に　話す。⬇言い切りの形「正直だ」
友は　元気でした。⬇言い切りの形「元気です」

確認問題

問1 次の文の中から、形容動詞をすべて抜《ぬ》き出し、言い切りの形に直しなさい。

＊のどかな風景を眺《なが》めながら、軽快に自転車をこいでいる姿が、とても印象的です。

要注意 !

語幹が同じ単語

形容動詞と形容詞には、「暖かだ」と「暖かい」のように語幹が同じで、混同しやすいものがあるので、活用のしかたに注意する必要がある。

① 暖かならば、行こう。
② 暖かければ、行こう。

右の文例はどちらも仮定形だが、①「暖かなら」は形容動詞の仮定形で、②「暖かけれ」は形容詞の仮定形である。形容動詞と形容詞はどの活用形でも同じ形になることはないので、識別しやすい。この他には、「柔《やわ》らかだ―柔らかい」、「真っ白だ―真っ白い」、「細かだ―細かい」「真ん丸だ―真ん丸い」などの単語に注意する。

確認問題解答

問1 のどかだ・軽快だ・印象的です　（順不同）

2 形容動詞の活用と用法

◆形容動詞の活用

基本形	語幹	未然形	連用形	終止形	連体形	仮定形	命令形
きれいだ	きれい	だろ	だっ で・に	だ	な	なら	○
静かです	しずか	でしょ	でし	です	(です)	○	○
主な用法		ウに連なる	タ・ナイ・ナルに連なる	言い切る	トキに連なる	バに連なる	命令して言い切る

右の活用表のように、**形容動詞の活用は二種類**で、どちらも**命令形はない**。また、「～です型」の活用には仮定形もない。

◆形容動詞の連用形の用法

形容動詞の連用形には「～だっ(た)」「～で(ない)」「～に(なる)」の三つの活用形があり、それぞれ、連なる語が異なる。そのうち「～で」には、動詞・形容詞と同じように、いったん文をそこで中止してまた続ける用法がある。

海はとても穏《おだ》やかで、流れてくる潮風がとても心地《ここち》よかった。

この右の文例のような用法を、動詞・形容詞と同様に、**中止法**という。

参考

形容動詞の特別な用法

形容動詞「こんなだ・そんなだ・あんなだ・どんなだ・同じだ」に体言などが連なる場合には、

こんなところにある。

同じものはいらない。

のように、語幹そのものを使う。助詞「の」「ので」「のに」が連なる場合も、

あんなのが欲しい。

のように語幹を用いるが、形容動詞「同じだ」は、

同じなので、選べない。

のように「～な型」の連体形が使われる。

この「こんな・そんな・あんな・どんな・同じ」は、連体詞と考える説もある。

◆形容動詞の語幹の用法

「きれいだ」「大変だ」などの言葉に驚《おどろ》きや感動が込《こ》められたとき、

わあ、とてもきれい。　**ああ、これは本当に大変。**

のように、「きれいだ」の**語幹**「**きれい**」、「大変だ」の**語幹**「**大変**」だけを用いた言い方をすることがある。このように、形容動詞には、語幹だけで言い切る形で使われ、単独で述語になる用法がある。

また、他にも、

祖母は元気そうだ。　**気分は晴れやからしい。**

のように、形容動詞の語幹が助動詞「**そうだ**」「**らしい**」などに連なる用法もある。

◆形容動詞の転成

1 華《はな》やかさがある。　**2 新鮮《しんせん》みが感じられる。**

右の1の「華やかさ」、2の「新鮮み」は活用しない単独で主語になる名詞だが、これらは、**形容動詞からできた名詞**である。1「華やかさ」は形容動詞「華やかだ」の語幹「はなやか(華やか)」に「**さ**」が、2「新鮮み」は形容動詞「新鮮だ」の語幹「しんせん(新鮮)」に「**み**」が付いて名詞になっている。このように形容動詞の語幹に接尾《せつび》語の「さ」や「み」が付いて名詞を作ることがあり、形容詞と同様、これを**転成名詞**という。

くわしく

形容動詞の仮定形の用法

動詞・形容詞の仮定形は助詞「ば」に連なるのが普通《ふつう》だが、形容動詞の仮定形は、

不思議ならば調べよう。

安全なら問題ない。

のように、「ば」に連なる場合と、「ば」を伴《ともな》わずに仮定形だけを使う場合とがある。

参考

「〜み」の転成名詞

上段の「新鮮み」のように、形容動詞の語幹＋接尾語「み」の形の転成名詞は、とても数が少ない。

また、「新鮮み」は、「人間味」「現実味」のような漢語と同様に、「新鮮味」と表記されることもある。

◆形容動詞になる外来語

「独特な様子」という意味の外来語「ユニーク」や、「洗練された様子」という意味の外来語「スマート」を使って、次のような言い方をすることがある。

1 あの作家の作品はユニークだ。　**2 説明のしかたがとてもスマートだ。**

これらは、**外来語に「だ」を付けて形容動詞化**したものである。他に「クールだ」「ベストだ」「ラッキーだ」「ロマンチックだ」などがあり、「満足だ」「豊富だ」のような性質や状態を表す漢語に「だ」を付けた形の形容動詞と同じ成り立ちである。

確認問題

問1 次の各文の——線部の形容動詞の活用形を、あとから選びなさい。

(1) かすかな鳴き声が聞こえる。　(2) 退屈《たいくつ》なら少し外の空気を吸ってきなさい。

(3) 明確でない説明は避《さ》ける。　(4) あなたに出会えてラッキーでした。

(5) この考え方のほうが合理的だろう。

ア 未然形　**イ** 連用形　**ウ** 終止形　**エ** 連体形　**オ** 仮定形　**カ** 命令形

問2 次の各文の——線部が、形容動詞なら○、そうでなければ×と答えなさい。

(1) 検索《けんさく》機能を便利に使う。　(2) 一般《いっぱん》的に好まれる作風だ。　(3) 私は大いに賛成だ。

要注意

形容動詞の見分け方

形容動詞は、名詞＋助動詞「だ」の形と見分けにくい。

① 私は中学生だ。
② 私は健康だ。
③ 大切なのは健康だ。

①と②は、「—な」の形になれば形容動詞、ならなければ「名詞＋だ」である。「×中学生な(人)」とならないので、①は形容動詞ではない。

②と③は、前に連用修飾《しゅうしょく》語「とても」などが入れば形容動詞で、入らなければ「名詞＋だ」である。③は、「×大切なのはとても健康だ」とできないので、形容動詞ではない。

確認問題解答

問1 (1) **エ** (2) **オ** (3) **イ** (4) **イ** (5) **ア**

問2 (1) **○** (2) **○** (3) **×**

名詞

1 名詞の性質と働き

◆名詞とは

「**東京**《とうきょう》で**花見**をする**こと**ができる**公園**の**中**で、**ここ**が最も好きだ。」という文の中にある「**東京**」「**花見**」「**こと**」「**公園**」「**中**」「**ここ**」のような単語を**名詞**という。活用する自立語（動詞・形容詞・形容動詞）を**用言**とよぶのに対して、名詞を**体言**とよぶ。

◆名詞の性質と働き

名詞は、物事の名前を表し、**主に主語になる**単語で、**活用しない自立語**である。

1 私が行きます。
2 ショートケーキは、とてもおいしい。

1の「**私**」は、助詞「が」を伴《ともな》い、述語「行きます」に対する**主語**になっている。2「**ショートケーキ**」は、助詞「は」を伴い、述語「おいしい」に対する**主語**になっている。このように、名詞は、主に、「が」や「は」などの助詞を伴って主語になる。また、名詞は自立語なので、

1 私、行きます。
2 ショートケーキ、とてもおいしい。

くわしく

名詞の見分け方

名詞を見分けるには、名詞の性質の一つを使い、助詞「が」を付けて主語になるかどうかで確かめるという方法がある。これは、すべての場合の見分け方として使えるわけではないが、簡単な識別方法である。例えば、

はとは、平和の象徴《しょうちょう》だ。

の「象徴」は、

平和の象徴は、はとだ。

のように主語（主部）にできるので、名詞と識別できる。

のように、付属語を伴わずに単独でも一文節になる。
名詞の主な働きは、前述のように、助詞を伴って主語になることだが、次の例のように、文の中でいろいろな働きをする。

❶兄は、高校生だ。
❷いつも二人で遊んでいる。
❸あと二人参加してください。
❹先生、私も行きます。

❶の「兄」は、助詞「は」を伴い、**主語**になっている。そして、「高校生」は、助動詞「だ」を伴い、**述語**になっている。また、❷「二人」は助詞「で」を伴い、**修飾語**《しゅうしょく》になっているが、❸では、「二人」が付属語を伴わず**単独で修飾語**になっている。❹では、「私」が助詞「も」を伴い**主語**になっているが、さらに、「先生」が付属語を伴わず**単独で独立語**になっている。このように、名詞は、単独で、もしくは付属語を伴い、文の中でいろいろな働きをする。

確認問題

問1 次の各文から、それぞれ名詞をすべて抜《ぬ》き出しなさい。
(1) あれは、隣《となり》の家で飼っている犬に違《ちが》いない。
(2) 私は、将来、教師になりたいと考えています。

発展

連体修飾語になる形

名詞は、助詞「の」を伴って連体修飾語になることができる。例えば、

つばめの　巣が　ある。

という文の場合、名詞「つばめ」＋助詞「の」が、「巣が」に対する連体修飾語になっている。

この「つばめの巣が」という部分は、文の成分としては主部であり、「つばめの」は、その一部になっている。

確認問題解答

問1 (1) あれ・隣・家・犬
(2) 私・将来・教師

2 名詞の種類

◆内容による分類

名詞は、表す内容から五種類に分けられる。

1 普通《ふつう》名詞……自転車・空・過去・考え方　など
2 固有名詞……宮沢賢治《みやざわけんじ》・富士山《ふじさん》・パリ　など
3 数詞……三冊・二か月・五時間・一位　など
4 形式名詞……～ところ・～もの・～こと　など
5 代名詞……私・あなた・これ・どこ　など

1 普通名詞は、一般《いっぱん》的な物事の名前を表す名詞である。

2 固有名詞は、人名・地名・国名など、一つしか存在しない物事の名前を表す名詞である。

3 数詞は、物の数や量、順序などを、数によって表す名詞である。

4 形式名詞は、本来の意味が薄《うす》れ、補助的、形式的に用いられる名詞である。一般的に、形式名詞は、漢字を用いず仮名書きする。

机の上の物をスケッチする。 ⬇ **普通名詞**
これだけの料理ができれば、立派なものだ。 ⬇ **形式名詞**

5 代名詞は、人や物事を指し示して表す名詞である。代名詞の例として挙げたもののうち、「私」「あなた」など、人を指し示すものを**人称《にんしょう》代名詞**といい、「これ」「どこ」など、物事・場所・方向を

くわしく
人称代名詞の分類
① 自称（自分を指す）
私・僕《ぼく》・俺《おれ》　など
② 対称（相手を指す）
あなた・君　など
③ 他称（自分でも相手でもない人を指す）
彼《かれ》・彼女《かのじょ》　など
④ 不定称（誰《だれ》かわからない人を指す）
どなた・誰　など

くわしく
指示代名詞の分類
① 近称（話し手・書き手の近くを指す）
これ・ここ　など
② 中称（話し手・書き手より相手の近くを指す）
それ・そこ　など
③ 遠称（話し手・書き手からも相手からも遠くを指す）
あれ・あそこ　など
④ 不定称（はっきりしないものを指す）
どれ・どこ　など

第1章 文法の基礎
第2章 自立語
第3章 付属語
第4章 敬語

指し示すものを**指示代名詞**という。

◆転成名詞

動詞・形容詞・形容動詞などの他の品詞から転じて名詞になったものを**転成名詞**という。

1 帰りが遅《おそ》くなる。　**2 遠くがよく見える。**

1の「帰り」は動詞「帰る」の連用形、2の「遠く」は形容詞「遠い」の連用形から転じてできた名詞である。この他に、「楽しみ」や「穏《おだ》やかさ」のように、形容詞や形容動詞に「**さ**」や「**み**」などの接尾《せつび》語が付いてできた転成名詞もある。

確認問題

問1 次の各文の——線部の名詞の種類を、あとから選びなさい。

(1) 米国へ留学する。　(2) こちらが新商品です。　(3) おいしいパンが焼けた。

(4) 僕《ぼく》が説明します。　(5) 紅茶を一杯《いっぱい》いかがですか。

ア 普通名詞　**イ** 固有名詞　**ウ** 数詞　**エ** 代名詞

問2 次の各文の——線部が、形式名詞なら**○**、そうでなければ**×**と答えなさい。

(1) あなたの言うとおりだ。　(2) 大きな通りに面している。

(3) 住んでいた所を訪ねる。　(4) ちょうど考えていたところだ。

要注意

名詞以外の指示語

指示語には、名詞(代名詞)の他に、副詞・連体詞がある。

そうすればうまくいく。

この本が読みたい。

の「そう」「この」は、主語にすることができない単語なので、名詞(代名詞)ではない。「そう」は副詞、「この」は連体詞である。

指示語の品詞は、助詞「が」を付けて、主語として文が作れるかどうかで見分けるとよい。

参照 142ページ **副詞と名詞(代名詞)**
146ページ **連体詞**

確認問題解答

問1 (1) **イ** (2) **エ** (3) **ア** (4) **エ** (5) **ウ**

問2 (1) **○** (2) **×** (3) **×** (4) **○**

副詞

1 副詞の性質と働き

◆副詞とは

「観客は、**とても**興奮して、足を**ドンドン**踏《ふ》みならし、**ずっと**叫《さけ》び続けた。」という文の中にある「**とても**」「**ドンドン**」「**ずっと**」は、それぞれ「興奮して」「踏みならし」「叫び続けた」という用言を含《ふく》む文節を修飾《しゅうしょく》している。このように、主に用言を修飾する働きをもつ単語を**副詞**という。

◆副詞の性質と働き

副詞は、**単独で連用修飾語になる**単語で、**活用しない自立語**である。

❶ 祖父が　穏《おだ》やかに　話し出した。
❷ 祖父が　ゆっくり　話し出した。

❶「穏やかに」、❷「ゆっくり」は、どちらも一文節で述語「話し出した」に対する**連用修飾語**になっているが、❶「穏やかに」は形容動詞「穏やかだ」の連用形で、活用する自立語(用言)である。それに対して、❷「**ゆっくり**」は、これ以外に変化する形のない、活用しない自立語である。この「**ゆっくり**」のように、活用せず、単独で連用修飾語になる単語が副詞である。このように、副詞は、用言と文の中での働きが似ている。副詞と用言は、活用するかしないかで見分ける。

要注意 ❗

副詞と名詞(代名詞)

物事の動作・状態などを指し示す指示語のうち、「こう・そう・ああ・どう」は、

こう考えよう。
どうすればよいのか。

のように用言を含む文節を修飾するので、副詞である。

同じ指示語の「これ・それ・あれ・どれ」は、

これが買いたい。
どれがいいか迷う。

のように、助詞「が」を伴《ともな》って主語になる名詞(代名詞)である。

参照 140ページ **代名詞**

副詞の主な働きは、前述のように連用修飾語になる働き、つまり、用言である動詞・形容詞・形容動詞を修飾するのが、主な働きである。

友人がいきなり笑い出す。 ⬇ **動詞「笑い出す」を修飾**
この問題はかなり難しい。 ⬇ **形容詞「難しい」を修飾**
この街は、ずいぶんにぎやかだ。 ⬇ **形容動詞「にぎやかだ」を修飾**

また、副詞は用言以外にも、次のような品詞を修飾することもある。

もっとゆっくり説明してください。 ⬇ **副詞「ゆっくり」を修飾**
かなり昔、ここにパン屋さんがあった。 ⬇ **名詞「昔」を修飾**

このように、副詞は、他の**副詞**を修飾したり、**名詞**を修飾して連体修飾語になったりすることがある。ただし、名詞を修飾する場合については、修飾される語(被《ひ》修飾語)が「昔」「前」のように、時間・場所・方向・数量などを表す名詞に限定される。

確認問題

問1 次の各文から、それぞれ副詞をすべて抜《ぬ》き出しなさい。
(1) かなり多くの人が集まったので、きちんと進行できるのかが不安だった。
(2) いつも笑っているあの人が、ずいぶん落ち込《こ》んでいるので、母がとても心配していた。

発展
連体修飾語になる副詞
副詞の中には、
いつもの場所で待つ。
よほどの事情。
もしもの災害に備える。
のように、助詞「の」を伴って連体修飾語になるものもある。

発展
述語になる副詞
副詞の中には、
動作がゆっくりだ。
残り時間は、少しです。
のように、助動詞「だ」「です」を伴って述語になるものもある。

確認問題解答
問1 (1) かなり・きちんと (2) いつも・ずいぶん・とても

2 副詞の種類

◆内容による分類

副詞は、表す内容から次のように三種類に分けられる。

1 状態の副詞
2 程度の副詞
3 呼応の副詞

1 状態の副詞は、動作・作用がどのような状態・様子であるかをくわしく表す副詞である。状態の副詞は、用言の中でも主に動詞を修飾《しゅうしょく》する。また、

牛がのそのそ歩いて、モーモー鳴いた。 ➡ 「のそのそ」＝擬態語《ぎたい》　「モーモー」＝擬声語

の「**のそのそ**」のような**擬態語**や、「**モーモー**」のような**擬声語**も状態の副詞である。

2 程度の副詞は、物事の性質や状態の程度を表す副詞である。程度の副詞は、主に用言である動詞・形容詞・形容動詞を修飾するが、

とてもゆっくり語る。 ➡ 副詞「ゆっくり」を修飾　　**もっと左だ。** ➡ 名詞「左」を修飾

のように、**他の副詞**や**名詞**も修飾する。

3 呼応の副詞は、**陳述《ちんじゅつ》（叙述《じょじゅつ》）の副詞**ともいい、それを受ける文節に特定の言い方を要求する副詞である。呼応の副詞には、それぞれ表す意味があり、その意味に応じて、呼応する決まった言い方がある。

用語解説

擬態語・擬声語

物事の様子をそれらしく言い表したものを擬態語、物事の音や動物の鳴き声などをそれらしく言い表したものを擬声語（擬音語）という。

① 擬態語…すやすや・ぷんぷん・ひらひら・そよそよ・ちかちか

② 擬声語…ドンドン・ポチャン・ピンポーン・ピヨピヨ・ニャーオ

擬態語・擬声語は、そのままで副詞だが、それらに「と」が付いた形になることもある。

また、擬態語は平仮名《ひらがな》で、擬声語は片仮名で書くという原則はあるが、一般《いっぱん》の文章ではそれに従っていないこともある。

◆副詞の正しい呼応関係

呼応の副詞は、それぞれの意味に応じて、それを受ける文節に**決まった言い方**がある。

意味	副詞	用例	
疑問・反語	どうして・なぜ	どうして反論しないのか。	なぜ、わかってくれないのか。
推量	たぶん・きっと・おそらく	たぶん晴れるだろう。	きっと成功するに違《ちが》いない。
仮定	もし・たとえ・かりに	もし遅《おく》れるなら、連絡《れんらく》しなさい。	たとえ負けても、悔《く》やまない。
否定（打ち消し）	決して・少しも・まったく 全然・ろくに	次の試合は、決して負けない。 材料が全然足りていない。	少しも問題点はない。 ろくに調べもしない。
否定の推量	まさか・よもや	まさか、みんなには話すまい。	よもや教えないだろう。
たとえ	まるで・ちょうど・さも	まるで氷のようだ。	ちょうど真夏みたいだ。
希望	ぜひ・どうか・どうぞ	ぜひ見にきてください。	どうか、よく考えてほしい。

確認問題

問1 次の各文の（　）に入る言葉を、あとから選びなさい。

(1) 少しも残ら（　）。 (2) どうか助けて（　）。 (3) おそらく失敗する（　）。
(4) まるで自分のことの（　）。

ア ない　**イ** ようだ　**ウ** ほしい　**エ** だろう

発展

副詞の転成

副詞には、意味や用法が変わって、接続詞や感動詞に転成したものがある。

作家であり、また、画家でもある。
↓副詞「また」が接続詞に転成

ちょっと、どなたかいませんか。
↓副詞「ちょっと」が感動詞に転成

確認問題解答

問1 (1) **ア** (2) **ウ** (3) **エ** (4) **イ**

連体詞

◆ 連体詞とは

「**ある**日、彼《かれ》は**この**方法を思いついた。」の「**ある**」「**この**」は、それぞれ単独で「日」「方法を」という体言を含《ふく》む文節を修飾《しゅうしょく》している。このように、体言を修飾する働きをもつ単語を**連体詞**という。

◆ 連体詞の性質と働き

連体詞は、**単独で連体修飾語になる**単語で、**活用しない自立語**である。

1 ああ言われて、ようやく理解できた。
2 あの説明で、ようやく理解できた。

1の「ああ」は、「言う」という用言を含む文節を修飾しているので、副詞であるが、2の「**あの**」は、「説明」という体言を含む文節を修飾しており、**連体詞**である。このように、連体詞は、単独で連体修飾語になる単語である。また、連体詞は、副詞と異なり、**体言だけを修飾**する。

◆ 連体詞と他の品詞

連体詞はすべて他の品詞から転成したものなので、もとの品詞と紛《まぎ》らわしいものが多い。

1 これは、駅前にある店で購入《こうにゅう》した。
2 これは、ある店で購入した。

発展

連体詞の「型」

連体詞は、「型」によって分類することができる。

① ～の型（この・その）
② ～る型（ある・いわゆる・あらゆる・きたる）
③ ～な型（大きな・小さな・おかしな・いろんな）
④ ～が型（わが・われらが）
⑤ ～た・だ型（たいした・とんだ）

①「～の型」は、指示語の一つである。③「～な型」の連体詞に、形容動詞の語幹である「こんな・そんな・あんな・どんな」を含めることもある。

1の「ある」には「存在する」という意味があるので、動詞である。**2**「ある」には「存在する」という意味はなく、「店で」の連体修飾語になっているので、**連体詞**である。

また、「〜な型」の連体詞は、用言と見分けにくい。用言との区別は、活用するかしないかで行う。

いろいろな話。 → **いろいろだ（活用する）** ➡ **形容動詞**
いろんな話。 → **（活用しない）** ➡ **連体詞**

さらに、「〜の型」の連体詞は、いわゆる「こ・そ・あ・ど言葉」といわれる**指示語**にあたるが、**指示語**にはさまざまな品詞があるので、注意が必要である。

品詞	近称《きんしょう》	中称	遠称	不定称
名詞（代名詞）	これ ここ	それ そこ	あれ あそこ	どれ どこ
副詞	こう	そう	ああ	どう
連体詞	この	その	あの	どの
形容動詞	こんなだ	そんなだ	あんなだ	どんなだ

確認問題

問1 次の各文の——線部が、連体詞なら〇、そうでなければ×と答えなさい。

(1) 軽率な発言は避《さ》けよう。
(2) この瞬間《しゅんかん》を楽しみにしていた。
(3) おかしなことがあるものだ。
(4) 不思議な事件に出会った。

要注意

連体詞と形容詞

連体詞には、形容詞と形の似ているものがある。
① 大きい家に住む。
② 大きな家に住む。
③「大きい」は連体形も終止形も「い」で終わる形容詞だが、②「大きな」は形容詞の活用形にはない形であり、活用しない自立語である連体詞とわかる。

確認問題解答

問1 (1) × (2) 〇 (3) 〇 (4) ×

接続詞

◆接続詞とは

「先生、**および**生徒が校庭に集まる。」「窓を開けた。**すると、**涼《すず》しい風が入ってきた。」の「**および**」は前後の文節を、「**すると**」は前後の文をつなぐ働きをしている。このように、前後の文節や文などをつなぎ、その関係を示す単語を**接続詞**という。

◆接続詞の性質と働き

接続詞は、文の中で**単独で接続語になる**単語で、**活用しない自立語**である。

とても集中した。だから、よく理解できた。 ⬇ **接続詞「だから」が、単独で前後の文を接続**

接続詞の働きは、その示す関係によって、次のように分類する。

1 順接…前の事柄《ことがら》が原因・理由となり、その自然な結果があとにくることを示す。
2 逆接…前の事柄から予想されることと逆の内容があとにくることを示す。
3 並立《へいりつ》・累加《るいか》…前の事柄に、あとの事柄を並べたり、付け加えたりすることを示す。
4 対比・選択《せんたく》…前の事柄とあとの事柄を比べたり、どちらかを選んだりすることを示す。
5 説明・補足…前の事柄について、あとで説明したり、補足したりする。
6 転換《てんかん》…前の事柄から、話題を変えることを表す。

このような意味の上で分類した接続詞には、次のようなものがある。

要注意 !

接続詞と接続語

単語の分類である十品詞の一つである接続詞と、文の成分の一つである接続語を混同しないように注意する。

①晴れた。そこで、出かけた。
②晴れたので、出かけた。

①の「そこで」、②の「晴れたので」は、どちらも文の成分としては接続語になっているが、①の「そこで」が一単語であるのに対して、②の「晴れたので」は、「晴れ(動詞)た(助動詞)ので(助詞)」と三単語でできている。

つまり、接続語のうち、一単語であるものが接続詞なのである。

参照 98ページ
接続語

種類	主な接続詞	例文
順接	だから・それで・すると・そこで・ゆえに・したがって・よって	雨が降った。だから、試合は中止だ。
逆接	だが・でも・しかし・ところが・だけど・けれども・しかるに・とはいえ	雨が降った。しかし、試合は行われた。
並立・累加	また・および・ならびに・なお・しかも・それから・そのうえ・そして・それに	雨が降った。しかも、風が強かった。
対比・選択	あるいは・または・もしくは・一方・それとも	傘《かさ》を差すか。それとも、レインコートを着るか。
説明・補足	つまり・すなわち・なぜなら・ただし・もっとも	降水確率が高い。つまり、天候は不安定だ。
転換	では・さて・ところで・ときに	天気が悪い。ところで、何色のシャツを着ようか。

確認問題

問1 次の各文の（　）に入る言葉を、あとから選びなさい。

(1) 努力した。（　）、不合格だった。

(2) 彼《かれ》なら成功する。（　）、努力家だからだ。

(3) ご飯を食べた。（　）、パンも食べた。

(4) 寒そうだった。（　）、上着を持って出た。

ア なぜなら　**イ** でも　**ウ** そのうえ　**エ** それで

発展

一単語ではない接続語

次のような接続語は、接続詞と同じような働きをするが、一単語ではないので、接続詞ではない。

このため…順接
その反面…逆接
それと同時に…並立
どちらかといえば
…対比・選択
なぜかというと
…説明・補足
次に…転換

確認問題解答

問1 (1) **イ**　(2) **ア**　(3) **ウ**　(4) **エ**

感動詞

◆感動詞とは

「**おお**、ついに完成しましたか。」「**ねえ**、こっちを見てよ。」の「**おお**」や「**ねえ**」などのように、感動や呼びかけなどを表す単語を**感動詞**という。

◆感動詞の性質と働き

感動詞は、**単独で独立語になる**単語で、**活用しない自立語**である。

えっ、それは驚《おどろ》きました。　**はい**、それでは、こちらから連絡《れんらく》いたします。

右の文例の「**えっ**」や「**はい**」は、単独で一文節になっている自立語で、活用しない。また、文の中ではどの文節にも直接係っておらず、独立語になっている。

感動詞の表す意味は、大きく五つに分類できる。

1 感動…驚き・喜び・嘆《なげ》き・怒《いか》り・疑いなどの心の動きから、思わず声に出た言葉。
2 呼びかけ…呼びかけたり、誘《さそ》いかけたりする言葉。
3 応答…質問や呼びかけに対する受け答えの言葉。
4 挨拶《あいさつ》…挨拶の言葉。
5 かけ声…かけ声の言葉。

このような意味の上で分類した感動詞には、次のようなものがある。

発展

一文にもなる感動詞

感動詞は、それだけで文になることができるという特徴《とくちょう》がある。

「おはよう。今日もがんばろうね。」

「はい。」

右の会話文の中の一文である「おはよう」も「はい」も、感動詞である。

参考

転成した感動詞

感動詞には、他の品詞から転成してできたものもある。

やった、成功した。

右の文例の「やった」は感動詞だが、動詞「やる」＋助動詞「た」から転成したものである。

種類	主な感動詞	例文
感動	ああ・あっ・あら・あれ・えっ・おお・おや・ほう・ほら・まあ・やれやれ	まあ、なんて素敵《すてき》な服でしょう。
呼びかけ	おい・こら・これ・さあ・そら・それ・どれ・ねえ・もしもし・やあ・やい	さあ、みんなで片付けましょう。
応答	ああ・ええ・いえ・いいえ・いや・うん・はい・はあ・おう・そう	いいえ、私は何も知りません。
挨拶	おはよう・こんにちは・こんばんは・さようなら・ありがとう・はじめまして	こんにちは、今日はいいお天気ですね。
かけ声	そら・それ・どっこいしょ・よいしょ・ほいきた・わっしょい・えい・やあ	それ、投げるよ。

確認問題

問1 次の各文の——線部の感動詞の意味の上での分類を、あとから選びなさい。

(1) うん、僕《ぼく》がやるよ。
(2) えい、もう一息がんばるぞ。
(3) やあ、久しぶりだね。
(4) ほう、なかなかやるね。
(5) さようなら、また会いましょう。

ア 感動　**イ** 呼びかけ　**ウ** 応答　**エ** 挨拶　**オ** かけ声

参考

感動詞の意味は文脈で

感動詞には同じ単語でも、意味が違《ちが》うものがある。

① ああ、びっくりした。
② ああ、わかったよ。

①の「ああ」は「感動」を表しているが、②の「ああ」は「応答」を表している。感動詞の意味の分類は、文脈から判断することが必要である。

確認問題解答

問1 (1) **ウ** (2) **オ** (3) **イ** (4) **ア** (5) **エ**

完成問題 CHECK

第2章 自立語

解答 204ページ

1 次の文章から動詞をすべて抜《ぬ》き出し、その活用の種類と活用形を答えなさい。

朝起きると、何となく体がだるかった。どうも昨日の寒さのせいで風邪《かぜ》を引いたようだった。熱を計ると、三十八度もあった。そこで、セーターを着て、温かくして寝《ね》た。

2 次の各組の動詞について説明した＊の文の、（　）に当てはまる動詞を入れ、①～③に当てはまる言葉をあとから選び、記号で答えなさい。

(1) 走れる　当てる　越《こ》える　調べる

＊（　）だけが①である。

(2) 流れる　乱れる　曲げる　焼ける

＊（　）だけが②で、他は③である。

ア 自動詞　**イ** 他動詞　**ウ** 可能動詞　**エ** 補助動詞

3 次の各文の――線部の語が、形容詞ならA、形容動詞ならB、どちらの品詞でもなければCを書きなさい。また、AとBについては、その活用形も答えなさい。

(1) もうピアノは弾《ひ》かない。

(2) 全国大会でよい成績を残す。

(3) 僕《ぼく》は不器用で、プラモデルをうまく作れない。

(4) 設計図を作るために、紙に定規で線を引く。

(5) この商品は、まだわずかに残っている。

(6) 彼女《かのじょ》とは、しばらく会っていません。

(7) 君も苦しかろうが、がんばってほしい。

(8) 話が長くなるようなら、明日にしてほしい。

(9) 大きな希望を胸に小学校を卒業する。

(10) 宿が古くても、清潔ならばいいです。

(11) 最近やけに涙《なみだ》もろくなってきた。

(12) その地方の伝統的な祭りを見物しに行く。

(13) この俳優は最近、よくテレビで見かける。

4 次の各文の――線部①～⑧の名詞の種類をあとから選び、記号で答えなさい。

*①三位に入賞できた②ことは、③努力の④あらわれだ。
*⑤僕が、⑥兄に⑦夏目漱石《なつめそうせき》の本を借りた⑧とき、兄がこう言った。

ア 普通《ふつう》名詞　イ 固有名詞　ウ 数詞
エ 代名詞　オ 形式名詞

5 次の各文の――線部の語が、副詞ならA、連体詞ならB、どちらの品詞でもなければCを書きなさい。

(1) 彼《かれ》が対応してくれるので、少しも心配していない。
(2) ものすごく寒い日に、海へ出かけた。
(3) 真夏のある日のこと、僕は午後からプールに出かけた。
(4) 到着《とうちゃく》したら、ただちに作業に取りかかる。
(5) どの作品も非常に出来がよかった。
(6) 少しけがをしただけで、たいしたことはないです。
(7) それにはもう少し工夫《くふう》が必要だ。
(8) 実験に失敗したことは、ただ一度しかない。
(9) これからいろんな経験を積んで、成長するだろう。
(10) ああ言われてしまったら、私には立つ瀬《せ》がない。

6 次の各文の（　）に当てはまる接続詞をあとから選び、記号で答えなさい。

(1) ぼんやり外を見ていた。（　）、窓の前を鳥が横切った。
(2) 今日は風が強い。（　）、台風が近づいているからだ。
(3) いい天気ですね。（　）、今日はお願いがあって来ました。
(4) 技は完璧《かんぺき》に仕上がった。（　）、本番で失敗した。
(5) 公園に着くと、雨が降ってきた。（　）、家に帰った。

ア ところが　イ ところで　ウ すると
エ そこで　オ なぜなら

7 次の文章の――線部①～⑧の品詞をあとから選び、記号で答えなさい。

「①このケーキなら食べるよね。」と私が言った。②でも、③麻子《あさこ》は「そのケーキもいらない。」と答えた。「④えっ、⑤どうしていらないの？ ⑥おいしいチョコレートケーキなのに。」と、私が⑦驚《おどろ》いて言うと、麻子は「いちごが乗っていないケーキは⑧嫌《いや》なの。」と言うのだった。

ア 動詞　イ 形容詞　ウ 形容動詞　エ 名詞
オ 副詞　カ 連体詞　キ 接続詞　ク 感動詞

第3章 付属語

付属語とは、自立語に付いて文を作る単語である。おまけのように思われがちだが、付属語を巧《たく》みに使うことで、自分の思いや考えをより正確に伝えることができ、表現の幅《はば》もぐんと広がる。まさに、縁《えん》の下の力持ちだ。

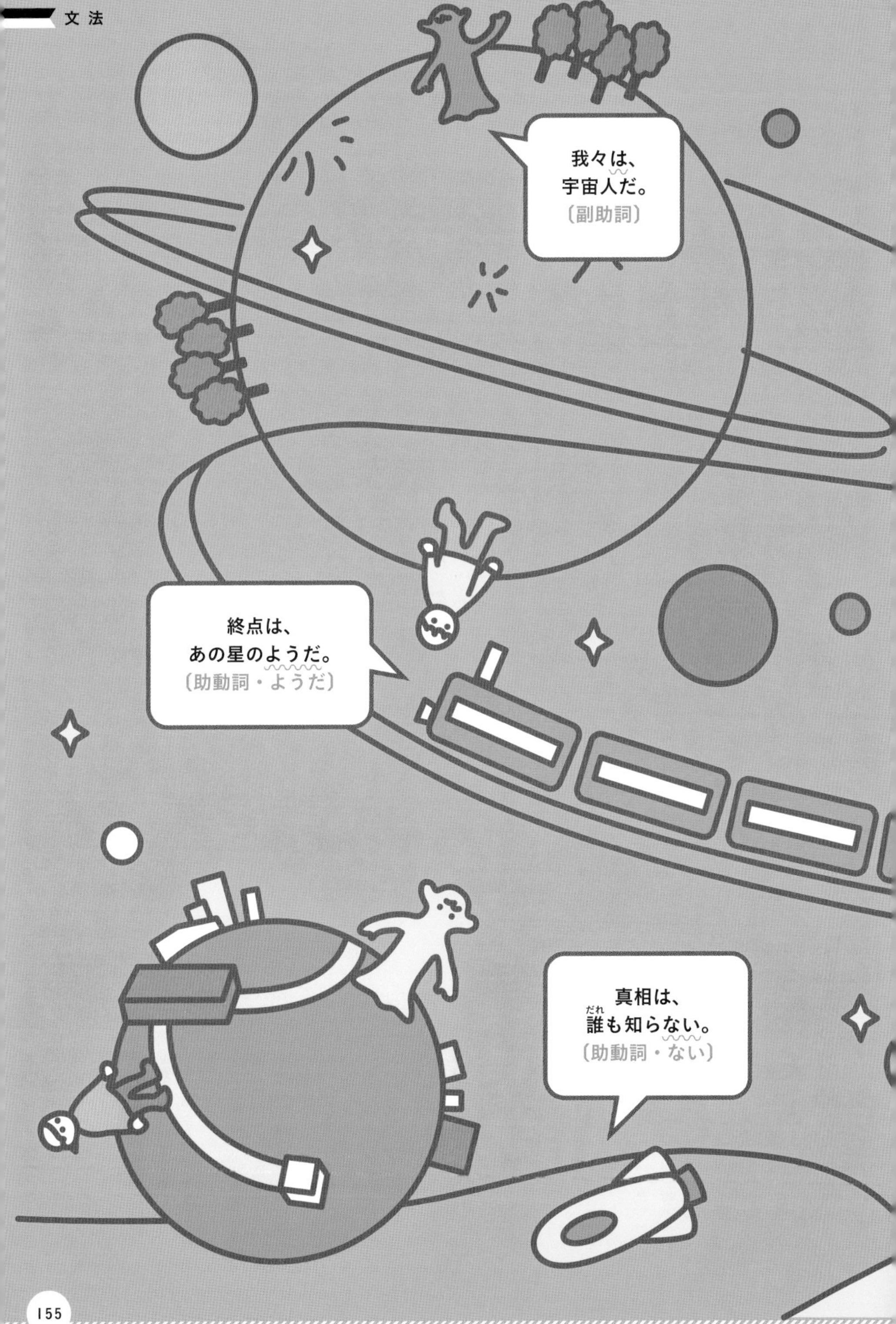
我々は、
宇宙人だ。
〔副助詞〕
終点は、
あの星のようだ。
〔助動詞・ようだ〕
真相は、
誰《だれ》も知らない。
〔助動詞・ない〕

1 助詞の性質と分類

◆助詞の性質

付属語の一つである**助詞**は、必ず用言や体言など自立語に連なって文節を作る単語で、単独で文節を作ることはできず、また、文節の先頭に用いることもできない。また、**活用しない付属語**である。

昨夜は　雨と　雷《かみなり》が　激しくて　少ししか　眠《ねむ》れなかったよ。

右の例文の、文節末に付いている「**は・と・が・て・しか・よ**」が助詞である。これらの助詞は、主に**単語と単語の関係を示したり、意味を添《そ》えたりする働き**をしている。

◆助詞の分類

助詞は、その働きと性質から、次の四種類に分類される。

1 **格助詞**……**が・の・を・に・へ・と・から・より・で・や**　など
2 **接続助詞**……**ば・と・ても・けれど・が・のに・ので・から・し・て・ながら・たり**　など
3 **副助詞**……**は・も・こそ・さえ・しか・だけ・ばかり・ほど・くらい**　など
4 **終助詞**……**か・な・なあ・や・ぞ・とも・よ・ね**　など

くわしく

助詞を見つける手順

文の中から助詞を見つけるには、
① 文を文節に分ける。
② 文節から自立語を除く。
③ 残った単語から活用語を除く。
という手順で行うとよい。

要注意

同じ形の助詞

助詞には、形が同じで種類が異なるものがある。それぞれの性質と働きを正しく理解して識別することが必要である。

例えば、格助詞「が」と接続助詞「が」は、接続する単語の種類が異なることから識別する。格助詞「が」は、主に体言とそれに準ずる単語に、接続助詞「が」は、用言と助動詞の終止形に接続する。

格助詞は、文節と文節の関係を示す働きをする助詞である。主に体言に接続し、その文節が、他の文節に対してどのような資格にあるのかを示す。「父**が**新聞**を**読む。」という文例では、**格助詞**「**が**」によって「父が」という文節が主語であること、**格助詞**「**を**」によって「新聞を」という文節が連用修飾《しゅうしょく》語であることが示されている。

接続助詞は、文節をあとの文節につなぎ、その接続のしかたを示す働きをする助詞である。「走った**が**、間に合わなかった。」という文例では、**接続助詞**「**が**」が、「走った」と「間に合わなかった」をつなぐとともに、「走った」という文節の内容から予想される結果に対して、「間に合わなかった」という文節の内容が逆であること（**確定の逆接**）を示している。

副助詞と**終助詞**は、どちらも意味を添える働きをする助詞で、副助詞はいろいろな単語に、終助詞は主に文末に付いて意味を添える。「一問**だけ**正解だ**なあ**。」という文例では、**副助詞**「**だけ**」が「一問」という単語に限定の意味を添え、**終助詞**「**なあ**」が文全体に感動の意味を添えている。

この四種類の助詞は、それぞれ個別の性質や働きをもっている。そこで、四種類の助詞の基本的な性質と働きを理解したうえで、さらに単語ごとに性質や働きを理解していくことが必要になる。

確認問題

問1 次の各文から、それぞれ助詞をすべて抜《ぬ》き出しなさい。

(1) さっきから、同じことばかり考えている。

(2) 悪天候になりそうだが、予定どおり、出発するしかないだろうね。

用語解説

確定の逆接

接続助詞で示される文節と文節の接続のしかたのうち、前の事柄《ことがら》がすでに実現していて、それから予測される結果に対して、あとに続く結果が逆になっている接続を確定の逆接という。接続助詞「が」の他に、「ても」「けれど」「のに」などの接続助詞によって示される。

確認問題解答

問1 (1) から・ばかり・て

(2) に・が・しか・ね

2 格助詞

◆格助詞の性質

格助詞は、**主に体言に付き**、その文節が文の中で他の文節に対してどのような関係をもっているか、つまり、文中における**資格を表す働き**をする助詞である。例えば、「地球**の**温暖化**が**進んでいる。」という文では、格助詞「**の**」が名詞「地球」に付き、この文節が「温暖化が」に対して連体修飾《しゅうしょく》語の資格をもっていることを示す。また、格助詞「**が**」が名詞「温暖化」に付き、この文節が述部「進んでいる」に対して主語としての資格をもっていることを示している。このように、格助詞の理解のためには、それぞれの格助詞が示す「格」をとらえることが必要である。

◆「格」の分類

格助詞にあたる単語は、「**が・の・を・に・へ・と・から・より・で・や**」の十単語である。これらの格助詞が示す文中における資格は、「格」という語を用いて、次の五つに分類される。

1 主格…が・の
2 連用格(連用修飾格)…を・に・へ・と・から・より・で
3 連体格(連体修飾格)…の
4 並立格…の・に・と・や
5 準体格…の

主格は、その文節が主語であることを示す。**連用格**(連用修飾格)・**連体格**(連体修飾格)は、それぞ

発展
準体助詞・並立助詞
準体格を示す格助詞「の」を、格助詞とは分けて、準体助詞とよぶこともある。
また同様に、並立格を示す格助詞「の・に・と・や」を格助詞と分けて並立助詞とよぶこともある。

要注意
格助詞は覚えるべし
格助詞は、全部で十単語である。文の基本的な構造を示す重要な単語なので、すべて覚えておきたい。「鬼《おに》が戸より出、からの部屋(を・に・が・と・より・で・から・の・へ・や)」という覚え方を使うとよい。

れ、その文節が連用修飾語・連体修飾語であることを示す。**並立格**は、その文節があとに続く文節と並立の関係になっていることを示す。**準体格**は他の四つと異なり、他の文節に対する「格」ではなく、付いた単語が体言と同じ資格をもっていることを示す。

◆格助詞の用法

それぞれの格助詞ごとに用法を整理してみる。

格助詞	用法	用例
が	主語を示す	父が料理を作る。
の	（部分の）主語を示す	私の描《か》いた絵が入選した。
	連体修飾語を示す	夏休みの宿題を終える。
	並立の関係を示す	行くの行かないのと悩《なや》んでいる。
	体言に準ずる	表紙が赤いのが、私のだ。

「が」の用法は、主語を示す用法のみである。右の例文のように、述語「作る」に対して、「父が」がその主体であること、つまり、主語であることを示す。また、「顔色が悪い。」「本が読みたい。」の述語「悪い」「読みたい」のように形容詞や性質・状態を表す述語に対しても、主語を示す。「本が読みたい」の場合、「私は本が読みたい。」とすると、「私は」は文全体の主語で、「本が読みたい」は述部である。そして、「本が」は「読みたい」に係る部分の主語である。

「の」には四つの用法があるが、この用法は主格・連体格・並立格・準体格と、格助詞で示される格のうち四つを占《し》める用法である。なかでも連体格と準体格の用法は、「の」にしかない用法である。また、「の」の主格の用法は、「が」とは異なり部分の主語を示す用法である。

発展

主語を示す「の」

主語を示す格助詞は、「が・の」の二つだが、「の」は「が」と異なり、付いた文節は、文の中で部分の主語にしかならない。また、この「の」は、常に「が」と置き換《か》えても意味は通る。

くわしく

準体格の「の」

準体格の格助詞「の」は、「の」自体が体言としての資格を含《ふく》んでいると考えられる。そこで、

泳ぐのが得意だ。
↓泳ぐことが得意だ。

のように、「こと」などに置き換えることができる。

格助詞	用法	用例〈意味〉	
を	連用修飾《しゅうしょく》語を示す	サッカーをする。〈目的・対象〉	道を横切る。〈場所・時間〉
		下を向く。〈方向〉	学校を出る。〈出発点〉
で		公園で遊ぶ。〈場所〉	今年で任期が終わる。〈時限〉
		船で旅行する。〈手段・材料〉	けがで入院する。〈原因・理由〉
へ		南へ向かう。〈方向〉	頂上へ着く。〈帰着点〉
		家から学校へ電話する。〈相手・対象〉	
から		友人から相談される。〈動作の起点〉	穀物から造られた酒。〈材料〉
		不注意からミスをする。〈原因・理由〉	
より		兄より背が低い。〈比較《ひかく》の基準〉	一時より始まる。〈時間・動作の起点〉
		解決のためには、謝るよりほかはない。〈限定〉	

以上の五つの格助詞は、連用格の用法しかない格助詞である。これらの格助詞を、連用修飾語になる文節に付けることによって、その係る用言の内容をくわしく表しているのである。ここでまとめたように、その示す内容は格助詞によってさまざまである。

格助詞	用法	用例〈意味〉	
と	並立の関係を示す	パンと牛乳を買う。	
	連用修飾語を示す	妹と遊ぶ。〈相手〉	氷が水となる。〈結果〉
		最後の敵と戦う。〈対象〉	「はい。」と答える。〈引用〉
		この本と内容が異なる。〈比較の基準〉	

発展

「て」の見分け方

格助詞「で」は、助動詞「だ」の連用形、形容動詞の連用形活用語尾《ごび》、接続助詞「て」の濁音化《だくおん》と間違《まちが》えやすいので、正しい識別法を理解しておくとよい。

助動詞「だ」の連用形

① 「〜だ。」で文を終えることができる。

② 「〜な＋名詞」の形にできない。

参照 184ページ **助動詞「だ」**

形容動詞の連用形活用語尾

① 「〜な＋名詞」の形にできる。

② その文節を「とても」などで修飾できる。

参照 134ページ **形容動詞**

接続助詞「て」の濁音化

① 直前に動詞の音便形《おんびん》がある。

参照 164ページ **接続助詞「て」**

第1章 文法の基礎
第2章 自立語
第3章 付属語
第4章 敬語

に	並立の関係を示す	勉強にスポーツに打ち込《こ》む。
	連用修飾語を示す	父に話す。〈相手・対象〉 駅に着く。〈帰着点〉 見学に行く。〈目的〉 成功に終わる。〈結果〉 暑さに苦しむ。〈原因・理由〉 昨日に比べて暖かい。〈比較の基準〉 先生に注意される。／弟に買い物をさせる。〈受け身・使役の対象〉
や	並立の関係を示す	直筆の原稿《げんこう》や未発表の作品が展示してある。

以上の三つの格助詞は、並立格を示す働きをもつ格助詞である。また、「と」「に」は、連用格の働きもある。

確認問題

問1 次の文から格助詞をすべて抜《ぬ》き出しなさい。

＊「この地方は、昔から気候が穏《おだ》やかで過ごしやすい。」と、その老人は私に語った。

問2 次の各文の——線部は、どのような働きの格助詞か。適切なものをあとから選びなさい。

(1) 甘《あま》いものを食べるのを控《ひか》える。　(2) 質問のある人は、手を挙げなさい。

(3) けがをした選手の代わりを務める。

ア 部分の主語を示す　**イ** 連体修飾語を示す　**ウ** 体言に準ずる

発展

「に」の見分け方

格助詞「に」は、形容動詞の連用形活用語尾、副詞の一部と間違えやすいので、「で」と同様、正しい識別法を理解しておくとよい。

形容動詞の連用形活用語尾

① 「～な＋名詞」の形にできる。

② その文節を「とても」などで修飾できる。

参照 134ページ **形容動詞**

副詞の一部

① 「に」を取り除いた語句が名詞として機能しない。

参照 142ページ **副詞**

確認問題解答

問1 から・が・と・に

問2 (1) **ウ** (2) **ア** (3) **イ**

3 接続助詞

◆接続助詞の性質

接続助詞は、主に用言と助動詞、つまり**活用語に付き**、その前後の**文節をつなぐ働き**をしている。例えば、「走ったので、間に合った。」という文では、文節「走った」と「間に合った」を、接続助詞「**ので**」が、ある関係（この文では後述する確定の順接という関係）を示しながらつないでいる。これが、接続助詞の主な働きである。また、接続助詞は、単に文節のみをつなぐのではなく、「材料が調えば、作るよ。」のように、連文節をつなぐこともある。さらに、一部の接続助詞には、**並立の関係**や**補助の関係**を作ったり、**連用修飾語**《しゅうしょく》になったりするなどの働きのものもある。

◆接続の分類

接続助詞が示す文節（連文節）をつなぐ関係は、次の四つに分類される。

1 仮定の順接
2 仮定の逆接
3 確定の順接
4 確定の逆接

仮定・**確定**とは、接続助詞が付いている部分、つまり、事柄《ことがら》の条件を述べている部分が、まだ実現していない想像上のことである（**仮定**）か、すでに実現している（**確定**）かを表している。また、**順接**・**逆接**とは、その条件に続く事柄が、順当な結果・事実（**順接**）か、順当ではない逆の結果・事実（**逆接**）

発展 **連用修飾語としての働き**

接続助詞による連用修飾語の働きの主なものには、次のようなものがある。

① 時間的な順序を示す
顔を洗って、歯を磨《みが》く。
② 動作の並行を示す
全体を見つつ、進める。
③ 動作が続いて起こることを示す
帰るなり、話し始めた。
④ 動作・状態を例として示す
ゲームをしたりする。
⑤ 方法・手段を示す
バスに乗って、行く。

かを表す。例えば、前に挙げた「材料が調え**ば**、作るよ。」という文なら、「材料が調えば」の条件を述べている部分は、まだ実現していないので「**仮定**」、それに続く「作るよ」は、前の条件に対して順当な結果になるので「**順接**」である。したがって、ここで使われている接続助詞「ば」の働きは、「**仮定の順接**」ということになる。

また、「春になれ**ば**、桜が咲《さ》く。」のような文の「春になれば」の部分は、一般《いっぱん》的に常にその事柄が成立する条件を述べている。このような条件を、**一般的条件**（**恒常《こうじょう》条件**）として扱《あつか》う。一般的条件とは、自然に関することや世の中の一般的な状況《じょうきょう》として、必ず決まった結果が現れる条件のことである。（確定の順接として分類する場合もある。）

◆接続助詞の用法

接続助詞をそれぞれの用法によって分類すると、次のようになる。

1 接続の関係を作る
①仮定の順接…ば・と
②仮定の逆接…ても(でも)・と・ところで
③確定の順接…て(で)・から・ので・と・ば
④確定の逆接…ても(でも)・けれど(けれども)・が・のに・ながら・ものの・つつ
2 並立の関係を作る…て・ば・し・が・たり(だり)・けれど(けれども)
3 補助の関係を作る…て(で)
4 連用修飾語になる…ながら・つつ・たり(だり)・て(で)・なり

また、接続助詞は、主に活用語に接続することから、接続する活用形が重要になる。整理しよう。

くわしく

補助の関係を作る働き

文節と文節の関係で学習したが、補助の関係を作る接続助詞が「て(で)」である。

話を 聞いて もらう。（補助の関係）

母も 喜んで います。（補助の関係）

参照 95ページ **補助の関係**

補助の関係を作る接続助詞「て(で)」のあとには、

見て **みる**
読んで **いる**
買って **おく**

のように補助動詞「みる・いる・おく」などが続く。接続助詞の補助の関係を作る働きは、この補助動詞に着目するととらえやすい。

参照 128ページ **補助動詞**

接続助詞	接続	用例〈用法〉
て(で)	連用形	逃《に》げ足が速くて、捕《つか》まえられない。〈確定の順接〉 遊覧船に乗って、見学する。〈連用修飾《しゅうしょく》語になる〉 面白くて、ためになる本だ。〈並立の関係を示す〉 あらかじめ、資料を読んでおく。〈補助の関係を示す〉
ても(でも)	連用形	たとえ断られても、あきらめない。〈仮定の逆接〉 急いで走っても、間に合わなかった。〈確定の逆接〉
つつ	連用形	言うまいと思いつつ、つい口が滑《すべ》った。〈確定の逆接〉 友人と相談しつつ、帰宅した。〈連用修飾語になる〉
たり(だり)	連用形	情報を見たり聞いたりする。〈並立の関係を示す〉 彼《かれ》とは冗談《じょうだん》を言い合ったりする仲だ。〈連用修飾語になる〉
ながら	連用形＊	正しいと思いながら、実行できない。〈確定の逆接〉 音楽を聴《き》きながら、食事をする。〈連用修飾語になる〉
と	終止形	この道を曲がると、どこに行くのだろう。〈仮定の順接〉 どんなに笑われようと、信じた道を行く。〈仮定の逆接〉 振《ふ》り返ると、父が立っていた。〈確定の順接〉 水を沸《わ》かすと、湯になる。〈一般《いっぱん》的条件・確定の順接〉
が	終止形	期待したが、面白くなかった。〈確定の逆接〉 例の件ですが、もう一度検討してください。〈前置き〉 兄は絵がうまいが、僕《ぼく》もうまい。〈並立の関係を示す〉

＊「ながら」には、他の接続あり。

くわしく

「ながら」の接続

接続助詞「ながら」は、

考えながら、歩く。

のように、活用語の連用形に接続するが、それ以外にも形容詞・形容詞型活用の助動詞の終止形や、体言、形容動詞の語幹にも接続する。

小さいながら、高品質。
→形容詞・形容詞型活用の助動詞の終止形に接続

子供ながら、物知りだ。
→体言に接続

静かながら、力強い。
→形容動詞の語幹

接続助詞	接続	用例
けれど（けれども）	終止形	考えたけれど、理解できない。〈確定の逆接〉 その話ですけれど、もう聞きましたよ。〈前置き〉 海に行きたいけれど、山にも行きたい。〈並立の関係を示す〉
から		雨が降ったから、延期した。〈確定の順接〉
し		腹も減ったし、喉《のど》も渇《かわ》いた。〈並立の関係を示す〉
ので	連体形	少し疲《つか》れたので、休む。〈確定の順接〉
のに		説明したのに、わかってもらえない。〈確定の逆接〉
ものの		部員は少ないものの、全員がんばっている。〈確定の逆接〉
なり		家に着くなり、話し始めた。〈連用修飾語になる〉
ば	仮定形	荷物を減らせば、楽に歩ける。〈仮定の順接〉 夏になれば、日が長くなる。〈一般的条件・確定の順接〉 風が吹《ふ》けば、雨も降る。〈並立の関係を示す〉

確認問題

問1 次の各文の――線部は、どのような働きの接続助詞か。適切なものをあとから選びなさい。

(1) 何度呼んでも、返事がなかった。

(2) もし負けても、悔《くや》しくはない。

(3) 天気がよいので、洗濯《せんたく》をした。

(4) 電話をくれれば、すぐに行きます。

ア 確定の順接　**イ** 確定の逆接　**ウ** 仮定の順接　**エ** 仮定の逆接

要注意 「が」の見分け方

接続助詞「が」は、格助詞「が」と間違《まちが》えやすいので、正しい識別法を理解しておくとよい。

格助詞「が」は、

優しい人が好きだ。

のように体言に接続する。

参照 158ページ 格助詞

接続助詞の「が」は、

優しいが、頑固《がんこ》だ。

のように活用語の終止形に接続する。

このように、格助詞「が」と接続助詞の「が」は、それぞれの接続の違いによって識別する。

確認問題解答

問1 (1) **イ**　(2) **エ**　(3) **ア**　(4) **ウ**

4 副助詞

◆副助詞の性質と用法

「君に**だけ**話す。」という文の「**だけ**」は、「君に」という文節に限定する意味を添《そ》えている。この「だけ」が副助詞である。副助詞は、このように、さまざまな単語に付き、**意味を添える働き**をしている。

主な副助詞と、その副助詞が添える意味は次のとおりである。

副助詞	用例〈意味〉
は	今朝は、それほど寒くない。〈他と区別〉 そんなに悪くはないと思う。〈強調〉 春は、さまざまな生き物が活気づく季節だ。〈題目〉
も	競技には、先生も参加された。〈添加《てんか》〉 妹も弟も欲しがった。〈並立の関係を示す〉
こそ	来年こそ合格しよう。〈強調〉
さえ	子供でさえ登れる山だ。〈他を類推させる〉 雨のうえに強い風さえ吹《ふ》き始めた。〈添加〉
だけ	父にだけ相談した。〈限定〉 それだけがんばれば十分だ。〈程度〉
でも	大人でも答えられない問題だ。〈他を類推させる〉 コーヒーでも飲もう。〈例示〉

くわしく

「は」と「が」

副助詞「は」は、主語を示す格助詞「が」と同じように、主語の文節に付くことが多いが、「が」が単にその接続した文節が主語であるということしか示さないのに対して、「は」は、いろいろな意味を添える。

①私が行きます。

②私は行きます。

という二つの文を比べてみると、②には、他と区別する意味が加えられている。

③兄は買ってきた弁当を食べる。

④兄が買ってきた弁当を食べる。

という二文を比べると、③の文は「兄は」が文末の「食べる」にまで係るのに対して、④は「食べる」のが「兄」かどうかわからない。「は」が文全体の題目としての意味を添えているからである。

参照 159ページ 格助詞

第1章 文法の基礎
第2章 自立語
第3章 付属語
第4章 敬語

まで	弟にまで笑われてしまった。〈他を類推させる〉 雨まで降り出した。〈添加〉 明日までに提出する。〈限度〉 ようやく家まで帰り着いた。〈到達点《とうたつてん》〉
しか	車は、一台しかない。〈限定〉
ばかり	五分ばかりたって出発する。〈程度〉 いつも遊んでばかりいる。〈限定〉
など	一階には書店などがある。〈例示〉
ほど	三か月ほど前のことだ。〈程度〉
くらい	二時間くらい待たされた。〈程度〉
ずつ	全員が千円ずつ払《はら》う。〈等しい割り当て〉
きり	友人と二人きりで話し合う。〈限定〉

確認問題

問1 次の各文の——線部は、どのような意味の副助詞か。適切なものをあとから選びなさい。

(1) 私の意見には母さえ反対した。
(2) あと三分しか待てないと言った。
(3) 北風に加え、雪もちらつき出した。
(4) 灯油を一リットルばかりください。

ア 程度　**イ** 他を類推させる　**ウ** 限定　**エ** 添加

用語解説

「類推」の意味

副助詞「さえ」「でも」「まで」の「他を類推させる」という意味は、「一例を挙げ、その他のものも同様であることを推測させる」という意味である。

子供でもわかる。

という文なら、「子供」という一例を挙げ、それが「わかる」なら他のものも同様に「わかる」はずだ、という意味を添えているのである。

確認問題解答

問1 (1) **イ**　(2) **ウ**　(3) **エ**　(4) **ア**

5 終助詞

◆ 終助詞の性質と用法

1 「間に合ってよかった。」
「私もそう思う。」

2 「間に合ってよかったね。」
「私もそう思うよ。」

右の**1**の会話文は、少し改まった硬《かた》い印象が感じられる。これに比べると、**2**の会話文のほうが、自然に感じられる。この**2**の会話文の文末に付けられた、「**ね**」「**よ**」が終助詞で、それぞれの会話文に話し手の気持ちや態度を加えている。このように、終助詞は、主に文末に付き、その文全体に話し手の気持ちや態度など**意味を添《そ》える働き**をしている助詞である。

主な終助詞と、その終助詞が添える意味は次のとおりである。

終助詞	用例〈意味〉
な	電車の中で電話をするな。〈禁止〉 とても大きな木だな。〈感動〉 私を呼び出したのは、君だな。〈念押《お》し〉
ね	それは大変な事件だね。〈感動〉 本当に、このやり方で正しいのだろうね。〈念押し〉
かしら	明日は、晴れるのかしら。〈疑問〉 こんなにつまらない映画があっていいものかしら。〈反語〉 なんて美しい花束かしら。〈感動〉

くわしく

終助詞の特徴

終助詞には、文から取り去っても、その文が成立するという特徴《とくちょう》がある。

格助詞や接続助詞は、付いた文節が他の文節とどのような関係にあるかを示す助詞なので、取り去ると文そのものの構造に影響《えいきょう》を及《およ》ぼし、意味が通じなくなる。

参照 158ページ **格助詞**
162ページ **接続助詞**

意味を添える働きの副助詞は、取り去っても文が成立する場合が多いが、中には格助詞と同様のものがあり、これについては取り去ると文が成立しなくなる。

参照 166ページ **副助詞**

それに比べて文末に付く終助詞は、文の意味合いは変わるものの、取り去っても文自体の構造には影響がない。

か	今朝の気温は、何度ですか。〈疑問・質問〉 今度の日曜日に、一緒《いっしょ》に買い物に行きませんか。〈勧誘《かんゆう》〉 この程度の練習で、試合に勝てるものだろうか。〈反語〉 なんとすばらしいことか。〈感動〉
よ	この料理は、本当においしいよ。〈感動〉 駅に着くのは、十時だよ。〈念押し〉
の	あなたの部屋は、何階にあるの。〈疑問〉 最後まであきらめないでがんばるの。〈命令〉
わ	とても美しい光景だわ。〈感動〉 そんなことを、してはいけないわ。〈念押し〉
ぞ	次は、決して許さないぞ。〈念押し〉
とも	来年は、必ず優勝するとも。〈強調〉

確認問題

問1 次の各文の――線部は、どのような意味の終助詞か。適切なものをあとから選びなさい。

(1) そんな変な話があるものなのか。
(2) 次の駅は、どこですか。
(3) なんと高いことか。

ア 疑問・質問　**イ** 感動　**ウ** 反語

用語解説

「反語」の意味

反語とは、話し手が自分の思いを強調するために、その思いとは逆の内容を疑問の形で示したものである。言外に「いや、そんなことはない。」という否定の意味が込《こ》められている。

発展

文中の終助詞

終助詞「ね」「さ」「よ」「な」などは、

今さ、電話がね、来た。

のように文中で用い、文節の末尾《まつび》に添え、語調を整えたり、話し手の感動を添えたりすることがある。この終助詞を、特に間投助詞ということもある。

確認問題解答

問1 (1) **ウ**　(2) **ア**　(3) **イ**

助動詞

1 助動詞の性質と分類

◆助動詞の性質

付属語の一つである**助動詞**は、助詞と同じく用言や体言など自立語に連なって文節を作る単語で、単独で文節を作ることはできず、また、文節の先頭に用いることもできない。助詞と異なる点は**活用する付属語**であることである。

1 決勝での　勝利を　逃《のが》さない　ために、みんなに　作戦を　提案させる。
2 昨日の　会議で　私の　提案が　採用されたようだ。

助動詞はそれぞれが個別の意味をもち、その文節にその意味を添《そ》え、文全体に意味を与《あた》える働きをしている。1の例文では、「**ない**」が否定(打ち消し)の意味を、「**せる**」が使役の意味を、それぞれの文節に添えている。2の例文の「**採用されたようだ**」という文節には、「**れ**」「**た**」「**ようだ**」という三単語の助動詞が含《ふく》まれているが、それぞれの意味を組み合わせることで、複雑な意味を文節に添えている。このように、助動詞は一文節に一単語とは限らない。

◆助動詞の分類

主な助動詞は、**活用・意味・接続**よって、次の表のように分類できる。

くわしく

助動詞を見つける手順

文の中から助動詞を見つけるには、
① 文を文節に分ける。
② 文節から自立語を除く。
③ 残った単語から助詞を除く。
の手順を取ればよいが、助詞と助動詞は見分けにくいものがあるので、助動詞は、なるべく覚えておくようにしたい。

参考

組み合わせた助動詞の意味

上段の例文2の「採用されたようだ」という文節の助動詞は、「れ」が受け身、「た」が過去、「ようだ」が推定の意味を添えている。

助動詞	活用	意味	接続
れる・られる	下一段活用型	受け身・可能・自発・尊敬	未然形
せる・させる	下一段活用型	使役	未然形
う・よう	無変化型	推量・意志・勧誘《かんゆう》	未然形
まい	無変化型	否定の意志・否定の推量	終止形・未然形
ない・ぬ（ん）	形容詞型・特殊《とくしゅ》型	否定（打ち消し）	未然形
た	特殊型	過去・完了《かんりょう》・存続・想起（確認）	連用形
たい・たがる	形容詞型・五段活用型	希望	連用形
だ・です	形容動詞型・特殊型	断定	体言など
ます	特殊型	丁寧《ていねい》	連用形
そうだ・そうです	形容動詞型・特殊型	様態	連用形など
そうだ・そうです	特殊型	伝聞	終止形
ようだ・ようです	形容動詞型・特殊型	推定・比喩《ひゆ》（たとえ）	連体形など
らしい	形容詞型	推定	終止形など

確認問題

問1 次の文から、助動詞をすべて抜《ぬ》き出しなさい。

＊先生が来られたときに、視聴覚室を使いたいということを、お話ししようと思います。

要注意

助動詞の重要ポイント

主な助動詞は、それぞれの単語について、

① 活用
→どんな型の活用をするか

② 意味
→どんな意味を添えるか

③ 接続
→どんな単語（活用形）に接続するか

の三点を理解しておくようにしたい。

参考

丁寧な断定

上段の一覧表の「です」は、「だ」と区別して「丁寧な断定」と分類することもある。

確認問題解答

問1 られ・た・たい・よう・ます

2 れる・られる

◆「れる・られる」の活用

「**れる・られる**」は、**下一段活用型**の活用のしかたをする。

基本形	未然形	連用形	終止形	連体形	仮定形	命令形
れる	れ	れ	れる	れる	れれ	れろ・れよ
られる	られ	られ	られる	られる	られれ	られろ・られよ
主な用法	ナイに連なる	マス・タに連なる	言い切る	トキに連なる	バに連なる	命令して言い切る

◆「れる・られる」の意味

助動詞	意味	例文
れる られる	受け身	友人が先生に注意される。
	可能	甘《あま》い物ならいくらでも食べられる。
	自発	故郷のことが懐《なつ》かしく思い出される。
	尊敬	校長先生が朝礼で話される。

「**れる・られる**」の意味は、**受け身・可能・自発・尊敬**の四つである。

受け身とは、主語に当たるものが他から動作・作用を受けるという意味である。受け身の意味の場合には、「～に」という**動作・作用を受ける対象**が想定される。

参考

間接的な受け身

受け身の助動詞の表現には、「他人に笑われる。」のような直接的な受け身の表現の他に、

雨に降られる。

のように、間接的な受け身を表現することもある。これらの表現は、迷惑《めいわく》を受けるというニュアンスを含《ふく》むので、「迷惑の受け身」ということもある。

くわしく

物を主語にした受け身

物を主語にして、何(誰《だれ》)がそれを作ったかを、

この本は、十年前に書かれた。

この美術館は、東京都《とうきょうと》によって建設された。

のように、受け身の助動詞を使って表すこともある。

可能とは、「**〜することができる**」という意味である。

自発とは、ある動作が自然に起きるという意味である。自発の助動詞が接続する動詞は、「思い出す」「案じる」「しのぶ」のような、**心の動きを表す動詞**が多い。

尊敬とは、動作・行為《こうい》をする人に対して敬意を表すという意味である。第4章「敬語」で詳《くわ》しく述べる「**尊敬語**」の表現の一つである。

◆「れる・られる」の接続

「**れる・られる**」は、動詞・助動詞の**未然形**に接続するが、「れる」と「られる」は、主に接続する動詞の活用の種類によって使い分ける。

れる	**五段活用・サ行変格活用の動詞の未然形**
られる	**上一段活用・下一段活用・カ行変格活用の動詞・助動詞「せる・させる」の未然形**

確認問題

問1 次の各文の——線部の助動詞の意味を、あとから選びなさい。

(1) お客様が座られる椅子《いす》を用意する。
(2) 弟は、朝早く起きられる。
(3) シュートの打ち方を先輩《せんぱい》から褒《ほ》められる。
(4) 冬の訪れが、ひしひしと感じられる。

ア 受け身　**イ** 可能　**ウ** 自発　**エ** 尊敬

発展
「れる」と可能動詞
一般《いっぱん》に、五段活用の動詞に可能の意味を加える場合には、「行ける」のように可能動詞を用い、「行かれる」のように、可能の助動詞「れる」を使って表現することは少ない。

参照 128ページ **可能動詞**

要注意
「ら抜き言葉」は誤用
可能の助動詞を下一段活用や上一段活用の動詞に付ける場合は、「られる」を使って、「見**られる**」「食べ**られる**」とするのが正しい。「見れる」「食べれる」のようにしてしまうのは、「ら抜《ぬ》き言葉」といわれる誤用である。

確認問題解答
問1 (1) **エ**　(2) **イ**　(3) **ア**　(4) **ウ**

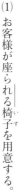

3 せる・させる

◆「せる・させる」の活用

「せる・させる」は、**下一段活用型**の活用のしかたをする。

基本形	未然形	連用形	終止形	連体形	仮定形	命令形
せる	せ	せ	せる	せる	せれ	せろ・せよ
させる	させ	させ	させる	させる	させれ	させろ・させよ
主な用法	ナイに連なる	マス・タに連なる	言い切る	トキに連なる	バに連なる	命令して言い切る

◆「せる・させる」の意味

「せる・させる」の意味は、**使役**である。使役とは、自分以外のものに動作・作用をさせるという意味である。

助動詞	意味	例文
せる させる	使役	子供に薬を飲ませる。

1 母が弟を買い物に行かせる。
2 言いたいことを言わせる。〈放任の使役〉
3 お話を聞かせていただく。〈許容の使役〉
4 風呂《ふろ》の水をあふれさせる。〈悪化の使役〉

使役の意味の基本的なパターンは、**1**の例文のような、主語が対象となる**物や人に何かの動作・作**

参考

尊敬の用法

助動詞「せる・させる」を助動詞「られる」の前に付けて、

国王であらせられる。

のように、尊敬の意味として使うことがある。かつて、身分の高い人が主語の場合に使われていたが、最近はほとんど使われていない。

要注意

「着せる」と「着させる」

「着せる」と「着させる」は、形が似ているが、「着せる」は、一語の動詞(下一段活用)で、「着させる」は、上一段活用の動詞「着る」の未然形に使役の助動詞「させる」が付いたものであり、文法的に異なる。

これと同じような関係になるものに、「見せる」と「見させる」がある。

用をさせるという直接的な使役の意味であるが、この他に、**2**〜**4**の例文のような意味も使役の意味に含《ふく》まれる。**2**放任の使役は、直接関わってはいないが、放任することによってその動作・作用をさせるという使役である。**3**許容の使役とは、相手に許可をもらうという意味合いの使役である。丁重《ていちょう》な表現として用いられることが多い。**4**悪化の使役とは、放置することによって間接的にその動作・作用を起こさせてしまい、状態を悪化させるという意味の使役である。

◆「せる・させる」の接続

「**せる・させる**」は、動詞・助動詞の**未然形**に接続するが、「せる」と「させる」は、接続する動詞の活用の種類によって使い分ける。

せる	**五段活用・サ行変格活用の動詞の未然形**
させる	**上一段活用・下一段活用・カ行変格活用の未然形**

確認問題

問1 次の各文の（　）に、「せる」「させる」のどちらかを活用させて入れなさい。

(1) 名前を漢字で書か（　）。
(2) ペットに餌《えさ》を食べ（　）。
(3) 先生が生徒に本を閉じ（　）た。
(4) みんなに歌を聴《き》か（　）ようとした。
(5) 各自に自己紹介《しょうかい》をさ（　）ばよい。

要注意

「来る」＋「させる」

「来る」に「させる」を接続させた「来させる」の読み方には、注意が必要だ。「させる」は未然形に接続するので「来る」の未然形「こ」に接続し、「こさせる」と読む。うっかり「きさせる」と読まないようにする。

参照 122ページ **カ行変格活用**

発展

主語の省略

使役の助動詞を含《ふく》む文は、
教科書を読ませる。
子供に旅をさせる。
のように主語が省略されることが多い。

確認問題解答

問1 (1) せる　(2) させる　(3) させ　(4) せ　(5) せれ

4 う・よう・まい

◆「う・よう・まい」の活用

「**う・よう・まい**」の活用は、終止形と連体形のみの**無変化型**である。連体形を（　）に入れているのは、「こと」「もの」「はず」といった限られた体言が接続するときにしか使われないからである。

基本形	未然形	連用形	終止形	連体形	仮定形	命令形
う	○	○	う	（う）	○	○
よう	○	○	よう	（よう）	○	○
まい	○	○	まい	（まい）	○	○
主な用法	ナイに連なる	マス・タに連なる	言い切る	コト・モノ・ハズに連なる	バに連なる	命令して言い切る

◆「う・よう・まい」の意味

助動詞	意味	例文
う・よう	推量	午前中には、雨がやむだろう。
	意志	体力をつけるために、私は、毎日運動をしよう。
	勧誘《かんゆう》	今年の夏休みこそは、みんなで海に行こう。
まい	否定の意志	私は、二度と泣き言を言うまい。
	否定の推量	午前中には、雨がやむことはあるまい。

要注意 「う・よう」の意味の識別

「う・よう」の意味の中で、相手に対して誘いかける意味の勧誘は、比較《ひかく》的、容易に文脈から判断できる。判別しにくい推量と意志については、次のように見分けるとよい。

① 副詞「たぶん」を入れても文意が通じる。　→推量

② 副詞「たぶん」を入れると文意が通じない。　→意志

また、主語が省略されていない場合は、その主語が一人称《いちにんしょう》なら、意志の助動詞であることが多い。

「**う・よう**」の意味の**推量**とは、まだ起こっていない事柄《ことがら》について**話し手が推し量る**意味、**意志**とは、**話し手が行うことについての決意を示す**意味、**勧誘**とは、**相手に対して誘《さそ》いかける**意味である。

「**まい**」の意味の**否定の意志**とは、**話し手が行うことについての否定的な決意を示す**意味、**否定の推量**とは、まだ起こっていない事柄について**話し手が否定的に推し量る**意味である。

◆「う・よう・まい」の接続

「**う・よう・まい**」の接続は、次のとおりである。

う	**五段活用の動詞・形容詞・形容動詞・一部の助動詞の未然形**
よう	**上一段活用・下一段活用・カ行変格活用・サ行変格活用の動詞・一部の助動詞の未然形**
まい	**動詞・一部の助動詞の終止形（五段活用以外の動詞は、未然形にも接続する）**

確認問題

問1 次の各文の――線部の助動詞の意味を、あとから選びなさい。

(1) 弟には、私が伝えよう。　(2) 明日は、きっと晴れるだろう。
(3) 家族全員で海外旅行に行こうよ。　(4) 私は、にせの情報を信じるまい。
(5) その意見には、クラス全員が賛成するまい。

ア 推量　**イ** 意志　**ウ** 勧誘　**エ** 否定の意志　**オ** 否定の推量

発展

「う・よう」の婉曲表現

「う・よう」には、
そんな話があろうはずがない。
のように、物事を遠回しに表現してやわらげる、婉曲《えんきょく》表現を作る働きもある。

くわしく

接続する助動詞

「う・よう・まい」はそれぞれ、
う…ない・たい・だ・ようだ・そうだ・た・ます・です
よう…れる・られる・せる・させる
まい…れる・られる・せる・させる・ます
といった助動詞に接続する。

確認問題解答

問1 (1) **イ** (2) **ア** (3) **ウ** (4) **エ** (5) **オ**

5 ない・ぬ(ん)

◆「ない・ぬ(ん)」の活用

「**ない**」の活用は**形容詞型**で、形容詞の活用と同じく、命令形はない。「**ぬ(ん)**」の活用は、**特殊型**《とくしゅ》で、未然形と命令形はない。また、連用形の用法は、連用中止法のみである。

基本形	未然形	連用形	終止形	連体形	仮定形	命令形
ない	なかろ	なかっ・なく	ない	ない	なけれ	○
ぬ(ん)	○	ず	ぬ(ん)	ぬ(ん)	ね	○
主な用法	ウに連なる	タ・ナルに連なる連用中止法	言い切る	トキに連なる	バに連なる	命令して言い切る

◆「ない・ぬ(ん)」の意味

助動詞	意味	例文
ない	否定(打ち消し)	この問題の解き方は、知らない。
ぬ(ん)		その手には、乗らぬ(ん)。

「**ない**」と「**ぬ(ん)**」は、どちらも**否定(打ち消し)**の意味の助動詞である。

文語には否定の助動詞「ず」があるが、この「ず」を受け継《つ》いだものが「**ぬ(ん)**」である。文語の助動詞「ず」の連体形「ぬ」が、終止形としても用いられるようになったのである。

また、文語に「なし」という形容詞があるが、これが、動詞や一部の助動詞に付いて否定の意味を

要注意

「ない」の識別

助動詞の「ない」は、

なかなか身につかない。

ずっと忘れられない。

のように、動詞や一部の助動詞の未然形に付く。

それに対して、形容詞の「ない」は、

美しくない。

聞いてない。

のように、形容詞・形容動詞の連用形や接続助詞「て(で)」に接続する。

つまり、動詞に直接接続していれば、助動詞の「ない」だということになる。

さらに、接続した動詞が未然形であることを確認しておけば、確実に判断できる。

参照 132ページ **補助形容詞の「ない」**

表すようになったものが、否定の助動詞「**ない**」である。

◆「ない・ぬ(ん)」の接続

「**ない・ぬ(ん)**」の接続は、動詞・助動詞の**未然形**に接続する。ただし、「ない」は動詞「ある」には接続しない。動詞「ある」には「ぬ(ん)」が接続する。また、サ行変格活用の動詞の未然形には、「さ・せ・し」という三つの活用形(活用語尾《ごび》)があるが、「ぬ(ん)」は、「せ」に接続する。それに対して、「ない」は、「し」に接続する。

ない	**動詞・動詞型活用の助動詞の未然形**
ぬ(ん)	**動詞・動詞型活用の助動詞・助動詞「ます」の未然形**

確認問題

問1 次の各文の——線部が、助動詞「ない」なら○、そうでなければ×と答えなさい。

(1) 私は、あまり努力家でない。
(2) 今日はどこへも行かない。
(3) 失敗するとは、考えられない。
(4) この時間には、まだ家に帰ってない。

問2 次の各文の(　)に合うように助動詞「ぬ(ん)」を活用させて、それぞれ答えなさい。

(1) 一度も休ま(　)、歩き続ける。
(2) その話は、まだ聞いていませ(　)。
(3) この問題を間違《まちが》え(　)ば、満点だった。
(4) たゆま(　)努力を続ける。

発展

勧誘・依頼の表現

「ない・ぬ(ん)」は、

一緒《いっしょ》に旅行しないか。(勧誘《かんゆう》)

道を教えてくれんか。(依頼《いらい》)

のような意味を表すこともある。

くわしく

接続する助動詞

「ない・ぬ(ん)」はそれぞれ、

ない…れる・られる・せる・させる・たがる

ぬ(ん)…れる・られる・せる・させる・ます

といった助動詞に接続する。

確認問題解答

問1 (1) × (2) ○ (3) ○ (4) ×

問2 (1) ず (2) ん(ぬ) (3) ね (4) ぬ

6 た

◆「た」の活用

「た」の活用は**特殊《とくしゅ》型**で、連用形と命令形はない。

基本形	未然形	連用形	終止形	連体形	仮定形	命令形
た	たろ	○	た	た	たら	○
主な用法	ウに連なる	マス・タに連なる	言い切る	トキに連なる	バに連なる	命令して言い切る

◆「た」の意味

助動詞	意味	例文
た	過去	昨日、図書館に行った。
	完了《かんりょう》	ちょうど今、駅に着いた。
	存続	壁《かべ》に貼《は》った予定表で確認する。
	想起（確認）	そういえば、来年は、うるう年だった。

「た」の意味は、**過去**・**完了**・**存続**・**想起**（**確認**）の四つである。

過去とは、その動作・状態がすでに過ぎ去ったものであるという意味である。接続している単語の示す内容がもうすでに過去のものであるという意味を加える。

完了とは、その動作がちょうどこの時点で終わった、または確定したという意味である。

発展

「た」の濁音化した「だ」

助動詞「た」は、

脱《ぬ》ぐ＋た→脱いだ

死ぬ＋た→死んだ

飛ぶ＋た→飛んだ

読む＋た→読んだ

など、ガ・ナ・バ・マ行の五段活用の動詞に接続したときに、「だ」と濁音《だくおん》化する。

要注意

過去と完了

助動詞「た」の四つの意味のうち、過去と完了は、その内容がとても似ているので、判別しにくい。

文意を考えて、その動作が今終わったことを示しているなら完了、そうでなければ過去と判断するのがよい。

第1章 文法の基礎
第2章 自立語
第3章 付属語
第4章 敬語

存続とは、その動作による状態が引き続いているという意味である。動作自体は終了しているが、それによって起こった状態がこの文の時点まで続いている意味を加える。

想起（確認）とは、知っていることについて思い返したり確認したりするという意味である。自分の記憶《きおく》を確認するときなどに用いる。

◆「た」の接続

「**た**」は、動詞・助動詞の**連用形**に接続する。

た	**用言・「ぬ（ん）・う・よう・まい・そうだ（伝聞）」以外の助動詞の連用形**

確認問題

問1 次の各文の――線部が、濁音化《だくおん》した助動詞「た」なら○、そうでなければ×と答えなさい。

(1) 兄は、どんなときでも冷静だ。
(2) この教室は、いつも静かだ。
(3) 雨がやんだので、帰宅した。
(4) その本は、昔、読んだ。

問2 次の各文の――線部の助動詞の意味を、あとから選びなさい。

(1) ボトルに入った水を飲み干す。
(2) この本は、君のだったね。
(3) 去年は、比較《ひかく》的暖かかった。
(4) 映画が終わったら、迎《むか》えに来てください。

ア 過去　**イ** 完了　**ウ** 存続　**エ** 想起（確認）

くわしく

存続の「た」の用法

存続の助動詞「た」は、曲がりくねった道。洗面器にたまった水。のように、ほとんどが体言に連なる連体形で用いられる。

要注意

濁音化した「だ」に注意

助動詞「た」が濁音化した「だ」は、形容動詞の活用語尾《ごび》と見誤りやすい。

① 直前に動詞の音便《おんびん》形がある。
→助動詞「た（だ）」

② その文節を「とても」で修飾《しゅうしょく》できる。
→形容動詞の活用語尾

確認問題解答

問1 (1) × (2) × (3) ○ (4) ○

問2 (1) ウ (2) エ (3) ア (4) イ

7 たい・たがる

◆「たい・たがる」の活用

「**たい・たがる**」の活用は、「たい」が**形容詞型**、「たがる」が**五段活用型**である。

基本形	未然形	連用形	終止形	連体形	仮定形	命令形
たい	たかろ	たかっ・たく	たい	たい	たけれ	○
たがる	たがら・たがろ	たがり・たがっ	たがる	たがる	たがれ	○
主な用法	ナイ・ウに連なる	マス・タ・ナルに連なる	言い切る	トキに連なる	バに連なる	命令して言い切る

◆「たい・たがる」の意味

助動詞	意味	例文
たい	希望	私は、今度の大会には優勝し**たい**。
たがる	希望	彼《かれ》は、いつもそのゲームばかりやり**たがる**。

「**たい・たがる**」の意味は、**希望**である。基本的に、「たい」は、話し手自身の希望を表し、「たがる」は、話し手以外の人物の希望を表す。

「たがる」は、「たい」のもとになった古語「たし」の語幹に相当する「た」に、接尾《せつび》語「がる」が付いたものである。接尾語「がる」は、気持ちや態度を表すという意味があるが、この意味が加えられたことによって、同じ希望を表す助動詞でも、「たがる」は、「たい」より、希望の気持ちを客観的

要注意

「冷たい」「冷たがる」は？

「冷たい」は一語の形容詞で、助動詞「たい」を用いた表現ではない。これは、助動詞「たい」が

聞きたい → 聞きます

のように他の助動詞に置き換《か》えられるのに対して、「冷たい」の「たい」が置き換えられないことからもわかる。

同じように、「冷たい」に接尾《せつび》語「がる」の付いた「冷たがる」も、一語の動詞で、助動詞「たがる」を用いた表現ではない。

発展

場面による使い方

「たい」は、話し手自身の希望を表す助動詞だが、

君は、東京《とうきょう》に行きたいのだろう。

第1章 文法の基礎
第2章 自立語
第3章 付属語
第4章 敬語

に表現するという意味が強くなっているのである。

◆「たい・たがる」の接続

「たい・たがる」は、どちらも、動詞・助動詞の**連用形**に接続する。この二つの助動詞は、接続によって使い分けることはなく、話し手自身の希望か、話し手以外の希望かという意味合いで使い分けているのである。

たい **たがる**	**動詞・一部の助動詞（れる・られる・せる・させる）の連用形**

確認問題

問1 次の各文の――線部が、助動詞なら○、そうでなければ×と答えなさい。

(1) 今後のことをゆっくり考えたい。
(2) 今朝は、少し眠《ねむ》たい。
(3) 火がくすぶって、煙《けむ》たい。
(4) 今年こそ海外に行きたい。

問2 次の各文の（　）に、【　】の助動詞を活用させて入れなさい。

(1) 試合を最後まで見（　）た。【たい】
(2) 知り（　）ば、教えましょう。【たい】
(3) 文句ばかり言い（　）ない。【たい】
(4) 弟にも食べさせ（　）た。【たがる】
(5) 早めに帰り（　）ます。【たがる】
(6) 本をあまり読み（　）ない。【たがる】

そうか、彼女《かのじょ》は女優になりたいのか。

のように、他の人の希望していることについて、話し手が述べるときにも用いられる。

一方、「たがる」は普通《ふつう》、話し手以外の人物の希望を表すが、

僕《ぼく》が、参加したがっているように見えるのか。

私は、何でも聞きたがるといって批判《ひはん》される。

のように、話し手が自分を第三者のように見立てて、話し手自身の希望を表す場合もある。

確認問題解答

問1 (1) ○ (2) × (3) × (4) ○

問2 (1) たかっ (2) たけれ (3) たく (4) たがっ (5) たがり (6) たがら

8 だ・です・ます

◆「だ・です・ます」の活用

「だ」の活用は**形容動詞型**、「**です・ます**」の活用は**特殊《とくしゅ》型**である。

基本形	未然形	連用形	終止形	連体形	仮定形	命令形
だ	だろ	だっ・で	だ	(な)	なら	○
です	でしょ	でし	です	(です)	○	○
ます	ませ・ましょ	まし	ます	ます	ますれ	ませ・まし
主な用法	ン・ウに連なる	タ・ナイに連なる	言い切る	トキ・ノ・ノデに連なる	バに連なる	命令して言い切る

「だ」「です」の連体形は、あとに助詞「の」「ので」「のに」が続く場合にしか用いない。「ます」の命令形「ませ」は、尊敬語の動詞「くださる」「いらっしゃる」「なさる」などに接続する場合にのみ使用する。

◆「だ・です・ます」の意味

助動詞	意味	例文
だ	断定	この詩を書いたのは、私**だ**。
です		どうぞ、こちらが待合室**です**。
ます	丁寧《ていねい》	それでは、これから説明し**ます**。

くわしく

「だ」の仮定形の用法

「だ」の仮定形「なら」は、欲しいなら、あげよう。のように、接続助詞「ば」を伴《ともな》わずに、仮定の順接を表すことができる。

要注意

「だ」の識別

助動詞「だ」は、助動詞「た」が濁音《だくおん》化した「だ」、形容動詞の連用形活用語尾《ごび》と見誤りやすい。

① その文節の前に連体修《しゅう》飾《しょく》語を補える。直前に「の・から」などの助詞がある。
→助動詞「だ」

② 直前に動詞の音便形がある。
→助動詞「た」の濁音化

③ その文節を「とても」で修飾できる。
→形容動詞の活用語尾

「だ・です」の意味の**断定**とは、物事に対してはっきりと判断して定めるという意味である。「です」は、「だ」に丁寧な意味を加えたもので、特に**丁寧な断定**ということもある。「です」と**丁寧**の「ます」は敬語の一種である**丁寧語**である。

◆「だ・です・ます」の接続

「**だ・です・ます**」の接続は、次のとおりである。

だ	**体言、一部の助詞、動詞・形容詞・一部の助動詞の終止形**
です	
ます	**動詞・一部の助動詞（れる・られる・せる・させる・たがる）の連用形**

確認問題

問1 次の各文の（　）に、【　】の助動詞を活用させて入れなさい。

(1) もし行く（　）ば、教えよう。【だ】
(2) みなさんはおわかり（　）う。【です】
(3) ぜひ、話してくれ（　）んか。【ます】

問2 次の各文の——線部が、断定の助動詞なら○、そうでなければ×と答えなさい。

(1) 大きな鳥が飛んだ。
(2) この海は、いつも穏《おだ》やかだ。
(3) 彼女《かのじょ》は、小学校のときの友人だ。
(4) この話は、すべて真実だ。

くわしく
接続する助詞・助動詞
「だ」「です」は、
助詞…の・から
助動詞…れる・られる・せる・させる・ない・たい・ぬ（ん）・た・ます
などに接続する。

発展
形容詞の終止形＋「です」
形容詞の終止形に「です」が接続する場合には、
美しいでしょう。
のように、未然形「でしょ」が接続するが、
美しいです。
のように、終止形「です」が接続する形も認められている。

確認問題解答
問1 (1) なら (2) でしょ (3) ませ
問2 (1) × (2) × (3) ○ (4) ○

9 そうだ・そうです

◆「そうだ・そうです」の活用

「**そうだ**」には、意味・活用・接続が異なる二種類の助動詞が存在する。「**そうだ**（**様態**）」の活用は**形容動詞型**、「**そうです**（**様態**）」「**そうだ・そうです**（**伝聞**）」の活用は**特殊型**《とくしゅ》である。

基本形	未然形	連用形	終止形	連体形	仮定形	命令形
そうだ（様態）	そうだろ	そうだっ・そうで・そうに	そうだ	そうな	そうなら	○
そうです（様態）	そうでしょ	そうでし	そうです	（そうです）	○	○
そうだ（伝聞）	○	そうで	そうだ	○	○	○
そうです（伝聞）	○	そうでし	そうです	（そうです）	○	○
主な用法	ウに連なる	タ・ナイ・ナルに連なる	言い切る	トキ・ノデに連なる	バに連なる	命令して言い切る

◆「そうだ・そうです」の意味

助動詞	意味	例文
そうだ・そうです	様態	ポスターを見たが、この映画は、面白**そうだ**。
そうだ・そうです	伝聞	兄の話によると、この映画は、面白い**そうだ**。

様態とは、「様子から、そのような状態であると判断できる」という意味で、右の文例が基本的な

要注意

様態・伝聞の識別

二種類の「そうだ・そうです」は、その接続の違《ちが》いで見分ける。

「そうだ・そうです（伝聞）」は、終止形接続なので、取り除いてみて、文が成立するかどうかで判断できる。文が成立しなければ、「そうだ・そうです（様態）」である。

雨が降るそうだ。→伝聞
雨が降りそうだ。→様態

発展

「様態」を推測する用例

助動詞「そうだ・そうです（様態）」について、

明日は、晴れそうだ。

のような、これまでの経験などを踏《ふ》まえこれから先のことを推測する用例のような場合を、現在目にしている様子から判断していないことから、特に「推定」として区別することもある。

用例だが、「今すぐ、発車し**そうだ**。」のようにこれから起こりそうな状態についても用いる。
伝聞は、文字どおり「その内容が他から伝え聞いた内容である」という意味である。

◆「そうだ・そうです」の接続

「**そうだ・そうです**」の接続は、次のとおりである。

そうだ・そうです（様態）	**動詞・一部の助動詞（れる・られる・せる・させる・たがる）の連用形** **形容詞・形容動詞の語幹**
そうだ・そうです（伝聞）	**用言・一部の助動詞（れる・られる・せる・させる　など）の終止形**

確認問題

問1 次の各文の――線部の助動詞の意味を、あとから選びなさい。
(1) 昨日のことは、もう忘れたそうだ。　(2) 遅《おそ》くなったので、そろそろ眠《ねむ》くなりそうだ。
(3) 寒くて、指が凍《こご》えそうです。　(4) 帰り道で雨に降られたそうです。
ア 様態　**イ** 伝聞

問2 次の各文の（　）に合うように助動詞「そうだ」を活用させて、それぞれ答えなさい。
(1) あの映画は、つまらな（　）う。　(2) 話が終わり（　）、終わらない。
(3) うっかり道を間違《まちが》え（　）た。　(4) 来られ（　）ば、連絡《れんらく》してください。

くわしく　「そうだ・そうです」の接続

助動詞「そうだ・そうです（様態）」は、形容詞・形容動詞の語幹に接続するが、同様に
知りたそうだ。
言わなそうだ。
のように、形容詞型活用の助動詞の語幹に相当する部分にも接続する。「知りたそうだ」は希望の助動詞「たい」の一部「た」、「言わなそうだ」は否定の助動詞「ない」の一部「な」に接続している。

確認問題解答
問1 (1) **イ**　(2) **ア**　(3) **ア**　(4) **イ**
問2 (1) そうだろ　(2) そうで　(3) そうだっ　(4) そうなら

10 ようだ・ようです・らしい

◆「ようだ・ようです・らしい」の活用

「**ようだ**」の活用は**形容動詞型**、「**ようです**」の活用は**特殊《とくしゅ》型**、「**らしい**」の活用は**形容詞型**である。

基本形	未然形	連用形	終止形	連体形	仮定形	命令形
ようだ	ようだろ	ようだっ・ようで・ように	ようだ	ような	ようなら	○
ようです	ようでしょ	ようでし	ようです	(ようです)	○	○
らしい	○	らしかっ・らしく	らしい	らしい	(らしけれ)	○
主な用法	ウに連なる	タ・ナイ・ナルに連なる	言い切る	トキに連なる	バに連なる	命令して言い切る

◆「ようだ・ようです・らしい」の意味

助動詞	意味	例文
ようだ ようです	推定	この空模様なら、明日は晴れる**ようだ**。
	比喩《ひゆ》(たとえ)	白くて、まるで雪の**ようだ**。
らしい	推定	あの地方では、もう桜が咲《さ》いた**らしい**。

「**ようだ・ようです・らしい**」の**推定**とは、「何らかの根拠《こんきょ》に基づいて推し量る」という意味である。

「**ようだ・ようです**」の**比喩(たとえ)**とは、物事を何かにたとえる意味である。

発展

さまざまな用法

助動詞「ようだ・ようです」には、その示す内容によって、さまざまな用法がある。

① 前置き
…すでにわかっていることを示す。
もう知っている**よう**に、明日からテストが始まる。

② 婉曲《えんきょく》
…遠回しに断定する。
少し辛《から》い**よう**です。

③ あつらえ(願望)
…要望を示す。
成功する**よう**に、祈《いの》る。

④ 動作の目的
…動作の目的を示す。
合格する**よう**に、努力する。

◆「ようだ・ようです・らしい」の接続

「**ようだ・ようです・らしい**」の接続は、次のとおりである。

ようだ・ようです	**用言・一部の助動詞の連体形、格助詞「の」、一部の連体詞**
らしい	**体言、形容動詞の語幹、動詞・形容詞・一部の助動詞の終止形、一部の助詞**

「**ようだ・ようです・らしい**」が接続する一部の助動詞は、「れる・られる・せる・させる・たがる・たい・ない・ぬ(ん)・た」である。また「**ようだ・ようです**」が接続する一部の連体詞は、「この・その・あの・どの」である。

確認問題

問1 次の各文の（　）に合うように助動詞「ようだ」を活用させて、それぞれ答えなさい。

(1) 足がまるで棒の（　）なった。
(2) あの人の考えが正しい（　）気がする。
(3) 難しい（　）ば、質問してください。
(4) ついに成功した（　）た。

問2 次の各文の――線部が、助動詞なら○、そうでなければ×と答えなさい。

(1) 中学生らしい考え方だ。
(2) 空き地にはビルが建つらしい。
(3) 笑い方がわざとらしい。
(4) 雨が降っているらしいので、傘《かさ》を用意した。
(5) もっともらしい言い方に惑《まど》わされないように注意しよう。

要注意

接尾語「～らしい」

接尾語《せつび》「らしい」は、体言、形容詞・形容動詞の語幹、副詞などに付き、そのものの特徴《とくちょう》をよく表しているという意味や、その気持ちを強くもつという意味を表すもので、

春らしい陽気になった。

子供らしい無邪気《むじゃき》な表情。

かわいらしいしぐさ。

のようなものがある。助動詞「らしい」と紛《まぎ》らわしいので、注意が必要だ。その文節の前に「どうやら」を補うことができれば、推定の助動詞「らしい」と判別できる。

確認問題解答

問1 (1) ように (2) ような (3) ようなら (4) ようだっ

問2 (1) × (2) ○ (3) × (4) ○ (5) ×

完成問題 CHECK

第3章 付属語

解答 205ページ

1 次の各文の——線部の助詞の種類をあとから選び、記号で答えなさい。

(1) もう五時だよ。
(2) 失敗しても、あきらめない。
(3) 外国から帰国する。
(4) 三人しか集まらない。

ア 格助詞　**イ** 接続助詞　**ウ** 副助詞　**エ** 終助詞

2 次の各文の（　）に当てはまる助詞をあとから選び、記号で答えなさい。

(1) 全員の反応を見（　　）説明を続けた。
(2) 休憩《きゅうけい》して（　　）いては、作業がはかどらないだろう。
(3) 流行に敏感《びんかん》な若者たち（　　）、まだ知らない新情報だ。
(4) この作品（　　）、彼《かれ》の最高傑作《けっさく》だ。
(5) 考えてはみた（　　）、正解にはたどりつかなかった。

ア こそ　**イ** つつ　**ウ** ものの　**エ** ばかり　**オ** さえ

3 次の各組から、——線部の助詞の働きや意味が異なるものをそれぞれ選び、記号で答えなさい。

(1)
ア この色あいは好きだが、あれは好きではない。
イ あきらめずにがんばったことが、最も評価された点だ。
ウ 一時間ほど待っていたが、彼は来なかった。

(2)
ア 他人を思いやる気持ちから、遺産を全額寄付した。
イ 帰宅したのが遅《おそ》かったから、電話をしなかった。
ウ とてもおいしかったから、残さず食べてしまった。

4 次の各文の（　）内の助動詞を、文の意味がつながるように活用させて答えなさい。

(1) プレゼントの包みを、早く開けてみ（たい）た。
(2) 彼女《かのじょ》は、もうすぐ帰ってくる（だ）う。
(3) みんなに話さ（ぬ）にはいられない。
(4) 今にも倒《たお》れ（そうだ）ほど、疲労《ひろう》していた。

5 次の各組の――線部の助動詞の意味を、それぞれあとから選び、記号で答えなさい。

A
(1) 先生が話される内容を、記録しておく。
(2) 子供のころのことがしのばれる。
(3) 首相が、新聞記者から質問される。
(4) 考えられる方法をすべて試してみたが、だめだった。

ア 受け身　**イ** 可能　**ウ** 自発　**エ** 尊敬

B
(1) この本は、君のだったね。
(2) 開いた窓から心地よい風が流れ込《こ》む。
(3) 去年見た映画が、また公開されるらしい。
(4) 作品は、今日、完成しました。

ア 過去　**イ** 完了《かんりょう》　**ウ** 存続　**エ** 想起(確認)

C
(1) さあ、一緒《いっしょ》に帰りましょう。
(2) そんなことが、あろうはずはない。
(3) その件は、私から彼に話そう。

ア 推量　**イ** 意志　**ウ** 勧誘《かんゆう》

D
(1) 方法については、もう一度、よく考えてみるそうだ。
(2) これだけ熱心に勉強すれば、今年は合格しそうだ。

ア 様態　**イ** 伝聞

6 次の各文の――線部の単語と、働きや意味が同じものをそれぞれあとから選び、記号で答えなさい。

(1) 待っているのに、友人がなかなか来ない。
ア はしたない行為《こうい》をとがめられる。
イ 兄が、そんな失敗をするはずがない。
ウ 私の提案は、聞き入れてもらえないらしい。

(2) あらかじめ台本を読んでおく。
ア いつも変わらず元気でいることが大切だ。
イ 弟は、毎日牛乳を飲んでいるらしい。
ウ 部屋があまりにもきれいで驚《おどろ》いた。

(3) 進路について、両親に相談する。
ア みんなに追いつくよう、足早に歩く。
イ 旅行の思い出をとても楽しそうに語る。
ウ 必要な書類を市役所に提出する。

(4) おそらくあの人が担任の先生だと思う。
ア 今述べたのが、いちばんの問題点だ。
イ ばらばらに並んだ本を整理する。
ウ 物価の上昇《じょうしょう》は、まだまだ続くようだ。

第4章 敬語

現代社会には多様な人間関係が存在する。その中で、私たちは円滑《えんかつ》なコミュニケーションを図るべく、相手を尊重する姿勢を表すために敬語を用いている。知っておけば一生役立つ、敬語の使い方のルールを学ぼう。

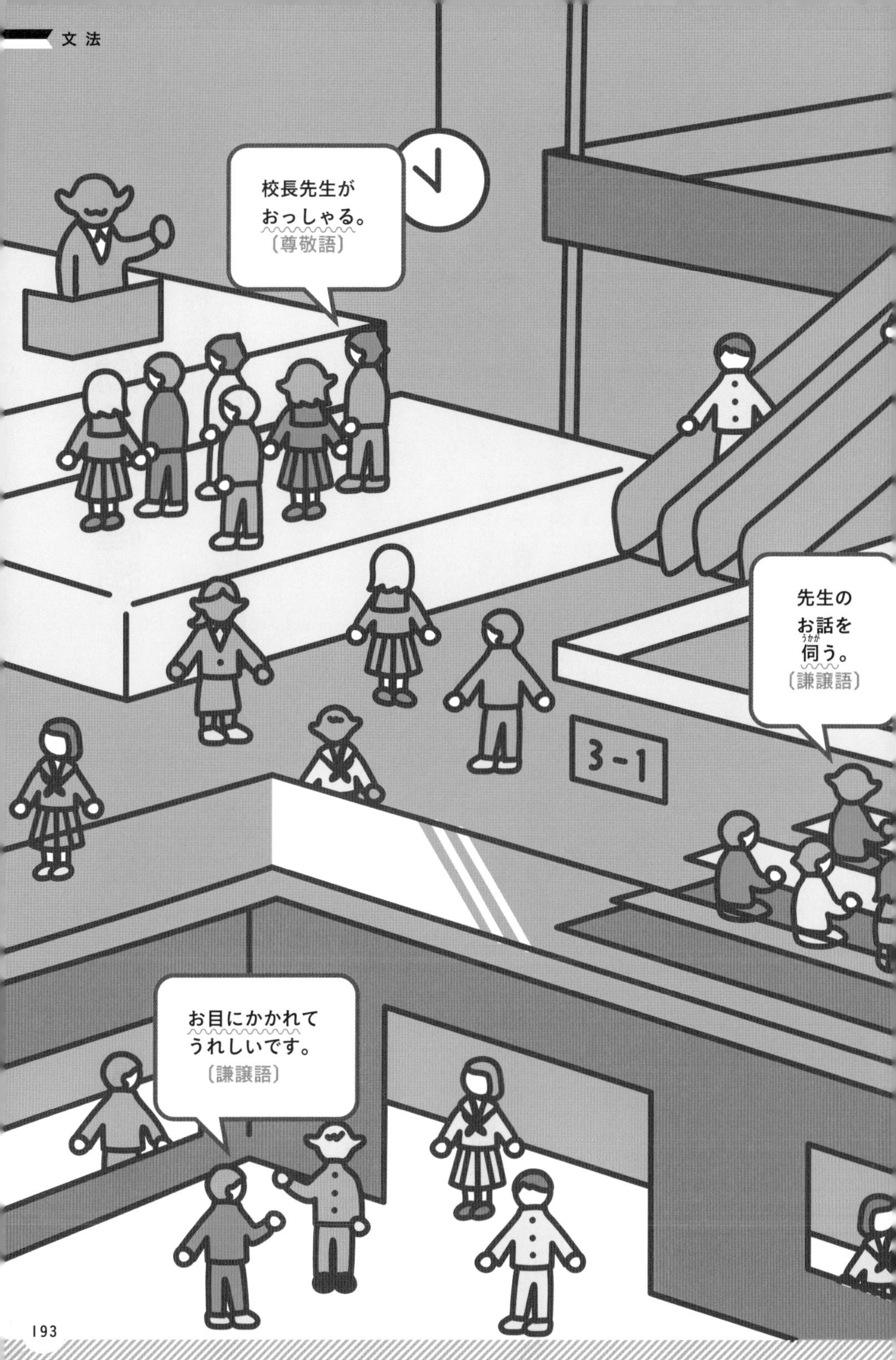
校長先生がおっしゃる。
〔尊敬語〕
先生のお話を伺《うかが》う。
〔謙譲語〕
お目にかかれてうれしいです。
〔謙譲語〕

敬語の働きと種類

意思や意見を他人に伝えようとするとき、そこには発信者の姿勢が表れる。

◆敬意を表す敬語表現

❶ジュースをくれ。
❷ジュースをくれますか。
❸ジュースをくださいませんか。

同じ意思を伝える言葉でも、どういう言葉を選択《せんたく》して伝えるかで、話し手がどういう姿勢でその意思を伝えようとしているかに違《ちが》いが出るのである。右の例では、❶よりも❷、❷よりも❸のほうが、伝える相手の意向をより考慮《こうりょ》した言い方になっている。このことを、相手に対して敬意を表しているという。つまり、❶には敬意は含《ふく》まれていないが、❷は丁寧《ていねい》な言い方で敬意を表し、さらに❸は相手の動作を敬う言葉も使って、より高い敬意を表現していることになる。

❷・❸に用いられているのが**敬語**である。このように敬語は、相手の人格や立場を尊重する話し手の姿勢を示すものである。

◆敬語の種類

敬語は、敬意を表す対象の違いによって、主に**尊敬語**・**謙譲語**《けんじょう》・**丁寧語**の三種類に分けられる。

尊敬語は、動作をする人物について、その動作、物事、状態・様子を高めて表すことによって敬意を込《こ》める表現である。例としては、「先生がおっしゃる。」の「**おっしゃる**」のような表現がある。敬

要注意

敬語の品詞

敬語とは表現方法、つまり言葉遣《づか》いのことである。第3章まで述べてきた文節の働きや品詞とは異なるとらえ方である。例えば、敬語の一つである尊敬語には、品詞によって分類すると、動詞に分類されるものも、助動詞に分類されるものもある。

参考

五種類の分類

敬語を、
尊敬語
謙譲語Ⅰ
謙譲語Ⅱ
丁寧語
美化語
の五種類に分類することもある。

意を込めない表現なら「先生が言う。」となるところだが、ここでは「言う」の代わりに「おっしゃる」という言葉を用いることで、その動作をする「先生」に対する敬意を込めている。

謙譲語には、動作を受ける相手にへりくだることにより敬意を込める表現と、自分の動作や持ち物などについての丁重《ていちょう》な表現とがある。例えば、「先生に申し上げる。」の「**申し上げる**」のような表現がある。普通《ふつう》の表現なら「先生に言う。」となる。前述の尊敬語と比較《ひかく》してみると、謙譲語では敬意を込める相手である「先生」が、動作の受け手になっていることがわかるだろう。

丁寧語は、話を聞いている相手や、文を読んでいる相手に対して敬意を表す表現である。一部の丁寧語を**美化語**とよんで、別の種類とすることもある。

以上が敬語の一般《いっぱん》的な分類である。これらの大きく分けて三種類の表現を場合に応じて用い、ときには組み合わせて、相手の人格や立場を尊重する話し手の姿勢を示しているのである。

確認問題

問1 次の各文は、どの敬語の種類についてのものか、あとから選びなさい。

(1) 動作を受ける相手に対して敬意を表したり、自分の動作や物事を丁重に表したりする。

(2) 話を聞いている相手や、文を読んでいる相手に対して敬意を表す。

(3) 相手の動作、物事、状態・様子を敬意を込めて表す。

ア 尊敬語　**イ** 謙譲語　**ウ** 丁寧語

くわしく

謙譲語Ⅰ・謙譲語Ⅱ

上段で述べた謙譲語の二つの分類について、動作を受ける相手に敬意を込めた表現を謙譲語Ⅰとし、自分の動作や持ち物などについての丁重な表現を謙譲語Ⅱとすることもある。

用語解説

美化語

「お花」「ご飯」のように、「お・ご」を添《そ》えることで言葉を丁寧に表現するものを、丁寧語と区別して美化語と分類することもある。美化語は、無意識に使うことが多いが、多用すると言葉が下品に感じられることもあるので、用い方には注意が必要である。

確認問題解答

問1 (1) **イ**　(2) **ウ**　(3) **ア**

尊敬語

◆尊敬語の基本概念

ある動作をする人物について、その動作、物事、状態・様子を表す言葉に、話し手・書き手が敬意を込《こ》めた表現を、尊敬語という。言い換《か》えれば、敬意を表すべき人物が動作の主である場合にその人を高める尊敬語を使用する。例えば、「鈴木《すずき》先生が田中《たなか》君にお話しになる。」という文の場合、「話す」という動作をしている「鈴木先生」に対する敬意を込めたものとして、尊敬語「お話しになる」を使用している。これが「鈴木先生が佐藤《さとう》先生にお話しになる。」というように動作の受け手が変わっても、尊敬語「お話しになる」によって示される敬意は、動作の主「鈴木先生」に対してである。

尊敬語は、動作の主に対する敬語ということで、動作主尊敬・仕手《して》(為手《して》)尊敬ということもある。

◆尊敬動詞による尊敬語

尊敬動詞とは、一単語で尊敬語としての働きをもっている動詞のことである。

普通《ふつう》の言い方	尊敬動詞
言う・話す	おっしゃる
いる・行く・来る	いらっしゃる おいでになる

普通の言い方	尊敬動詞
する	なさる
食べる・飲む	召《め》し上がる

普通の言い方	尊敬動詞
くれる	くださる
見る	ご覧になる

また、「いらっしゃる」は、**補助動詞**の「いる」「ある」の尊敬動詞としても使うことができる。

発展

「いらっしゃる」の意味

尊敬語の「いらっしゃる」は、「いる」「ある」「行く」「来る」の尊敬語なので、読み手は文脈に応じて、どの意味か判断することが必要である。また、逆に「いらっしゃる」を用いるときには、それが区別できるように配慮《はいりょ》する必要がある。例えば、「先生が学校にいる」ことを尊敬語を使って表すとき、「先生が学校にいらっしゃる。」だけでは判断しにくい。「先生が学校に遅《おそ》くまでいらっしゃる。」のように、語句を添《そ》えて表現すると、読み手は意味を判断しやすい。

くわしく

接頭語の用法

尊敬語の表現方法の一つとして、相手の持ち物や様子について、

◆「お(ご)〜になる」・助動詞による尊敬語

動詞に「**お(ご)〜になる**」を付けて、尊敬語にすることができる。特に尊敬動詞のない動詞については、この形で尊敬語にすることになる。

お戻《もど》りになる　**お考えになる**　**ご発言になる**　**ご出発になる**

のように、和語の動詞には「お〜になる」、漢語のサ変動詞には「ご〜になる」を使う。

また、動詞に**尊敬の助動詞「れる・られる」**を接続して、

先生が話される。　**お客様が来られる。**　**社長が出発される。**

のように尊敬語にすることができる。

確認問題

問1 次の各文の――線部の動詞を尊敬語に直したものとして適切なものを、あとから選びなさい。

(1) 先生が昼食を食べる。　(2) お客様が応接室に来る。　(3) 校長先生が心配する。

ア いらっしゃる　**イ** 伺《うかが》う　**ウ** お食べする

エ お食べになる　**オ** 心配される　**カ** ご心配する

お名前
お忙《いそが》しいようだ
ご立派だ

のように名詞・形容詞・形容動詞に「お」「ご」などの接頭語を付けて尊敬語にすることもできる。

要注意

「れる・られる」の注意点

「れる」「られる」は助動詞なので、文法上は「おっしゃる」などの尊敬動詞に接続して「おっしゃられる」のようにすることもできるが、敬語を二重に使うことになるので不適当である。同様に、「お話しになられる。」のような表現も不適当である。

確認問題解答

問1 (1) **エ**　(2) **ア**　(3) **オ**

謙譲語

◆謙譲語の基本概念

話題に登場する動作の受け手に対して、話し手・書き手がへりくだることにより敬意を込《こ》める表現を、謙譲《けんじょう》語という。動作の受け手に対する敬語表現ということから、謙譲語のことを**受け手尊敬**ということもある。動作の受け手とは、例えば「言う」という動作であれば、その発言の聞き手、「行く」という動作であれば、その向かう先のことである。「先生に話す。」「先生の家に行く。」という文なら、どちらも「先生」がその受け手になる。この「話す」「行く」に謙譲語を用い、「先生に申し上げる。」「先生の家に伺《うかが》う。」のような表現で、「先生」に対して敬意を表すことができる。

◆謙譲動詞による謙譲語

謙譲動詞とは、一単語で謙譲語としての働きをもっている動詞のことである。

普通《ふつう》の言い方	謙譲動詞
行く・来る	伺う・＊参る
言う・話す	申し上げる・＊申す
聞く	承る・伺う・拝聴《はいちょう》する

普通の言い方	謙譲動詞
見る	拝見する
する	＊いたす
知る・思う	＊存じる・存じ上げる

普通の言い方	謙譲動詞
いる	＊おる
もらう・食べる・飲む	いただく

＊の「参る」「申す」「いたす」「存じる」「おる」は、謙譲動詞ではあるが、受け手に対する敬意を表す謙譲語としては示す敬意が低いと感じられることから、単独で用いることは少ない。

要注意

「れる・られる」の誤用

謙譲動詞の「申す」「いたす」などに助動詞「れる」「られる」を付けて、「社長が申された。」「努力をいたされた。」のように使うのは、基本的には誤用である。この表現は、本来、普通の動詞＋「れる」「られる」とするべきところに、謙譲動詞を使ったのが誤りである。謙譲語に尊敬の助動詞「れる」「られる」を付けても尊敬語にはならない。

用語解説

謙譲語Ⅰ・謙譲語Ⅱ

動作の受け手に対する敬意を示す謙譲語は、後述する丁重《ていちょう》さを示す謙譲語（謙譲語Ⅱ）に対して、謙譲語Ⅰと分類することもある。

◆「お(ご)～する」・補助動詞による謙譲語

動詞に「お(ご)～する」を付けて、謙譲語にすることができる。特に謙譲動詞のない動詞については、この形で謙譲語にすることになる。

お待ちする　お答えする　ご相談する　ご紹介《しょうかい》する

のように、和語の動詞には「お～する」、漢語のサ変動詞には「ご～する」を使う。

また、謙譲動詞を**補助動詞として用いる**ことによって、謙譲語にすることができる。補助動詞になる主な謙譲動詞は、**「申し上げる」「いただく」「差し上げる」**などで、

ご説明申し上げる　お待ちいただく　ご案内して差し上げる

のように用いる。

◆謙譲語になる動詞

謙譲語は動作の受け手に対する敬意を示す敬語表現である。そこで、謙譲語にすることができる動詞は、基本的に受け手の存在する動作を示す動詞に限られてくる。例えば「知らせる」「話す」「届ける」などは、その動作を受ける相手が存在するので、「お知らせする」「お話し申し上げる」「届けて差し上げる」のように謙譲語にすることができるが、「買う」のような自分の動作として完結している動詞は、「お買いする」のように謙譲語にすると違和《いわ》感がある。

くわしく

接頭語・接尾語の用法

話し手・書き手が自分の側の人物・物事をへりくだって表現することで、相手に敬意を表す謙譲語には、拙宅《せったく》・粗品《そしな》・私ども《せつび》のように接頭語・接尾語によるものもある。

要注意

「ご利用される」は誤用

「利用される」は、「利用する」に尊敬の助動詞「れる」が付いたもので、尊敬語として正しい。それに対して、「ご利用される」は、「ご～する」という謙譲語の表現に尊敬の助動詞を付けたものとみなされる。謙譲語＋尊敬語の表現は敬意の方向が正しく示されず、不適切な表現である。

「ご」が一字加わるだけで、敬語の誤用になるので、特に注意すべきである。

◆丁重さを示す謙譲語

謙譲《けんじょう》語は基本的に動作の受け手に敬意を示す敬語だが、聞き手に丁重《ていちょう》な態度を示すために謙譲語を用いることもある。「来年から、転勤で大阪《おおさか》に参ります。」という例文では、「行く」の謙譲動詞である「参る」を使っているが、これを動作の受け手に対する謙譲語と考えると、誰《だれ》に対して敬意を示しているのかはっきりしない。しかし、これは謙譲語の誤用ではない。ここでは、動作の受け手に対する敬意を示しているのではなく、自分の行動をへりくだって表現することにより、この言葉の聞き手に対して丁重な態度を示している。この丁重さを示す謙譲語として用いることができるのは、「**申す**」「**参る**」「**いたす**」「**おる**」などで、

申します　参ります　いたします　おります

のように、謙譲動詞に助動詞「ます」を付けて表現する。

確認問題

問1 次の各文の――線部の動詞を謙譲語に直したものとして適切なものを、あとから選びなさい。

(1) お客様に資料を届ける。　(2) 先生のお手本を見る。　(3) お料理を食べる。

ア ご覧になる　**イ** 拝見する　**ウ** お届けする
エ お届けになる　**オ** いただく　**カ** 召《め》し上がる

参考　「おります」と「おられる」

「おる」が「おります」の形で、丁重な態度を示す謙譲語として用いられるのは、上段で述べたとおりだが、「おる」自体については、謙譲語とする考え方と、敬語ではないとする考え方がある。それは、「おる」に尊敬の助動詞「れる」を付けた、「おられる」という言い方が尊敬語として成立していることによる。「おる」を謙譲語とするなら、謙譲語＋尊敬語となり、通常の表現としては不適切になってしまう。「おられる」という表現がある以上、「おる」を単独で謙譲語とせず、「おります」「おられる」という形で敬語と考えるのがよいとする考え方もある。

確認問題解答

問1 (1) **ウ**　(2) **イ**　(3) **オ**

丁寧語

◆丁寧語の基本概念

話や文章の相手、つまり聞き手・読み手に対して、話し手・書き手が言葉を丁寧《ていねい》に表現することによって敬意を示す表現を、丁寧語という。丁寧語のことを聞き手尊敬ということもある。この丁寧語には、「明日はお休みだ。」「ご飯を炊《た》く。」などのように、「お」「ご」を付けることで言葉を美しく表現し、聞き手に丁寧な印象を与《あた》えるものがある。これを特に**美化語**と分類することもある。

◆丁寧語の表現方法

丁寧語の表現には、**丁寧の意味の助動詞**「**です**」「**ます**」を使った表現、**丁寧の意味の動詞**（**補助動詞**）「**ございます**」「**おります**」を使った表現、**接頭語**の「**お**」「**ご**」を使った表現（美化語）がある。

確認問題

問1 次の各文から丁寧の意味を表す単語を、それぞれすべて抜《ぬ》き出しなさい。

(1) 私がお部屋に伺《うかが》います。

(2) これが新製品です。

くわしく

接頭語「お」「ご」

丁寧語の接頭語は、

お花　お休み
ご飯　ご卒業

のように、「お」を和語に、「ご」を漢語に用いることが多い。

発展

形容詞＋助動詞「です」

形容詞「多い」に「です」を付けた「多いです」のような表現は、助動詞「です」の接続のしかたから、不適切だとされていたが、現在は許容されつつある。

また、「ございます」を形容詞に付ける場合には、「高うございます」のように形容詞が音便《おんびん》化する。

確認問題解答

問1 (1) お部屋・ます
(2) です

完成問題 CHECK

第4章 ●●● **敬語**

解答 205ページ

1 次の各文の――線部の敬語の種類をあとから選び、記号で答えなさい。

(1) 昨日、私は友人の家で晩御飯《ごはん》をいただいた。
(2) 先生のおっしゃることをノートに書き留める。
(3) きれいなお花が、テーブルの中央に飾《かざ》ってある。

ア 尊敬語　**イ** 謙譲語《けんじょうご》　**ウ** 丁寧語《ていねいご》

2 次の各組から、――線部の敬語の種類が他と異なるものを選び、記号で答えなさい。

(1)
ア 私が、先生にお話しする。
イ 昨日、花束をいただいた。
ウ お客様は、三時に見える。

(2)
ア 明日、そちらに伺《うかが》う。
イ 食事を召《め》し上《あ》がる。
ウ ようやくご決断なさる。

3 次の――線部の尊敬動詞の意味として、適切なものをあとから選び、記号で答えなさい。

(1) 先生が駅のほうからこちらにいらっしゃる。
(2) 社長は、いつも一時から五時まで、この部屋にいらっしゃる。
(3) ちょうど今、教室を出てそっちにいらっしゃるところだ。

ア 行く　**イ** 来る　**ウ** いる

4 次の――線部の謙譲動詞の意味として、適切なものをあとから選び、記号で答えなさい。

(1) お土産《みやげ》に和菓子《わがし》の詰《つ》め合《あ》わせをいただく。
(2) 茶室で作法どおりに抹茶《まっちゃ》をいただく。
(3) 先方が用意してくださった昼食をいただく。

ア 食べる　**イ** 飲む　**ウ** もらう

5

次の——線部の動詞を、尊敬動詞に直したものとして、適切なものをあとから選び、記号で答えなさい。

(1) 先生は、学校から私の家に五時までに来る予定だ。
(2) お客様が新しい商品を見る。
(3) 休日に社長がゴルフをする。

ア いらっしゃる　**イ** なさる　**ウ** ご覧になる

6

次の——線部の動詞を、謙譲動詞に直したものとして、適切なものをあとから選び、記号で答えなさい。

(1) 先生がお描《か》きになった絵画を見る。
(2) 仕上がった作品を先生に見せる。
(3) 訪ねていらっしゃったお客様に会う。

ア お目にかける　**イ** 拝見する　**ウ** お目にかかる

7

次の各文のうち、敬語の誤用を含《ふく》んでいるものをすべて選び、番号で答えなさい。

(1) 先生から貴重なご意見をちょうだいする。
(2) 明日は一日中、自宅におります。
(3) 社長が、これからの方針を申し上げなさる。
(4) あなたは、いつも穏《おだ》やかでいらっしゃる。
(5) 先生がゆっくりと、実験の方法をご説明される。
(6) お客様が、お出しした食事を召し上がり申し上げる。
(7) 先生がなさることを、拝見することにした。
(8) 私たちの演奏を、最後までご拝聴《はいちょう》なさってください。

8

次の会話を読んで、あとの問いに答えなさい。

A「もしもし。田中《たなか》さんはいらっしゃいますか。」
B「田中は、今、外出なさっています。」
「そうですか。では、佐藤《さとう》から電話があったことを、伝えなさい。」
C「わかりました。戻《もど》りましたら、お電話させましょうか。」
D「いえ、あとで、こちらから［　　］。」

(1) **A**～**D**の会話のうち、使われている敬語が間違《まちが》っているものを一つ選び、記号で答えなさい。
(2) ——線部を敬語を使った表現に直しなさい。
(3) ［　　］に当てはまる敬語として、適切なものを次から選び、記号で答えなさい。

ア お電話します　**イ** お電話なさいます　**ウ** 電話されます

解答と解説

第1章　文法の基礎

→102ページ

1
(1)友人の／好きな／色は／オレンジ色です。
(2)昨日、／私は／父と／母と／買い物に／行きました。
(3)図書館に／読み終えた／本を／返して／きた。
(4)突然／空が／光ったかと／思うと、／雷鳴が／とどろいた。
(5)私は、／父からの／伝言を／父の／友人に／告げて、／足早に／その／場を／立ち去ろうと／した。
(6)彼は／すべてを／打ち明けて／しまってからは、／ほっと／したのか、／寝て／しまった。

2
(1)面白く／ない／話／は／これ／以上／聞き／たく／ない。
(2)運動場／の／一角／で／子供たち／が／おしゃべりし／て／いる。
(3)この／夏休み／は、／九州／に／遊び／に／行く／予定／です。
(4)いつも／の／所／で、／五時／に／待ち合わせし／ましょ／う／か。
(5)落とし物／を／届ける／ため／に、／交番／に／行っ／て／き／まし／た。

3
(1)エ　(2)ウ　(3)イ　(4)オ　(5)ア　(6)エ　(7)イ

4
(1)妹は・休んだ　(2)姉が・作った　(3)弟だけ・行った

5
(1)湖に　(2)煩わせまして　(3)起きようとも

6
(1)ア　(2)ウ　(3)エ　(4)イ

7
(1)イ　(2)ア　(3)ウ

8
(1)補助の関係　(2)8　(3)僕は…主語　不思議な気分で…修飾部　遠くに聞こえる歓声に…修飾部　耳を…修飾語　傾けた…述語

解説

1 (3)「返してきた」は二文節。「きた」には自立語「くる」が含《ふく》まれている。(6)「しまってからは」に含まれている自立語は、「しまっ(しまう)」のみ。あとはすべて付属語なので、一文節。

2 (5)「行ってきました」の「て」「まし(ます)」「た」はそれぞれ一単語の付属語。

7 重文と複文の違《ちが》いは、含まれている複数の主語・述語の関係が、対等であるかそうでないかという点である。

8 (2)文節に区切ると、「歓声《かんせい》は、／公園の／奥《おく》に／ある／テニスコートの／あたりから／して／いるようだった」となる。「して／いるようだった」の部分の区切り方に注意。(3)「遠くに聞こえる歓声に」は、それぞれの文節を入れ替《か》えることができないことから、連文節であることがわかる。

第2章　自立語

→152ページ

1
起きる・上一段活用・終止形／引い・五段活用・連用形／計る・五段活用・終止形／あっ・五段活用・連用形／着・上一段活用・連用形／し・サ行変格活用・連用形／寝・下一段活用・連用形

2
(1)走れる　①ウ　(2)曲げる　②イ　③ア

3
(1)C　(2)A・連体形　(3)B・連用形　(4)C　(5)B・連用形　(6)C　(7)A・未然形　(8)A・連用形　(9)C　(10)B・仮定形　(11)A・連用形　(12)B・連体形　(13)C

4
①ウ　②オ　③ア　④ア　⑤エ　⑥ア　⑦イ　⑧オ

5
(1)A　(2)C　(3)B　(4)A　(5)B　(6)B　(7)C　(8)A　(9)B　(10)A

6 (1)ウ (2)オ (3)イ (4)ア (5)エ

7 ①カ ②キ ③エ ④ク ⑤オ ⑥イ ⑦ア ⑧ウ

解説 2 (1)は可能動詞と普通《ふつう》の動詞、(2)は自動詞と他動詞の性質の違《ちが》いに注目する。

3 (1)の「ない」は助動詞。(4)「定規で」は名詞「定規」に助詞「で」が接続したもの。(6)「しばらく」は副詞。(9)「大きな」は連体詞。(13)「よく」は副詞。形容詞「よい」の連用形ではない。

4 形式名詞は、本来の意味が薄《うす》れた名詞。②「こと」は本来の「事柄《ことがら》」という意味、⑧「とき」は本来の「時間」という意味が薄れている。

5 (2)「ものすごく」は、形容詞の連用形。(7)「それ」は代名詞。

7 ⑤「どうして」は、「いらないの」という用言を含《ふく》む文節を修飾《しゅうしょく》している副詞。

第3章 付属語

↓190ページ

1 (1)エ (2)イ (3)ア (4)ウ

2 (1)イ (2)エ (3)オ (4)ア (5)ウ

3 (1)イ (2)ア

4 (1)たかっ (2)だろ (3)ず (4)そうな

5 A(1)エ (2)ウ (3)ア (4)イ B(1)エ (2)ウ (3)ア (4)イ C(1)ウ (2)ア (3)イ D(1)イ (2)ア

6 (1)ウ (2)イ (3)ウ (4)ア

解説 1 (2)「ても」は、仮定の逆接を示す接続助詞。(4)「しか」は、限定の意味を添《そ》える副助詞。

3 (1)**イ**は格助詞、**ア・ウ**は接続助詞。(2)**ア**は格助詞、**イ・ウ**は接続助詞。

5 A(2)「しのぶ」のような心の動きを表す動詞に接続している助動詞「れる」は、自発の意味であることがほとんどである。B(4)のように動作が完了《かんりょう》したという意味合いが強い文例の「た」は、完了の助動詞である。

6 (1)の「ない」は助動詞。(2)の「で」は、接続助詞「て」が濁音化《だくおんか》したもの。(3)の「に」は相手・対象を示す格助詞。(4)の「だ」は断定の助動詞。

第4章 敬語

↓202ページ

1 (1)イ (2)ア (3)ウ

2 (1)ウ (2)ア

3 (1)イ (2)ウ (3)ア

4 (1)ウ (2)イ (3)ア

5 (1)ア (2)ウ (3)イ

6 (1)イ (2)ア (3)ウ

7 (3)・(5)・(6)・(8)

8 (1)B (2)(例)お伝えください (3)ア

解説 1 (1)「いただく」は、「食べる」の謙譲《けんじょう》語。

2 (1)**ウ**「見える」は尊敬語。**ア・イ**は謙譲語。(2)**ア**「伺《うかが》う」は謙譲語。**イ・ウ**は尊敬語。

3 「いらっしゃる」は、通常の動詞としては、主に「行く・来る・いる」という三つの意味がある。この意味は文脈で判断する。

7 (3)「申し上げなさる」は、謙譲語「申し上げる」に尊敬語「なさる」を加えた誤用。この文では「発表される」「ご説明なさる」のような尊敬語がよい。(5)「ご～する」という謙譲語に尊敬の助動詞「れる」を加えた誤用。ここは、「ご説明になる」がよい。(8)「ご拝聴《はいちょう》なさる」は、謙譲語「拝聴する」を「ご～なさる」という尊敬語に当てはめた誤用。

思考力
表現力
UP

緊急討論会　その言い方、許せる？ 許せない？

大切にすべきは、文法か、生きた言葉か

日常の生活では、文法の学習で学んだ知識とは合っていない言葉の使い方が見られます。そんな言い方をどう考えますか。あるクラスでの討論会の様子を見てみましょう。

司会を務めます、クラス委員の田中《たなか》です。上のせりふを見てください。バスケ部の秀太《しゅうた》君が「シュートを**決めれる**」と言っています。この言い方は、ここまでの文法の学習でわかるように「ら抜《ぬ》き言葉」で、文法的には誤りですね。本来は、「**決められる**」と言うべきところです。

そうなんですか。「**決めれる**」は間違《まちが》いだったんですね。いつも、そう言ってました。

さて、みなさんは、この言い方をどう思いますか？

僕《ぼく》は、そんなに違和感《いわかん》ないですね。文法的には誤りだと知って、むしろ驚《おどろ》いています。

私は、おかしいと思います。やっぱり、言葉は正しいルールで話すべきです。

……ということで、**許せる派**、**許せない派**、それぞれの立場からの意見を発表してもらいます。そのあとで、みんなで討論をしてみたいと思います。では、緊急《きんきゅう》討論会を始めます！

僕は、許せます！

日常的に話すなら、「シュートを**決めれる**」で、まったく問題ないですよね。秀太君が、「いつでもシュートを決めることができる」と言っていることは、この言葉でしっかりと伝わります。その人が伝えたいことがわかるならば、それでその言葉の働きは十分なのではないでしょうか。それなのに、「文法的に誤り」と言われても、意味がよくわかりません。

「ら抜き言葉」という言い方にも、違和感があります。「決めれる」で意味が通じるんだから、そもそも「ら」は不要だったのではないのですか？　現代においては、「決めれる」という言い方を、もはや標準的な使い方として考えてもいいのではないかと思います。

私、納得いきません！

言葉の使い方にはルールがあります。それが文法ですよね。これまで学習してきたように、「決める」という下一段活用の動詞に、「～できる」という可能の意味を加えるときは、助動詞「れる」ではなくて「られる」を使います。「**決めれる**」ではなくて、「**決められる**」が正しいというわけです。たった「ら」一文字だからといって、こういうルールの誤りを、ちょっとでも許してしまうと、どんどん言葉が乱れていくことになるのではないでしょうか。

それに、こういう言葉のルールは、最近作ったわけではないのです。ずっと昔から、受け継《つ》がれてきた言葉の使い方なのです。それを失ってしまうのは、とても残念なことだと思いませんか？

さて、**許せる派**、**許せない派**、それぞれの意見を聞きましたが、他のみなさんは、どう考えますか？

私は、言葉のルールを守ることは大切だと思います。それを守ることで、正しい言葉でやりとりができるのだと思います。

僕《ぼく》も同じ意見ですね。文法的に誤用だって知らなければ、みんなの言葉の使い方に合わせて、「ら抜《ぬ》き言葉」を使い続けていたと思いますが、文法を学習した今となっては、ちょっと恥《は》ずかしい気がします。

許せない派の意見が続きましたね。どちらも、文法に従って正しく言葉を使うべきだという意見ですね。では、**許せる派**の人、どうですか？

文法は大切だと思いますが、今、どういう言葉が実際どのように使われているかを無視するわけにはいかないでしょう。言葉は時代に応じて変化していくものだと思います。

同感です。生きた言葉として認めるべきですね。

ここで、先生からお借りしてきた資料を見たいと思います。文化庁の平成二十七年「国語に関する世論調査」です。「見られた」「見れた」などの言い方のうち、普段《ふだん》どちらを使うかを調べたアンケートです。

国語に関する世論調査

どちらの言い方を使うか	回答率(%)
今年は初日の出が**見られた**	44.6
今年は初日の出が**見れた**	48.4
早く**出られる**？	44.3
早く**出れる**？	45.1
こんなにたくさんは**食べられない**	60.8
こんなにたくさんは**食べれない**	32.0
今日はこれで**帰らせて**ください	80.3
今日はこれで**帰らさせて**ください	16.9
明日は**休ませて**ください	79.6
明日は**休まさせて**ください	16.8

※「どちらも使う」「わからない」の回答もあるため、合計は100％にならない。

この表を見ると、多くの人が使う言葉が「正しい言葉」といえるのではないかと思えてきます。「**見れた**」は使う人が多くなってきたので正しい、それに対して、「**帰らさせてください**」は、まだ使う人が多くないので、「正しくない言葉」といえるのではないでしょうか。

「**帰らさせてください**」は、本来は「**帰らせてください**」というべきで、「さ入《い》れ言葉」といわれることもありますね。

でも、いくら文法には合わない言葉を使う人が多くなったとしても、現代まで受け継《つ》がれてきた、言葉の歴史そのものがなくなるわけではないと思います。

需要《じゅよう》が少なくなったからといって、昔から続いている技術や文化をなくしてしまうわけにはいかないでしょう。言葉の使い方というのも、守っていくべき文化の一つのように思います。

でも、日常会話でいちいち文法を意識して話すのは、難しいですよね。意味が伝わる言葉なら、認めてもいいのではないでしょうか。

そうですね。文法的に正しい言葉を使わなければいけない場面、お互《たが》いに言葉の意味が伝われればいい場面、それぞれでの使い方を考えることが大切ですね。

話がまとまってきたようですね。討論はここまでにしましょう。

討論会のまとめ

許せる派　…言葉は変化していくもの。
意味が伝わる言葉なら認めてもよい。

許せない派…言葉は昔から今に受け継がれているもの。
言葉のルールを守っていくことが大切だ。

思考力表現力UP ▾▾▾ 自分の意見を書いてみよう

① どちらの意見に賛成かをはっきり示そう

② なぜ賛成するのかを「なぜなら、」に続けて書いてみよう

なぜなら、

③ 反対する意見の「ちょっといいところ」を認めて、「たしかに、」に続けて書いてみよう

たしかに、

④ ③をふまえて、自分の意見を強調して、「しかし、」に続けて書いてみよう

しかし、

解答例

許せる派の場合

私は、**許せる派の意見のほうがいい**と思う。**なぜなら、**言葉は使われていくなかで、変化していくものだと思うからだ。同じ時代の人々が用いている言葉は、文法的なルールから外れてしまっていても、その時代の生きた言葉として認めていくべきだ。

たしかに、昔から使われていた言葉の形を、文化として受け継《つ》いでいくことも大切だと思う。**しかし、**言葉の変化を理解して、現代の生きた言葉を使っていくのが望ましいと思う。

許せない派の場合

私は、**許せない派の意見に賛成**だ。**なぜなら、**昔から続いている言葉の歴史を、簡単に乱してしまうのはよくないと思うからだ。現在使われている言葉は、昔の人々が大切に使い、育ててきたものだ。だから、言葉は、気持ちや考えを伝えるためだけの道具ではなく、昔から今に通じる文化の一つともいえる。

たしかに、言葉は変化していくものだから、その時代に合った表現はある。**しかし、**言葉の文化を守ることのほうが大切だと思う。

現代文編

第1章

説明的文章

説明的文章とは、事実や筆者の主張を論理的に述べた文章である。

読解ではまず、筆者が説明している事実の内容と主張を客観的にとらえることが必要となる。

文章の要点や文章全体の要旨《ようし》のとらえ方を学び、一生使える読解力を身につけよう。

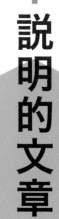

段落の要点をつかむために、何に注意する？
➡ 214ページ
また
しかし
筆者の意見は、何を基にして述べられることが多い？
➡ 222ページ

「文章を通して筆者が最も述べようとしていること」を何という？
➡ 226ページ
自分の意見・考えを記述する問題を解くときの注意点は？
➡ 230ページ

要点をつかむ

◆要点をつかむポイント

説明的文章の読解では、文章の内容を筋道立ててとらえ、**各段落の要点**をつかむことが大切である。それには、**指示語や接続語に注意して文脈をたどり、段落のキーセンテンス（中心文）を正確に押《お》さえる**必要がある。

◆文脈をたどるために指示語・接続語をチェックする

指示語の内容は、次のような順序でとらえるのが基本である。

1 指示語を含《ふく》む文のあとの部分に注目して、だいたいどのようなことを指すか、見当をつける。見当をつけた内容を手がかりに、指示語の前、ときにはあとの部分から指し示す内容を探す。

2 探した内容をそのまま抜《ぬ》き出すか、指示語に当てはまる形にまとめる。

3 とらえた内容を指示語に当てはめて、文意が通るか、言葉のつながり方が正しいかどうかを確認する。

指示語とともに重要なのが**接続語**（**接続詞**）である。接続語は**前後の語句や文、段落どうしをつないで、前後の内容がどんな関係にあるか**を明らかにし、文章の筋道をわかりやすくしている。

接続語は、その働きによって次のように分類できる。

くわしく

要点をつかむ前に

まず、文章を一読して、文章の話題（何について論じているか）や、文章全体のおおまかな内容を押さえるとよい。文章中の大事な部分をとらえやすくなる。

くわしく

指示語とは

同じ内容を繰《く》り返す代わりに用いられる語である。

例 これ・それ・あれ　この・その・あの

指示語は、文章をすっきりさせ、読みやすくするために用いられる。

発展

指示語と同じ働きの言葉

「彼《かれ》」「彼女《かのじょ》」などの人称《にんしょう》代名詞や、「前者」「後者」「両者」「以上」「以下」などの名詞は、指示語と同じ働きをする。

1 順接…例 すると　**2 逆接…例 しかし**
3 並立・累加《るいか》…例 しかも　**4 対比・選択《せんたく》…例 あるいは**
5 説明・補足…例 例えば　**6 転換《てんかん》…例 さて**

文章を読む際には、文脈をつかむために、**指示語が何を指し示しているのかを確認し、接続語に注意して内容のつながりを考える**習慣をつけるとよい。

◆段落の中のキーセンテンス（中心文）を探し、それをもとに要点をまとめる

キーセンテンスとは、重要な内容をまとめているなど、その段落の中心となっている文（センテンス）のことで、段落の初めや終わりにあることが多い。

また、指示語や接続語には、キーセンテンスをつかむ手がかりとなるものがある。

・**指示語…こうして・このように**　・**接続語…したがって・つまり・だから**

これらの指示語・接続語は、それまで述べてきたことのまとめや結果があとにくることを示している。つまり、**指示語・接続語のあとの部分が重要**なのである。

キーセンテンスをとらえて、それを中心に要点をわかりやすくまとめる練習をすると、説明的文章の読解が深まる。その際、次の点に注意する。

・簡潔にまとめるのが原則だが、説明不足にならないようにすること。
・文章の話題が抽象《ちゅうしょう》的な事柄《ことがら》の場合は、要点の補足説明に当たる具体例などは省くこと。

例 短歌と俳句は、日本独自の文芸である。前者は五七五七七、後者は五七五の音数が基本の型である。
→前者＝短歌
後者＝俳句

要注意

接続語がつなぐもの

接続語は文章中のさまざまな部分（語句・文・段落）をつなぐので、何と何をつないでいるかをよく考えないと文脈を取り違《ちが》えてしまうことがある。次のことを覚えておこう。

●文の途中《とちゅう》にある接続語は、語句と語句をつなぐ。
●文の初めにある接続語は、文と文をつなぐ。
●段落の初めにある接続語は、主に段落と段落をつなぐ。

参照 100ページ
指示語・接続語

例題で解説 要点をつかむために、指示語・接続語を探そう

次の文章を読んで、読解のポイントを押《お》さえ、要点を下段で確かめよう。そのあと、確認問題に答えよう。（▬キーセンテンス、○注意する接続語、□注意する指示語、▒特に要点をつかむポイントとなる語）

1……木を植える目的はいくつかある。まず木材生産である。古くから日本中で木材生産のためにスギ、ヒノキ、カラマツ、マツなどの針葉樹が植えられてきた。しかも（並立・累加《るいか》）本来の生育地ではない地域にもどんどん植えた。土地に合わない木は、植栽《しょくさい》後二〇年間は下草刈《か》り、枝打ち、ツル切り、間伐《かんばつ》などの管理が必要である。どんなに管理費がかかっても、木材生産に適した針葉樹を植えなければならないこともある。

2……第二の目的は美化である。急速に膨張《ぼうちょう》、拡大している現代の都市や産業立地は、鉄、セメント、各種石油化学製品などの非生物的な材料で画一的に建設されている。いわゆるセメント砂漠《さばく》、都市砂漠である。そこに住む市民の憩《いこ》いの場として、緑の空間をつくるようになった。たとえ維持費《いじひ》がかかっても、外来樹種など格好の良い木を植えることも、芝生《しばふ》公園をつくることも、花いっぱい運動も意味がある。また日本の伝統的な盆栽《ぼんさい》や、最近はやっているいわゆるガーデニングも大切であろう。

「そこ」→指示内容の説明に当たるのは前文。「いわゆる〜」の文は同じ内容をわかりやすく言い換《か》えたもの。

3……しかし（逆接）今最も重要な緑は、すべての市民の生存と心身共に健全に生きてゆける生活環境《かんきょう》を未来に保障するいのちの森、ふるさとの森ではないか。人間は、地球上で、緑の植物に寄生

1 段落の要点
木を植える第一の目的は木材生産で、そのために日本中で針葉樹が植えられてきた。

2 段落の要点
木を植える第二の目的は美化で、都市に住む市民の憩いの場として、緑の空間をつくるようになった。

3 段落の要点
最も重要な緑は、生活環境を未来に保障するいのちの森、ふるさとの森であり、その回復・創造が私たちの緊急の責務である。

●筆者の主張・意見
1・2段落の内容と比べて、3段落では、「最も重要な緑は、……ではないか。」と、筆者の思いが込《こ》められた表現になっている。ここで主張した「ふるさとの森が重要だ」といえる根拠《こんきょ》が、次の段落で具体的に説明されている。

する立場でしか持続的には生きていけない。寄主《きしゅ》にあたる緑の回復・創造こそ、今私たちがしなければならない緊急《きんきゅう》の責務である。

4
ふるさとの森は多層群落で、高木、亜高木《あこうぼく》、低木、下草層と立体的に階層をなしている。その緑の表面積は、単層群落であるゴルフ場などの芝生の三〇倍ある。『防音、防塵《ぼうじん》、空気の浄化《じょうか》、保水、水質浄化などの環境保全機能も三〇倍になる。地球温暖化の元凶《げんきょう》である二酸化炭素を吸収・固定する能力も三〇倍以上あるはずである。ふるさとの森は、そこに生まれ育ち、学び、働いている人たちの命と、地域に根ざした文化を創造する心、そして（並立・累加）何よりも生まれてくる子どもたちの未来を守る。また（並立・累加）日本では自然の揺《ゆ》り戻《もど》しとして必ず起きる地震《じしん》や、大火事など災害の際には、逃《に》げ場所、逃げ道となる』このようなさまざまな機能を果たすのが土地本来のふるさとの木によるふるさとの森である。

前の『』の部分全体の具体的な説明を指す。

（宮脇昭《みやわきあきら》『いのちを守るドングリの森』（集英社）より）

確認問題

問1 文章中で述べられている内容として適切ではないものを次から選びなさい。

ア 木を植える目的には、木材生産と現代の都市の美化がある。
イ ふるさとの森は、そこに住む人々の命と子どもたちの未来を守る。
ウ 生活環境を保障する森のような緑の空間は、都市の中にこそ求められる。
エ 多層群落の森は、環境保全機能をはじめ、多くの機能を果たしている。

4 段落の要点

その土地本来のふるさとの木によるふるさとの森は、多層群落で、さまざまな機能を果たしている。

発展 指示語と接続語を兼《か》ねた言葉

① 「それから」「それとも」などは接続語に分類されるが、指示語「それ」に「から」「とも」などの語が付いてできた言葉なので、指示語としての働きも残っている。

② 「こうして」「このように」などは、接続詞ではないが、それまでの内容をまとめてあとの内容につなぐという接続の働きをする。「つまり」「だから」などに置き換《か》えてみると、論理の展開がわかりやすくなる。

確認問題解答

問1 ウ

文章の構成をつかむ

◆文章の構成をつかむポイント

文章の構成とは、段落などが内容の上でどのようにつながって、一つのまとまった文章になっているかという、**文章全体の組み立て方**を指す。

文章の構成をとらえるには、**文章の話題を押《お》さえ、各段落の要点をとらえて、段落と段落の関係を考える**ことが大切である。

◆文章の話題を意識しながら、全体を通して読む

文章が何について述べようとしているか、話題をつかむ。それには、次のことを手がかりにする。

1 文章の初めの形式段落に注目する。
2 文章中に繰《く》り返し出てくる言葉（キーワード）に注目する。
3「〜について」や「〜でしょうか（問いかけ）」などの言い方に注目する。

例 **・では、その原因について考えてみましょう。（これから述べる話題を提示する。）**
・花の色は、何のためにあるのでしょうか。（問いかけて、読み手を話題へと引きつける。）

◆各形式段落の要点を読み取る

改行して一字下げて始まり、次に改行するまでの文章のまとまりのことを、**形式段落**という。それぞれの形式段落のキーセンテンス（中心文）を見つけて、要点を読み取る。

発展

序論・本論・結論

通読するとき、話題を示す段落とともに、結論の段落も押さえるとよい。それにより、次のような文章全体の枠組《わくぐ》みが見えてくる。

①序論（書き出し）
話題・問題の提示など。
②本論（中心部分）
くわしい説明や具体例。
③結論（締《し》めくくり）
筆者の主張・意見など。

用語解説

「形式段落」と「意味段落」

読みやすいように、一つの内容のまとまりを示すものを「形式段落」という。それらの形式段落を、内容の上で一つのまとまりととらえたものを「意味段落」という。

意味段落がいくつか集まり、ある考えや事柄《ことがら》を述べた文章となっている。

第1章 説明的文章
第2章 文学的文章
第3章 詩歌

◆各形式段落の関係を考えて、意味段落をつかむ

形式段落の要点を読み取ったら、各形式段落の内容のつながりを考える。内容の上で共通性のあるものを**意味段落**としてまとめる。形式段落の冒頭《ぼうとう》に接続語や指示語がある場合は、それらに注目すると、前の段落との関係がつかみやすくなる。

◆意味段落どうしの関係を押さえて、文章全体の構成をとらえる

話題を踏《ふ》まえて意味段落どうしの関係をつかみ、全体の構成を考える。構成を考えるときは、**文章の結論部分を押さえる**ことがカギとなってくる。説明的文章では、次のような構成の型がある。

●結論の位置による文章の構成の型

1 結論が冒頭にある。……［結論］→［　］→［　］**（頭括《とうかつ》型）**
2 結論が末尾《まつび》にある。……［　］→［　］→［結論］**（尾括《びかつ》型・最も一般《いっぱん》的な型）**
3 結論が冒頭と末尾にある。…［結論］→［　］→［結論］**（双括《そうかつ》型）**

例
1段落…多様な日本語。（話題）――**序論**
2段落…平仮名《ひらがな》の起こり。
3段落…片仮名《かたかな》の起こり。
4段落…漢字の伝来。
5段落…外来語の流入。
（2〜5段落：具体的な説明）――**本論**
6段落…現代の複雑な言語文化。（まとめ）――**結論**

1段落、2〜5段落、6段落がそれぞれ一つの**意味段落**で、結論が末尾にある**尾括型**である。

くわしく
形式段落と意味段落の関係
図示すると次のとおり。

形式段落
1 2 3 ―意味段落①
4 5 6 ―意味段落②
7 ―意味段落③

要注意
形式段落どうしの関係をとらえるときの注意点
●文章の初めに抽象《ちゅうしょう》的な言葉や表現が出てきたときは、冒頭から結論を述べていることが多い。
●事実や具体例だけの段落は、前後の段落に気をつけて、どんな事柄に関係した内容かをはっきりさせる。
「つまり」「要するに」「こうして」「このように」などの、言い換《か》えやまとめの言葉に注意する。

例題で解説

次の文章を読んで、読解のポイントを押《お》さえ、文章の構成を下段で確かめよう。そのあと、確認問題に答えよう。（――キーセンテンス、○注意する語、➡意味段落の区切り）

1 サクラの葉っぱがまだ緑色をしている初秋に、ある質問を受けました。「数日間、雨が降り続いたあとの雨あがりの日、サクラ並木を自転車で走っていました。すると、桜餅《さくらもち》の香《かお》りがほのかに漂《ただよ》ってきたように思います。雨に濡《ぬ》れたサクラの葉っぱからは、桜餅の香りが漂うのでしょうか」というものでした。

話題

➡

2 桜餅の葉っぱからは、おいしそうな甘《あま》い香りが漂い、食欲をそそります。これは「クマリン」という物質の香りです。でも、サクラの木に茂《しげ》っている緑の葉っぱをもぎ取って香りを嗅《か》いでも、桜餅の葉っぱの香りはしません。

指示語

3 サクラは、葉っぱが虫にかじられて傷つけられたときに、あの香りを発散させて、自分の葉っぱを守るのです。あの香りは、私たちにはおいしそうな気持ちのいい香りなのですが、虫には嫌《いや》がらせの香りなのです。（中　略）

4 傷がついていない緑の葉っぱには、クマリンができる前の物質が含《ふく》まれています。この物質には、まだ香りはありません。葉っぱには、もう一つの物質が含まれています。それは、クマリンができる前の物質をクマリンに変えるはたらきがある物質です。

指示語

5 しかし、傷がつかずに生きている緑の葉っぱの中では、二つの物質は接触《せっしょく》しないようになっ

序論　文章の話題

1 雨に濡れたサクラの葉っぱからは、桜餅の香りが漂うのだろうか。

（質問・問いかけ）

本論　具体的な説明

2 桜餅の葉っぱの香りは「クマリン」という物質の香りである。

3 葉っぱは虫にかじられると、虫が嫌がる香りを発散させて自分を守る。

4 傷のない緑の葉っぱには、クマリンができる前の物質と、その物質をクマリンに変える物質が含まれている。

5 葉っぱが傷ついたり、死んだりすると、二つの物質が出会い、クマリンができて、香りが漂う。

（桜餅の香りの正体）

結論　まとめ

6 緑の葉っぱに雨が当たっても香りが漂うことはないが、なぜ雨あがりの

ています。だから、クマリンができることはなく、香りは発生しないのです。ところが、葉っぱが傷ついたり、葉っぱが死んだりすると、これらの二つの物質が出会って反応します。その結果、クマリンができて、香りが漂ってくるのです。

6 ……ですから、サクラの緑の葉っぱに数日間雨が当たっても、桜餅の香り、すなわちクマリンの香りが漂うことはありません。では、質問のように、なぜ雨あがりのサクラ並木で、桜餅の香りがしたのでしょうか。

接続語（②〜⑤段落の説明を根拠《こんきょ》として言える事実を導く）

冒頭《ぼうとう》の話題を受けての問題提示

7 ……原因は、桜並木のサクラの木の根もと付近にたまっている、サクラの古い落ち葉です。古い落ち葉は死んでしまっているので、桜餅の香りがほのかにします。お天気が続いていると、落ち葉はカラカラに乾《かわ》いて水気を含んでいません。そのため、香りはほとんどしません。数日間雨が降ると、たっぷりと水を吸った落ち葉から、桜餅の香りがかすかに漂ってきます。

問題の答え（前の段落を受けて、答え〈結論〉を導く言い方）

（田中修《たなかおさむ》『植物はすごい』（中央公論新社）より）

確認問題

問1 本文中の結論部の二つの段落の関係を示したものとして、適切なものを次から選びなさい。

ア 6段落では話題を述べ、それを受けて、7段落では具体的に説明している。
イ 6段落では前の段落までの説明を受けて問題を提示し、7段落で答えている。
ウ 6段落では具体例をもとにくわしく説明し、7段落で筆者の意見をまとめている。
エ 6段落では根拠となる事実を挙げ、そこからの結論を7段落で述べている。

サクラ並木で桜餅の香りが漂うのだろうか。
（話題を受けた問題提示）

7 サクラの木の根もと付近にたまっている、古い落ち葉が水気を含むと、桜餅の香りが漂う。
（問題に対する答え）

●意味段落の図

1−2
3
4
5−6
7

発展

三段論法について

筋道を立てて述べるときの典型的な進め方に、**三段論法**がある。

①AはBである。（大前提）
②BはCである。（小前提）
③よってAはCである。（結論）

という展開で考えを示す。

確認問題解答

問1 イ

事実・具体例と意見を読み分ける

◆事実・具体例と意見を読み分けるポイント

説明的文章、特に論説文では、「**事実・具体例**」を根拠《こんきょ》として**筆者の「意見」**が主張されることが多い。そのような文章の内容を正確に読み取るためには、**事実・具体例と、それをもとにした意見とを読み分けることが**大切となる。まず、**事実・具体例を押《お》さえ、それから意見をとらえる**ようにする。

◆接続語や具体的な表現を押さえて、事実・具体例をとらえる

事実・具体例は、筆者の意見を説得力ある形で示すために、意見の裏付けとして用いられる。その内容は、筆者が調査したこと、見聞きしたこと、読書などで知ったこと、体験したことなど、具体的なものである。事実・具体例を読み取る際には、次のような点に注意する。

1 「例えば」などの接続語に注目する。

例 例えば、日本の代表的な山岳《さんがく》地帯として北アルプスが挙げられます。

2 文章の内容から判断する。

- **筆者の知識や体験かどうかを考える。**
- **抽象《ちゅうしょう》的な言葉よりも、具体的な言葉に着目する。**

例 「世界」よりも「イギリス」、「生物」よりも「昆虫《こんちゅう》」など。

事実・具体例を挙げた意図を考え、筆者のどのような意見につながるかをつかむことが大切である。

くわしく

「事実・具体例」の役割

説明的文章では、複数の事実・具体例が挙げられて、次のような役割を担《にな》って筆者の意見を説得力のあるものにしている。

- 共通性をもつ複数の事柄を挙げて、筆者の意見の正当性の裏づけとする。
- 相反する事柄を挙げ、一方の立場に立つことで意見の明確さを高める。
- 自分の意見と対立する事柄に対して反論を行うことで、自分の意見を深める。

事実・具体例が文章中でどのような役割をしているのかを、考えながら読むことが大切である。

発展

「具体」と「抽象」

実際の出来事や事実など、はっきりと知覚できる形や内容を伴《ともな》ったものを「具体」という。

一方、事物や事柄の中か

◆事実・具体例をもとに筆者の意見をとらえる

筆者の意見は、その根拠として示された事実・具体例から発展して、広く一般《いっぱん》的な事柄《ことがら》に当てはまるものが多く、抽象的である。それをとらえるには、次のような点に注意する。

1 文章のまとめを表す言葉に注意する。

例 だから したがって つまり このように こうして

2 筆者の意見を示す文末表現に注意する。

例 ・「〜と思う。」「〜なければならない。」「〜なのである。」……考えを明確に示す

・「〜なのだろう。」「〜であろう。」……………………考えを推測する形で示す

・「〜ではないだろうか。」「〜ではあるまいか。」…………考えを疑問形で示す

3 文章中で繰《く》り返し使われている言葉（キーワード）に注目する。

4 具体的な言葉よりも、抽象的な言葉に着目する。

例 「フランス語」よりも「外国語」、「火星」よりも「宇宙」など。

どのような事実・具体例をもとに、意見が組み立てられているかを考えることが大切である。

◆段落と段落のつながりから、事実・具体例と意見を読み分ける

文章全体の構成を考えたとき、段落どうしが事実・具体例と意見の関係になっていることがある。そのパターンには次のようなものがある。

例 ・意見→事実・具体例→意見

・意見→事実・具体例―事実・具体例→意見

ら、どんな場合にでも当てはまる一般的な性質を抜《ぬ》き出し、まとめたものを「抽象」という。

くわしく

読み分けのコツ

●事実・具体例は一つとは限らない。複数ある場合は、それらの共通点をとらえておくとよい。

●事実・具体例の前後に筆者の意見が書かれていることが多い。

●筆者の意見は、段落の初め、または終わりの部分に注目するとよい。

●事実・具体例と意見の共通点を考えるとよい。

参考

設問の答え方

記述問題で字数制限がある場合は、事実・具体例の選択《せんたく》に注意する。

例題で解説

次の文章は、現代では料理をしない人が増えていることについて述べたものである。これを読んで、読解のポイントを押《お》さえ、「事実・具体例」と「意見」を下段で確かめよう。そのあと、確認問題に答えよう。（□事実・具体例、〰〰意見、◯注意する語）

1…… 作らないということは、食事の調理過程を外部に委託《いたく》するということだ。調理を家の外に出すということ、そのことの意味は想像以上に大きいように思われる。

意見

意見を示す文末表現

2…… たしかに、むかしは調理も公共の場で、たとえば露地《ろじ》の共同炊事場《すいじば》でおこなわれることが多かった。それは戦後の二十年くらいまではふつうの光景だった。その後、料理の仕事は「マイホーム」に内部化されたのだが、現在その過程が、①わたしたちからは見えない場所に移動させられつつある。それはちょうど、かつて排泄《はいせつ》が野外や共同便所でなされ、汲《く》み取りもわたしたちの面前でなされていたのに、下水道の完備とともに排泄物処理が見えない過程になったのと同じことである。

具体例を示す接続語

3…… それとほぼ並行して、病人の世話が病院へと外部化された。出産や死という人生でもっとものっぴきならない瞬間《しゅんかん》も家庭の外へと去った。家で母親のうめき声を聴《き》くことも、赤ちゃんの噴《ふ》きだすような泣き声を聴くこともなくなってしまった。いや、じぶんの身体でさえ、もはやじぶんでコントロールできず、体調がすぐれないときには、すぐに医院にかけつけるしまつだ。自己治療《ちりょう》、相互《そうご》治療の能力はほぼ枯渇《こかつ》した。その点で、身体はもはやじぶんのも

意見　話題の提示

1 調理を外部に委託することの意味は大きい。

事実・具体例　説明

2 むかしは調理も公共の場でおこなわれ、やがて内部化されたが、今は見えない場所に移動させられつつある。排泄も同様である。

3 病気、出産や死も外部化された。その結果、自己治療、相互治療の能力が枯渇した。

4 誕生・病・死・排泄はじぶんが自然の一メンバーであることを思い知らされるいとなみだが、それらは外部化され、見えなくなった。

事実・具体例と意見　まとめ

5 〈事実〉調理の過程で他のいのちを奪《うば》うことを体験し、じぶんもその生き物の一つでしかないことを学んだ。その場所が

のではない。

4 …… 誕生や病や死は、人間が有限でかつ無力な存在であることを思い知らされる出来事である。同じように排泄も、じぶんがほかならぬ自然の一メンバーであることを思い知らされるいとなみである。そういう出来事、そういういとなみが、「戦後」という社会の中で次々に外部化していった。そして家庭内にのこされたそういう種類の最後のいとなみが、調理だった。

5 …… ②ひとは調理の過程で、じぶんが生きるために他のいのちを破壊《はかい》せざるをえないということ、そのときその生き物は渾身《こんしん》の力をふりしぼって抵抗《ていこう》するということを、身をもって学んだ。そしてじぶんもまたそういう生き物の一つでしかないということも。そういう体験の場所がいまじわりじわり消えかけている。見えない場所に隠《かく》されつつある。このことがわたしたちの現実感覚にあたえる影響《えいきょう》はけっして少なくないと思う。

意見
前の事実全体を指す指示語
意見を示す文末表現

（鷲田清一《わしだきよかず》『悲鳴をあげる身体』（PHP研究所）より）

確認問題

問1 ――線部①とあるが、すでに「見えない場所へ移動させられた」ものとして二つの事例が挙げられている。それを二字と五字で探し、書き抜《ぬ》きなさい。

問2 ――線部②とあるが、そのような体験が生活の中で消えかけていることに対して、筆者は、どう思っているか。筆者の意見が書かれた部分を本文中から二十五字以上三十字以内で書き抜きなさい。

消えかけている。

〈意見〉 前述の〈事実〉がわたしたちの現実感覚にあたえる影響は少なくない。

発展

論証の二つの方法

①**演繹法《えんえきほう》**…ある基本的な理論や事実から考えを展開していきながら、論理的にはこうなるのが当然であるという結論を導き出す方法。

②**帰納法《きのう》**…複数の経験的な事実から、ある共通した要素を探り出し、一般性《いっぱん》をもつ基本的な理論や法則を論理的に導き出す方法。

※上段の文章は、帰納法による論証。

確認問題解答

問1 排泄・病人の世話

問2 わたしたちの現実感覚にあたえる影響はけっして少なくない （27字）

要旨をつかむ

◆要旨をつかむポイント

「要旨《ようし》」とは、説明的文章全体を通して筆者が最も述べようとしている中心的な事柄《ことがら》である。要旨を正確に読み取ることは、説明的文章の読解で最重要の課題といってもよい。

要旨をつかむには、まず、**全体を通読して文章全体の話題を押《お》さえる**。次に、**各段落の要点をつかんで意味段落に分け、結論を述べた段落を押さえる**ことが大切である。

◆文章全体の話題を押さえる

文章全体の話題は、文章の初めの段落、キーワード、疑問や問いかけの文などを手がかりにとらえることができる。

例

陶器《とうき》と磁器は、どちらも焼き物で、あわせて陶磁器といいます。
陶器は粘土《ねんど》を原料として……。
磁器は、主に陶石とよばれる石を細かくくだいて……。

・「**陶器**」と「**磁器**」がキーワードになっており、その二つの特徴《とくちょう》や性質を比較《ひかく》して説明している文章である。文章の話題としては、二つの事柄を比較したもので、「**陶器と磁器の違《ちが》い**」などとなる。

用語解説

キーワードとキーセンテンス

キーワードとは、文章中に繰《く》り返し出てくる「文章を読み解くカギになる言葉」である。キーワードを見つけることによって、「話題」がとらえられる。

また、キーワードを含《ふく》む文を押さえていくと、筆者の考えがとらえやすくなる。

言い回しを変えて繰《く》り返されることも多いので、言葉の意味や文脈を考えながら確認する。

一方、キーセンテンスとは、「段落の中で中心となり、要点を読み解くカギとなる文」のことである。

参照 214～215ページ **キーセンテンス**

キーワードは「言葉」、キーセンテンスは「文」を指すが、読解の手順の上で重要な要素である。

◆段落の要点を押さえ、文章構成を考えて結論を述べた段落をつかむ

要旨をとらえるには、**結論を述べた段落を押さえる**必要がある。次のような手順で取り組むとよい。

1 各形式段落の要点をつかむ。
2 いくつかの形式段落をまとめ、文章全体を意味段落に分ける。
→ここで、各意味段落のおおよその要点を押さえておくとよい。
3 意味段落をもとに文章構成を考え、結論を述べた段落をつかむ。

◆結論を述べた段落を中心にして、要旨をまとめる

結論を述べた段落と、キーワード・キーセンテンスを使って、話題にそって要旨をまとめる。

例 **〈文章の要旨をまとめるための材料の具体例〉**

〈話題〉　ゲームと目の疲《つか》れの関係
・ゲームの画面を長く見続けるのはよくない。
・目のピントが合わせづらくなる。
・目が乾《かわ》く、ドライアイになることもある。
〈結論〉　ゲームは、時間を決め、長い時間続けないことが大切だ。

〈文章の要旨〉
→「ゲームの画面を長く見続けると、目のピントが合わせづらくなったりドライアイになったりするので、ゲームは長くは続けず、時間を決めてすることが大切だ。」

●**結論の段落の位置による、文章の型**
参照 219ページ
頭括型《とうかつがた》・尾括型《びかつがた》・双括型《そうかつがた》

要注意
要旨をまとめるときに
・具体例などの補足的な説明は、原則として省く。
・主語・述語・修飾語《しゅうしょくご》などの文法上の関係を正しく書く。

参考
要旨の選択《せんたく》問題の解き方
要旨は、記述問題だけではなく、選択問題でも問われることが多い。
選択問題では、選択肢《し》の内容と文章の内容を照合して、正誤を判定していく。その際、意味段落の要点をとらえ、どこにどの内容が書かれているかを押さえておくと、判断しやすくなる。

例題で解説

次の文章を読んで、話題や要点、要旨《ようし》を下段で確かめよう。そのあと、確認問題に答えよう。
（□キーワード、＝キーセンテンス）

1……人間は物語が好きである。人間が言語を獲得《かくとく》した時から、おそらく神話が生まれたであろう。それとともに人々が語り合った話は、「昔話」や「伝説」として伝えられてきた。その物語によって、人々は過去との結び付きや、その土地との結び付き、人間相互《そうご》の結び付きを強めることができた。現代の言葉を用いると、ある部族や家族などのアイデンティティ*のために、物語が役立ってきたと言える。

2……物語の特性の中で強調したいのは、「関係付ける」働きであろう。

3……非常に単純な例を考えてみよう。コップに野草の花が一つ挿《さ》してある。それだけのことなら、別に誰《だれ》もその花に注目しないかもしれない。しかし、それは病気で寝《ね》ている母親を慰《なぐさ》めようとして十歳《さい》の少女が下校の時摘《つ》んできたのだと知ると、その花が単なる花でなくなってくる。その花を介《かい》して、その少女に親しみを感じ、その母娘《おやこ》の間の感情がこちらに伝わってくる。そこに「関係付け」ができてくる。①そのことに感激すると、そのことを誰かに話したくなる。友人に話をする時、少女が花を買おうと思ったのだが、彼女《かのじょ》には高すぎたので困っ

● **キーワードと話題**

〈**キーワード**〉
・「物語」
・「結び付き」
↓
〈**話題**〉
「物語」によって強まるさまざまな「結び付き」について。

話題の段落（意味段落）

1 人間は「物語」によって、過去や土地や人間相互の「結び付き」を強めてきた。

説明の段落（意味段落）

2 「物語」の中で重要な特性は「関係付ける」働きである。

3 コップの野草の花にまつわる母娘の「物語」を知ると、そこに「関係付け」ができてくる。

てしまったが、ふと野草の花を見つけて……というふうに話が少し変わることもある。

4 ……だから「物語」は信用できないという人がある。それも一理ある。だからといって、②それが無意味というのもおかしい。物語を語ることによって、母娘の関係の在り方がわかり、それに感動することによって、語り手と聞き手との間に関係が生まれ、このように「関係の輪」が広がっていくところに意味がある。関わりの中の真実が、それによって伝わっていく。

結論部分（筆者の主張）

（河合隼雄《かわいはやお》『物語と人間』（岩波書店）より）

（注）＊アイデンティティ＝自分のもつものが独自のものであり、自分らしさが感じられること。

確認問題

問1 ――線部①は、「物語」のある部分を指している。それが書かれた一文を探し、初めの七字を書き抜《ぬ》きなさい。

問2 ――線部②とあるが、「物語」が無意味とはいえないのは、なぜか。それを説明した次の文の［　］に入る言葉を、Aは六字、Bは八字でそれぞれ本文中から書き抜きなさい。

＊物語を語ることで、母娘の［　A　］がわかり、語り手と聞き手の間に、「関係の輪」が広がって、それにより、［　B　］が伝わっていくから。

結論の段落（意味段落）

4 「物語」は、語り手と聞き手の関係を広げ、それによって関係の中の真実が伝わっていく。

●文章の要旨

この文章の場合は、1～3段落までを踏《ふ》まえた上で、4段落の表現を用いて要旨をまとめる。

確認問題解答

問1 しかし、それは

問2 A 関係の在り方
B 関わりの中の真実

解説

問1 「物語」のどの部分に「感激」するのかを考える。花にまつわる具体的な「物語」の例が書かれた文を探す。

問2 3 4段落の具体例と、4段落の要点（要旨）とを考えあわせる。

内容をとらえ、自分の考えをまとめる

◆内容をとらえ、自分の考えをまとめるポイント

説明的文章を読むとき、説明された内容や筆者の意見などに触《ふ》れ、「自分（読み手）はこう思う、考える」という読み手の考えが生じる。その考えを整理し、まとめ、記述することは、「読解力＋思考力＋文章力」という国語の総合力の養成につながる。

そのためには、まず、**提示された文章の要点・要旨《ようし》を正しくとらえる**、そして、**とらえた内容と自分の考えを関連させて記述する**、この二点が基本となる。

◆意見・考えを記述する問題を解くときの注意点

1 設問文をよく読んで、条件をチェックする。

入試などの記述問題では、字数・段落形式をはじめ、さまざまな条件が提示される。それらの条件を確認し、それにしたがって書かなければならない。

〈条件の例〉・いくつかの語句の使用が指定されているもの。
・賛成・反対など、立場の表明が求められるもの。
・文章中以外の具体例や体験例の記述が指定されているもの。

2 意見・考えを論理的に記述するように心がける。

「なぜそう考えるのか」などの根拠《こんきょ》・理由を明らかにして、読み手にわかりやすく書く。

確認

説明的文章で読み取る要素

次の三点を押さえることが基本である。

①**話題**…何について述べた文章か。

②**結論**（意見）…筆者は①の話題についてどんな意見を述べているか。

③**説明**（根拠）…筆者は意見の根拠をどう述べているか。

参考

入試での出題パターン

入試では次のような形で出題されることが多い。

①比較的《ひかく》短く、読解しやすいものを提示して、一つか二つの記述問題のみを出題するもの。

②問題の最後に、まとめとして出題するもの。

①の形式では、要点の読解がポイントとなる。②の形式では、読解小問で大きな解釈《かいしゃく》ミスをしないことがポイントである。

例題で解説

次の文章を読んで、読解のポイントを押《お》さえ、内容を下段で確かめよう。そのあと、確認問題に答えよう。（□キーワード、▮キーセンテンス）

〔筆者はコミュニケーションを円滑《えんかつ》にするための、身体に関係する基本原則の一つに「頷《うなず》く」ことを挙げている。〕

1 「うなずく」というのは、もともとは「うなじをつく」ということなので、「うなづく」と表記するのが本来適当な言葉だ。私たちは、その頷きを自然にやるものだと思っている。たしかに頷きは自然な運動なのだが、実は頷き現象には重大な変化が最近起きている、と私は感じている。

2 私は全国で講演会を行っている。その際、勝手に「全国頷き率調査」を実施《じっし》している。実施といっても、聴衆《ちょうしゅう》の何割が頷いているかを私が見るだけなのだが、地方によって頷き率が変わる。総じて地方都市の方が、頷き率は東京よりも高い。東北地方から北陸にかけての頷き率は相当高い。頷く速度は割とゆっくりである。地方に行き、よく頷いてくれる聴衆に出会うと、ほっとする。そして、昔の日本人に会った気がする。そういえば、ラジオを聞きながら、あるいはテレビを見ながら頷いている人の姿が私の記憶《きおく》にはある。自分が頷くことで

● **話題**

人の話を聞くときに、「頷く」という動作がもたらす意味合いと効果。

参照 226ページ キーワードとキーセンテンス

要注意

具体例を識別する

具体例は省いたほうが、段落の要点を示す部分（キーセンテンス）をとらえやすくなる。

1 段落の要点

頷きは自然な運動だが、最近、頷き現象には重大な変化が起きていると感じる。

2 段落の要点

頷きはかつての日本人にはごく自然な、身についた技だったが、今は総じて地方都市の方が、東京よりも頷き率が高い。

相手が変わることはない状況《じょうきょう》でも、頷《うなず》いてしまう。それほど、頷きはかつての日本人にとってはごく自然な、身についた技であったのである。

3 都市部では、大量の人間に出会う。電車の中でいちいち頷いてはいられない。幼い頃《ころ》からテレビなど一方通行の情報の流れに慣れてしまっているため、人の話を聞くときに頷く習慣がない。若い人は、友達同士の会話でも頷く回数が減ってきている。教師が話しているときに頷く学生もまれだ。もちろん、教師が言うことにいちいち頷くのはおかしいと感じるのは、現代の感覚としては自然であろう。しかし、教師が話す言葉に一つひとつ頷いて聞く日本人が、かつては高い割合で存在していた。テレビが登場する以前の世代の頷き率は、それ以降に比べて格段に高い、と私は経験から感じている。

4 頷きは、相手の意見に同意・同調する傾向《けいこう》を示しはするが、その関係は絶対的なものではない。相手の意見に同意していない場合でも、頷きは十分に可能である。頷きながら聞いておいて、そのあとに違《ちが》う意見を述べることもできる。むしろその方が、相手に受け入れられやすい。つまり、頷きは「あなたの話をしっかり聞いていますよ」というサインなのである。内容に同意しているというよりも、感情的にあなたを受け入れています、という意味合いの方が大きい。相手の人格に対して肯定的《こうてい》な構えになっていることを、頷きは相手に教えるのだ。このいわばサブ・メッセージの効果は大きい。自分を感情的に受け入れてくれている相

筆者の意見・考え⬇この部分について、自分の考えをもつようにする。

「同意」以外の「頷き」の意味は?

筆者の意見・考え⬇この部分について、自分の考えをもつようにする。

3 段落の要点

今の都市部の人は、人の話を聞くときに頷く習慣がない。テレビが登場する以前の世代の頷き率は、それ以降に比べて格段に高い。

● 1〜3 段落の構成

1 段落で「頷き現象に変化が起きている」とし、2・3 段落で、「変化」の状況、「変化」の原因などを具体的に説明している。

4 段落の要点

頷きには、相手の意見に同意するというよりも、相手を感情的に受け入れるという意味合いがあり、それを相手に教える効果は大きい。

5 段落の要点

頷きには、相手の言葉を咀嚼し、消化しているというイメージもあり、話のポイントで頷くことができれば、コミュニケーション力の強力な技になる。

手の言うことは、たとえ自分に対する反論であったとしても耳を傾《かたむ》ける気になるものだからである。

筆者の意見・考え ⬇ この部分について、自分の考えをもつようにする。

5 頷きには、相手の言葉を自分で咀嚼《そしゃく》*し、消化しているというイメージもある。ゆっくりと噛《か》み砕《くだ》き、飲み込《こ》む動きに似ている。話のポイントで一回だけコクンと頷くのは合理的だ。何度も繰《く》り返し頷く必要は必ずしもない。しかし現実的には何度か連続して頷いてもらう方が、より誠実さを感じる。あまりに機械的になればわざとらしいが、話のポイントを外さず、強弱をつけて頷くことができれば、コミュニケーション力の強力な技になる。

筆者の意見・考え ⬇ この部分について、自分の考えをもつようにする。

(齋藤孝《さいとうたかし》『コミュニケーション力』(岩波書店)より)

(注) *咀嚼=よく考えて、物事の意味を十分に理解すること。

確認問題

問1 筆者の意見である「頷く」ことの効果について、あなたはどう考えるか。次の**条件1・条件2**にしたがって書きなさい。

条件1 体験などの具体例をもとに、そう考える理由も書くこと。

条件2 百字以上百四十字以内で書くこと。

● **4・5 段落の構成**
二つの段落で、それぞれ「頷き」のもつ意味合いと効果を論じている。

要注意

確認問題の記述のポイント
筆者の意見に肯定的か、否定的か、立場を決めるとよい。

確認問題解答

問1 例 以前、ある先輩《せんぱい》と初めて話す機会があったが、その人がこくりともせず、じっと私を見つめているので、話を続けてよいのかどうか、困ったことがあった。だから、相手の人格を肯定的に受け入れたり、相手の言葉を理解しているイメージのある「頷き」は、コミュニケーションにおいて有効だと考える。(137字)

なるほどコラム

資料を含《ふく》む文章の読み取り

暮らしの中で目にする文章

実際の生活の中で目にする文章、例えば、新聞や雑誌の記事、パンフレット、商品の解説書などでは、文章以外の図表や写真、イラストなどの**資料**を含むものが少なくない。

このような文章を読むときには、資料が、文章のどの内容と関連し、どのような情報を示しているのかを正確にとらえることが必要である。

表やグラフと文章

写真やイラストであれば、文章との関係は比較《ひかく》的とらえやすいだろう。ここでは、表やグラフの数値の読み取りについて考えてみよう。ポイントを挙げる。

①**数値の差を比較する。**(↓棒グラフや表など。)
②**数値の変化をつかむ。**(↓折れ線グラフなど。)
③**全体に占《し》める割合を見る。**(円グラフ・帯グラフなど。)

①〜③のいずれにおいても、グラフや表を見るときは、その最大値、あるいは最小値に注目するとよい。グラフの特徴《とくちょう》、何が重要項目《こうもく》であるのかがつかめてくる。

ここで、左のページの上段の文章をざっと読んでから、下段のグラフと表を見てみよう。

「訪日外客数と経済」について書かれている。資料として提示されているグラフや表は、文章を理解する上でどのような役割を果たしているだろうか。まず、文章に書かれている事実をおさえると、おおむね次のようになる。

・訪日外客数が右肩《みぎかた》上がりに増え、二〇一八年に年間三〇〇〇万人を超《こ》えた。
・日本に近いアジア、特に中国をはじめとする東アジアの国からの外客数が著しく増えた。
・外国人旅行者の日本での消費額も年々増え、二〇一七年には四兆円を超えた。

これらのことが、**資料1〜3**で具体的な数値として示され、文章に書かれている事実の根拠《こんきょ》・証明となっている。また、**資料1・2**からは、それぞれの数値の変化(増加)の具合が視覚的にも容易に確かめられる。

このように、資料は、文章で述べられている内容の具体的な根拠となったり、文章を理解しやすくするための情報を補ったりしているのである。

文章例

訪日外客数と経済

観光を目的として日本を訪れる外国人の入国数を「訪日外客数」という。その数は、二〇一三年に年間一〇〇〇万人を超《こ》え、それ以降右肩《みぎかた》上がりで増加しており、二〇一八年には三〇〇〇万人を突破《とっぱ》した。中でも日本に近いアジア、特に、中国をはじめとする東アジアの国からの観光客数が著しく増加している。

アジアからの観光客数が増えた要因としては、各国、地域の経済成長、格安航空(LCC)の路線拡大、日本への興味、関心が高まったことなどが考えられる。

外国人観光客による日本での消費(インバウンド消費)に注目すると、二〇一四年に二兆円を突破して伸《の》び続け、二〇一七年には四兆円を超える規模となった。そうした流れから、現在では、魅力《みりょく》的な日本製品の販売《はんばい》に力を入れるとともに、通信・通訳(翻訳《ほんやく》)・交通など、さまざまな面から、外国人観光客へ向けたサービスが展開されている。

このように、訪日外客数の増加は、経済的にはもちろんだが、社会にも大きな影響《えいきょう》を与《あた》えている。……(以下略)

(資料1)　訪日外国人旅行者数の推移

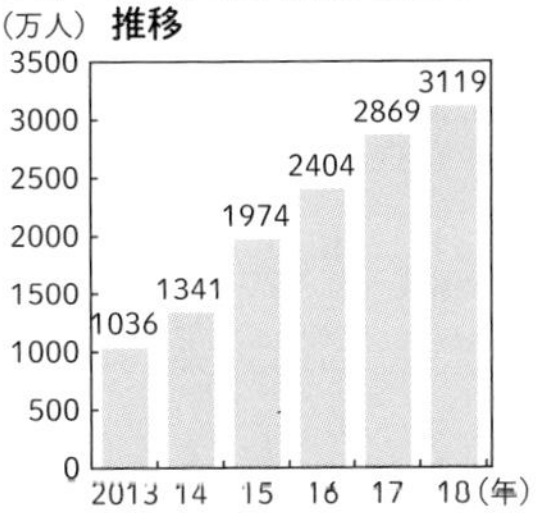

(観光庁)

(資料2)　国・地域ごとの訪日外客数の推移

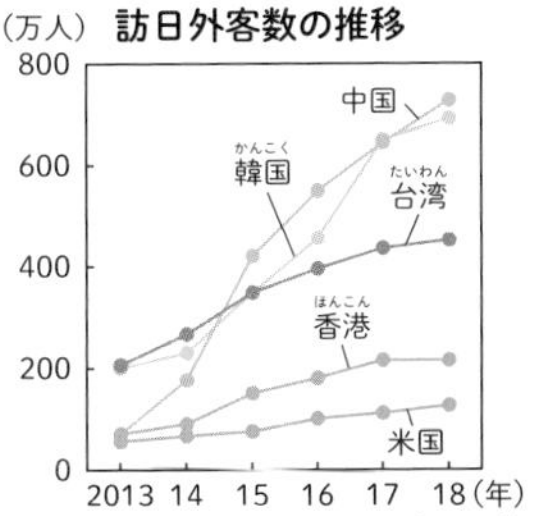

(日本政府観光局(JNTO))

(資料3)　訪日外国人旅行者による消費の推移

年	訪日外国人旅行消費額
2013年(平成25年)	1兆4,167億円
2014年(平成26年)	2兆278億円
2015年(平成27年)	3兆4,771億円
2016年(平成28年)	3兆7,476億円
2017年(平成29年)	4兆4,162億円
2018年(平成30年)	4兆5,189億円

(観光庁)

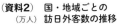

解答 330ページ

1 次の文章を読んで、あとの問いに答えなさい。【栃木県・改】

海や土と関わりながら生産者が生きる場がふるさとであり田舎《いなか》だとすれば、海や土との関わりを絶って生きる消費者はふるさと難民であり、その場は程度の差こそあれ都会的だといえる。

①生命のふるさとから離《はな》れて生きることの問題はどこにあるか。それは「生命体としての自分」を自覚できなくなることにあるのではないだろうか。だからこそふるさと難民である都市住民は、リアリティ（生きる実感）と関係性（つながり）を**1**渇望《かつぼう》している。生きる実感とは、噛《か》み砕《くだ》いていえば、自分が生きものであるということを自覚、感覚できるということ。生命のふるさとである海と土から自らを切り離してしまった都市住民が生きる実感を失っていくのも、当然のことではないだろうか。

生命のふるさとは、言い換《か》えれば自然だ。自然は生きている。その自然の生命を自分に取り入れることで、私たちは生命を持続させる。私たちも死ねば最後は土や海に戻《もど》り、微《び》生物に食べられる。

②この生命の大きな輪の中の一端《いったん》を担《にな》っているという無意識の感覚が、生きる実感なのだと思う。自然には意識はない。だから、動物や昆虫《こんちゅう》、植物にも意識がない。人間も言葉がなかった非言語の時代には、無意識の領域が大きく、「自分は自然で、自然は自分」という感覚を無意識に持っていただろう。ところが、人間が言語を獲得《かくとく》してから、［A］の世界が［B］の世界を**2**凌駕《りょうが》していった。その意識の世界一色になった現代でも、自然と共に生きる農家や漁師には無意識の領域が残っている。だから、彼《かれ》らには「生きる実感」があっても自覚はないし、言葉にならない。

その一方で、「自然」という無意識から完全に離れて「人工」という意識の世界にだけ生きている私たちは、生きる実感がない。ゆえに、自然という無意識の世界に触《ふ》れ、自分の無意識の領域の扉《とびら》が少し開き、生物としての自分を自覚すると「ない」ものが埋《う》まるので、「ある」と意識でき、「生きる実感を感じた」という言葉になる。

もうひとつ、③人間同士の関係性の希薄《きはく》化も、人々がふるさとから離れてしまったことに大きく関係しているように思う。

　かつて人間は、剥《む》き出しの自然に日常生活をさらして生きていた。自然災害だけでなく、獣《けもの》などの動物から身を守る必要もあった。ひとりでは到底《とうてい》生きていくことなどできなかったのだ。だからこそ人々は群れをつくり、コミュニティを形成し、互《たが》いの役割を果たし合いながら力を合わせて生きていた。そこには他者のために自分が必要とされているというわかりやすい依存《いそん》関係が存在した。

　ところが自然の脅威《きょうい》から守られた都市という要塞《ようさい》に暮らすようになると、この共依存関係が崩《くず》れ、コミュニティは弱体化することになる。貨幣《かへい》経済に組み込《こ》まれることで、問題解決は「相互扶助《そうごふじょ》」ではなく、サービスの購入《こうにゅう》や税金という対価を支《し》払《はら》った末の行政サービスという形に変わる。さらにインターネットの普及《ふきゅう》でますますコミュニティの存在意義は薄《うす》れ、解体へと向かっていく。

（高橋博之《たかはしひろゆき》『都市と地方をかきまぜる「食べる通信」の奇跡《きせき》』〈光文社新書〉より）

(注) **1**渇望＝心から強く望むこと。　**2**凌駕＝他のものを超《こ》えること。

問1　――線部①「生命のふるさとから離れて生きること」とあるが、その説明として適切なものを選び、記号で答えなさい。

ア 食事に地元の食材を取り入れず、暮らしていくこと。
イ 田舎から遠い距離《きょり》にある、都会で生活していくこと。
ウ 自然と関わりを持たず、消費者として生活すること。
エ 自然環境《かんきょう》を破壊《はかい》しながら、生産者として生きること。

問2　――線部②「この生命の大きな輪の中の一端を担っている」とはどういうことか。そのことについて説明した次の文の［　］に当てはまるように、二十字以内で書きなさい。

＊人間もまた［　　　　］させ、死ぬと自然に戻るという循環《じゅんかん》の一部であるということ。

問3　［A］・［B］に入る語を、本文中からAは二字、Bは三字で書き抜《ぬ》きなさい。

問4　――線部③「人間同士の関係性の希薄化」について、次の問いに答えなさい。

(1) 人間同士の関係は、かつてどのようにして築かれたと筆者は考えているか。四十字以内で書きなさい。

(2) 人間同士の関係性が希薄化したきっかけを筆者はどう考えているか。適切なものを選び、記号で答えなさい。

ア 各都市で貨幣を統一し都市住民の行動範囲《はんい》を狭《せば》めたこと。
イ インターネットの普及でコミュニティが弱体化したこと。
ウ 経済の発展により人々の生活が便利で豊かになったこと。
エ 自然の脅威が及《およ》ぶことのない都市で生活をし始めたこと。

第2章 文学的文章

文学的文章とは、あるテーマに基づいて
架空の出来事や筆者の実体験などを書いた文章で、
大きく小説と随筆《ずいひつ》の二つに分けることができる。
私たちが一生のうちに実際に体験できることには
限りがある。
しかし、小説や随筆を読むことで、
私たちは作者・筆者が描《えが》く
未知の世界を知ることができるのだ。

場面を構成する
四つの要素は何？
➡ 240ページ
小説の登場人物の
心情をつかむ
ポイントは？
➡ 244ページ

はっきりとでなく、
何事かをそれとなく示す
表現の工夫を何という？
➡ 250ページ
随筆の筆者の考えは、
どこにまとめられて
いることが多い？
➡ 255ページ

場面の状況を読み取る

◆場面の状況を読み取るポイント

文学的文章で、出来事の一つ一つのまとまりを「**場面**」という。それぞれの場面の状況《じょうきょう》を読み取るには、**場面を構成する四つの要素を押《お》さえる**ことが必要である。それから、状況の変化や展開をとらえていき、文章全体の読み取りを深めていくことが大切である。

◆場面を構成する四つの要素を押さえる

次の四つの要素を意識しながら読み進め、どのような場面かをとらえよう。

- **時……季節や月日、一日のうちの時間帯など。**
- **場所……出来事の場所、周囲の様子など。**
- **人物……登場人物、人物と人物のかかわり方など。**
- **出来事…人物の周囲で起こった事件、人物の言動など。**

これらのうち、「**出来事**」の読み取りが最も大切であり、注意が必要である。

出来事は、多くの場合、ばらばらに起こるのではなく、**あることがもとになって次のあることが起こる、というようにつながり合っている**ので、その関係をしっかりと押さえる。また、**出来事に関わる人物の言動**もとらえておく。このとき、**誰《だれ》の言動か**を正確にとらえる。

用語解説

状況

ここでの場面の「状況」とは、単に出来事の状態や様子のことではない。

状態や様子は、出来事にかかわる者がいてもいなくても、一定のものである。しかし、「状況」とは、その出来事にかかわる人物によって変わるものである。例えば、同じ出来事でも、ある人物にとっては何でもない「状況」である一方、別の人物には危機的な「状況」であることもある。

小説などは、人物の生き方やあり方を描《えが》いたものなので、その「状況」をとらえるときは、常に出来事と登場人物との関係を押さえるようにしよう。

◆場面の状況をくわしくとらえる

場面の状況とは、その場面で具体的にどのような出来事が起こり、登場人物にどのような影響《えいきょう》を与《あた》え、また人物はその出来事をどうとらえているかなど、**具体的なありさま（様子）**のことである。それは、出来事の状況だけでなく、かかわっている人物の状況をも含《ふく》んでいる。

次の三つの手順を踏《ふ》んで考えていく。

1 まず、出来事を読み取る。
2 次に、登場人物の性格や考え方、立場などを押さえる。
3 出来事と登場人物の関係を考える。

◆場面の状況の変化と場面の大きな展開を読み取る

状況は、登場人物の行動などをきっかけにして刻々と変化していく。それは、**人物の心情の変化を引き起こす重要な要素**である。また、場面の大きな展開によって状況が大きく変化することもある。

場面の大きな展開は、次の三点に注意してとらえる。

- **時の変化。** 例 朝から夜へ　春から夏へ
- **場所の変化。** 例 屋内から屋外へ　町から海へ
- **話の流れが大きく変わる出来事。（人物の言動、人物の入れ替《か》わりなどが手がかりとなる。）**

文学的文章、特に小説の読解では、さまざまな場面の状況の変化を押さえ、登場人物の心情に迫《せま》ることが大切である。

くわしく
時代背景や社会背景にも注目する

場面の状況をとらえる際には、時代背景、社会背景にも注意する。現代よりも前の時代や、自分の知らない世界を舞台《ぶたい》にした小説では、まずどんな時代なのか、どんな社会なのかを読み取って、状況をとらえることが重要である。

発展
情景をとらえる

作者や登場人物の目を通してとらえられた風景や様子を「情景」という。

情景は、物の動き・音・色などの感覚的な表現、動と静、明と暗などの対比的な表現、比喩《ひゆ》（たとえ）などからとらえることができる。

単なる場面の様子ではなく、心情に関係する場合もあるので注意する。

例題で解説

次の文章を読んで、読解のポイントを押《お》さえ、場面とその状況《じょうきょう》を下段で確かめよう。そのあと、確認問題に答えよう。（□状況の変化、〰〰はひさし、——は父親の言動・様子）

〔第二次世界大戦中の夏、ひさしと父親は用事で出かけ、列車に乗っていた。ひさしは歯痛に襲《おそ》われたが、他の乗客に気遣《きづか》って声も立てられず、指で父親の膝《ひざ》をつついた。〕

「歯か？」

と即座《そくざ》に父親は反応した。眉《まゆ》の間に皺《しわ》を寄せたままひさしはうなずいた。

父親は、困った、という表情になったが、困った、とは言わなかった。その表情を見た途端《とたん》、ひさしは、（父親への気遣い）

「何か挟《はさ》まっているみたいだけど、大丈夫《だいじょうぶ》、取れそうだから」

と言ってしまった。取れそうな気配もなかった。

今度はひさしのほうが目を閉じた。あと一時間半の辛抱《しんぼう》だ。そう自分に言いきかせて、自分の手をきつく抓《つね》った。

いっときして目を開くと、父親が思案顔で見詰《みつ》めている。

（父親の様子・言動⬇後の決断・行動へとつながる。）

「まだ痛むか？」

ひさしは、息を詰めたくなるような痛さにいっそう汗《あせ》ばんでいたが、

場面

- **時**…第二次世界大戦中
- **場所**…列車の中
- **人物**…ひさしと父親
- **出来事**…ひさしが歯痛に襲われる。

場面の状況①

ひさしは列車の中で歯痛に襲われ、父親に知らせる。

しかし、父親のことを思いやり、気遣って一人で耐《た》えようとする。

〈状況が変化する場面〉

父親が、**突然《とつぜん》扇子を引き裂き**、楊枝の代わりとしてひさしに差し出す。

場面の状況②

ひさしは、父親が大切にしている扇子を、自分のために壊《こわ》してしまったことに驚《おどろ》き、衝撃《しょうげき》を受ける。

「少しだけ」
と答えた。

父親の決断・行動

すると父親は、手にしていた扇子《せんす》を開きかけ、いきなり縦に引き裂《さ》いた。そして、その薄《うす》い骨の一本を折り取ると、呆気《あっけ》にとられているひさしの前で、更《さら》に縦に細く裂き、
「少し大きいが、これを楊枝《ようじ》の代わりにして」
と言って差し出した。

新しい出来事によって状況が変化する。

ひさしは、頭から冷水を浴びせられたようだった。その扇子は、亡《な》くなった祖父譲《ゆず》りのもので、父親がいつも持ち歩いているのを知っていたし、扇面には、薄墨《うすずみ》で蘭《らん》が描《えが》かれていた。その蘭を、いいと思わないかと言ってわざわざ父親に見せられたこともある。

（竹西寛子《たけにしひろこ》『蘭《らん》』（集英社）より）

確認問題

問1 ――線部とあるが、このときのひさしの気持ちを説明した次の文の［　］に入る言葉を、A・Bは十字以内、Cは二十五字以内でそれぞれ本文中から書き抜《ぬ》きなさい。

＊扇子が父親にとって大切なものであることは、扇子が［A］のもので、いつも［B］ことや、扇子の蘭を［C］ことからも明らかで、それをいきなり引き裂いたことに驚《おどろ》いている。

発展

作品を盛り上げる状況

●もつれ（葛藤《かっとう》）…紛糾《ふんきゅう》や対立を含《ふく》む状況。
●サスペンス（不安）…緊《きん》張《ちょう》が高まる状況。
●クライマックス（頂点）…場面の緊張や登場人物の感情の起伏《きふく》が最高潮に達した状況。
●大団円（終結）…最終的にすべてがうまく解決した状況。

上段の文章では、ひさしが必死に痛みに耐える部分が「サスペンス」、父親が扇子を引き裂く部分が「クライマックス」に当たる。

確認問題解答

問1 A 亡くなった祖父譲り（9字）
B 持ち歩いている（7字）
C いいと思わないかと言ってわざわざ父親に見せられた（24字）

登場人物の心情をつかむ

◆登場人物の心情をつかむポイント

文学的文章で、書き手の心の状態や登場人物の心の動きを「**心情**」という。特に小説では、**登場人物の心情を読み取ることが読解の中心**となってくる。心情表現に注目するとともに、240〜241ページで確認した場面の状況《じょうきょう》や出来事と関連付けて読み取る。

◆描かれた心情表現に注目する

人物の心情は、次のような方法で描《えが》かれる。心情のとらえ方を見てみよう。

- **心情を表す言葉を使って直接的に述べる。**
  例 悲しい・驚《おどろ》いた・〜と思った・〜と感じた
- **人物の行動・様子から、心情を間接的に表す。**
  →なぜそんな行動をとったのか、なぜそんな様子になったのかなどと考えてとらえる。
- **人物の発言や心内語（＝心の中の言葉）などに心情を込《こ》める。**
  →なぜそんなことを言ったのか、言おうとしたのかと考える。
- **情景描写《びょうしゃ》や比喩《ひゆ》表現で、心情をそれとなく表す。**
  →暗示しているもの、象徴《しょうちょう》しているものを考える。

心情を押《お》さえるだけでなく、心情の原因・理由をとらえることも大切である。

くわしく

心情を暗示する情景描写

情景とは、目に見える景色や物のありさまなど、ある場面の全体の様子のことをいうが、小説においては、登場人物の心情が投影《とうえい》された景色やありさまを指すものである。例えば、「さわやかな夏の高原」という情景が「恋人《こいびと》たちが黙《だま》って見つめ合うときの心情」を表すものとして用いられたりする。小説中では、次のように描かれる。

例 見上げれば、夜空は満天の星だ。今にも僕《ぼく》に降りかかってくるように輝《かがや》いていた。

↓夜空の景色を描くとともに、人物の希望・喜びなどの心情をも表現している。

◆人物の立場、出来事に関連付けて心情をとらえる

・人物の置かれた立場から心情を想像する。

場面の中での人物の立場に立って、その人物の心情を具体的に考える。

・出来事と心情を関連付けてとらえる。

ある出来事が起こったとき、登場人物の中には、ある心情が生まれる。**場面の出来事と人物の心情を関連付けて読み解く**ことが重要である。出来事からどのような心情が生じたのかを考える。

例 試合中にミスをして負ける。→落ち込む・悔《くや》しい

◆人物の心情の原因・理由や、心情の変化をとらえる

単に心情を押さえるだけでなく、**なぜそのような心情になったのか、原因・理由を読み取る**ことが重要である。その場面の状況を押さえて、その心情が生じた原因・理由をとらえよう。

場面の状況ごとに心情を押さえたら、次は、文章全体を通して、人物の心情がどのように変化していったのか、**心情の推移や起伏《きふく》**をつかもう。心情の変化を追うことで、人物の成長など、**小説の主題（テーマ）**に迫《せま》ることができる。

直接的な心情表現は比較《ひかく》的読み取りやすいが、間接的な心情表現はとらえにくいことも多い。人物の行動・様子、発言・心内語、比喩や情景描写など、心情にかかわりのありそうな表現には印を付けたりしながら読むようにするとよい。手がかりをできるだけ多く見つけて、それらを総合して人物の心情を考えよう。

発展

人物の性格・人物像

性格・人物像は、心情と深くつながっている。

性格・人物像をとらえるには、次のような方法が考えられる。

●直接的に表現された言葉に注目する。

例 陽気・短気・無口

●年齢《ねんれい》・性別・職業・生い立ちなどを押さえる。

●発言・動作・行動から読み取る。

人物の発言内容や言葉遣《づか》い、口調などから性格や人柄《ひとがら》を考える。また、動作・行動に表れた人物の心情をとらえて、性格や人柄を知る手がかりとする。

●人物の人間関係や置かれた立場から考える。

例題で解説

次の文章を読んで、読解のポイントを押《お》さえ、登場人物の心情を下段で確かめよう。そのあと、確認問題に答えよう。（〰〰加奈太《かなた》の心情が読み取れる主な表現、□加奈太の心情に関係する出来事）

［キャンプで出会った十四歳《さい》の桐山《きりやま》加奈太と少年たちが、キャンプの最終日にそれぞれの思いを語り合っていた。やがて、その順番が加奈太に回ってきた。］

「おれが見つけたものも、みんなと同じ友達です。でも友達というより、友情のほうが合ってるかもしれません。これまで、友達のことを本気で『思う』ってことがなかったけど、今回のキャンプでは、友達のことを『思う』自分を発見しました。今までいつも、自分だけが貧乏《びんぼう》くじ引いているような気がしてたけど、そんなのはただのわがままだったんだって思いました。みんなひとりひとりに別々の生活があって、学校に行って、友達がいて、家族がいて……、そのひとつひとつが大変なことなんだけど、大変なのはおれだけだと思ってたところがありました。自分だけのことしか考えてなくて、世界におれだけみたいな感覚があって……、だけどそういうのって違《ちが》うんだと思った。みんな言わないけど、きっと大変なことや悩《なや》みがあって、きっとおれだけじゃなくて……」

なにを言っているんだか、自分でもわからなくなってきた。

（キャンプ前の後悔《こうかい》・反省と、キャンプ中に得た喜び）

（感情の高ぶり）

場面

・キャンプ場

・加奈太が、キャンプでの自分の思いを、みんなの前で語り始める。

加奈太の心情

●キャンプでの心情の変化

〈キャンプ前〉

・友達を「思う」ということがなかった。

・自分だけが貧乏くじを引いている気がしていた。

・大変なのは自分だけだと思っていた。

〈キャンプ後〉

・友達（友情）を見つけた。

・自分はわがままだった。

・自分だけではなく、みんな大変なんだ。

●語る様子と心情の変化

「なにを言っているんだか」わからなくなってくるほどに、気持ちが高まっていく。

「ええよ、加奈太。続けてや」

ミラクルが言い、

「うん、桐山の言いたいこと、わかるわかる」

と、海江田《かいえだ》がうなずいた。


おれは、コホッと空咳《からせき》をした。二人の励《はげ》ましがうれしくて、話を続けようとしたけれど、なんだか胸がいっぱいになってしまった。おれは大きく息を吸って、一気に声を出した。

「だからあ！　このキャンプに参加できて、みんなと仲間になれて、すっごくよかったですっ！　以上！」

思いっきり声を張り上げて、おれは言った。


（椰月美智子《やづきみちこ》『十四歳の水平線』（双葉社）より）

二人の言動に感激

◎加奈太の語りの終わり
↓話をうながすミラクルの言葉と、海江田の励ましを受ける。
・感激して感情が高ぶる。
↓話が続けられなくなる。

主題（テーマ）
本当の友情を知った加奈太の成長。

確認問題

問1　——線部とあるが、このときの加奈太の心情を説明した次の文の［　］に入る言葉を、Aは五字、Bは八字でそれぞれ本文中から書き抜《ぬ》きなさい。

＊ミラクルの言葉と、自分への共感を示すために［　A　］海江田の様子を受け、二人の自分に向けた［　B　］なって感激した。

発展
心情を直接表す言葉の例
●プラスのイメージ
おもしろい・心地よい
すがすがしい・やさしい
感心する・満足する
はりきる・期待する
●マイナスのイメージ
むなしい・やるせない
心もとない・もどかしい
あせる・ひるむ
閉口する・後悔《こうかい》する

確認問題解答
問1　A　うなずいた
B　励ましがうれしく

なるほどコラム

小説の歴史

小説と近代思潮

小説形式（ある出来事の展開する筋道を、散文体で、情景と登場人物の心情を織り交ぜながら述べていくという形式）による作品の創作は、ヨーロッパで18世紀ごろから盛んになった。このころ、ようやく宗教的な秩序《ちつじょ》や封建《ほうけん》制度の崩壊《ほうかい》が進み、神や王侯《おうこう》や英雄《えいゆう》ではない、ごく普通《ふつう》の人間の生活や感情の中に、真実を見ようとする近代の思潮が起こった。小説はその傾向《けいこう》を最も強く反映した文学として、先に発達していた詩をしのいで、近代以後の文学の主役となった。

名称《めいしょう》の起こり

中国では、かなり古くから、市井《しせい》（世間一般《いっぱん》）の小人（取るに足らない人）に関する世間話という意味で、「小説」という名称が用いられてきた。役人（稗官《はいかん》）が世間の出来事や話題、民間の物語などを拾い集め、王に知らせるために記録した文章を「稗史《はいし》小説」とよんでいたという。

日本では、英文学を学び、ｎｏｖｅｌ（小説）の概念《がいねん》を日本に根付かせようとした**坪内逍遥**《つぼうちしょうよう》が、明治18年（一八八五年）、文学論『**小説神髄**《しょうせつしんずい》』を書き、その中で英語の「ｎｏｖｅｌ」（もともとは〃新しい話〃の意味。）の訳語として「**小説**」の語を用いた。逍遥は『小説神髄』の中で、勧善懲悪《かんぜんちょうあく》的な文学観から脱却《だっきゃく》した、人間の感情や物事をありのままに表現する近代文学の方法、写実主義を唱えた。そして、逍遥に影響《えいきょう》を受けた**二葉亭四迷**《ふたばていしめい》は、自らの文学論を実践《じっせん》した小説『**浮雲**《うきぐも》』を明治20年に発表。言文一致《いっち》体をとり、心理描写《びょうしゃ》に優れるなどして、日本の近代文学の出発点となった。これ以降、尾崎紅葉《おざきこうよう》・幸田露伴《こうだろはん》・森鷗外《もりおうがい》・夏《なつ》目漱石《めそうせき》らの多くの作家たちが、さまざまな主義・主張のもとに小説を発表していったのである。

現代につながる文学賞の創設

夏目漱石の門下生であった**芥川龍之介**《あくたがわりゅうのすけ》が、昭和2年（一九二七年）に自死した。これは大正の文学が終わり、昭和の文学の始まりを告げる象徴《しょうちょう》的な出来事だった。その七年後の昭和9年（一九三四年）、大衆小説家の**直木三十五**《なおきさんじゅうご》が病没《びょうぼつ》した。二人の盟友であった菊池寛《きくちかん》は、亡《な》き二人の名を記念して昭和10年（一九三五年）に文学賞を創設した。それが**芥川賞**と**直木賞**である。受賞は年二回（上半期と下半期）、芥川賞は新進作家による純文学の作品に、直木賞は新進・中堅《ちゅうけん》作家によるエンターテイメント作品にそれぞれ贈《おく》られる。

第一回の受賞は、芥川賞が石川達三《いしかわたつぞう》『蒼氓《そうぼう》』、直木賞が川口《かわぐち》松太郎《まつたろう》『鶴八鶴次郎《つるはちつるじろう》』で、以降あまたの名作・有名作家を生み出し、現在に至っている。

芥川賞を受賞していない意外な二人を紹介《しょうかい》しておこう。

●太宰治《だざいおさむ》

第一回選考のとき、『逆行《ぎゃっこう》』と『道化《どうけ》の華《はな》』が候補作になり、太宰は、選者の一人である川端康成《かわばたやすなり》に推薦《すいせん》を依頼《いらい》したが、受賞を逃《のが》してしまった。そのとき、太宰は川端の選評を読んで激怒《げきど》したという。その後、受賞することはなかった。

●村上春樹《むらかみはるき》

新進作家だった30代前半に、『風《かぜ》の歌《うた》を聴《き》け』と『1973年《ねん》のピンボール』とで、二度候補となったが逃し、その後、長篇《ちょうへん》作品に移行したため、受賞対象から外れたという。

小説と映像

太平洋戦争後、映画の隆盛《りゅうせい》、テレビの普及《ふきゅう》により、小説が映像化されるようになった。小説作品を原作として脚本《きゃくほん》（シナリオ）におこし、映画やドラマに仕立てるのである。それまでは「**文字を読んで、想像して感じる**」ものだった小説が、「**見て聞いて、感じる**」こともできるようになったのである。娯楽《ごらく》性のある大衆小説はもちろん、戦時中を題材にしたもの、夏目漱石や芥川龍之介、谷崎潤一郎《たにざきじゅんいちろう》、井伏鱒二《いぶせますじ》、三島由紀夫《みしまゆきお》などの文学史上に残る名作群まで、数え切れないほどの小説が映像化され、その流れは現在に至っている。

小説の新しい形

一九八〇年代、「**ライトノベル**」という、娯楽小説のジャンルが日本で生まれた。これは、読書離《ばな》れの進む若者を対象として、アニメ風のイラストを使い、文字量を少なくして読みやすくしたものである。

一九九〇年代末、インターネット上で発表され、誰《だれ》でも無料で読める「**ネット小説**（**オンライン小説・Web小説**）」が生まれた。この中から作品が評判を呼び、書籍化《しょせき》されたものも多い。

二〇〇〇年以降には、携帯《けいたい》電話を使って執筆《しっぴつ》・閲覧《えつらん》される「**ケータイ小説**」が若者を中心に話題となり、ヒット作も生まれた。大正11年（一九二二年）生まれの作家・瀬戸内寂聴《せとうちじゃくちょう》までもが若者になりすましてケータイ小説で作品を発表し、話題をよんだ。

近年では「**デジタルノベル**」が普及してきている。これは、ソフトをダウンロードする形で読者に提供される小説である。

こうして時代の変化とともに、小説の形も変わっていく。

表現の工夫を味わい、内容を読み取る

◆表現の工夫を味わい、内容を読み取るポイント

小説や随筆《ずいひつ》などの文学的文章では、**情景や心情**、**主題（テーマ）などを効果的に伝える**ために、さまざまな**表現の工夫**がされている。表現の工夫に注意しながら、描《えが》かれた内容を読み取っていくことが大切である。

◆表現の工夫の主なものを理解し、チェックする

小説や随筆で用いられる表現の工夫には、次のようなものがある。

1 対象を印象的に表現する工夫

① **比喩《ひゆ》**…あるものを、別のあるものにたとえて表現する。
例 まるで真珠《しんじゅ》のような朝露《あさつゆ》だ。（「朝露」を「真珠」にたとえている。）

② **擬態語《ぎたいご》**…ものの状態を、いかにもそれらしく表した語。例 こっそりしのび込《こ》む。

③ **擬声《ぎせい》（音）語**…物音や生き物の声などをまねて表した語。例 猫《ねこ》がニャーニャーと鳴く。

④ **暗示**…はっきりとではなく、何事かをそれとなく示す表現。
例 部屋に陽光が差し込《こ》んできた。（よいことが起こるのではないかと思わせる。）

⑤ **象徴《しょうちょう》**…ある抽象《ちゅうしょう》的な物事を、それに関わりのある具体的なもの（シンボル）として示す表現。
例 激しい砲声《ほうせい》がやんだ空に、一羽のはとが舞《ま》っていた。（「はと」は平和を象徴している。）

くわしく

比喩の種類

次の三種類に分類される。

① **直喩《ちょくゆ》（明喩《めいゆ》）**…「まるで」「あたかも」「ようだ」などの言葉を使う。
例 まるで鏡のような水面。

② **隠喩《いんゆ》（暗喩《あんゆ》）**…「まるで」「ようだ」などの言葉を使わない。
例 彼《かれ》は一陣《いちじん》の風だ。

③ **擬人法《ぎじんほう》**…人間でないものを人間に見立てる。
例 海が眠《ねむ》っている。

発展

文体の工夫

筆者（作者）は、作品世界を印象的に伝えるために「文体」も工夫している。

例えば、語りかけるような口調のもの、漢語や文語的表現を用いているもの、歯切れのよい短い文が連続するもの、短い文と長い文が混在しているものなど、さまざまな文体がある。

2 余韻《よいん》を残したり、強調したりする工夫

① **省略法**…文を言い切らずに、あとの言葉を省略する。

例 この世界は広い、そして常に……。

② **倒置《とうち》法**…普通《ふつう》の文の主語・述語・修飾《しゅうしょく》語などの語順を入れ替《か》えて表す。

例 私はけっして忘れない、君の声を。

表現の工夫を押《お》さえるだけでは、内容を読み取ることはできない。その工夫が「何のどんな様子を表しているのか、また、その工夫で作者（筆者）はどんな効果をもたらそうとしているのか」を意識しながら読むことが大切である。

◆ 体験・事実と感想を読み分ける

随筆は、筆者の体験・事実をもとに、それに対する感想を形式にとらわれずに書かれたものが多い。その基本的な読み取り方として、次のような点に注意する。

1 筆者の体験・事実をとらえる。
具体的な体験・事実の描写《びょうしゃ》に注目して、筆者の目に映った情景や出来事などをとらえる。

2 体験・事実に対する感想をとらえる。
筆者が、体験や事実の「どんなところに、何を感じたのか」をとらえる。

3 言葉の裏に隠《かく》された筆者の心情を考える。
例えば、「言葉を失いました」「何とも言いようがない」などの筆者の感想が、具体的にどのような心情を表すのかを考える。

要注意

文末表現に注目

随筆では、文末に注目すると、体験・事実と感想を読み分けることができる。

①**体験・事実の文末表現**
「〜だ」「〜であった」「〜だそうだ」「〜ということだ」など。

②**感想の文末表現**
「〜と考える」「〜に違《ちが》いない」「〜かもしれない」など。また、文末の表現から、筆者の心情が読み取れる場合もある。

例 このままでいいのだろうか。
（単なる疑問のほかに、「いいのだろうか、いや、よくない」という強い否定も表す。）

発展

主題（テーマ）に迫《せま》る

随筆でも主題が存在する場合がある。筆者が最も強く心を動かされたものをとらえるとよい。

例題で解説

次の文章を読んで、読解のポイントを押《お》さえ、表現の工夫、筆者の体験・事実と感想を下段で確かめよう。そのあと、確認問題に答えよう。（◯・――表現の工夫、□筆者が考えたことの中心的内容）

庭の金柑《きんかん》に顔を近づけたら、青虫がとまっていた。おっ、青虫。アゲハチョウの幼虫。昔なじみに会ったように（①比喩《ひゆ》（直喩《ちょくゆ》））なつかしく、まじまじと（②擬態《ぎたい》語）眺《なが》めた。子どものときだったらすぐに捕《つか》まえるところだが、いまではそんな無分別なふるまいはできない。触《さわ》れば、人間のにおいや脂《あぶら》が移ってしまうと知っているから、そっと（③擬態語）見るだけだ。まるで緑色の親指がしっかりと枝を押さえているようだった（④比喩（直喩））。

見ていると、目の中に手触りが湧《わ》いてくる。目の先にあるものの触感《しょっかん》や温度が、記憶《きおく》の中からすっくと（⑥擬態語）立ち上がり、あたりいっぱいにひろがっていく（⑤比喩（擬人法《ぎじんほう》））。青虫の感触《かんしょく》は、確かこんなだったな。と、しばし記憶の底からよみがえる青虫の感触につつまれてじっと（⑦擬態語）している。

アゲハチョウの幼虫を飼ったことがある。二匹《ひき》だった。どこで捕まえたのかは忘れてしまった。二匹だったのをおぼえているのは、一匹が羽化したのに、もう一匹はさなぎのまま死んで地中に埋《う》めたからだ。羽化したほうは、かごのふたを開けて放した。風のない日、チョウは紙切れのように軽々と飛んでいった（⑧比喩（直喩））。取り残されたもう一つのさなぎは、生きものであることを忘れたらしく、ことりとも（⑨擬声《ぎせい》語）動かないまま黒ずんでいった。どちらも、青虫のときに

導入（現在）

筆者は、アゲハチョウの幼虫を見つけ、過去の実体験を思い出す。

〈表現の工夫〉

①から筆者が幼虫に親しみを抱《いだ》き、なつかしがる様子、②から幼虫を興味深そうに見つめる様子がわかる。また、③から筆者が静かに幼虫を見守る様子、④から幼虫がしがみついている様子がわかる。

過去の実体験

昔、筆者が二匹の幼虫を飼っていたとき、一匹は羽化してチョウとなり、もう一匹はさなぎのまま死んでしまった。

〈表現の工夫〉

⑧から羽化したチョウが軽やかに飛び立った様子、⑨から死んださなぎが全く動かない様子がわかる。

は、同じように葉をかじっていたのに。そう思うと、なんとも奇妙《きみょう》だった。天と地ほどの差というけれど、送り出された先はまさに言葉どおりの天と地なのだった。外側からは見えないさなぎの時代に、内側で何事かあったのだろう。かごにいた二匹の青虫は、それぞれの場所へ引き取られ、目の前から消えた。

青虫からチョウへ。おたまじゃくしから蛙《かえる》へ。ヤゴからトンボへ。姿や形が、前後であまりに違《ちが》い過ぎるではないか。特にトンボなど、水中から空中へ、生活の場をもくるりと変えてしまう。そんなふうに変わって、昔のことはおぼえていないとなれば、これは人間の一生の変化どころではない。幼少期の体験が一人の人間の人生に与《あた》える影響《えいきょう》の大きさを考えるとき、もし、それがなかったら、と想像してみたくもなる。過ぎ去った時間を簡単に忘れられることと、いつまでもそれに縛《しば》られ続けること。どちらもそれぞれに生存の方法なのだろう。

（蜂飼耳《はちかいみみ》「夏の青虫」『孔雀《くじゃく》の羽の目がみてる』（白水社）より）

いずれも、成長過程で、姿形が全く変化する生きもの。

⑩擬態語

「変化する生き物」との対比

確認問題

問1 ——線部とあるが、このことから、筆者は生きものと人間の生き方の違いをどのように思ったか。次の文の□に入る言葉を、Aは十六字、Bは十四字でそれぞれ本文中から書き抜《ぬ》きなさい。

＊生きものは［　A　］ものだが、人間は［　B　］。

実体験から考えたこと

チョウなどの生きものには、成長過程で姿や形を全く変えるものもいて、過ぎ去った時間を簡単に忘れられるようだが、人間はいつまでもそれ（＝過ぎ去った時間）に縛られ続ける。

くわしく

筆者独特の表現

上段の文章には、「目の中に手触りが湧いてくる」「記憶の底からよみがえる」などの独特な言い回しがあり、筆者オリジナルの言葉の使い方によって印象を強めている。

確認問題解答

問1 A 過ぎ去った時間を簡単に忘れられる
B いつまでもそれに縛られ続ける

筆者の考え方をつかむ

◆筆者の考え方をつかむポイント

随筆《ずいひつ》とは、筆者の体験・事実をもとに書かれたものである。その中には、体験・事実を通した意見や主張を中心に述べたもの、一つの題材を取り上げて筆者独自の視点で考え、意見を述べたものがある。そのような論説文ふうの随筆は、**全体の論理の筋道がはっきりしている**。

このような文章の読み取りでは、説明文や論説文のように、**段落に注意して文章の展開をつかみ、筆者の考え方をとらえる**ことが必要である。

◆通読して、文章の話題をつかむ

まず、文章を通して読み、取り上げられている話題をつかむ。次のような手順でとらえる。

1 筆者のどのような体験、またはどのような事実が述べられているか。

2 その体験・事実をもとに、どのような話題へと発展させているか。

いくつかの体験・事実が挙げられている場合は、それらの共通点、似ている点に注目し、全体としてどのような話題かをつかむ。

3 文章全体でどのような話題となっているか。

話題は、**体験・事実と意見・考えとのつながりから読み取る**とよい。

参考

いろいろなタイプの随筆

①**紀行文**…旅先での見聞、体験について、そのときの印象や感想などを自由に書き記した文章。

②**生活文**…日常生活での身近な出来事について、ふとした思いや考えさせられたことなどを述べた文章。

どちらも、体験・事実を通して思ったことや考えたことを述べるという点で、随筆の一種といってよい。

くわしく

キーセンテンス（中心文）の探し方

随筆でキーセンテンスを探すときは、具体的な体験を述べた文を除いていって、筆者が考えをまとめている文を探す。キーセンテンスは抽象《ちゅうしょう》的な表現になっている場合が多い。

◆文章の展開のしかたをとらえる

論説文などのように、形式段落を単位とし、要点をとらえる要領で取り組むとよい。

1 形式段落の要点をとらえる。

話題に関係するキーワードを手がかりに、段落のキーセンテンス（中心文）を見つけて、要点をつかむ。

2 形式段落の要点を順に追って、文章の展開のしかたをつかむ。

随筆の文章の展開は、体験を述べた部分、意見や考えを述べた部分を読み分けて、筆者がどのような体験・事実から何を感じ、考えたかを読み取ることでとらえる。

このとき、段落初めの指示語・接続語に注意する。

◆筆者独自の考え方をつかむ

文章の展開をとらえたら、まとめに当たる段落を確定し、筆者の考え方をつかむ。

筆者の考え方は、文章中で何度か繰《く》り返された上で**文章の後半などで改めてまとめられていること**が多いが、まとめの段落の確定が困難なときは、**反復されているキーワードを手がかりにする**とよい。

例〈文章の展開とまとめの段落〉

1 町の外れに大きな森がある。そこは、一見して静寂《せいじゃく》の世界に思える。……

2 しかし、中に入ると、昼夜を問わず、多くの生きものに出会う。……

3 草や木々の生命力、通り抜《ぬ》ける風の息吹《いぶき》さえ感じられる。……

4 このように、森も人間の町と同様に、多くの命が集まる豊かな生活空間なのである。

くわしく

意見・考えの述べ方の工夫

①展開上の工夫

・一つの事柄《ことがら》に注目して述べる。

・二つ以上の事柄の共通点に注目して述べる。

・二つの事柄を比較《ひかく》・対照し、その相違《そうい》点に注目して述べる。

②表現上の工夫

筆者独特の表現や比喩《ひゆ》など、印象に残る言葉を使って表す。

例 彼女《かのじょ》は、風のように走った。

←

「彼女」の足が速いことを表現している。

発展

随筆の味わい方

随筆は、さまざまな考え方、感じ方に触《ふ》れて、読み慣れることが大切である。読む際には、随筆の骨格である「体験・事実」と「感想・考え方」を意識する。

例題で解説

次の文章を読んで、読解のポイントを押《お》さえ、文章の展開のしかたや筆者の考え方を下段で確かめよう。そのあと、確認問題に答えよう。（━キーセンテンス、□重要語、〰指示内容、□筆者の考え方）

1
都会に住んでいると、ときおり自分が大地から切り離《はな》されているという感覚に襲《おそ》われる。自然に手を触《ふ》れることがない。公園で木の葉を一つ摘《つ》んで鼻に近づけると、そんな香《かお》りからも長いことへだてられていたことに気がつく。しゃがんで土に触れると、その感触《かんしょく》でよみがえるのは少年期、人によっては幼年期の記憶《きおく》でしかなかったりする。それ以後の生活は、どこかリアルではなかったという感慨《かんがい》にとらわれる。そんな体験を拡大して、「都会には人間の暮らしはなく、田園こそ人の住むべき場所だ」と説く人もあとをたたない。ニンジンを食べているがニンジンをつくったことはない。木綿《もめん》を着ているが綿花を摘んだことも紡《つむ》いだこともない。木造の家に住んでも材木一本けずったこともない。そんなこと（指示語）は、近代の流通経済社会を生きる者にとっては避《さ》けようもない現実なのだが、時として私たちがそれを罪のように感じるのも事実である。生存の基本を支える衣食住の生産に、直接かかわることの少ない生活。その日々を「これでいいのか」と不安に感じるのは、都会に生きる者の、ありふれた感情だといってもいい。

（指示内容）（指示語）

2
しかし、それ（指示語）を感傷的に肥大させ、自分は果たして無人島に漂着《ひょうちゃく》して生き残れるだろうか、

1 一般《いっぱん》的な考え方

都会に住んでいると、自然に触れることや生存の基本を支える衣食住の生産にかかわることが少なく、不安や罪の意識を感じる。

↔

2 一般的な考え方への批判

自然に触れることがない不安や罪の意識から、自己否定に走るのは考えすぎである。

●文章展開の工夫

一般的な考え方に対して、その問題点や盲点《もうてん》を指摘《してき》し、異論を唱える形で展開している。

そうすることで、3段落で述べる筆者の考え方を印象づける効果がある。

●事実・体験の述べ方

「公園」「ニンジン」「無人島」などの具体例をもとに、筆者の感じ方・考え方とからませて述べている。

もはや生存のための基本の知恵《ちえ》や技術を失い、ジャングルで生き残るたくましさを失っているのではないか、と見当ちがいな自己否定に走るのは考えすぎである。私たちの大半は、無人島に漂着する可能性もジャングルで一人生きなければならない機会もほとんどないのだから、私たちの生活は、そんな基準で計られるべきではない。

3 ……とはいえ、私にも自然への飢《う》えはある。森林を歩くといやされるような思いがこみあげる。しかし、それをすぐさま文明論に結びつけて、現在の生活を否定するようなことはできない。森の生活の方がいいようなことはとてもいえない。森の豊かさを否定はしないが、そこでの生活のマイナスを考えないわけにはいかない。同時に、都会の郊外《こうがい》で暮らす生活のマイナスも否定しないが、そのプラスも思わないわけにはいかない。実際、森が豊かなように、私たちの日常も豊かなのである。住居の一室をのぞいてみても、近代が獲得《かくとく》した豊かさに満ちているといってもいい。

（山田太一《やまだたいち》『逃《に》げていく街』（マガジンハウス）より）

筆者の考え方…二つを比べている。

3 筆者の考え方

自然への飢えはあっても、現在の生活は否定しない。森の生活には、豊かさと同時にマイナスもあり、都会の郊外の生活にも、マイナスもあるがプラス（豊かさ）もある。

確認問題

問1 3段落の説明として適切なものを次から選びなさい。

ア 都会の郊外における生活のプラス面を主張し、最後にそのマイナス面も加えている。

イ 都会の郊外における生活を否定的にとらえ、豊かな森の生活の重要性を強調している。

ウ 森の生活を豊かなものとしつつ、都会の郊外における生活も肯定《こうてい》的に述べている。

エ 森の生活の便利さと、都会の郊外における生活の便利さを同等とみなしている。

くわしく

二つの事柄の対比

上段の文章の「森(自然)」と「近代(都会)」のように、対照的な二つの事柄《ことがら》を対比して思考を展開している場合には、何と何の対比かに注意しながら、文章の内容を整理していくとよい。

確認問題解答

問1 ウ

解説

問1 森の生活と都会の郊外での生活についての考え方をつかむ。

表現・描写から読み解いたことをまとめる

◆表現・描写から読み解いたことをまとめるポイント

文学的文章では、主題や作者の思いを読者に伝えるために、場面の様子・出来事・人物の行動や心情などが、さまざまな形で表現・描写《びょうしゃ》される。読解においては、それらの意味するものを考え、とらえることが大切である。

さらに近年、そしてこれからの国語の学習では、自分なりに考えて読み解いたことをまとめ、表現・記述する発信力が求められる。

◆まとめる際に押さえておくべき点

例「人物Aの、ある場面での表現・描写について考える」というとき

1 表現・描写から読み解いたこと。 例 **「Aの心情」**

↓

2「Aの心情」を読み解くことができた理由。

例 **Aの会話、出来事、Aの置かれた立場　など。**

※「そう読み解いた理由・根拠《こんきょ》」をはっきりさせてまとめること。

一般《いっぱん》的な読解問題では答えを導き出す必要がある。さらにここでは、**その根拠を、誰《だれ》もが納得する形で表現・記述する**と思えばよい。

確認

文学的文章で読み取るべき主な要素

①**場面**…時、場所、人物、出来事、情景を押さえる。

②**心情**…人物の言動、出来事、暗示された情景描写から心情をつかむ。

③**主題**…人物の心情の変化、山場（クライマックス）などに注目して、主題（テーマ）をとらえる。

参考

考えられる出題形式

①指定箇所《かしょ》の読解の答えと根拠を、まとめて記述するもの。

②ノート形式でまとめてあり、空欄《くうらん》に内容を補充《ほじゅう》して全体を完成させるもの。

③生徒どうしの対話形式の文章を挙げ、空欄に内容を補充させるもの。

③では、数人の話し合いも考えられる。設定された問題文に対応できる理解力、思考力が試される。

例題で解説

次の文章を読んで、読解のポイントを押《お》さえ、内容を下段で確かめよう。そのあと、確認問題に答えよう。（〰〰様子や言動、□心情描写）

六月の初め、小学六年生の北川遠子《きたがわとおこ》のクラスに伊岡千絵《いおかちえ》が転校してくる。一学期中は千絵と話もしなかった遠子だが、夏休みに散歩中に出会い、その後、千絵の家を二度ほど訪ねて話すようになる。二学期のある日、千絵が川の上流で化石が発見されたと言ってくる。化石が大好きな千絵はその場所へ行くつもりらしい。

「だけどな、そんな簡単に掘《ほ》れるもんやないじゃろ」

「わかってる。貝の化石とはちがうんや。そないに簡単にはいかんやろ。けどな、側《そば》までで も、行ってみたいんや。ちらっと見るだけでもええ、見たいんや。博物館のガラスの中にあるんとちがう化石が見たいんや」

千絵の化石に対する強い気持ちが表れている。

奈津川《なつかわ》の上流か。だいたいの見当はつくな。

遠子は、考えていた。自動車道のインターと山門《やまと》を結ぶ道路を建設中だと聞いている。山門からだと山をひとつ越《こ》さなければならないはずだ。

「じゃあ、うちも行くわ」

友達としての言動

場面

遠子と千絵が、化石発見のニュースの話をしている。

千絵の心情①

どうしても化石が出た場所へ行ってみたい、化石を見たいという強い気持ち。

（千絵の気持ちを知った遠子の反応）

遠子の言動

「奈津川の上流」への行き方を考えて、「うちも行くわ」と言う。

くわしく

●会話のやり取りと小説の語り手

上段の文章のように、会話中心の場面では、登場人物を押さえ、まず、誰《だれ》の発言かをしっかりつかむ。

また、小説の語り手が誰かをつかむと読解の助けとなる。上段の文章では、遠子である。

言葉が、すらっと口からもれた。
喜び、感謝の気持ち

千絵《ちえ》の目が、何度も瞬《まばた》きする。

「ほんまに？　いっしょに行ってくれる？　いや、おおきに」

それから、こくっと首を振《ふ》った。

「うちな、この記事読んだ時、嬉《うれ》しゅうてあかんかって、北川《きたがわ》さんにしゃべりたくてしょうがなかったんや。さっき、後ろ姿見たら、我慢《がまん》できんようなって……かんにんな」

別に、あやまることはない。遠子《とおこ》は、あごをしゃくるように上に向けた。
千絵の言葉を受けた遠子の言葉

「伊岡《いおか》さん、なんにも我慢せんでもよかったのに。悪いことじゃないもの、早《はよ》う言うてくれたらよかったのに」

あっという感じで、千絵の口が丸く開いた。

「そうやね、なんも我慢することなかったんや」
遠子の心の内…千絵のことを友達として思っていることがうかがえる。

遠子は黙《だま》っていた。千絵が、あやまったことも我慢していたことも、なぜか、腹が立つ。たった一言いえばよかったのだ。「北川さんいっしょに行こう」と一言いってくれればよかったのだ。そうしたら遠子も簡単に「いいよ」と答えたはずだ。もっとまっすぐに単純に自分と向かい合ってほしかった。

千絵の心情②
遠子も行ってくれると聞いて、うれしくて感謝する気持ち。

千絵の言動
化石のニュースを遠子に話すのを我慢していた。しかし、我慢しきれずに話してしまったことを、「かんにんな」とあやまる。
（千絵の言葉を聞いての遠子の反応）

遠子の心情
千絵があやまったこと、我慢していたことに腹が立った。
《もっとまっすぐに単純に自分と向かい合ってほしかった。》
〈遠子の心の内〉
我慢するなんて水くさい、話したいことをすぐに話してほしかったと思っている。遠子が千絵に親しみを覚え、友達だと思っていることが読み取れる。

「なっ、今度の日曜日でもええ。持って行く物わかる？　ちょっと待ってな、メモに書き出すわ」

千絵は、遠子の不機嫌《ふきげん》な顔などおかまいなしだった。

はしゃぐ様子

一人、しゃべって、動き回っている。

なんだか、急におかしくなった。口元がほころぶ。

「なに？　北川さん、なにがおもろいの？」

「別に、いいの」

千絵を見ていると、ごちゃごちゃ考えて腹を立てている自分がおかしくなる。

遠子の心情の変化…機嫌が直る。

（あさのあつこ「あかね色の風」『あかね色の風／ラブレター』（幻冬舎）より）

確認問題

問1　――線部について、太田《おおた》さんと中島《なかじま》さんは次のように話し合った。［　］に入る言葉を、Aは三十字以内、Bは「化石」の一語を使って二十字以内で書きなさい。

太田さん　遠子は、友達なのだから、言いたいことをすぐにまっすぐに言ってほしかったんだね。それなのに、千絵が［　A　］から、機嫌が悪くなったんだよね。

中島さん　うん。でも、千絵のほうは、［　B　］がうれしくて、遠子の不機嫌な顔などおかまいなしにはしゃいでいる感じだね。

太田さん　そんな明るい千絵を見て、遠子も機嫌を直している。二人は気が合うみたいだ。

千絵と遠子の様子

化石を見に行くことを考えてはしゃぐ千絵。その様子に、遠子は腹を立てている自分がおかしく思え、笑えてくる。

要注意 確認問題の記述のポイント

本文中のカギとなる言葉を落とさずにまとめる。

確認問題解答

問1　A 例 言うのを我慢したり、言ったことをあやまったりした（24字）

B 例 遠子といっしょに化石を見に行けること（18字）

解説

問1　Aは遠子を不機嫌にさせた千絵の言動、Bは千絵を喜ばせた遠子の言動に注目する。

BOOK GUIDE

読解力がつく読書ガイド

読解力アップに役立つ小説をテーマ別に紹介《しょうかい》。興味をもった作品から読んでみよう。

出会い

『サマータイム』

佐藤多佳子《さとうたかこ》（新潮文庫）

ひと夏の一瞬《いっしゅん》のきらめき、その思い出はいつまでも色あせない。

夏休み、小五の「ぼく（伊山進《いやますすむ》）」と姉の佳奈《かな》は、同じニュータウンに住む広一《こういち》と知り合う。広一は、事故で父と自分の片腕《かたうで》を失い、ピアニストの母と二人暮らし。片腕でも、ピアノや水泳をこなす大人びた雰囲《ふんい》気《き》を持つ広一に、「ぼく」と佳奈は友情ではない特別な何かを感じる。それは広一のほうも同じであった。

広一は家庭の事情で引っ越《こ》してしまうが、三人の「サマータイム」はまだ終わらない。

親子の愛

『卵《たまご》の緒《お》』

瀬尾《せお》まいこ（新潮文庫）

「ねえ、へその緒見せて」これに対する母さんの答えは？

育生《いくお》には父親の記憶《きおく》がなく、自分は捨て子ではないかと疑っている。先生から「へその緒」の話を聞き、見せてほしいと母さんにせがむが、白くて小さい卵の殻《から》を見せられ、育生を卵で産んだなどと言う。

いつも前向きな母さんに、育生のことが好きだから、それで十分だろうと言われ、それでいいことにしたが……。「親子の証《あかし》」とは何かが、ゆったりとした日常の中で語られる、ユーモアたっぷりの心温まるお話。

仲間たち

『ハチミツドロップス』

草野《くさの》たき（講談社文庫）

お気楽女子ソフトボール部に、新しい風が吹《ふ》き荒《あ》れる。

「ハチミツドロップス」とは、「ドロップアウト（落ちこぼれ）集団のくせに、部活の甘《あま》くておいしいとこだけ味わっているやつら」という意味。女子ソフトボール部の別名である。キャプテンのカズを含《ふく》めて部員は四人。ただ集まって、おしゃべりして、明るく楽しく過ごしている。

ところが、新一年生が入部してきて、真《しん》剣《けん》に部活を始める。カズたちの甘く幸せな学校生活が、少しずつ変化してきて……。

ふれ合い

『パコと魔法《まほう》の絵本《えほん》』

関口尚《せきぐちひさし》（幻冬舎文庫）

わがままで変わり者の老人と、純粋《じゅんすい》でかわいい少女とのふれ合い。

大富豪《ふごう》の老人・大貫《おおぬき》は入院中で、あまりに偏屈《へんくつ》な性格から、院内一の嫌《きら》われ者である。ある日、大貫はパコという少女と出会う。パコは事故で両親を亡《な》くし、自身も事故の後遺症《こういしょう》で、記憶《きおく》が一日しかもたないという障害を抱《かか》えていた。そうとは知らない大貫は、勘違《かんちが》いからパコをたたいて泣かせてしまう。

大の人間嫌いだった大貫だが、天使のようなパコと接していくうちに、自分の人生を反省する。そして、パコのために何かできることはないかと考え、先生や看護師、患者《かんじゃ》などに声をかけて、ある行動に出る。

家族愛

『ミーナの行進《こうしん》』

小川洋子《おがわようこ》（中公文庫）

高級住宅街の洋館で育まれた、二人の少女の一年間の物語。

朋子《ともこ》は母と二人暮らし。小学校の卒業式の日に、伯母《おば》さんの家に預けられる。伯父《おじ》さんが飲料水会社の社長というその家は、大きな洋館で、朋子は驚《おどろ》いてしまう。そこには一つ年下のいとこ・ミーナや、ローザおばあさん、お手伝いの米田《よねだ》さんなどがいて、温かく朋子を迎《むか》えてくれる。

朋子は、かよわくて美しいミーナが大好きになり、ミーナも朋子に親しみを感じるようになる。あるとき、朋子は、ミーナの喘息《ぜんそく》の発作にショックを受けるが、伯母さんたち家族の様子から、ミーナへの思いの深さを知り、感動する。

少年の成長

『園芸少年《えんげいしょうねん》』

魚住直子《うおずみなおこ》（講談社）

ちょっと不器用な高校生三人の、心の交流と成長物語。

たまたま持っていた紙コップの水を捨てたら、そこに生えていた植物だけが元気になっていた！　そんな「小さな奇跡《きせき》」に感動する高校生・篠崎《しのざき》と大和田《おおわだ》。二人の少年はひょんなことから園芸部に入ることになる。そこに、常に段ボールをかぶっている変な少年・庄司《しょうじ》が加わる。

三人の目標は、すっかり朽《く》ち果てた学校の倉庫の裏の花壇《かだん》を再生させること。しかし、植物をうまく育てるのは難しい。本で調べ、愛情をかけて育てていくうちに、彼《かれ》ら自身も、お互《たが》いの心を通わせながら人間としてどんどん成長していく。

青春群像

『クラスメイツ〈前期《ぜんき》〉〈後期《こうき》〉』

森絵都《もりえと》（角川文庫）

一年A組二十四人の一年間を、それぞれの視点でつなぐ短編集。

中学校にはいろいろな生徒がいる。自分を変えたいと部活を探す千鶴《ちづる》、人気者になりたいが、逆に女子を敵に回してしまう蒼太《そうた》、目立ちたくて合唱コンクールの指揮者を引き受けた心平《しんぺい》、クラスの問題に頭を抱《かか》える委員長のヒロなど、北見《きたみ》第二中学校一年A組のいろいろな生徒の物語である。

小さなことで悩《なや》んだり、なんでもないことで笑ったり、ちょっぴり秘密があったりといった、きらきらした学校生活のエピソードが、二十四話、二十四人を主人公として前期と後期の二冊の本に分けて収められている。

スポーツ

『襷《たすき》を、君《きみ》に。』

蓮見恭子《はすみきょうこ》（光文社文庫）

高校の陸上部、歩《あゆむ》と瑞希《みずき》の二人の出会いが、新たな風を紡《つむ》ぎ出す。

倉本《くらもと》歩は高校一年生で、陸上部に入部している。中学三年のとき、全国中学校駅伝大会をテレビで見て、チームを逆転優勝に導いた庄野《しょうの》瑞希の走りに魅《み》せられ、「あの子のように走りたい」と思ったからである。ところが、他の部員のレベルは高く、歩はついていくのも大変だ。

ある日、あの瑞希が同じ高校に入っていることを知る。しかし、瑞希に以前の面影《おもかげ》はない。歩はどうするのか、瑞希の駅伝への復活はあるのか。走ることが好きで、仲間を思い、泣き笑いし、駆《か》け抜《ぬ》けていく少女たちの本格的な青春小説である。

永遠のきずな

『旅猫《たびねこ》リポート』

有川浩《ありかわひろ》（講談社文庫）

青年と一匹《いっぴき》の相棒（猫）は、最後の旅に出た。その目的とは……。

交通事故で瀕死《ひんし》の野良《のら》猫が、サトルという青年に助けられる。猫はナナと名付けられ、サトルと暮らし始める。それから五年が過ぎて、サトルはナナを手離《てばな》さなければならなくなり、新しい飼い主を探して旅に出る。「僕《ぼく》の猫をもらってくれませんか？」と、サトルは懐《なつ》かしい人々を訪ね回るが、なかなか引き受けてもらえない。

旅の終着点は北海道《ほっかいどう》の札幌《さっぽろ》、サトルの叔《お》母《ば》のノリコのところである。ここでサトルがナナを手離す理由が、はっきりと明かされる。ラストは感《かん》涙《るい》なしではいられない、ナナとサトルの永遠のきずなの物語。

家族の光景

『海《うみ》の見《み》える理髪店《りはつてん》』

荻原浩《おぎわらひろし》（集英社文庫）

海辺の理髪店を訪ねた「僕《ぼく》」。店主は「僕」に語り始める……。

「僕」は海辺の小さな町にある理髪店に足を運ぶ。老人の店主は、この町に移り住んで十五年になること、かつては都会で店を開き、政治家や芸能人が通っていたことなど、自分のこれまでの人生を「僕」にしみじみと語って聞かせる。実は、この店主は「僕」の幼い頃《ころ》に別れた父であり、結婚《けっこん》式を控《ひか》えた「僕」が会いにきたのであった。

この表題作の他、母と娘《むすめ》、夫と妻などの家族の日々を描《えが》いた五つの物語が収められている。誰《だれ》の人生にもありがちな、失うことの痛みとその先の希望が胸にしみる、少し大人の短編集。

師弟の交流

『リーチ先生《せんせい》』

原田《はらだ》マハ（集英社文庫）

陶芸《とうげい》の道を究めようとする師弟の夢と別れ。

一九〇九年、銅版画家としてイギリスから来日した青年バーナード・リーチは、日本の陶芸と出あい、陶芸家への道に進む。そのリーチを先生として慕《した》い、共に陶芸への夢を追う亀乃介《かめのすけ》。

リーチは、白樺《しらかば》派の知識人たちの友情と協力を得て、数々の名品を生み出していく。やがて、日本の陶芸のすばらしさを西洋に伝えたいと、リーチはイギリスへの帰国を決意する。亀乃介も、リーチを助けるために海を渡《わた》る。いつまでも先生と一緒《いっしょ》にいたいと願う亀乃介だが、自分自身の陶芸を見いだすため、リーチと別れる決断を迫《せま》られる。

希望と再生

『キッチン』

吉本《よしもと》ばなな（角川文庫）

家族の死と孤独《こどく》から再生する「私」の物語。

両親を若くして亡《な》くし、祖母に育てられた大学生の「私（桜井《さくらい》みかげ）」は、たった一人の肉親である祖母までも亡くす。葬式《そうしき》が終わり、孤独《こどく》の中で家に閉じこもっている「私」を救い出したのは、同じ大学に通う一つ年下の青年だった。

青年と母親の二人暮らしの家に一緒《いっしょ》に暮らすことになる「私」。青年の母親は、実は男で、本当は青年の父親だった。二人のやさしさに包まれ、「私」は生きる力を少しずつ取り戻《もど》していく。

何度苦しんでも、何度でもカムバックする決意を胸に、「私」の新しい人生が始まる。

解答 330ページ

1 次の文章を読んで、あとの問いに答えなさい。

【富山県・改】

〔極楽《ごくらく》高校の芳樹《よしき》は、同級生の健吾《けんご》と久喜《くき》の三人でマラソン大会に出場することにし、コーチのもと、厳しい練習を重ねてきた。〕

フルマラソンのコースを完走できる。

その自信が胸の内に静かに、でも、確かに存在していた。

記録はわからない。しかし、完走はできる。つい数カ月前には二十キロも[1]覚束《おぼつか》なかった自分が、四十二・一九五キロを走り通すことができるのだ。

すごいじゃないか。

①心底《しんてい》が震《ふる》えるような思いがする。

「きみはマラソンに向いている。というか、マラソンランナーになるために生まれてきたようなものよ」

この前、不意に、コーチ五十嵐《いがらし》五月女《さつき》から告げられた。

「おれが？」

まさかと笑いそうになった。意外を通り越《こ》して、冗談《じょうだん》としか思えなかった。

「冗談じゃないわよ。あたしは走ることに関しては、いつも本気なの」

[A]と鞭打《むちう》つようにコーチ五十嵐五月女は言い切った。その真剣《しんけん》さもさることながら、芳樹を驚《おどろ》かせたのは健吾と久喜が真顔で[2]首肯《しゅこう》したことだ。

「うん、芳樹ならでける。つーか芳樹やないとでけんこっちゃ」

健吾にさらりと言われ、

「そうやな、芳樹なら、世界と闘《たたか》えるかもな」

久喜にさらりと[3]諾《うべな》われ、②芳樹は少なからず戸惑《とまど》った。二人がそんな風に考えていたなんて、まるで気付かなかったのだ。戸惑いの後、ゆっくりと満ちてくる感情があった。自分を誇《ほこ》らしいと感じる。親友二人に本心から信じてもらえる自分を誇りたいと思う。

この誇りを抱《いだ》いて、現実に[4]対峙《たいじ》する。本物のリアリストになるんだ。

それは、遠い昔、フルマラソンを走りたいと望んだときより、ずっと静かで確かな情動だった。

勝ちたかった。

賞金など関係ない。と言えば大嘘《おおうそ》になる。賞金は欲しい。とても欲しい。けれど、この誇り、この高揚《こうよう》感は［B］に換算《かんさん》できないとも感じるのだ。

ともかく、試してみたい。どこまでやれるか、自分に挑《いど》んでみたい。久喜や健吾といっしょに。

あと一週間だ。あと一週間後のその日、三人でどんな走りができるのか。どんな走りをするのか。楽しみでならない。不安や怖《お》じけもあるにはあるが、それさえ久々の情動で刺激《しげき》的だ。

③わくわくする。ざわざわする。どきどきする。

（あさのあつこ『チームFについて』〈角川春樹事務所〉より）

(注) **1**覚束なかった＝うまくいくかどうかわからなかった。
2首肯＝納得して賛成すること。
3諾われ＝同意され。
4対峙＝向き合って立つこと。

［問1］ ――線部①「心底が震えるような思いがする。」とあるが、自分のどのような成長に対して感動しているのか。それを示した一文を本文中から探し、初めの三字を書き抜《ぬ》きなさい。

［問2］ ［A］に入る言葉として適切なものを次から一つ選び、記号で答えなさい。

ア ゆらり　**イ** するり
ウ ぴしり　**エ** どしり

［問3］ ――線部②「芳樹は少なからず戸惑った」とあるが、それはなぜか。「芳樹のマラソンランナーとしての能力」という言葉を使って、五十字以内で説明しなさい。

［問4］ ［B］に入る言葉として適切なものを、本文中の漢字一字で答えなさい。

［問5］ ――線部③「わくわくする。ざわざわする。どきどきする。」とあるが、このときの芳樹の気持ちを、本文中の言葉を使って、四十字以内で説明しなさい。

［問6］ 本文の特徴《とくちょう》として当てはまるものを次から一つ選び、記号で答えなさい。

ア 会話文を多用して、話の筋道を論理的に展開している。
イ 擬人《ぎじん》法を多用して、情景をイメージしやすくしている。
ウ 方言を多用して、揺《ゆ》れ動く主人公の心情を表している。
エ 短文を多用して、主人公の感情の高まりを表している。

第3章 詩歌

詩歌とは、詩、短歌、俳句をまとめたよび方である。
わずかな言葉の中に深い意味を込《こ》めた、
短い形式の文学だ。
詩歌を読むときは情景を思い浮《う》かべ、
一つ一つの言葉を味わうことが大切だ。
作者の紡《つむ》ぐ作品を味わうと、
言葉の奥深さを感じることができるだろう。

詩の内容による分類は、
叙景《じょけい》詩と叙事《じょじ》詩、
あと一つは何？
➡ 271ページ

俳句で一句につき
一つ詠《よ》み込むものは何？
➡ 280ページ
短歌は、原則
何音から成る？
➡ 276ページ
「〜ようだ」などを使う
たとえの表現を、
何法という？
➡ 272ページ

詩の分類

詩は、形式・内容の上から、次のような基準で分類することができる。

◆用語による分類

1 文語詩…昔の文章語（**文語体**）で書かれた詩。

2 口語詩…現代の言葉（**口語体**）で書かれた詩。

例　初恋《はつこい》　島崎藤村《しまざきとうそん》

まだあげ初《そ》めし前髪《まえがみ》の
林檎《りんご》のもとに見えしとき
前にさしたる花櫛《はなぐし》の
花ある君と思ひ《(イ)》けり
（後略）

〈**文語詩**〉
「あげ初めし」「見えし」「さしたる」など、文語体で書かれている。

◆形式による分類

1 定型詩…各行の音数が決まっていたり、各連の行数が決まっていたりする詩で、七五調、五七調などが多い。右の「初恋」の詩は「まだあげそめし（七音）まえがみの（五音）／りんごのもとに（七音）みえしとき（五音）……」という、七音五音の調子が繰《く》り返される七五調の定型詩である。文語による定型詩なので、文語定型詩とよばれる。

2 自由詩…音数や行数に決まりのない、自由な形の詩。現代の詩は**口語自由詩**が多い。

3 散文詩…散文（**普通《ふつう》の文章**）の形の中に詩的な感動を盛り込《こ》んだもの。

参照　293ページ　**島崎藤村**

くわしく

連の行数が決まっている詩

次に挙げる詩は、四・四・三・三行の四つの連からなっている。「**ソネット**（十四行詩）」とよばれる定型詩である。

ひとり林に……　立原道造《たちはらみちぞう》

だれも　見てゐ《(イ)》ないのに
咲《さ》いてゐ《(イ)》る　花と花
だれも　きいてゐ《(イ)》ないのに
啼《な》いてゐ《(イ)》る　鳥と鳥

通りおくれた雲が　梢《こずえ》の
空たかく　ながされて行く
青い青いあそこには　風が
さやさや　すぎるのだろう

草の葉には　草の葉のかげ
うごかないそれの　ふかみには
てんたう《(トウ)》むしが　ねむつ《(ッ)》てゐ《(イ)》る

うたふ《(ウ)》やう《(ヨウ)》な沈黙《ちんもく》に　ひたり
わたしの胸は　溢《あふ》れる泉！　かたく
脈打つひびきが時を　すすめる

◆内容による分類

1 **叙情詩《じょじょう》**…作者の思いや感情の表現が中心の詩。

2 **叙景詩《じょけい》**…自然の風景を中心にした感動をうたった詩。

3 **叙事詩《じょじ》**…歴史上の出来事や伝説などをうたった詩。物語風の内容をもつ。

例　影《かげ》　八木重吉《やぎじゅうきち》

秋
地にひろがる
ひかりを見てゐ（イ）たらば
影もおちてゐ（イ）た
かげと光《ひか》りは
ころころと　あそぶ

〈叙情詩〉

一見、叙景詩のようだが、「かげと光りは／ころころと　あそぶ」という叙景の部分に、幼児の戯《たわむ》れを眺《なが》めるようにその情景をいとおしむ作者の心情が表現されている。内容的には叙情詩である。

確認問題

踏切《ふみきり》　杉山平一《すぎやまへいいち》

当時　自分は一つの踏切に達してゐ（イ）たのだ
一日　一日が
黒い悲哀《ひあい》にぬりつぶされ
貨車のやう（ヨウ）に　目の前を
過ぎてゐ（イ）た
為《な》すこともなく　自分は立ち
つぎの一歩を待つ（ツ）てゐ（イ）たのだ

問1 この詩は、①用語上、②形式上、③内容上で分類すると、それぞれ何詩か。

発展

散文詩の試み

散文詩を試みた代表的な詩人には、外国ではフランスのボードレール、ロシアのツルゲーネフ、日本では萩原朔太郎《はぎわらさくたろう》、三好達治《みよしたつじ》、北《きた》川冬彦《がわふゆひこ》らがいる。

参照 309ページ **萩原朔太郎**

参考

八木重吉（一八九八～一九二七）
東京《とうきょう》都の生まれ。詩人。熱心なキリスト教の信者であった。つつましさの中に清純な美しさがある詩風。詩集に「秋の瞳《ひとみ》」「貧しき信徒」などがある。

確認問題解答

問1 ① 口語詩　② 自由詩　③ 叙情詩

詩の表現技法

1 比喩《ひゆ》法…たとえの表現。似たものを挙げてたとえることで、印象深いイメージを作り出す。

①直喩《ちょくゆ》（明喩《めいゆ》）――「**～ようだ・～みたいだ**」**などを使い**、たとえるものとたとえられるものをはっきり示す比喩。

例 山のように大きな波　〔「**大きな波**」を「**山**」**にたとえている。**〕

②隠喩《いんゆ》（暗喩《あんゆ》）――たとえるものとたとえられるものとをそれとなく示す比喩。「**～ようだ・～みたいだ**」**などを使わずに**、両者をじかにつないで暗示的にたとえる。

例 木はしずかなほのお　〔「**木**」を「**ほのお**」**にたとえている。**〕

③擬人《ぎじん》法――人ではないものを**人に見立てて表現する**比喩。

例 空が泣いている

2 体言（名詞）止め…行末を体言（名詞）で止めることで、調子を強め、余韻《よいん》を残す。

例 容赦《ようしゃ》なく照りつける日差し

3 倒置《とうち》法…文の成分の順序を普通《ふつう》の文とは逆にすることで、言葉を強調し、印象を深める。

例 それを待っていたのだ　多くの人が

4 反復法…同じ語句、または似た語句を二回以上繰《く》り返すことで、リズムを生み、印象を強める。

例 夕立ちだ　夕立ちだ

5 対句《ついく》法…形の上からも内容の上からも**対応する語句を並べる**ことで、リズムを生む。

例 よく学び
よく遊べ

くわしく

その他の表現技法

①押韻《おういん》…行頭や行末を同じ音にすることで、一定の規則正しいリズムが生まれる。このように行の決まった位置を同じ音でそろえることを「韻《いん》を踏《ふ》む」という。

例 いつも通った道《みち》
いまも忘れない町《まち》

※行頭の「い」と行末の「ち」

②漸層《ぜんそう》法…描写《びょうしゃ》を重ねて次第に感動を盛り上げ、最後の感動へと導く。

次の詩では、「山のあたまに―」「山のおなかに―」と、北風が何に「吹いた」かを積み重ねることによって、感動を盛り上げている。

例 北風が冬を運んできた
山のあたまに吹《ふ》いた
山のおなかに吹いた
山のあしにも吹いた

6 省略法…文末や文中の語句を省略することで、余韻を残す。

例 少年は　身体《からだ》をこわばらせて――。〔**「――」の部分を省略している。**〕

確認問題

道程　高村光太郎《たかむらこうたろう》

僕《ぼく》の前に道はない
僕の後ろに道は出来る
ああ、自然よ
父よ
僕を一人立ちにさせた広大な父よ
僕から目を離《はな》さないで守る事をせよ
常に父の気魄《きはく》を僕に充《み》たせよ
この遠い道程のため
この遠い道程のため

問1 この詩を読んで、次の問いに答えなさい。

(1) 一・二行目で用いられている表現技法を、次から選びなさい。

ア 反復法　**イ** 対句法　**ウ** 倒置法　**エ** 擬人法

(2) ――線部「父よ」の「父」が表しているものを、詩の中から書き抜《ぬ》きなさい。

村や町の体じゅうに
きっぱりと吹いた
ぼくらの中にも
どっしりと吹いた
北風よ
冬よ
もっと吹いてこい！

くわしく

「道程」に見られる表現技法

上段の「道程」では、一・二行目が形や内容の上で対応している**対句法**。三〜七行目が「自然」を父にたとえた**隠喩**、そして、「〜よ」という**呼びかけ**の技法が使われている。八・九行目は**反復法**である。

参照 309ページ **高村光太郎**

確認問題解答

問1 (1) **イ**　(2) 自然

詩の鑑賞

次の作品を例に、あとに挙げるポイントを押《お》さえながら、**想像をふくらませて**、詩を鑑賞《かんしょう》していこう。

寂《さび》しき春　室生犀星《むろうさいせい》

したたり止《や》まぬ日のひかり
[1]うつうつまは《（ワ）》る水ぐるま
あを《（オ）》ぞらに
越後《えちご》の山も見ゆるぞ
さびしいぞ
一日もの言は《（ワ）》ず
野にいでてあゆめば
菜種《なたね》のはなは波をつくりて
いまははや[2]
[3]しんにさびしいぞ

（「室生犀星詩集」〈新潮社〉より）

（注）
1 うつうつ＝憂鬱《ゆううつ》そうに、ゆっくり重たげに。
2 はや＝強い詠嘆《えいたん》を表す。「〜（は）まあ。」
3 しんに＝本当に。

◆ 情景・作者の心情をとらえる——描写・表現からイメージする

季節・場所・時刻・作者の立ち位置などから情景を思い描《えが》く。右の詩は、作者が晴れ上がった春の野を、遠くに越後の山々を望みながら歩くという情景である。詩の中の言葉で注目すべきは、まず春の日差しの描写《びょうしゃ》で、「したたり止まぬ」という、繊細《せんさい》で哀愁《あいしゅう》のこもった表現が使われているところである。また、「うつうつまはる」という水ぐるまの表現には、作者の憂鬱な心情が投影《とうえい》されている。

参照　310ページ　室生犀星

くわしく

主題のつかみ方

詩を主題から見ると、大きく、「感じ取る詩」と「考える詩」とに分けられる。

感じ取る詩では、そのイメージや情感を味わうことが主となる。

一方、考える詩では、題材のとらえ方が作者の考えの中心とどうつながっているのか、強調された情景やイメージに込められた暗示的な意味を考えることが主となる。

例えば、270ページ下段の詩「ひとり林に……」は、林のさわやかさや青春のみずみずしさをそのまま「感じ取る詩」といえるが、271ページ上段の詩「踏切《ふみきり》」は、「踏切」「貨車」などの比喩《ひゆ》を通して、人生に行き詰《づ》まった作者の心情を「考える詩」といえるだろう。

◆詩のリズムを感じ取る――繰り返し音読してみる

一・二行目は「したたりやまぬ（七音）ひのひかり（五音）／うつうつまはる（七音）みずぐるま（五音）」と**七五・七五の定型**だが、それ以外は**自由な形式**。また、用語は「止まぬ」などの**文語**と、「さびしいぞ」という**口語**が混用されている。このような破格な文体が詩の独特のリズムを生んでいる。

◆主題をつかむ――詩全体から感じられるものに心を傾ける

例えば、最初の二行では、情景を描く表現に心情が込《こ》められている。だからこそ、続く「越後の山」は、自然の山から、生の嘆《なげ》きと正面から向きあう寂《さび》しい山へとイメージが広がって浮《う》かんでくる。

確認問題

紙風船　黒田三郎《くろださぶろう》

落ちて来たら
今度は
もっと高く
もっともっと高く
何度でも
打ち上げよう

美しい
願いごとのように

問1 この詩を読んで、次の問いに答えなさい。

(1) 第一連では、どのような情景が描かれているか。

(2) この詩の主題は、どのようなことだと思われるか。

くわしく

主題と詩の題名

詩の題名が、詩の主題の大きなヒントになる場合がある。題名に注目して読み味わうことで、その焦点《しょうてん》が合い、主題がしっかりと理解できる。題名が作品の一部分をになっているためである。

椿《つばき》　北川冬彦《きたがわふゆひこ》

女子八百米《メートル》リレー。彼女《かのじょ》は第三コーナーでぽとりと倒《たお》れた。

落花。

確認問題解答

問1 (1) 例 紙風船を繰《く》り返し打ち上げて遊ぶ情景。

(2) 例 失敗してもくじけずに、何度でも希望や夢を追い続ける気持ちをもちたいということ。

短歌の形式と表現技法

◆短歌の形式

❶五・七・五・七・七（三十一音）**の定型詩**

①五音や七音のそれぞれの句を、上から順に、**初句**（**第一句**）、**第二句**、**第三句**、**第四句**、**結句《けっく》**（**第五句**）とよぶ。短歌は**一首《いっしゅ》**、**二首**と数える。

例 草わかば　色鉛筆《いろえんぴつ》の　赤き粉《こ》の　ちるがいとしく　寝《ね》て削《けず》るなり　北原白秋《きたはらはくしゅう》

（初句（第一句）＝草わかば／第二句＝色鉛筆の／第三句＝赤き粉の／第四句＝ちるがいとしく／結句（第五句）＝寝て削るなり）
（上《かみ》の句＝草わかば　色鉛筆の　赤き粉の／下《しも》の句＝ちるがいとしく　寝て削るなり）

②**上《かみ》の句・下《しも》の句**…第三句までを**上の句**、第四句以下を**下の句**という。

③**字余り・字足らず**…三十一音が原則だが、ときとして一、二音多いことや少ないことがある。**多い場合を字余り**、**少ない場合を字足らず**という。リズムに変化をもたらす効果がある。

例 夕焼け空　焦《こ》げきはまれる（ワ）　下にして　こほらん（オ）とする　湖《うみ》の静けさ　島木赤彦《しまきあかひこ》

—**六音で字余り。全体で三十二音になる。**

④**句切れ**…歌の途中《とちゅう》で、意味の流れが一度終わるところ。位置により「**初句切れ**」「**二句切れ**」「**三句切れ**」「**四句切れ**」「**句切れなし**」という。

❷文語で詠《よ》まれることが多い。——**歴史的仮名遣《つか》い**であることのほかに、次のことに注意する。

①**助詞の省略**…文語の散文の場合と同様に、助詞が省略されることが多い。

②**感動表現**…「**も**」「**かな**」などの助詞や「**なり**」「**けり**」などの助動詞に作者の感動が表れている。

くわしく

「ん」と「や・ゆ・よ」の数え方

「ん」（撥音《はつおん》）は一音として数えるので、上段「草わかば〜」の短歌の第二句は「いろえんぴつの」で七音。しかし、「しゃ・しゅ・しょ」など拗音《ようおん》は、二字で一音である。例えば「貨車なつかしき」は、「かしゃなつかしき」で七音になる。

解釈《かいしゃく》

〈276ページ〉

●**「草わかば〜」**…きれいな若草。その上に色鉛筆の赤い粉が散り、緑と赤の対照に心ひかれ、いとおしみながら寝そべって削る。

●**「夕焼け空〜」**…夕焼けがこれ以上ないほど赤く染まった下にあり、寒さに凍《こお》ろうとしている湖は静かだ。

〈277ページ〉

●**「牡丹花は〜」**…牡丹の花が大きく開き、しんとしている。その花のなんと豊かな大きさだろうか。

◆短歌の表現技法

1 体言（名詞）止め…結句や句切れの部分を体言（名詞）で止めて、印象を強め余韻《よいん》を残す。

例 牡丹花《ぼたんか》は咲《さ》き定まりて静かなり花の占《し》めたる位置のたしかさ　木下利玄《きのしたりげん》

2 倒置法《とうち》…文の成分の順序を普通《ふつう》の文とは逆にして、言葉を強調する。

例 読み上ぐる平和宣言に拍手《はくしゅ》して今日も別れぬ雨のちまたに　近藤芳美《こんどうよしみ》

3 反復法…語句の繰《く》り返しで、その部分を強調する。

例 春の鳥な鳴きそ鳴きそあかあかと外《と》の面《も》の草に日の入《い》る夕《ゆうべ》　北原白秋

4 比喩法《ひゆ》…あるものにたとえて、印象を強める。

例 砂原と空と寄り合ふ（ウ）九十九里《くじゅうくり》の磯《いそ》行く人ら蟻《あり》のごとしも　伊藤左千夫《いとうさちお》

確認問題

問1 次の短歌を読んで、あとの問いに答えなさい。

A 夜更《ふ》けて寂《さび》しけれども時により唄《うた》ふ（ウ）がごとき長き風音　佐藤佐太郎《さとうさたろう》

B あたらしく冬きたりけり鞭《むち》のごと幹ひびき合ひ（イ）竹群《たかむら》はあり　宮 柊二《みやしゅうじ》

C おほ（オ）てらのまろきはしらの月かげをつちにふみつつものをこそおもへ（エ）　会津八一《あいづやいち》

(1) 字余りの短歌を一つ選びなさい。

(2) 二句切れの短歌を一つ選びなさい。

(3) 体言止めの使われている短歌を一つ選び、その部分の句を書き抜《ぬ》きなさい。

●**「読み上ぐる〜」**…読み上げられた平和宣言に、人々は皆《みな》拍手をして、今日も思いを胸に、雨の町中に別れていった。

●**「春の鳥〜」**…春の鳥よそんなに鳴くな。赤く草を染めて日の沈《しず》む春の夕暮れはそれでなくてももの悲しいのに。

●**「砂原と〜」**…砂原と空が寄り合うように広がる九十九里浜《はま》を歩く人々は、蟻のように小さく見える。

●**「夜更けて〜」**…夜が更けて寂しいばかりだが、ときどき唄うような長い風の音が聞こえてくる。

●**「あたらしく〜」**…今年も冬が来たのだなあ。北風に揺《ゆ》れて幹が鞭のように響《ひび》き合う竹の群がりがある。

●**「おほてらの〜」**…大寺の回廊《かいろう》の丸い柱の影《かげ》を映した土を踏《ふ》んで歩きながら、しみじみと物思いにふける。

確認問題解答

問1 (1) C　(2) B
(3) A・長き風音

短歌の鑑賞

短歌鑑賞《かんしょう》のための基本的なポイントは、次のとおりである。

1 短歌を声に出して何度も読み、そのリズムや一首全体の意味をおおまかにつかむ。
2 うたわれている情景や出来事などを心に思い描《えが》く。
3 作者は何に感動し、どういう心情かをとらえる。
※句切れに着目する。短歌の感動の中心は句切れの部分にあることが多い。

では、次の二つの短歌を鑑賞してみよう。

A みちのくの母の命を一目見ん一目みんとぞただにいそげる　斎藤茂吉《さいとうもきち》
B 観覧車回れよ回れ想《おも》ひ《(イ)》出は君には一日《ひとひ》我には一生《ひとよ》　栗木京子《くりききょうこ》

◆想像を広げて、情景・心情をつかむ

A　第三・四句の**「一目見ん／一目みん」**の「ん」は、**「どうしても会いたい」という強い願い**を表している。そのように一心に会おうとしているのは、単に母にではなく「母の命」にである。この第二・三・四句から、母の命が今失われつつある切迫《せっぱく》した状況《じょうきょう》であることが伝わる。「死」とは逆の「命」という言葉を用いることで、愛する人の生と死の境に思いをはせる緊張感《きんちょう》を浮《う》かび上がらせている。

B　この歌全体の意味は**「想ひ出」「君」**という言葉からとらえられる。作者は「君」と一緒《いっしょ》に観覧車に乗っているのだろう。歌における「君」は、親愛の情をもつ異性を指すことが多い。好きな**「君」と過ごすこの一日**は、「君」には一日にすぎないが、自分には一生の思い出になるとうたっている。

参考

明治生まれの歌人と歌

正岡子規《まさおかしき》(一八六七～一九〇二)
くれなゐ《(イ)》の二尺伸《の》びたる
薔薇《ばら》の芽の針やはらか《(ワ)》に
春雨の降る

佐佐木信綱《ささきのぶつな》(一八七二～一九六三)
ゆく秋の大和《やまと》の国の薬師寺《やくしじ》
の塔《とう》の上なる一ひらの雲

若山牧水《わかやまぼくすい》(一八八五～一九二八)
白鳥《しらとり》は哀《かな》しからずや空の青
海のあを《(オ)》にも染まず
ただよふ《(ウ)》

石川啄木《いしかわたくぼく》(一八八六～一九一二)
やは《(ワ)》らかに柳《やなぎ》あを《(オ)》める
北上《きたかみ》の岸辺目に見ゆ
泣けとごとくに

参照 313ページ
若山牧水・石川啄木

くわしく

「ん」の文法的説明
上段のAの短歌にある「見ん」「みん」の「ん」は、意志の意味の文語の助動詞「む(ん)」の終止形である。

参照 395ページ
文語の助動詞「む」

◆語感を味わい、リズムや音からも心情を読み取る

A 「**みちのく**」は東北地方の古い呼び方で、もともとは「道の奥《おく》」を意味する。「みちのくの母」とうたうとき、地理的な距離《きょり》感とともに、作者の、遠く隔《へだ》たる母とは容易には会えないのだという切ない思いを感じさせる。また、「一目見ん／一目みん」の繰《く》り返しは、まだ生きているか、まだ生きているかという、刻一刻と増す**すがりつくような切実な気持ちの高まり**を強く伝えている。

B **「一日（ひとひ）」と「一生（ひとよ）」は、同じ音を重ねる**ことで、「一日」と「一生」の対比（「君」と自分の、今日一日の重さの違《ちが》い）を際立《きわだ》たせている。また、**「回れよ回れ」という繰り返し**は、観覧車の回る様子を表しているが、それとともに、「回れ」の命令形が作者の祈《いの》りをも感じさせる。

確認問題

問1 次の短歌にはそれぞれあとの鑑賞文のどれが最も当てはまるか。記号で答えなさい。

A 稲刈《いねか》りて淋《さび》しく晴るる秋の野に黄菊《きぎく》はあまた[1]眼《め》をひらきたり　長塚節《ながつかたかし》

B 劫初《ごうしょ》[2]より造り営む殿堂《でんどう》にわれも黄金《こがね》の釘《くぎ》一つ打つ　与謝野晶子《よさのあきこ》

C 向日葵《ひまわり》は金の油を身にあびてゆらりと高し日のちひ《(イ)》さよ　前田夕暮《まえだゆうぐれ》

（注）
1 あまた＝たくさん。
2 劫初より＝原始から。

ア あふれる生命感を比喩《ひゆ》を用いて色鮮《いろあざ》やかにうたっている。

イ 芸術家の自負と責任を比喩を用いて厳《おごそ》かにうたっている。

ウ さえざえとした風土と季節の感じが身に迫《せま》る歌である。

エ 擬人《ぎじん》法を用い、季節の風景を童話的なやさしい感じで表現した歌である。

解釈《かいしゃく》

〈278ページ〉

●**「みちのくの〜」**…母の危篤《きとく》の知らせを受けて、命のあるうちに一目だけでも会いたいと故郷へ急ぐ。

●**「観覧車〜」**…デートをして観覧車に乗った。今日という日は君には一日のことにすぎないが、私には一生の思い出だ。だから、観覧車よ、もっと回れ。

〈279ページ〉

●**「稲刈りて〜」**…稲刈りが済んで、さびしく晴れた秋の野に、たくさんの黄色い小菊が咲《さ》いている。

●**「劫初より〜」**…原始の時代から人間が築いてきた文化という殿堂に、私も芸術の釘を一つ打って、文化の創造に参加するのである。

●**「向日葵は〜」**…ひまわりは金の油をあびたように輝《かがや》いて、高々と揺れている。照りつける真昼の太陽がなんと小さく見えることか。

確認問題解答

問1 A **エ**　B **イ**　C **ア**

俳句の形式と表現技法

◆俳句の形式

1 五・七・五（十七音）の定型詩

①俳句の基本形式は五・七・五の三句十七音で、**世界で最も短い詩**といわれている。

例 いくたびも　雪の深さを　尋《たず》ねけり　　正岡子規《まさおかしき》

（初句（第一句）／第二句／結句（第三句））

②字余り・字足らず…短歌と同様に、原則の音数より**一、二音多い場合を字余り**、**少ない場合を字足らず**という。次の俳句は、初句が六音で字余りだが、ほぼ五・七・五のリズムに合っている。

例 ながきながき春暁《しゅんぎょう》の貨車なつかしき　　加藤楸邨《かとうしゅうそん》

六音。全体で十八音になっている。

③自由律俳句…五・七・五の定型にとらわれず、自由な音数で詠《よ》まれた俳句。

例 あるけばかつ《（ッ）》こういそげばかつ《（ッ）》こう　　種田山頭火《たねださんとうか》

五・七・五に区切れない。

2 一句につき一つ季語をもつ。

俳句では、季節を表す言葉「**季語**（**季題**）」を**一句に一つ**詠み込《こ》むことが原則である。季語が入らない俳句を無季俳句という。（季語がなく、自由な音数で詠まれた俳句は「無季自由律俳句」という。）

例 灰色の象のかたちを見にゆかん　　津沢《つざわ》マサ子

五・七・五の定型だが、季語がない。

参照 314ページ **正岡子規**

解釈《かいしゃく》…（　）は季語（季節）

〈280ページ〉

●**「いくたびも〜」**…降り続く雪の様子が病床《びょうしょう》にいても気になり、何度も尋ねたことだ。**（雪（冬））**

●**「ながきながき〜」**…春の暁《あかつき》に目覚めると、長く連なった貨車の響《ひび》きが、遠くからなつかしく聞こえてきた。**（春暁（春））**

●**「あるけば〜」**…歩いても急いでも、あちこちから「かっこう」と鳴き声がする。**（かっこう（夏））**

●**「灰色の〜」**…灰色の象というものの姿を、さあ見にいこう。**（季語なし）**

〈281ページ〉

●**「万緑の〜」**…この新緑に染まった季節に、自分の子供に真っ白い歯が生え始めた。**（万緑（夏））**

●**「赤とんぼ〜」**…赤とんぼが野に群れ、向こうの筑波の山には、雲のかげ一つない。**（赤とんぼ（秋））**

◆俳句の表現技法

1 切れ字…句の切れ目や末尾《まつび》にあって、言い切る働きをする。**詠嘆《えいたん》（感動）や強調**を示し、句の中心部分である。切れ字には、助詞「**や・ぞ・かな・か**」、助動詞「**けり・なり・たり**」などがある。

例 万緑《ばんりょく》の中や吾子《あこ》の歯生え初《そ》むる　中村草田男《なかむらくさたお》
赤とんぼ筑波《つくば》に雲もなかりけり　正岡子規

2 句切れ…一句の途中《とちゅう》で**文としての意味の流れが切れる**ところ。句切れには、次のような形がある。

・直前に切れ字がある。　例 やせ馬のあはれ機嫌《きげん》や（ア）／秋高し　村上鬼城《むらかみきじょう》
・直前に体言止めがある。　例 水まくら／ガバリと寒い海がある　西東三鬼《さいとうさんき》
・直前に終止形がある。　例 秋空を二つに断てり／椎大樹《しいたいじゅ》　高浜虚子《たかはまきょし》

確認問題

問1 次の俳句を読んで、あとの問いに答えなさい。

A あはれ子の夜寒《よさむ》の床《とこ》の引けば寄る　中村汀女《なかむらていじょ》
B 咳《せき》をしてもひとり　尾崎放哉《おざきほうさい》
C 春浅き水を渡《わた》るや鷺《さぎ》一つ　河東碧梧桐《かわひがしへきごとう》

(1) Aの俳句の「夜寒」は、季節を表す語である。このような語を何というか。
(2) Bの俳句のような、五・七・五の定型にとらわれない句を何といいますか。
(3) Cの俳句は何句切れか。また、この句から切れ字を書き抜《ぬ》きなさい。

●「やせ馬の〜」…やせた馬が、晴れた秋空の下で機嫌よくしているよ。**（秋高し（秋））**
●「水まくら〜」…頭の下で水まくらがガバリと揺《ゆ》れる。下に冷たい海があるようだ。**（寒い（冬））**
●「秋空を〜」…秋の澄《す》み切った空を、二つに切り分けているかのような椎の大樹だ。**（秋空（秋））**
●「あはれ子の〜」…冷え込《こ》んだ秋の夜更《よふ》け、寒くはないかと引き寄せた子の寝床《ねどこ》が、軽々と引き寄せられる。**（夜寒（秋））**
●「咳をしても〜」…孤独《こどく》だなあ。咳をしても、やはりひとりだ。**（咳（冬））**
●「春浅き〜」…春の初め、まだ冷たく澄《す》む水の上を、一羽の鷺が渡っていく。**（春浅し（春））**

確認問題解答
問1 (1) 季語（季題）
(2) 自由律俳句
(3) 二句切れ・や

俳句の鑑賞

俳句の味わい方の基本的なポイントは、次のとおりである。

1 俳句を何度も読み、そのリズムや意味をおおまかにつかむ。
2 風景や出来事などを表した短い言葉をもとに、想像力を働かせて情景を思い描《えが》く。
3 作者の感動や心情をとらえる。
※季語から季節感をつかむ。　※句切れ・切れ字の部分を手がかりにする。

では、次の三つの俳句を鑑賞《かんしょう》してみよう。

A　白牡丹《はくぼたん》ある夜《よ》の月にくずれけり　正岡子規《まさおかしき》
B　海に出て木枯《こが》らし帰るところなし　山口誓子《やまぐちせいし》
C　山越《こ》える山のかたちの夏帽子《ぼうし》　桂信子《かつらのぶこ》

◆俳句の意味をおおまかにつかみ、情景を思い描く

A　おおまかな意味は「白牡丹がある月の夜に崩《くず》れ落ちた（散った）」ということである。結句に切れ字「**けり**」があるので、作者が見事な白牡丹の花に目を留め、それが散る様子に感動しているのだとわかる。**季語は「牡丹」で、季節は夏。**

B　「木枯らし」は、初冬に吹《ふ》く冷たい風。意味は「木枯らしが陸を吹き抜《ぬ》けて海に出たが、帰るところがなく、海上で行き先を迷っている」ということである。**季語は「木枯らし」で、季節は冬。**

要注意
俳句と川柳《せんりゅう》の違い
俳句と同じ五・七・五の形をとるものに川柳があるが、川柳はユーモアや風刺《ふうし》の笑いをねらいとし、口語で詠まれることが多い。また、季語を入れるという決まりもない。俳句と川柳の違いを押《お》さえておこう。

参照 407ページ **川柳**

参考
「牡丹」を詠んだ俳句

白牡丹といふ《(ウ)》といへ《(エ)》ども
紅《べに》ほのか　高浜虚子《たかはまきょし》

白牡丹蕚《がく》をあらは《(ワ)》に
くづ《(ズ)》れけり　飯田蛇笏

きしきしと牡丹莟《つぼみ》を
ゆるめつつ　山口青邨《やまぐちせいそん》

夕牡丹しづ《(ズ)》かに靄《もや》を
加へ《(エ)》けり　水原秋櫻子《みずはらしゅうおうし》

C　意味は「山を越えていく（私の被《かぶ》る）夏帽子も、また山のかたちだ」ということ。**季語は「夏帽子」で、季節は夏。**

◆主題は情景にあるのか、情景を通しての心情にあるのかを考える

Aの句では、花びらが崩れ落ちる一瞬《いっしゅん》が月光に照らされた情景の美しさが詠《よ》まれている。

Bの句では、木枯らしが吹きすさぶ荒涼《こうりょう》とした冬の海の情景を通して、自然の寂寥感《せきりょうかん》と同時に、**人生の裏にひそむ寂《さび》しさ・むなしさのようなもの**を暗示している。

Cは、「山」と「山のかたちの夏帽子」を重ねることで、夏山のくっきりとさわやかな形がイメージされる。そこからはまた、**登山を楽しむ弾《はず》んだ心**も伝わってくる。

確認問題

問1 次の俳句を読んで、あとの問いに答えなさい。

A　*金剛《こんごう》の露《つゆ》ひとつぶや石の上　川端茅舎《かわばたぼうしゃ》

B　を《（オ）》りとりてはらりとおもきすすきかな　飯田蛇笏《いいだだこつ》

C　バスを待ち大路《おおじ》の春をうたがは《（ワ）》ず　石田波郷《いしだはきょう》

（注）＊金剛＝金剛石（ダイヤモンド）。

(1)「風になびいているときと、手に取ったときの印象の違《ちが》いへの驚《おどろ》きから、そのものの生命の充実《じゅうじつ》を感じている。」という鑑賞文が当てはまる俳句はA～Cのどれか。

(2) A～Cの俳句のうち、二つは同じ季節を詠んでいる。春夏秋冬のうちのどの季節か。

(3) 将来への期待と、新しい季節の到来《とうらい》とが重ねて詠まれている俳句は、A～Cのどれか。

解釈《かいしゃく》…（　）は季語（季節）

●**「金剛の～」**…石の上にひとつぶの露があり、まるで永遠に光るダイヤモンドのように輝《かがや》いている。**（露（秋））**

●**「をりとりて～」**…風になびく穂《ほ》を折り取ると、そのすすきの重みがはらりと手にしなだれかかってきた。**（すすき（秋））**

●**「バスを待ち～」**…大通りでバスを待っていると、視界に入るものすべてに新しい季節が感じられ、春の到来は疑いようもない。**（春（春））**

確認問題解答

問1
(1) B
(2) 秋
(3) C

季語一覧

時候…その月の名称《めいしょう》や、季節に関する言葉。**天文**…気象に関する言葉。**地理**…海・山・川などに関する言葉。
人事…人々の暮らしに関する言葉。**行事**…宗教行事や歌人・俳人などの命日。

春

立春《りっしゅん》「現在の二月四日ごろ」から
おおよそ現在の二・三・四月

時候● 睦月《むつき》　如月《きさらぎ》　弥生《やよい》　彼岸《ひがん》　暖か　長閑《のどか》
八十八夜　花冷え　木《こ》の芽時《めどき》　夏近し

天文● 朧月《おぼろづき》　春風《はるかぜ》　東風《こち》　風光る　菜種梅雨《なたねづゆ》　霞《かすみ》　陽炎《かげろう》
例 春風や闘志《とうし》いだきて丘《おか》に立つ　高浜虚子《たかはまきょし》

地理● 山笑ふ(ウ)　焼野《やけの》　水温《みずぬる》む　苗代《なわしろ》　残雪　雪解《ゆきどけ》　雪崩《なだれ》

人事● 入学　卒業　遠足　草餅《くさもち》　野焼く　種蒔《たねまき》　苗床《なえどこ》　茶摘《ちゃつみ》
例 断髪《だんぱつ》の生《な》まの襟足《えりあし》卒業す　上田五千石《うえだごせんごく》

行事● 桃《もも》の節句　雛《ひな》　薪能《たきぎのう》　御水取《おみずとり》　遍路《へんろ》　茂吉忌《もきちき》　啄木忌《たくぼくき》

動物● 仔猫《こねこ》　蛙《かわず》　鶯《うぐいす》　燕《つばめ》　蝶《ちょう》　囀《さえず》り　雀《すずめ》の子　白魚《しらうお》　蛤《はまぐり》

植物● 梅　椿《つばき》　桜　沈丁花《じんちょうげ》　馬酔木《あしび》　山吹《やまぶき》　青麦《あおむぎ》　ふきのとう
若草《わかくさ》　柳《やなぎ》　勿忘草《わすれなぐさ》　シクラメン　菜の花　蒲公英《たんぽぽ》　土筆《つくし》
例 せせらぎや駈《か》けだしさうに(ソウ)土筆生《お》ふ(ウ)　秋元不死男《あきもとふじお》

夏

立夏「現在の五月六日ごろ」から
おおよそ現在の五・六・七月

時候● 卯月《うづき》　皐月《さつき》　水無月《みなづき》　麦の秋　入梅《にゅうばい》
短夜《みじかよ》　土用《どよう》　大暑《たいしょ》　極暑《ごくしょ》　涼《すず》し　秋近し
例 麦の秋雀《すずめ》等海へ出てかへす(エ)　山口誓子《やまぐちせいし》

天文● 青嵐《あおあらし》　風薫《かぜかお》る　卯《う》の花腐《はなくた》し　梅雨《つゆ》　夕立《ゆうだち》　喜雨《きう》　雷《かみなり》

地理● お花畑　卯波《うなみ》　土用波《どようなみ》　青田《あおた》　泉　清水《しみず》　滴《したた》り　滝《たき》
例 よろこびて落つ水待つ(ツ)て滝走る　中村汀女《なかむらていじょ》

人事● 帰省《きせい》　林間学校　更衣《ころもがえ》　浴衣《ゆかた》　行水《ぎょうずい》　梅干《うめぼし》　新茶
噴水《ふんすい》　団扇《うちわ》　風鈴《ふうりん》　田植《たうえ》　草取《くさとり》　登山　寝冷《ねび》え

行事● 端午《たんご》　菖蒲湯《しょうぶゆ》　粽《ちまき》　山開《やまびらき》　賀茂祭《かもまつり》　桜桃忌《おうとうき》

動物● 雨蛙《あまがえる》　時鳥《ほととぎす》　金魚　鰹《かつお》　毛虫　蠅《はえ》　蚊《か》　蛍《ほたる》　天道虫《てんとうむし》　蟬《せみ》
例 翅《はね》わつ(ツ)てててんたう(トウ)虫の飛びいづ(ズ)る　高野素十《たかのすじゅう》

植物● 牡丹《ぼたん》　万緑《ばんりょく》　紫陽花《あじさい》　向日葵《ひまわり》　青葉　新緑　草いきれ

秋

立秋［現在の八月七日ごろ］から
おおよそ現在の八・九・十月

時候●文月《ふみづき》（ふづき）　葉月《はづき》　長月《ながつき》　残暑　夜長《よなが》　仲秋《ちゅうしゅう》
冷やか　やや寒《さむ》　朝寒《あささむ》　夜寒《よさむ》　冬近し
例　朝寒の撫《な》づ（ズ）れば犬の咽喉《のど》ぼとけ　中村草田男《なかむらくさたお》

天文●天高《てんたか》し　鰯雲《いわしぐも》　名月《めいげつ》　天《あま》の川《がわ》　野分《のわき》　台風　稲妻《いなずま》　露《つゆ》
例　鶏頭《けいとう》の皆倒《みなたお》れたる野分かな　正岡子規《まさおかしき》

地理●秋の山　花野　刈田《かりた》　水澄《みずす》む　秋出水《あきでみず》　不知火《しらぬい》
例　木曾谷《きそだに》の刈田をわたる日ざしかな　加藤楸邨《かとうしゅうそん》

人事●新米《しんまい》　案山子《かかし》　稲刈《いねかり》　豊年《ほうねん》　月見《つきみ》　菊人形《きくにんぎょう》　紅葉狩《もみじがり》
例　倒れたる案山子の顔の上に天　西東三鬼《さいとうさんき》

行事●原爆忌《げんばくき》　七夕《たなばた》　鬼灯市《ほおづきいち》　盂蘭盆《うらぼん》　墓参《はかまいり》　精霊舟《しょうりょうぶね》　重陽《ちょうよう》

動物●鹿《しか》　馬肥ゆる　啄木鳥《きつつき》　雁《かり》　鯛《むろじ》　鰯《いわし》　秋刀魚《さんま》　蜻蛉《とんぼ》
例　啄木鳥や落葉《おちば》をいそぐ牧《まき》の木々　水原秋櫻子《みずはらしゅうおうし》

植物●葡萄《ぶどう》　栗《くり》　無花果《いちじく》　紅葉《もみじ》　桐一葉《きりひとは》　銀杏《ぎんなん》　朝顔　西瓜《すいか》
例　朝顔や命ある間の走り雨　石塚友二《いしづかともじ》

冬

立冬［現在の十一月七日ごろ］から
おおよそ現在の十一・十二・一月

時候●神無月《かんなづき》　霜月《しもつき》　師走《しわす》　小春《こはる》　行《ゆ》く年《とし》
年惜《としお》しむ　寒《かん》　短日《たんじつ》　霜夜《しもよ》　三寒四温《さんかんしおん》
日脚伸《ひあしの》びる　春待つ　節分《せつぶん》
例　玉の如《ごと》き小春日和《びより》を授《さず》かりし　松本《まつもと》たかし

天文●冬晴《ふゆばれ》　寒月《かんげつ》　凩《こがらし》　隙間風《すきまかぜ》　空風《からかぜ》　時雨《しぐれ》　風花《かざはな》　初霜《はつしも》　雪
例　初霜や物干竿《ものほしざお》の節《ふし》の上　永井荷風《ながいかふう》

地理●山眠《やまねむ》る　枯野《かれの》　水涸《みずか》る　凍土《いてつち》　初氷　氷柱《つらら》　狐火《きつねび》

人事●煤払《すすはらい》　注連飾《しめかざ》る　年忘《としわすれ》　御用納《ごようおさめ》　晦日蕎麦《みそかそば》　襟巻《えりまき》　咳《せき》

行事●酉《とり》の市《いち》　除夜《じょや》の鐘《かね》　札納《ふだおさ》め　厄払《やくはらい》（やくばらい）　一葉忌《いちようき》　芭蕉忌《ばしょうき》
例　おろかなる犬吠《ほ》えてを（オ）り除夜の鐘　山口青邨《やまぐちせいそん》

動物●熊《くま》　狐《きつね》　兎《うさぎ》　鷹《たか》　寒鴉《かんがらす》　水鳥《みずどり》　鴨《かも》　白鳥《はくちょう》　河豚《ふぐ》　牡蠣《かき》

植物●寒梅《かんばい》　寒椿《かんつばき》　山茶花《さざんか》　枇杷《びわ》の花　落葉《おちば》　水仙《すいせん》　葱《ねぎ》　蕪《かぶら》

新年

明《あ》けの春《はる》　年立《とした》つ　松《まつ》の内《うち》　初春《はつはる》　初明《はつあか》かり　初景色《はつげしき》　初霞《はつがすみ》　門松《かどまつ》　若水《わかみず》　伊勢海老《いせえび》　福寿草《ふくじゅそう》　若菜《わかな》　七種《ななくさ》　追羽子《おいばね》

資料2

近現代文学の流れ［明治・大正］

時代	成立年		文学作品［ジャンル］	作者
明治	一八七二	明治5	学問《がくもん》ノスヽメ［論文集］	福沢諭吉《ふくざわゆきち》
	一八八五	18	小説神髄《しょうせつしんずい》［文学論］	坪内逍遥《つぼうちしょうよう》
	一八八七	20	浮雲《うきぐも》［小説］	二葉亭四迷《ふたばていしめい》
	一八九〇	23	舞姫《まいひめ》［小説］	森鷗外《もりおうがい》
	一八九一	24	五重塔《ごじゅうのとう》［小説］	幸田露伴《こうだろはん》
	一八九五	28	たけくらべ［小説］	樋口一葉《ひぐちいちよう》
	一八九七	30	若菜集《わかなしゅう》［詩集］	島崎藤村《しまざきとうそん》
	一八九八	31	武蔵野《むさしの》［小説］	国木田独歩《くにきだどっぽ》
	一九〇〇	33	高野聖《こうやひじり》［小説］	泉鏡花《いずみきょうか》
	一九〇一	34	みだれ髪《がみ》［歌集］	与謝野晶子《よさのあきこ》
	一九〇五	38	吾輩《わがはい》は猫《ねこ》である［小説］	夏目漱石《なつめそうせき》
			野菊《のぎく》の墓《はか》［小説］	伊藤左千夫《いとうさちお》
	一九〇六	39	破戒《はかい》［小説］	島崎藤村
			坊《ぼ》っちゃん［小説］	夏目漱石

主要文学思潮

写実主義《しゃじつしゅぎ》

政治や啓蒙《けいもう》の手段としてではなく、人間のあるがままの姿を写すことを文学の目的とする考え方。坪内逍遥《つぼうちしょうよう》が提唱した。

坪内逍遥➡298ページ　二葉亭四迷《ふたばていしめい》➡298ページ

浪漫主義《ろうまんしゅぎ》

人間の本質を意識し、個人の自由な感情を表現することに重きをおく立場。雑誌「文学界《ぶんがくかい》」や「明星《みょうじょう》」を中心に広がった。

樋口一葉《ひぐちいちよう》➡292ページ　泉鏡花《いずみきょうか》➡299ページ

自然主義《しぜんしゅぎ》

人間や社会の暗い面、醜《みにく》い面もありのままに表現しようという考え方。西洋では19世紀後半に起こり、日本では明治30年代末から広がった。のちに私小説のもととなる。

島崎藤村《しまざきとうそん》➡293ページ　田山花袋《たやまかたい》➡299ページ

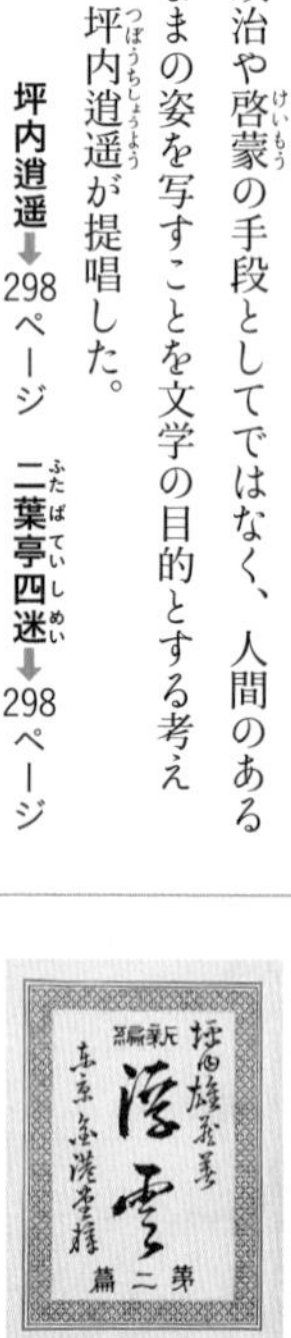
『浮雲《うきぐも》』

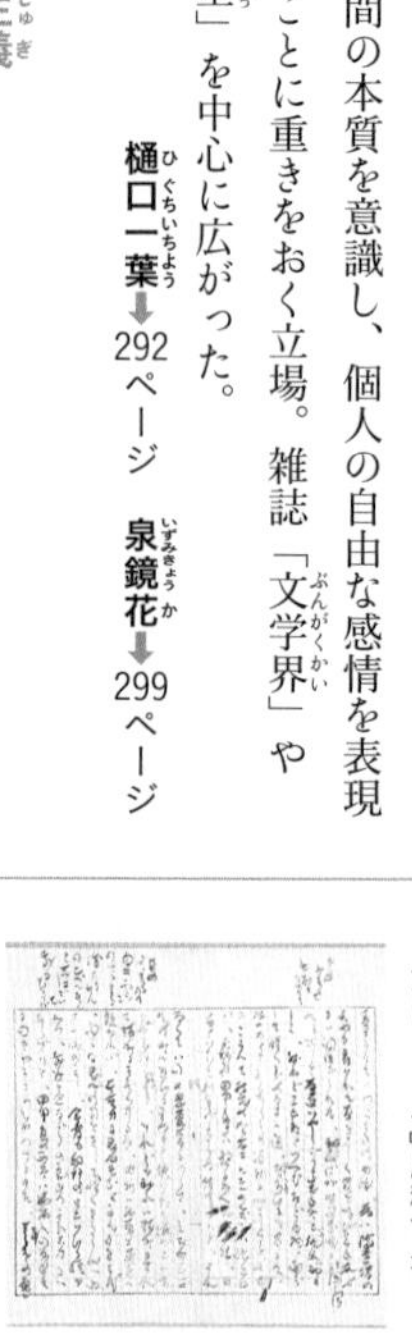
『たけくらべ』原稿《げんこう》下書き
（台東区立一葉記念館）

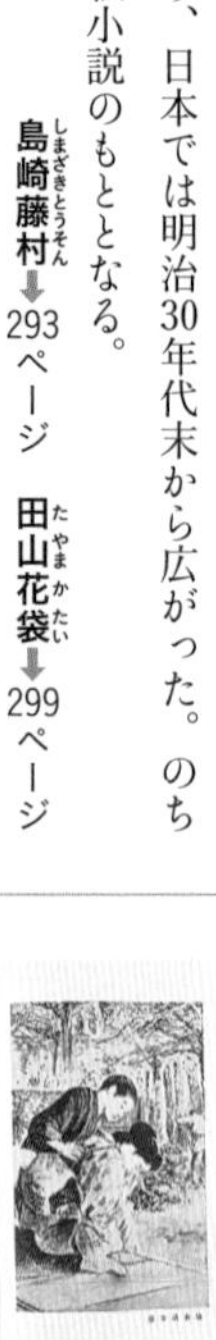
『破戒《はかい》』口絵

年	元号	作品	作者
一九〇七	明治40	蒲団《ふとん》［小説］	田山花袋《たやまかたい》
一九一〇	43	一握《いちあく》の砂《すな》［歌集］	石川啄木《いしかわたくぼく》
一九一三	大正2	赤光《しゃっこう》［歌集］	斎藤茂吉《さいとうもきち》
一九一四	3	こゝろ［小説］	夏目漱石
		道程《どうてい》［詩集］	高村光太郎《たかむらこうたろう》
一九一五	4	羅生門《らしょうもん》［小説］	芥川龍之介《あくたがわりゅうのすけ》
		山椒大夫《さんしょうだゆう》［小説］	森鷗外
一九一六	5	高瀬舟《たかせぶね》［小説］	森鷗外
一九一七	6	月《つき》に吠《ほ》える［詩集］	萩原朔太郎《はぎわらさくたろう》
一九一八	7	抒情小曲集《じょじょうしょうきょくしゅう》［詩集］	室生犀星《むろうさいせい》
		小《ちい》さき者《もの》へ［小説］	有島武郎《ありしまたけお》
一九一九	8	友情《ゆうじょう》［小説］	武者小路実篤《むしゃのこうじさねあつ》
		恩讐《おんしゅう》の彼方《かなた》に［小説］	菊池寛《きくちかん》
		或《あ》る女《おんな》［小説］	有島武郎
		田園《でんえん》の憂鬱《ゆううつ》［小説］	佐藤春夫《さとうはるお》
一九二一	10	暗夜行路《あんやこうろ》［小説］	志賀直哉《しがなおや》
一九二四	13	春《はる》と修羅《しゅら》［詩集］	宮沢賢治《みやざわけんじ》
一九二六	15	伊豆《いず》の踊子《おどりこ》［小説］	川端康成《かわばたやすなり》

反自然主義《はんしぜんしゅぎ》

自然主義に反発し、相次いで現れた反対勢力の総称《そうしょう》。具体的には「耽美派《たんびは》」「白樺派《しらかばは》」の作家、そして森鷗外《もりおうがい》・夏目漱石《なつめそうせき》がこれにあたる。

森鷗外⬇290ページ　**夏目漱石**⬇291ページ

耽美派《たんびは》

自然主義の現実密着に対し、虚構《きょこう》の美的な世界を描《えが》くことを追求《ついきゅう》した人々。小説だけでなく、詩歌《しいか》や絵画、音楽などに幅広《はばひろ》く影響《えいきょう》を与《あた》えた。

永井荷風《ながいかふう》⬇300ページ　**谷崎潤一郎《たにざきじゅんいちろう》**⬇294ページ

白樺派《しらかばは》

大正期の雑誌「白樺《しらかば》」によって文学活動を行った作家たち。トルストイらの人道主義の影響下に生まれ、理想主義的な考えのもとで活動。

武者小路実篤《むしゃのこうじさねあつ》⬇300ページ　**志賀直哉《しがなおや》**⬇293ページ

新現実主義《しんげんじつしゅぎ》

理知の目をもって人間を観察し、知的な手法で人間の小ささと醜さを描こうとする立場。

芥川龍之介《あくたがわりゅうのすけ》⬇294ページ　**菊池寛《きくちかん》**⬇301ページ

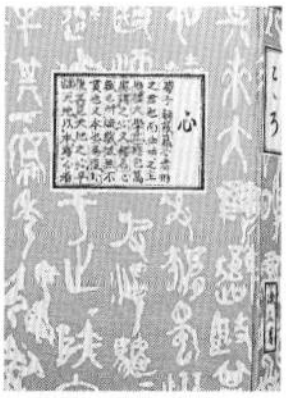

『こゝろ』

『羅生門《らしょうもん》』

『暗夜行路《あんやこうろ》』

近現代文学の流れ［昭和・平成］

時代	成立年	昭和	文学作品［ジャンル］	作者
昭和	一九二七	2	河童《かっぱ》［小説］	芥川龍之介《あくたがわりゅうのすけ》
	一九二九	4	夜明《よあ》け前《まえ》［小説］	島崎藤村《しまざきとうそん》
			蟹工船《かにこうせん》［小説］	小林多喜二《こばやしたきじ》
	一九三〇	5	機械《きかい》［小説］	横光利一《よこみつりいち》
	一九三三	8	春琴抄《しゅんきんしょう》［小説］	谷崎潤一郎《たにざきじゅんいちろう》
	一九三五	10	雪国《ゆきぐに》［小説］	川端康成《かわばたやすなり》
	一九三六	11	風立《かぜた》ちぬ［小説］	堀辰雄《ほりたつお》
	一九三八	13	麦《むぎ》と兵隊《へいたい》［小説］	火野葦平《ひのあしへい》
	一九四一	16	智恵子抄《ちえこしょう》［詩集］	高村光太郎《たかむらこうたろう》
	一九四二	17	山月記《さんげつき》［小説］	中島敦《なかじまあつし》
	一九四三	18	細雪《ささめゆき》［小説］	谷崎潤一郎
	一九四六	21	白痴《はくち》［小説］	坂口安吾《さかぐちあんご》
	一九四七	22	斜陽《しゃよう》［小説］	太宰治《だざいおさむ》
	一九四八	23	俘虜記《ふりょき》［小説］	大岡昇平《おおおかしょうへい》
	一九四九	24	夕鶴《ゆうづる》［戯曲《ぎきょく》］	木下順二《きのしたじゅんじ》
	一九五二	27	真空地帯《しんくうちたい》［小説］	野間宏《のまひろし》
	一九五四	29	ひかりごけ［小説］	武田泰淳《たけだたいじゅん》

主要文学思潮

プロレタリア文学《ぶんがく》

一九一七年のロシア革命の影響《えいきょう》を受けて生まれた社会主義の文学。資本主義社会を批判し、労働者や農民の解放を目指した。昭和初期に絶頂を迎《むか》えるも、激しい弾圧《だんあつ》を受け崩壊《ほうかい》する。

小林多喜二《こばやしたきじ》⬇297ページ

新感覚派《しんかんかくは》

雑誌「文芸時代」を拠点《きょてん》とした作家たち。プロレタリア文学と対立しつつ既成《きせい》文学にも反抗《はんこう》、大《だい》胆《たん》な表現改革を試みた。

横光利一《よこみつりいち》⬇301ページ　**川端康成《かわばたやすなり》**⬇295ページ

戦争《せんそう》と文学《ぶんがく》

日中戦争以降、言論統制が強化され、文学の空白時代が訪れる。政府は戦意を高めるための戦争文学を奨励《しょうれい》した。火野葦平《ひのあしへい》が戦場体験を記した『麦《むぎ》と兵隊《へいたい》』は、大ベストセラーとなった。

『蟹工船《かにこうせん》』

『雪国《ゆきぐに》』

『麦《むぎ》と兵隊《へいたい》』

年	年号	作品	作者
一九五六	昭和31	金閣寺《きんかくじ》［小説］	三島由紀夫《みしまゆきお》
一九五七	32	裸の王様《はだかのおうさま》［小説］	開高健《かいこうたけし》
		海と毒薬《うみとどくやく》［小説］	遠藤周作《えんどうしゅうさく》
一九五八	33	飼育《しいく》［小説］	大江健三郎《おおえけんざぶろう》
一九五九	34	海辺の光景《かいへんのこうけい》［小説］	安岡章太郎《やすおかしょうたろう》
一九六〇	35	忍ぶ川《しのぶかわ》［小説］	三浦哲郎《みうらてつお》
一九六二	37	砂の女《すなのおんな》［小説］	安部公房《あべこうぼう》
一九六五	40	黒い雨《くろいあめ》［小説］	井伏鱒二《いぶせますじ》
一九七七	52	枯木灘《かれきなだ》［小説］	中上健次《なかがみけんじ》
一九八四	59	群棲《ぐんせい》［小説］	黒井千次《くろいせんじ》
一九八七	62	サラダ記念日《きねんび》［歌集］	俵万智《たわらまち》
		ノルウェイの森《もり》［小説］	村上春樹《むらかみはるき》
		キッチン［小説］	吉本《よしもと》ばなな
平成			
一九九〇	平成2	文学部唯野教授《ぶんがくぶただののきょうじゅ》［小説］	筒井康隆《つついやすたか》
一九九七	9	家族《かぞく》シネマ［小説］	柳美里《ゆうみり》
二〇〇二	14	海辺《うみべ》のカフカ［小説］	村上春樹
二〇〇六	18	ミーナの行進《こうしん》［小説］	小川洋子《おがわようこ》
二〇〇九	21	園芸少年《えんげいしょうねん》［小説］	魚住直子《うおずみなおこ》
二〇一六	28	リーチ先生［小説］	原田《はらだ》マハ

無頼派《ぶらいは》↓327ページ

太宰治《だざいおさむ》↓296ページ　**坂口安吾《さかぐちあんご》**↓302ページ

戦後派《せんごは》

第二次世界大戦後、それぞれの戦争体験をもとに新しい手法をもって登場した作家たちの総称《そうしょう》。登場の時期に応じ、「第一次戦後派」「第二次戦後派」とよぶこともある。

野間宏《のまひろし》↓304ページ　**三島由紀夫《みしまゆきお》**↓303ページ

第三の新人《だいさんのしんじん》

第一次、第二次の「戦後派」に続き、一九五二年～五三年ごろ登場した作家たちの総称。私小説的な手法で日常生活を描《えが》いた。

遠藤周作《えんどうしゅうさく》↓307ページ　**安岡章太郎《やすおかしょうたろう》**↓304ページ

内向の世代《ないこうのせだい》

一九七〇年前後に登場した、「戦後派」と現代作家の中間に位置する作家たちの総称。政治や社会より、自己の内面を深く見つめようとする。代表作家に阿部昭《あべあきら》、黒井千次《くろいせんじ》、古井由吉《ふるいよしきち》らがいる。

『斜陽《しゃよう》』（新潮社）

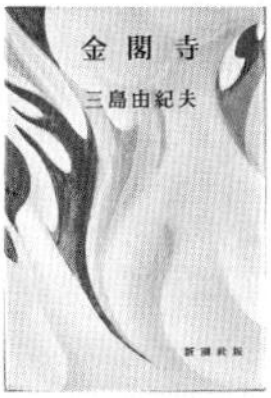

『金閣寺《きんかくじ》』（新潮社）

『海と毒薬《うみとどくやく》』（文藝春秋）

『群棲《ぐんせい》』（講談社）

近現代文学の主要作家

森鷗外《もりおうがい》

［一八六二〜一九二二◉現在の島根県生まれ］

小説　評論

反自然主義から出発し、歴史小説・史伝に没頭《ぼっとう》した文豪《ぶんごう》。

代表作

『於母影《おもかげ》』『舞姫《まいひめ》』『普請中《ふしんちゅう》』『青年《せいねん》』『雁《がん》』『阿部一族《あべいちぞく》』『高瀬舟《たかせぶね》』など。

作品紹介

『舞姫《まいひめ》』

高雅《こうが》な文体で描《えが》いた明治《めいじ》のロマン

(あらすじ)ドイツ留学中のエリート官吏《かんり》・太田豊太郎《おおたとよたろう》は、踊《おど》り子《こ》・エリスと恋《こい》におちる。中傷を受け失職した彼《かれ》は、彼女《かのじょ》と貧しくも幸せに暮らす。しかし、友人・相沢《あいざわ》の尽力《じんりょく》で日本での復職の機会を得る。豊太郎は、故国への思いや名誉《めいよ》回復の願望と、エリスへの愛の板挟《いたばさ》みで苦悩《くのう》するが、結局は相沢の指示に従い帰国を決意する。エリスはその衝撃《しょうげき》のあまり精神を病《や》む。

『山椒大夫《さんしょうだゆう》』

献身《けんしん》と犠牲《ぎせい》によって生かされる人間の強さと美しさ

(あらすじ)母と三人での旅の途中《とちゅう》、姉・安寿《あんじゅ》と弟・厨子王《ずしおう》は、だまされて山椒大夫に買われ、母と生き別れてしまう。安寿は自らの命を犠牲にして厨子王を逃《に》がす。成長して運命を切り開いた厨子王は、丹後《たんご》の国の国主となり、人身売買を禁じる。ついには佐渡《さど》で別れた母と再会する。

『高瀬舟《たかせぶね》』

無欲の男が手助けした弟の安楽死

(あらすじ)罪人として高瀬舟で護送される喜助《きすけ》は、妙《みょう》に晴れやかな顔をしている。島送りになれば食べ物に困らないし、二百文《もん》も手当をもらえてうれしいという。自殺を図ったが死に切れない弟に頼《たの》まれて手を貸した喜助は、本当に罪人なのだろうか。

「三人冗語《さんにんじょうご》」

「めさまし草《ぐさ》」に連載《れんさい》された文学時評

(内容)鷗外が、親友・幸田露伴《こうだろはん》に斎藤緑雨《さいとうりょくう》を加え、雑誌に会話形式で連載した文学時評。辛口《からくち》の批評が目立つが、樋口一葉《ひぐちいちよう》の『たけくらべ』は絶賛している。

『即興詩人《そっきょうしじん》』

雅俗折衷《がぞくせっちゅう》の文語体でなされた翻訳《ほんやく》

(内容)デンマークの作家・アンデルセン原作の小説を翻訳したもの。「イタリア風土記《ふどき》」の観をなす抒情詩《じょじょうし》で、この翻訳は鷗外が一〇年近くかけてなした大事業であった。

夏目《なつめ》漱石《そうせき》

〔一八六七～一九一六◉現在の東京都生まれ〕

小説 評論

反自然主義の立場から、「則天去私《そくてんきょし》」の境地に達した国民的作家。

代表作

『我輩《わがはい》は猫《ねこ》である』『坊《ぼ》っちゃん』『草枕《くさまくら》』『三四郎《さんしろう》』『それから』『こゝろ』『文学評論《ぶんがくひょうろん》』『現代日本《げんだいにほん》の開化《かいか》』『私《わたし》の個人主義《こじんしゅぎ》』など。

作品紹介

『坊《ぼ》っちゃん』

純粋《じゅんすい》で一本気な性格ゆえに世俗《せぞく》に交われない人物を描《えが》く

（あらすじ）無鉄砲《むてっぽう》で、親からも持て余されていた「坊っちゃん」。奉公《ほうこう》人の清《きよ》だけは「まっすぐでよいご気性だ」とひいきしてかわいがってくれる。大人になった「坊っちゃん」は、中学の教師として四国《しこく》へ行き、他の教師や生徒たちとの奮闘《ふんとう》の日々が始まる。

『草枕《くさまくら》』

日本の原風景を美しく描写《びょうしゃ》し、東洋趣味《しゅみ》を高唱する論文的小説

（あらすじ）俗世間《ぞくせけん》に背を向け非人情の天地を求め、山里の温泉宿にたどりついた青年画家は、才知にたけ美しく奔放《ほんぽう》な那美《なみ》と出会い、彼女《かのじょ》を描《えが》こうとする。彼女が、落ちぶれた元の夫を見かけ「憐《あわ》れ」の趣《おもむき》を漂《ただよ》わせたとき、彼は胸中で画《え》を完成させる。

『それから』

自己の自然な感情に従い、社会のおきてに背《そむ》く者の運命

（あらすじ）代助《だいすけ》は、三年前、自分の恋《こい》を捨てて三千代《みちよ》を友人の平岡《ひらおか》に譲《ゆず》った。その後、就職もせず、縁談《えんだん》も断る日々を送る代助。一方、平岡と三千代の夫婦仲は冷えていた。改めて三千代への愛を自覚した代助は、三千代を平岡から奪《うば》い返そうとする。

『こゝろ』

自己の中に潜《ひそ》むエゴイズムとの苦悩《くのう》に満ちた戦い

（あらすじ）「先生」は学生時代、自分が好きな女性への恋心を親友のKから打ち明けられたが、結局Kを裏切ってその女性と婚約《こんやく》する。Kは孤独《こどく》に耐《た》えられず自殺を遂《と》げるが、結婚後の先生も自らKと同じ道をたどりつつあることを悟《さと》る。

『文学評論《ぶんがくひょうろん》』

ユーモアあふれる、漱石独自の外国文学論

（内容）英国から帰国した漱石が東京帝国大学《とうきょうていこくだいがく》で行った講義「十八世紀英文学」をまとめたもの。当時の哲学《てつがく》や政治的背景、音楽や美術、また流行した珈琲《コーヒー》店の様子などにふれたあと、アディソン、スウィフト、ポープ、デフォーを中心に分析的《ぶんせきてき》に論じた。

『私《わたし》の個人主義《こじんしゅぎ》』

個人の幸福の基礎《きそ》となるべき個人主義を唱える

（内容）英国留学時代、茫然自失《ぼうぜんじしつ》の漱石に進むべき道を示したのは「自己本位」の四字であった。漱石はまた、個人主義の礎《いしずえ》として、他人の個性も尊重し、権力を行使するなら義務を心得、金力を示すなら責任を重んじるべきだと説く。

尾崎紅葉《おざきこうよう》

［一八六七〜一九〇三◉現在の東京都生まれ］ 小説

硯友社《けんゆうしゃ》の中心的作家で多くの門下生を育てた。

代表作

『二人比丘尼色懺悔《ににんびくにいろさんげ》』『伽羅枕《きゃらまくら》』『二人女房《ふたりにょうぼう》』『多情多恨《たじょうたこん》』『金色夜叉《こんじきやしゃ》』など。

作品紹介

『二人比丘尼色懺悔《ににんびくにいろさんげ》』

浄瑠璃《じょうるり》と仮名草子《かなぞうし》の影響《えいきょう》を受け、雅俗折衷《がぞくせっちゅう》の文体でつづる

（あらすじ）あばら屋に一人住む若葉《わかば》のもとへ、道に迷った芳野《よしの》が訪れる。二人とも尼《あま》で、出家《しゅっけ》のきっかけは愛した男との「死に別れ」であった。姉妹の契《ちぎ》りを結びながら身の上話を進めるうち、愛した男が同一人物だったことがわかった二人は驚《おどろ》く。

『金色夜叉《こんじきやしゃ》』

金力より愛や正義の優位を世に問う、未完の社会小説

（あらすじ）貫一《かんいち》の婚約者《こんやくしゃ》・宮《みや》は、金力のある富山《とみやま》と結婚してしまう。傷心の貫一は、学問を捨て、高利貸しとなるが、心はすさむばかりである。一方、結婚を後悔《こうかい》する宮は貫一へ許しを請《こ》う手紙を書きつづる。

樋口一葉《ひぐちいちよう》

［一八七二〜一八九六◉東京都生まれ］ 小説

封建《ほうけん》社会に生きる女性を描《えが》く、天才女流作家。

代表作

『たけくらべ』『にごりえ』『十三夜《じゅうさんや》』『大《おお》つごもり』など。

作品紹介

『たけくらべ』

明治《めいじ》の下町を舞台《ぶたい》に、思春期の少年少女の心理を写実的に描《えが》く

（あらすじ）吉原遊郭界隈《よしわらゆうかくかいわい》、表町組《おもてまちぐみ》と横町組《よこまちぐみ》で対立する子どもたち。その中で、妓楼《ぎろう》の秘蔵《ひぞう》っ子の美登利《みどり》は、竜華寺《りゅうげじ》の信如《しんにょ》に淡《あわ》い恋心《こいごころ》を抱《いだ》く。しかし、美登利は大人の女に成長し身を売る日が近づき、信如は寺を継《つ》ぐべく修行に出る。

『にごりえ』

下層社会に生きる女性の哀《あわ》れさを共感を込《こ》めて表現

（あらすじ）新開地《しんかいち》の銘酒屋《めいしゅや》・菊《きく》の井《い》の酌婦《しゃくふ》は、泥沼《どろぬま》の生活から抜《ぬ》け出そうとする。そのお力《りき》に入れ揚《あ》げた末、落ちぶれた蒲団屋《ふとんや》の源七《げんしち》は、彼女《かのじょ》のことが忘れられず、意見した女房《にょうぼう》・子どもを追い出してしまう。そして、新しいなじみ客のできたお力《りき》を刺《さ》し殺し、自らも割腹《かっぷく》自殺する。

島崎藤村《しまざきとうそん》

［一八七二～一九四三◉現在の岐阜県生まれ］　小説　詩

浪漫《ろうまん》主義の詩人から本格的な自然主義作家へ。

代表作

『若菜集《わかなしゅう》』『破戒《はかい》』『春《はる》』『家《いえ》』『新生《しんせい》』『嵐《あらし》』『夜明《よあ》け前《まえ》』など。

作品紹介

『破戒《はかい》』

自然主義文学の代表的作品

（あらすじ）教員・瀬川丑松《せがわうしまつ》は被差別《ひさべつ》部落の出身で、父からは素性《すじょう》を隠《かく》せと戒《いまし》められていた。社会の不合理に煩悶《はんもん》する丑松だが、出自を明かし偏見《へんけん》と戦っていた同郷の猪子連太郎《いのこれんたろう》の死を契機《けいき》に、個人の自我に見覚め、決然として素性を告白し、教職を辞して新天地テキサスに旅立った。

『春《はる》』

「文学界《ぶんがくかい》」同人の青春群像を描《えが》く自伝的小説

（あらすじ）恋《こい》に行きづまり放浪《ほうろう》していた岸本捨吉《きしもとすてきち》は、文学を志す仲間のもとに戻《もど》る。しかし彼《かれ》らを待っていたのは青春の悲哀《ひあい》で、仲間の一人・青木《あおき》は理想と現実の矛盾《むじゅん》に自死を選ぶ。生活の重荷を感じた捨吉は一切を捨て、東北の学校へ赴任《ふにん》する。

志賀直哉《しがなおや》

［一八八三～一九七一◉宮城県生まれ］　小説

私小説的作風で知られる、白樺派《しらかばは》の独創的作家。

代表作

『清兵衛《せいべえ》と瓢簞《ひょうたん》』『城《き》の崎《さき》にて』『和解《わかい》』『小僧《こぞう》の神様《かみさま》』『暗夜行路《あんやこうろ》』など。

作品紹介

『城《き》の崎《さき》にて』

生と死について感じた素直な心境を描《えが》く

（あらすじ）電車にはねられ、けがの養生で城の崎温泉に来た自分は、そこでたまたま蜂《はち》、鼠《ねずみ》、蠑螈《いもり》の死を目《ま》の当たりにする。偶然《ぐうぜん》死ななかった自分と、動物たちの死……。生と死は両極にあるのではなく、それほど差はないという感慨《かんがい》をもつ。

『暗夜行路《あんやこうろ》』

精神の平安を求め、苦悩《くのう》する主人公の内面の成長

（あらすじ）自分が祖父と母の不義により生まれた子であることを知った時任謙作《ときとうけんさく》は苦悩する。やがて結婚《けっこん》するものの、妻・直子《なおこ》も不義を犯し、彼《かれ》を苦しめる。鳥取《とっとり》の大山《だいせん》にこもった謙作は、ようやくすべてを許せる心境に達するのであった。

芥川龍之介《あくたがわりゅうのすけ》

[一八九二〜一九二七◉東京都生まれ]　小説

近代的人間の深層に迫《せま》った、新思潮派《しんしちょうは》の中心的存在。

代表作

『鼻《はな》』『羅生門《らしょうもん》』『地獄変《じごくへん》』『藪《やぶ》の中《なか》』『河童《かっぱ》』『歯車《はぐるま》』『侏儒《しゅじゅ》の言葉《ことば》』など。

作品紹介

『鼻《はな》』

傍観者《ぼうかんしゃ》の利己主義を諧謔《かいぎゃく》的に描《えが》く

（あらすじ）異様に長い鼻の持ち主である禅智内供《ぜんちないぐ》は、傷つけられる自尊心に悩《なや》んでいた。ある日鼻を短くする秘法を試し成功するが、周囲の人々からますます嘲笑《ちょうしょう》される。やがて元どおり長くなった鼻に、内供は晴ればれとした心もちが戻《もど》るのを感じた。

『羅生門《らしょうもん》』

善悪に徹底《てってい》しえない人間のエゴイズム

（あらすじ）平安朝《へいあんちょう》末期のある雨の夕暮れどき、主人から暇《ひま》を出された下人《げにん》が、羅生門の楼上《ろうじょう》で女の死体の髪《かみ》を抜《ぬ》く老婆《ろうば》を目撃《もくげき》する。老婆から生きるための悪を正当化する言葉を聞いた下人は、自らも決然として老婆の着物をはぎとり、闇《やみ》の中へと逃《に》げ去る。

谷崎潤一郎《たにざきじゅんいちろう》

[一八八六〜一九六五◉東京都生まれ]　小説

豊かな感性をもつ耽美派《たんびは》作家。

代表作

『刺青《しせい》』『異端者《いたんしゃ》の悲《かな》しみ』『痴人《ちじん》の愛《あい》』『春琴抄《しゅんきんしょう》』『細雪《ささめゆき》』『鍵《かぎ》』など。

作品紹介

『痴人《ちじん》の愛《あい》』

性の力による秩序《ちつじょ》の崩壊《ほうかい》を描《えが》く

（あらすじ）生真面目《きまじめ》な会社員・河合譲治《かわいじょうじ》はカフェで見初《みそ》めた一五歳《さい》の少女ナオミを理想の女性に教育し、妻にしようとする。しかしナオミは魔性《ましょう》に目覚め、若い男との浮気《うわき》に走る。譲治は絶縁《ぜつえん》を決意するものの、ナオミの妖艶《ようえん》な魅力《みりょく》に屈《くっ》する。

『春琴抄《しゅんきんしょう》』

古典的情緒《じょうちょ》の中で描かれる、献身《けんしん》的な愛

（あらすじ）幼い頃《ころ》に失明した春琴は美貌《びぼう》の持ち主で、琴三弦《ことさんげん》の名手となる。春琴はある夜、何者かに熱湯をかけられ顔にやけどを負うが、彼女《かのじょ》に献身的に仕えてきた佐助《さすけ》は自らの目を針で突《つ》き、美しいままの春琴を脳裏に描きつつ彼女の死まで仕えた。

井伏鱒二《いぶせますじ》

［一八九八〜一九九三◉広島県生まれ］ 小説

観察眼に優《すぐ》れた新興芸術派。

代表作 『山椒魚《さんしょううお》』『ジョン万次郎漂流記《まんじろうひょうりゅうき》』『遥拝隊長《ようはいたいちょう》』『黒《くろ》い雨《あめ》』など。

作品紹介

『山椒魚《さんしょううお》』

孤独《こどく》や愚《おろ》かさ、不条理をユーモラスに描《えが》く

（あらすじ）山椒魚は、岩屋にすむ二年間のうちに大きく発育し、気づいたときには頭がつかえて出口を通れなくなっていた。狼狽《ろうばい》し、悲しみに暮れる山椒魚だがどうにもならない。やがて岩屋に迷い込《こ》んできた蛙《かえる》を自分と同じように閉じ込めてしまう。

『黒《くろ》い雨《あめ》』

非人道的な原爆《げんばく》投下を静かな語り口で告発する

（あらすじ）原爆の一瞬《いっしゅん》の閃光《せんこう》で広島《ひろしま》は阿鼻叫喚《あびきょうかん》の巷《ちまた》と化す。数年後、故郷の村で穏《おだ》やかに暮らしていた矢須子《やすこ》に縁談《えんだん》が持ち上がるが、原爆症《しょう》の兆候《ちょうこう》が現れ忍苦《にんく》の生活が始まる。彼女《かのじょ》は原爆投下直後の市内に入り「黒い雨」に打たれていたのであった。

川端康成《かわばたやすなり》

［一八九九〜一九七二◉大阪府生まれ］ 小説

優雅《ゆうが》な文体で日本の美を追求した新感覚派。

代表作 『伊豆《いず》の踊子《おどりこ》』『禽獣《きんじゅう》』『雪国《ゆきぐに》』『千羽鶴《せんばづる》』『山《やま》の音《おと》』『古都《こと》』など。

作品紹介

『伊豆《いず》の踊子《おどりこ》』

純粋無垢《じゅんすいむく》な踊り子に抱《いだ》く青春の恋《こい》

（あらすじ）学生の「私」は天城峠《あまぎとうげ》で旅芸人の一行と出会い、清純で美しい踊り子に心惹《ひ》かれる。旅をともにするうちに、孤独《こどく》でゆがんでいた私の心はいやされていく。下田《しもだ》で一行と別れた私の目には、他者への無私の感謝の気持ちから涙《なみだ》があふれていた。

『雪国《ゆきぐに》』

雪国の風物を背景に、美しき徒労を描《えが》く

（あらすじ）島村《しまむら》は雪深い温泉町で出会った芸者・駒子《こまこ》に惹かれ、数年の間にたびたび訪れるが、刹那的《せつなてき》な愛情を抱くにとどまる。また島村は、年若い葉子《ようこ》の美しさにも心惹かれている。ある冬、火事で二階から投げ出された葉子を駒子は抱《だ》きしめる。

太宰治《だざいおさむ》

［一九〇九〜一九四八◉青森県生まれ］

絶望と虚無《きょむ》を根底に、道化の精神を貫《つらぬ》いた無頼派《ぶらいは》。

小説

代表作

『富嶽百景《ふがくひゃっけい》』『走《はし》れメロス』『津軽《つがる》』『斜陽《しゃよう》』『人間失格《にんげんしっかく》』など。

作品紹介

『人間失格《にんげんしっかく》』

愛と信頼《しんらい》を求めながらも、社会に疎外《そがい》されていく自身の内面を描《えが》く

（あらすじ）人や世間を恐《おそ》れて自閉的な世界に身を置く大庭葉蔵《おおばようぞう》は、「道化」によって内心の不安と恐怖《きょうふ》を隠《かく》し、他人と結び付こうとする。しかし、内面の大いなる苦悩《くのう》から、人間として生きる自信を失ってしまう。

『斜陽《しゃよう》』

滅亡《めつぼう》の果ての人間性の改革を希求した、太宰文学最大のロマン

（あらすじ）離婚《りこん》歴のあるかず子が母親と暮らす伊豆《いず》の山荘《さんそう》に、弟の直治《なおじ》が復員してくるが、彼《かれ》は退廃的《たいはいてき》な小説家・上原《うえはら》の取り巻きとなる。やがて老母が亡くなり、直治も自殺で世を去るが、かず子はおなかに上原の子を宿し、一人で産み育てる決意をする。

大江健三郎《おおえけんざぶろう》

［一九三五〜◉愛媛県生まれ］

豊かな想像力で戦後の社会と人間を描《えが》く。

小説　評論

代表作

『飼育《しいく》』『芽《め》むしり仔撃《こう》ち』『個人的《こじんてき》な体験《たいけん》』『ヒロシマ・ノート』『万延元年《まんえんがんねん》のフットボール』など。

作品紹介

『飼育《しいく》』

黒人兵を「飼育」する少年らと、大人たち

（あらすじ）第二次世界大戦中、墜落《ついらく》した米軍飛行機の黒人兵が村人たちに捕《と》らえられた。黒人兵に親しみを感じる「僕《ぼく》」だが、ある日、人質として地下倉に閉じ込《こ》められてしまう。「僕」は無事救出されるが、その過程で父から見放されたことに衝撃《しょうげき》を受ける。

『ヒロシマ・ノート』

広島の悲惨《ひさん》と威厳《いげん》の記録

（内容）被爆《ひばく》者としてではなく、一人の生を生きた人間として死を迎《むか》えたいと願う人々。生命の抵抗《ていこう》力の本質的な部分に大きな欠落をもたらした原爆のあと、絶望せず、過度の希望をもたず、日々の仕事を続ける日本人への連帯を表明する一連の記録。

小林多喜二《こばやしたきじ》

［一九〇三～一九三三◉秋田県生まれ］

小説

国家権力と戦い続けたプロレタリア文学作家。

代表作

『一九二八年《ねん》三月《がつ》十五日《にち》』『蟹工船《かにこうせん》』『不在地主《ふざいじぬし》』『党生活者《とうせいかつしゃ》』など。

作品紹介

『一九二八年《ねん》三月《がつ》十五日《にち》』

共産党員の一斉《いっせい》検挙をつづった記録文学

（あらすじ）龍吉《たつきち》は妻子がありながらも党の活動にのめり込《こ》み、三度目の検挙で教員の職も辞することになる。三月十五日の未明にも警察に連行され、ひどい拷問《ごうもん》を受けるが、多くの同志の革命運動家とともに不屈《ふくつ》の精神で耐《た》え、闘《たたか》いを続けるのであった。

『蟹工船《かにこうせん》』

プロレタリア文学に新たな可能性を開いた傑作《けっさく》

（あらすじ）北洋で漁から加工までを担《にな》う蟹工船。巨利《きょり》は資本家に搾《さく》取《しゅ》され、労働者は劣悪《れつあく》な環境下《かんきょうか》にあった。ストライキに入るものの、帝国《ていこく》海軍の銃剣《じゅうけん》に敗れる労働者。自分たちの味方は自分たちしかいないと悟《さと》った彼《かれ》らは再び立ち上がる。

松本清張《まつもとせいちょう》

［一九〇九～一九九二◉福岡県生まれ］

小説

幅広《はばひろ》い素材の推理小説で社会問題を追及《ついきゅう》。

代表作

『或《あ》る「小倉日記《こくらにっき》」伝《でん》』『点《てん》と線《せん》』『ゼロの焦点《しょうてん》』『けものみち』など。

作品紹介

『或《あ》る「小倉日記《こくらにっき》」伝《でん》』

生き難《がた》い世の中を誠実に生きる、青年の姿を描《えが》く

（あらすじ）体が不自由な耕作《こうさく》は孤独《こどく》な青年だったが、明晰《めいせき》な頭脳を持ち、母・ふじの協力を得つつ、謎《なぞ》とされていた小倉《こくら》在住時代の森《もり》鷗外《おうがい》の研究に一途《いちず》に打ち込《こ》む。耕作は戦後衰弱《すいじゃく》し、息を引き取るが、その翌年東京《とうきょう》で鷗外の『小倉日記』が発見された。

『点《てん》と線《せん》』

推理小説ブームを巻き起こした社会派ミステリー

（あらすじ）博多郊外《はかたこうがい》・香椎《かしい》の海岸で、男女の死体が発見される。一見、心中事件のように思われたが、裏には社会をにぎわす汚職《おしょく》問題が絡《から》んでおり、それは殺人事件であった。容疑者は複数であったが、そのトリックを捜査陣《そうさじん》が時刻表をテコに崩《くず》していく。

坪内逍遥《つぼうちしょうよう》

［一八五九〜一九三五◉現在の岐阜県生まれ］

小説　評論

江戸《えど》後期の文芸的影響《えいきょう》を受けた多彩な活動。

代表作

『小説神髄《しょうせつしんずい》』『当世書生気質《とうせいしょせいかたぎ》』など。

作品紹介

『小説神髄《しょうせつしんずい》』

写実主義を提唱した小説論

（内容）上巻に小説総論、小説の主眼、小説の種類など、下巻に小説法則総論、文体論、時代小説の脚色《しくみ》、主人公の設置などを収録。それまでの勧善懲悪《かんぜんちょうあく》主義を排《はい》し、小説において、心情と情景描写《びょうしゃ》を写実的に丁寧《ていねい》に行うべきことを唱えた。

その後の近代小説のあり方に多大な影響を与《あた》えた。

二葉亭四迷《ふたばていしめい》

［一八六四〜一九〇九◉現在の東京都生まれ］

小説

国際問題にも関心を向けた写実主義作家。

代表作

『小説総論《しょうせつそうろん》』『浮雲《うきぐも》』『平凡《へいぼん》』など。

作品紹介

『浮雲《うきぐも》』

明治のインテリの将来を予見する近代小説

（あらすじ）叔母《おば》の家に仮住まいをしている文三《ぶんぞう》は、大学を卒業し官員の職を得る。しかし、自尊心が高く、上司にへつらうことができずに免職《めんしょく》になる。好意を寄せ合っていた従妹《いとこ》のお勢《せい》は、軽薄《けいはく》な才子・昇《のぼる》に心を移していく。文三は不安と焦燥《しょうそう》に苦悩《くのう》する。

『浮雲』は、話し言葉を生かした「〜だ調」の言文一致《げんぶんいっち》体で書かれ、日本近代文学の先《せん》駆《く》とされた作品である。

幸田露伴《こうだろはん》

［一八六七〜一九四七◉現在の東京都生まれ］

小説

理想主義的な擬古典派《ぎこてんは》。

代表作

『風流仏《ふうりゅうぶつ》』『五重塔《ごじゅうのとう》』『風流微塵蔵《ふうりゅうみじんぞう》』『天《そら》うつ浪《なみ》』など。

作品紹介

『五重塔《ごじゅうのとう》』

五重塔建立《こんりゅう》に心血を注ぐ大工の姿を描《えが》く

（あらすじ）腕利《うでき》きだが世渡《よわた》り下手の大工・十兵衛《じゅうべえ》は「のっそり」とさげすまれていた。五重塔建立のうわさに、彼《かれ》は「ぜひ自分の手で」と寺の上人《しょうにん》に哀訴《あいそ》、苦難の末、独力で見事に完成させる。落成式の前夜、嵐《あらし》が来るが、十兵衛は夜通し塔を守護する。

義理と日常性を捨てて自我を貫《つらぬ》く、男の理想像を追求した小説。

国木田独歩《くにきだどっぽ》

[一八七一〜一九〇八◉千葉県生まれ]

小説 詩

抒情的《じょじょうてき》リアリズムから独自の自然主義へ。

代表作

『武蔵野《むさしの》』『忘《わす》れえぬ人々《ひとびと》』『牛肉《ぎゅうにく》と馬鈴薯《ばれいしょ》』など。

作品紹介

『武蔵野《むさしの》』

武蔵野の風物を清新に描《えが》く

(あらすじ)武蔵野に強く惹《ひ》かれる「自分」。昔の武蔵野にも思いをはせながら、ロシアの文豪《ぶんごう》・ツルゲーネフの詩にならい、今の武蔵野の落葉林などの趣《おもむき》がすばらしいとして、自然・風物の中に詩を見出《みいだ》す。豊かな武蔵野の自然の中を道に迷うことを苦にせず、縦横にあてもなく歩くことによって、必ず満足が得られるとする。

田山花袋《たやまかたい》

[一八七一〜一九三〇◉群馬県生まれ]

小説

孤独《こどく》と愛欲の中で彷徨《ほうこう》した、自然主義の代表的作家。

代表作

『蒲団《ふとん》』『生《せい》』『田舎教師《いなかきょうし》』など。

作品紹介

『蒲団《ふとん》』

自然主義文学を方向づけた告白小説

(あらすじ)妻子ある作家・竹中《たけなか》のもとに芳子《よしこ》が内弟子《うちでし》として来る。竹中は若く美しい芳子に惹《ひ》かれるが、彼女《かのじょ》に学生との恋《こい》を打ち明けられ、嫉妬《しっと》心から破門し故郷に帰す。竹中は恋しさのあまり、芳子が残した蒲団のにおいをかぎ、顔をうずめて泣いた。

『田舎教師《いなかきょうし》』

孤独な青年のありのままの姿を描《えが》く

(あらすじ)貧しい代用教員の清三《せいぞう》は、自分の夢もかなえられずに、絶望と孤独の中で死んでいく。

泉鏡花《いずみきょうか》

[一八七三〜一九三九◉石川県生まれ]

小説

幻想的《げんそうてき》な世界を描《えが》き出す観念小説家。

代表作

『夜行巡査《やこうじゅんさ》』『高野聖《こうやひじり》』『歌行燈《うたあんどん》』など。

作品紹介

『高野聖《こうやひじり》』

高野山《さん》の旅の僧《そう》が語る幽玄《ゆうげん》な怪異《かいい》談

(あらすじ)飛騨《ひだ》から信州《しんしゅう》への峠《とうげ》越えで、道を間違《まちが》えた薬売りの後を追う僧は山家にたどりつく。そこに住む美しい婦人は、実は彼女《かのじょ》に心を寄せる男を鳥獣《ちょうじゅう》に変えてしまう魔力《まりょく》の持ち主であった。仏法の加護《かご》と慈悲《じひ》により、妄念《もうねん》を起こさず助かった僧は、一目散に里へ下った。

有島武郎《ありしまたけお》 小説

［一八七八〜一九二三◉東京都生まれ］

「白樺《しらかば》」創刊に加わった作家。

代表作

『カインの末裔《まつえい》』『或《あ》る女《おんな》』『生《うま》れ出《い(ず)》づる悩《なや》み』『小《ちい》さき者《もの》へ』など。

作品紹介

『或《あ》る女《おんな》』

近代的自我に目覚めた女性の半生を描《えが》く

（あらすじ）葉子《ようこ》は初恋《はつこい》の相手と結婚《けっこん》するが、たちまち幻滅《げんめつ》して破局する。その後アメリカにいる婚約者・木村《きむら》を訪ねる船中で、事務長・倉地《くらち》と関係をもち、そのまま帰国し同棲《どうせい》する。しかしのちに倉地は姿をくらまし、葉子は病に苦しみながらこの世を去る。

葉子は、国木田独歩《くにきだどっぽ》の妻であった信子《のぶこ》がモデルである。

永井荷風《ながいかふう》 小説

［一八七九〜一九五九◉東京都生まれ］

洗練された情緒《じょうちょ》を漂《ただよ》わせる耽美派《たんびは》。

代表作

『あめりか物語《ものがたり》』『ふらんす物語《ものがたり》』『濹東綺譚《ぼくとうきたん》』『断腸亭日乗《だんちょうていにちじょう》』など。

作品紹介

『あめりか物語《ものがたり》』

旅行記の体裁をとって描《えが》かれる異国の風物

（あらすじ）米国のシカゴ、ニューヨークを経て、秋には首都ワシントンへと「自分」は彷徨《ほうこう》してきた。牧場の夕暮れの美しい色彩《しきさい》など、異国の風物への尽《つ》きることのない清新な感慨《かんがい》を描《えが》く。

『濹東綺譚《ぼくとうきたん》』

時代の風俗《ふうぞく》・人情と季節の推移

（あらすじ）老作家大江《おおえ》は、娼婦《しょうふ》お雪《ゆき》と知り合うが、お雪の愛情が自分の世界をおびやかすのを恐《おそ》れ、去っていく。

武者小路実篤《むしゃのこうじさねあつ》 小説

［一八八五〜一九七六◉東京都生まれ］

挫折《ざせつ》を知らない明るさをもつ、白樺派《しらかばは》の中心的作家。

代表作

『お目出《めで》たき人』『友情《ゆうじょう》』『真理先生《しんりせんせい》』など。

作品紹介

『友情《ゆうじょう》』

人間のエゴを力強く肯定《こうてい》

（あらすじ）脚本家《きゃくほんか》志望の野島《のじま》は、杉子《すぎこ》に恋《れん》愛《あい》感情を抱《いだ》く。野島の親友・大宮《おおみや》は野島の恋《こい》の成就《じょうじゅ》のために誠意を尽《つ》くすが、杉子の愛はそんな大宮に注がれる。大宮は野島への友情のためにパリへと旅立つが、ついには野島を裏切り、杉子への愛を選ぶ。

『真理先生《しんりせんせい》』

人生を肯定《こうてい》し、理想的人間を描《えが》く

（あらすじ）真理先生は、独身男で無欲に暮らす。その周辺にも個性的で誠実な人物たちが集《つど》う。

菊池寛《きくちかん》

［一八八八〜一九四八◉香川県生まれ］

小説

戯曲《ぎきょく》から出発した通俗《つうぞく》小説家。

代表作

『父帰《ちちかえ》る』『恩讐《おんしゅう》の彼方《かなた》に』『真珠夫人《しんじゅふじん》』など。

作品紹介

『恩讐《おんしゅう》の彼方《かなた》に』

仇討《あだう》ちの執念《しゅうねん》を超《こ》える偉業《いぎょう》と人情

（あらすじ）主人殺しの罪を犯した市九郎《いちくろう》は、主人の妾《めかけ》・お弓《ゆみ》と逃亡《とうぼう》。さらに悪事を重ねるが、のちに出家し、人の命を奪《うば》う難所の岩壁《がんぺき》に道を通そうと精進《しょうじん》する。そこへ、親の仇討ちのために主人の子・実之助《じつのすけ》がやって来る。市九郎の悲願を知った実之助は、葛藤《かっとう》の末、岩掘《ほ》りに加わり、市九郎とともに成就《じょうじゅ》に感涙《かんるい》する。そのとき、実之助から仇討ちの心は消え去っていた。

佐藤春夫《さとうはるお》

［一八九二〜一九六四◉和歌山県生まれ］

小説　詩

反骨精神に富んだ浪漫《ろうまん》主義の大家。

代表作

『田園《でんえん》の憂鬱《ゆううつ》』『都会《とかい》の憂鬱《ゆううつ》』『殉情詩集《じゅんじょうししゅう》』など。

作品紹介

『田園《でんえん》の憂鬱《ゆううつ》』

詩情豊かに倦怠《けんたい》感を描《えが》く

（あらすじ）妻と二匹《ひき》の犬、一匹の猫《ねこ》とともに田舎《いなか》に移り住んだ「彼《かれ》」は、神経衰弱《すいじゃく》による幻覚《げんかく》や幻聴《げんちょう》、不眠《ふみん》に悩《なや》まされながら静かに日々を送っている。彼の幻覚・幻聴は「おお、薔薇《そうび》、汝病《なんじや》めり！」というリフレインで頂点に達する。

『殉情詩集《じゅんじょうししゅう》』

文語定型詩でうたった恋情《れんじょう》

（内容）若き日の恋愛と、のちの妻となる千代子《ちよこ》への想《おも》いをつづった詩集。

横光利一《よこみつりいち》

［一八九八〜一九四七◉福島県生まれ］

小説

新感覚派から、新心理主義へ転回。

代表作

『春《はる》は馬車《ばしゃ》に乗《の》って』『上海《シャンハイ》』『機械《きかい》』など。

作品紹介

『春《はる》は馬車《ばしゃ》に乗《の》って』

美しくも悲しい、病妻物《びょうさいもの》の代表作

（あらすじ）「彼《かれ》」は海辺の町で肺病の妻の看病をしている。時には「檻《おり》の中の理論」で対立しながらも、妻の食欲のために鳥の臓物《ぞうもつ》を求める彼。しかし妻は次第に食欲をなくし、聖書を求め、ある日早春の匂《にお》いの花束に顔を埋《うず》めると、恍惚《こうこつ》と目を閉じた。

『機械《きかい》』

新心理的手法の新しい形式の小説

（内容）工場で働く「私」は、いざこざのあった同僚《どうりょう》の死に際し、自分自身の心に殺人の疑いを向ける。

梶井基次郎《かじいもとじろう》

〔一九〇一～一九三二◉大阪府生まれ〕

独自の美意識が冴《さ》える心境小説家。

小説

代表作

『檸檬《れもん》』『城《しろ》のある町《まち》にて』『冬《ふゆ》の蠅《はえ》』など。

作品紹介

『檸檬《れもん》』

鮮《あざ》やかな色彩《しきさい》が目に浮《う》かぶ短編小説

（あらすじ）憂鬱《ゆううつ》に取りつかれた「私」はある日檸檬を一つ買い求めた。久々の爽快感《そうかいかん》を楽しむ私はその足で洋書店に向かい、美術書を積み上げた頂に檸檬を置き、何食わぬ顔で外に出た。その檸檬が爆発《ばくはつ》する様子を思い浮かべ、私は悦《えつ》に入る。

『冬《ふゆ》の蠅《はえ》』

心細く憂鬱《ゆううつ》な心象風景

（あらすじ）温泉宿で療養《りょうよう》する「私」は、いつしか一匹《いっぴき》もいなくなってしまった蠅に、自分の運命を重ね合わせる。

中島敦《なかじまあつし》

〔一九〇九～一九四二◉東京都生まれ〕

格調高い文体と深い教養に根ざした、芸術的抵抗《ていこう》派《は》。

小説

代表作

『山月記《さんげつき》』『名人伝《めいじんでん》』『李陵《りりょう》』など。

作品紹介

『山月記《さんげつき》』

近代人の自意識と人間存在の不条理を追求

（あらすじ）中国の唐の時代、役人の李徴《りちょう》は詩作で名を上げようとしたが失敗し、再び役人に戻《もど》る。かつての友は皆《みな》高官になっており、人生に行きづまりを感じる。大成することのなかった自分に苦しみ、旅先で気がつくと一匹《いっぴき》の虎《とら》と化していた彼《かれ》は、偶然《ぐうぜん》再会した友人に、「自分の臆病《おくびょう》で尊大な羞恥心《しゅうちしん》こそが猛獣《もうじゅう》であった」と告げ、詩を口述し、世に伝えるよう頼《たの》むと、姿をくらませた。

坂口安吾《さかぐちあんご》

〔一九〇六～一九五五◉新潟県生まれ〕

伝統を打ち破り、倫理《りんり》を模索《もさく》した無頼《ぶらい》派《は》。

小説 評論

代表作

『白痴《はくち》』『堕落論《だらくろん》』『桜《さくら》の森《もり》の満開《まんかい》の下《した》』など。

作品紹介

『白痴《はくち》』

戦争による退廃《たいはい》と無気力を描《えが》く

（あらすじ）ある晩、伊沢《いざわ》が帰宅すると、隣《となり》の女が押《お》し入れの中に隠《かく》れていたが、伊沢にとって物理的に「女の肉体がふえた」生活になっただけで、精神的変化はなかった。空襲《くうしゅう》の夜、女を抱《かか》えて逃《に》げ延びた伊沢は、「生きるための明日の希望がない」ゆえ、女を「捨てるだけの張り合い」もなく、ただ寒さを感じる。

大岡《おおおか》昇平《しょうへい》

［一九〇九～一九八八◉東京都生まれ］

小説

戦争文学を中心に、人間存在の重厚さを探る。

代表作

『俘虜記《ふりょき》』『野火《のび》』『武蔵野夫人《むさしのふじん》』など。

作品紹介

『俘虜記《ふりょき》』

極限状況《じょうきょう》における人間行動と心理を精密に描写《びょうしゃ》

(あらすじ)フィリピンのミンドロ島の戦場。目の前のアメリカ兵を撃《う》つことができなかった「私」は、マラリアにかかり、一人取り残される。やがて私は捕虜《ほりょ》となり収容所へ送られるが、そこでは日本軍捕虜のエゴイズムや狡猾《こうかつ》といった、堕落《だらく》した姿が展開されていた。

戦争という状況が人の心理にどう影響《えいきょう》を及《およ》ぼすかを分析《ぶんせき》した小説。

三島《みしま》由紀夫《ゆきお》

［一九二五～一九七〇◉東京都生まれ］

小説

独特の観念的美の世界を構築した早熟の天才。

代表作

『金閣寺《きんかくじ》』『仮面《かめん》の告白《こくはく》』『豊饒《ほうじょう》の海《うみ》』など。

作品紹介

『金閣寺《きんかくじ》』

美への憧憬《どうけい》を抱《いだ》く青年の孤独《こどく》と疎外《そがい》感

(あらすじ)吃音《きつおん》に悩《なや》む孤独な学僧《がくそう》・溝口《みぞぐち》は、父から「金閣ほど美しいものはこの世にない」と聞かされて育ち、金閣寺の美に強いあこがれを抱く。だが、その存在は決して彼《かれ》を受け入れようとはしなかった。疎外感に苦しむ溝口は、自己の内面だけにその美を永遠に記すため、金閣寺に火をつけてしまう。

実際の放火事件を素材として描《えが》かれた。

武田《たけだ》泰淳《たいじゅん》

［一九一二～一九七六◉東京都生まれ］

小説

物事の本質を追求した戦後派作家。

代表作

『司馬遷《しばせん》』『蝮《まむし》のすゑ《(エ)》』『ひかりごけ』など。

作品紹介

『司馬遷《しばせん》』

『史記《しき》』をもとにした歴史認識の展開

(内容)世界の歴史は政治の歴史であるという認識をもとに書かれた小説。

司馬遷が屈辱的《くつじょくてき》絶望から書いた『史記』の主体は政治的人間であり、そうした人間が皇帝《こうてい》や国王や豪傑《ごうけつ》となって歴史を動かす。それぞれの帝王《ていおう》、諸侯《しょこう》の個別的な存在は、空間的に構成された史記的世界全体の持続性を支えるとした。

井上靖《いのうえやすし》

小説

［一九〇七～一九九一◉北海道生まれ］

ジャーナリスト出身で教養豊かな物語作家。

代表作 『あすなろ物語《ものがたり》』『天平《てんぴょう》の甍《いらか》』『敦煌《とんこう》』など。

作品紹介 『あすなろ物語《ものがたり》』

自伝的な、ひとりの人間の成長物語

（あらすじ）明日は檜《ひのき》になろうと一生懸命《いっしょうけんめい》な「あすなろ」の木を少年・鮎太《あゆた》に示した大学生・加島《かしま》と、鮎太の祖母の妹の子・冴子《さえこ》は心中するが、鮎太は二人の死を乗り越《こ》える決意をする。鮎太はさまざまな人とかかわりながら、感受性豊かに生きていく。

『天平《てんぴょう》の甍《いらか》』

史実を中枢《ちゅうすう》として描《えが》かれた歴史小説

（あらすじ）遣唐使《けんとうし》船《せん》の僧《そう》・普照《ふしょう》は、運命に翻弄《ほんろう》されながらも、やがて高僧・鑑真《がんじん》を伴《ともな》って帰国する。

野間宏《のまひろし》

小説

［一九一五～一九九一◉兵庫県生まれ］

戦前・戦中の暗い時代を、独特の文体で描《えが》き出す。

代表作 『暗《くら》い絵《え》』『青年《せいねん》の環《わ》』『真空地帯《しんくうちたい》』など。

作品紹介 『暗《くら》い絵《え》』

絶望的な革命運動を前に苦悩《くのう》する青春群像

（あらすじ）ブリューゲルの「暗い絵」を見る左翼《さよく》の学生・深見進介《ふかみしんすけ》。彼《かれ》の友人たちは戦争へ向かう国家に反対・抵抗《ていこう》し、死んでいく。彼らを追うことのできない深見は、エゴだと知りつつも「自己完成の追究」を模索《もさく》する。

そうした彼らと深見の姿はさながら「暗い絵」の風景である。

安岡章太郎《やすおかしょうたろう》

小説

［一九二〇～二〇一三◉高知県生まれ］

私小説的な作風で知られる「第三《だいさん》の新人《しんじん》」の代表格。

代表作 『ガラスの靴《くつ》』『海辺《かいへん》の光景《こうけい》』『幕《まく》が下《お》りてから』など。

作品紹介 『ガラスの靴《くつ》』

戦後間もない時代を背景に描《えが》かれる、恋愛《れんあい》の葛藤《かっとう》

（あらすじ）猟銃店《りゅうじゅうてん》で夜間警備の仕事をする「僕《ぼく》」は、米人中佐《ちゅうさ》宅で働く悦子《えつこ》と親しくなる。二人は愉快《ゆかい》な夏休みを過ごすが、夏も終わるころ、彼女《かのじょ》と一つになろうとした僕を悦子は拒絶《きょぜつ》する。その後、人形のように体を投げ出す悦子に僕は困惑《こんわく》し、無気力になる。

山本《やまもと》周五郎《しゅうごろう》

小説

［一九〇三〜一九六七◉山梨県生まれ］

次々と新生面を切り拓《ひら》いた庶民派《しょみんは》。

代表作

『樅《もみ》ノ木《き》は残《のこ》った』『青《あお》べか物語《ものがたり》』『さぶ』など。

作品紹介

『樅《もみ》ノ木《き》は残《のこ》った』

江戸《えど》時代に起こった伊達藩《だてはん》のお家騒動《いえそうどう》を描《えが》く

（あらすじ）幕府の老中・酒井雅楽頭《さかいうたのかみ》と伊達藩幼君後見役・伊達兵部《だてひょうぶ》は、藩の分割《ぶんかつ》、乗っ取りの陰謀《いんぼう》をもつ。それを阻止《そし》しようとした家老・原田甲斐《はらだかい》は本心を偽《いつわ》って、兵部の懐《ふところ》に入る。そして汚名《おめい》・悪名《あくめい》を甘《あま》んじて受け、忍従《にんじゅう》と孤独《こどく》のうちに自らを犠牲《ぎせい》にして、藩の安泰《あんたい》を守る。

北杜夫《きたもりお》

小説

［一九二七〜二〇一一◉東京都生まれ］

鋭敏《えいびん》な感覚とユーモアで多彩《たさい》な執筆《しっぴつ》活動を展開。

代表作

『夜《よる》と霧《きり》の隅《すみ》で』『どくとるマンボウ航海《こうかい》記《き》』『楡家《にれけ》の人《ひと》びと』など。

作品紹介

『夜《よる》と霧《きり》の隅《すみ》で』

ナチスドイツに抵抗《ていこう》する医師の姿

（あらすじ）ナチスドイツではユダヤ人排斥《はいせき》のみならず、精神を病んだ患者《かんじゃ》の安死術が行われていた。不条理を感じた医師・ケルセンブロックは患者を救うためさまざまな治療《ちりょう》を試みるが、力及《およ》ばず、不治の患者は輸送されていく。劇的に回復した日本人・高島《たかしま》も自殺してしまう。

三浦哲郎《みうらてつお》

小説

［一九三一〜二〇一〇◉青森県生まれ］

血縁《けつえん》の問題を文学の問題として追求。

代表作

『忍《しの》ぶ川《かわ》』『海《うみ》の道《みち》』『拳銃《けんじゅう》と十五《じゅうご》の短篇《たんぺん》』など。

作品紹介

『忍《しの》ぶ川《かわ》』

互《たが》いの家族問題を受け入れて結ばれる二人

（あらすじ）「私」は料亭《りょうてい》「忍ぶ川」で働く志乃《しの》と親しくなる。私は姉の自殺、兄の失踪《しっそう》という過去を背負い、志乃は遊郭《ゆうかく》の射的屋の娘《むすめ》として生まれながら、けなげに生きていた。私は、志乃の素直な好意に心を開いてゆく。志乃の父の死に目に立ち会った私は志乃を故郷に連れ帰り、二人は結婚する。

司馬遼太郎《しばりょうたろう》

小説

［一九二三〜一九九六◉大阪府生まれ］

説得力のある「司馬史観《しばしかん》」による、歴史小説家。

代表作

『竜馬《りょうま》がゆく』『国盗《くにと》り物語《ものがたり》』『坂《さか》の上《うえ》の雲《くも》』など。

作品紹介

『竜馬《りょうま》がゆく』

幕末の奇蹟的《きせきてき》人物・竜馬の波乱の生涯《しょうがい》

（あらすじ）土佐《とさ》の下級武士の次男として生まれた竜馬は、型破りの思想、行動力、人間的魅力《みりょく》の持ち主であった。不可能とされた薩長同盟《さっちょうどうめい》を成し遂《と》げ、大政奉還《たいせいほうかん》という無血革命を実現させた。しかしその直後、幕府派の恨《うら》みを一身に浴び、暗殺されてしまう。時代が求めた英雄《えいゆう》として彗星《すいせい》のごとく現れ、そしてこの世を去っていったのである。

開高健《かいこうたけし》

小説

［一九三〇〜一九八九◉大阪府生まれ］

人間疎外《そがい》の問題や、政治・社会問題を斬新《ざんしん》な手法で追及《ついきゅう》。

代表作

『裸《はだか》の王様《おうさま》』『輝《かがや》ける闇《やみ》』『夏《なつ》の闇《やみ》』など。

作品紹介

『裸《はだか》の王様《おうさま》』

画《え》による子供の心の救済と、大人社会の矛盾《むじゅん》

（あらすじ）「私」の画塾《がじゅく》にきた社長の息子《むすこ》・太郎《たろう》は心を閉ざして、画《え》を描《えが》こうとしない。しかし、私との交流で心を開いた太郎は、画に対する興味を示し始め、児童画のコンクールで「裸の王様」を自分の想像で正直に描く。それをけなした審査《しんさ》員は、主催《しゅさい》者である社長の息子の画と知って狼狽《ろうばい》する。

安部公房《あべこうぼう》

小説 戯曲

［一九二四〜一九九三◉東京都生まれ］

文学的実験を繰《く》り返したアヴァンギャルド作家。

代表作

『壁《かべ》—S《エス》・カルマ氏《し》の犯罪《はんざい》』『砂《すな》の女《おんな》』『箱《はこ》男《おとこ》』など。

作品紹介

『壁《かべ》—S《エス》・カルマ氏《し》の犯罪《はんざい》』

幻想《げんそう》世界を描《えが》いて人間の実存を追求

（あらすじ）ある朝「僕《ぼく》」は自分の名前が思い出せないことに気づく。仕事に出かけると、名刺《めいし》になった僕が自分の席に座っていた。名前を名刺に奪《うば》われてしまったのである。裁判《さいばん》にかけられた僕には逃亡《とうぼう》以外に道はなく、やがて果てしなく成長していく「壁《かべ》」そのものになってしまう。

非現実的な世界を描き、その中に現実の不条理を浮《う》かび上がらせた作品。

遠藤周作《えんどうしゅうさく》

小説

［一九二三～一九九六◉東京都生まれ］

キリスト教を主題にした作品で知られる「第三《だいさん》の新人《しんじん》」。

代表作

『海《うみ》と毒薬《どくやく》』『沈黙《ちんもく》』『死海《しかい》のほとり』など。

作品紹介

『海《うみ》と毒薬《どくやく》』

捕虜《ほりょ》を生体解剖《せいたいかいぼう》した日本人の罪意識を問う

（あらすじ）太平洋戦争末期、病気や空襲《くうしゅう》で、死は日常的だった。大学病院内では権力闘争《とうそう》から米軍捕虜の生体解剖実験が計画される。閉塞感漂《へいそくかんただよ》う大きな時代の流れの中で、医局員の勝呂《すぐろ》は良心の呵責《かしゃく》に苦しみながらも実験に参加してしまう。

『沈黙《ちんもく》』

カトリック信仰《しんこう》の真実の追求

（あらすじ）司祭ロドリゴは、キリシタン禁制の日本で捕《と》らえられ、踏《ふ》み絵のとき、「踏むがいい」という神の声を聞く。

幸田文《こうだあや》

小説　随筆

［一九〇四～一九九〇◉東京都生まれ］

繊細《せんさい》な感性と深い教養を持ち合わせた文章家。

代表作

『流《なが》れる』『おとうと』『みそっかす』など。

作品紹介

『流《なが》れる』

芸者置屋《おきや》の住み込《こ》み家政婦の眼《め》で見た花柳界《かりゅうかい》

（あらすじ）中年女性・梨花《りか》は、芸者置屋で家政婦として働き始める。平凡《へいぼん》な一般《いっぱん》人である梨花にとって、花柳界は人々のさまざまな思惑《おもわく》が交錯《こうさく》し合い、一筋縄《ひとすじなわ》ではいかない世界であった。教養がありしっかり者の梨花は苦労しながらも信頼《しんらい》を得ていくが、やがて新しい出発を決意する。

辻邦生《つじくにお》

小説

［一九二五～一九九九◉東京都生まれ］

高貴な精神を豊かな想像力で描《えが》く、魅力《みりょく》的な小説世界。

代表作

『廻廊《かいろう》にて』『安土往還記《あづちおうかんき》』『背教者《はいきょうしゃ》ユリアヌス』など。

作品紹介

『安土往還記《あづちおうかんき》』

西洋人が見た孤高《ここう》の男・信長《のぶなが》の姿

（あらすじ）戦国の世、尾張《おわり》の大殿《おおとの》・織田《おだ》信長は「事を成す」ため、合理を完璧《かんぺき》に貫《つらぬ》き、自らに厳しい戒律《かいりつ》を課した。比叡山《ひえいざん》の焼き討《う》ち、石山城攻《いしやまじょうぜ》め、長島討伐《ながしまとうばつ》などの非情な殺戮《さつりく》を繰《く》り返す。そして、安土に壮麗《そうれい》な城を築いて、天下統一に近づくが、有力な家臣の一人・光秀《みつひで》の手によって、本能寺《ほんのうじ》ですべてが燃え尽《つ》き、消えていった。

中上健次《なかがみけんじ》

[一九四六〜一九九二◉和歌山県生まれ]

小説

血縁《けつえん》の主題から
永劫《えいごう》の神話の世界を
追求。

代表作

『岬《みさき》』『枯木灘《かれきなだ》』『鳳仙花《ほうせんか》』『千年《せんねん》の愉楽《ゆらく》』『奇蹟《きせき》』など。

作品紹介

『岬《みさき》』

複雑な家族関係と葛藤《かっとう》

(あらすじ)秋幸《あきゆき》は、複雑な家族関係に対する苦悩《くのう》と葛藤の中で暮らしている。父が違《ちが》う兄は今の秋幸と同じ二四歳《さい》で自殺し、姉は結婚《けっこん》しているが、家庭に問題を抱《かか》えている。秋幸は、離《はな》れて暮らす実の父が、別の女に産ませた妹を訪ねる。そして彼女《かのじょ》と交わることにより、己《おの》れを閉塞《へいそく》している何かを乗り越《こ》えようとする。

向田邦子《むこうだくにこ》

[一九二九〜一九八一◉東京都生まれ]

戯曲 随筆 小説

昭和《しょうわ》期の
家族や生活を
名人技で表現。

代表作

『父《ちち》の詫《わ》び状《じょう》』『思《おも》い出《で》トランプ』『冬《ふゆ》の運動会《うんどうかい》』など。

作品紹介

『父《ちち》の詫《わ》び状《じょう》』

家族の思い出をつづったエッセイ集

(内容)頑固《がんこ》で人情家の父。父が夜中に土産《みやげ》の折り詰《づ》めを持ち帰ると子どもたちは決まって起こされた。「さあ、お上がり」と父は上機嫌《じょうきげん》で調子外れの鼻歌を歌いながら、寝《ね》ぼけ眼の子供たちを眺《なが》めていた(「子供たちの夜」)。

父の姿を通して、戦前の昭和の悲喜こもごもを描《えが》いている。

村上春樹《むらかみはるき》

[一九四九〜◉京都府生まれ]

小説

現代の青年に漂《ただよ》う
喪失《そうしつ》感と優しさを
独自の世界観で描《えが》く。

代表作

『風《かぜ》の歌《うた》を聴《き》け』『世界《せかい》の終《お》わりとハードボイルド・ワンダーランド』『ノルウェイの森《もり》』『ねじまき鳥《どり》クロニクル』『騎《き》士《し》団長《だんちょう》殺《ごろ》し』など。

作品紹介

『風《かぜ》の歌《うた》を聴《き》け』

戸惑《とまど》いながら生きる物憂《ものう》い青春の日々

(あらすじ)ある夏、「僕《ぼく》」は帰省し、友人の「鼠《ねずみ》」と再会する。「ジェイズ・バー」でビールを飲みながら無為《むい》な日々を過ごす中、僕は左手の小指のない女の子と親しくなり、また、これまでの人生でかかわった三人のガールフレンドを回想する。

吉本《よしもと》ばなな

［一九六四〜◉東京都生まれ］

小説

現代の「生」の描写《びょうしゃ》に新鮮で独自の感性を発揮する作家。

代表作

『キッチン』『うたかた／サンクチュアリ』『白河夜船《しらかわよふね》』『TUGUMI《つぐみ》』など。

作品紹介

『キッチン』

孤独《こどく》な女性と奇妙《きみょう》な親子の同居生活を描《えが》く

（あらすじ）桜井《さくらい》みかげは唯一《ゆいいつ》の肉親であった祖母を亡くし天涯《てんがい》孤独となるが、祖母の若い知人・田辺雄一《たなべゆういち》とその親（女装した田辺の父）・えり子の家に居候《いそうろう》することになる。みかげは二人の優しさにふれる中で孤独を受け入れ、夢のキッチンのある未来へ思いをはせる。

高村光太郎《たかむらこうたろう》

［一八八三〜一九五六◉東京都生まれ］

詩

口語自由詩の礎《いしずえ》を築いた創作家。

代表作

『道程《どうてい》』『智恵子抄《ちえこしょう》』『典型《てんけい》』など。

作品紹介

『道程《どうてい》』

口語自由詩の記念碑《ひ》的詩集

（内容）「僕《ぼく》の前に道はない／僕の後ろに道は出来る」という一節で知られる「道程」など七六編を収録。「生」を積極的に肯定《こうてい》し、既成《きせい》の道徳観を超《こ》え、自然の摂理《せつり》に従って自由に生きる姿勢と決意を示した。

『智恵子抄《ちえこしょう》』

妻・智恵子との純愛を、格調高く記録

（内容）「智恵子は東京に空が無いといふ《(ウ)》、ほんとの空が見たいといふ《(ウ)》。」（「あどけない話」）など、亡《な》き妻・智恵子との日々を率直にうたう。

萩原朔太郎《はぎわらさくたろう》

［一八八六〜一九四二◉群馬県生まれ］

詩

口語自由詩を完成させた流浪《るろう》の詩人。

代表作

『月《つき》に吠《ほ》える』『青猫《あおねこ》』『氷島《ひょうとう》』など。

作品紹介

『月《つき》に吠《ほ》える』

感覚をそのまま言葉のリズムで表現

（内容）従来の古典的文語詩を排《はい》し、近代詩に新しい分野を拓《ひら》いた詩集。「光る地面に竹が生え、／青竹が生え、／（中略）／青空のもとに竹が生え、／竹、竹、竹が生え。」という「竹」など、五六編を収録。

『氷島《ひょうとう》』

荒廃《こうはい》した生活を文語調でうたいあげる

（内容）鋭《するど》い感覚で「生」の根源を掘《ほ》り下げた詩の数々を収録。「…母なき子供等《ら》は眠《ねむ》り泣き／（中略）／過去は寂寥《せきりょう》の谷に連なり／未来は絶望の岸に向《むか》へり《(エ)》。」など。

北原白秋《きたはらはくしゅう》

［一八八五～一九四二◉福岡県生まれ］

詩 短歌

豊富で柔軟《じゅうなん》な語彙《ごい》を駆使《くし》した詩人。

代表作

『邪宗門《じゃしゅうもん》』『思ひ出《おも(イ)で》』『水墨集《すいぼくしゅう》』『桐《きり》の花《はな》』など。

作品紹介

『邪宗門《じゃしゅうもん》』

二四歳《さい》で世に出た第一詩集

（内容）「邪宗門」は、江戸《えど》時代にキリシタンを意味した言葉。西欧《せいおう》詩への憧《あこが》れや、既《き》成《せい》の権威《けんい》や因習に反する新しい感性をもち、絢爛《けんらん》たる用語を駆使《くし》して、異国情緒《じょうちょ》の漂《ただよ》う明るい憂鬱《ゆううつ》をうたいあげている。

『思ひ出《おも(イ)で》』

詩壇《しだん》での地位を確立した第二詩集

（内容）幼少時代の繊細《せんさい》な感情をうたう。また、故郷を強く想《おも》いながらも、潔く決別しようとする哀傷《あいしょう》に彩《いろど》られる。

室生犀星《むろうさいせい》

［一八八九～一九六二◉石川県生まれ］

詩 小説

不遇《ふぐう》な少年時代を原点にした多彩《たさい》な創作活動。

代表作

『愛《あい》の詩集《ししゅう》』『抒情小曲集《じょじょうしょうきょくしゅう》』『杏《あんず》っ子《こ》』など。

作品紹介

『愛《あい》の詩集《ししゅう》』

人道主義的傾向《けいこう》をみせる第一詩集

（内容）繊細《せんさい》な感情を叙情《じょじょう》豊かにうたう。その根底には、自身の暗い経験に裏打ちされた、貧しい者や孤独《こどく》な者など虐《しいた》げられた者たちに対する愛や親和感が流れている。詩作の時期は第二詩集のあとにあたり、口語自由詩の形式をとる。

『抒情小曲集《じょじょうしょうきょくしゅう》』

日本叙情詩の記念碑《ひ》的意味をもつ第二詩集

（内容）青少年期の情感、自然に寄せる想《おも》いや、都会生活の寂寥《せきりょう》感など、特異な叙情《じょじょう》を文語自由詩の形式で美しくうたっている。

宮沢賢治《みやざわけんじ》

［一八九六～一九三三◉岩手県生まれ］

詩 童話

宗教心にもとづく広い心と宇宙的感覚の持ち主。

代表作

『春《はる》と修羅《しゅら》』『銀河鉄道《ぎんがてつどう》の夜《よる》』『雨《あめ》ニモ負ケズ』など。

作品紹介

『春《はる》と修羅《しゅら》』

内面に潜《ひそ》む暗い想念を表現した壮大《そうだい》な詩集

（内容）農学校時代の作品。若き日の賢治の内面の葛藤《かっとう》が表出されている。輪廻転生《りんねてんせい》思想を信じながら、自分の心象が「修羅」であるという意識にとりつかれている賢治は、特に「無声慟哭《むせいどうこく》」詩編《しへん》では、よき理解者であった妹・トシの死を悲嘆《ひたん》し、死後の行方を詩作を通して解き明かそうと試みている。

（画像：学研刊 現代日本文学アルバム10「宮沢賢治」より）

三好達治《みよしたつじ》

［一九〇〇～一九六四◉大阪府生まれ］

昭和《しょうわ》期を代表する叙情《じょじょう》詩人。

詩

代表作

『測量船《そくりょうせん》』『艸千里《くさせんり》』『駱駝《らくだ》の瘤《こぶ》にまたがって』など。

作品紹介

『測量船《そくりょうせん》』

現代叙情詩の可能性を探った第一詩集

（内容）伝統的叙情に根ざしながらも、新たな試みの中、口語自由詩の表現領域を拡大した。新しい発想と、伝統的に受け継《つ》がれてきた詩の情操とを、わずか二行で見事に表現した「雪《ゆき》」など、三九編を収録。

『艸千里《くさせんり》』

成熟した詩業をまとめた第六詩集

（内容）自らの詩の意味を謙虚《けんきょ》に表明する「枕上口占《ちんじょうこうせん》」を冒頭《ぼうとう》におき、「涙《なみだ》」や「冬《ふゆ》の日《ひ》」など、二二三編の詩を収録。

中原中也《なかはらちゅうや》

［一九〇七～一九三七◉山口県生まれ］

ダダイスムへの共感から出発した早熟な天才。

詩

代表作

『山羊《やぎ》の歌《うた》』『在《あ》りし日《ひ》の歌《うた》』『末黒野《すぐろの》』など。

作品紹介

『山羊《やぎ》の歌《うた》』

強烈《きょうれつ》な個性が漂《ただよ》う第一詩集

（内容）季節の移ろいや過去への追憶《ついおく》、また、気まぐれな愛により傷ついた心や、「生」の倦怠《けんたい》を、美しい言葉で織りなす。

『在《あ》りし日《ひ》の歌《うた》』

死の翌年に出版された第二詩集

（内容）「月夜の晩に、ボタンが一つ／波打《なみうち》際《ぎわ》に、落ちてゐ《（イ）》た。」に始まる「月夜《つきよ》の浜《はま》辺《べ》」など、美しく幻想《げんそう》的な詩や、長男・文《ふみ》也《や》の死を悼《いた》む気持ち、自分の人生を振《ふ》り返った感慨《かんがい》などがうたわれている。

谷川俊太郎《たにかわしゅんたろう》

［一九三一～◉東京都生まれ］

新しい詩風で戦後に明るい青春の詩を芽生えさせた詩人。

詩

代表作

『二十億光年《にじゅうおくこうねん》の孤独《こどく》』『六十二《ろくじゅうに》のソネット』『ことばあそびうた』など。

作品紹介

『二十億光年《にじゅうおくこうねん》の孤独《こどく》』

三好達治《みよしたつじ》に絶賛された第一詩集

（内容）清新な感性を日常的な深みのある言葉の連なりで表現した。新しい戦後叙情《じょじょう》詩の出現とされる。「かなしみ」など五〇編を収録。

『ことばあそびうた』

子供にも親しまれる絵本詩集

（内容）頭韻《とういん》や脚韻《きゃくいん》の連鎖《れんさ》で言葉の響《ひび》きやイメージの自在な広がりを楽しむ詩の数々を収録。「ののはな」「かっぱ」など。

石垣《いしがき》りん

［一九二〇～二〇〇四◉東京都生まれ］

詩

働く女性の立場で労働と生活をうたった詩人。

代表作

『私《わたし》の前《まえ》にある鍋《なべ》とお釜《かま》と燃《も》える火《ひ》と』『表札《ひょうさつ》など』など。

作品紹介

『私《わたし》の前《まえ》にある鍋《なべ》とお釜《かま》と燃《も》える火《ひ》と』

女性の生き方をうたう第一詩集

（内容）戦争の悲劇を独自の感覚でとらえた「原子童話《げんしどうわ》」や、戦後の新しい時代の中で、女たちの台所での営みを誇《ほこ》りに思いながらも政治や経済や文学への志をうたった表題作など、銀行員として働く職場の労働組合活動の中でつづった数々の詩を収録。

清岡卓行《きよおかたかゆき》

［一九二二～二〇〇六◉中国・大連《だいれん》生まれ］

詩　小説

敗戦による引き揚《あ》げ体験を原点に創作活動を展開。

代表作

『氷《こお》った焔《ほのお》』『日常《にちじょう》』『アカシヤの大連《だいれん》』など。

作品紹介

『氷《こお》った焔《ほのお》』

引き揚げや恋愛《れんあい》体験を表現した第一詩集

（内容）純潔な愛とそれを破る官能をうたった「石膏《せっこう》」、シュール・レアリスムの手法を取り入れて絶望と希望、愛をうたった「氷った焔」、記録映画から学んだ技法で、引き揚げ体験と私的な恋愛を交錯《こうさく》させて描《えが》いた「引揚者《ひきあげしゃ》たちの海《うみ》」など、二六編を収録。

与謝野晶子《よさのあきこ》

［一八七八～一九四二◉大阪府生まれ］

短歌

大胆《だいたん》な自己肯定《こうてい》で一世を風靡《ふうび》した情熱的な歌人。

代表作

『みだれ髪《がみ》』『小扇《こおうぎ》』『白桜集《はくおうしゅう》』など。

作品紹介

『みだれ髪《がみ》』

浪漫《ろうまん》主義を華々《はなばな》しく開花させた第一歌集

●その子二十《はたち》櫛《くし》にながるる黒髪《くろかみ》の
　おごりの春のうつくしきかな

●やは《(ワ)》肌《はだ》のあつき血汐《ちしお》にふれも見で
　さびしからずや道を説く君

『白桜集《はくおうしゅう》』

寂寥《せきりょう》感の漂《ただよ》う、淡々《たんたん》とした詠《よ》み口《くち》の最終歌集

●君がある西の方よりしみじみと
　憐《あわ》れむごとく夕日さす時

●木の間なる染井吉野《そめいよしの》の白ほどの
　はかなき命抱《いだ》く春かな

若山牧水《わかやまぼくすい》

［一八八五〜一九二八◉宮崎県生まれ］

短歌

旅と酒を愛し、万人に親しまれた歌人。

代表作

『海《うみ》の声《こえ》』『死《し》か芸術《げいじゅつ》か』『山桜《やまざくら》の歌《うた》』など。

作品紹介

『海《うみ》の声《こえ》』

自費出版で世に出た、美しい韻律《いんりつ》の第一歌集

●白鳥《しらとり》は哀《かな》しからずや空の青
　海のあを《（オ）》にも染まずただよふ《（ウ）》

●幾山河《いくやまかわ》越《こ》えさり行かば寂《さび》しさの
　はてなむ《（ン）》国ぞ今日も旅ゆく

『死《し》か芸術《げいじゅつ》か』

口語を積極的に取り入れた、ダイナミックな試み

●山に入る旅人の背のいかばかり
　さびしかるべきおもへ《（エ）》わが友

●友よいざ袂《たもと》わかたむ《（ン）》あはれ《（ワ）》見よ
　行かでやむべきこのさびしさか

斎藤茂吉《さいとうもきち》

［一八八二〜一九五三◉山形県生まれ］

短歌

医学博士で歌人。近代短歌史上比類なき存在。

代表作

『赤光《しゃっこう》』『あらたま』『ともしび』など。

作品紹介

『赤光《しゃっこう》』

「生」の肯定《こうてい》と、漂《ただよ》う悲哀《ひあい》

●のど赤き玄鳥《つばくらめ》ふたつ屋梁《はり》にゐ《（イ）》て
　足乳根《たらちね》の母は死にたまふ《（モウ）》なり
　（「死にたまふ母《はは》」）

『あらたま』

力強く落ち着いた「生」の姿

●あかあかと一本の道とほり《（オ）》たり
　たまきはる我が命なりけり（「一本道《いっぽんみち》」）

●ひたぶるに暗黒を飛ぶ蠅《はえ》ひとつ
　障子《しょうじ》にあたる音ぞきこゆる（「深夜《しんや》」）

●電灯《でんとう》の光とどかぬ宵《よい》やみの
　ひくき空より蛾《が》はとびて来つ（「晩夏《ばんか》」）

石川啄木《いしかわたくぼく》

［一八八六〜一九一二◉岩手県生まれ］

短歌　詩

三行書きの短歌で生活を表現した歌人。

代表作

『あこがれ』『一握《いちあく》の砂《すな》』『悲《かな》しき玩具《がんぐ》』など。

作品紹介

『一握《いちあく》の砂《すな》』

生活苦や感傷を日常的な言葉で表現

●はたらけど
　はたらけど猶《なお》わが生活《くらし》楽にならざり
　ぢ《（ジ）》つと手を見る

●友がみなわれよりえらく見ゆる日よ
　花を買ひ《（イ）》来て
　妻としたしむ

『悲《かな》しき玩具《がんぐ》』

切迫《せっぱく》した生活苦と病苦を虚無《きょむ》的に表現

●人がみな
　同じ方角に向いて行《ゆ》く。
　それを横より見てゐ《（イ）》る心。

俵万智《たわらまち》

短歌

［一九六二〜◉大阪府生まれ］

平易で身近な
言葉を使った
現代短歌で注目される。

代表作

『サラダ記念日《きねんび》』『チョコレート革命《かくめい》』など。

作品紹介

『サラダ記念日《きねんび》』

万人に受け入れられる優しい感性と叙情《じょじょう》

●「この味がいいね」と君が言ったから
　七月六日はサラダ記念日

●「寒いね」と話しかければ「寒いね」と
　答える人のいるあたたかさ

『チョコレート革命《かくめい》』

モラルを超《こ》えた恋愛《れんあい》のかたちを詠《よ》む

●日曜はお父さんしている君のため
　晴れてもいいよ三月の空

●さりげなく家族のことは省かれて
　語られてゆく君の一日

正岡子規《まさおかしき》

短歌　俳句

［一八六七〜一九〇二◉現在の愛媛県生まれ］

近代俳句・和歌の
創始者。

代表作

『俳諧大要《はいかいたいよう》』『寒山落木《かんざんらくぼく》』『竹《たけ》の里歌《さとうた》』など。

作品紹介

『寒山落木《かんざんらくぼく》』

作者自ら分類した句集

(内容)初期から、晩年の病床吟《びょうしょうぎん》までの俳句を収録。全五巻、総句数は一万二七〇〇句。

●柿《かき》くへ《(エ)》ば鐘《かね》が鳴るなり法隆寺《ほうりゅうじ》

●いくたびも雪の深さを尋《たず》ねけり

『竹《たけ》の里歌《さとうた》』

写生の眼《め》を駆使《くし》した独自の歌風を示す

(内容)子規没後《ぼつご》、伊藤左千夫《いとうさちお》らの手で、短歌五四四首、長歌一五首、旋頭歌《せどうか》一二首を抄出《しょうしゅつ》して刊行された歌集。

●柿の実のあまきもありぬ柿の実の
　渋《しぶ》きもありぬ渋きぞうまき

高浜虚子《たかはまきょし》

俳句　小説

［一八七四〜一九五九◉愛媛県生まれ］

伝統的な俳句の
発展に尽《つ》くす。

代表作

『五百句《ごひゃっく》』『六百句《ろっぴゃっく》』『句日記《くにっき》』『俳諧師《はいかいし》』など。

作品紹介

『五百句《ごひゃっく》』

虚子自ら五〇〇句を選んだ句集

(内容)「ホトトギス」五〇〇号を記念して刊行。

●遠山に日の当《あた》りたる枯野《かれの》かな

●桐一葉《きりひとは》日当りながら落ちにけり

●秋空を二つに断てり椎大樹《しいたいじゅ》

●春風や闘志《とうし》いだきて丘《おか》に立つ

『六百句《ろっぴゃっく》』

『五百句』『五百五十句』について刊行

●初凪《はつなぎ》や大きな浪《なみ》のときに来る

●天地《あめつち》の間にほろと時雨《しぐれ》かな

●敵といふ《(ウ)》もの今は無し秋の月

河東碧梧桐《かわひがしへきごとう》

〔一八七三〜一九三七◉愛媛県生まれ〕

俳句　随筆

定型から自由律の句へ進んだ俳人。

代表作

『三千里《さんぜんり》』『続三千里《ぞくさんぜんり》』『碧梧桐句集《へきごとうくしゅう》』など。

作品紹介

『三千里《さんぜんり》』

東北日本を巡歴《じゅんれき》した記録

(内容)紀行文集。旅中の俳句も収録。

●測量の人も立ち行く霞《かすみ》かな

●煮《に》てくれと蕨《わらび》つみ来し宿りかな

『碧梧桐句集《へきごとうくしゅう》』

他選による四種の句集

(内容)第一集は、新傾向《しんけいこう》運動の初期、碧梧桐に同調した大須賀乙字《おおすがおつじ》が大正《たいしょう》五年に選んだもの。第二集〜第四集は、碧梧桐の没後《ぼつご》の選集。

●春寒し水田《みずた》の上の根なし雲

●赤い椿《つばき》白い椿と落ちにけり

種田山頭火《たねださんとうか》

〔一八八二〜一九四〇◉山口県生まれ〕

俳句

独特の自由律の作風で知られる放浪《ほうろう》の俳人。

代表作

『草木塔《そうもくとう》』『あの山《やま》越《こ》えて』など。

作品紹介

『草木塔《そうもくとう》』

山頭火の生涯《しょうがい》の俳句の集大成

(内容)折本《おりほん》句集『鉢《はち》の子《こ》』『草木塔《そうもくとう》』『山行《さんこう》水行《すいこう》』『雑草風景《ざっそうふうけい》』『柿《かき》の葉《は》』『孤寒《こかん》』『鴉《からす》』などを晩年に集成した一代句集。

●分け入っても分け入っても青い山

●歩きつづける彼岸花《ひがんばな》咲《さ》きつづける

●まっすぐな道でさみしい

●ころり寝《ね》ころべば青空

●あたたかい白い飯が在る

●うどん供へ《(エ)》て、母よ、わたくしもいただきまする

●寝床《ねどこ》まで月を入れ寝るとする

水原秋櫻子《みずはらしゅうおうし》

〔一八九二〜一九八一◉東京都生まれ〕

俳句

「馬酔木《あしび》」を主宰《しゅさい》した、自然賛美の俳人。

代表作

『葛飾《かつしか》』『霜林《そうりん》』『残鐘《ざんしょう》』など。

作品紹介

『葛飾《かつしか》』

斬新《ざんしん》に自然をとらえた第一句集

●来《こ》しかたや馬酔木咲《さ》く野の日のひかり

●蟇《ひき》ないて唐招提寺《とうしょうだいじ》春いづ《(ズ)》こ

●梨咲《なしさ》くと葛飾の野はとの曇《ぐも》り

●葛飾や桃《もも》の籬《まがき》も水田《みずた》べり

●馬酔木咲く金堂の扉《と》にわが触《ふ》れぬ

『霜林《そうりん》』

戦後に刊行された代表的句集

●冬菊《ふゆぎく》のまとふ《(ウ)》はおのがひかりのみ

●落葉焚《おちばた》くけむりまとひ《(イ)》て人きたる

●木々の香《か》にむかひ《(イ)》て歩む五月来ぬ

●雪きびしセザンヌ老残《ろうざん》の記を読めり

小林秀雄《こばやしひでお》

評論

［一九〇二～一九八三◉東京都生まれ］

理知的批評をもたらした、日本近代批評のパイオニア。

代表作

『私小説論《わたくししょうせつろん》』『無常《むじょう》といふ事《（ウ）こと》』『本居宣長《もとおりのりなが》』など。

作品紹介

『私小説論《わたくししょうせつろん》』

西洋と異なる土壌《どじょう》に芽生えた日本の私小説とは

（内容）18世紀のルソーに始まり、社会の中で自己を確立していく「私」を描《えが》き出す作品を「私小説」と定義する筆者。だが日本の近代文学、特に私小説においては、それを満たす土壌もなく、自我の位置が不透明《ふとうめい》なままに「私」が描かれる、特異な私小説が形成されたとする。

大岡信《おおおかまこと》

評論　詩

［一九三一～二〇一七◉静岡県生まれ］

言語を芸術的に操る、詩人であり批評家。

代表作

『忘《わす》れえぬ詩《し》　わが名詩選《めいしせん》』『新《しん》　折々《おりおり》のうた』など。

作品紹介

『忘《わす》れえぬ詩《し》　わが名詩選《めいしせん》』

那珂太郎《なかたろう》、飯島耕一《いいじまこういち》らと共著の詩のアンソロジー

（内容）文学史の域から自由な、自らの主観による「日本古典のアンダーライン集」。万葉《まんよう》以前の『琴歌譜《きんかふ》』『古事記《こじき》』の歌から、恋愛《れんあい》詩人としての和泉式部《いずみしきぶ》や西行《さいぎょう》の歌、また藤原定家《ふじわらのさだいえ》の歌とそれに触発《しょくはつ》されて作った自らの詩など。最後に良寛《りょうかん》の詩を紹介《しょうかい》している。

中村雄二郎《なかむらゆうじろう》

評論

［一九二五～二〇一七◉東京都生まれ］

身体論を中心に、多様な知の探究を行う思想家。

代表作

『哲学《てつがく》の現在《げんざい》』『術語集《じゅつごしゅう》』『臨床《りんしょう》の知《ち》とは何《なに》か』など。

作品紹介

『術語集《じゅつごしゅう》』

現代文明や社会を理解するための用語集

（内容）「記号」「祝祭」「湾岸《わんがん》戦争」など、現代を知る上で重要となる四〇のキーワード（＝術語）を掲載《けいさい》。哲学《てつがく》的な問題を一般《いっぱん》にも語りかけようとした書。各語を単に定義づけるのではなく、エッセー風の表現を用いて語りかけることによって、現代の知的様相を端的《たんてき》に基礎《きそ》づける。

一九九七年には、基本用語を見直した『術語集Ⅱ』を刊行した。

蓮實重彦《はすみしげひこ》

評論

［一九三六〜◉東京都生まれ］

多方面に批評活動を展開する、仏文学者であり、映画評論家。

代表作

『反《はん》＝日本語論《にほんごろん》』『夏目漱石論《なつめそうせきろん》』『映像《えいぞう》の詩学《しがく》』など。

作品紹介

『反《はん》＝日本語論《にほんごろん》』

実践的《じっせんてき》知的考察に基《もと》づく日本語論批判

(内容)正しい日本語、美しい日本語というものが無批判に語られている現代を批判的に論じたエッセー。現実にわれわれが用いている言語現象を考察し、言語体系と言語使用との葛藤《かっとう》と摩擦《まさつ》を明らかにしている。

『映像《えいぞう》の詩学《しがく》』

「作家主義」にもとづく映画評論

(内容)J・フォード、ルノワール、ホークス、F・ラング、ゴダールなど、海外の映画監督《かんとく》を取り上げた映画評論集。

柄谷行人《からたにこうじん》

評論

［一九四一〜◉兵庫県生まれ］

カントやマルクスの再読を通し、あるべき社会を考察。

代表作

『畏怖《いふ》する人間《にんげん》』『反文学論《はんぶんがくろん》』『倫理《りんり》21』など。

作品紹介

『畏怖《いふ》する人間《にんげん》』

文学を重層構造的視点から分析《ぶんせき》した評論集

(内容)生と死といった存在の深淵《しんえん》において、恐《おそ》れおののく自己の姿を見つめた夏目《なつめ》漱石《そうせき》、芥川龍之介《あくたがわりゅうのすけ》、大江健三郎《おおえけんざぶろう》などの文学者たち。彼らの作品のもつ多様な重層構造について論じた日本文学評論。

『倫理《りんり》21』

義務と命令のもとに、「自由」であれ

(内容)他人の自由を尊重し、自らの責任を認めた上で成立する自由な社会について、さまざまな問題を題材として論じている。

茂木健一郎《もぎけんいちろう》

評論

［一九六二〜◉東京都生まれ］

脳の働きから事象を分析《ぶんせき》し、新たな脳科学の確立を目指す。

代表作

『脳《のう》と仮想《かそう》』『脳内現象《のうないげんしょう》』『クオリア入門《にゅうもん》』など。

作品紹介

『脳《のう》と仮想《かそう》』

脳科学をベースとした仮想世界の解明

(内容)人間の「生」は現実と仮想という二つの世界から形成されている。この二つの世界がどちらも脳の働きと密接に関係し、人間の「生」の可能性はそれらの差異を認識することから明確化できるとする。

『クオリア入門《にゅうもん》』

脳科学の新たなアプローチ方法の探究

(内容)脳は心をどのように構成するかに関して、対象に対する原初的な認識であるクオリアという概念《がいねん》を導入して、考察を行う。

資料5

外国文学の主要作家

イギリス文学

シェイクスピア

［一五六四～一六一六］ 戯曲 詩

当時の貴族などを主人公に、さまざまな人間像を描《えが》いた世界的な劇作家。

代表作 『マクベス』『ロミオとジュリエット』『ハムレット』『オセロ』『リア王《おう》』『ヴェニスの商人《しょうにん》』『ジュリアス・シーザー』など。

『マクベス』

（あらすじ）スコットランドの伝説を劇化したもの。地方豪族《ごうぞく》マクベスが、魔女《まじょ》の予言に惑《まど》わされ、夫人と共謀《きょうぼう》して、王ダンカンを殺す。その後、夫人は精神を病《や》んで死に、マクベスも正義の軍に討《う》たれる。

『ジュリアス・シーザー』

（あらすじ）王位への野心を抱《いだ》くシーザーに対し、キャシアスは陰謀《いんぼう》をたくらみ、暗殺する。理想主義者ブルータスも加わり、理想政治における理想とその挫折《ざせつ》を描いた史劇。

スウィフト

［一六六七～一七四五］ 小説

アイルランド生まれ。ジャーナリストとして活躍《かつやく》し、聖職者にもなるが、晩年は精神を病《や》んだ。『ガリヴァー旅行記《りょこうき》』など、社会を風刺《ふうし》した作品が多い。

代表作 『桶物語《おけものがたり》』『書物合戦《しょもつがっせん》』など。

『ガリヴァー旅行記《りょこうき》』

（あらすじ）船医ガリヴァーの乗った船は、嵐《あらし》で難破し、漂着《ひょうちゃく》したのはリリパットという「小人国」だった。その後、「巨人国《きょじんこく》」「飛び島・バルニバービ国など」「馬人国」と、奇妙《きみょう》な国々を旅して見聞を広めるうちに、彼《かれ》は人間に嫌悪感《けんおかん》を抱《いだ》くようになる。

ディケンズ

［一八一二～一八七〇］ 小説

社会の矛盾《むじゅん》の改善を目指し、哀《あわ》れな犠牲者《ぎせいしゃ》への愛情を描《えが》いた多数の小説を残した。

代表作 『クリスマス・キャロル』『オリヴァー・トゥイスト』『二都物語《にともものがたり》』など。

『クリスマス・キャロル』

（あらすじ）守銭奴《しゅせんど》スクルージは、クリスマスの前夜、夢の中で友人の幽霊《ゆうれい》と会い、自分の過去、現在、未来の姿を見せつけられる。翌朝、悪夢から覚めた彼《かれ》は改心し、生まれ変わったような優しい老人となる。

ドイツ文学

ゲーテ

［一七四九～一八三二］ 詩 小説 戯曲

ヨーロッパ社会の激動期に、近代的人間中心主義によってドイツの国民文学を盛んにした、世界的文豪《ぶんごう》。

代表作 『若《わか》きヴェルテルの悩《なや》み』『ファウスト』『ヴィルヘルム・マイスター』など。

『若《わか》きヴェルテルの悩《なや》み』

（あらすじ）青年ヴェルテルは、すでに婚約《こんやく》者《しゃ》のいる娘《むすめ》ロッテと出会い、心惹《ひ》かれていく。彼女《かのじょ》のもとを去り、公使館に勤めるが、官僚《かんりょう》・貴族社会に耐《た》えられず、辞職する。絶望的な恋《こい》に悩んだヴェルテルは、最後にピストルで自ら命を絶つ。

『ファウスト』

（あらすじ）学問を究め尽《つ》くしたファウスト博士は、悪魔《あくま》メフィストフェレスと契約《けいやく》して魂《たましい》を売り、若返って世界を遍歴《へんれき》する。やがて百歳《さい》になるが、新しい社会を建設しようとする彼の意思と愛によって、最後にその魂は、メフィストフェレスから救われる。

ハイネ

［一七九七～一八五六］ 詩

ユダヤ系のため、迫害《はくがい》を受けながら成長した。フランス革命に感動してパリへ亡命し、ドイツの旧体制を批判した。

代表作 『歌《うた》の本《ほん》』『ドイツ冬物語《ふゆものがたり》』『ロマンツェーロ』など。

『歌《うた》の本《ほん》』

（内容）初期抒情詩《じょじょうし》の集大成。「若き悩《なや》み」「抒情挿曲《そうきょく》」「帰郷」「ハルツの旅から」「北海」の五部から成る。その中の多くの詩が、シューマンやシューベルトらによって作曲されている。

ニーチェ

［一八四四～一九〇〇］ 哲学 詩

「超人《ちょうじん》」の思想によって、キリスト教や近代民主主義のモラルを否定し、20世紀に警鐘《けいしょう》を鳴らした。

代表作 『ツァラトゥストラはかく語《かた》りき』『この人《ひと》を見《み》よ』など。

『この人《ひと》を見《み》よ』

（内容）あらゆる価値の根本的転換《てんかん》を説く著者が、人類の文明に対する重大な意味とその危険性を痛感し、なぜ現代の文明に対して危険な戦いを挑《いど》む者になったのかを書いた自伝。ニーチェの思考と著作の全体が、自身によって解明されている。

ヘッセ

［一八七七～一九六二］ 詩 小説

神学校中退後、書店員などを体験しながら文学を学び、詩作に努めた。西洋文明に疑問をもち、東洋的神秘思想にも関心を示した。ノーベル文学賞を受賞。

代表作 『車輪《しゃりん》の下《した》』『ペーター・カーメンツィント』『デミアン』『荒野《こうや》の狼《おおかみ》』『ガラス玉演戯《だまえんぎ》』など。

『車輪《しゃりん》の下《した》』

（あらすじ）感受性の強いハンス・ギーベンラートは、神学校に入学するが、画一的な教育に耐《た》えられなくなる。詩を作る学友ハイルナーは神学校から脱走《だっそう》し、ハンスは精神を病《や》み、休養のため帰宅させられる。未来への希望を失った少年は、機械工見習いとなるが、仲間と遠足に行った日、慣れない酒を飲んで川へ落ちてしまう。

カフカ

［一八八三～一九二四］ 小説

プラハ生まれの、ユダヤ系作家。不条理極《きわ》まりない物語を、現実感をもって描《えが》き、20世紀文学に大きな影響《えいきょう》を与《あた》えた。

代表作 『変身《へんしん》』『アメリカ（失踪者《しっそうしゃ》）』『審《しん》判《ぱん》』『城《しろ》』など。

『変身《へんしん》』

（あらすじ）グレゴール・ザムザは、ある朝、夢から覚めると、巨大《きょだい》な一匹《いっぴき》の毒虫に変身していた。彼《かれ》はそれまで家族のために働いてきたセールスマンで、形は変わっても、人間の言葉を理解し、心は人間のままだった。しかし家族は、彼の変わり果てた姿に驚《おどろ》き、避《さ》ける。ある日、父親の投げたりんごによって重傷を負ったグレゴールは、孤《こ》独《どく》に死んでいく。その後、家族はほっとして、自分たちの新しい生活を始める。

エンデ

［一九二九～一九九五］ 小説 詩 戯曲

現実と空想を織り交ぜた世界を描《えが》き、現実社会に夢を与《あた》えた児童文学作家。

代表作 『モモ』『ジム・ボタンの機関車《きかんしゃ》大旅行《だいりょこう》』『ジム・ボタンと13人《にん》の海賊《かいぞく》』『はてしない物語《ものがたり》』など。

『モモ』

（あらすじ）なぞの灰色の紳士《しんし》たちによって、人々から時間が盗《ぬす》まれ、人々は心に余裕《よゆう》がなくなっていく。しかし、自分自身の心を取り戻《もど》させてくれる不思議な力をもつ少女モモの冒険《ぼうけん》によって、人々は奪《うば》われた時間を取り戻す。

フランス文学

ユゴー

［一八〇二～一八八五］ 詩 小説 戯曲

人間解放の思想のもとに活動したロマン主義文学の指導者。フランスを代表する国民的詩人でもある。

代表作 『レ・ミゼラブル』『東方詩集《とうほうししゅう》』『ノートルダム・ド・パリ』『エルナニ』など。

『レ・ミゼラブル』

（あらすじ）ジャン・ヴァルジャンは、飢《う》えから盗《ぬす》んだ一切れのパンのために、十九年間刑務所《けいむしょ》で過ごす。出所後、また罪を犯すが、ミリエル司教の優しさによって改心する。その後、彼《かれ》は名前を変え、人々から尊敬されて市長となるが、養女コゼットとともに、流浪《るろう》と波乱の生涯《しょうがい》を送る。

ファーブル

［一八二三～一九一五］ ノンフィクション

昆虫学者《こんちゅうがくしゃ》。南フランスの貧農《ひんのう》の生まれ。田舎《いなか》の中学校の数学・物理教師をやめたあと、昆虫の生態研究に専念し、約三十年を費やして、代表的著書『昆虫記《こんちゅうき》』十巻を完成させた。

『昆虫記《こんちゅうき》』

（内容）著者の自伝的回想を交えながら、昆虫の生活を記録している。タマオシコガネ・ジガバチ・セミなどの記録はよく知られ、昆虫の生活史解明に新しい道を開くとともに、文学作品としても高い評価を受けている。

ロマン・ロラン

［一八六六～一九四四］ 小説 戯曲

人間への愛と尊敬を語り続けた平和主義者で、反ナチス抵抗《ていこう》運動に参加した。ノーベル文学賞を受賞。

代表作 『ジャン・クリストフ』『ベートーヴェンの生涯《しょうがい》』『ミケランジェロの生涯《しょうがい》』『魅《み》せられたる魂《たましい》』など。

『ジャン・クリストフ』

(あらすじ)天才音楽家ジャン・クリストフの苦難と波乱に満ちた生涯を通して、苦悩《くのう》を経て歓喜《かんき》に至る魂の成長を描《えが》いている。同時に、当時のヨーロッパ社会への批判も込《こ》められている。この大河小説の主人公のモデルは、作者が熱愛した楽聖ベートーヴェンとされる。

サン・テグジュペリ

小説

［一九〇〇〜一九四四］

パイロットの体験に基づいた行動主義文学で、人間性の信頼《しんらい》と世界の連帯の重要性を追求した。

代表作『星《ほし》の王子《おうじ》さま』『南方郵便機《なんぽうゆうびんき》』『夜間飛行《やかんひこう》』『人間《にんげん》の土地《とち》』など。

『星《ほし》の王子《おうじ》さま』

(あらすじ)砂漠《さばく》に不時着した飛行士「ぼく」は、不思議な子供に出会う。その子は、小さな星に一人で住む「星の王子さま」だった。「ぼく」は一週間王子と一緒《いっしょ》にいるが、飛行機が修理できたとき、王子は砂漠から姿を消してしまう。

ロシア文学

ツルゲーネフ

小説

［一八一八〜一八八三］

富裕な貴族の出身だが、農奴《のうど》制を批判し、時代精神をとらえた作品を社会に発表し続けた。フランスに長く住み、世界的名声を得た最初のロシア作家となった。

代表作『貴族《きぞく》の巣《す》』『父《ちち》と子《こ》』『猟人日記《りょうじんにっき》』『ルージン』『初恋《はつこい》』など。

『父《ちち》と子《こ》』

(あらすじ)田舎《いなか》の地主貴族ニコライのもとに、ペテルブルクの大学を卒業した息子《むすこ》アルカージーが、友人のバザーロフを連れて帰ってくる。バザーロフは、既成《きせい》の権威《けんい》を否定するニヒリストだった。新旧世代の対立をテーマに描《えが》いた作品である。

ドストエフスキー

小説

［一八二一〜一八八一］

ロシアリアリズム文学を代表する巨匠《きょしょう》。人間の内面を追求した作品を発表し、20世紀の世界文学に大きな影響《えいきょう》を与《あた》えた。

代表作『罪《つみ》と罰《ばつ》』『カラマーゾフの兄弟《きょうだい》』『地下室《ちかしつ》の手記《しゅき》』『白痴《はくち》』『悪霊《あくりょう》』など。

『罪《つみ》と罰《ばつ》』

(あらすじ)貧乏《びんぼう》学生ラスコーリニコフは、選ばれた者は法を踏《ふ》み越える権利があると考え、金貸しの老婆《ろうば》とその妹を殺害する。その後、罪の重荷に耐《た》えきれなくなった彼《かれ》は、純真な売春婦ソーニャに告白する。彼は自首し、シベリアへ送られる。

『カラマーゾフの兄弟《きょうだい》』

(あらすじ)カラマーゾフ家の三人兄弟(長男ドミートリー、次男イワン、三男アリョーシャ)と非嫡出子《ちゃくしゅつし》のスメルジャコフを中心に、父親フョードルの殺害をめぐって物語が展開する。推理小説を思わせる構成で、人間の本質に迫《せま》った世界文学の傑作《けっさく》。

トルストイ

小説

［一八二八〜一九一〇］

善と愛による世界の救済、無抵抗《ていこう》主義を説いた。文学作品や思想は、当時の日本をはじめ全世界に影響《えいきょう》を与《あた》えた。

代表作『戦争《せんそう》と平和《へいわ》』『幼年時代《ようねんじだい》』『アンナ・カレーニナ』『イワンのばか』など。

『戦《せん》争《そう》と平《へい》和《わ》』

（あらすじ）ナポレオンのロシア侵攻《しんこう》という歴史的事件の中で、異なる性格をもつアンドレイとピエールという二人の若い貴族が、精神的に成長していく様子を中心に描《えが》く。五百人を超《こ》える登場人物の行動と運命の中に、国家と個人の生活が展開されている。

チェーホフ

［一八六〇～一九〇四］　小説　戯曲

医学部の学生だったときに、ユーモア雑誌に短編を書く。日常的な出来事を写実的に描《えが》いた戯曲《ぎきょく》に、近代演劇の名作が多い。

代表作『かもめ』『桜《さくら》の園《その》』『カメレオン』『六号室《ろくごうしつ》』『可愛《かわい》い女《おんな》』『ワーニャ伯父《おじ》さん』『三人姉妹《さんにんしまい》』など。

『かもめ』

（あらすじ）女優志望の娘《むすめ》ニーナと、作家を志す青年トレープレフとの運命が、戯曲の中心になっている。女優として生きようとするニーナに対し、自分の文学を作り出せずに悲観したトレープレフは自殺する。

『桜《さくら》の園《その》』

（あらすじ）貴族のラネーフスカヤ夫人は、立派な桜の園がある自分の屋敷《やしき》に数年ぶりに帰ってきた。しかし、その領地は借金のため競売にかけられる。領地を手に入れたのは、その領地の農奴《のうど》の子で、資産家になっていた。夫人の一家は離散《りさん》し、桜は切り倒《たお》される。

アメリカ文学

オー・ヘンリー

［一八六二～一九一〇］　小説

巧《たく》みな構成と思いがけない結末の筋書きで、人生の哀歓《あいかん》を軽妙《けいみょう》に描《えが》いた短編の名手。

代表作『最後《さいご》の一葉《ひとは》』『賢者《けんじゃ》の贈《おく》り物《もの》』など。

『最《さい》後《ご》の一《ひと》葉《は》』

（あらすじ）重い肺炎《はいえん》にかかった若い絵描《えか》きのジョンジーは、窓から見える壁《かべ》の蔦《つた》の葉が日ごとに落ちるにつれ、生きる気力を失った。しかし、最後の一枚が散らずに残ったため、彼女《かのじょ》は元気になってゆく。その一葉は、老いた絵描きが命をかけて描いた傑作《けっさく》だった。

ヘミングウェイ

［一八九九～一九六一］　小説

行動的で運命に敢然《かんぜん》と立ち向かう姿を描《えが》く「ハード・ボイルド」の文体で、世界の文学に影響《えいきょう》を及《およ》ぼした。ノーベル文学賞受賞。

代表作『誰《た》がために鐘《かね》は鳴《な》る』『日《ひ》はまた昇《のぼ》る』『武器《ぶき》よさらば』『老人《ろうじん》と海《うみ》』など。

『誰《た》がために鐘《かね》は鳴《な》る』

（あらすじ）一九三六年からのスペイン内戦で、反ファシスト軍に参加したアメリカ青年ジョーダンは、橋の爆破《ばくは》の任務で山中に赴《おもむ》く。そこで、両親を殺された娘《むすめ》マリアと出会い、激しい恋《こい》に落ちる。爆破成功後、重傷を負ったジョーダンは、マリアと仲間を逃《に》がして、自分は死に臨む。

サリンジャー

［一九一九～二〇一〇］　小説

大人の世界のさまざまな虚偽《きょぎ》をあばいた『ライ麦畑《むぎばたけ》でつかまえて』で脚光《きゃっこう》を浴びたが、その後は隠遁《いんとん》生活を送る。

代表作短編集『ナイン・ストーリーズ』

『フラニーとゾーイー』など。

『ライ麦畑《むぎばたけ》でつかまえて』

（あらすじ）高校生ホールデンは、退学処分を受け、ニューヨークへ向かう。大人の世界にふれて傷ついた彼《かれ》は、家に帰る。再び西部へ旅立とうとするが、妹の純真さに癒《い》やされ、もうどこへも逃《に》げまいと誓《ちか》う。

イタリア文学

ダンテ

［一二六五〜一三二一］

詩

イタリア最大の叙事詩人《じょじ》。政治運動で、反対派に故郷から追放された。以後没《ぼっ》するまで放浪《ほうろう》。この間の著作で、当時俗語《ぞくご》だったイタリア語を芸術的言語にまで高めた。

代表作　『神曲《しんきょく》』『新生《しんせい》』『俗語論《ぞくごろん》』など。

『神曲《しんきょく》』

（内容）ダンテ自身が、生身のまま地獄《じごく》・煉《れん》獄《ごく》・天国の三界を遍歴《へんれき》し、神の愛により魂《たましい》の浄化《じょうか》を遂《と》げる。中世キリスト教的世界観を通して見た人生が描《えが》かれた壮大《そうだい》な長編叙事詩。

スペイン文学

セルバンテス

［一五四七〜一六一六］

小説

若い頃《ころ》、イタリアに行って戦争に参加し、左手の自由を失った。その上、帰国の途中《とちゅう》海賊《かいぞく》に襲《おそ》われ、五年間の捕虜《ほりょ》生活を送った。帰国後、職業を転々としたが、余技的に書いた『ドン・キホーテ』は、近代小説の出発点となった。

代表作　『ラ・ガラテア』など。

『ドン・キホーテ』

（あらすじ）ラ・マンチャの村に住む五十歳《さい》ばかりの郷士《ごうし》が、騎士道《きしどう》小説を読みすぎて狂気《きょうき》にとらわれ、物語の主人公になった気になる。騎士道を実践《じっせん》しようとした彼《かれ》は、自らドン・キホーテと名乗り、近村の娘《むすめ》を姫《ひめ》に見立て、やせ馬ロシナンテにまたがり、サンチョ・パンサを従者として旅に出る。冒険《ぼうけん》を夢見た遍歴《へんれき》の旅も、故郷に戻《もど》って終わる。病の床《とこ》についた彼は、夢から覚め、一介《いっかい》の郷士に戻って死んでゆく。

デンマーク文学

アンデルセン

［一八〇五〜一八七五］

小説　詩

貧しい家庭に生まれ、苦労を重ねるが、小説『即興詩人《そっきょうしじん》』で世に知られた。「童話の父」として、世界に名高い。

代表作　『アンデルセン童話集《どうわしゅう》』『絵《え》のない絵本《えほん》』など。

『即興詩人《そっきょうしじん》』

（あらすじ）イタリアを舞台《ぶたい》に、即興詩の名人アントニオと歌劇女優アヌンチャタとの悲恋《ひれん》を描《えが》く。数奇《すうき》な運命に巻き込《こ》まれ、アヌンチャタは亡《な》くなるが、アントニオは彼《かの》女《じょ》が残した遺書のとおり、ベネチア市長のめいマリアと結婚《けっこん》する。

『アンデルセン童話集《どうわしゅう》』

（内容）アンデルセンの童話の総称《そうしょう》。作品は、百数十編を数える。『マッチ売《う》りの少女《しょうじょ》』『人魚姫《にんぎょひめ》』『赤《あか》い靴《くつ》』『醜《みにく》いアヒルの子《こ》』『雪《ゆき》の女王《じょおう》』など、多くの作品が世界の人々に愛されている。

重要文芸用語

◉(英)は英語、(仏)はフランス語の略。

アバン・ギャルド avant-garde（仏）

●前衛派。前衛芸術。第一次世界大戦前後にヨーロッパでおこった、芸術革新運動。伝統的なものを否定し、最も新しい表現領域を開拓《かいたく》しようとした。

アフォリズム aphorism（英）

●人生や社会についての思考や観察を、圧縮された表現でまとめた格言風の文。警句。箴言《しんげん》。独創的なものや逆説的なものが多い。パスカルの『パンセ』、芥川龍之介《あくたがわりゅうのすけ》の『侏儒《しゅじゅ》の言葉《ことば》』、萩原朔太郎《はぎわらさくたろう》のアフォリズム集などが有名。

アララギ派《は》

●短歌結社。正岡子規《まさおかしき》の没後《ぼつご》、根岸短歌会《ねぎしたんかかい》の機関誌として刊行された「馬酔木《あしび》」のあとを受け、明治41(一九〇八)年に「アララギ」が創刊された。代表的な歌人は、伊藤左千夫《いとうさちお》、斎藤茂吉《さいとうもきち》、島木赤彦《しまきあかひこ》など。大正、昭和を通じ、歌壇《かだん》の主流をなした。

一元描写《いちげんびょうしゃ》

●小説中の事件や人物の心理を、作者の主観を移入した一人の作中人物の視点から描写する方法。岩野泡鳴《いわのほうめい》が提唱。多元描写、平面描写に対していう。

S《エス》・F《エフ》 science fiction（英）

●サイエンスフィクション(空想科学小説)の略。科学的空想にもとづき、未来の世界や宇宙を舞台《ぶたい》とした小説。イギリスのH・G・ウェルズやフランスのJ・ベルヌが先駆《さきが》けとされる。日本の作家では、小松左京《こまつさきょう》、星新一《ほししんいち》、筒井康隆《つついやすたか》らがいる。

エッセイ essay（英）essai（仏）

●随筆《ずいひつ》や随想とほぼ同義の、構成や表現に一定の決まりのない自由な散文。または、特別な主題についての試論。小論文。

欧化主義《おうかしゅぎ》

●明治初期に行われた、思想や風俗《ふうぞく》をヨーロッパ化しようとする動き。西欧《せいおう》文化の外面的模倣《もほう》が行われ、日本の伝統文化を否定する傾向《けいこう》があった。

雅俗折衷体《がぞくせっちゅうたい》

●文語文の一種。平安《へいあん》時代の語彙《ごい》・語法にもとづく伝統的な文章表現法(雅文《がぶん》)と、日常的俗語《ぞくご》とを混合した文体。雅俗混淆《こんこう》体。地の文は文語体で、会話文は口語体という文体が普通《ふつう》である。文語体から言文一致《いっち》体に移る過渡《かと》期のもので、擬古典主義《ぎ》の作品も、この文体を特色とする。坪内逍遥《つぼうちしょうよう》、尾崎紅葉《おざきこうよう》、樋口一葉《ひぐちいちよう》、幸田露伴《こうだろはん》らが、この文体の代表的な作家。

花鳥諷詠《かちょうふうえい》

●花鳥風月に代表される自然と、それに伴《ともな》う人間社会の出来事を、客観的に俳句に詠《よ》み表すこと。高浜虚子《たかはまきょし》の造語で、ホトトギス派の主張。

観念小説《かんねんしょうせつ》

●作者の観念があらわに表明されている小説。日《にっ》清《しん》戦争後、硯友社《けんゆうしゃ》の新進作家である泉鏡花《いずみきょうか》や川上《かわかみ》眉山《びざん》らによって試みられた。反俗《はんぞく》的な社会批判が特徴《とくちょう》。深刻小説とともに、当時の世の中に受け入れられた。

擬古典主義《ぎこてんしゅぎ》

●幸田露伴《こうだろはん》や、硯友社《けんゆうしゃ》の尾崎紅葉《おざきこうよう》、山田美妙《やまだびみょう》らに代表される文芸思潮。露伴は元禄《げんろく》期の井原西鶴《いはらさいかく》を再評価し、硯友社の機関誌「我楽多文庫《がらくたぶんこ》」は、江《え》戸《ど》文芸の名残《なごり》を引く純文芸雑誌だった。

芸術至上主義《げいじゅつしじょうしゅぎ》

●「芸術のための芸術」を主張する思潮。芸術の社会的・道徳的効用を否定し、芸術それ自身の美的完成を唯一《ゆいいつ》の目的とする立場をいう。フランスのゴーティエやイギリスのワイルドがその典型。トルストイの「人生のための芸術」に対するもの。

啓蒙文学《けいもうぶんがく》

●文明開化をスローガンとし、欧米《おうべい》の近代思想を普及《ふきゅう》させようとした啓蒙思潮にもとづく、福沢諭吉《ふくざわゆきち》、中江兆民《なかえちょうみん》らの作品に代表される文学。人間平等・自主独立・科学知識尊重などの精神を主張した。

言文一致《げんぶんいっち》

●書き言葉をできるだけ話し言葉に近づけ、文章を書くこと。日本の近代化と呼応し、思想や感情を自由かつ的確に表現するためという動機にもとづく。前島密《まえじまひそか》、福沢諭吉《ふくざわゆきち》らが提唱した。一般《いっぱん》に、山田美妙《やまだびみょう》は「です調」、二葉亭四迷《ふたばていしめい》は「だ調」、尾《お》崎紅葉《ざきこうよう》は「である調」と称《しょう》される。

硯友社《けんゆうしゃ》

●日本最初の文学結社。明治18(一八八五)年、尾《お》崎紅葉《ざきこうよう》、山田美妙《やまだびみょう》、石橋思案《いしばししあん》らが結成。「我楽多《がらくた》文庫《ぶんこ》」を機関誌とした。江戸《えど》文芸の影響《えいきょう》を受けつつ(擬古典《ぎこてん》主義)、近代的な写実性も加えた描写《びょうしゃ》が特色。自然主義文学がおこるまで、文壇《ぶんだん》の中心勢力であった。

自己疎外《じこそがい》

●もとは、ヘーゲルが用いた哲学《てつがく》用語。人間が現代社会になじめず、他者との心のつながりを失って、自分がのけ者にされていると感じる状態を指す。この結果としてのアイデンティティー(自分が自分であることの認識)の崩壊《ほうかい》は、現代文学の主要テーマの一つである。

実相観入《じっそうかんにゅう》

●斎藤茂吉《さいとうもきち》の歌論。正岡子規《まさおかしき》以来の写生論を進展させたもので、表面的な写生にとどまらず、「実相に観入して自然・自己一元の生を写す」という写生説である。アララギ派の歌の中心理論となった。

実存主義《じつぞんしゅぎ》

●個人としての人間の主体性を、本質に先立つものとして考える、哲学《てつがく》・文学上の主義。人間本来の自由なあり方と責任とを強調するのが特徴《とくちょう》。19世紀のキルケゴール、20世紀のサルトルに代表され、世界文学の一つの潮流となった。

写生文《しゃせいぶん》

●対象をありのままに表現した文。西洋画の手法を取り入れ、正岡子規《まさおかしき》が俳句・短歌革新の理念とした写生説を、散文に適用したもの。雑誌「ホトトギス」にこの文体の作品が発表され、言文一致《いっち》体の普及《ふきゅう》につながった。

シュール・レアリスム　surréalisme（仏）

●超現実主義《ちょうげんじつしゅぎ》。一九二〇年代、ダダイスムの運動を発展させるものとしてフランスにおこった、前衛芸術運動。写実的な表現を否定し、無意識や夢の世界など、作者の主観による自由な表現を目的とする。

純文学《じゅんぶんがく》

●通俗《つうぞく》文学・大衆文学に対し、純粋《じゅんすい》な芸術性を第一の目的として創作される文芸作品。具体的には、私小説、心境小説を指すことが多い。

象徴主義《しょうちょうしゅぎ》

●主観的な情緒《じょうちょ》を、象徴によって表現しようとする詩の運動。19世紀後半、自然主義などに対する反動として、フランスで詩人のボードレールらを中心におこった。日本には、上田敏《うえだびん》の『海潮音《かいちょうおん》』、永《なが》井荷風《いかふう》の『珊瑚集《さんごしゅう》』といった訳詩集で紹介《しょうかい》された。

心境小説《しんきょうしょうせつ》

●作者が自己の心境を描写《びょうしゃ》した、日本独自の随想《ずいそう》的な小説。日本の私小説の多くはこれである。志《し》賀直哉《がなおや》の『城の崎《きのさき》にて』などが代表的な作品。

新興芸術派《しんこうげいじゅつは》

●プロレタリア文学運動に対抗《たいこう》しておこった、昭《しょう》和《わ》初期の文学流派。文学の芸術性を守ろうとする反マルクス主義芸術家が「新興芸術派倶楽部《くらぶ》」を結成。中村武羅夫《なかむらむらお》、川端康成《かわばたやすなり》、井伏鱒二《いぶせますじ》らが集まった。

新興俳句運動《しんこうはいくうんどう》

●高浜虚子《たかはまきょし》を中心とする「ホトトギス」に対抗《たいこう》しておこった、反伝統俳句の運動。水原秋櫻子《みずはらしゅうおうし》、山《やま》口誓子《ぐちせいし》の「ホトトギス」からの分離《ぶんり》がきっかけとなった。近代的な発想や感情を強調した。

深刻小説《しんこくしょうせつ》

●人生や社会の悲惨《ひさん》な面を、ことさら深刻に描《えが》いた小説。日清《にっしん》戦争後の時代を背景として生まれた。観念小説とともに、硯友社《けんゆうしゃ》の作家がよく書く傾向《けいこう》にあった。悲惨小説。

新思潮《しんしちょう》

●明治《めいじ》末期から大正《たいしょう》期の文芸雑誌。第一次は明治40(一九〇七)年に小山内薫《おさないかおる》によって創刊された。谷崎潤一郎《たにざきじゅんいちろう》らの第二次、久米正雄《くめまさお》、芥川龍之介《あくたがわりゅうのすけ》、菊池寛《きくちかん》らの第三次・第四次までが黄金時代。

新体詩《しんたいし》

●明治初期、西欧《せいおう》の詩の技法や発想を取り入れて創始された新しい詩。従来の漢詩に対していう。多くは七五調や五七調の文語定型詩。日本の近代詩のみなもととなった。

新理想主義《しんりそうしゅぎ》

●反自然主義の一つの思潮。明治《めいじ》43(一九一〇)年創刊の文芸雑誌「白樺《しらかば》」を中心に活躍《かつやく》した白樺派の作家たちのとった、人道主義、理想主義の立場。

スバル派《は》

●小説、戯曲《ぎきょく》、詩歌を含《ふく》む文芸雑誌「スバル」によった同人たちと、その傾向《けいこう》をいう。自然主義が全盛のときにおいて、反自然主義の立場に立つ耽《たん》美《び》主義(新浪漫《ろうまん》主義)の新風を目指した。白樺派《しらかばは》の理想主義と相まって、反自然主義の思潮を文壇《ぶんだん》に確立した。

政治小説《せいじしょうせつ》

●政治に関する事件や人物を題材とし、または、政治思想の普及《ふきゅう》や宣伝を目的とする小説。明治《めいじ》前期の自由民権運動に伴《ともな》って発生、流行したが、運動の衰退《すいたい》と呼応し、急速に姿を消した。

第二芸術論《だいにげいじゅつろん》

●昭和21(一九四六)年に発表された、桑原武夫《くわばらたけお》による現代俳句論。俳句を第一義的(最も大切であること)ではない第二義的(根本的ではないこと)な芸術とみて、俳句の芸術性や閉鎖的《へいさてき》な特殊性《とくしゅせい》を批判。この論は一般《いっぱん》の反響《はんきょう》を呼び、短歌などの短詩型文学論にまで広がり、論壇《ろんだん》をにぎわした。

ダダイスム dadaïsme (仏)

●第一次世界大戦の終わり頃《ごろ》、スイスからドイツ、フランスに広まった、文芸・芸術上の運動。伝統的な芸術形式を否定し、既成《きせい》の価値や秩序《ちつじょ》などを破壊《はかい》しようとした。のち、シュール・レアリスムに吸収された。なお、「ダダ」は幼児語で木馬を指し、無意味な語としてあえて採用された。

転向文学《てんこうぶんがく》

●昭和初期、権力の弾圧《だんあつ》で政治的信念の放棄《ほうき》を余《よ》儀《ぎ》なくされたプロレタリア文学の作家によって書かれた文学。転向の苦悩《くのう》を私小説的に追求したもの、転向後の再起の苦悩を描《えが》いたもの、転向によってファシズムに転化したものの、三つの系列に分けられる。

ニヒリズム nihilism (英)

●虚無《きょむ》主義。あらゆる真理や伝統的な秩序《ちつじょ》・価値などを否定し、人生は無価値であるとする思想。日本では、埴谷雄高《はにやゆたか》、椎名麟三《しいなりんぞう》など戦後派作家の多くが、この思想に取り組んだ作品を発表している。ツルゲーネフが『父《ちち》と子《こ》』の中でニヒリスト(虚無主義者)という言葉を使ったことによる。

人間探求派《にんげんたんきゅうは》

● 客観的な描写《びょうしゃ》を主とする態度(写生)を深化させ、俳句によって人間性を全面的に表現しようとした傾向《けいこう》。「馬酔木《あしび》」に参加していた加藤楸邨《かとうしゅうそん》と石田波郷《いしだはきょう》、それに中村草田男《なかむらくさたお》の三人から成り、昭和10年代の中頃《ごろ》から俳壇《はいだん》の主流となった。

根岸短歌会《ねぎしたんかかい》

● 正岡子規《まさおかしき》が、東京根岸《ねぎし》の自宅(子規庵《しきあん》)で初めて短歌会を開いたことに始まる、短歌結社。客観主義をもとに万葉調《まんようちょう》の写実主義を提唱した。子規の死後、機関誌として「馬酔木《あしび》」「アカネ」「アララギ」を順次創刊した。

ハード・ボイルド　hard-boiled（英）

● 「固ゆでの卵」の意。感傷を入れず、客観的で非情な態度と文体で描《えが》かれた文学作品。ヘミングウエイが代表的な作家。この手法は、ハメット、チャンドラーなど多くの推理小説作家に引き継《つ》がれた。

無頼派《ぶらいは》

● 第二次世界大戦直後の数年間に活躍《かつやく》した、織田《おだ》作之助《さくのすけ》、坂口安吾《さかぐちあんご》、太宰治《だざいおさむ》ら一群の作家たちに与《あた》えられた名称《めいしょう》。敗戦後の混迷した社会状況《じょうきょう》の中、既成《きせい》の文学観や手法、古いリアリズムを無効であると認識し反逆した。なお、新しい戯作《げさく》を模索《もさく》した坂口の発言にちなみ、「新戯作派《しんげさくは》」ともよばれた。

文学界派《ぶんがくかいは》

● 明治26(一八九三)年に創刊された雑誌「文学《ぶんがく》界《かい》」によった文学結社。「文学界」は浪漫《ろうまん》主義文学運動の機関誌で、同人には北村透谷《きたむらとうこく》、島崎藤《しまざきとう》村《そん》、上田敏《うえだびん》らがいる。樋口一葉《ひぐちいちよう》も同人らと親交があり「文学界」に寄稿《きこう》した。

没理想論争《ぼつりそうろんそう》

● 明治20年代、坪内逍遥《つぼうちしょうよう》と森鷗外《もりおうがい》との間に交わされた、本格的な文学論争。没理想とは、理想や主観を直接に表現せず、現実を客観的に描写《びょうしゃ》するという文学上の立場。シェークスピアの偉大《いだい》さは没理想にあるという逍遥の主張を、理想派の鷗外が批判した。

三田派《みたは》

● 文芸雑誌「三田文学《みたぶんがく》」によって活動した、作家・詩人のグループをいう。「三田文学」は、森鷗《もりおう》外《がい》・上田敏《うえだびん》を顧問《こもん》に、永井荷風《ながいかふう》が中心となって創刊した慶應《けいおう》大学文科の機関誌。自然主義の「早稲《わせ》田文学《だぶんがく》」に対して、反自然主義、耽美的《たんびてき》な傾向《けいこう》が強い。休刊、復刊を繰《く》り返して、現在に至る。

明星《みょうじょう》

● 与謝野鉄幹《よさのてっかん》(与謝野寛《ひろし》)主宰《しゅさい》の詩歌総合雑誌。東《とう》京新詩社《きょうしんししゃ》の機関誌として、明治33(一九〇〇)年に創刊された。与謝野晶子《よさのあきこ》の歌を中心に、近代日本の浪漫《ろうまん》主義の発展に大きく貢献《こうけん》した。本誌から育った歌人や詩人に、石川啄木《いしかわたくぼく》、北原白秋《きたはらはくしゅう》などがいる。

民衆詩派《みんしゅうしは》

● 第一次世界大戦後のデモクラシーの気運を反映し、大正中期に展開された、口語自由詩運動。大衆の生活を素材とし、プロレタリア詩運動の端緒《たんしょ》となった。白鳥省吾《しらとりしょうご》、百田宗治《ももたそうじ》、富田砕花《とみたさいか》らが活《かつ》躍《やく》した。

余裕派《よゆうは》

● 正岡子規《まさおかしき》に始まり、高浜虚子《たかはまきょし》や夏目漱石《なつめそうせき》に至って完成した、写生文系統の作家たちによる文芸流派。漱石が「余裕《よゆう》のある小説」「余裕のない小説」という言葉を用いたことに由来。人生に余裕ある態度で臨む、反自然主義的な文学。高踏派《こうとうは》。

私小説《わたくししょうせつ》

● 作者自身を主人公とし、作者が日常生活で体験したことを材料に、一人称《いちにんしょう》で書かれた小説。日本独特の文学ジャンルであり、大正《たいしょう》から昭和《しょうわ》の初めに全盛期を迎《むか》えた。葛西善蔵《かさいぜんぞう》、志賀直哉《しがなおや》らが代表的な作家。特に心境を深く掘《ほ》り下げて書かれた小説は、心境小説ともよばれる。ししょうせつ。

1 次の詩を読んで、あとの問いに答えなさい。 【岩手県・改】

鉄棒　村野《むらの》四郎《しろう》

僕《ぼく》は地平線に飛びつく
1僅《わづか》に指さきが引つかかつた
僕は①世界にぶら下《さが》つた
筋肉だけが僕の頼《たの》みだ
僕は赤くなる　僕は収縮する
足が上《あが》つてゆく
おお　僕は何処《どこ》へ行く
大きく②世界が一回転して
僕が上になる
高くからの2俯瞰《ふかん》
ああ　両肩《りょうかた》に柔軟《じゅうなん》な雲

（『日本名詩選2（昭和戦前篇《へん》）』〈笠間書院〉より）

（注）1僅に＝数量や程度などがほんの少しである様子。
2俯瞰＝高いところから広く見渡《みわた》すこと。

問1　――線部①、②「世界」とあるが、この二つの「世界」はそれぞれどのような言葉で置き換《か》えられるか。その組み合わせとして適切なものを次から一つ選び、記号で答えなさい。

ア ①鉄棒・②身体　**イ** ①鉄棒・②景色
ウ ①社会・②景色　**エ** ①社会・②身体

問2　この詩を鑑賞《かんしょう》して書かれた文として、適切なものを次から一つ選び、記号で答えなさい。

ア「鉄棒」を取り上げ、「高くからの俯瞰」などの視覚的な表現を用いてコマ送りのスロー映像のように表すことで、逆上がりの動きを読者にイメージさせやすくする工夫が感じられる。

イ「鉄棒」を取り上げ、肉体運動の美を「僕は収縮する」など直接的に表現する一方で、「僕は赤くなる」などの感動の表現によって読者の共感を呼ぼうとする工夫が感じられる。

ウ「鉄棒」を取り上げ、挑戦《ちょうせん》者としての「僕」が「大きく世界が一回転して」の行を転機に、目標の達成者として爽快《そうかい》感をいだいている姿が生き生きと描《えが》かれているような印象を受ける。

エ「鉄棒」を取り上げ、初心者であった「僕」が「僕は何処へ」に表された不安を払《はら》いのけ、技の熟達者となった満足感に浸《ひた》っている姿が鮮《あざ》やかに描かれているような印象を受ける。

2 次の文章を読んで、あとの問いに答えなさい。【高知県・改】

[　　]は、俳句に季節感をもたらす機能を持っている語だと言われます。それはそうかもしれません。しかし、季語自体は一つの言葉です。だから、一つのイメージを持った言葉としても読む必要があります。

たとえば、「風花《かざはな》」です。風花は晴天に風に乗ってどこからともなく吹《ふ》かれてくる雪ですが、「花」という言葉に注目する必要があります。「風花」は、その実態は雪ですが、花＝桜のイメージを背後に持っています。そのため、雪に、散る桜の花のイメージを重ねて読むことで美しい光景が現れ、「風花」という季語の読みは完成するのです。このように読まなければ、単に風に乗って来たちらつく雪のままです。

次のような句があります。

風花や衣山町は坂の町　森川大和《もりかわやまと》

今、風花が、都の衣笠山《きぬがさやま》を思わせる衣山（きぬやま）という美しい名の町を、包み込《こ》んで舞《ま》っています。舞い散る桜をおぼろにイメージさせつつ風花の舞う衣山の町は、一句においては雅《みやび》な情趣《じょうしゅ》深い坂の町なのです。

（武馬久仁裕《ぶまくにひろ》『俳句の不思議、楽しさ、面白さ』〈黎明書房〉より）

問1 [　　]に当てはまる言葉として適切なものを、本文中から二字で書き抜《ぬ》きなさい。

問2 ――線部「『風花』という季語の読みは完成するのです」とあるが、筆者は、「風花」という季語をどのような言葉だと考えているか。その内容を説明した次の文の[　　]に当てはまる適切な言葉を、文章中から十三字で書き抜きなさい。

＊実態は雪であるが、その雪が晴天に風に乗って舞う様子が桜の花を思わせることから、[　　]として「風花」という季語は読むことができる。

問3 「風花や衣山町は坂の町」と同じ季節を詠《よ》んでいるものを、次から一つ選び、記号で答えなさい。

ア 噴水《ふんすい》のしぶけり四方《よも》に風の街　石田波郷《いしだはきょう》
イ 菜の花に入らんとするや走り波　橘田春湖《きつだしゅんこ》
ウ ほどけゆく月の芒《すすき》の軽さかな　星野椿《ほしのつばき》
エ 咳《せき》の子のなぞなぞあそびきりもなや　中村汀女《なかむらていじょ》

解答と解説

第1章　説明的文章

⬇236ページ

1

問1　**ウ**

問2　自然の生命を取り入れて自己の生命を持続（19字）

問3　A　意識　B　無意識

問4　(1)群れを作りコミュニティを形成し、互いが役割を果たし協力し合うことで築かれた。（38字）

(2)**エ**

解説　問1　――線部①は、前の段落のどの内容を受けているかを考える。「海や土との関わりを絶って生きる消費者はふるさと難民であり」とある。この内容を受けているので、――線部①は、「海や土」という自然（ふるさと）との関わりを持たず、自然（ふるさと）が生産するものを消費する消費者として生きることを表しているとわかる。**ア**は、「食事に地元の食材を取り入れず」とあるが、ここでは何を「取り入れ」るかが問題となっているのではない。**イ**のように、距離《きょり》が遠いか近いかを論じているのではない。**エ**については、「生命のふるさとから離《はな》れて生きる」のは生産者ではなく、消費者だから、不適当。また、生産者が自然環境《かんきょう》を破壊《はかい》するという内容も本文にはない。

問2　文頭の指示語に注目して、「この生命の大きな輪」とはどういうことを指すかをとらえる。直前の段落の「自然の生命を自分に取り入れることで、私たちは生命を持続させる。私たちも死ねば最後は土や海に戻《もど》り、微《び》生物に食べられる。」という、生命の循環《じゅんかん》を指している。空欄《くうらん》に続く部分に「死ぬと自然に戻る……」とあり、指示内容の後半が示されているので、前半の「自然の生命を……持続させる」に着目してまとめればよい。

問3　文頭の「ところが」という接続語に注目して、前後の内容を比べる。前の部分に「非言語の時代には、無意識の領域が大きく」とあり、あとの部分には「意識の世界一色になった現代」とあって、反対の内容になっている。A・Bを含《ふく》む文は「言語を獲得《かくとく》してから」の変化を表しているから、Aには「意識」、Bには「無意識」が入るとわかる。

問4　(1)直後の段落から読み取る。「かつて人間は、……力を合わせて生きていた。」と、「かつて」のことが書かれているので、この部分をまとめる。群れてコミュニティを形成していたこと、役割を果たし合っていたことの二点を外さずにまとめることが大切である。

(2)人間関係の希薄《きはく》化について述べられているのは最後の段落。ここで、設問文に「きっかけを」とあることに注意する。「さらに」以下のインターネットについての記述は、近年の希薄化の加速を述べているので、ここでは省いて考えてよい。人間関係の希薄化の原因となった、その始まりの暮らしの変化をとらえる。最後の段落の初めの一文に注目する。

第2章　文学的文章

⬇266ページ

1

問1　つい数　問2　**ウ**

問3　芳樹のマラソンランナーとしての能力の高さを、二人が認めていたことに、今まで気付かなかったから。（47字）

問4　金

問5　試合当日、三人でどんな走りができるか、楽しみと不安や怖じけが入り混じった気持ち。（40字）

問6　**エ**

解説 ［問1］直前の「すごいじゃないか。」と言えるような「思い」である。「自分（芳樹《よしき》）」に関するどのような事実を受けて、「すごい」と思っているのかをとらえる。

［問2］空欄《くうらん》Aの直後の「鞭打《むちう》つように」というたとえの表現に注目。さらに、文末に「言い切った」とあり、この二点を踏《ふ》まえた様子に当てはまるのは「ぴしり」しかない。「鞭打つ」音を考えるだけでも、答えは導き出せる。

［問3］——線部②の直後に注目する。「二人がそんな風に考えていたなんて、まるで気付かなかった」から、戸惑《とまど》ったのである。「そんな風に」の指し示す内容を明らかにして答える。指示内容は、「うん、芳樹ならでける。……」という健吾《けんご》の言葉などからわかる。親友の二人は、芳樹のマラソンランナーとしての能力を高く評価してくれていたのである。ここまでとらえたら、あとは「（それに）気付かなかった」ということを加えてまとめる。二人の評価自体に戸惑ったというよりも、評価に気付いていなかったから戸惑ったのである。

［問4］直後の「換算《かんさん》」は、「ある単位の数を、他の単位の数に数え直すこと」という意味。それが「できない」のだから、「高揚感《こうようかん》」は何に換《か》えることができないと言っているのかを考えればよい。直前の「賞金は欲しい。」という言葉を受けて、「けれど、……」と続いていることから、漢字一字で表すと「金」であるとわかる。

［問5］「わくわく」「ざわざわ」「どきどき」が一緒《いっしょ》になっている感情である。——線部③の直前の部分から感情表現を表す言葉を探し、つなぎ合わせてまとめればよい。

［問6］マラソン大会前の高揚感を表している場面であるから、エが当てはまる。——線部③などから「短文を多用」も合っているとわかる。アは「話の筋道を論理的に」、イは「擬人《ぎじん》法を多用」、ウは「方言を多用」が、本文には当てはまらない。

第3章 詩歌

328ページ

1

［問1］イ　［問2］ウ

解説 ［問1］——線部①は、「僕《ぼく》」がぶら下がっている「世界」だから「鉄棒」のことである。——線部②は、まず、「僕」の様子をつかむ。「足が上《あ》がってゆく」「一回転して／僕が上になる」などから、逆上がりをしていると考えられる。逆上がりをして回転する「世界」とは「景色」である。

［問2］鉄棒にぶら下がって挑戦《ちょうせん》する様子が描《えが》かれ、最後の二行から達成感が感じられる。アは「コマ送りのスロー映像」「逆上がりの動きを読者にイメージさせやすくする工夫」が当てはまらない。動きは細かいが、それは「僕」の心情とともに丁寧《ていねい》に描かれているからである。イは「肉体運動の美」が合わない。また、「赤くなる」も、逆上がりの途中《とちゅう》で力を込《こ》めたことを表しており、「感動」ではない。エは「初心者であった」「技の熟達者」などが、この詩からは読み取れないので、不適切。

2

［問1］季語　［問2］一つのイメージを持った言葉　［問3］エ

解説 ［問1］直後の「俳句に季節感をもたらす機能を持っている語」とは何かを考える。続く一文に「季語自体は……」とある。

［問2］——線部を含《ふく》む段落は、その初めに「たとえば」とあることから、前の段落の内容を受けて、具体例を挙げているとわかる。筆者の考えは前の段落にある。空欄《くうらん》の直後の「として」につながり、文末の「読むことができる」に注目し、文としてまとまる言葉を探す。

［問3］季語は「風花《かざはな》」で冬。エの「咳《せき》（咳の子）」も冬の季語である。他のそれぞれの季語と季節は、ア「噴水《ふんすい》」で夏、イ「菜の花」で春、ウ「芒《すすき》（月の芒）」で秋である。

思考力
表現力
UP

あなただったら文章の何を中心に描《えが》く?

表現の工夫に注目して、文章と漫画《まんが》を読み比べよう

文学作品には、漫画化、映像化されているものが数多くあります。漫画や映像にする際、作り手(漫画家や監督《かんとく》)は、文章をすべてそのままなぞるわけではありません。受け手を引きつけるために、ストーリーにメリハリをもたせて漫画のコマを大きく取ったり時間を長くとったりするなど、表現を工夫します。また、作り手が場面や情景に注目するのか、人物の気持ちに注目するのかなどによっても、表現方法が変わってきます。

ここでは、太宰治《だざいおさむ》の『人間失格《にんげんしっかく》』(あらすじは296ページ参照)をもとに、二つの場面の文章と漫画を読み比べ、どの部分に注目して、何を中心に描いているのかを考えてみましょう。

文章を読もう①

その日、体操の時間に、その生徒(姓《せい》はいま記憶《きおく》していませんが、名は竹一《たけいち》といったかと覚えています)その竹一は、れいに依《よ》って見学、自分たちは鉄棒の練習をさせられていました。自分は、わざと出来るだけ厳粛《げんしゅく》な顔をして、鉄棒めがけて、えいっと叫《さけ》んで飛び、そのまま幅飛《はばと》びのように前方へ飛んでしまって、砂地にドスンと尻餅《しりもち》をつきました。すべて、計画的な失敗でした。果《はた》して皆《みな》の大笑いになり、自分も苦笑しながら起き上《あが》ってズボンの砂を払《はら》っていると、いつそこへ来ていたのか、竹一が自分の背中をつつき、低い声でこう囁《ささや》きました。

「ワザ。ワザ」

自分は震撼《しんかん》しました。ワザと失敗したという事を、人もあろうに、竹一に見破られるとは全く思いも掛《か》けない事でした。自分は、世界が一瞬《いっしゅん》にして地獄《じごく》の業火《ごうか》に包まれて燃え上るのを眼前に見るような心地《ここち》がして、わあっ! と叫んで発狂《はっきょう》しそうな気配を必死の力で抑《おさ》えました。

(太宰治『人間失格』より)

漫画と読み比べよう①

©星《ほし》野《の》末《すえ》／三栄『マンガでBUNGAKU　人間失格』〈三栄〉より

文章を読もう②

東京に大雪の降った夜でした。自分は酔《よ》って銀座《ぎんざ》裏を、ここはお国を何百里、ここはお国を何百里、と小声で繰《く》り返し繰り返し呟《つぶや》くように歌いながら、なおも降りつもる雪を靴先《くつさき》で蹴散《けち》らして歩いて、突然《とつぜん》、吐《は》きました。それは自分の最初の喀血《かっけつ》[1]でした。雪の上に、大きい日の丸の旗が出来ました。自分は、しばらくしゃがんで、それから、よごれていない個所《かしょ》の雪を両手で掬《すく》い取って、顔を洗いながら泣きました。

こうこは、どうこの細道じゃ？

こうこは、どうこの細道じゃ？

哀《あわ》れな童女の歌声が、幻聴《げんちょう》のように、かすかに遠くから聞《き》こえます。不幸。この世には、さまざまの不幸な人が、いや、不幸な人ばかり、と言っても過言ではないでしょうが、しかし、その人たちの不幸は、所謂《いわゆる》世間に対して堂々と抗議《こうぎ》が出来、また「世間」もその人たちの抗議を容易に理解し同情します。しかし、自分の不幸は、すべて自分の罪悪からなので、誰《だれ》にも抗議の仕様が無いし、また口ごもりながら一言でも抗議めいた事を言いかけると、ヒラメ[2]ならずとも世間の人たち全部、よくもまあそんな口がきけたものだと呆《あき》れかえるに違《ちが》いないし、自分はいったい俗《ぞく》にいう「わがままもの」なのか、またはその反対に、気が弱すぎるのか、自分でもわけがわからないけれども、とにかく罪悪のかたまりらしいので、どこまでも自らどんどん不幸になるばかりで、防ぎ止める具体策など無いのです。

（太宰治『人間失格』より）

(注) **1** 喀血＝肺や気管支から出た血を、せきとともに吐くこと。

2 ヒラメ＝主人公の葉蔵《ようぞう》の父親の知り合いで、葉蔵の身元保証人を頼《たの》まれている人物。

漫画《まんが》と読み比べよう②

思考力
表現力
UP ▶ **何に注目して描《えが》かれているか考えよう**

①の漫画は、校舎や鉄棒が描かれていて、言葉では表現されていないけれど、体育の時間だとわかったよ。

①の文章の「ワザ。ワザ」は、マンガではわかりやすい表現に変えられているね。「わざとだろう?」は、コマも人物も大きく描かれていて印象に残るね。

①の漫画の最初のコマと最後のページは、文章にはないね。回想シーンとして描く工夫をしたんじゃないかな。

②の漫画は、吐いた血の描き方にドキッとしたよ。

②の漫画は、「突然、吐きました。」の部分に特に注目して描いているね。

②の文章の後半に描かれている気持ちが、漫画では最後の笑い声のコマで表されているのかな。

思考力 表現力 UP 自分ならどう描《えが》くかを書いてみよう

335ページの意見を参考に、文章の何に注目してどのように表現したいかを考えて、次の①〜③に沿って書いてみましょう。

① 文章のどの部分に注目するか。
② なぜ、その部分に注目したのか。
③ 読み手の印象に残るものにするために、注目した部分を、漫画や映像でどのように表現したいと思うか。

『人間失格』以外の作品でも、右の①〜③に沿って自分の考えを書いてみましょう。

解答例

私は、②の文章の「雪の上に、大きい日の丸の旗が出来ました。自分は、しばらくしゃがんで、それから、よごれていない個所《かしょ》の雪を両手で掬《すく》い取って、顔を洗いながら泣きました。」という部分に注目しました。

「大きい日の丸の旗」という表現から、雪の白い色と血の赤い色の対比が感じられ、それが特に印象に残ったからです。「しばらくしゃがんで」は、ぼうせんとしていたのか、苦しさに耐《た》えていたのかがはっきりと書かれてはいませんが、文章の後半の「自分の不幸」「罪悪」という言葉から、ぼうぜんとしたのではないかと思いました。

漫画で表現するとしたら、まず、血を吐《は》いて雪の上に大きな日の丸の旗ができたということを大きなコマで描きたいと思います。そして、血を吐いた直後は何が起きたかわからず驚《おどろ》いている様子で、しゃがみこんでいるうちにじわじわと悲しみや不幸がわき上がってきて、顔を洗いながら涙《なみだ》があふれてきた様子、という流れで、最後に泣き顔の大きなコマにもっていこうと思います。そうすることで、主人公の悲しみを読み手に印象づけることができると思います。

コミュニケーション編

第1章 書く

自分が伝えたい内容に応じた表現方法を選び、効果的に伝えるためのさまざまなコツを知ろう。伝えたいことが相手にきちんと届くことから、コミュニケーションが始まる。

批評文と感想文の違《ちが》いは何？
➡ 344ページ

鑑賞《かんしょう》文を書く際に大切なことは何？
➡ 352ページ

スピーチ原稿《げんこう》で、１分間に
話す文字の目安は、
何百字くらい？
➡ 357ページ

意見文の書き方

◆意見文とは

あなたは、日頃《ひごろ》、身の回りの出来事や社会の情勢などに対して、疑問を感じたり、この問題についてどうにかしなければならないと考えたりしたことはないだろうか。そうした疑問や問題点についての自分の意見や考え（提案や解決策）を、根拠《こんきょ》を明確にして、論理的に述べ表した文章が、**意見文**である。

◆意見文を書く際のポイント

自分の意見を述べる以上、疑問や問題点に対して、自分がどのように考えているのかをはっきりさせておかなければならない。自分の意見を読み手に納得させるためには、自分の意見の根拠となる材料を用意し、意見と結び付けて明確に示すことが大切だ。何の裏づけもなく、自分の意見を述べるのでは、勝手な思い込《こ》みととらえられてもしかたがない。どういう理由でその意見を述べるのかということを、**根拠となる具体例**を示して書き、説得力のある文章にしよう。

その際、自分の意見や根拠に対する**反論も想定して書く**ようにすると、より説得力のある文章にすることができるだろう。

◆一般入試で出題される作文問題の多くは意見文

公立の一般《いっぱん》入試の国語の問題では、ほとんどの都道府県で**作文問題が出題**されている。その多くは、

参考

情報の集め方

根拠となる材料を、新聞、テレビ、インターネット、書籍《しょせき》などに出ている専門家の考え、アンケートなどの調査結果などから集める。

くわしく

根拠となる材料の整理

材料は多いにこしたことはないが、その中から使うものだけを取り出さなければならない。次のような点に狙《ねら》いを定めて選ぶとよい。

- 確実性のある事実かどうか。
- 意見の展開の筋道に合う事実や具体例かどうか。
- 意見を効果的に表現するのに必要な根拠や具体例かどうか。
- 読み手に不快感や不信感などを与《あた》えない内容かどうか。

出題内容に対する意見・考えをまとめるという意見文を書く問題だ。

入試の作文問題は、決められた条件を守り、出題の意図に沿った内容で意見を書くことが求められる。作文の出題形式には、次のような種類がある。

1 条件作文

- 表・グラフ・文章など与《あた》えられた資料を分析《ぶんせき》し、条件に合わせて自分の意見や考えを書く。
- ある意見に対しての賛否をはっきりさせ、その理由を書く。

2 課題作文

- 与えられた課題に合わせて、自分の経験や見聞きした出来事をもとに書く。

◆入試の作文問題での意見文の書き方

入試の作文問題は、字数が**百五十字から二百五十字程度**で、**二段落構成**でまとめるのが一般的だ。自分の意見とその理由や根拠を整理し、段落に分けて書くように求められることが多い。

【二百字程度で書くときの意見文の型】

◉前段で情報の分析や具体例（経験・事実）などを、後段でそれについての意見・考えを述べる。

情報の分析（具体例）→意見・考え

◉前段で意見・考えを述べ、後段で意見の根拠となる具体例（経験・事実）を示す。

意見・考え→意見・考えの根拠（具体例）

発展

入試によく出る条件作文のテーマ

- 読書
- インターネット情報の信《しん》頼性《らいせい》
- 言葉遣《づか》い
- 人間関係
- ボランティア活動
- 地域との関わり
- 技術の進歩
- バリアフリーとユニバーサルデザイン
- 少子高齢化《こうれいか》
- 環境《かんきょう》問題

参照 368ページ **原稿《げんこう》用紙の使い方**

確認問題

問1 次のグラフ**A・B**は、ある中学生が「世の中の情報を得るために最も利用するメディアとその信頼《しんらい》度」について発表した資料です。国語の授業で、このグラフから読み取ったことをもとに、一人一人が自分の考えをまとめることにしました。次の**【条件】**に従って、あなたの考えを書きなさい。

A　情報源としての重要度（10代）

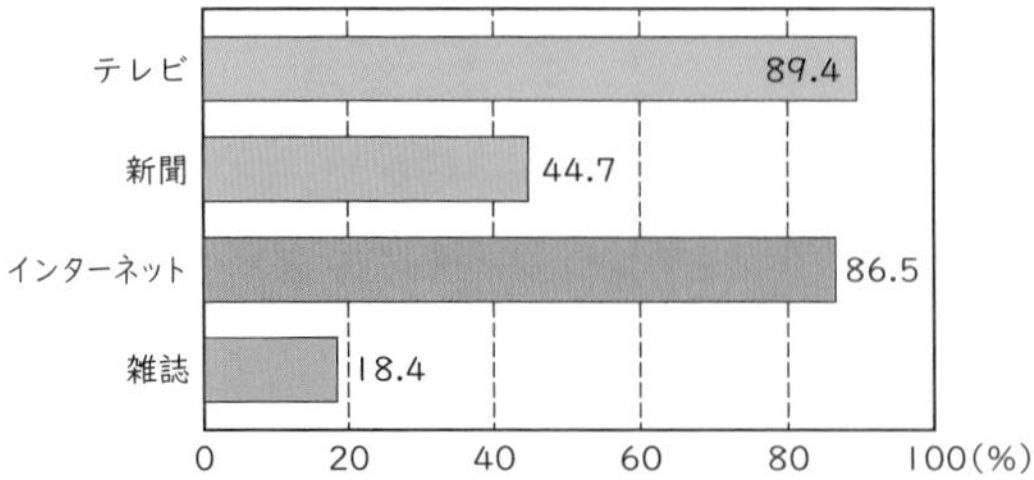

B　各メディアの信頼度（10代）

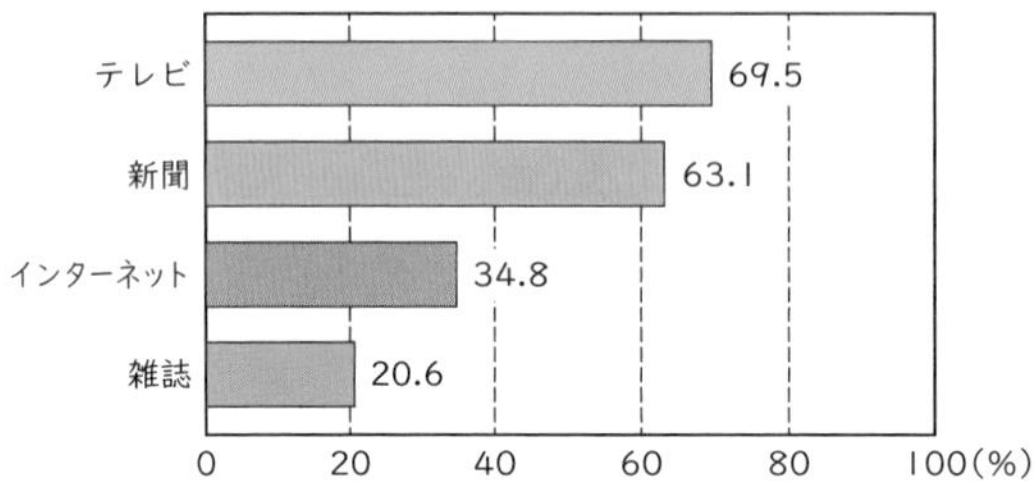

（総務省　平成30年度
「情報通信メディアの利用時間と情報行動に関する調査報告書」）

【条件】
・二段落構成とし、前段ではグラフを見て気づいたことを書き、後段ではそのことについてのあなたの意見を書くこと。
・全体を二百字以上、二百二十字以内でまとめること。

参考

インターネット情報の信頼度

インターネット情報の信頼度をテーマとした作文問題は、次のような観点を念頭において、意見文を構成するとよい。

① インターネット情報の信頼度が低い理由
● 多くの人が情報を発信しており、中には根拠《こんきょ》のない主観的な情報や誤った情報もある。

② インターネット情報を取り扱《あつか》う際の注意点
● 情報の発信源の信頼度を確かめる。
● 客観的な根拠に基づいているかを確かめる。
● 複数の情報を比べて、最も信頼度が高い情報はどれかを判断する。

確認問題解答

問1 例 グラフA・Bから、インターネットは、情報源としての重要度はテレビの次に高いが、信頼度は雑誌の次に低いことがわかる。

　このことから、インターネットは情報を手軽に得るには便利だが、誰《だれ》でも簡単に発信できるため、不正確な情報も含《ふく》まれているという認識が浸透《しんとう》していることが読み取れる。インターネットから情報を得る場合には、その発信源を確認したり複数の情報を比べたりして、信頼できる情報かどうかを判断する必要があると思う。

（二百二字）

問2 次のグラフA・Bは、文部科学省が行った「高校生の読書に関する意識調査等」の結果の一部である。これを見て、読書についてのあなたの考えを書きなさい。なお、次の【条件】に従って書くこと。【栃木県】

【条件】
・二段落構成とすること。
・第一段落には、二つのグラフから読み取ったことについて書くこと。
・第二段落には、第一段落に書いたことを踏《ふ》まえて、読書についてのあなたの考えを書くこと。
・二百四十字以上、三百字以内で書くこと。

A 本を読むのは好きか

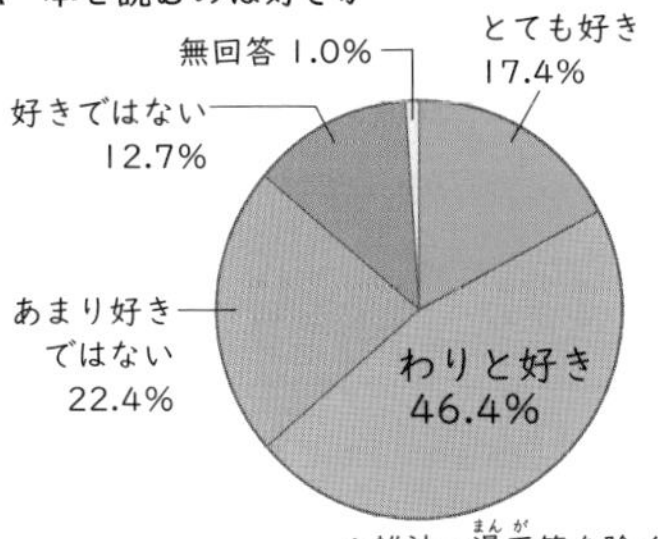

＊雑誌・漫画《まんが》等を除く

B 最近1か月間に読んだ本の冊数

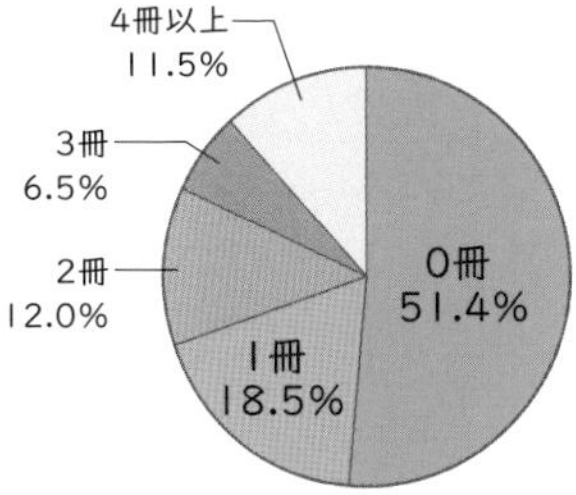

＊雑誌・漫画等を除く

「高校生の読書に関する意識調査等」
（平成26年度文部科学省委託《いたく》調査）により作成

参考

若者の読書の現状

読書離《ばな》れをテーマとした作文問題は、次のような観点を念頭において、意見文を構成するとよい。

①読書離れの原因
●部活動や塾などで忙《いそが》しいこと。
●ゲームやSNSを楽しむ機会が多いこと。

②どう解決すればよいか
●短時間でも読書をする習慣をつける。
●図書館や書店のお勧《すす》めの本を読んでみる。

確認問題解答

問2

例 グラフAから、六割以上もの高校生が、読書が好きと答えていることがわかる。一方で、グラフBからは、最近一か月間に一冊も本を読まなかった高校生の割合が五割を超《こ》えていることがわかる。
読書は好きでも、日々の通学や勉強、部活などに時間をとられて、読書する時間をもてていないという現状があるのだと思う。確かにまとまった時間をとることは難しいかもしれないが、短い時間なら確保することは可能ではないだろうか。読書は楽しみの一つでもあり、読書からしか得られない知識や経験も多い。だから、たとえ十分でも十五分でもよいので、毎日意識的に読書をする時間を設けるようにするとよいと思う。（二百八十字）

批評文の書き方

批評文とは

批評とは、対象となる物事の悪い点だけを指摘《してき》して論じるものではない。物事のよい点、特徴《とくちょう》や価値などについても評価して論じるものである。

誰《だれ》にでも、身の回りの出来事や社会の情勢などに対して疑問に感じたり共感したりしたことがあるだろう。そうしたことを、好き嫌《きら》いなどの感情や漠然《ばくぜん》とした印象でとらえるのではなく、客観的に分《ぶん》析《せき》してとらえ、根拠《こんきょ》を示しながら人に伝わるようにまとめた文章が**批評文**である。

感想文と批評文の違《ちが》い

感想文は書いたことがあるけれど、批評文は書いたことがないという人もいるだろう。

感想文は、直接的な体験や読書などを通して生じたさまざまな思いや考えを文章に書き表したものだ。例えば読書感想文であれば、小説を読んで心に残った言葉や場面、主人公の生き方などを紹介《しょうかい》しながら、「自分はこう感じた」「私は……と思う」などと、作品を読んだ自分の主観的な心情を中心に書き表すことが多い。

しかし小説の**批評文**では、読み手としての主観的な感想を離《はな》れて、ストーリーの展開や構成のしかたなど、批評する観点を決めて客観的に作品を分析し、根拠を示しながらよい点・悪い点、特徴などを書き表す。

参考

批評の対象

批評の対象には、次のようなものがある。それぞれの役割や目的に応じて観点を決めて分析する。

- ポスター
- 小説や映画
- ニュース
- 人物
- 飲食店などの店舗《てんぽ》

くわしく

問いの設定

感じたこと、疑問に思ったことなどをもとに、考えを深めるための問いを立てる。

- なぜ、〇〇なのか？
- 〇〇は、何のためのものなのか？
- はたして、〇〇でよいのか？

◆説得力のある批評文の書き方

批評する題材はさまざまだが、書く際にはおおむね次のような手順で進めるとよい。

1 関心のある事柄《ことがら》を選び、批評の観点を立てて分析する。

● 根拠となる資料があるかどうか探す。

例 事実を示したデータや調査結果、専門家の意見が書かれた書籍《しょせき》など。

● 根拠となる資料を引用する場合は、出典を明記する。

2 自分の考えを伝えるための文章の構成を考える。

結論の位置による文章構成の型

◉頭括型《とうかつがた》…結論が最初にある文章
　結論（意見）→根拠（事実）

◉尾括型《びかつがた》…結論が最後にある文章
　根拠（事実）→結論（意見）

◉双括型《そうかつがた》…結論が最初と最後にある文章
　結論（意見）→根拠（事実）→結論（意見）

3 書き終わったら推敲《すいこう》する。

● 書き始めと書き終わりに整合性があるか。
● 根拠は自分の意見を納得してもらえるものになっているか。
● 言葉の遣《つか》い方に間違《まちが》いがないか。
● 無理な解釈《かいしゃく》をしていないか。

参考

分析のしかた

● 批評の対象と観点を決めたら、それについてのよい点と悪い点の両方を考えてみる。
● よい点と悪い点の根拠となることを書く。
● 仮定して考えたり、類似したものと比較《ひかく》して考えたりしてみる。

参照 369ページ
推敲のしかた

確認問題

［問］ある中学校で、吹奏楽《すいそうがく》部と合唱部が初めての合同演奏会を開くことになりました。
次のポスターA、ポスターBは、駅や地域の公共施設《しせつ》に貼《は》り出すために制作されたものです。この二つのポスターに対する批評文を読んで、あとの問いに答えなさい。

A

心から心へ
しみわたるハーモニー

○○中学校　吹奏楽部・合唱部　第１回合同演奏会

日時　令和○年○月○日　13：30より

場所　○○中学校　体育館

B

○○中学校吹奏楽部・合唱部
第１回　合同演奏会
日時　令和○年○月○日13：30開演
場所　○○中学校　体育館

13：00	開場
13：30	開演
	第１部　日本の名曲
	○○○・○○○　他
14：30	休憩《きゅうけい》
14：45	第２部　世界の名曲
	○○○・○○○　他
16：00	終演

※お車でご来場の方は当校駐車場《ちゅうしゃじょう》に駐車できます。

批評文Ⅰ

ポスターAは、キャッチコピーとイラストが中央に大きく描《えが》かれていて、遠くからでも目に留まる。つまり、ポスターAは［①］に訴《うった》えかけることで、人々の関心を引き、吹奏楽部と合唱部による合同演奏会があることを広く知らせる効果があるといえる。この演奏会は今回初めて開かれるものである。だからこそ、まずはその存在を広く知ってもらう必要がある。人目を引くキャッチコピーやイラストは、より多くの人に演奏会の開催《かいさい》を知らせるのに効果的である。

それに対して、ポスターBは［②］だけで構成されており、開催日時や場所の他、タイムテーブルも示されている。情報量は多いが、遠くからでも目に入るイラストとは異なり、近づいていって

参考

比較して批評する文章の書き方

複数の案を比較《ひかく》して批評する形式の作文問題では、学校や図書館・駅などの公共施設に貼り出される掲示《けいじ》物（ポスター）が対象となることが多い。

掲示物を比較して批評する場合は、次のような手順で考えるとよい。

① 掲示物を観察・分析《ぶんせき》して特徴《とくちょう》をとらえる

言葉の使い方や紙面デザインなど、複数の観点から、表現の特徴や工夫を読み取る。

〔観点の例〕
- キャッチコピーや項目《こうもく》の立て方
- 絵・イラストの有無や描き方
- 文字や絵・イラストの配置のしかた
- 文字などの大きさや色づかい

② 掲示物の表現効果を判断する

掲示物の特徴はどんな表現効果を上げているかを考え、自分の意見をまとめる。このとき、自分の判断の根拠《こんきょ》をはっきりと示すことが大切である。

〔判断の根拠の例〕
- イラストが中央に大きく描かれていて、人目を引きやすいので、より多くの人に知らせるという効果が期待できる。

読まなければ、演奏会が開かれることが伝わらない。これでは、より多くの人に知ってもらうという目的が果たしづらいのではないか。

批評文Ⅱ

ポスターBは、開催日時や場所の他、タイムテーブルや演奏曲目、駐車《ちゅうしゃ》場のことまで案内されている。演奏会について多くの情報を載《の》せることで、演奏会の開催を知らせるだけでなく、行こうかどうしようかという判断へと導くことができる。また、興味を抱《いだ》いた人や行こうと決めた人にとっても、必要な情報がほぼ掲載《けいさい》されているので、詳細《しょうさい》を問い合わせる手間を省くこともできる。このようにポスターBは、より多くの人に演奏会へと足を運んでもらう効果が期待できる。

それに対して、ポスターAは、イラストが目立つように構成されており、必要最小限の情報しか掲載されていない。これでは、人目を引くものの、具体的なことは何もわからない。駐車場の有無や終了《しゅうりょう》時間などがわからなければ、行ってみようという気にはなりにくいのではないだろうか。よほど興味のある人か時間に余裕《よゆう》がある人でなければ、足を運んでもらうのは難しいだろう。

問1 ①・②に当てはまる言葉を、それぞれ漢字二字で答えなさい。

問2 次のうち、二つの批評文に共通する特徴《とくちょう》を説明したものとして適切なものはどれか。記号で答えなさい。

ア 一方のポスターのよい点と悪い点をそれぞれ挙げて説明している。
イ 一方のポスターを褒《ほ》めてから、もう一方を嫌《きら》う理由を説明している。
ウ 一方のポスターのよい点を挙げてから、もう一方の問題点を説明している。
エ 両方のポスターのよい点と悪い点を挙げてから、改善点を説明している。

くわしく

比較する観点

上記のポスターA・Bを比較するときは、どういう観点から比較するのかを明確にすることが大切だ。

批評文Ⅰ…人目を引くキャッチコピーやイラストを用いた表現のしかたに注目している。

批評文Ⅱ…演奏会についての多くの情報を載《の》せていることに注目している。

確認問題解答

問1 例 ①視覚 ②文字
問2 ウ

報告文の書き方

◆報告文とは

社会や理科の授業で、誰《だれ》もが、調査したことや観察・実験したことをレポートにまとめて報告したことがあるだろう。

このような調査や観察・実験の経過や結果などを、特定の相手に知らせることを目的としてまとめる文章を**報告文**という。単に記録する文章ではなく、相手や目的に応じて構成や表現形式を決めてまとめる文章である。知らせたいことの内容の説明が中心になるのは当然だが、まとめとして自分の意見や今後の課題を加えることが多い。

◆報告文の種類

- **生活報告**―学級通信など
- **学習報告**―調査報告文、研究報告文、観察レポート、実験レポートなど
- **行事・会議報告**―学校行事の報告など

◆記録文と報告文の違《ちが》い

報告文に近いものに記録文がある。**記録文**とは、ある事柄《ことがら》について観察した過程を記した観察記録や学習記録、日記などの生活記録、公的な記録である議事録などのことで、時間の経過に従って書いた文章を指す。後日の利用に備えて書き残された文章で、原則としてすぐに誰かに知らせることを目

参考

報告文の補助資料

図表やグラフなどのような視覚に訴《うった》えるものを活用すると、相手にわかりやすく伝わる。

- **図表**…物事の仕組みや数量を明らかにして示すことができる。
- **グラフ**…数量の変化のありさまを一目でとらえることができる。
- **写真**…物事のありさまを写実的にはっきりとらえることができる。
- **絵**…写真ほど写実的ではないが、強調と省略の工夫を加えることができる。

的としたものではない。

一方、**報告文**は、事実記録的なものに基づいて作成されることが多いが、事実とともにその結果のもつ意味を他の人たちに知らせることが目的である。何について、何のために、どのような方法で調べ、その結果がどうだったかなどを、事実に即《そく》してわかりやすくまとめることが求められる。

◆わかりやすい調査報告文の書き方

集めた情報を順序立ててわかりやすく伝える工夫をしよう。次のように大きく五つに分けてまとめるとよい。

1 目的

●調べたきっかけや目的などを書き、話題を明確に提示する。

2 調査の方法

●どのように調べたのか、調べた方法を示す。

3 調査の結果

●調べてわかったことを、資料を活用して具体的に説明する。

●全体を通してわかったことをまとめる。

4 考察

●調べたことを振《ふ》り返って、自分の感想や意見、さらに今後の課題を書く。

5 参考資料

●参考資料や引用の出典などがあれば、使用した順に、著者名・書籍名《しょせきめい》・発行年月日・発行所などを明示して書く。

要注意

報告文の基本ルール

次のような点に注意して書くとよい。

●ありのままの事実を正確に書く。

●事実と感想・意見を区別して書く。

●要点を簡潔にまとめる。

参考

口頭による報告

口頭による報告は、作文の領域ではない。しかし、口頭による報告のための下書き原稿《げんこう》やメモを作成する際には、報告文を書く際の準備と同じような作業を行うので、このページの内容が参考になるであろう。また、口頭による報告の内容項目《こうもく》も、報告文の場合とほぼ同じである。

確認問題

［問］次のA、Bの二つの報告文を読んで、あとの問いに答えなさい。

A

目的：秋になり、毒きのこによる中毒が増えているという記事を新聞で読み、野山での毒きのこの見分け方に興味をもった。また、「きれいな色のきのこは毒きのこ」という言い伝えは本当か知りたかった。

調査の方法

1　生物部の先生に、毒きのこの見分け方を聞いた。
2　先生と一緒《いっしょ》に、学校の裏山に生えているきのこの観察を行った。

調査の結果

1　毒きのこの簡単な見分け方というものはなく、一つ一つのきのこの特徴《とくちょう》を覚えていくしかない。
2　裏山の倒《たお》れた木に生えていた、似た色や形の２種類のきのこを見つけた。地味なきのこでも、毒のあるものがあることがわかった。
・シイタケ（食用）……売っているシイタケはかさが丸いが、山で見たものはかさが開いて平らになっていて、だ円形をしていた。茶色のかさの下に、太くて短い、白い茎《くき》があった。
・ツキヨタケ（毒）……見た目も生えている場所もシイタケと同じ。かさと一緒に茎を縦に割くと、黒いしみがあった。先生は、このしみがツキヨタケの特徴だと教えてくださった。

考察：調査により、毒きのこを簡単に見分ける方法はないことがわかった。「きれいな色のきのこは毒きのこ」という迷信に惑《まど》わされずに、食用きのこと毒きのこの特徴を一つ一つ覚えることが大切である。正しい知識をもった上できのこ狩《が》りを楽しめば、毒きのこによる中毒事故は減るのではないか。

参考

報告文をまとめる際のポイント

まず、課題（テーマ）とそれを選んだ理由を説明し、調査した内容を、方法・結果に分けて報告する。調査の結果では、調べてわかった事実を中心に書く。最後に考察で、調査して考えたこと、これからどうしたらよいかなど、自分の意見や感想をまとめる。
考察は、要点を明確にして書く。その際、
●重要なことに絞《しぼ》って書く。
●箇条《かじょう》書きにする。
●短い文にまとめる。
などの工夫をするとよい。

報告する文章で、よく使われる表現

①事実を示す表現
●調べてみてわかったことは、～。
●以上が観察した結果である。
●わかったことを以下のようにまとめた。

②意見を示す表現
●～であると思う。
●～ではないだろうか。
●～と考える。

B

目的：最近、新聞やテレビのニュースで、「食品ロス」という言葉を見聞きすることが増え、興味をもった。

調査の方法
1　農林水産省Webページ
2　消費者庁Webページ

調査の結果
1　日本のごみの総排出《はいしゅつ》量のうち、本来食べられるはずの食べ物のごみ（食品ロス）は1年間で600万トン以上（そのうち約半数が家庭から出ている）。これは、国民1人1日あたり約140グラム（およそ茶わん1杯《ぱい》分）に相当する。

2　家庭から出る食品ロスのおよそ半数は＊「過剰《かじょう》除去」、約3割は「食べ残し」、約2割は＊「直接廃棄《はいき》」である。

考察

＊過剰除去…野菜の皮を厚くむきすぎたり、肉の脂身《あぶらみ》を調理せず捨ててしまったりするなど、食べられる部分まで捨ててしまうこと。
＊直接廃棄…消費期限切れなどで、手つかずのまま捨ててしまうこと。

問1　報告文**A**では、「調査の結果」をどのようにまとめていますか。次から二つ選んで記号で答えなさい。

ア　調査によってわかった事実と考えたことの両方をまとめている。
イ　調査によってわかった事実だけをまとめている。
ウ　一つ目で今後の課題、二つ目で具体例を挙げている。
エ　一つ目で大まかなこと、二つ目で具体例を挙げている。

問2　報告文**B**の「調査の結果」を読み、あなたなりの考察を書きなさい。その際、自分の身近でできる取り組みを挙げ、百字以上、百二十字以内でまとめなさい。

参考

食品ロスの現状
食品ロスをテーマとする場合は、次のような観点を念頭において考えるとよい。
①食品ロスの原因
●生産、貯蔵、加工、流通、消費などさまざまな段階での食品ロスがあること。
●できる限り食品ロスをなくそうという意識がまだ浸透《しんとう》していないこと。
②どう解決すればよいか
●日常生活を見直し、食べ残しや消費期限切れによる食品廃棄をなくすなど、家庭から出る食品ロスを減らす工夫をする。

確認問題解答

問1　**イ・エ**

問2　例日本では毎年600万トン超《ちょう》の食品ロスが発生し、その約半数は家庭から出ている。だから、各自が日常生活を見直し、食品の廃棄を減らしていく必要がある。消費期限を確認したり買いすぎないよう注意したりすることが、食品ロスを減らす第一歩になると思う。
（百十九字）

鑑賞文の書き方

◆鑑賞文とは

絵画や音楽、文学などの芸術作品を分析《ぶんせき》して読み解き、的確な根拠《こんきょ》に基づいて、作品のよさや魅力《みりょく》などを述べる文章を**鑑賞《かんしょう》文**という。作品のテーマ、設定、人物、特徴《とくちょう》、構成などのいろいろな観点で作品を分析し、自分の感じたことや想像したことが読む人に伝わるように、根拠を示しながら説明する。

◆鑑賞文を書く際の観点

1 絵画の分析の観点

- 状況《じょうきょう》設定（季節・時刻・場所・人物など）
- 構成（構図や素材の配置など）
- 色づかい（色彩《しきさい》・明暗・影《かげ》など）
- 作者について（時代・流派など）

2 写真の分析の観点

- 状況（季節・時刻・場所・人物など）
- 様子（表情・行動など）

3 音楽の分析の観点

- リズム・テンポ・旋律《せんりつ》・強弱など
- 構成（展開・山場・変化など）
- 作曲者・演奏者について

くわしく

鑑賞文と感想文の違い

鑑賞文と感想文は、似たような種類の文である。いずれも、自分の感想がもとになる。その感想の根拠の書き方に違《ちが》いがある。

- **鑑賞文**…観点を決めて作品の印象や魅力《みりょく》を読み取り、根拠を明確にして論理的に述べる。
- **感想文**…作品への思い、自分の意見や感想など、主観的に書き表すことが多い。

参考

考えの根拠の書き方

作品の魅力について、どの部分が根拠であるかが明確になるように、書き方を工夫する。

- ……のこと（点）から、〜と考える。
- それは、……に表れている。
- なぜなら……からだ。

4 俳句・短歌・詩の分析の観点

●表現
- 技法（リズム・比喩《ひゆ》表現・擬態《ぎたい》語・擬声語など）
- 構成（連のつなげ方など）

●内容
- 情景（季節・場所・時刻など）
- 心情（状況設定・語り手の視点など）
- 主題（作者の感動や訴《うった》えなど）

●作者について（時代・流派など）

◆効果的な鑑賞文の書き方

鑑賞する対象はさまざまだが、その場合、単に感想や印象を述べるのではなく、観点を決めて鑑賞する対象の特徴や魅力が伝わるように書くことが求められる。次のように大きく三つに分けてまとめるとよい。

1 導入

●鑑賞した作品とその印象や魅力を示す。

2 本論

●鑑賞の観点と根拠を示し、印象や魅力を具体的に説明する。
●感じたことや想像したことを書く。

3 まとめ

●本論の分析に基づいて、作品の印象と魅力をまとめる。導入部分とは表現やたとえを変えて示すとよい。

発展

感動を伝える表現

●目を奪《うば》われる
●目を見張る
●胸を打たれる
●息をのむ
●ため息の出るような
●度肝《どぎも》を抜《ぬ》く
●心に響《ひび》く
●心温まる
●ときめく
●驚嘆《きょうたん》すべき
●非の打ち所のない
●華麗《かれい》な
●斬新《ざんしん》な
●見事な

確認問題

【問】次は、Aさんが「風神雷神図屏風《ふうじんらいじんずびょうぶ》」に描《えが》かれた絵を説明したものの一部である。これを読んで、あとの問いに答えなさい。【徳島県・改】

「風神雷神図屏風」建仁寺蔵　（写真提供：アフロ）

説明の一部

皆《みな》さんは、この絵を知っていますか。

私が紹介《しょうかい》するのは、江戸《えど》時代に、俵屋宗達《たわらやそうたつ》によって描かれた、国宝の「風神雷神図屏風」です。右側で風袋《かざぶくろ》を持っているのが風神、左側で太鼓《たいこ》を鳴らしているのが雷神です。

この絵を初めて見たとき、私は、風神と雷神の力強い存在感に驚《おどろ》くと同時に、「絵が動いている」という感覚をもちました。何が、そのように感じさせるのでしょうか。

私は、この絵には、風神と雷神、そして雲以外のものが描かれていないことに着目しました。主役を屏風の端《はし》ぎりぎりにはみ出さんばかりに描いて、真ん中の部分には広い空白をつくっています。そのことにより、二人の姿に引きつけられ、空間が下に向かって広がっていくように感じるのだと思います。

また、二人の視線やポーズ、たなびく天衣《あまごろも》の形から、風神は画面の外から中へ、雷神は上から斜《なな》め下へと、速いスピードで動いていくようです。

問1 Aさんの説明のしかたについて述べたものとして、最も適切なものを次から選んで記号で答えなさい。

ア 問いかけや体言止めを用いて絵から想像したことを述べ、聞き手の興味を引こうとしている。

イ 五感をもとに絵を鑑賞《かんしょう》する複数の観点を設定して、絵の特徴《とくちょう》を多面的に伝えようとしている。

ウ 絵が生まれた背景について想像を交えて話し、作者の思いを聞き手と共有しようとしている。

エ 絵を見て感じた疑問を取り上げ、絵に描かれている事実を根拠《こんきょ》として説明しようとしている。

問2 ――線部「速いスピードで動いていくようです」とあるが、あなたは、二人が何をしようとしていると考えるか。この絵や作者の思いについてのあなたの自由な考えを、次の【条件】に従って書きなさい。

【条件】

・最初に、あなたの考えにふさわしい題名を書いてから、本文を書き始めること。

・二段落構成とし、前段では、絵の特徴をもとに二人がしようとしていることを、後段では、この絵を通して作者が伝えようとしたことを、想像して書くこと。

・題名にふさわしい内容で、全体が筋の通った文章になるようにすること。

・漢字を適切に使い、二百字以上、二百六十字以内で書くこと。

参考

絵画鑑賞の観点

説明では、「風神雷神図屏風」を鑑賞する観点と感じたことを、次のように説明している。鑑賞の観点として参考にするとよいだろう。

①**構図・配置**…風神と雷神を屏風の端ぎりぎりにはみ出さんばかりに描いて、真ん中の部分には広い空白をつくっている。

②**感じたこと**…風神は画面の外から中へ、雷神は上から斜め下へと、速いスピードで動いていくようだ。

確認問題解答

問1 エ

問2 例「風神と雷神の勝負」

風神と雷神が近づき、互《たが》いに勝負を挑《いど》もうとしているように、私には見える。風と雷《かみなり》を武器に、どちらが強いか競うのだ。しかし、よく見ると両者とも笑っているようにも見える。その表情から、互いに楽しみながら正々堂々と戦おうという意欲が感じられる。

強風も雷も、人間にとって恐《おそ》ろしいものである。しかし、自然は脅威《きょうい》であるだけでなく、命を育む大切な存在でもある。この絵のように天空で風神と雷神が勝負を楽しんでいると考えると、恐ろしい自然現象も、ユーモラスなものとして親しみやすくとらえることができるのではないだろうか。

（二百四十九字）

スピーチ原稿の書き方

◆スピーチ原稿とは

スピーチのために用意する原稿《げんこう》を**スピーチ原稿**という。
例えば、**グループワーク**で話し合い、考えを深めて結論として出したことを、グループの代表がクラス全体に報告するための原稿もスピーチ原稿にあたる。また、ポスター（掲示物《けいじぶつ》）などを作って発表する**ポスターセッション**の際にもスピーチ原稿を作成する。

◆スピーチ原稿を書く際のポイント

スピーチ原稿は、相手に向かって話すことを意識して書く必要がある。何度でも読み返すことができる文章とは違《ちが》って、耳で聞く場合はいちいち問い返すことがしづらいため、多くの人がその場で聞いて理解しやすい表現や話し方を選んで原稿を作ることが求められる。
例えば、意見を伝える場合には、最初に自分の意見を明確に示したうえで、その根拠《こんきょ》を説明していく。また、情報や調査結果を伝える場合には、まずどんなことを伝えるのかを示したうえで、順を追って情報や結果を知らせていく。

用語解説

グループワークとは
グループワークは、六人くらいのグループで行われ、司会、書記を立てるのが一般的《いっぱんてき》だ。グループで話し合うことによって、自分と違《ちが》った意見を知ることができ、課題に対する考えが深まる。グループ内で話し合ったあと、クラス全体で話し合うためにグループの代表が話し合いでまとまった意見をスピーチする。

ポスターセッションとは
情報を知らせるための掲示物《けいじぶつ》をポスターといい、それを貼《は》り出して、人に見せながら発表することをポスターセッションという。ポスターは、文字だけではなく、絵や図表、グラフなどを使ってまとめるのが一般的だ。

◆聞き取りやすいスピーチ原稿の書き方

スピーチする内容によって構成は多少異なるだろうが、おおむね次のようなことを意識して書くようにするとよい。

1 言葉の遣《つか》い方に気をつける。

●耳で聞いたときに意味の取りにくい漢語の多用は、できるだけ避《さ》ける。
●常体（だ・である体）ではなく、敬体（です・ます体）で書くようにする。

2 発表を印象づけるような工夫をする。

●スピーチで何を言いたいのかを最初に示す。
●伝えたい内容を簡潔にまとめる。
●聞き手の興味を引く事柄《ことがら》を入れる。
●協力の呼びかけやお願いなどがある場合は、聞き手に訴《うった》えるような書き方を工夫する。

3 決められた時間内で話せるように、文章量を調整する。

●スピーチは、決められた時間内で話すことが大切なので、時間を意識して原稿を作る（およそ一分間で三百字が目安）。
●実際に話してみて、時間内に収まるかどうかを確認する。

◆一般入試で出題されるスピーチ原稿型の作文問題

一般《いっぱん》入試のスピーチ原稿型の作文問題は、「スピーチをする」「討論会で意見を述べる」といった場面設定で作文を書く問題が出題される。耳から聞いただけで内容が理解できるように言葉を選び、構成を工夫して文章をまとめる必要がある。

要注意

スピーチ原稿での注意点

スピーチは口頭で伝えるものだが、スピーチを行うための原稿やメモを作成することは作文を書く際にする準備と同じである。

目で読む文章とは異なるため、スピーチ原稿では、聞いてすぐにわかる言葉を選ぶことが大切である。

紛《まぎ》らわしい同音異義語

特に漢語には、読み方は同じで意味が異なる同音異義語が多い。

例えば、「しじょうでは」と言われたとき、聞き手は「市場」「史上」「試乗」「誌上」など、複数ある同音異義語のうちどれが当てはまるのかを、話の流れから特定しなければならない。

したがって、耳で聞いたときに意味の取りにくい漢語の多用は、できるだけ避《さ》けることが大切である。

確認問題

[問] 太郎《たろう》さんのクラスでは、国語の授業中に、四字熟語を一つ取り上げて、それについてのスピーチを行うことになりました。次の**Ⅰ**はスピーチに向けて太郎さんが作成したメモで、**Ⅱ**は実際に行ったスピーチです。これらを読んで、あとの問いに答えなさい。【群馬県・改】

Ⅰメモ

「一期一会《いちごいちえ》」

[はじめに] 言葉の説明
[自分の経験] 海外で出会った女性について【イラスト】
▽自分もそうありたい。
[調べたこと] 茶道で用いられる意味
▽今後、自分も心がけたい。
⇒[まとめ]

Ⅱ実際のスピーチ

私が取り上げたい四字熟語は、「一期一会」です。この言葉は「一生に一度限りの出会い」という意味で用いられます。

海外旅行に行ったとき、私は現地の空港で家族とはぐれてしまいました。とても不安だったのですが、【　※　】一人の外国人女性が私に優しく声をかけ、一緒《いっしょ》に探

参考

作文問題における四字熟語やことわざ

高校入試での、四字熟語やことわざをもとにして、自分の意見や体験をまとめる作文問題の出題率は高い。

合格につながる作文を書くためには、**出題された四字熟語やことわざの意味をどれだけ理解しているか**が重要なポイントになる。日《ひ》頃《ごろ》から、知らない言葉や意味が不確かな言葉に出合ったら、こまめに調べて意味を理解し、正しく使いこなせるようにしておくことが大切だ。

上段の問題では、「一期一会」という四字熟語が意味とともに挙げられているが、**入試の作文問題では必ずしも意味まで挙げられているとは限らない**。次のような形で出題されることも多い。

● いくつかの四字熟語やことわざの中から、自分の考えに近いものを選び、条件に従って書く。
● いくつかの四字熟語やことわざの中から、「クラスの目標」などに使う標語として適切なものを選び、その理由を体験や具体例を示しながら書く。

してくれたおかげで、無事に家族と再会できました。見ず知らずの私に優しく接してくれたその女性は、本当にすばらしい人だと感じました。
　また、私は「一期一会」という言葉についてもう少しくわしく調べてみました。すると、茶道では「一生に一度の機会と考えて、誠意を尽《つ》くす」という意味で用いるということがわかりました。
［　　　　　］

問1 太郎さんは、Ⅱの実際のスピーチにある【　※　】の部分で、下のイラストを提示しました。どのような効果をねらって提示したと考えられますか。次から最も適切なものを選び、記号で答えなさい。

ア 客観的な根拠《こんきょ》を示して説得力を高める効果。
イ 自分の結論を聞き手の意見と結び付ける効果。
ウ 具体的な状況《じょうきょう》を聞き手にわかりやすく示す効果。
エ これまでの情報を整理して細かな説明を省く効果。

問2 太郎さんは、Ⅱの実際のスピーチにある［　　　　］の部分で、メモに書いたことでまだ話していない内容について述べました。Ⅰをもとに、スピーチのまとめとしてふさわしい内容を考えて、一文で書きなさい。

確認問題解答

問1 ウ

問2 例 私も今後、私に優しく接してくれた外国人女性のように、人との日々の出会いを大切にし、誠意を尽くして接するように心がけたいと思います。

解説

問1 イラストや写真など、視覚に訴《うった》えかけるものは、言葉で説明するのと違《ちが》ってひと目で状況を相手に伝える効果があることを押《お》さえる。

問2 Ⅰメモの［まとめ］の部分に当たる内容である。次の二つの要素を入れてまとめるようにするとよい。
①自分もそうありたい。
→海外で出会った女性のように、人に接したい。
②今後、自分も心がけたい。
→どんな人に対しても「誠意を尽くす」ことを心がけたい。

広告の書き方

◆広告とは

私たちの身の回りには広告があふれている。広く何らかの情報を伝えるためのものから、商品を売るための商業的なものまで、その目的によっていろいろな広告の手段がある。どれも、人目を引き、覚えてもらうことが大切になる。だから、覚えやすく、伝えたいことがすぐに伝わるキャッチコピーや視覚に訴《うった》える情報など、広告にはさまざまな工夫が凝《こ》らされている。

◆広告の主な種類と手段

- **印刷広告**―ポスターやパンフレット、チラシ、新聞や雑誌の広告
- **放送広告**―テレビ、ラジオなどのコマーシャル
- **Web（ウェブ）広告**―ホームページや記事などに載《の》せる広告

◆広告の目的

広告とは、情報を広く伝達するためのツールである。

例えば、商品を人に勧《すす》める場合、もし直接相手に話して伝えていたら、限られた数の人にしか情報は伝わらない。しかし、広告という形で提示することによって、伝える人の代わりとなって、多くの人に商品のよさを伝えることができるのだ。

とはいえ、ただ伝えるだけでは、その内容に興味をもってもらえるとは限らない。そこで、商品広

用語解説

キャッチコピーとは

広告で、特に知らせたいことを短い文や語句で表したものをキャッチコピーという。商品のPOP（ポップ）広告や本の帯などには、消費者の関心を引きつけ、その商品をほしいと思わせるようなキャッチコピーがついている。

ちなみにPOP広告とは、商品の近くに掲《かか》げて購《こう》買《ばい》意欲を促進《そくしん》させるための広告のことである。

告であれば、その商品がほしいという気持ちをかきたてるような表現の工夫が大切になる。

◆広告の表現

広告の表現の工夫には、次のようなものがある。

1 人を引き付ける言葉――知らせたいことを簡単な語句や短い文で表したものを**キャッチコピー**とよぶ。広告の良しあしは、多くはこのキャッチコピーで決まるといってよい。見る人・聞く人の心に印象深く訴《うった》えかけ、「え？　これは何だろう」と思わせることが大切だ。

2 目的による色の組み合わせ――例えば楽しい感じや涼《すず》しい感じを色で表現するなど、色の選び方で、言葉では伝えきれないものも伝えることができる。

3 視覚に訴える情報――絵や写真、図を使い、その配置や大きさのバランスなどを工夫することで、一目でたくさんのことを伝えることができる。

4 デザイン化された文字やレイアウト（割り付け）――文字の大きさや書体をどうするか、「縦組み」にするか「横組み」にするか、キャッチコピーや写真、図などをどこに配置するかなどで、伝わる印象が変わる。

※POP（ポップ）広告やWeb（ウェブ）のホームページを作るときも、これらと同じような工夫ができる。

発展

自己PR

「自己PR」とは、自分の個性、人柄《ひとがら》、能力、価値観など、**自分のセールスポイント**を示したものである。これは、広告と同じように、**相手に自分のよさを伝えることを目的**とする。

推薦《すいせん》入試では、自分が志望校で学ぶのにふさわしい人物であることをアピールするための自己PR力が求められる。

自己PRでも、広告のように、相手に自分を「知ってほしい」「推薦したい」という思いを言葉にし、自分のセールスポイントとその根拠《こんきょ》をしっかりとまとめて伝えることが大切だ。

確認問題

問1 中野《なかの》さんの班では、毎月第一土曜日にA市が主催《しゅさい》している朝市《あさいち》「いきいきマルシェ」をもっと多くの人に広めるためのパンフレットを作成することになりました。**資料Ⅰ～Ⅳ**は、次のようなものです。

資料Ⅰ 町の人へのアンケート調査の一部
資料Ⅱ いきいきマルシェに参加している商店街や農家などの人たちからの聞き取り調査の一部
資料Ⅲ 資料Ⅰ、Ⅱから見えてきた問題に対する解決策
資料Ⅳ 作成するパンフレットの下書き

資料Ⅰ～Ⅳの内容を踏《ふ》まえたうえで、**資料Ⅳ**の□に入る、顧客《こきゃく》を呼び込《こ》むための広告文（PR文）を書きなさい。その際、あとの**【条件】**に従ってまとめなさい。

資料Ⅰ

「いきいきマルシェ」の印象
- お買い得感がある。
- 新鮮《しんせん》な地《じ》の物を扱《あつか》っている。
- これまで知らなかった地元の名産品を知ることができる。
- さまざまなジャンルの商品を扱っている。
- 人気の商品はあっという間に完売してしまう。

資料Ⅱ

出店側が目指していること
- 地元の人に地元の名産品をアピールしたい。
- よい商品をお得に買えるような価格設定を心がけている。
- できるだけ多くの顧客に、希望する商品を入手してもらいたい。

資料Ⅲ

出店側が改善しようとしていること
- 先にアンケートを取るなどして、要望の高い商品は何かを把握《はあく》する。
- アンケートの方法は、FAX《ファックス》か電子メールとする。

くわしく

資料Ⅰ・Ⅱに共通すること

両者に共通する内容を見いだし、PR文に活用できるかどうかを考えてみよう。

①プラス面
- 新鮮な地の物を扱っていること。
- 地元の名産品を取り扱っていること。
- お買い得価格が設定されていること。

②マイナス面（問題点）
- 人気の商品がすぐに売り切れてしまうこと。

資料Ⅲの解決策は、このマイナス面に対して考えられたものであることを押《お》さえておこう。

資料Ⅳ

～地元の朝市！　いきいきマルシェ～

◆開催日時：毎月第１土曜
　8：00～10：00
　雨天決行

◆開催場所：
　大通り広場

◆主な出店者と代表的な商品

●農家の山田さん…とれたての季節の野菜・自家製ドレッシングやジャム
●さくらベーカリー…ミルク食パン・その他お勧《すす》めのパン
●まるや肉店…コロッケ・メンチカツ・ハムカツ
●焼き鳥のコッコ屋…若鶏《わかどり》・つくね・野菜のベーコン巻きなどの串《くし》
●水産業の大川さん…手作りさつま揚《あ》げ・自家製干物《ひもの》

【条件】

・二段落構成で書くこと。
・前段には、「いきいきマルシェ」の簡単な紹介《しょうかい》を、後段には、**資料Ⅲ**の内容を用いてさらに顧客にPRする文を入れてまとめること。
・百二十字以上、百四十字以内でまとめること。

くわしく

資料Ⅲの「解決策」を読み取る

資料Ⅲに書かれているのは、**資料Ⅰ・Ⅱ**から見えてきたマイナス面（問題点）に対処するための解決策である。ここでは方法が示されているだけなので、これを**具体的にどんな行動へとつなげようとしているのか**を考える必要がある。

●**問題点**…人気の商品がすぐに売り切れる。
●**解決策**…アンケートをとって要望の高い商品を把握する。

↓

人気の商品は多めに用意しておく。

これは、顧客にとっても「人気の商品が手に入りやすい」といったメリットがあり、十分なPRポイントとなる。したがって、事前に顧客の要望を聞いて商品をそろえるという点を押さえてPRするとよい。

確認問題解答

問1

例 いきいきマルシェでは、商店街が中心となって、地元の店や農家など、さまざまなジャンルで自慢《じまん》の新鮮な商品を販売《はんばい》しています。

ご希望の商品がありましたら、前日の夕方五時までに、マルシェ開催《かいさい》事務局までFAXかメールでお知らせください。多めに用意してお待ちしております。　（百二十九字）

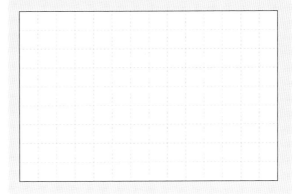

手紙の書き方

◆手紙とは

手紙には、近況《きんきょう》を報告する挨拶《あいさつ》状などの日常的なものから礼状や依頼《いらい》状などの実用的なものまで、さまざまな種類がある。礼状は、職場体験学習などが終わったあと、お世話になった会社の方に書く機会があるだろう。また、学校行事などで、身近な人や地域の人に案内状や招待《しょうたい》状を書く機会があるかもしれない。手紙は、そうした目的で特定の相手に宛《あ》てて書くものである。

◆適切な手紙を書くコツ

手紙を送る相手は、身近な人とは限らない。宛先《あてさき》がわかれば、これから訪問する職場体験先など、まだ会ったことのない人にも手紙を送ることができる。

手紙は、会話と違《ちが》ってその場で相手の様子を見ながら言葉を選ぶことはできない。だから、相手や目的に応じた言葉遣《づか》いや形式で書く必要がある。その際には、相手が手紙をどう読むだろうかと、相手の気持ちを想像して書くことが大切になる。相手に誤解を与《あた》えないように、伝えたいことや必要な事柄《ことがら》をはっきり書き、失礼のないようにまとめよう。

◆手紙の型

正式な手紙には、**前文**・**主文**・**末文**・**後付《あとづ》け**という決まった型がある。

❶前文…初めの挨拶。「**頭語《とうご》**（「拝啓《はいけい》」「前略」などの書き出しの言葉）」「時候の挨拶」「相手の安否

くわしく

相手に伝わりやすい手紙

手紙を受け取る相手が、差し出す自分のことをどれだけ知っているかを考えて書くことが、相手に伝わりやすい手紙を書くコツである。

特に初めて手紙を出す相手には、自分のことを紹介《しょうかい》したり、その手紙の目的を初めに書いたりすることが必要である。

参考

時候の挨拶

季節に合わせて、自分が感じた季節の風情《ふぜい》を書く。次のような文を一般《いっぱん》的な表現として覚えておこう。

を気遣う文」を書く。

2 主文…手紙の中心。「さて」「このたびは」などの書き起こしから始め、手紙の趣旨《しゅし》や用件を書く。

3 末文…結びの挨拶。個人的な手紙の場合は相手の健康を気遣う内容、会社宛ての場合は会社の発展を願う内容の言葉で締《し》める。行を改め、行末に「**結語**（「敬具」「草々《そうそう》」など結びの言葉）」を置く。

4 後付け…日付（手紙の発送日）、署名（自分の名前）、宛名（相手の名前。相手が個人でないときは「様」ではなく「御中《おんちゅう》」と書く）を、位置を守って書く。

例 職場体験でお世話になった幼稚《ようち》園の先生方に書いた礼状

1
拝啓
朝晩めっきり涼《すず》しくなってまいりましたが、いかがお過ごしでしょうか。

2
さて、先日はお忙《いそが》しい中、五日間にわたって職場体験をさせていただきまして、ありがとうございました。実際に園児たちに関わってみて、小さい子の成長の過程が肌《はだ》で感じられました。どの子もとてもかわいかったです。長いようで短かった五日間でしたが、先生方のご厚意のおかげで、数々の宝物をいただいたような気持ちです。本当にありがとうございました。

3
十月に入り、寒暖の差の大きい日が続いております。お忙しい日々の中、風邪《かぜ》など引かれませんように、お体を大切になさってください。

敬具

4
十月三日
市立第八中学校二年三組　植山《うえやま》かおる
学研幼稚園　御中

【一月】 寒さの厳しい日が続いております。
【二月】 寒さの中に、春の訪れが近いことが感じられます。
【三月】 吹《ふ》く風に春の香りが感じられるようになりました。
【四月】 一段と暖かくなってまいりました。
【五月】 若葉のにおい立つ季節になりました。
【六月】 雨に濡《ぬ》れたあじさいがきれいです。
【七月】 梅雨《つゆ》明けの青空が待たれる今日この頃《ごろ》です。
【八月】 暑さが厳しい日が続いております。
【九月】 残暑も薄《うす》らいで、涼風《りょうふう》の立つ頃となりました。
【十月】 朝夕、めっきり涼しくなりました。
【十一月】 初雪の便りが届く頃となりました。
【十二月】 師走《しわす》を迎《むか》え、ご多忙《たぼう》のことと拝察いたします。

確認問題

問1 ある中学生のグループでは、職場体験をさせてもらった介護《かいご》施設《しせつ》にお礼状を書くことになった。

A案は、代表の川本《かわもと》さんが下書きとして書いたものである。これをもとに話し合いを行って改めたものが**B案**である。**A案**と**B案**を比較《ひかく》したうえで、あとの**【条件】**に従ってあなたの考えを書きなさい。

A案

みどり介護ホームの皆様《みなさま》へ

さわやかな秋晴れの日が続いています。
さて、先日は職場体験をさせてもらって、ありがとうございました。
いろいろと貴重な体験ができ、よい思い出になりました。
お忙《いそが》しいところ私たちのために時間を取ってくれて、本当にありがとうございました。
今回の体験を生かして、今後の進路について考えていこうと思います。
これから寒い季節になりますので、体には気をつけてください。

十月二十三日

野原《のはら》中学校二年二組　Aグループ一同より

要注意

適切な敬語表現を使おう

A案では、敬語表現が適切に使われていない。

次のような場合には、文末を丁寧語《ていねいご》にするだけではなく、尊敬語や美化語を適宜《てきぎ》使うようにしよう。

●職場体験をさせてもらって……
↓職場体験をさせていただいて
●時間を取ってくれて……
↓お時間を取ってくださって
●体には気をつけてください
↓お体にはお気をつけください

B案

拝啓《はいけい》
　さわやかな秋晴れの日が続いていますが、皆様いかがお過ごしでしょうか。

　さて、先日は職場体験をさせていただき、ありがとうございました。

　レクリエーションの体操のときや、おやつを食べるときに、利用者の方々の介助をさせていただいた体験は、介護職や看護職に興味をもっている私たちにとって、とても貴重な体験となりました。

　お忙しいところ私たちのためにお時間を取ってくださり、いろいろ説明もしてくださって、本当にありがとうございました。

　今回の体験を生かして、自分たちの将来についてより真剣《しんけん》に考えていこうと思います。

　これから寒い季節になりますので、職員の皆様も利用者の皆様もお体にはお気をつけください。

敬具

十月二十三日

野原中学校二年二組　Aグループ一同

みどり介護ホームの皆様

【条件】

・二段落構成とし、前段では**A案**と比較して**B案**にはどのような変更《へんこう》や工夫がされているかを書き、後段ではそのことについてのあなたの意見を書くこと。
・全体を二百字以上、二百二十字以内でまとめること。

参考

頭語と結語をそろえる

　手紙文の頭語と結語にはさまざまなものがあるが、一定の対応関係がある。一般《いっぱん》には次のような組み合わせで用いられる。

- 一般的な手紙　拝啓―敬具《けいぐ》
- 改まった手紙　謹啓《きんけい》―啓白《けいはく》
- 略式の手紙　前略―草々《そうそう》
- 返信の手紙　拝復《はいふく》―敬具

確認問題解答

問1

例 A案と比べると、B案では介護施設で体験した内容や、職場体験した中学生が介護職や看護職に興味があることなどを中心に、全体的に言葉を補って具体的に示している。また、正しい敬語を使い、頭語と結語を用いた正式な書き方で書いている。
　この手紙は、職場体験をさせてもらったお礼状なので、B案のようにより具体的に書いたほうがお礼の気持ちが伝わると思う。また、お世話になった目上の人への手紙なので、正しい書式で書くことも必要だ。

（二百五字）

なるほどコラム

原稿《げんこう》用紙の使い方

原稿用紙に文章を書くときは、次のような点に注意して書く。

1 文章の書き出しや段落を変えたとき（改行したとき）は、一マスあけて書き出す。

2 促音《そくおん》（っ）や拗音《ようおん》（ゃ・ゅ・ょ）の小さく書く字は、それぞれ一マス一字で書く。

3 句点（。）、読点（、）や、かぎかっこ（「　」）などの符号《ふごう》は、それぞれ一マス分を使って書く。

例外 句読点や閉じかぎかっこ（」）は、行の最初のマスには書かず、前の行の最後のマスの中に文字と一緒《いっしょ》に詰《つ》めて書く。

4 数字は、縦書きの場合、原則として漢数字を用い、一マス一字とする。ただし、資料の数字や記号を使う場合に、問題の条件に「算用数字で書いてよい（**例** 68・6%）」などとあるときには、条件の指示に従って書く。

5 符号の「A」や、「ICU」などの略語は縦に書いてよい。

6 引用や会話文は、かぎかっこ（「　」）でくくって書く。会話文の末尾《まつび》は、句点（。）と閉じかぎかっこ（」）を同じマスに書く。

7 字数が指定される場合は、原稿用紙一マス一マスを大切に考えて、字数オーバーにならないように注意して書く。

主な記号や符号

1 句点（。）……文の終わりに付ける。

2 読点（、）……次のようなとき、文の意味の切れ目に付ける。

●長い主語のあと

例 私がボランティアに興味をもったのは、三年前だ。

●接続語のあと

例 結局、私は学校に戻《もど》った。

●複数の意味にとられそうなとき

例 私は兄と父を迎《むか》えに行った。（「私は、兄と父を迎えに行った。」「私は兄と、父を迎えに行った。」）

●単語を並べたとき

例 用意するものは、ロープ、ビニール袋《ぶくろ》、はさみです。

●場面・状況《じょうきょう》を示したあと

例 緊迫《きんぱく》した場面においてこそ、常に冷静さが求められる。

3 中点（・）……同じ種類の語句を並べるときに用いる。

4 かぎかっこ（「　」）……引用や会話文などをくくる際に用いる。

5 ダッシュ（——）……文の途中《とちゅう》で説明や補足を加える際に用いる。

なるほどコラム

推敲《すいこう》のしかた

推敲とは、文章をよりよくするために、繰《く》り返し手直しをすることである。文章を書いたら必ず読み返して、読み手にわかりやすい文章になるように推敲しよう。

推敲するときには、次のような点に注意する。

内容

1 自分の言いたいこと（主張）が明確に書けているか。
2 言い足りないところ、余計なところはないか。
3 主張の根拠《こんきょ》となる具体例は的確か。
4 全体の構成が、読み手にわかりやすいものになっているか。
5 いろいろな内容を盛り込《こ》みすぎて一つの段落が長くなっているところはないか。
6 各段落の内容はまとまっているか。
7 文と文、段落と段落のつながり方は適切か。
8 読み手にわかりやすい言葉や表現を用いているか。
9 書き出しや文の終わり方は適切か。

表記

1 文末の表現は統一されているか。
●常体……文末が「…だ・である」で終わる、普通《ふつう》の言い方。
●敬体……文末が「…です・ます」で終わる、丁寧《ていねい》な言い方。
↓どちらかで統一する。入試の作文問題で条件指定がある場合は、その指定に従う。
2 文法的な間違《まちが》いはないか。
例 主語・述語の関係が明確で、文がねじれていないか。
×私が好きなのは、本を読みます。
↓○私が好きなのは、本を読むことです。
○私は、本を読むことが好きです。
3 句読点や符号の使い方は適切か。
4 漢字や仮名遣《かなづか》いを間違えていないか。送り仮名は正しいか。
↓入試の作文では、漢字の間違いも減点の対象になる。漢字が思い出せなかったら、平仮名で書くか別の言葉に変える。
5 むだな言葉の繰り返しはないか。
6 読みにくい文字はないか。

解答 384ページ

1 次の資料は、相手との伝え合いにおいて「言葉に表す」ことと「互《たが》いに察し合う」ことのどちらを重視するかについての調査結果をまとめたものである。この資料をもとに、相手との伝え合いで重視することについてのあなたの考えを【条件】に従って書きなさい。

【徳島県・改】

相手との伝え合いで重視していること

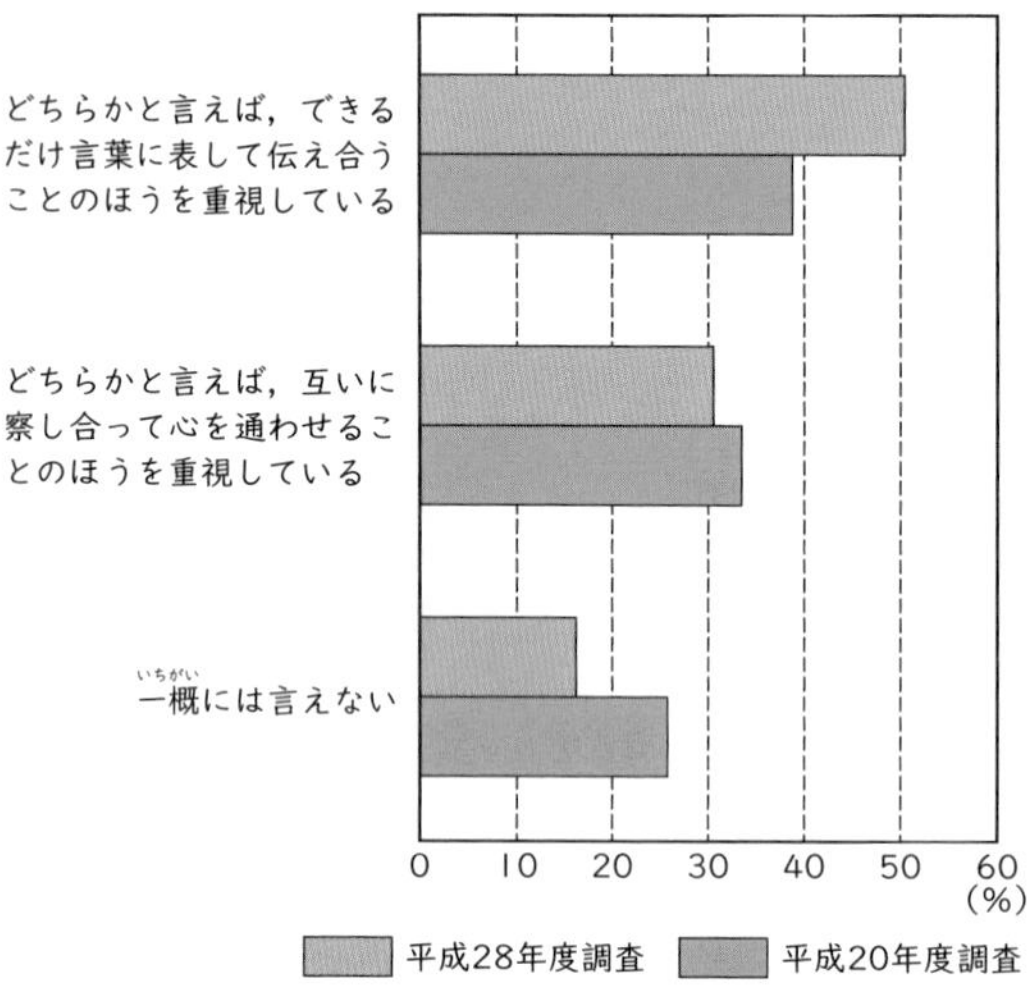

（平成28年度「国語に関する世論調査」より作成）

【条件】

・題名などは書かないで、本文を書き始めること。
・二段落構成とし、前の段落では、資料から読み取ったことを百二十字以内で書くこと。あとの段落では、前の段落を踏《ふ》まえて、相手との伝え合いで重視することについて、あなたが「言葉に表す」、「互いに察し合う」、「一概《いちがい》には言えない」のどの立場であるかを明確にして、その根拠《こんきょ》となる考えを書くこと。
・全体が筋の通った文章になるようにすること。
・漢字を適切に使い、原稿《げんこう》用紙の正しい使い方に従って、二百字以上、二百六十字以内で書くこと。

2 次のグラフA、Bは、全国の十六歳《さい》以上の男女を対象にした「国語に関する世論調査」の中の、「あなたは、毎日使っている日本語を大切にしていますか」という質問に対する回答結果を表したものです。

これらのグラフを使って、まとまりのある二段落構成の文章を書きなさい。第一段落には、グラフを見て気づいたことを書きなさい。それを踏《ふ》まえ、第二段落には、あなたがこれからの生活で心がけたいことを、自身の体験や見聞きしたことを含《ふく》めて書きなさい。

ただし、あとの条件に従うこと。

【山形県】

グラフA

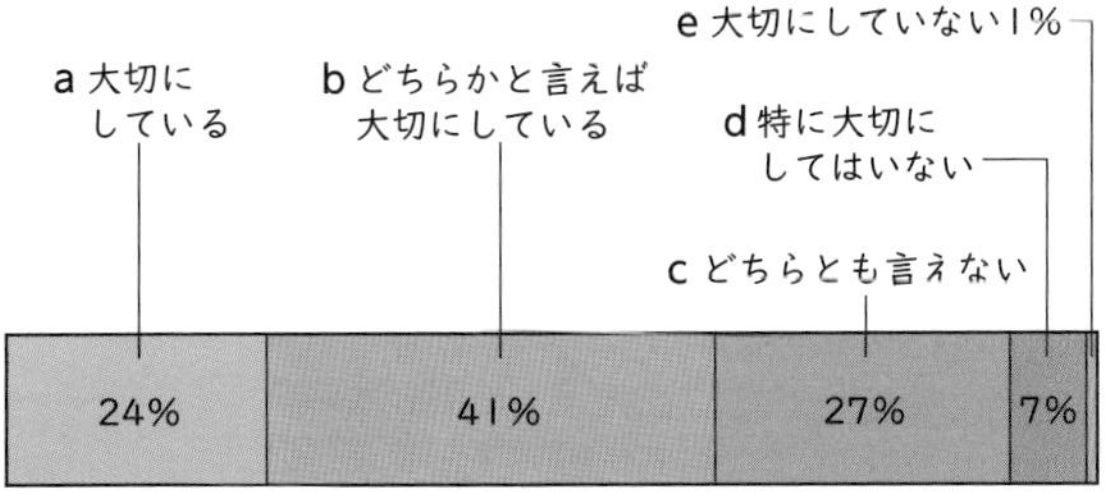

グラフB

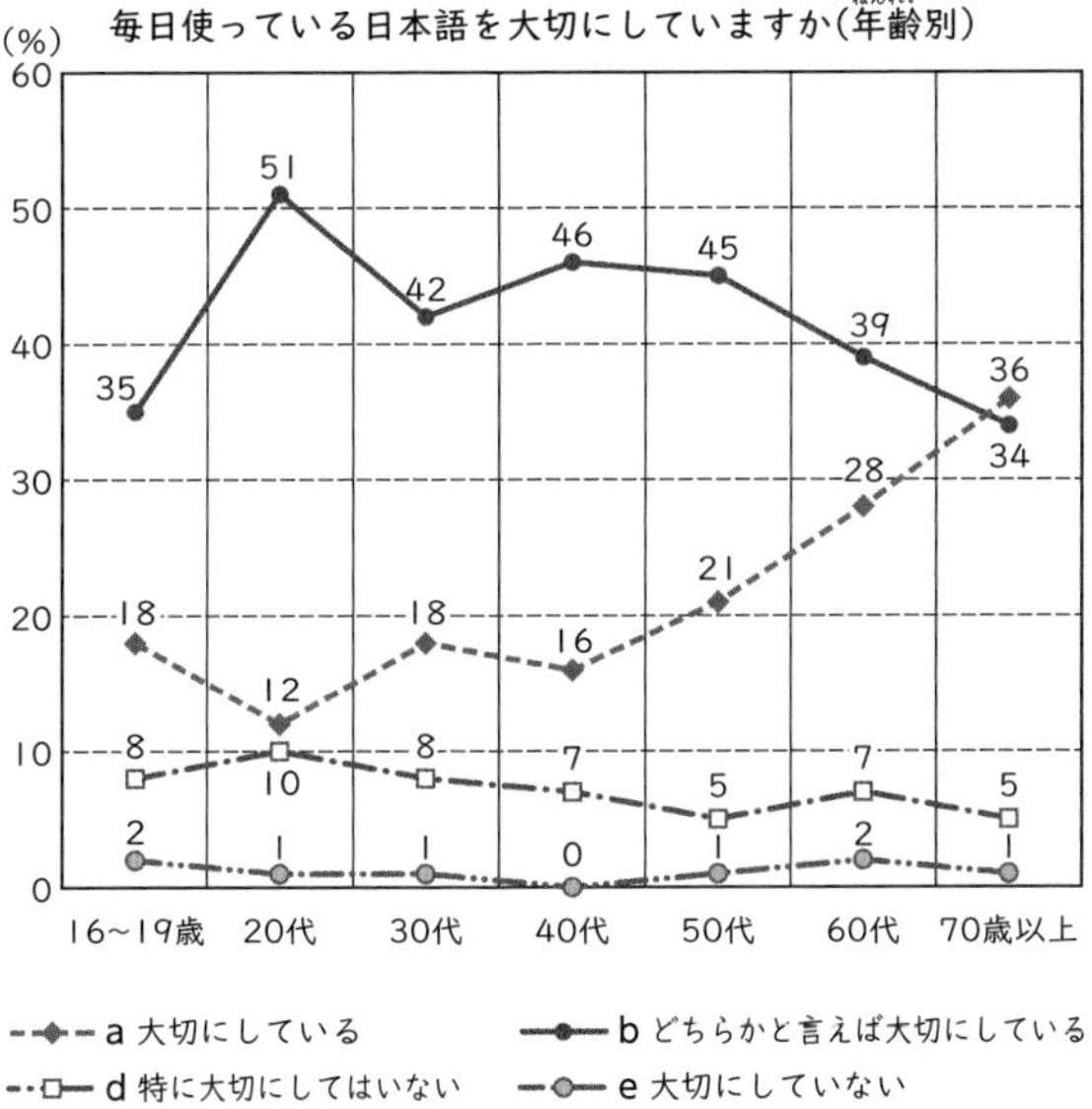

注：年代は回答者の年齢を示す。
　グラフBは「cどちらとも言えない」を除いたものである。
（「平成29年度　国語に関する世論調査」から作成）

【条件】

- 「題名」は書かないこと。
- 二段落構成とすること。
- 二百字以上、二百四十字以内で書くこと。
- 文字は、正しく、整えて書くこと。
- グラフの数値を使う場合は、次の**例**にならって書くこと。

例　四三％　　五〇％

第2章 話す・聞く

お互《たが》いがわかり合い、理解を深められるようにするために、目的、場所、状況《じょうきょう》に応じたコミュニケーションのコツを知ろう。

話し合うときは、相手の考えを受け止め、自分の考えをもつことが大切だ。

プレゼンテーションの「プレゼン」の意味は？
➡ 378ページ

話を聞く
ときの
注意点は何？
➡ 375ページ
少人数の
グループで
話し合う
のはなぜ？
➡ 377ページ

スピーチ

◆スピーチとは

クラス内で何かを提案・主張する際や、生徒会役員や学級委員などに立候補する際などには、自分の考えや意見を伝えるために、人前で話す機会が設けられることがあるだろう。このように、一人の話し手が、自分の意見をわかってもらうために複数の聞き手の前で話をすることを**スピーチ**という。スピーチのテーマによっては、話すだけでなく、話題に関係のあるものを見せたり、根拠《こんきょ》となる図や表、写真などの資料を見せたりすることで、よりわかりやすいスピーチになる。

◆スピーチのポイント

1 スピーチの構成を考える

スピーチのテーマが決まったら、話す内容と話の流れを考える。まず、テーマに関して思いついた言葉や文を**箇条書き**《かじょうが》にする。話す材料が出そろったら、話の流れを考えて並べ直し、**構成メモ**を作る。

2 スピーチ原稿《げんこう》を書く

構成メモをもとにして、**スピーチ原稿**を書いて意見をまとめる。決められた時間内で発表できるように、削《けず》っても影響《えいきょう》がない部分は省くなどして、文章を整理する。**一分間で三百字から三百五十字程度**が目安となる。耳で聞くスピーチでは長い一文を聞き手が理解するのは難しいので、短い文をつなげるようにして文章にするとよい。

参考

主題の選定

伝えたいことが数多くある場合でも、主題はなるべく一つか二つに絞《しぼ》るようにする。

それは、わかりやすいスピーチにするために、あれこれ話を盛り込《こ》みすぎないことが大切だからだ。

くわしく

キーワードの設定

スピーチ原稿《げんこう》を書く際には、自分の伝えたい主題を端的《たんてき》に表す、キーワードを決めるとよい。

スピーチの中でキーワードを何度か繰《く》り返して言うことで、聞き手の印象に残すことができる。

参照 356ページ **スピーチ原稿の書き方**

3 資料を活用する

スピーチ内で伝える意見やアイディアなどの内容を聞き手にわかりやすく伝えるために、図や表、写真などの資料を見せながら話すと、言葉では伝わりにくい情報をわかりやすく伝えることができる。

4 事前に練習を重ねる

スピーチ原稿を見なくても話せるように練習する。原稿をもとに、話す内容が一目でわかるような**スピーチメモ**を用意する。スピーチメモは、内容を箇条書きにした簡単なものでよい。

5 みんなの前で話す

スピーチの本番では、次のような工夫が考えられる。

- 声の大きさ…いちばん後ろの人にも声が聞こえるように、聞き取りやすい大きな声で話す。
- 視線…顔を上げ、聞く人の表情を見ながら話す。
- ジェスチャー…身ぶりや手ぶりなど体を使って表現すると、気持ちが伝わり、説得力が増す。
- 話すスピード…早口にならないように、いつもよりゆっくりと話す。
- 間《ま》…聞き手の反応を見ながら、話をする際には適切な間を取るようにする。
- 言葉…わかりにくい言葉があったら、わかりやすい言葉に言い換《か》える。

◆スピーチを聞く側の注意点

- 話し手が伝えたい大事なことを聞き逃《のが》さないように、注意して聞く。
- 気になった内容をメモに取りながら聞く。スピーチが終わったあとで、質問や感想を伝える。
- 聞いたことをもとに自分の考えをまとめ、意見を伝え合う。

くわしく

スピーチの構成

スピーチの構成は、主題→主題の根拠《こんきょ》→まとめなど、自分の伝えたい主題が伝わりやすい流れを考えること。

参考

スピーチがうまくなるコツ

スピーチがうまくなるコツは、人前で話す機会を重ねることだ。

一日五分、十分と、短い時間からスタートして練習することで、スピーチ力は格段に上達するだろう。

ディスカッション

◆ディスカッションとは

誰《だれ》もが同じ考えをもっているとは限らない。あるテーマについて自分とは異なる意見にふれ、それについてもう一度考えることで、新しい発見をしたり考えを深めたりすることができる。テーマについて考えを深めようとするときに活用できる方法が、**ディスカッション**（討論）である。

ディスカッションとは、複数の人が集まり、あらかじめ決められたテーマについて、それぞれが自由に意見を述べ合う話し合いのことをいう。

◆ディスカッションのポイント

ディスカッションをすることによって、テーマに対する自分の意見をはっきりさせることができる。それにより、人の意見もより深く、しっかりと聞くことができるようになる。互《たが》いに話し合う中で、自分の意見を見直したり、人の意見を取り入れたりすることもある。

必要に応じて自分の意見を支える根拠《こんきょ》を検討し直したり、柔軟《じゅうなん》に自分の考えをまとめ直したりすることが大切だ。

◆ディスカッションの形式

ディスカッションには、次のような形式がある。

参考　コミュニケーション能力の必要性

ディスカッションは、自分の意見を押《お》し通すためのものではないし、自分と異なる意見の人と戦うためのものでもない。意見の異なる者同士が互いにわかり合うことが大切である。

したがってディスカッションの際には、コミュニケーション能力が欠かせない。

次のような姿勢を意識することが大切である。

●協調性
相手の意見に耳を傾《かたむ》けようとしているか。

●積極性
自分の意見を明確に伝えたり、議論をまとめたりしようとしているか。

1 パネルディスカッション

あらかじめ決められたテーマについて行う討論会の形式の一つ。さまざまな立場や考えをそれぞれ代表して述べる**複数の発表者**（**パネリスト**）が、**聴衆《ちょうしゅう》**（**フロア**）に向けて意見を発表し、その後聴衆も参加して、質問したり意見を述べ合ったりする。

2 グループディスカッション

四人から六人くらいのグループに分かれて短時間に話し合い、出された意見をまとめて、代表者が全体に報告する。この形式をとれば、限られた時間内に全員が話に参加でき、全体の議論に一人一人の意見を反映させることができる。

3 ディベート

ある決められたテーマについて、参加者が**賛成派**と**反対派**の二つのグループに分かれ、ルールに従って意見を戦わせる討論のこと。二つのグループのうち、どちらの意見がより説得力があったかを、どちらにも属さない**第三者**（**審判《しんぱん》**）が判定して、勝敗を決める。

ディベートは、一つの問題について二つの角度から徹底的《てっていてき》に議論し合うことができるとともに、相手との意見の交流を通して、物事を筋道立てて考える力を養うことができる。

4 ブレーンストーミング

参加者があるテーマについて思いつくまま発言し、新しいアイディアを生み出すことを目的とした話し合い。意見は多いほどよいので、互いの案を否定しない。まずは、頭に浮《う》かんだアイディアを次々に発表して発想を広げる。思いついたことをカードに書くなどして、出し合ってもよい。

要注意

グループディスカッションの注意点

ディスカッションのグループの中には、自分の考えや意見を発表することが苦手な人もいる。

とはいえ、グループ全体で話し合うのがグループディスカッションの基本である。話すことが苦手な人にも話す機会を与《あた》え、その人が話した内容も踏《ふ》まえて話し合うなどして、全体の意見をバランスよく取り入れるようにする必要がある。

参照 381ページ
発想の方法

プレゼンテーション

◆プレゼンテーションとは

スピーチでは、人や物の紹介《しょうかい》、体験や意見の発表など、話す目的がさまざまであるのに対して、**プレゼンテーション**は、特定の相手に対してアイディアを提案し、理解や同意を得るという、明確な目的をもったコミュニケーションといえる。プレゼンテーションの「プレゼン」は、プレゼントと同じ意味。「言葉のプレゼント」を受け取った相手に、賛同してもらえるように、話の内容や資料の見せ方などを工夫することが大切だ。つまり、プレゼンテーションとは、自分の提案に対して相手の理解や同意を得る目的で、調べたことや体験したこと、考えたことなどを大勢の聞き手にわかりやすく発表することである。

◆プレゼンテーションのポイント

1 提案する目的を決め、必要な資料を集める。

まず、自分が提案することの内容に沿って、根拠《こんきょ》となる資料集めを始める。

2 聞く相手がどんな人で、知りたいことは何かを考える。

相手が知りたいことを想定して準備をするのが、プレゼンテーションをする際のポイントとなる。言葉で説明するだけではうまく伝わらない場合があるので、次のような工夫が考えられる。

●プレゼンテーション用ソフトなどを使って、短い文で話す内容を示す。多くの要素を詰《つ》め込《こ》むのではなく、話したい事柄《ことがら》を箇条《かじょう》書きにする。

くわしく

条件の設定

プレゼンテーションを行う際には、条件を明確に設定する必要がある。

プレゼンテーション原稿《げんこう》を作る際には、次のような点を意識することが大切だ。

●どんな立場で行うのか
例 修学旅行委員として。

●誰《だれ》に向かって
例 クラス全員に向かって。

●どのくらいの時間で
例 十五分以内で。

●何のために伝えるか
例 修学旅行の行き先に興味をもってもらうため。

●ポスターやプレゼンテーション用ソフトを使って、絵・図表・写真などを、話の展開に合わせて示す。
●実物を見せたり実演したりして伝える。

3 制限時間内に発表できるように発表メモを作り、内容を練る。

どんな順番で自分の提案や、根拠となる資料を示すかなど、プレゼンテーションの流れを考える。どのくらいの時間でプレゼンテーションを行うかによって原稿《げんこう》の長さを決め、耳で聞いてわかりやすい表現を工夫する。

◆プレゼンテーションの形式

プレゼンテーションには、次のような形式がある。

1 ポスターセッション

図表や写真などを入れて話の要点を書いたポスター（掲示物《けいじぶつ》）を作り、決められた場所に貼《は》り出して、それを来た人に見せながら説明する形式。普通《ふつう》、何人かの発表者が、割り当てられた場所で発表する。聞き手は、それぞれの場所を回って、発表を聞く。

2 ワークショップ

あるテーマについて、実物や模型などを使い、実際に触《さわ》ったり動かしたりして、聞き手に体験してもらいながら発表する形式。聞き手は一方的に聞くだけでなく参加できるので、発表内容が伝わりやすい。

発表する際は、体験を通して何を知ってもらいたいかを考えながら話す。また、聞き手に体験してもらう際は、作業の手順をわかりやすく説明し、聞き手の反応を見ながら発表する。

参考

ブックトーク

あるテーマを決めてお勧《すす》めの本を数冊選び、その本の魅力《みりょく》を伝えること。

一人が何冊も紹介する場合や、グループが一冊を紹介する場合もある。

本を紹介する際は、聞き手に興味をもってもらえるように話すことを心がける。

なるほどコラム

イ 「話す・聞く」のポイント

インタビューは、相手から話を聞く活動、スピーチやプレゼンテーションは、相手に話して伝える活動、ディスカッションは、話し合いの活動で使われる学習用語だ。どの活動も、話し手と聞き手のコミュニケーションがうまくいくことが重要になる。「話す・聞く」では、次のような点に注意する。

1「話すとき」のポイント

- 話の組み立てを考える。
- 伝えたいことの理由を挙げて話す。
- 話のまとまりに気をつける。

2「聞くとき」のポイント

- 話し手の意図や、考えの中心を正しく聞き取る。
- 自分の考えと比べる。
- 「聞き取りメモ」を取りながら聞く。

3「話し合い」でのポイント

- 話題に沿って目的を意識し、互《たが》いの考えを伝え合う。
- 自分とは異なる意見も大切にする。
- テーマや目的によって、いろいろな話し合いの形式があることを知る。

「対話」から始まるディスカッション

ディスカッションなどの「話し合い」は、人と人との「対話」から始まるといえる。

「会話」も「対話」も、どちらも二人、またはそれ以上の人との間で話をするという意味では同じである。では、二つは何が違《ちが》うのだろうか。

「会話」とは、ある人とある人が言葉を交わして、相手がどう思っているかを確かめるためのやりとりである。例えば、「サッカーの試合、面白かったね。」「そうだね。頑張《がんば》ったけど負けちゃって、惜《お》しかったね。」のように、気持ちを分かち合う際のやりとりのことをいう。

一方、「対話」は、思ったことを互いに伝え合うことで、意見や考え方の違いを見つけ、それをもとに互いの考えがそれぞれ深められるように向き合って話すことを意味する。

異なった考えの人がたくさん集まれば、よりよい考えに出会える可能性が高まる。だから「対話」では、相手の意見をよく聞くことが大切だ。

なるほどコラム

発想の方法

話し合ったり文章を書いたりするときには、目的に合った方法で発想を広げることができる。

1 マッピング

頭の中に浮《う》かんでいる考えの地図（マップ）をかくこと。地図の中心にテーマを書き、そこから連想される事柄《ことがら》を言葉にして周りに書いていく。内容的に結び付く言葉を、枝が広がるように線でつないでいくことで、発想を広げていく。

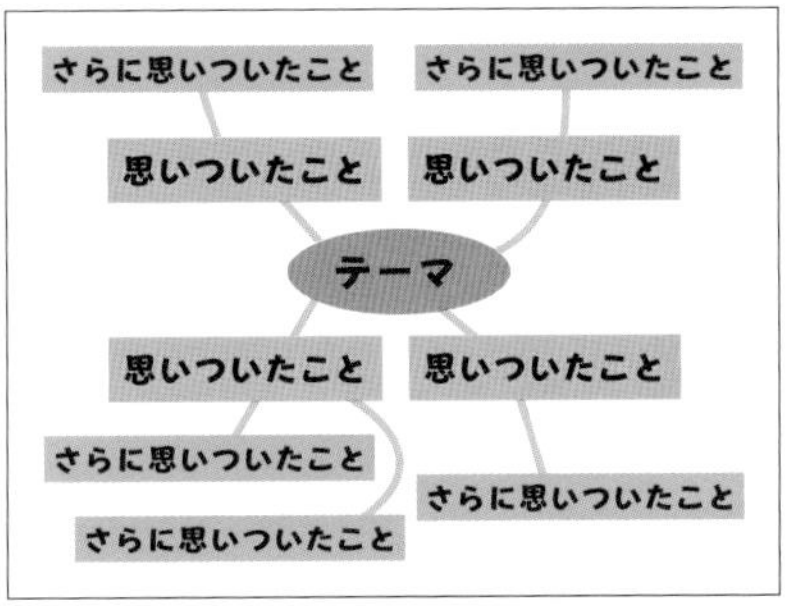

2 KJ法

ブレーンストーミングなどで出し合った多くのアイディアをまとめるためによく使われる方法。情報を書き出したカードを見ながら、似ているカードや共通点のあるカードをグループにして、それぞれに簡単な見出しを付けて分類し整理していくようにする。

3 フローチャート

物事を進めていく手順を、矢印や記号を使ってわかりやすく図式化したもの。仕事の流れを整理することで、疑問点が浮かび上がったり発想が広がったりする。

インターネットの情報利用の注意点

1 正しい情報かどうかを見極める。

インターネット検索《けんさく》は、間違《まちが》った情報や不確かな情報なども選び出してしまう。その情報の発信源をチェックし、信用できる情報かどうかを検討する。複数の情報を集めて読み比べるとよい。

2 文章や写真を勝手に使わない。

インターネット上に公開されている文章や画像などには「著作権」のあるものがある。発表などで利用するときは、どこから得た情報なのかを必ずメモして、引用したものであることを示す。また、無断でコピーしたり使用したりしてはいけない。

3 本などで、情報の真偽《しんぎ》を確かめる。

インターネットの情報だけに頼《たよ》るのではなく、新聞や本などからも情報を集め、情報の真偽を確かめることが大切である。

解答 385ページ

一郎《いちろう》さんたちは、国語の授業で、敬語についてグループで考えることになった。次の【I】と【II】について、あとの問いに答えなさい。【茨城県・改】

【I】グループでの話し合いのために用意した資料

敬語をどのような機会に身に付けてきたと思うか
調査対象：全国16歳《さい》以上の男女（回答者数2,028人 複数選択《せんたく》可）

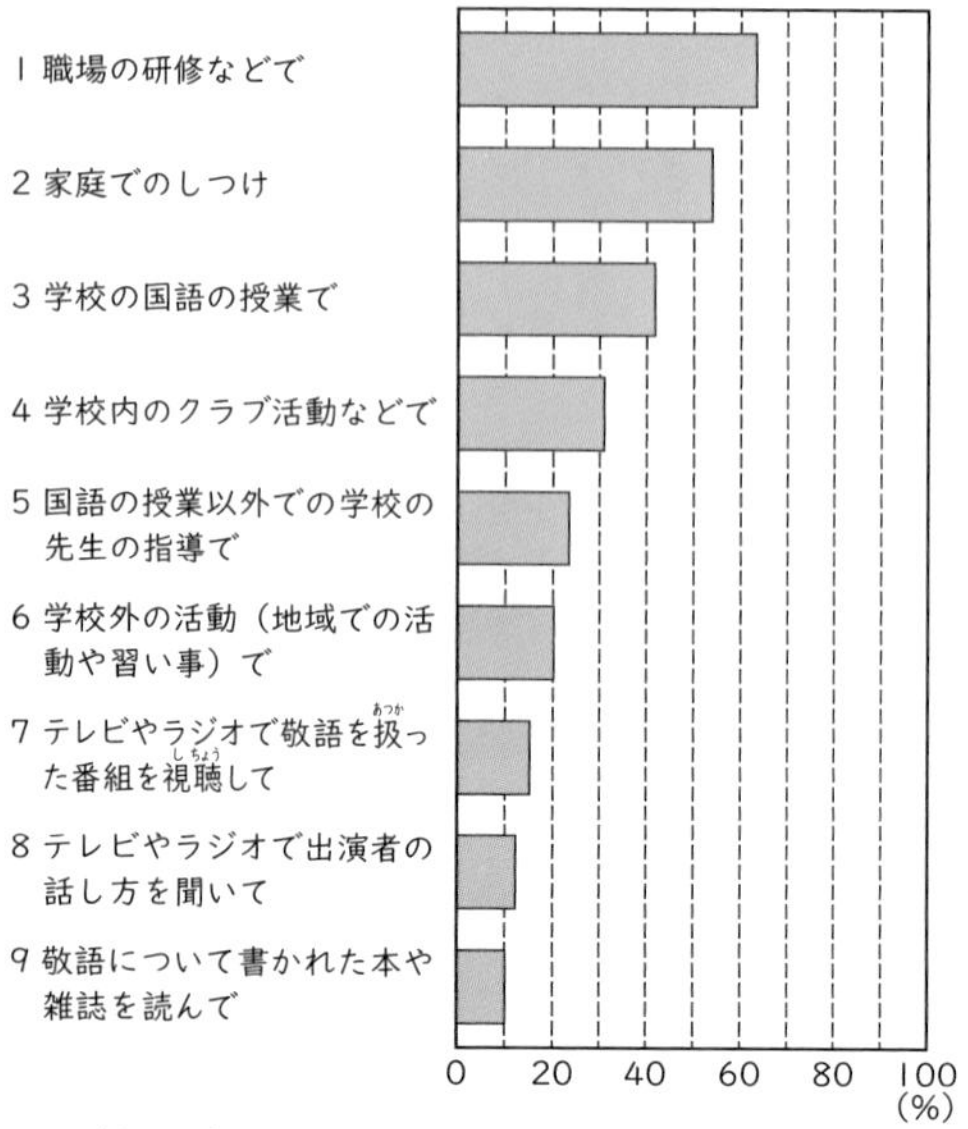

（文化庁「平成25年度国語に関する世論調査」を参考に作成）

【II】グループでの話し合い

（**一郎**）今日は、どのようにしたら敬語を身に付けることができるのかを話し合います。資料や今までの経験をもとにして、みなさんの考えを発表してください。

（**礼子《れいこ》**）グラフでは「1　職場の研修などで」の割合がいちばん多くなっています。これは、仕事をするときに敬語が欠かせないことを示しているのでしょう。私は、実際に使う場面で学んだほうが身に付くと思います。だから、来月に予定されている職場体験活動は、中学生の私たちが敬語の使い方を学ぶことができる貴重な機会だと思います。職場で敬語をきちんと使える人は、信頼《しんらい》され好感をもたれるに違《ちが》いありません。

（**恵太《けいた》**）グラフでは「2　家庭でのしつけ」を挙げる人が半数以上います。身近な大人である家族から敬語を教えてもらい、幼い頃《ころ》から日常的に使うことで敬語が身に付くと思います。社会に出てから職場の研修で学ぶ前に、家庭で教わるほうがよいと思います。

（文雄《ふみお》）私は、学校のほうが敬語を身に付けられる場面が多いと思います。グラフの3、4、5は学校関係の項目《こうもく》です。敬語は、国語の授業に加えて、学校内で先生や先輩《せんぱい》と話すときに意識的に使うことで身に付くと思います。

（花子《はなこ》）私は、「校長先生が来る。」と言ってしまい、担任の先生から敬語を正しく使うように注意されたことがあります。特別に敬語の使い方を勉強しなくても、間違っていれば周りの人が教えてくれるので、やがて正しく使えるようになるのだと思います。グラフの9の割合が少ないように、私も敬語についての本はあまり読みません。

（文雄）私も特に本を読んで勉強をしなくてもいいと思います。でも、国語の教科書に載《の》っている敬語についてはきちんと覚えて、毎日の学校生活の中で、積極的に使うことが大切ではないでしょうか。

（恵太）私は、家に来客があったり、家族で出かけたりするような場合を考えると家庭のほうが敬語を使う機会が多いと思います。だから、家庭でのしつけが敬語を身に付ける上で大切だと思います。

（中略……このあとも話し合いは続いた。）

（一郎）それでは、今回の話し合いや資料を参考にして、敬語について考えたことをまとめてください。

1 【Ⅱ】に示された話し合いの内容に合っているものとして、最も適切なものを、次から選んで記号で答えなさい。

ア 礼子さんは、職場体験活動を通して敬語を学べると言っている。

イ 恵太さんは、家族や先生との会話で敬語が身に付くと言っている。

ウ 文雄さんは、目上の人と話すだけで敬語が身に付くと言っている。

エ 花子さんは、校長先生に敬語の使い方を注意されたと言っている。

2 あなたもこのグループの一員として、敬語についての意見をまとめることになりました。【Ⅰ】と【Ⅱ】を参考にして、あなたの考えをまとめ、意見文を書きなさい。ただし、次の【条件】に従うこと。

【条件】
・百六十字以上、二百字以内で書くこと。（句読点を含《ふく》む。）
・二段落構成とし、第一段落には、【Ⅱ】の誰《だれ》の立場に賛成するかを書き、第二段落には、その理由を書くこと。
・題名と氏名は書かないこと。
・正しい原稿《げんこう》用紙の使い方をすること。
・〜〜や═══の記号（符号《ふごう》）を用いた訂正《ていせい》はしないこと。
・文体は、常体「だ・である」で書くこと。

解答と解説

第1章 書く

↓370ページ

1 (「言葉に表す」立場の例)

資料からは、「言葉に表す」の割合が増えて平成28年度には五割となり、「互《たが》いに察し合う」と答える割合の三割と差を広げている。ここから、言葉に表して伝えることを重視する人が近年増加していることがわかる。

私も、この「言葉に表す」立場を取りたい。なぜなら、どんなに親しくても相手の考えや気持ちを完全に察することは不可能だからだ。だからこそ、意識的に言葉にして伝え合おうとすることが必要だ。特に、母国語や文化が異なる相手とコミュニケーションを取る際には欠かせないのではないだろうか。

(二百三十五字)

(「互いに察し合う」立場の例)

資料からは、「互いに察し合う」と答えている割合は平成20年度も28年度も三割程度存在することがわかる。決して多くはないが、日本人にとってなじみのあるやり方だからこそ、これを重視する人が一定数いるのではないか。

私も、「互いに察し合う」ことを重視している。なぜなら、言葉だけで完全に互いの思いを伝え合うことは難しいからだ。必ずしも本心を言葉でストレートに表せるとは限らない。そんなとき私たちは、互いの本心を察し合う能力によって、コミュニケーションを図っていると考える。

(二百三十字)

(「一概《いちがい》には言えない」立場の例)

資料からは、「一概には言えない」と答えた割合は最も低く、平成28年度には平成20年度と比べてさらに減り、15%程度となっていることがわかる。

しかし少数派ではあるが、私はこの「一概には言えない」という立場を取りたい。なぜなら、言葉で何もかも伝えることも、全てを察し合うことも難しいからだ。例えば、話し合いの場ではきちんと言葉で伝え合う必要があるだろう。だが、日常生活においては、互いに察し合う場面も多くあるのではないか。したがって、どちらのコミュニケーションにも必要なものだと考える。

(二百三十八字)

解説 グラフを分析《ぶんせき》する際には、「言葉に表す」「互いに察し合う」「一概には言えない」の各項目《こうもく》の割合とともに、平成20年度と平成28年度の割合にどの程度差があるかも確認するとよい。特に「言葉に表す」と「一概には言えない」については、20年度と28年度で、それぞれ割合に違《ちが》いが生じていることに着目する。

2 例 グラフAからは、「大切にしている」「どちらかと言えば大切にしている」とする割合が合わせて六五%であることがわかる。グラフBからは、二十代は「どちらかと言えば大切にしている」とする割合が高く、「大切」とする回答との差が最も開いているが、七十歳《さい》以上では「大切」とするほうが上回っている。

私も、日本語を大切に使うことをなるべく心がけたいと思う。私の七十代の祖母はいつも丁寧《ていねい》な言葉で話す。祖母と話すと、美しい日本語や正しい言葉遣《づか》いを大切にしていることがわかり、自分も見習いたいと感じる。

(二百三十九字)

解説 二つのグラフからそれぞれ読み取れることを押《お》さえる必要がある。例では、割合が高い回答に着目しているが、「特に大切にしてはいない」「大切にしていない」など、割合が低い回答に着目することもできる。
また、この問題では、「自身の体験や見聞きしたことを含《ふく》めて」書くことが求められている。適切な具体例を挙げることを心がけるようにしよう。

第2章 話す・聞く

↓382ページ

1 ア

解説 恵太《けいた》さんは、「家族から敬語を教えてもらい」、「家庭で教わるほうがよい」と述べているので、**イ**の「先生との会話で」という部分が不適切。文雄《ふみお》さんは「学校のほうが敬語を身に付けられる」と述べているのであり、「目上の人と話すだけで敬語が身に付く」とは述べていないので、**ウ**は不適切。花子《はなこ》さんは、担任の先生に敬語の使い方を注意されたと述べているので、**エ**は不適切。

2 （礼子《れいこ》さんに賛成する立場の例） ※茨城県発表

私は、職場の研修で敬語を身に付けることができるという礼子さんの意見に賛成だ。

なぜなら、必要になったときに学ぶほうが効果的に身に付くと思うからだ。学校でも敬語を学ぶが、日常的に使わないので定着しないのだと思う。敬語を正しく使ってきちんと話せる人は、礼儀《れいぎ》正しくて信頼《しんらい》できる人のように感じる。仕事上の会話に敬語が必要だと考えるので、私は職場の研修でしっかりと敬語を身に付けることが大切だと考える。

（百九十五字）


（恵太さんに賛成する立場の例）


私は、家庭で敬語を身に付けるのがよいという恵太さんの意見に賛成する。

なぜなら、学校や職場で初めて敬語を使い始めるのでは、自然に敬語を使いこなせるようになるには遅《おそ》いと思うからだ。幼い頃《ころ》から身近で生きた敬語の使い方を耳にすることで、自然と身に付くのではないだろうか。そして、自分も周りの大人を見習って使ってみようという姿勢こそが、適切な敬語を身に付けるのに欠かせないのではないかと思う。

（百九十一字）


（文雄さんの意見に賛成する立場の例）


私は、学校という場が敬語を身に付けるのに向くという文雄さんの意見に賛成である。

なぜなら、家庭や職場で働く大人の全てが正しい敬語を身に付けているとは限らないからだ。だから、学校こそ正しい敬語を学び身に付けるのにふさわしい場ではないかと考える。国語の授業で正しい敬語を学び、先生や先輩《せんぱい》に対して実際に敬語を使って話すことを実践《じっせん》していく。これが、敬語を身に付ける最短の道ではないだろうか。

（百九十字）

解説 まず、それぞれの人の意見を正確にとらえる必要がある。礼子さんは「職場」、恵太さんは「家庭」、文雄さんは「学校」を、敬語を身に付ける場として推奨《すいしょう》していることを押《お》さえる。花子さんだけは、今までの自身の経験から述べていることに注目する。花子さんに賛成する場合には、「特別に敬語の使い方を勉強しなくても、間違《まちが》っていれば周りの人が教えてくれる」という主張を押さえ、それに賛成する根拠《こんきょ》となるような自身の経験や意見を挙げるようにする。

思考力
表現力
UP

キャッチコピーを作ろう

広告で、特におすすめしたいことを短い文や語句で表したものを「キャッチコピー」と言います。商品のポップや本の帯などには、買い手の関心を引きつけ、その商品をほしいと思わせるようなキャッチコピーがついています。

下の本の紹介《しょうかい》文を読み、本のキャッチコピーを考えてみましょう。

わけがわかる中学社会

本の紹介文

社会でよく問われる疑問をクイズ形式で解く本。出来事や現象の「理由(わけ)」をつかむことで、関連する重要事項まで無理なく押《お》さえることができる。「理由(わけ)」がわかる本質的な勉強法だから、むやみな丸暗記はもうしなくていい。定期テストや入試の文章記述問題にもバッチリ対応でき、点数アップに直結。社会がとっても好きになる。

キャッチコピーのコツ

下の例のように、初めに目に入ったとき、読んだ人を引きつける語句がキャッチコピーです。

キャッチコピーには、次のようなコツがあります。

①読み手や買い手が共感し、ほしいと思わせる言葉を使う。

例1 「理由(わけ)」がわかると覚えることは、ちょっとでいい

②わかりやすい表現で、短い言葉にまとめる。

例2 脱《だっ》！ 丸暗記

例1

「理由(わけ)」がわかると
覚えることは、ちょっとでいい

わけがわかる中学社会

例2

脱！ 丸暗記

わけがわかる中学社会

▶書いてみよう

わけがわかる中学社会

思考力表現力UP▼▼▼

パンケーキのキャッチコピーを作ろう

買い手に「食べてみたい」「ほしい」と思わせるような、キャッチコピーを作りましょう。

どんな言葉を使ったらよいのかについては、次のようなことに注意するとよいでしょう。

①魅力《みりょく》を伝える言葉

おいしさや、色、形の美しさなど。

②信頼《しんらい》感を伝える言葉

注文数の多さや、実際に食べた人の満足度など。

③安心感を伝える言葉

使われている食材の産地やこだわりなど。

④お得感を伝える言葉

値段や大きさ、セット内容など。

▶書いてみよう

……………………

……………………

パンケーキ

古典編

第1章 古文

何百年の時を超《こ》え、現代まで語り継《つ》がれてきた物語の中には、
心を豊かにするヒントが隠《かく》されていると同時に
同じ人間として、共感できる部分もたくさんある。
当時の人たちは、どんなことを考え、どんなことに喜びや悲しみを感じ、
どんなことに悩《なや》んでいたのか。
古典作品を通じてそれらを知り、楽しみ、幅広《はばひろ》い視野を獲得《かくとく》しよう。

清少納言《せいしょうなごん》の、
「風」についての感性がすごい！
➡ 414ページ

松《まつ》尾《お》芭《ば》蕉《しょう》は何を思って
５か月もの旅に出たのか？
➡ 426ページ

兼好法師《けんこうほうし》が
700年前に言っていたことは
現代にも通じる！
➡ 422ページ

古文の基礎知識

1 歴史的仮名遣い

◆歴史的仮名遣いのきまり

古文の中で使われている仮名遣《かなづか》いを歴史的仮名遣い(旧仮名遣い)という。「思ふ」を「思う」、「よそほひ」を「よそおい」と読むなど、書き方と読み方に違《ちが》いがあるので注意する。

1 語の頭以外にある「は・ひ・ふ・へ・ほ」は「**わ・い・う・え・お**」と読む。

例 あはれ⬇あわれ　とひ(問ひ)⬇とい　いふ(言ふ)⬇いう
たまへ(給へ)⬇たまえ　こほり(氷)⬇こおり

【注意】(1)助詞の「は・へ」…現代仮名遣いと同じく、「は・へ」と書いて「わ・え」と読む。
(2)二語が合わさってできた語…下の語の頭の「は・ひ・ふ・へ・ほ」はそのままハ行音で読む。例 あさ(朝)+ひ(日)⬇あさひ(朝日)

2 「ぢ・づ」は「**じ・ず**」と読む。例 もみぢ⬇もみじ　しづかさ⬇しずかさ

3 「くわ・ぐわ」は「**か・が**」と読む。例 くわじ(火事)⬇かじ　きぐわん(祈願)⬇きがん

4 ワ行の「ゐ・ゑ・を」は「**い・え・お**」と読む。

例 ゐなか(田舎)⬇いなか　ゑまきもの(絵巻物)⬇えまきもの　をかし⬇おかし

【注意】助詞の「を」は「お」に直さない。

5 母音が**au・iu・eu・ou**と連続するときは「**ô・yû・yô・ô**」と読む。

参考

現在使われているのは現代仮名遣い

歴史的仮名遣いに対して、現在使われている仮名遣いを現代仮名遣いという。

要注意

語の頭にあるハ行音

語の頭にある「は・ひ・ふ・へ・ほ」は、そのままハ行音で読む。

例 はる(春)
ひかる(光る)

au➡ô…まう《mau》す(申す)➡もう《mô》す
iu➡yû…ちう《tiu》や(昼夜)➡ちゅう《tyû》や
eu➡yô…れう《reu》り(料理)➡りょう《ryô》り
ou➡ô…おう《ou》ず(応ず)➡おう《ô》ず

❻ 助詞の「なむ」や、助動詞の「む」「むず」「けむ」「らむ」の「**む**」は「**ん**」と読む。

例 とらむ(取らむ)➡とらん　いかがしけむ➡いかがしけん

◆五十音図

□の文字に注意。

古文では、ワ行を平仮名では「**わゐうゑを**」、片仮名では「**ワヰウヱヲ**」と表記する。

【平仮名】

あいうえお
かきくけこ
さしすせそ
たちつてと
なにぬねの
はひふへほ
まみむめも
やいゆえよ
らりるれろ
わ[ゐ]う[ゑ]を
ん

【片仮名】

アイウエオ
カキクケコ
サシスセソ
タチツテト
ナニヌネノ
ハヒフヘホ
マミムメモ
ヤイユエヨ
ラリルレロ
ワ[ヰ]ウ[ヱ]ヲ
ン

くわしく

二つのきまりを使う語

「行きかふ」の読み方は、次のように二段階で考えるとよい。

行きかふ　「かふ」の「ふ」は語の頭以外にあるので「う」になる(上段のきまりの❶)。
➡ 行きかう　「かう」は母音が「au」なので、「ô」になる(上段のきまりの❺)。
➡ 行きこう

次の語も同じようにして、二段階で考えるとよい。

「けふ(今日)」➡「けう(keu)」➡「きょう(kyô)」

「きふ(急)」➡「きう(kiu)」➡「きゅう(kyû)」

◆ いろは歌

作られた当時に使われていた四十七の仮名《かな》を一回ずつ使った七五調の歌が、**いろは歌**である。平安《へいあん》時代の中期ごろに作られたと考えられている。

【本文(平仮名)】

いろはにほへと
ちりぬるを
わかよたれそ
つねならむ
うゐのおくやま
けふこえて
あさきゆめみし
ゑひもせす

【現代仮名遣《づか》いでの読み方】
(漢字と平仮名)

色は匂《にお》えど
散りぬるを
我が世誰《たれ》ぞ
常ならん
有為《うい》の奥山《おくやま》
今日《きょう》越《こ》えて
浅き夢見じ
酔《え》いもせず

【いろは歌の大意】

どんなに美しく照り輝《かがや》いていても、いつかは滅《ほろ》んでしまう。この世界でいったいだれが不変でありえようか。(いや、だれも不変ではありえない。)無常の世の山を今日も越えていくような人生において、浅い夢は見るまい、この世の出来事に酔《よ》いもせずに。

確認問題

問1 次の——線部を現代仮名遣いに直し、平仮名で書きなさい。

(1) おもひ起こして
(2) よろづのことに
(3) をかしげなる
(4) 目に髪《かみ》のおほへるを
(5) 登るべきやうなし
(6) わたらむとする

くわしく

いろは歌の内容
仏教の教えである無常観(人の世は、はかないということ)がうたわれている。

参考

いろは歌の使われ方
いろは歌は、辞書などの語句や索引《さくいん》の配列、子供たちの手習い歌(習字などを習う際に用いる歌)としても長い間使われてきた。その際には、上段の平仮名表記の最後に「ん」を付け加える。

確認問題解答

問1 (1) おもい (2) よろず (3) おかしげ (4) おおえる (5) ようなし (6) わたらん

2 文語文法の特徴

◆助動詞の種類

文語の助動詞は口語に比べて**種類が多く、口語には残っていないものも多い。**

●注意すべき助動詞

助動詞	訳し方	用例	口語訳
き	～た	●及《およ》ばざりき。	及ばなかった。
けり	（過去）	●男ありけり。	男がいた。
つ	～た	●日を暮らしつ。	日を暮らした。
ぬ	～てしまった	●秋来《き》ぬと…	秋が来たと…
たり・り	（完了《かんりょう》）	●沈《しづ》みたり。	沈んだ。
む	～う（意志 推量）	●勝たむ。 ●深きゆゑあらむ	勝とう。 あるのだろう
べし	～だろう（意志 推量）	●一矢《ひとや》に定むべし。 ●劣《おと》らざるべし。	一矢で定めよう。 劣らないだろう。
らむ	～ているだろう（現在推量）	●風や吹《ふ》くらむ。	風が吹いているだろう。

参考

文語と口語の助動詞の比較《ひかく》

口語の助動詞で過去・完了を示す「た」の一種類に対応する文語は、上段の表にあるように「き・けり・つ・ぬ・たり・り」と、六種類ある。このように、文語の助動詞は種類が多い。

くわしく

助動詞「べし」には多くの訳し方がある

上段の表で、「べし」は意志と推量を表しているが、ほかの訳し方もある。

例・負けじと打つべきなり＝負けまいと思って打つべきだ〈当然〉

・賢《けん》といふべし＝賢ということができる〈可能〉

・とく参るべし＝早く参上しなさい〈命令〉

参照 526ページ
助動詞（文語）

◆助詞の種類

主に格助詞・接続助詞・副助詞・終助詞・係助詞・間接助詞の六種類に分類する。

●注意すべき助詞

助詞	訳し方	種類	用例	口語訳
の	～が	格助詞	烏《からす》の寝《ね》どころへ行くとて…	烏がねぐらへ行こうとして…
で	～ないで	接続助詞	名も知らで…	名前も知らないで…
だに	～さえ	副助詞	蛍《ほたる》ばかりの光だになし。	蛍ほどの光さえない。
さへ	～までも		飛びいそぐさへあはれなり。	飛び急ぐのまでも趣《おもむき》がある。
ばや	～たい	終助詞	早く行かばや。	早く行きたい。
なむ	～ほしい		花咲《さ》かなむ。	花が咲いてほしい。

◆動詞の活用形

文語の活用形は、未然形・連用形・終止形・連体形・已然《いぜん》形・命令形の六つである。

已然形…＋助詞「ば」の形で、「**～なので**」という確定条件を表す。

例 雨降れば、出《い》でず。〔訳〕雨が降ったので、外出しない。

●活用形に続く主な言葉

活用形	基本形	語幹	未然形	連用形	終止形	連体形	已然形	命令形
例	行く	い(行)	か	き	く	く	け	け
続く言葉			ず・む・ば	たり	○（言い切る）	とき	ば・ども	○（命令して言い切る）

参照
530ページ 助詞（文語）
518ページ 動詞の活用（文語）

用語解説

已然形

「已然」とは「已《すで》に然《しか》り」（もうそうなっている）という意味。

発展

仮定を表すには

口語で仮定の意味（「もし～ならば」）を表す場合は「仮定形＋ば」の形になるが、文語では「未然形＋ば」の形になる。

例 心にかかる事あらば…（未然形）
＝もし気になることがあるならば…

◆係り結び

古文では、文中に**係助詞**「**ぞ・なむ・や・か**」があると文末は**連体形**、「**こそ**」があると文末は**已然形**で結ぶ。これを**係り結び（の法則）**という。これによって、**疑問や反語、強調**の意味が加わる。

例 いづれ[か]よまざり[ける]。〈訳〉だれがよまないことがあろうか。（いや、ない。）〈反語〉

係り結び（文末「ける」は、「けり」の連体形）

例 秋[こそ][まされ]。〈訳〉まことに、秋が優れている。〈強調〉

係り結び（文末「まされ」は、「まさる」の已然形）

◆語句の省略

主語・述語・助詞が省略されていることが多いので、文脈に応じて言葉を補って意味をつかむ。

例 今は昔、竹取の翁《おきな》といふもの[＊]ありけり。[＊]野山にまじりて竹を取りつつ、よろづのことに使ひけり。（＊は省略を表す。）

助詞を補う　主語を補う

口語訳　今はもう昔のことだが、竹取の翁という人[が]いた。（竹取の翁は）野や山に分け入って竹を取っては、いろいろなことに使った。

確認問題

問1 次の文章を読んで、（ ）の部分に省略されている助詞を書きなさい。

春はあけぼの。やうやう白くなりゆく山ぎは（　　）、すこしあかりて、……。

参照 533ページ **係り結び・係助詞**

くわしく

助詞の省略

助詞のうち、よく省略されるのは「が・は・を」である。

①主語を示す「が・は」の省略

例 この男[＊]来たりけり。＝この男[が]来たそうだ。

②目的語を示す「を」の省略

例 この矢[＊]はづさせたまふな。＝この矢[を]外させなさいますな。

確認問題解答

問1 が（は）

3 古語の特徴

◆古語とは

古文で用いられている言葉を**古語**という。昔使われていて、今は普通《ふつう》は使わない表現手段。現在では使われない語や、現在でも使われているが意味が異なる語が含《ふく》まれている。

●現在では使われない語

古語	意味	例文
つゆ	少しも(〜ない)	つゆおとなふものなし。〔訳〕少しも音を立てるものがない。
いと	たいそう・とても	いとをかし。〔訳〕たいそう趣《おもむき》がある。
うし	つらい・ゆううつだ	世の中をうしと思ふ。〔訳〕世の中をつらいと思う。
つれづれなり	することがなく退屈《たいくつ》だ	つれづれなるままに…。〔訳〕することがなく退屈なのにまかせて…。

●現代語とは異なる意味をもつ語《動詞》

古語	意味
あそぶ	詩歌《しいか》や管弦《かんげん》などの楽しみをする
おどろく	はっとして気づく・目が覚める
にほふ	色が美しく映える・美しい色に染まる
ののしる	大声をあげて騒《さわ》ぐ
まもる	じっと見つめる

くわしく

「異なる意味をもつ」とは
平安《へいあん》時代の用法では、現在とは意味がまったく異なる場合と、現代語と似た意味もあるが、主に使われる意味が異なる、という場合がある。

参考 現在と意味が異なる語の例

①副詞
・「やがて」
意味 古 すぐに
　　 現 そのうちに

②形容動詞
・「あからさま」
意味 古 急に・ちょっと
　　 現 あらわ

(古は「古語」、現は「現代語」)

●現代語とは異なる意味をもつ語《形容詞》

古語	意味
あさまし	驚《おどろ》き、あきれるばかりだ・情けない
あやし	不思議だ・身分が低い
ありがたし	めったにない・尊い・生きていくのが難しい
おとなし	おとなびている・分別《ふんべつ》がある
かなし	かわいい・いとおしい
すさまじ	興ざめだ・殺風景だ
はづかし	こちらが恥《は》ずかしくなるほど立派だ
めでたし	すばらしい・立派だ
をかし	趣がある・かわいらしい

確認問題

問1 次の――線部の語の意味として適切なものを選びなさい。

(1) つゆ知らず。　**ア** 少しも　**イ** くわしく　**ウ** 本当は

(2) 雨など降るもをかし。　**ア** こっけいだ　**イ** 趣がある　**ウ** 珍《めずら》しい

(3) いと小さく見ゆる…。　**ア** とても　**イ** 少し　**ウ** やはり

発展

多義語に注意

例「ふみ」
意味…①文書・書物　②手紙　③学問　④漢詩

現代語では「ふみ」は「手紙」の意味で用いられることが多いが、古語では文脈によっていろいろな意味を表すので、正しい意味をとらえることが大切だ。

参照 400ページ **重要古語**

確認問題解答

問1 (1) **ア**　(2) **イ**　(3) **ア**

重要古語

ここでは、いろいろある意味の中で、古語として特徴的な意味を主に紹介しています。

名…名詞　動…動詞　形…形容詞　形動…形容動詞　副…副詞

あからさまなり 形動
●急だ。ちょっと。

あきらむ（明らむ） 動
●明らかにする。

あく（飽く） 動
●満足する。

あさまし 形
●驚《おどろ》き、あきれるばかりだ。情けない。

あし 形
●悪い。

あそぶ（遊ぶ） 動
●詩歌《しいか》や管弦《かんげん》などの楽しみをする。

あてなり 形動
●高貴だ。上品だ。

あはれなり 形動
●しみじみとした趣《おもむき》がある。

あまた 副
●たくさん。

あやし（怪し） 形
●不思議だ。

あやし（賤し） 形
●身分が低い。

あらまほし 形
●理想的だ。

ありがたし 形
●めったにない。生きていくのが難しい。貴い。

ありく 動
●あちこち動きまわる。

いそぎ（急ぎ） 名
●急ぐこと。急なこと。準備。

いと 副
●たいへん。とても。

いとど 副
●ますます。

いとほし 形
●気の毒だ。かわいい。いやだ。

いみじ 形
●程度がはなはだしい。

いらふ 動
●答える。

うし（憂し） 形
●つらい。

うしろめたし 形
●気がかりだ。心配だ。

うす（失す） 動
●消える。死ぬ。

うつくし（愛し） 形
●かわいい。いとしい。

うつる（移る） 動
●色あせる。色や香《かお》りがしみつく。

うるはし 形
●立派だ。整って美しい。

え～打ち消し 副
●～できない。

おこたる（怠る） 動
●病気がよくなる。

おとなし（大人し） 形
●おとなびている。分別《ふんべつ》がある。

おどろく（驚く） 動
●はっとして気づく。目を覚ます。

おぼす（思す） 動
●お思いになる。

および 名
●指。

おろかなり 形動
●いい加減だ。（表現が）不十分だ。

かく 副
●こう。このように。

かしづく 動
●大切に育てる。

かち（徒歩） 名
●徒歩。

かなし（愛し） 形
●かわいい。いとおしい。

きは（際） 名
●身分。程度。

ぐす（具す） 動
●連れていく。結婚《けっこん》する。

くちをし（口惜し） 形
●残念だ。

けしき（気色） 名
●様子。

げに 副
●本当に。

こころにくし（心憎し） 形
●奥《おく》ゆかしい。

ことに（殊に） 副
●特に。

ことわり（理） 名
●道理。

ことわる 動
●説明する。

さ 副
●そう。そのように。

さうざうし 形
●物足りない。心寂《さび》しい。

さすがに 副
●そうは言ってもやはり。

すさまじ 形
●興ざめだ。殺風景だ。

すずろなり 形動
●何となく～だ。無関係だ。

すなはち 副
●すぐに。即座《そくざ》に。

つきづきし 形
●ふさわしい。似つかわしい。

つとめて 名
●早朝。翌朝。

つゆ～打ち消し 副
●まったく～ない。

つれづれなり 形動
●することがなくて手持ちぶさただ。

ときめく（時めく） 動
●時流に乗って栄える。寵《ちょう》愛《あい》を受ける。

な～そ 副＋終助詞
●～しないでくれ。

なつかし（懐かし） 形
●心ひかれる。親しみを感じる。

なほ 副
●やはり。依然《いぜん》として。

にほふ 動
●色が美しく映える。美しい色に染まる。

ねんず（念ず） 動
●祈《いの》る。我慢《がまん》する。

ののしる 動
●大声をあげて騒《さわ》ぐ。評判となる。

はかなし 形
●むなしい。あっけない。頼《たよ》りない。

はた 副
●また。

はづかし（恥づかし） 形
●気後れがする。こちらが恥《は》ずかしくなるほど立派だ。

ほい（本意） 名
●もともとの意向。

まもる 動
●じっと見つめる。

むつかし（難し） 形
●面倒《めんどう》だ。うっとうしい。

めづ（愛づ） 動
●ほめる。感心する。好む。

めでたし 形
●すばらしい。立派だ。

やうやう 副
●だんだん。次第に。

やがて 副
●そのまま。すぐに。

やむごとなし 形
●高貴だ。打ち捨てておけない。

ゆかし 形
●知りたい。見たい。聞きたい。

ゆめ～禁止・打ち消し 副
●決して～するな。まったく～ない。

よし（良し・好し・善し） 形
●優れている。身分・教養が高い。

よしなし 形
●理由がない。くだらない。

よも～じ 副＋助動詞
●まさか～ないだろう。まったく～ないだろう。

よろし 形
●悪くない。

らうたし 形
●かわいい。

わびし 形
●がっかりする。つらい。

わらは（童） 名
●子供。

わろし 形
●よくない。

ゐる（居る） 動
●座る。座っている。

をかし 形
●趣がある。愛らしい。

4 和歌

◆和歌の主な形式

1 短歌《たんか》……「五・七・五・七・七」の五句三十一音。和歌《わか》の中で最も多く見られる形式で、しだいに和歌といえば短歌のことを指すようになっていった。

例 春の野にかすみたなびきうら悲しこの夕かげにうぐひ《イ》す鳴くも　（『万葉集《まんようしゅう》』大伴家持《おおとものやかもち》）

口語訳　春の野に霞《かすみ》がたなびいて何ともいえない悲しい気持ちになる。このような夕暮れのかすかな光の中でうぐいすが鳴いていることだ。

2 長歌《ちょうか》……「五・七・五・七……」と続き、最後は「七・七」で終わる。多くは、あとに「五・七・五・七・七」の反歌《はんか》を付ける。

例 天地《あめつち》の　分かれし時ゆ　神《かむ》さびて　高く貴き　駿河《するが》なる　不尽《ふじ》の高嶺《たかね》を　天《あま》の原《はら》
振《ふ》りさけ見れば　渡《わた》る日の　影《かげ》も隠《かく》らひ《イ》　照る月の　光も見えず　白雲も　い行《ゆ》きはばかり
時じくそ　雪は降りける　語り継《つ》ぎ　言ひ《イ》継ぎ行かむ《ン》　不尽の高嶺は
【反歌】田児《たご》の浦《うら》ゆうち出《い》でて見れば真白《ましろ》にそ不尽の高嶺に雪は降りける　（『万葉集』山部赤人《やまべのあかひと》）

口語訳　天地が分かれてこの国ができたときから、神々しく高くて尊い駿河の国にある富士《ふじ》の高嶺を、はるかに仰《あお》いでみると、大空を行く日の光も、（この山に）隠れたままであり、照る月の光も（この山にさえぎられて）見えない。白雲も行くことを遠慮《えんりょ》し、雪は常に降っていることだ。（後々の世まで）語り継ぎ、言い伝えていこう、この富士の高嶺のことを。
【反歌】田児の浦を通って出てみると、真っ白に、富士の高い山に雪が降り積もっていることだ。

参考

和歌とは
和歌は伝統的な短型詩で、文語で作られている。「大和《やまと》の国の歌」、つまり「日本の国の歌」ということで、中国の歌を表す「唐《から》歌《うた》」や「漢詩」に対する呼び方である。

参照 482ページ **漢詩**
276ページ **短歌**

3 旋頭歌《せどうか》……「五・七・七・五・七・七」の六句三十八音。奈良《なら》時代以降は衰退《すいたい》した。

例 君がため手力《たぢから》疲れ織りたる衣《きぬ》ぞ春さらばいかなる色に摺《す》りてば好《よ》けむ《ン》　(『万葉集』作者未詳《みしょう》)

口語訳―　あなたのために手の力も疲れるまでに織ったこの着物です。春になったら、どんな色に染めればよいでしょうか。

4 仏足石歌体《ぶっそくせきかたい》の歌……「五・七・五・七・七・七」の六句三十八音。仏足石とは、釈迦《しゃか》の足の裏の形を石に刻んだもの。奈良の薬師寺《やくしじ》の仏足石のそばにある歌碑《かひ》にある歌体を指す。

例 伊夜彦《いやひこ》神の麓《ふもと》に今日らもか鹿《しか》の伏《ふ》すらむ《ン》皮服《かはごろも》《ワ》着て角附《つのつ》きながら　(『万葉集』作者未詳)

口語訳―　弥彦《いやひこ》の神の山の麓に今日もまた鹿がひれ伏しているだろうか、毛皮の着物を身に着け、頭に角を付けたままで。

◆句切れ

一首の中で意味が切れる部分を句切《くぎ》れという。句切れの位置によって、次の二種類の調子を生む。

1 五七調（二句・四句切れ）……五七・五七・七の調子が浮《う》き出し、力強く重厚なリズムとなる。『万葉集』に多く、**万葉調**ともいう。

例 夕されば小倉《をぐら》《オ》の山に鳴く鹿は今宵《こよひ》《イ》は鳴かず／寝《い》ねにけらしも〈四句切れ〉(『万葉集』舒明天皇《じょめい》)

口語訳―　夕方になると小倉の山で鳴く鹿が今夜は鳴かない。どうやら寝《ね》てしまったらしい。

2 七五調（初句・三句切れ）……五・七五・七七の調子が浮き出し、優美でなめらかなリズムとなる。『古今和歌集』『新古今和歌集』に多く、**古今・新古今調**ともいう。

例 見わたせば花も紅葉《もみぢ》《ジ》もなかりけり／浦《うら》の苫屋《とまや》の秋の夕暮《ゆふぐれ》《ウ》〈三句切れ〉(『新古今和歌集《しんこきんわかしゅう》』藤原定家《ふじわらのさだいえ》)

口語訳―　見渡《みわた》すと美しい花も紅葉もないことだ。浦の苫屋あたりの秋の夕暮れよ。

参照 276ページ 句切れ

◆和歌における特殊な表現技法

1 枕詞《まくらことば》……ある特定の言葉を調子よくうたい出すために、その前に置く五音の言葉。口語訳するときは意味に含《ふく》めない。

例 ひさかたの光のどけき春の日にしづ心《ズ》なく花の散るらむ《ン》　（『古今《こきん》和歌集』紀友則《きのとものり》）

→「ひさかたの」は、「光」に係る枕詞。

口語訳― 光がのどかに照っている春の日なのに、どうして花は、あわただしい思いで散っていくのであろうか。

2 序詞《じょことば》……ある言葉を導くための六音以上の言葉。枕詞の働きに似ているが、それよりも長く、二句以上にまたがる。どの語に係るかという一定の約束はなく、一首ごとに工夫される。口語訳するときは適宜《てきぎ》含められる。

例 あしひきの山鳥の尾《をオ》のしだり尾の長々し夜をひとりかも寝《ね》む《ン》　（『拾遺《しゅうい》和歌集』柿本人麻呂《かきのもとのひとまろ》）

→「あしひきの山鳥の尾のしだり尾の」が、「長々し」を導く序詞。

口語訳― 山鳥の垂れた長い尾、そのようにとても長い夜を一人寂《さび》しく寝るのだろうかなあ。

3 掛詞《かけことば》（懸詞《かけことば》）……一つの言葉に、音が同じで意味の異なる別の言葉の意味をもたせる技法。

例 ほととぎす夢かうつつか朝露《あさつゆ》のおきて別れし暁《あかつき》の声　（『古今和歌集』よみ人しらず）

→「おき」に、「置き」と「起き」の意味をかける。

口語訳― ほととぎすよ、あれは夢だったのか現実だったのか。朝露の置かれている中に起きて別れてきた暁に聞いたあの声は。

4 縁語《えんご》……ある言葉と関係の深い言葉を用いる技法。

例 雪のうちに春は来にけりうぐひす《イ》の氷《こほオ》れる涙《なみだ》今や解くらむ《ン》　（『古今和歌集』二条の后《にじょうのきさき》）

→「雪」と「解く」が縁語。

口語訳― 雪の積もった冬景色のうちに春がやって来たよ。うぐいすの涙も凍《こお》っていたが、今は解けたことだろう。

参考

枕詞の例

〈枕詞〉	〈係る言葉〉
あらたまの	年・月
からころも	裾《すそ》・袖《そで》
くさまくら	旅・むすぶ
しろたへの	衣・袖・雪
たらちねの	母・親
ちはやぶる	神
ぬばたまの	黒・夜・闇《やみ》

掛詞の例

〈掛詞〉	〈意味をかける言葉〉
あき	秋・飽《あ》き
かり	仮・刈《か》り・狩り・借り
すむ	住む・澄《す》む
ながめ	眺《なが》め（もの思いにふける）・長雨《ながめ》
まつ	松・待つ

5 体言止《たいげんど》め……体言（名詞・代名詞）で締めくくる技法。余韻《よいん》を残す効果がある。

例 山深み春とも知らぬ松の戸にたえだえかかる雪の玉水《たまみづ》　（『新古今和歌集』式子内親王《しょくしないしんのう》）

→「雪の玉水」という体言（名詞）で終わっている。

口語訳　山が深くて春が来たともはっきりしない（わびしい山中の家の）松の戸に、雪解けの玉のようなしずくがぽたりぽたりと落ちて（春を知らせて）くることよ。

6 折句《おりく》……五・七・五・七・七の五つの句それぞれの初めの一音に、ある言葉を分解して置く技法。

例 唐衣《からころも》着つつ馴《な》れにし妻しあればはるばる来ぬる旅をしぞ思ふ《ウ》　（『古今和歌集』在原業平《ありわらのなりひら》）

→各句の初めの音をつなぐと、「かきつは（ば）た」になる。かきつばたは植物の名前。

口語訳　美しくて着慣れた服のような妻を残しているので、はるばるやってきた旅に、心は悲しみでいっぱいになることだ。

7 本歌取《ほんかど》り……昔の歌（本歌）を元にして歌を詠《よ》み、その歌の内容と重ね合わせ、余情を深める技法。

例 駒《こま》とめて袖《そで》うち払《はら》ふ《ウ》陰《かげ》もなし佐野《さの》のわたりの雪の夕暮《ゆふぐれ》　（『新古今和歌集』藤原定家《ふじわらのさだいえ》）

口語訳　馬を止めて袖に降りかかった雪を払うような物陰もない、佐野のあたりの雪の夕暮れであることだ。

【本歌】苦しくも降りくる雨か神《みわ》の崎《さき》狭野《さの》の渡《わた》りに家もあらなくに　（『万葉集』長忌寸奥麿《ながのいみきおきまろ》）

口語訳　困ったことに雨が降ってきたなあ。三輪《みわ》が崎《さき》の佐野《さの》のあたりには、雨宿りするような家もないのに。

確認問題

問1 次の和歌の形式を答えなさい。

＊花の色は移りにけりないたづ《ズ》らに我が身世にふるながめせしまに　（『古今和歌集』小野小町《おののこまち》）

くわしく

和歌には、上段で挙げた表現技法のほかに現代の短歌でも用いられる倒置《とうち》法なども用いられる。

参照 277ページ 倒置法

確認問題解答

問1 短歌

5 古典俳句・川柳

◆古典俳句とは

江戸《えど》時代に、**俳諧《はいかい》の発句《ほっく》（初めの五・七・五）が独立**して作られるようになった。これを**古典俳句**という。独立した発句を俳句とよぶようになるのは明治《めいじ》時代以降だが、便宜《べんぎ》上、江戸時代までの俳句を古典俳句、明治時代以降の俳句を近代俳句とよぶ。ちなみに短歌は一首、二首と数えるが、俳句は一句、二句と数える。

◆江戸時代の三俳人

1 松尾芭蕉《まつおばしょう》（一六四四〜一六九四・江戸前期）

旅を通して人生や自然を見つめ、その本質をとらえようとする句を作って、芸術的なものにまで高めた。紀行文に『おくのほそ道』『野ざらし紀行』などがある。

・古池や蛙《かはづ ワズ》飛びこむ水の音 〔静まり返った古池に蛙《かえる》の飛び込《こ》む音がした。（そして、また静かになった。）〕

・荒海《あらうみ》や佐渡《さど》に横たふ《ウ》天の河 〔荒《あ》れる日本海に佐渡ヶ島が見え、その上空に広がっている天の川であることよ。〕

2 与謝蕪村《よさぶそん》（一七一六〜一七八三・江戸中期）

画家でもあった蕪村は、情景がそのまま絵になるような絵画的な句をはじめ、幻想《げんそう》的な句や古典趣《しゅ》味《み》の句を作った。句文集に『新花摘《しんはなつみ》』などがある。

・菜の花や月は東に日は西に 〔菜の花畑で月が東の空から昇《のぼ》って、日が西に沈《しず》もうとしている（みごとな取り合わせだ）。〕

・さみだれや大河《たいが》を前に家二軒《けん》 〔五月雨で川の水の勢いが増し、それを前にして家が二軒寄り添《そ》っているようだ。〕

くわしく

俳諧・古典俳句の歴史

二人以上で、順番に五・七・五と七・七の句を次々と詠《よ》み続けていく形式の歌を**連歌《れんが》**といい、室町《むろまち》時代に盛んに行われた。俳諧は、**「俳諧之連歌《はいかいのれんが》」**を略した言い方で、連歌の形式の一つ。江戸時代に入って俳諧の発句が独立していくようになり、松尾芭蕉によって洗練され芸術性が高められていった。

くわしく

古典俳句と川柳の違《ちが》い

	古典俳句	川柳
季語	入れる	入れない
切れ字	用いる	用いない
用語	書き言葉	話し言葉
主な題材	自然の風物、人生	世の中、人間生活
主題	人間の内面の感動	笑い・おかしさ

3 小林一茶《こばやしいっさ》（一七六三～一八二七・江戸後期）

日々の生活の中から生まれた感情を、率直に歌った現実的・生活的な句を作った。子供や小動物への思いを表現した句も多い。句文集に『おらが春』がある。

・雪とけて村いつ《ツ》ぱいの子どもかな　〔長い冬が終わり、雪国の雪も溶《と》けた。村はうれしそうに遊ぶ子供でいっぱいだ。〕

・目出度《めでた》さもちう《チュウ》位也《くらゐなり》おらが春　〔正月なのでめでたいと言えばそうなのだけれど、まあ中くらいのめでたさというところか。〕

◆川柳

十四音（七・七）から成る前句《まえく》に十七音（五・七・五）の句を付ける遊びを前句付《まえくづけ》という。江戸時代後期に、この**前句付から独立**した、十七音の短詩を**川柳**《せんりゅう》という。前句付の選者、柄井川柳《からいせんりゅう》の名をとって「川柳」とよばれる。川柳の特徴《とくちょう》は、ユーモアと風刺《ふうし》を中心にした笑いにある。

・武蔵坊《むさしボウ》とかく支度《したく》に手間がとれ　〔七つ道具で有名な武蔵坊弁慶《べんけい》は、支度がたいへんだっただろう。〕

・本降りになつ《ツ》て出て行く雨やどり　〔雨やどりをしたが、待ちきれずに出るころはかえって雨が強くなる。〕

・うたたねの顔へ一冊屋根にふき　〔寝《ね》ている顔の上に、読みかけの本が屋根をふいたように広げられている。〕

確認問題

問1 次の文の□に当てはまる言葉をあとから選びなさい。

＊室町時代に盛んになった俳諧の[a]が、江戸時代に独立し、[b]によって芸術性に富む俳諧に高められ、明治時代には[c]とよばれるようになった。

ア 松尾芭蕉　**イ** 与謝蕪村　**ウ** 小林一茶　**エ** 発句　**オ** 俳句

参照
280ページ 俳句（近代俳句）
426ページ 『おくのほそ道』

くわしく

内容による川柳の分類（例）

①権威《けんい》への皮肉・批判

とらの鳴き声を聞かれて儒者《じゅしゃ》困り

〔知ったかぶりの儒学の学者が、とらの鳴き声を問われ、困っている。〕

②矛盾《むじゅん》の指摘《してき》

泣き泣きもよいはう《ホウ》を取る形見分け

〔人が死んで、悲しみながらも、形見分けでは少しでもよい物を取ろうとしている。〕

③人情を表現

寝てゐ《イ》ても団扇《うちワ》のうごく親心

〔子供のことが気になる母が、寝ていても団扇を持つ手を動かしている。〕

確認問題解答

問1 a **エ**　b **ア**　c **オ**

作品別の読解

1 万葉集《まんようしゅう》

①
春（が）過ぎて夏（が）来《きた》る〔来た〕らし〔らしい〕白たへ《エ》の〔真っ白な〕衣（が）干したり〔てある〕天《あめ》の香具山《かぐやま》
持統天皇《じとう》

口語訳
春が過ぎて、夏が来たらしい。（夏の装いである）真っ白な衣が干してある。あの天の香具山に。

②
あかねさす〔「紫」の枕詞〕紫野《むらさきの》（を）〔紫草（の生える）野〕行《ゆ》き標野《しめの》〔御料地〕（を）行《ゆ》き野守《のもり》〔御料地の番人〕は見ずや〔見るのではないか〕君が袖《そで》（を）振《ふ》る
額田王《ぬかたのおおきみ》

口語訳
紫草《むらさきそう》の生えている野を行き、御料地《ごりょうち》の野を行き、野の番人は見るのではないですか、あなたが私に向かって袖を振っているのを。

③
淡海《あふみ》《オウ》の海夕波《ゆふなみ》《ウ》千鳥《ちどり》汝《な》〔お前（千鳥）〕が鳴けば心もしのに〔しんみりとして〕古《いにしへ》《エ》思ほ《オ》ゆ
柿本人麻呂《かきのもとのひとまろ》

口語訳
琵琶湖《びわこ》の夕方に立つ波の上を飛ぶ千鳥たちよ、お前が鳴くと私の心はしんみりとして昔のことを思い出してしまうよ。

ポイントガイド

時代…奈良《なら》時代末期に完成されたと考えられる。
編者…不明。最終段階で大伴家持《おおともやかもち》がかかわったと思われる。
分野…和歌集
内容…二〇巻に約四五〇〇首を収録。素朴《そぼく》な感動が力強くうたわれている。

くわしく

① 『新古今和歌集』では「春過ぎて夏来にけらし白たへの衣干すてふ《チョウ》天の香具山」の形で収められている。「来にけらし（来てしまったらしい）」や「干すてふ（干すと言い伝えられている）」という伝聞の表現により、眼前の光景の感動を直接的に詠《よ》んだ『万葉集』に比べて、調べの優美さが強調された。

② 天智天皇《てんじ》に仕えて、狩《か》りに同行した時に詠んだ歌。「標野」は、一般《いっぱん》人の立ち入りを禁止した皇室の所有地。

④ 銀《しろかね》も金《くがね》も玉もなにせむ《ン》に勝《まさ》れる宝子に及《し》かめやも　山上憶良《やまのうえのおくら》

（黄金　美しい石　どうして　すぐれた　宝か　及ぶ　だろうか）

口語訳　銀も金も美しい石も、何になるだろうか、どんなに優れた宝であろうとも子供に及《およ》ぶだろうか（いや、及びはしない）。

⑤ 防人《さきもり》に行く（の）は誰《た》が背《せ》と問ふ《ウ》人を見るがともしさ物思《ものもひ》《イ》もせず　防人歌《さきもりのうた》

（だれの夫　ことの　うらやましさ（よ）　し　ない（で））

口語訳　「防人に行くのはだれのご主人」と聞いている人を見ることのうらやましさよ。（その人は）何の物思いもせずに（そんなことが聞けるのだ。私の夫は防人に行くというのに）。

確認問題

問1 ①の和歌には、二句目と四句目に句切れがある。この和歌がもつリズムのことを何というか。漢字三字で書きなさい。

問2 ④の和歌は、「どんな宝も子供に及ぶものではない」という親の気持ちを詠《よ》んでいるが、「子供に及ぶものではない」という内容を表現している句を書き抜《ぬ》きなさい。

［沖縄県・改］

「**袖（を）振る**」のは、**愛情を示す直接的な表現**。「君」は額田王の前夫で天智天皇の弟である大海人《おおあまの》皇子（後の天武《てんむ》天皇）。愛情をうれしく思いながら、**大胆《だいたん》な行動**を気にかけている。

⑤「防人歌」は、防人の家族の歌も含《ふく》めていう。作者は、傍観《ぼうかん》的な女性をうらやましく思う一方、反発も感じている。

確認問題解答

問1 五七調（万葉調）

問2 子に及かめやも

解説

問1 「はるすぎて（五音）」「なつきたるらし（七音）」でひとまとまり、「しろたへの（五音）」「ころもほしたり（七音）」でひとまとまりである。

問2 「及かめやも」の「やも」は反語の意味を表す。

2 竹取物語《たけとりものがたり》

〔八月の十五夜近くのある夜、かぐや姫《ひめ》はある秘密を話し始めた。〕

八月十五日ばかりの月にいでゐ《イ》て、かぐや姫、いといたく泣きたまふ《モウ》。人目も、今はつつみたまは《ワ》ず泣きたまふ《モウ》。これを見て、親どもも、「何事ぞ」と問ひ《イ》騒《さわ》ぐ。かぐや姫、泣く泣くいふ《ウ》、「さきざきも申さむ《ン》と思ひ《イ》しかども、かならず心惑《まど》は《ワ》したまはむ《ン》ものぞと思ひ《イ》て、今まで過ごしはべりつるなり。さのみやは《ワ》とて、うちいではべりぬるぞ。おのが身は、この国の人にもあらず。月の都の人なり。それをなむ《ン》、昔の契《ちぎ》りありけるによりて**なむ**《ン》、この世界には、まう《モウ》で来たり**ける**。今は、帰るべきになりにければ、この月の十五日に、かの元の国より、迎《むか》へ《エ》に人々まう《モウ》で来《こ》む《ン》ず。さらずまかりぬべければ、①思《おぼ》し嘆《なげ》か

ポイントガイド

時代…平安《へいあん》前期
作者…不明
分野…伝奇《でんき》物語（「物語の祖《おや》」・現存する日本最古の物語）
内容…竹の中から現れたかぐや姫は、多くの貴族たちから求婚《きゅうこん》されるが、月の都へ帰ってしまう。

参照 397ページ **係り結び**

参考 前世の宿縁

かぐや姫の言う「昔の契《ちぎ》り（前世の宿縁）」には、仏教の考え方が反映されている。前世の行為《こうい》によって、現世の在り方が決定され、現世の在り方によって来世の在り方もまた決まるという**因果の考え方**である。

参考 天上界での罪の償《つぐな》い

かぐや姫が地上に来たの

む《ン》が悲しきことを、この春より、②思ひ《イ》嘆きはべるなり」といひ《イ》て、いみじく泣く。

だろう　ことが　悲しい　ことと　（私は）思い嘆いて　おりました　ひどく

口語訳

八月十五日ごろの月（の夜）に（縁側《えんがわ》に）出て座り、かぐや姫はとてもひどくお泣きになる。人目も、今は気がねなさることもなくお泣きになる。この姿を見て、親たちも、「何事か」と騒いで尋《たず》ねる。かぐや姫が、泣きながら言うには、「前々から申し上げようと思ったけれども、きっと取り乱されるだろうと思って、今まで過ごしてしまいました。そのように（だまって）ばかりいられようかと（思い）、打ち明けるのでございますよ。私は、この国の人ではありません。月の都の人間です。それなのに、前世の宿縁があったからこそ、この世界に参ったのです。今は、帰らなければならなくなったので、この月の十五日に、あの元の国（である月）より、迎えに人々が参るでしょう。どうしても帰らなければならないので、（親であるお二人が）お嘆きになるだろうことが悲しいことだと、この春から、思い嘆いておりました」と言って、ひどく泣く。

確認問題

問1 ――線部①「思し嘆か」・②「思ひ嘆き」は、それぞれだれの心情を表しているか。本文中の言葉で書きなさい。

問2 かぐや姫の心を最も大きく占《し》めている思いとして適切なものを、次から選びなさい。

ア 月の都への郷愁《きょうしゅう》　**イ** 自分の運命への恐《おそ》れ
ウ 人々との惜別《せきべつ》の情　**エ** 親たちの嘆きに対する悲しみ

は、月の世界で犯した罪を償うためだった(何の罪かは明示されていない)。その罰《ばっ》として、人間界に落とされたのである。「昔の契り」とはそのことを指す。

確認問題解答

問1 ① 親ども(親)　② かぐや姫

問2 エ

解説

問1 ①「思し嘆く」は「思ひ嘆く」の尊敬語。かぐや姫が尊敬する相手の「親ども」となる。②親たちがお嘆きになるだろうことが悲しいと、かぐや姫が思い嘆いていたのである。

問2 かぐや姫の言葉の最後の文に、かぐや姫の心情が述べられている。親たちが「思し嘆かむ」ことが、私(かぐや姫)は「悲しきこと」と「思ひ嘆きはべるなり」というのだ。

3 古今和歌集《こきんわかしゅう》

①

霞《かすみ》（が）立ち木《こ》の芽もはる（張る・春）の雪（が）降れば花（が）なき（無い）里も花ぞ散りける（だなあ）

紀貫之《きのつらゆき》

口語訳

霞が立ち、木々の若芽も張るという春が訪れたところに雪が降り、花がまだ咲《さ》かないこの里でも、きれいな花が散っているようであることだなあ。

②

君ならで（以外で）誰《たれ》にか見せむ《ン》（よう(か)）梅の花（を）色をも香《か》をも知る（わかる）人ぞ知る

紀友則《きのとものり》

口語訳

あなたでなければだれに見せればよいのだろうか、この梅の花を。色も香《かお》りも、ものの美しさを解するあなたにだけわかってもらえるのです。

③

秋（が）来《き》ぬ（来た）と目にはさやかに（はっきりと）見えねども（ないけれども）風の音にぞおどろか（はっと気づか）れ（れ）ぬる（たことよ）

藤原敏行《ふじわらのとしゆき》

口語訳

秋が来たなと、景色を目で見たところでは、はっきりとはわからないけれど、風の音を耳で聞けば、はっとするほどに秋の訪れを感じられたことよ。

ポイントガイド

時代…平安《へいあん》時代前期の10世紀初めに成立した。

編者…醍醐《だいご》天皇の勅命《ちょくめい》による最初の勅撰《ちょくせん》和歌集。紀友則・紀貫之・凡河内躬恒・壬生忠岑《みぶのただみね》の四人。

分野…和歌集

内容…二〇巻に約一一〇〇首を収録。部立《ぶだて》(歌の内容による部類分け)がされており、のちの勅撰和歌集の模範《もはん》となった。

くわしく

①「霞立ち木の芽も」は、「はる」の**序詞**《じょことば》。「はる」は、「張る」と「春」の**掛詞**《かけことば》。四・五句目では、雪を花に見立て、技巧《ぎこう》的・理知的・優美という『古今和歌集』の歌風の特徴《とくちょう》が表れている。

参照 404ページ **序詞・掛詞**

②歌を付けて梅の花を贈《おく》り、「あなたこそ梅の花のすばらしさを理解する人です」

④ 山里は冬**ぞ**さびしさまさり**ける**人目も草もかれぬとおもへ《エ》ば　源宗于《みなもとのむねゆき》

離《か》れぬ（訪れなくなる）と「枯《か》れる」の掛詞

口語訳

（いつも寂《さび》しい）山里が、冬は一段と寂しさが増す。今まで訪れてきた人も来なくなり、草も枯《か》れてしまうと思うと。

⑤ 心あてにをら《オ》ば**や**をら《オ》**む**《ン》初霜《はつしも》の置きまどは《ワ》せるしら菊《ぎく》の花　凡河内躬恒《おおしこうちのみつね》

当て推量で｜折る｜なら｜折ろ｜う｜が｜降りて｜当惑さ｜せ｜ている

口語訳

もし（白菊の花を）折るのならば、当て推量で折ることにしようか。（なぜなら、初霜が降りて庭が白一色になってしまって、霜か花か見分けがつかないから。）初霜が降りて（紛《まぎ》らわしくされてしまって、私を）当惑《とうわく》させている白菊の花であるよ。

確認問題

問1 ②の和歌の——線部「誰にか見せむ」とは、作者のどんな気持ちを表現しているか。適切なものを次から選びなさい。

ア だれかに見せたい　**イ** だれにも見せたくない

ウ だれも見ないだろう　**エ** だれかには見せたい

という思いを伝えている。

③「立秋の日に詠《よ》んだ歌」という意味の**詞書**《ことばがき》が付く。秋の訪れを、聴覚《ちょうかく》で感じている。「ぞ」は係助詞で、風の音を強調している。

⑤霜の白さと、白菊の花の白さとの見分けがつかずに、当惑している。

用語解説

勅撰和歌集
天皇・上皇・法皇の命令によって編纂《へんさん》された和歌集。

確認問題解答

問1 イ

解説

問1 「誰にか見せむ」の「か」は反語。「だれに見せようか。いや、あなた以外に見せたい人はいない」の意味。

4 枕草子《まくらのそうし》

風は、嵐《あらし》。三月《やよひ》ばかりの夕暮《ゆふぐれ》に、①ゆるく吹《ふ》きたる雨風《あまかぜ》。

（が趣がある）　ごろ　ゆるやかに　吹い　ている　（がよい）

八、九月ばかりに、雨にまじりて吹きたる風 は いとあはれなり。雨の脚《あし》 が 横ざまにさわがしう《シュウ》吹きたるに、夏とほし《オ》たる綿衣《わたぎぬ》のかかりたるを、生絹《すずし》の単衣《ひとへぎぬ》かさねて着たるも、②いとをかし《オ》。この生絹だにいと所狭《ところせ》く、暑かはしく《ワ》、取り捨てまほしかりしに、「いつのほどにかくなりぬるにか」と思ふ《ウ》も、をかし《オ》。暁《あかつき》に格子《かうし》、妻戸《つまど》をおしあけたれば、嵐のさと顔にしみたるこそ、いみじくをかしけれ《オ》。

ごろ　まじって　吹い　ている　とても　しみじみとした味わいがある　雨脚　横なぐり　（風が）激しく　吹い　ている　折に　夏の間　着通し　た　綿入れの着物で　掛け　てあるの　絹織りの薄い一枚着物（に）　ている　のも　とても　でさえ　とても　きゅうくつで　暑苦しく　脱ぎ捨ててしまいたかっ　た　のに　ま　このように（涼しく）なっ　た　のか　のも　趣がある　夜明けごろ　ている　と　が　さっと　ている　のは　とても　すばらしい

九月晦日《ながつきつごもり》、十月《かみなづき》のころ、空 が うち曇《くも》りて風のいとさわがしく吹きて、黄なる葉どもの、ほろほろとこぼれ落つる、いとあはれ《ワ》なり。桜の葉、椋《むく》の葉こそ、いととくは落つれ。十月ばかりに、木立《こだち》 が おほかる《オ》所の庭は、いとめでたし。

下旬　さっと曇って　が　とても　激しく　吹いて　黄色の　たくさんの葉　が　落ちる（のは）　とても　感慨深いものがある　（が）特に　とても　早く　落ちる　ごろ　多い　とても　すばらしい

ポイントガイド

時代…平安《へいあん》時代中期の11世紀初め。
作者…清少納言《せいしょうなごん》
分野…随筆《ずいひつ》集
内容…約三〇〇の章段から成り、宮中での見聞や体験、自然や生活についての感想が感性豊かにつづられている。

参考

古文における季節

古文における季節は太陰暦《たいいんれき》によっているので、現在の太陽暦とは**一か月～一か月半ほどのずれ**がある。「三月」は現在の四月ぐらいを指す。「八、九月」は、九月～十月ぐらいの台風の多い季節に当たる。

発展

『枕草子』は、「をかし」の文学

『枕草子《まくらのそうし》』における「をかし」という言葉は、**機知**

口語訳

風は、嵐（が趣《おもむき》がある）。三月ごろの夕暮れに、ゆるやかに吹いている雨風（がよい）。

八、九月ごろに、雨にまじって吹いている風は、とてもしみじみとした味わいがある。（風が強くて）雨脚が横なぐりになり風が激しく吹いている折に、夏の間着通した綿入れの着物で（何かに）掛《か》けてあるのを（取って着て）、生絹の単衣《ひとえ》に重ねて着ているのも、とても趣がある。この（薄《うす》い）生絹（一枚）でさえとてもきゅうくつで、暑苦しく、脱《ぬ》ぎ捨ててしまいたかったのに、「いつのまにこのように（涼《すず》しく）なったのか」と思うのも、趣がある。夜明けごろに格子や妻戸を押《お》しあけていると、冷たく強い風がさっと顔にしみているのは、とてもすばらしい。

九月の終わりや、十月のころに、空がさっと曇って風がとても激しく吹いて、たくさんの黄色い木の葉が、ほろほろとこぼれ落ちるのは、とても感慨《かんがい》深いものがある。桜の葉や、椋の葉が特に、とても早く落ちる。十月ごろに、木立が多い所の庭は、とてもすばらしい。

確認問題

問1 ――線部①「ゆるく」と対照的な雨風の様子を表現した言葉を、本文中から書き抜《ぬ》きなさい。

問2 ――線部②「をかし」の意味として適切なものを、次から選びなさい。

ア かわいらしい　**イ** こっけいだ　**ウ** 優れている　**エ** 趣がある

［兵庫県・改］

的、感覚的な美しさを指している。「をかし」は「枕草子」を貫《つらぬ》く感覚である。

確認問題解答

問1 さわがしう（さわがしく）

問2 **エ**

解説

問1 「三月」は、晩春に当たる。つまり、穏《おだ》やかな「春雨」である。それに対して、「八、九月」の激しい雨風は、台風のようなものであろう。「ゆるく」は「ゆるやかに」の意味。「さわがしう」は「さわがし」で、現代語の「騒《さわ》がしい」と同じく「騒々《そうぞう》しい。物音がしてやかましい」の意味。ここは、風が激しく吹く様子を表している。

問2 雨風が激しくなり、うすら寒くなったので重ね着をしている。その様子が、季節を感じさせて「趣がある」というのだ。

なるほどコラム

『枕草子』と清少納言

『枕草子』はこうして生まれた

『枕《まくらの》草子《そうし》』は、平安《へいあん》時代を代表する文学作品で、我が国最古の随筆《ずいひつ》である。

作者の清少納言《せいしょうなごん》は、『枕草子』のあとがきに『枕草子』が誕生した経緯《けいい》を書いている。

それによると、清少納言が仕えていた中宮定子《ちゅうぐうていし》の兄・藤原伊《ふじわらのこれ》周《ちか》が一条《いちじょう》天皇と定子に紙を献上《けんじょう》した。

その紙に何を書こうかと定子に相談された清少納言は「枕(「枕」とは身の回りのことだといわれている)がよいのではないですか。」と答えた。すると、定子がその紙を清少納言にくださった。

＊『史記』…中国の最初の歴史書のこと。

清少納言は、その紙に宮仕えの暮らしの中で感じたことや、自然や人生について書き留めた。そして、ある日、清少納言の里の家を訪れた源経房《みなもとのつねふさ》の目にとまり、世の中に知れ渡《わた》ったのである。「草子」とは冊子のことで、「枕」をつづった冊子なので『枕草子』というわけである。

女房の役割

清少納言は、一条天皇の中宮・定子の女房《にょうぼう》であった。女房とは中宮に仕える女性のことであるが、高い教養や学問を身につけた女性が女房として宮仕えしたのには政治的な背景がある。

当時、朝廷《ちょうてい》で権力を誇《ほこ》っていたのは藤原氏《ふじわらし》であった。彼《かれ》らは自分の娘《むすめ》を天皇と結婚《けっこん》させ、生まれた子(次期天皇)の祖父となることで実権を握《にぎ》った。そのために、天皇に嫁《とつ》ぐ娘の教育係、世話係として、優《すぐ》れた女房が必要だったのである。

清少納言は定子に、『源氏物語《げんじものがたり》』の作者・紫式部《むらさきしきぶ》は彰子《しょうし》に仕えていた。定子と彰子はともに一条天皇の中宮で、ライバル関係にあたる。清少納言と紫式部も、ひときわ優れた才能のもち主であったため、ライバルとして比べられることが多い。

［『まんがで読む枕草子』東園子 学研プラス より］

定子一門の衰退《すいたい》

当時、定子の父・道隆《みちたか》と彰子の父・道長《みちなが》は、実権を握るために一族の間で争いを繰《く》り返していた。道隆と、定子の叔父《おじ》・道兼《みちかね》が相次いで亡くなると、道長と、定子の兄である伊周・隆家《たかいえ》の間で争いが起こった。その結果、伊周・隆家は左遷《させん》されてしまう。定子も若くして24歳《さい》でなくなり、清少納言は宮仕えから退く。一方、紫式部が仕えた彰子には皇子が誕生し、道長は天皇の祖父として実権を握り、栄華《えいが》を極めた。

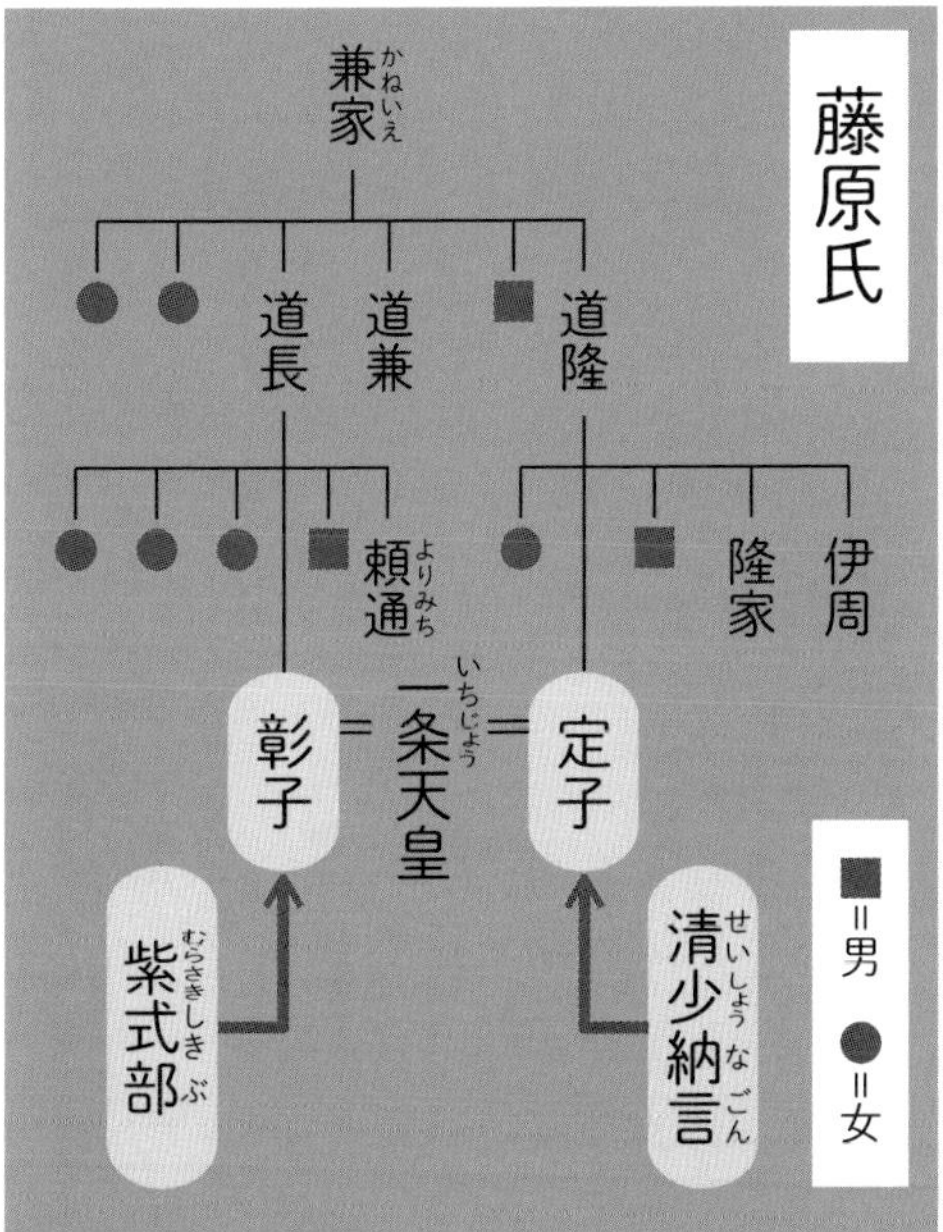

5 今昔物語集《こんじゃくものがたりしゅう》

今は昔、いつのころほひ《オイ》《ころ》の事に**か**《で》あり《あっ》**けむ**《ン》《ただろうか》。清水《きよみづ》《ズ》に参りたりける《お参りした》女の《で》、幼き子を抱《いだ》《抱い》きて《て》御堂《みだう》《ドウ》の前の谷をのぞき立ち《立って》ける《いた(の)》が、いかに《どう》し《し》ける《た》**や**あり**けむ**《ン》《のだろうか》、児《ちご》《幼い子供》を取り落として谷に落とし入れて《落として》けり《しまった》。遥《はる》かに振《ふ》り落とさるるを見て、すべき様《やう》《ヨウ》《しなければならない手段》も無くて、御堂の方に向き《向い》て《て》、手を摺《す》り《すり合わせ》て《て》、「観音《くわんおん》《カンノン》助け給《たま》へ《エ》《お助けください》」となむ《ン》迷《まど》ひ《イ》《うろたえ》ける《た》。

「今は《もはや》なきもの《死んでいる》」と思ひ《イ》《思っ》けれ《た》ども《が》、「有様《ありさま》を《(せめて)様子だけ》も《でも》見《見》む《ン》《よう》」と思ひ《イ》《思っ》て《て》、迷ひ《イ》下り《うろたえて》て見けれ《見た》ば《ところ》、観音の《が》「いとほし《オ》」とおぼしめし《お思いになっ》ける《た》に《の》こそ《だろう》は、つゆ《少しも》傷も無くて、谷の底の木の葉の多く落ち積もれ《積もっ》る《た》上に落ち懸《か》かりて**なむ**《ン》臥《ふ》し《倒れ》たり《てい》**ける**《た》。

母（は）……喜びながら抱き取り《取っ》て《て》、いよいよ《ますます》観音を泣く泣く《涙ながらに》礼拝《らいはい》し《拝み》奉《たてまつ》り《申し上げ》けり《た》。

此《これ》を見る人（は）……、皆《みな》あさましがり《ただ驚いた様子》て《で》ののしり《大騒ぎし》けり《た》、と**なむ**《ン》語り伝へ《エ》**たる**《ている》とや《とか(いうことだ)》。

ポイントガイド

時代…平安《へいあん》時代後期の12世紀前半に成立したと考えられる。

編者…未詳《みしょう》

分野…説話集

内容…約一〇〇〇余りの話を、天竺《てんじく》(インド)・震旦《しんたん》(中国)・本朝《ほんちょう》(日本)の三部に分けて、全三十一巻に収めている。大きく、仏教説話と世俗《せぞく》説話に分類できる。

参考

『今昔物語集』の表現の特徴《とくちょう》

上段の話にも見られるように、『今昔《こんじゃく》物語集』の説話は、「今は昔」で始まり、「……となむ語り伝へたるとや。」で終わる形がほとんどである。原文は、漢字片仮名《かたかな》交じり文の漢文訓読調に、和文体を加えた文体で書かれている。

口語訳

今となっては昔の話だが、いつごろのことであっただろうか。清水寺にお参りした女で、幼い子を抱《だ》いて御堂の前の谷をのぞいて立っていたのが、どうしたのだろうか、幼い子供を取り落として谷に落としてしまった。はるか下の方に落ちていくのを見て、どうすることもできなくて、御堂の方に向いて、手をすり合わせて、「観音様、どうかお助けください」とうろたえた。

「もはや死んでいるもの」とは思ったが、「(せめて)様子だけでも見よう」と思って、うろたえながら下りていって見たところ、観音様が「気の毒だ」とお思いになったのだろう、少しも傷もなくて、谷の底の木の葉の多く落ちて積もった上に落ちかかって倒《たお》れていた。

母は喜びながら抱き取って、ますます観音様を涙《なみだ》ながらに拝み申し上げた。

これを見る人は、みな、ただ驚《おどろ》いた様子で大騒《おおさわ》ぎした、と語り伝えているとか(いうことだ)。

確認問題

問1 ——線部「いとほし」の現代語訳として適切なものを次から選びなさい。

ア 残念だ　**イ** かわいい　**ウ** 申し訳ない　**エ** 気の毒だ

参考

仏教説話と世俗説話

仏教の教えを説き聞かせる説法や、仏の不思議な力の現れについての話を仏教説話という。世俗説話は、素朴《そぼく》な民衆の生活や生活感情に基づいた話であり、登場人物は、貴族から庶民《しょみん》、盗賊《とうぞく》、天狗《てんぐ》、鬼《おに》にまで及《およ》ぶ多彩《たさい》なものである。

確認問題解答

問1 エ

解説

問1 「いとほし」は、古語と現代とで形は同じだが意味が異なる。現代では「かわいらしい」の意味で使われることが多いが、古語では弱い者や苦境にある者に同情する思いを表し、「気の毒だ」の意味で使われることが多い。ここは、観音様が母親とその子供に同情して、不思議な力を発揮したという文脈である。

6 新古今和歌集《しんこきんわかしゅう》

①
見渡《みわた》せば山もと霞《かす》む水無瀬川《みなせがは》《ワ》夕《ゆふべ》《ウ》は秋となに思ひ《イ》けん　後鳥羽上皇《ごとばじょうこう》

山もと…山のふもと（は）　なに…どうして　思ひ…思っ　けん…たのであろう

口語訳
見渡すと、かなたの山のふもとは霞んでいて、その方向から流れてきている水無瀬川の眺《なが》めはすばらしいことだ。夕暮れの眺めは秋に限るとどうして思っていたのだろう（春の夕暮れも、それに劣《おと》らずすばらしいのに）。

②
心なき身にもあはれ《ワ》は知られけり鴫《しぎ》立つ沢《さは》《ワ》の秋の夕暮《ゆふぐれ》《ウ》　西行法師《さいぎょうほうし》

心なき身…情趣を解さない出家の身　あはれは知られけり…おのずから感じられることだ　鴫（が）　立つ…飛び立つ

口語訳
ものの情趣《じょうしゅ》を解さない出家のこの身にも、しみじみとしたあわれは感じられることだ。鴫が飛び立つ沢の、この、ものあわれな秋の夕暮れよ。

③
見わたせば花も紅葉《もみぢ》《ジ》もなかりけり浦《うら》の苫屋《とまや》の秋の夕暮　藤原定家《ふじわらのさだいえ》

なかり…ないことで　けり…あるよ　浦…海辺　苫屋…粗末な小屋

口語訳
はるかに見渡すと、美しい春の花も秋の紅葉もないことであるよ。海辺の苫屋だけが立っている、この、寂《さび》しい秋の夕暮れよ。

ポイントガイド

時代…鎌倉《かまくら》時代前期の13世紀初めに成立した。
編者…後鳥羽上皇の命令による八番目の勅撰《ちょくせん》和歌集。源通具《みなもとのみちとも》・藤原有家《ありいえ》・藤原定家・藤原家隆《いえたか》・藤原雅経《まさつね》・寂蓮《じゃくれん》の六人。
分野…和歌集
内容…二〇巻に約二〇〇〇首を収録。感覚的な象徴《しょうちょう》美が特徴《とくちょう》。

くわしく

① 四・五句目は、『枕草子《まくらのそうし》』の「秋は夕暮れ」を念頭に置く。既《すで》にある文章や和歌の内容を踏《ふ》まえて歌を作るのは、『新古今和歌集』の大きな特徴である。

②・③ この二首に、寂蓮法師の「さびしさはその色としもなかりけり槇《まき》立つ山の秋の夕暮」を加えた三首を、「三夕《さんせき》の歌」とよぶ。

⑤ **詞書《ことばがき》**に「忍恋《しのぶこひ》を」とあ

④ **春の夜の夢の浮橋《うきはし》とだえして峰《みね》にわかるる横雲の空**　藤原定家

短くてはかない夢 が ／ 離れてゆく ／ 細くたなびく雲

口語訳　春の夜の短くてはかない夢がとぎれて、横に細くたなびく雲が峰から離《はな》れてゆく明け方の空であることよ。

⑤ **玉の緒《をオ》よ絶えなば絶えねながらへ《エ》ば忍《しの》ぶることの弱りもぞする**　式子内親王《しょくしないしんのう》

私の命 ／ てしまうならば ／ てしまえ ／ 長生きするならば ／ 恋心を秘める力 が 弱って しまうとたいへんだ(から)

口語訳　私の命よ、絶えるならば絶えてしまえ。このまま生きながらえていたならば、〈人に知られまいと〉自分の心の中だけに〈恋心《こいごころ》を〉秘めている力が、弱ってしまうかもしれないから〈そうなれば、秘めた思いが外に現れてしまいそうであるよ〉。

確認問題

問1 ②・③の和歌に共通した表現上の工夫を説明した次の文の、[ⓐ]・[ⓑ]に入る言葉を書きなさい。

＊読むリズムが[ⓐ]句目で切れる。歌の終わりでは[ⓑ]を使い、余韻《よいん》を残している。

る。思う相手にも恋心を告げないという意味での「忍ぶ恋」と考えられる。

発展

本歌取り

昔の歌の内容や言葉を借り、意味を重層化する技法を**本歌取り**といい、『新古今和歌集』の時代にさかんに行われた。例えば、上段④の歌の本歌は、『古今和歌集』の次の歌。

風吹《ふ》けば峰にわかるる白雲のたえてつれなき君が心か　壬生忠岑《みぶのただみね》

この歌を踏まえている。

確認問題解答

問1 ⓐ三　ⓑ体言止め

解説

問1 「けり」は、過去の助動詞「けり」の終止形。「夕暮」と、名詞(体言)で終わっている。体言止めは、余韻を生む。

7 徒然草《つれづれぐさ》

世に語り伝ふ《ウ》る事、真事《まこと》はあいなきにや、多くはみな虚言《そらごと》なり。あるにも過ぎて人は物を言ひ《イ》なすに、まして、年月《としつき》過ぎ、境《さかひ》も隔《へだ》たりぬれば、言ひ《イ》たきままに語りなして、筆にも書きとどめぬれば、やがて定まりぬ。道々《みちみち》の物の上手のいみじき事など、かたくななる人のその道知らぬは、そぞろに神のごとくに言へ《エ》ども、道知れる人はさらに信も起こさず。音に聞くと見る時とは、何事もかはる《ワ》ものなり。かつあらはるる《ワ》をもかへり《エ》みず、口にまかせて言ひ《イ》散らすは、やがて浮《う》きたることと聞《きこ》ゆ。また、我もまことしからずは思ひ《イ》ながら、人の言ひ《イ》しままに鼻のほどおごめきて言ふ《ウ》は、その人の虚言にはあらず。げにげにしく、所々《ところどころ》うちおぼめき、よく知らぬよしして、さりながら、つまづま合はせ《ワ》て語る虚言は、恐《おそ》ろしき事なり。

世間で　伝える　は　本当のこと　つまらない(の)であろうか　全く　うそ　である　実際にある　より以上に
わざとそのように言うが　なおさら　が　場所　隔たっ　てしまう　と　言いたい(と)思う　とおり　こと
さらに話し　書き記され　てしまうと　そのまま　定着し　てしまう　さまざまな芸能　名人　すばらしい
物の道理がわからない　で　芸能を　ない(者)　むやみに　よう　言う　が　芸能を
知っている　全く　信用(する)気持ちにならない　うわさに聞く(時)と　異なる　なのである
すぐに　(うそが)発覚する(の)　気にし　ない(で)　勝手なことを言う(の)　すぐに　根拠のない
わかる　自分　本当で　ない(と)　言っ　た　あたり　を　ぴく
ぴくと動かし　(うそ)　(作った)うそ　では　ない　もっともらしく　を　よくわからないふりをして
ない(と)言い訳　そうであり　話のはしばし　は　(つじつまを)　うそ　恐ろしい　である

ポイントガイド

時代…鎌倉《かまくら》時代末期の14世紀前半に成立した。
作者…兼好法師《けんこうほうし》。30歳《さい》前後で出家し、俗世《ぞくせい》を離《はな》れて山中に隠棲《いんせい》した。
分野…随筆《ずいひつ》集
内容…序段と二四三段の本文から成る。無常観に立った、人間・社会に対する観察が述べられている。

参考
無常観とは
すべてのものは移り変わり、一定ではないとする仏教の考え方を、無常観という。権力や財産などの現世の利益に執着《しゅうちゃく》するのは無意味であると考える。

参考
『徒然草』は、隠者の文学
俗世との交わりを避《さ》け、仏道に入り、山中などに隠《かく》れ住む者を**隠者**《いんじゃ》という。隠

口語訳

世間で語り伝える話は、事実では面白くないのであろうか、ほとんどは全くのうそである。実際以上に誇《こ》張《ちょう》して人はものを言うものだが、その上に、年月が過ぎ、場所も隔たってしまうと、ことさら（自分の）言いたいように話し、（その話が）書き記されてしまうと、それが事実として定着してしまう。さまざまな芸能などの名人のすばらしいことなど、教養がなくよく知らない者は、むやみに神のように言うが、知識のある人は全く信じようとはしない。評判と実際とは、何事も違《ちが》うのである。

話すそばからばれるのも気にせず、口から出まかせにしゃべり散らすうそは、すぐに根拠《こんきょ》もないこととわかる。また、（話す）本人も本当ではないと思っていながら、人の言うままに鼻のあたりをぴくつかせながら言ううそは、その人の作ったうそではない。いかにももっともらしく、所々をよくわからないふりをして（ぼかして）、よく知らないと言い訳して、そうでありながら、話の要所要所は（つじつまを）合わせて語るうそは、恐ろしいことである。

確認問題

問1 ――線部「やがて定まりぬ」の内容を説明した次の文の、［　］ⓐ・ⓑに入る二字の言葉を本文中からそれぞれ書き抜《ぬ》きなさい。

＊世間に語り伝えていることが、たとえ［ⓐ］であったとしても、そのまま［ⓑ］となって定まってしまう。

問2 本文から読み取れる教訓を述べた次の文の［　］に入る適切な言葉を次から選びなさい。

＊人は、話に［　］をつけたがるものだ。

ア 見切り　**イ** けり　**ウ** 尾《お》ひれ　**エ** 難癖《なんくせ》

［兵庫県］

者は俗世のしがらみから離《はな》れることによって、自由な精神や客観的な批評眼《ひひょうがん》をもつことができた。隠者の視点から書かれた文学を「隠者の文学」といい、『徒然《つれづれ》草《ぐさ》』はその代表作である。

確認問題解答

問1 ⓐ 虚言　ⓑ 真事

問2 ウ

解説

問1 「真事（本当のこと・真実・事実）」と「虚言（うそ・偽《いつわ》り・作りごと）」の対比をとらえる。第二文は、うそが次第に本当になってしまういきさつを述べている。

問2 この文章は、うそがどうして生まれるか、どのように伝わって、定着してしまうのかを述べている。大げさに話を作ったり、いかにも本当らしく話を作ったりするというのである。

8 平家物語《へいけものがたり》

「そもそもいかなる人にてましまし候《さうらう》《ソウロウ》ふ《ウ》ぞ。名のらせたまへ《エ》、助けまゐ《イ》らせん。」と申せば、「なんぢ《ジ》はたそ。」と問ひ《イ》たまふ《モウ》。「物そのもので候はね《ワ》ども、武蔵《むさし》の国の住人、熊谷《くまがへの》《エ》次郎《じらう》《ロウ》直実《なほざね》《オ》。」と名のり申す。「さては、なんぢ《ジ》にあふ《オウ》ては、名のるまじいぞ。なんぢ《ジ》がためにはよい敵《かたき》ぞ。名のらずとも首をとつ《ツ》て人に問へ《エ》。見知らふ《ロウ》ずるぞ。」とぞのたまひ《イ》ける。

熊谷は、「あつ《ツ》ぱれ大将軍や。この人一人《いちにん》を討《う》ちたてまつ《ツ》たりとも、負くべきいくさに勝つべきやう《ヨウ》もなし。また討ちたてまつらずとも、勝つべきいくさに負くることよもあらじ。小次郎《こじらう》《ロウ》が薄手《うすで》を負ひたるをだに、直実は心苦しう《シュウ》こそ思ふ《ウ》に、この殿《との》の父は、討たれぬと聞いて、いかばかりか嘆《なげ》きたまは《ワ》んずらん。あは《ワ》れ、助けたて

ポイントガイド

時代…鎌倉《かまくら》時代中期の13世紀前半に成立したと考えられる。

作者…未詳《みしょう》。信濃前司行長《しなののぜんじゆきなが》とする説が有力。

分野…軍記物語

内容…約50年間の平家の興亡の歴史と、源平の合戦の模様を描《えが》いている。

くわしく

若武者が名のらない理由

直実が「ものの数に入る者ではありません」と言ったのを受けて、相手の身分が低いと見て名のらなかったと考えられる。この若武者は平敦盛《たいらのあつもり》で、この時17歳《さい》。大夫《たいふ》という身分にあり、宮中に入ることを許された**殿上人《てんじょうびと》**であった。

くわしく

小次郎の傷

直実の子、小次郎直家《なおいえ》は16歳で、上段の場面と同じ

まつらばや《たい》。」と思《思っ》ひ《イ》て、後ろをきつ《ッ》と《さっと》見けれ《見たところ》ば、土《と》肥《ひイ》、梶《かぢ》原《はら》が五十騎《き》ばかり《ほど》でつづいたり《ていた》。

口語訳

「いったいあなたはどういう身分のお方でいらっしゃいますか。お名のりください、お助けいたしましょう。」と申し上げると、「お前はだれだ。」とお尋《たず》ねになる。「名のるほどの者ではありませんが、武蔵の国の住人、熊谷次郎直実。」と名のり申し上げる。「それでは、お前に対しては、名のるまい。お前のためにはよい敵だぞ。（自分が）名のらなくても首を取って人に尋ねてみろ。見知っているだろうよ。」とおっしゃった。

熊谷は、「ああ立派な大将軍だ。この人一人をお討ち申したとしても、負けるはずのいくさに勝てるわけでもない。また、お討ち申さなくても、勝つはずのいくさに負けることもまさかあるまい。（我が子の）小次郎が軽い傷を負っただけでさえ、直実（自分）はつらく思うのに、この殿（若武者）の父親は、（我が子が）討たれたと聞いて、どれほどお嘆きになることだろう。ああ、助けてさし上げたい。」と思って、後ろをさっと見ると、（源氏方の）土肥、梶原が五十騎ほどで続いていた。

確認問題

問1 ――線部「あはれ、助けたてまつらばや」とあるが、このときの直実の気持ちを説明した次の文の、□に入る一字の言葉を本文中から書き抜《ぬ》きなさい。

＊息子《むすこ》の小次郎と自分の関係を、若武者と□との関係に重ねて、助けてさし上げたい、という気持ち。

日の早朝に直実とともに出《しゅつ》陣《じん》し、平家方の兵に左腕《ひだりうで》を矢で射られて負傷している。

確認問題解答

問1 父

解説

問1 「ああ、助けてさし上げたい」の直前の部分で語られているのは、直実の、人の親としての立場に立った愛情（＝父性愛）から出た言葉である。若武者と、自分の息子である小次郎を重ね、また、若武者の父と自分とを重ねて、源氏の武士ではなく、一人の父親として若武者を助けたいと思っている。

9 おくのほそ道《みち》

月日は百代《はくたい》の過客《くわかく》《カ》にして、行きかふ《コウ》年もまた旅人なり。舟《ふね》の上に生涯《しやうがい》《ショウ》を浮《う》かべ、馬
永遠にとどまることなく旅を続ける旅人　過ぎ去り、やってくる年　（船頭は）舟の上で一生を暮らし

の口……とらへ《エ》て老いを迎《むか》ふ《ウ》る者は、日々旅にして旅をすみかとす。古人も多く
くつわ を 取って　（街道で）　（馬子など）　毎日が旅であって　旅そのものを自分のすみかにしている。（李白・杜甫・西行・宗祇など）

旅に死せるあり。予もいづ《ズ》れの年よりか、片雲《へんうん》の風にさそは《ワ》れて、漂泊《へうはく》《ヒョウ》の思ひ《イ》やまず、
旅の途中で死んだ人がいる　私も　いつ　から　ちぎれ雲が　さそわれていく（ように）あてのない旅（に出たい）という

海浜《かいひん》にさすらへ《エ》、去年《こぞ》の秋、江上《かうしやう》《コウショウ》の破屋《はをく》《オ》に蜘蛛《くも》の古巣をはらひ《イ》て、やや年も暮れ、
海辺の地方さすらい歩き　川のほとりあばらや（芭蕉庵）　払って（過ごしているうちに）　しだいに

春立てる霞《かすみ》の空に白河《しらかは》《ワ》の関……越《こ》えんと、そぞろ神の物につきて心をくるはせ《ワ》、道祖《だうそ》《ドウ》
新春となって　霞の立ちこめる空の下で　を　よう　（心を惑わす）　が　乗り移って　心が乱れて、そわそわさせられ

神《じん》のまねきにあひ《イ》て、取るもの手につかず、股引《ももひき》の破れをつづり、笠《かさ》の緒《を》《オ》……付けかへ《エ》
招きにあって　何ごとも　つかないほどに落ち着かず　繕い　ひも を

て、三里に灸《きう》《キュウ》……すゆるより、松島《まつしま》の月……まづ《ズ》心にかかりて、住めるかたは人に譲《ゆづ》《ズ》り、
を すえる　（と）もう　が まっさきに　気になって　今まで住んでいた庵　（弟子の一人で

杉風《さんぷう》が別墅《べつしよ》《ベッショ》に移るに、
ある）の　別荘　移ったころ

草の戸も住み替《か》は《ワ》る代ぞ雛《ひな》の家

ポイントガイド

時代…江戸《えど》時代前期の一六九四年ごろに成立したと考えられる。
作者…松尾芭蕉《まつおばしょう》
分野…俳諧《はいかい》紀行文
内容…江戸を出発し、奥羽《おうう》（現東北地方）・北陸を経て、美濃《みの》の大垣《おおがき》（現岐阜《ぎふ》県大垣市）に至る、5か月余りの紀行文。

くわしく

対句的表現

月日は百代の過客にして ⇔ 行きかふ年もまた旅人なり。

舟の上に生涯を浮かべ ⇔ 馬の口とらへて老いを迎ふる

『おくのほそ道』の文章は対句的表現を多く用いて、リズムを生み出している。

表八句を庵《あん》の柱に懸《か》け置く。（門出の記念に）掛けておいた

口語訳

月日は永遠に旅を続ける旅人のようなもので、過ぎ去り、やってくる年もまた旅人に似ている。一生を舟の上で暮らす船頭や、馬のくつわを取って（街道で）老いを迎える馬子《まご》などは、毎日が旅であって、旅そのものを自分のすみかにしている。（風雅《ふうが》を愛した）昔の人にも、多く旅の途中《とちゅう》で死んだ人がいる。私もいつのころからか、ちぎれ雲が風に吹《ふ》かれて（大空を）漂《ただよ》うように、あてのない旅（に出たい）という気持ちがしきりに起こり、あちこちの海辺の地方をさすらい歩き、去年の秋、川のほとりのあばらやに（帰り）蜘蛛の古巣を払《はら》って（過ごしているうちに）、しだいに年も暮れ、新春ともなると、霞の立ちこめる空の下で（東北地方への関所である）白河の関を越えようと、（心を惑《まど》わす）そぞろ神が乗り移って、ただもうそわそわさせられ、（通行の安全を守る）道祖神の招きにあって、何ごとも手につかないほどに落ち着かず、股引の破れを繕《つくろ》い、笠のひもを付け替えて、（ひざの下の外側にある）三里（のツボ）に灸をすえる（などして旅の支度を整える）と、もう松島の月（の美しさなど）がまっさきに気になって、今まで住んでいた庵は人に譲り、（弟子の一人である）杉風の別荘《べっそう》に移ったところ、「草の戸も住み替はる代ぞ雛の家」（元の草庵《そうあん》にも、新しい住人が引っ越《こ》してきて、私の住んでいたころのわびしさとはうって変わり、華《はな》やかに雛人形などを飾《かざ》っている。〈この草庵にも、住人の代わるべきときがやって来たのだなあ。ここも定住の地ではないのだ。〉）と（詠《よ》み）、（この句を初めにして）表八句を作り、（門出の記念に）庵の柱に掛《か》けておいた。

確認問題

問1 この文章全体に流れる芭蕉《ばしょう》の考えを説明した次の文の、［　］に入る言葉を書きなさい。

＊いっさいのものが流れるところに人生があり、人生はさすらう［　］のようなものである。

くわしく

漢詩文の影響

冒頭《ぼうとう》の「月日は百代の〜旅人なり。」は、李白《りはく》の「春夜桃李園《とうりえん》に宴するの序」の「それ天地は万物の逆旅《げきりょ》にして、光陰《こういん》は百代《はくたい》の過客《かかく》なり」の一節を踏《ふ》まえている。

確認問題解答

問1 旅

解説

問1 『おくのほそ道』の冒頭の文章である。ここには、人生は「旅」であると考える芭蕉の人生観が述べられている。末尾《まつび》の俳句は、その芭蕉の人生観を一句にまとめたものである。「住み替はる代ぞ(＝住む人が代わるべきときがやって来たのだ)」が一句の中心である。

資料2

平安時代の貴族の暮らし

旧暦と年中行事

平安《へいあん》時代、季節の移り変わりに伴《ともな》い、さまざまな行事・儀式《ぎしき》が行われた。そこから当時の生活の様子や人々の考え方、感じ方を知ることができる。古文を学習するうえで、年中行事の知識は欠かせない。当初は、宮中で行われていたが、次第に民間に広まったひな祭りや七夕《たなばた》などの行事は、現在も行われている。年中行事は、旧《きゅう》暦《れき》に合わせて行われているため、現在の季節感と合わないものも多い。なお、二十《にじゅう》四《し》節気《せっき》とは、旧暦上による二四の季節区分である。

春

旧暦［異名］	二十四節気［相当する太陽暦］	日にち	年中行事	内容
一月［睦月《むつき》］	立春《りっしゅん》［二月四日頃《ごろ》］	一日	四方拝《しほうはい》	元日の早朝に、天皇が天地四方の神々、先祖代々の御霊《みたま》を拝み、国家の平安を祈《いの》る儀式。
	雨水《うすい》［二月一九日頃］	七日	白馬節会《あおうまのせちえ》	天皇が宮廷《きゅうてい》で青馬(毛が黒くてつやのある馬)を見る儀式。その年の邪気《じゃき》を払《はら》う。馬はのちに白馬になるが、読み方は残った。
二月［如月《きさらぎ》］	啓蟄《けいちつ》［三月六日頃］	四日	祈年祭《としごいのまつり》	神祇官《じんぎかん》と国司《こくし》が作物の豊作、国家安泰《あんたい》を神々に祈る儀式。
	春分《しゅんぶん》［三月二一日頃］	一五日	涅槃会《ねはんえ》	釈迦《しゃか》の追悼《ついとう》の法会《ほうえ》。涅槃とは、一切《いっさい》の迷いを超越《ちょうえつ》した悟《さと》りの境地、死ぬこと。

『枕草子』にみる「白馬《あおうまの》節会」

◆解説

正月七日の行事について書いている部分である。普段《ふだん》なら若菜《わかな》など見慣れない宮中でも、七日につんで食べると万病に効くということから、大騒《おおさわ》ぎしているのが面白《おもしろ》いと言っている。また、「白馬節会」を見るために、牛車《ぎっしゃ》をしたてて宮中に出かけていく。

◆原文を読もう

七日、雪間《ゆきま》の若菜摘《つ》み、青やかにて、例はさしもさるもの目近《めぢか》からぬ所に、もてさわぎたるこそを《オ》かしけれ。**白馬《あおうま》**見にとて、里人は車清げにしたてて見に行く。

青やかにて：青々としていて

例はさしもさるもの目近からぬ所に：普段はそれほど若菜のようなものは見慣れない所で

車清げにしたてて：牛車を美しく飾〈かざ〉りたてて

（『枕草子《まくらのそうし》』「正月一日は」より）

	三月［弥生《やよい》］	清明《せいめい》［四月五日頃］	三日	曲水《きょくすい》の宴《えん》	詩歌《しいか》の会。曲がりくねった庭園の流れに臨んで席を設け、上流から流した盃《さかずき》が通過する前に詩歌を作り、盃の酒を飲む。
		穀雨《こくう》［四月二〇日頃］	三日	上巳祓《じょうしのはらえ》［雛祭《ひなまつり》］	女児の節句で、桃《もも》の節句ともいう。災厄《さいやく》を払うために、人形《ひとがた》に身の汚《けが》れを移して流す。
夏	四月［卯月《うづき》］	立夏《りっか》［五月六日頃］	一日	更衣《ころもがえ》	夏の衣服、家具などに改める。
		小満《しょうまん》［五月二一日頃］	第二の酉《とり》の日	賀茂祭《かものまつり》［葵祭《あおいまつり》］	賀茂神社（京都）の祭り。平安時代に祭りといえば、賀茂祭のこと。御簾《みす》や祭員の衣冠《いかん》、牛車《ぎっしゃ》などを葵の葉で飾《かざ》るため、葵祭ともいう。
	五月［皐月《さつき》］	芒種《ぼうしゅ》［六月六日頃］	五日	端午節会《たんごのせちえ》	邪気を払うために、軒《のき》に菖蒲《しょうぶ》をさした。菖蒲は「尚武」、「勝負」とも音が同じなので、男児の節句となり、武者人形、鯉《こい》のぼりで立身出世を願った。
		夏至《げし》［六月二一日頃］	五日	賀茂競馬《かものくらべうま》	賀茂別雷神社《かもわけいかずち》（上賀茂神社《かみがも》）の境内《けいだい》で行われた競馬。
	六月［水無月《みなづき》］	小暑《しょうしょ》［七月七日頃］	一一日	月次祭《つきなみのまつり》	全国の主な神社に供物《くもつ》を献上《けんじょう》し、国家の安泰《あんたい》を祈《いの》る祭儀《さいぎ》。
		大暑《たいしょ》［七月二三日頃］	三〇日	夏越祓《なごしのはらえ》［大祓《おおはらえ》］	宮中や各地の神社で行われる、半年間の罪や汚れを払う行事。
秋	七月［文月《ふみづき》《ふづき》］	立秋《りっしゅう》［八月八日頃］	七日	乞巧奠《きこうでん》［七夕《たなばた》］	牽牛《けんぎゅう》と織女《しょくじょ》を祭る。織女の名前にあやかり、女子の裁縫《さいほう》や書道の上達を祈る。乞巧奠とは、技芸が巧《たく》みになるように願う祭りという意味。
		処暑《しょしょ》［八月二三日頃］	一五日	盂蘭盆会《うらぼんえ》	祖先を供養する法会《ほうえ》。盂蘭盆とは、地獄《じごく》に落ちた死者がひどい責め苦を受ける意味である。その死者を慰《なぐさ》めたのが起こりである。

『源氏物語』にみる「更衣」「賀茂祭」

◆解説

年が改まり光源氏《ひかるげんじ》は33歳《さい》になった。慕《した》い続けた藤壺《ふじつぼ》（源氏の義母）の一周忌《いっしゅうき》も過ぎ、人々の服装も元に戻《もど》った。初夏の更衣のころは、人々の服装に目新しさが増すが、まして賀茂祭（葵祭）のころには、華《はな》やかな雰囲気《ふんいき》が増してくる。

◆原文を読もう

年かは《ワ》りて、宮の御《おおん》果てても過ぎぬれば、
（藤壺の宮の御一周忌も過ぎてしまうと）
世の中いろ改まりて、**更衣**のほどなども
（喪〈も〉が明けて平常の色の服装に戻って）
いまめかしきを、まして祭りのころは、
（目新しい様子であり）（賀茂祭）
大方の空のけしき心地《ここち》よげなるに、……。
（一帯の）

（『源氏物語《げんじものがたり》』「少女《おとめ》」より）

参考

制服などに残る「更衣」

現在でも、六月一日と一〇月一日に、制服などを夏物・冬物にかえる習慣がある。「衣替《ころもが》え」と書く。

秋	八月［葉月《はづき》］	白露《はくろ》［九月八日頃《ごろ》］	一五日	石清水放生会《いわしみずほうじょうえ》	石清水八幡宮《いわしみずはちまんぐう》の祭り。仏教の教えにしたがって、捕《と》らえた生き物を放ち、功徳《くどく》を施《ほどこ》す儀式《ぎしき》。
		秋分《しゅうぶん》［九月二三日頃］	一五日	仲秋観月《ちゅうしゅうかんげつ》	仲秋《ちゅうしゅう》の名月を観賞する日。すすき、だんご、枝豆、餅《もち》などを供えて、月見をする。
	九月［長月《ながつき》］	寒露《かんろ》［一〇月八日頃］	九日	重陽節会《ちょうようのせちえ》［菊《きく》の節句《せっく》］	宮中で催《もよお》された菊見の宴《うたげ》。菊の露《つゆ》は不老不死の薬と信じられていたため、この日は、菊酒を飲んで不老長寿《ふろうちょうじゅ》を祈《いの》った。
		霜降《そうこう》［一〇月二三日頃］	不定	司召除目《つかさめしのじもく》	朝廷《ちょうてい》の官吏《かんり》を任命する儀式。
冬	一〇月［神無月《かんなづき かみなづき》］	立冬《りっとう》［一一月八日頃］	一日	更衣《ころもがえ》	冬の衣服、家具などに改める。
		小雪《しょうせつ》［一一月二三日頃］	五日	射場始《いばはじめ》	弓場始《ゆばはじめ》ともいう。天皇の臨席のもと、宮中の射場殿《どの》（弓場殿）で公卿《くぎょう》・殿上人《てんじょうびと》が弓を競う儀式。
	一一月［霜月《しもつき》］	大雪《たいせつ》［一二月七日頃］	第二の卯《う》の日	新嘗祭《にいなめさい》	天皇が、その年の新穀《しんこく》を神に供え、天地の神々に五穀の実りを感謝する儀式。
		冬至《とうじ》［一二月二二日頃］	第二の辰《たつ》の日	豊明節会《とよのあかりのせちえ》	天皇が新穀を食べ、群臣にもふるまう儀式。その後、五節《ごせち》の舞姫《まいひめ》の舞《まい》が行われる。
	一二月［師走《しわす》］	小寒《しょうかん》［一月六日頃］	晦日《みそか》	追儺《ついな》［鬼《おに》やらい］	鬼を追い払《はら》う習俗《しゅうぞく》。豆をまくのは、鬼を追い払うためではなく、神への供え物と考えられている。
		大寒《だいかん》［一月二〇日頃］	晦日《みそか》	大祓《おおはらえ》	新年を迎《むか》えるにあたり、一年の罪や汚《けが》れを払い、身を清める行事。夏越祓《なごしのはらえ》と同様に、祝詞《のりと》をあげたり、水で体を清めたりする。

『枕草子』にみる「除目」

◆解説

清少納言《せいしょうなごん》は、「除目《じもく》」に一喜一憂《いっきいちゆう》する人たちの様子もありありと描写《びょうしゃ》している。

◆原文を読もう

除目に司《つかさ》得ぬ人の家。今年はかならず(任官すると)と聞きて、はやうありし者ども（以前仕えていた）、ほかほかなりつる（よそに行っていた）、田舎《いなか》だちたる所（田舎めいた所）に住む者どもなど、みなあつまり来て、……

（『枕草子《まくらのそうし》』「すさまじきもの」より）

くわしく

登場した人たちの様子

官職を得られると期待して元の雇《やと》い主のところに人々が集まってきたわけだが、結局夜明けまで待っても連絡《れんらく》がなく、人々はさりげなくまた去っていく。その様子を清少納言は「いとをかし」「すさまじげなり」と書いている。

時刻・方位と平安京付近地図

平安《へいあん》時代の宮中では、一日を12等分し、それぞれに十二支《じゅうにし》を当てる「定時法」が使われていた。午後11時から午前1時までが「子《ね》の刻」で、順に「丑《うし》の刻」「寅《とら》の刻」……と定めた。

方角にも十二支が用いられ、北を子として、右回りに丑、寅…と当てた。当時広まっていた中国伝来の学問である陰陽道《おんみょうどう》では、艮《うしとら》(北東)、坤《ひつじさる》(南西)は不吉《ふきつ》な方角とされ、寺社へ参ったり他家へ行ったりする際、そこが不吉な方角ならば、前夜に別の方角の場所で泊《と》まってから向かう「方違《かたたが》え」の風習があった。

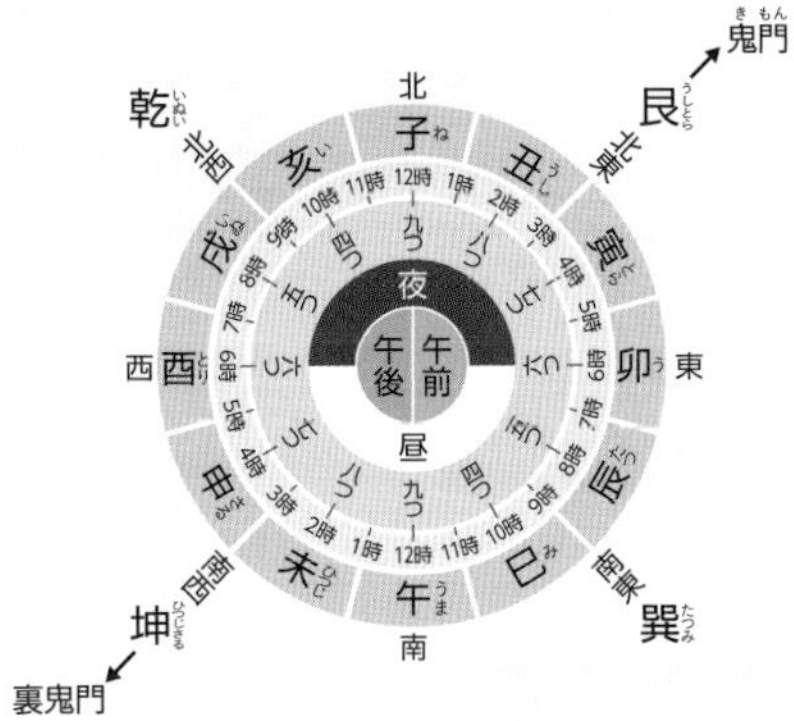

『枕草子』にみる「方違え」

◆解説

清少納言は、「すさまじきもの＝興ざめするもの」の一つとして、方違えに行った相手先が、もてなしをしないことを挙げている。

◆原文を読もう

方違へ《エ》に行きたるに、あるじせぬ所。（もてなしてくれない所）
まいて節分《せちぶん》などは、いとすさまじ。（ましてそれが節分違えなどのときは、とても興ざめだ）
(『枕草子』「すさまじきもの」より)

くわしく　清少納言はなぜ興ざめしたのか

方違えに来た客を迎《むか》えた家では、もてなしをする習慣があった。それを無視したことを指している。また、季節の変わり目である立春・立夏・立秋・立冬の前日である節分《せつぶん》の日は、必ず方違えをすることになっていたので、なおさら興ざめだと言っているのだ。

古典に登場する植物・動物

古典作品には、季節を感じさせる植物・動物が数多く登場する。よく登場する植物・動物を確認《かくにん》しておこう。

春

ふじ

こぶし

やまぶき

すみれ

ふきのとう

かたくり

やまどり

きじ

夏

しょうぶ（あやめ）

ぼたん

しもつけ

べにばな

ゆうがお

はす

よもぎ

いかる

『枕草子』にみる「草花」

◆解説

清少納言《せいしょうなごん》おすすめの秋の草花を列挙している部分である。

このあとに続く部分には、萩《はぎ》、夕顔、すすきなどが登場している。

◆原文を読もう

草の花は **なでしこ**。唐《から》のはさらなり《言うまでもない》、大和《やまと》のもいとめでたし《日本の（なでしこ）もとても立派だ》。女郎花《おみなえし》。**桔梗**《ききょう》。朝顔。かるかや。菊《きく》。つぼすみれ。**竜胆**《りんどう》は、枝ざしなどもむつかしけれど《枝ぶりなども見苦しいけれども》、……。

（『枕草子《まくらのそうし》』「草の花は」より）

くわしく

「木の花」をすすめている段

「草の花は」で始まっているのは、前のほうの段に「木の花は」で始まる文章があるため。ちなみに木の花の例としては、紅梅・桜、藤《ふじ》・橘《たちばな》、梨《なし》などを挙げている。

秋

ほおずき

ききょう

りんどう

かわらなでしこ

むくげ

つゆくさ
（つきくさ）

かささぎ

がん（ひしくい）

冬

やぶこうじ

すいせん

やどりぎ

さざんか

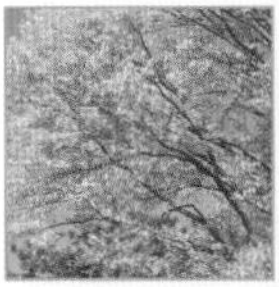
かつら

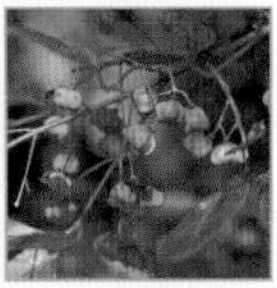
まゆみ

みやこどり
（ゆりかもめ）

おしどり

『伊勢物語』にみる「鳥」

解説

東国《とうごく》に下ったある男が、見慣れない鳥を見てその名を船頭に尋《たず》ねたところ「都鳥《みやこどり》」だと教えられ、都に残してきた恋人《こいびと》を思い起こして歌を詠《よ》んでいる。

原文を読もう

京には見えぬ鳥なれば、みな人見知らず。渡《わた》し守《もり》に問ひ《イ》ければ、「これなん**都鳥**」といふ《ウ》を聞きて、

都では見かけない鳥なので
渡し船の船頭に尋〈たず〉ねたところ

名にし負《お》は《ワ》ばいざこと問は《ワ》む《ン》都鳥
わが思ふ《ウ》人はありやなしやと

「都」という言葉を名前にもっているのならば、さあ都のことを尋ねよう。私が恋しく思っているあの人は無事でいるのかどうかと

（『伊勢物語《いせものがたり》』第九段より）

参考

『古今和歌集』との関連

「名にし負はば……」の和歌は、『古今和歌集《こきんわかしゅう》』にも収められている。

貴族の一生・生活

現在でも、この世に誕生し成長していく過程でいろいろな儀式《ぎしき》を行う風習が残っているが、平安《へいあん》時代の貴族たちの一生には、欠かせない儀式が数々あり、そのつど盛大な催《もよお》しが行われた。

現在の成人式に当たる「元服《げんぷく》」「裳《も》着《ぎ》」は、その子供の成長段階にしたがって行われたために、年齢《ねんれい》は一律ではなかった。また、当時の平均寿命《じゅみょう》は40歳《さい》と、比較《ひかく》的短命であったために、40歳を過ぎると、10年ごとに長寿《ちょうじゅ》の祝いがあった。

こうした一生の中で、男子は政治の世界に、女子は宮中での生活においてそれぞれ役職を得たが、女子の宮中での地位が、家族の男子の地位を高めるのに大きな力をもっていた。

誕生
←
産養《うぶやしない》［生誕から三、五、七、九日目］
←
五十日《いか》・百日《ももか》の祝い
←
袴着《はかまぎ》［3～7歳］
←
元服［男性…12～16歳］
裳着［女性…12～14歳］
←
結婚《けっこん》
←
算賀《さんが》［40歳から10年ごと］
←
出家《しゅっけ》
←
死去・葬儀《そうぎ》

『伊勢物語』にみる「元服」

◆解説

元服をしたばかりの男が狩《か》りに出かけ、そこで美しい姉妹に出会う場面。歌物語として広く知られる『伊勢物語《いせものがたり》』の初段で、このあと男は、姉妹に和歌を書いて贈《おく》る。

◆原文を読もう

むかし、男、うひかう《イコウ》ぶりして、奈良《なら》の京《きょう》、春日《かすが》の里にしるよしして、狩りに往《い》にけり。その里に、いとなまめいたる女はらから住みけり。この男、かいまみてけり。

うひかうぶりして：元服して〈初めて冠〈かんむり〉をつけ〉
奈良の京：奈良〈なら〉の都
しるよしして：領地を持つ縁〈えん〉があって
狩りに往にけり：鷹〈たか〉狩りに出かけた
いとなまめいたる：とても若々しくて美しい
女はらから：姉妹が
かいまみてけり：(二人の姿を)物のすき間からのぞき見てしまった

(『伊勢物語』第一段より)

くわしく

初冠
「初冠《うひかうぶり》」は、「元服」と同じ意味。男子が成人になったしるしとして髪《かみ》を大人風に改め、初めて冠をかぶること。「うひかぶり」ともいう。

男性の地位［中央官制］

太政官《だいじょうかん》

- **太政大臣《だいじょうだいじん》**
  - **左大臣《さだいじん》**　**右大臣《うだいじん》**　**内大臣《ないだいじん》**
    - **大納言《だいなごん》**　**中納言《ちゅうなごん》**　**参議《さんぎ》**
      - **左弁官《さべんかん》**　**少納言《しょうなごん》**　**右弁官《うべんかん》**
        - 左弁官
          - **中務省《なかつかさしょう》**…詔勅《しょうちょく》の作成
          - **式部省《しきぶしょう》**…役人の人事
          - **治部省《じぶしょう》**…外交や寺院
          - **民部省《みんぶしょう》**…戸籍《こせき》や租税《そぜい》
        - 右弁官
          - **兵部省《ひょうぶしょう》**…武官の人事
          - **刑部省《ぎょうぶしょう》**…裁判や刑罰《けいばつ》
          - **大蔵省《おおくらしょう》**…財政
          - **宮内省《くないしょう》**…宮中の事務

女性の地位［後宮〈こうきゅう〉］

皇后《こうごう》　天皇の正妃《せいひ》。もとは皇族出身の娘《むすめ》から選ばれていた。のちに、臣下の娘からも皇后に選ばれるようになった。

中宮《ちゅうぐう》　皇后と同資格の后《きさき》。皇后の異称《いしょう》。皇后が二人になった場合、新しく入内《じゅだい》した(宮中に入った)后を中宮とよんだ。

女御《にょうご》　皇后・中宮の下の位。摂政《せっしょう》・関白《かんぱく》・大臣の家の娘から選ばれる。かつては、位が低かったが、のちに女御からも皇后になるようになった。

更衣《こうい》　女御の下の位。納言以下の家の娘から選ばれ、通常は五位。もとは、天皇が衣服を着替《きが》える際に仕える女官であった。

御息所《みやすどころ》　皇子・皇女を産んだ女御、更衣に対する敬称として使われることが多い。のちに、皇太子、親王の妃《きさき》を指すようになった。

『源氏物語』にみる「裳着」

解説

光源氏《ひかるげんじ》の娘である明石《あかし》の姫君《ひめぎみ》の裳着の儀式の準備にかける源氏の心遣《こころづか》いは大変なものであった。

原文を読もう

御《おおん》裳着のことおぼしいそぐ御心《みこころ》おきて、世の常ならず。春宮《とうぐう》も、おなじ二月に御かう《コウ》ぶりのことあるべければ、やがて御まゐ《イ》りもうちつづくべきにや。

（明石の姫君の）裳着の儀式を準備なさる（源氏の）お心遣いの様子は　並々ではない　皇太子　元服の儀があるはずなので　引き続いて姫君が妃〈きさき〉として入内なさる（宮中に入られる）ことになるのだろう

（『源氏物語《げんじものがたり》』「梅枝《うめがえ》」より）

くわしく

腰結

裳着の儀式のときには、身分の高い人を選んで裳の腰《こし》ひもを結んでもらった。明石の姫君の腰結《こしゆい》の役を務めたのは、中宮の女性であり、これは異例なことであった。それだけ、光源氏の力が、宮中においても強かったことを示す。

貴族の装束

平安《へいあん》貴族の装束《しょうぞく》には、儀式《ぎしき》などに用いる正装と、平常服とがあった。

貴族の女性の正装は、俗《ぞく》に十二単《じゅうにひとえ》とよばれる唐衣《からぎぬ》裳《も》姿《すがた》である。単という衣《ころも》の上に、袿《うちき》という衣を何枚も重ねて着たが、実際に十二枚重ねていたわけではない。宮廷女房《きゅうていにょうぼう》の正装であることから、正式には女房装束という。

◆女房の装束

❶**唐衣《からぎぬ》**…装束のいちばん上に着用した。
❷**裳《も》**……腰《こし》に付けて背後に引き垂らす扇状《おうぎじょう》の衣。
❸**袿**……帯で結ばず、打ちかけて着用する衣。これを唐衣の下に重ねる。
❹**単**……裏地のない衣。
❺**長袴《ながばかま》**…両足を通して腰で結ぶ下半身衣。

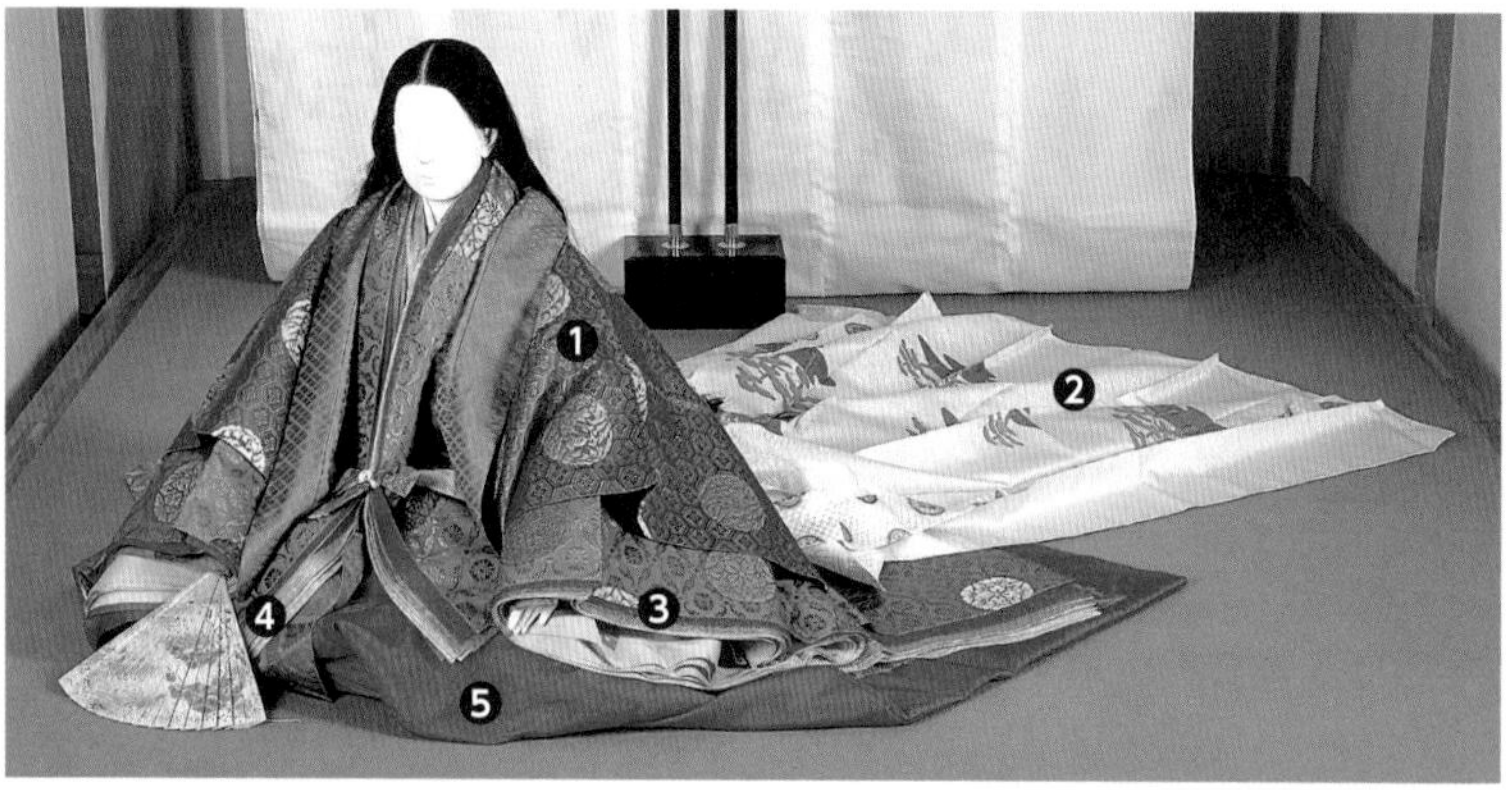

[国立歴史民俗博物館所蔵資料]

『枕草子』にみる「女性の装束」

◆解説

二月の十日過ぎに、皇太子妃《ひ》である中宮定子《ちゅうぐうていし》の妹の淑景舎原子《しげいさげんし》が、夜間に定子を訪《おとず》れている。二人の親である関白道隆《みちたか》、その北の方(夫人)もやってきた。

淑景舎を間近で見たことのない作者(清少納言《せいしょうなごん》)が、屏風《びょうぶ》の陰《かげ》からのぞいている場面。淑景舎の色鮮《いろあざ》やかな装束の描写《びょうしゃ》に続いて、道隆の装束の様子が描《えが》かれている。

◆原文を読もう

淑景舎は、北にすこしよりて南むきにおは《ワ》す。紅梅いとあまた、濃《こ》く薄《うす》くて、上に濃き綾《あや》の御衣《おおんぞ》、すこしあかき**小袿《こうちぎ》**、蘇枋《すおう》の織物、萌黄《もえぎ》のわかやかなる、固紋《かたもん》の御衣奉《たてまつ》りて、扇《おうぎ》をつとさしかくし給《たま》へ《エ》る、いみじう《ジュウ》、げにめでたくうつくしと見え給ふ《タモウ》。殿《との》は薄色《うすいろ》の**御直衣**、萌黄の織

おはす:いらっしゃる
紅梅いとあまた、濃く薄くて:紅梅(の袿)をとてもたくさん、濃いのや薄いのを重ねて
上に濃き綾の御衣:上には濃い絹織物のひとえのお召〈め〉し物
蘇枋:蘇枋(=黒みがかった赤色)の
わかやかなる:若々しい
奉りて:お召しになって
扇をつとさしかくし給へる:扇で ずっとお顔を隠〈かく〉して
る、いみじう:いらっしゃる(ご様子は)
げに:本当に
めでたくうつくし:立派でかわいらしい
薄色:薄紫〈むらさき〉色

◆男性の装束

貴族の男性の正装は、束帯《そくたい》とよばれる。儀式の礼服や朝廷《ちょうてい》に上がるときの服として用いられた。束帯は、官位などにより、色や文様についての細かい規定があった。

平常服としては、烏帽子《えぼし》・指貫《さしぬき》の袴《はかま》とともに着用する直衣《のうし》・狩衣《かりぎぬ》がある。

［国立歴史民俗博物館所蔵資料］

文官の束帯…宮中の行事や儀式、内裏《だいり》へ参上するときに用いた。

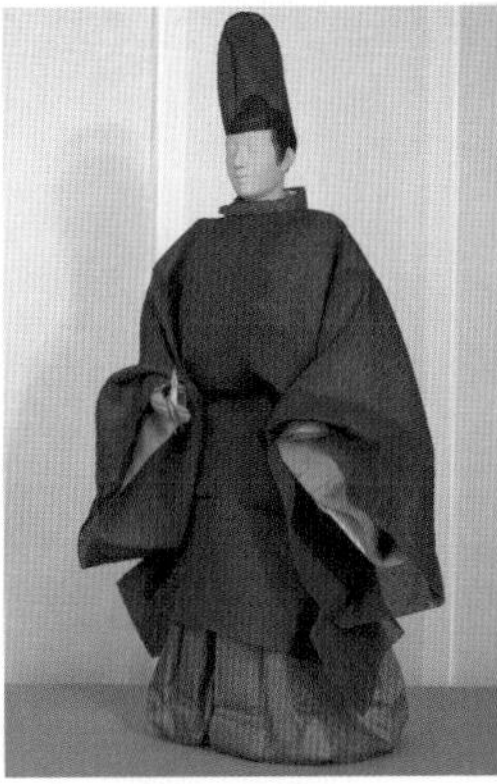

直衣…貴族の平常服。高位の人は、直衣姿で内裏へ参上することが許された。

狩衣…貴族の平常服。動きやすく、鷹《たか》狩《が》りや蹴鞠《けまり》のときなどに着用した。

物の指貫《さしぬき》、紅《くれなゐ》の御衣ども、御紐《ひも》さして（御紐をきちんとして）、廂《ひさし》の柱にうしろ（背中）をあてて、こなたむきに（こちらの方に向いて）おはします。

（『枕草子《まくらのそうし》』「淑景舎　春宮《とうぐう》へまゐ《イ》りたまふ《タモウ》ほどの事など」より）

くわしく

清少納言がのぞき見していた理由

清少納言が屏風の陰から淑景舎原子をのぞいていたのは、これまでお目にかかる機会がなかったという清少納言の言葉を聞いた定子に、とても愛らしい姿をした妹だから、屏風の陰からこっそり見たらとすすめられたからである。

貴族の住居

◆寝殿造

「寝殿造《しんでんづくり》」は、平安《へいあん》時代の貴族の邸《てい》宅《たく》の代表的な建築様式である。基本となる建物の配置は、南向きの❶寝殿を中心に、寝殿と同様の平面構成をもった対《たい》(❷北の対、❸東の対、西の対)を置き、❹渡殿《わたどの》(渡り廊下《ろうか》)でつないだものであった。東西の対から伸《の》びる❺中《ちゅう》門廊《もんろう》の先端《せんたん》には、❻釣《つ》り殿《どの》が設けられている。ただし、変則的な造りも多く、写真の東三条殿《ひがしさんじょうどの》には、西の対がない。

❷北の対は正妻が住むことが多く、❸東の対、西の対は成人した娘《むすめ》に与《あた》えられることが多かった。また、❶寝殿は、主人の住居、寝室という私的空間であると同時に、儀式《ぎしき》・行事・宴《うたげ》が行われる公的な場でもあった。

【国立歴史民俗博物館所蔵資料】

『枕草子』にみる「寝殿造」

◆解説

作者(清少納言《せいしょうなごん》)は、仏教の儀式のために里帰りする中宮定子《ちゅうぐうていし》に従い、中宮の父親である関白(藤原道隆《ふじわらのみちたか》)の邸宅を訪れた。儀式が行われる寺へ出かけるのは寅《とら》の刻(午前三時～五時)だと言われ、待機しているうちに、すっかり夜が明けてしまった。寺まで乗っていく車は、関白や中宮たちのいる西の対のそばから出ることになっており、自分たち女房《にょうぼう》が車に乗るところを関白一家が御簾《みす》の内側から御覧《ごらん》になるというので、なんとなく恥《は》ずかしさを感じる。

◆原文を読もう

まことに寅の時かと装束《しょうぞく》きたちてあるに、明け果て日もさしいでぬ。**西の対**の唐廂《からびさし》にさしよせてなん乗るべきとて、**渡殿**へある限り行くほど、まだうひ《ィ》うひ《ィ》しきほどなる今まゐりなどは、つつまし

- 装束きたちてあるに：身じたくを整えているのに
- さしよせてなん乗るべき：(車を)寄せて乗る手はずになっている
- 渡殿へある限り行くほど：渡殿を通って女房が全員行くときに
- まだうひうひしきほどなる：まだ物慣れていない
- 今まゐりなどは：新参者(の女房)たちは

◆寝殿内部

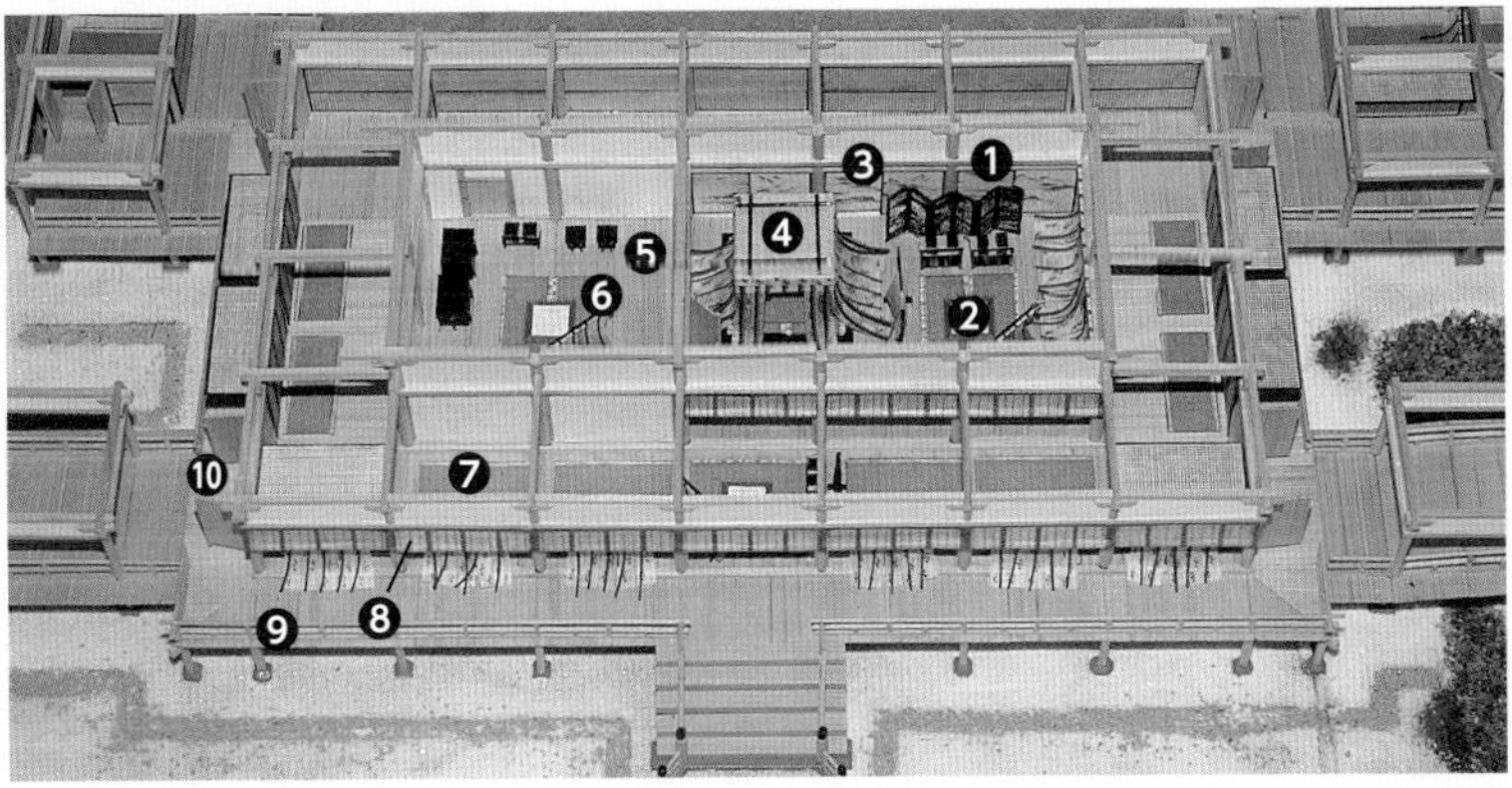

〔考証・製作　中部大学 池浩三研究室〕

❶屏風《びょうぶ》

❷茵《しとね》　座るときに畳《たたみ》などの上に敷《し》く四角い敷物《しきもの》。

❸襖《ふすま》

❹御帳台《みちょうだい》　寝台《しんだい》。ベッド。

❺塗籠《ぬりごめ》　周囲を壁《かべ》で塗《ぬ》り込《こ》めた部屋。納戸《なんど》や寝室《しんしつ》として用いた。

❻几帳《きちょう》　室内用の移動可能な間仕切り。

❼畳　畳は当時高級品だったので、貴族たちが座る所だけに置かれた。

❽御簾《みす》

❾高欄《こうらん》　縁側《えんがわ》や廊下についている手すり。

❿妻戸《つまど》　建物の四隅《よすみ》に設けてある板戸。

げなるに、西の対に殿《との》の住ませたまへ《エ》ば、宮もそこにおは《ワ》しまして、まづ《ズ》女房ども車に乗せさせたまふ《モウ》を御覧ずとて、**御簾**の内に宮、淑景舎《しげいさ》、三、四の君《きみ》、殿の上《うえ》、その御《おん》おとと、三所《みところ》立ち並《な》みおは《ワ》しまさふ《ソウ》。

（関白様が住んでいらっしゃるので）

（道隆の家族を列挙している部分）

（『枕草子《まくらのそうし》』「関白殿、二月二十一日に法興院《ほこゐん》の」より）

参考

御簾の役割

御簾は、すだれのこと。移動が可能な仕切りである几帳に対し、固定されている場合が多い。貴族の女性は、夫以外の男性とは、御簾や几帳を隔《へだ》てて話すのが普通《ふつう》であった。

平安貴族の教養

平安《へいあん》時代の貴族の子女たちは、子供時代には主に家庭教師による個人指導を受けていた。

学問については男子のほうが女子よりも厳しく、青年時代には、大学寮《だいがくりょう》という官吏《かんり》育成のための教育機関で学ぶのが普通《ふつう》であった。

女子の場合でも、皇后(中宮《ちゅうぐう》)には高い教養が必要とされたために、未来の皇后(中宮)を目指す上流貴族の姫君《ひめぎみ》たちは、そばに教育程度の高い女房《にょうぼう》を置くことが多かった。紫式部《むらさきしきぶ》、清少納言《せいしょうなごん》は、そのような女房としてよく知られている。

❶笙《しょう》

❷琵琶《びわ》

[国立歴史民俗博物館所蔵資料]

	男子	女子
漢詩文	漢文を習得し、日常文として使う。宴会《えんかい》で漢詩文を披露《ひろう》する。	漢文の教養は特に必要ないが、皇后となる女性は「白《はく》氏文集《しもんじゅう》」「文選《もんぜん》」を学ぶ。
習字	漢字と平仮名《ひらがな》。	平仮名(女手《おんなで》)。漢字は使用しない。
和歌	平安時代の恋愛《れんあい》は、文《ふみ》のやりとりから始まるので、男女ともに文字の美しさは大切であった。 平安時代の恋愛に和歌は必須《ひっす》。教養深い和歌を詠《よ》むのはもちろんのこと、優《すぐ》れた和歌を引用することも大切であり、和歌の暗記が欠かせなかった。『古今和歌集《こきんわかしゅう》』は必須の歌集。	
音楽	笙などの管楽器に加え、絃《げん》楽器の習得も必要であった。	箏《そう》・琴《きん》・和琴《わごん》などの絃楽器を習得した。

『源氏物語』にみる音楽

◆解説

光源氏《ひかるげんじ》が、晩年の正妻である女三《おんなさん》の宮《みや》に語っている場面。女三の宮の琴《きん》に六条院《ろくじょういん》(源氏が女性たちのために造営した屋敷《やしき》)に住むほかの方々の箏、琵琶などを合わせて、女性だけの演奏会をしようと提案している。

◆原文を読もう

「この対《たい》に常にゆかしくする**御琴**《おおんこと》の音《ね》、

この対の人(紫〈むらさき〉の上)がいつも聴〈き〉きたがっているあなたのお琴の音に

いかでかの人々の**箏**、**琵琶**の音も合はせ《ワ》て、

なんとかしてあの方々の

女楽《おんながく》試みさせむ。……」

女性たちだけの合奏を試〈ため〉しにさせてみましょう

(『源氏物語《げんじものがたり》』「若菜下」より)

参考

当時の"琴"

琴《きん》は、中国伝来の七絃《しちげん》の琴《こと》。箏が、現代でも広く用いられている十三絃の琴。琴《こと》には、このほかに和琴とよばれる日本古来の六絃のものもあった。

娯楽

平安貴族たちの娯楽《ごらく》は、室内で行うものが多い。その理由として、彼《かれ》ら(特に女性)の装束《しょうぞく》の動きにくさが挙げられる。

遊びには、絵の優劣《ゆうれつ》を競う「絵合《えあわせ》」、和歌の優劣を判定する「歌合《うたあわせ》」などのほかに、遊具を使う「囲碁《いご》」「双六《すごろく》」「偏《へん》つぎ」などがあった。

[写真提供：風俗博物館]

双六…盤《ばん》の上に黒白各一五個の駒《こま》を置き、さいころで出た数の駒を進める。

偏つぎ…漢字の偏とつくりを組み合わせる文字遊び。漢字の知識を競った。

貝合…「絵合」のように、同じ種類の貝の優劣を競う。物合《ものあわせ》のひとつ。

『枕草子』にみる当時の娯楽

解説

清少納言《せいしょうなごん》は、たいくつを紛《まぎ》らすものとして、囲碁《いご》(碁)・双六《すごろく》という遊び道具と、物語、幼児の話などを挙げている。

原文を読もう

つれづれなぐさむもの。**碁**、**双六**、物語。三《み》つ四《よ》つのちごの、物を《オ》かしう《シュウ》言ふ《ウ》。

(つれづれなぐさむもの：たいくつな気分を晴らす　ちごの：幼児が　物をかしう言ふ：何かをおかしく言うこと)

(『枕草子《まくらのそうし》』「つれづれなぐさむもの」より)

参考

双六

上段の写真でもわかるように、現代のものとはかなり異なる。木の盤《ばん》の上を二つの領地に区分し、黒・白の石を使って遊ぶ。二個のさいころを使って、出た数だけ石を進め、早く相手の領地に入ったほうが勝ち。

貝合《かいあわせ》

もとは、二組に分かれて貝の色や形、珍《めずら》しさなどを競う遊戯《ゆうぎ》(上段の写真)。平安末期に、対応する貝を多く選ぶ遊び(貝覆《かいおおい》)となった。

資料3

武士の登場

武具

平安《へいあん》時代末期、世の中が大きく変化し戦いが相次ぐ中で、歴史の表舞台《ぶたい》に登場した武士たちの姿を力強く描《えが》いたのが『平家物語《へいけものがたり》』だ。

下の漫画《まんが》は、『平家物語』の名場面の一つ。弓の名手那須与一《なすのよいち》が、敵の平家方が掲《かか》げた扇《おうぎ》の的をみごとに射落とすまでを描いている。

武士たちは、弓矢の技術や馬術を高めるために普段《ふだん》から練習に励《はげ》み、戦いに備えていた。

『平家物語』にみる武士の姿

源義経《みなもとのよしつね》が率いる源氏の軍勢に追いつめられた平家《へいけ》方は、海に逃《のが》れた。やがて、小舟《こぶね》が一そう、平家方から進み出てきた。源氏方は、その扇の的を射るために、那須与一という、まだ二十歳《はたち》前後の若い武士にその大役を申しつけた。

原文を読もう

萌黄威《もよぎおどし》の鎧《よろい》着て、足白《あしじろ》の太刀《たち》をはき、

もえぎ色の糸でつなぎ合わせたよろいを着て、ひもを通すための金具が銀作りの太刀を差し

切斑《きりふ》の矢の、其日《そのひ》のいくさに射て少々のこッたりけるを、

黒と白が交互〈こうご〉になっている鷹〈たか〉の羽を用いた矢

頭高《かしらだか》に負ひ《イ》なし、

矢の先端〈せんたん〉が頭の上に出るように背負い

うす切斑に鷹《たか》の羽《は》はぎまぜたるぬた目の鏑《かぶら》をぞさしそへ《エ》たる。

薄〈うす〉い切斑に鷹の羽を交ぜてはぎ合わせた波紋（はもん）状の鏑矢

滋籐《しげどう》の弓脇《わき》にはさみ、甲《かぶと》をばぬぎ高紐《たかひも》にかけ、判官《ほうがん》の前に畏《かしこま》る。

判官〈源義経〈みなもとのよしつね〉〉

の前につつしんで正座する

夕日のかかやいたるに、みな紅《くれない》の扇の日いだしたるが、白浪《しらなみ》のうへ《エ》にただよひ《イ》、

紅一色の中央に金の日輪を描〈えが〉いた扇

◆大鎧

武士の台頭に伴《ともな》い、武具は大きく発展する。大鎧《おおよろい》は、武将が着用した鎧で、威厳《いげん》に満ちた力強さに加え、公家《くげ》文化の影響《えいきょう》を受けた優美なデザインも取り入れられている。

［『まんがで読む平家物語』名古屋裕 学研プラス より］

◆弓矢と箙

日本に鉄砲《てっぽう》が伝来するまで、弓矢は、武士にとって最も重要な武器であった。箙《えびら》は、戦いに臨《のぞ》む武士が身に着けたもので、矢を差し入れ、右の腰《こし》に固定して背負った。

［写真提供：西岡甲房］

うきぬ沈《しず》みぬゆられければ、沖《おき》には、平家ふなばたをたたいて感じたり。陸《くが》には、源氏**箙**をたたいてどよめきけり。

浮〈う〉いたり沈んだりして揺〈ゆ〉られていたので
船べり
感嘆〈かんたん〉した
えびらをたたいて気勢をあげ、大声で騒〈さわ〉いだ。

（『平家物語』「那須与一」より）

参考

鏑矢

与一が扇の的を射落とすために使った矢は、矢の先に、かぶら(「かぶ」の古い言い方)の形に似た、中が空洞《くうどう》でいくつか穴が開いている鏑を付けたもので、鏑矢という。矢を射ると穴から空気が入り、音を発して獲物《えもの》を威嚇《いかく》した。鏑の先には雁股《かりまた》とよばれるV字形のやじりが付いている。上の漫画で形を確かめよう。

古典文学の流れ

時代	奈良時代
成立年	七一二
文学作品［ジャンル］	古事記《こじき》［史書］
作者・編者	太安万侶《おおのやすまろ》

主要作品などの解説

古事記《こじき》

稗田阿礼《ひえだのあれ》が暗誦《あんしょう》した**神話・伝説・歌謡《かよう》**を太安万侶《おおのやすまろ》が記録した。**大和朝廷《やまとちょうてい》を中心にした歴史書**の形にまとめあげたもの。神々の伝説や代々の天皇を中心とした物語が伝えられている。古代人の姿や精神が生き生きと描《えが》かれ、史書であるとともに叙事《じょじ》文学としての価値が高い。

冒頭 臣安万侶《しんやすまろ》言《まを》す。夫《そ》れ、混元既《すで》に凝《こ》りて、気象未《いま》だ効《あらは》れず。

訳 臣安万侶が申し上げます。およそ宇宙の初めにあっては、混沌《こんとん》とした気が既に凝結《ぎょうけつ》しましたが、きざし・形はまだ現れていません。

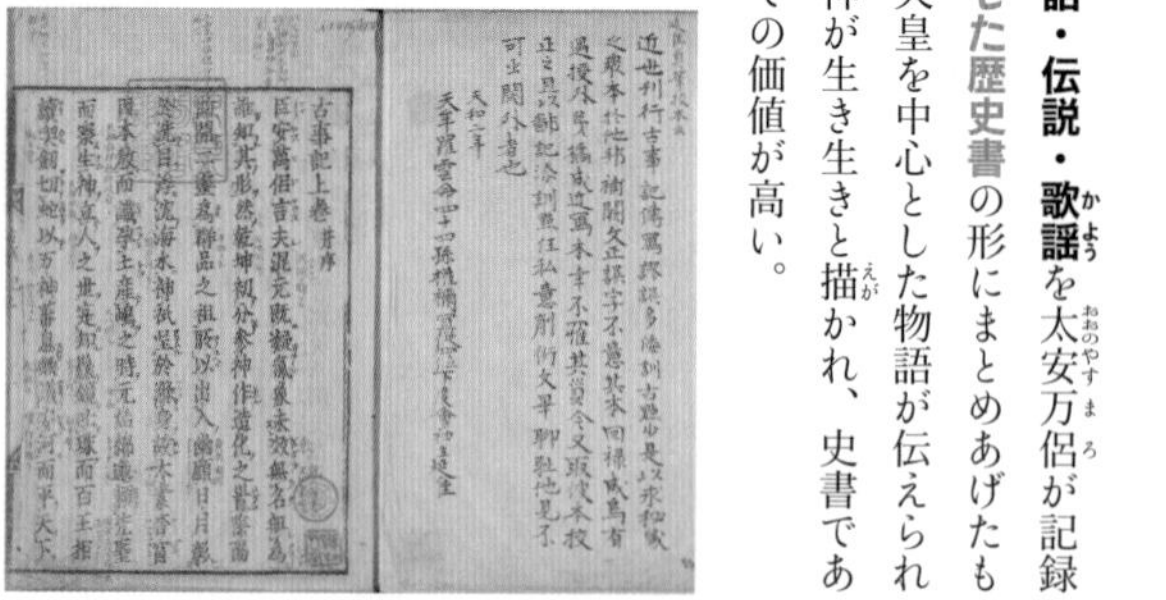

『古事記』冒頭

文学の流れと特徴

奈良時代

文字をもたず口から口へと歌謡や神話、伝説などが語り継《つ》がれてきた時代から、5世紀に中国から伝わった漢字によって文字に書き残される記載《きさい》文学の時代になった。

文字の使用は記録を可能にし、作品として残すことができるようになった。そのようにしてできた奈良《なら》時代の『古事記』が書として残っている日本最古のものである。

また漢字の音訓を用いて、そのまま日本語を表記する**万葉仮名《まんようがな》**が生み出された。これによって、日本文学がそのまま日本語によって表現できるようになった。

この時代の文学には、国

七一三	風土記《ふどき》編纂《へんさん》の勅命《ちょくめい》くだる ［地誌］	編者不明
七二〇	日本書紀《にほんしょき》 ［史書］	舎人親王《とねりしんのう》ら
七五一	懐風藻《かいふうそう》 ［漢詩集］	撰者《せんじゃ》不明
七五九以後	万葉集《まんようしゅう》 ［歌集］	編者不明

風土記《ふどき》
元明《げんめい》天皇の命によって、諸国が作成した**地誌**。各地の**風土・産物・伝説**などが記されている。現存するものは、常陸《ひたち》(茨城県)、播磨《はりま》(兵庫県)、出雲《いずも》(島根県)、豊後《ぶんご》(大分県)、肥前《ひぜん》(佐賀県)の五か国のものだけである。

日本書紀《にほんしょき》
中国の歴史書にならって、漢文で書かれた**歴史書**。三〇巻。神代《かみよ》から四一代持統《じとう》天皇までの出来事を年月の順を追い、史実の記録に重点をおいて記されている。

万葉集《まんようしゅう》
現存する**日本最古の歌集**。二〇巻。天皇や貴族、兵士、農民など全国各地の広い階層の人々の歌が、約四五〇〇首、収められている。編者は大伴家持《おおとものやかもち》といわれるが不明。歌の形式には、**長歌《ちょうか》・短歌《たんか》・旋頭歌《せどうか》・仏足石歌《ぶっそくせきか》**などがある。内容から、相聞《そうもん》(恋の歌など)・挽歌《ばんか》(人の死を悲しむ歌)・雑《ぞう》歌《か》(相聞、挽歌以外の歌)に大きく分類される。
力強く写実的な歌が多く、感情を率直に表現する**素朴《そぼく》で健康的**な歌風が特色である。
◉**万葉集の主な歌人**…天智《てんじ》天皇・額田王《ぬかたのおおきみ》・柿本人麻呂《かきのもとのひとまろ》・山上憶良《やまのうえのおくら》・大伴旅人《おおとものたびと》・山部赤人《やまべのあかひと》・大伴家持など。

家が建設されていくという社会情勢を反映して、**素朴で率直、男性的な力強さ、たくましさ**が感じられる。

万葉仮名
漢字の読みを利用して、日本語を書き表したもの。『万葉集』において特に発達したので「万葉仮名」と名づけられた。この万葉仮名が基本となって後の時代に平仮名・片仮名ができた。
［例］安鐖…秋　孤悲…恋
余能奈可…世の中

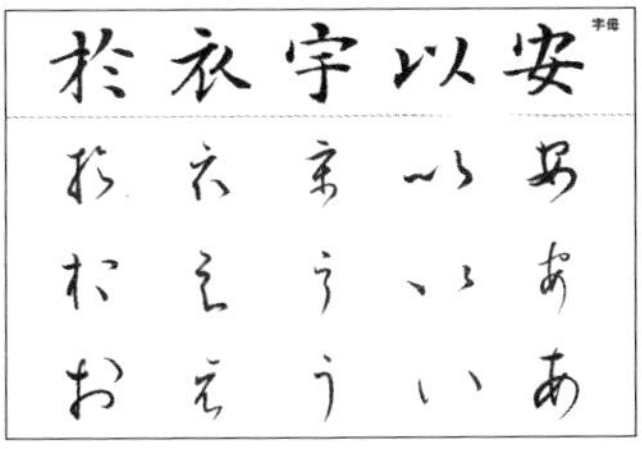

仮名変遷図《へんせんず》［書家　木下真理子作］

時代	成立年	文学作品［ジャンル］	作者・編者	主要作品などの解説
平安時代	八二三頃《ごろ》	**日本霊異記**《にほんりょういき》［仏教説話集］	**景戒**《けいかい》	
	九一〇頃	**竹取物語**《たけとりものがたり》［伝奇《でんき》物語］	**作者不明**	**竹取物語**《たけとりものがたり》 仮名《かな》書きによる現存する**日本最古の物語**。竹から生まれたかぐや姫《ひめ》に貴族たちは求婚《きゅうこん》するが拒《こば》まれ、最後にかぐや姫は月へ帰る。空想性の強い不思議な話で、伝奇《でんき》物語とよばれる。古来より「かぐや姫」として知られ、親しまれてきた。
	九〇五	**古今和歌集**《こきんわかしゅう》［歌集］	**紀貫之**《きのつらゆき》**ら撰**《せん》	**古今和歌集**《こきんわかしゅう》 醍醐《だいご》天皇の命で作られた**最初の勅撰**《ちょくせん》**和歌集**。二〇巻。春・夏・秋・冬・離別《りべつ》などの部立てに分けて収められている。さまざまな**技巧**《ぎこう》を用いた知的で**繊細優美**《せんさいゆうび》な歌風が重んじられている。◉**古今和歌集の主な歌人**…在原業平《ありわらのなりひら》・僧正遍昭《そうじょうへんじょう》・喜撰法師《きせんほうし》・大伴黒主《おおとものくろぬし》・文屋康秀《ふんやのやすひで》・小野小町《おののこまち》など。この六人を「六歌仙《ろっかせん》」という。

『竹取物語絵巻』より、月に帰るかぐや姫

文学の流れと特徴

平安時代

宮廷《きゅうてい》**貴族の華**《はな》**やかな文化**の中から、多くの文学が生まれた。

また、公的な場での男性が使うものとされていた漢字に対し、**平仮名**が作られたことによって、女性が書くことができるようになり、優れた**女性の文学が誕**《たん》**生**《じょう》した。

文学のジャンルも、和歌、作り物語、歌物語、日記、随筆《ずいひつ》、説話集と多彩《たさい》になり、多くの名作が書かれた。

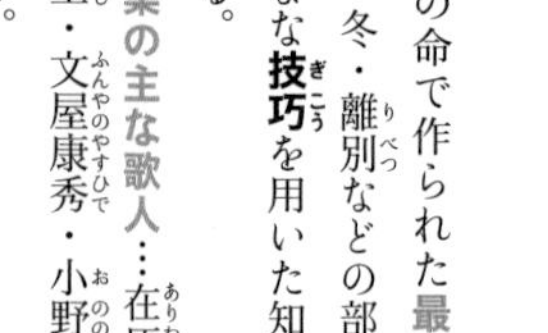

『枕草子《まくらのそうし》』冒頭

九三五頃	土佐日記《とさにっき》［日記］	紀貫之
九五六頃	伊勢物語《いせものがたり》［歌物語］	作者不明
九七四頃	蜻蛉日記《かげろうにっき》［日記］	藤原道綱母《ふじわらのみちつなのはは》
九八四頃	宇津保物語《うつほものがたり》［伝奇物語］	作者不明

土佐日記《とさにっき》

男性である作者が**「女が書いた平仮名の日記」**の形で書いた、平安朝《へいあんちょう》の**日記文学の先駆《さきが》け**。任地の土佐から京に帰るまでの旅の出来事、心情がつづられている。

冒頭 男もすなる日記《にき》といふものを、女もしてみむとて、するなり。

訳 男も書くと聞く日記を、女の私も書いてみようと思って、書きます。

伊勢物語《いせものがたり》

和歌を中心とした**最初の歌物語**。在原業平と思われる男性が主人公で、初冠《ういこうぶり》(元服《げんぶく》)から臨終までの一代記ふうの形をとる約一二五の小話からなっている。

冒頭 むかし、男、うひかうぶりして、奈良《なら》の京、春日《かすが》の里《さと》にしるよしして、狩《か》りに往《い》にけり。

訳 むかし、ある男が、元服したばかりの少年の頃に奈《な》良《ら》の春日の里に領地がある縁《えん》で、鷹《たか》狩《が》りに出かけた。

蜻蛉日記《かげろうにっき》

女性が書いた最初の日記文学。藤原兼家《ふじわらのかねいえ》の夫人となるが、そこでのさまざまな苦しみや悩《なや》みがつづられている。

全体的な特徴《とくちょう》は、**女性的・貴族的・知的**であり、「あはれ」「をかし」という言葉に代表される**優美で繊《せん》細《さい》な情趣《じょうしゅ》**が尊重されている。

日記文学
男性が漢文で書く公的な記録であった日記が、平仮名が作られたことにより、**仮名日記**として、女性の**内面の心情**もつづられるようになった。

歌物語
和歌とその作られた事情を書いた短い物語を、集めて一つの物語にしたもの。

説話集
伝説や言い伝え、昔の出来事などを集めた一種の短編集。
大衆の生活を題材にした世俗《せぞく》説話が、貴族文化が衰《おとろ》えてきた平安時代の末に登場した。

時代	成立年	文学作品［ジャンル］	作者・編者
平安時代	一〇〇〇頃《ごろ》	枕草子《まくらのそうし》［随筆《ずいひつ》］	清少納言《せいしょうなごん》
	一〇〇四頃	和泉式部日記《いずみしきぶにっき》［日記］	和泉式部《いずみしきぶ》
	一〇〇八頃	源氏物語《げんじものがたり》［物語］	紫式部《むらさきしきぶ》
	一〇一〇頃	紫式部日記《むらさきしきぶにっき》［日記］	紫式部
	一〇一二頃	和漢朗詠集《わかんろうえいしゅう》［歌謡集《かようしゅう》］	藤原公任《ふじわらのきんとう》撰《せん》
	一〇五五頃	堤中納言物語《つつみちゅうなごんものがたり》［短編物語集］	作者不明
	一〇五九頃	更級日記《さらしなにっき》［日記］	菅原孝標女《すがわらのたかすえのむすめ》
	一〇九二頃	栄花物語《えいがものがたり》［歴史物語］	作者不明
	一一二〇頃	大鏡《おおかがみ》［歴史物語］	作者不明
	一一二〇頃	今昔物語集《こんじゃくものがたりしゅう》［説話集］	作者不明
	一一九〇頃	山家集《さんかしゅう》［歌集］	西行法師《さいぎょうほうし》

主要作品などの解説

枕草子《まくらのそうし》

宮仕えをしていた**宮廷《きゅうてい》生活**で見聞きしたこと、自然や人生についての感想を知的で鋭《するど》い観察力で書いた**随筆集《ずいひつしゅう》**。

源氏物語《げんじものがたり》

光源氏《ひかるげんじ》の数々の恋《こい》と華《はな》やかな生涯《しょうがい》が、宮廷生活を中心に描《えが》かれている。平安朝女流文学を代表する全五四帖《じょう》の**長編物語**。

冒頭 いづれの御時《おほんとき》にか、女御《にょうご》、更衣《かうい》あまたさぶらひ給《たま》ひける中に、いとやんごとなき際《きは》にはあらぬがすぐれてときめき給ふ有《あり》けり。

訳 どの帝《みかど》の御代《みよ》のことであったか、女御や更衣たちが数多く御所《ごしょ》にあがっていられる中に、さして高貴な身分ではない方で、帝の御寵愛《ちょうあい》を一身に受けていらっしゃる方があった。

更級日記《さらしなにっき》

さまざまな現実に直面した生涯《しょうがい》を**晩年に回想**して書いている。

今昔物語集《こんじゃくものがたりしゅう》

日本、中国、インドの**説話**、**約一〇〇〇話**を収録。当時の**貴族から庶民《しょみん》**の姿までが生き生きと描かれている。三一巻。

文学の流れと特徴

平仮名と女流文学

男性の文字であった漢字から、平仮名《ひらがな》が作られたことによって、女性に書く機会が訪れた。

平安時代の宮廷には教養の高い女性が集められていたが、その女性たちが、日々の生活の視点に立った作品を書くようになり、多くの女流文学が生まれた。

『源氏物語絵巻』「柏木《かしわぎ》」より、薫《かおる》を抱《だ》く光源氏

鎌倉・室町時代

一二〇五	**新古今和歌集**《しんこきんわかしゅう》 [歌集]	**藤原定家**《ふじわらのさだいえ》**ら撰**
一二一二	**方丈記**《ほうじょうき》 [随筆]	**鴨長明**《かものちょうめい》
一二一三	**金槐和歌集**《きんかいわかしゅう》 [歌集]	**源実朝**《みなもとのさねとも》
一二一九頃	**保元物語**《ほうげんものがたり》 [軍記物語]	**作者不明**
一二二一頃	**宇治拾遺物語**《うじしゅういものがたり》 [説話集]	**編者不明**

新古今和歌集《しんこきんわかしゅう》

後鳥羽上皇《ごとばじょうこう》の命により作られた八番目の**勅撰和歌集**《ちょくせんわかしゅう》。約一九八〇首の歌が収められている。心象を**象徴的**《しょうちょうてき》に表現した歌が多く、言外に漂《ただよ》う**幽玄**《ゆうげん》**・余情**の美が重んじられている。

◉新古今和歌集の主な歌人…西行法師《さいぎょうほうし》、慈円《じえん》、藤原俊成《ふじわらのとしなり》、式子内親王《しょくしないしんのう》、藤原定家《ふじわらのさだいえ》、寂蓮《じゃくれん》、後鳥羽上皇など。

方丈記《ほうじょうき》

随筆。作者は50歳《さい》を過ぎてから出家。俗世《ぞくせい》を離《はな》れ方丈《じょう》(四畳半の広さの部屋)の庵《いおり》で生活をした。天変地異から感じた世の無常と出家した後の生活が記されている。

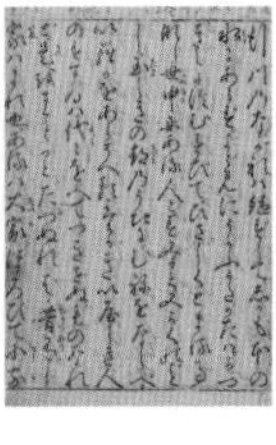

一六四七年に村上平楽寺によって出版された『方丈記』冒頭

冒頭 ゆく河《かは》の流れは絶えずして、しかももとの水にあらず。

訳 往《ゆ》く河の流れには絶えまもないが、それでいて、水はつねにもとの水ではない。

宇治拾遺物語《うじしゅういものがたり》

一九七話の説話を収録。仏教説話が多いが、『こぶとり爺《じい》さん』『舌切り雀《すずめ》』など民話的な話もみられる。

鎌倉《かまくら》・室町《むろまち》時代

この時代は貴族階級から**武士階級が台頭**し、全国に争乱が絶えず、人々は不安と動揺《どうよう》の中で暮らしていた。これを救うために仏教の諸宗派が起こった。それらは文学にも反映され、**隠者文学**《いんじゃぶんがく》、**軍記物語**が生まれた。また、文学が貴族中心から、武士や庶民にも親しまれるようになり、**能**や**狂言**《きょうげん》といった新しい芸能の世界が切り開かれた。

隠者文学

権力や財産・名声などを争う世のみにくさ、煩《わずら》わしさを嫌《きら》い、山里などに住んだ人々(隠者《いんじゃ》)の書いた文学。仏教的な**無常観**に基づいた作品を残している。『方丈記《ほうじょうき》』『徒然草』など。

鎌倉・室町時代

成立年	文学作品［ジャンル］	作者・編者
一二二一頃《ごろ》	平家物語《へいけものがたり》［軍記物語］	作者不明
一二五二	十訓抄《じっきんしょう》［説話集］	編者不明
一二五四	古今著聞集《ここんちょもんじゅう》［説話集］	橘成季《たちばなのなりすえ》編
一三三〇頃	徒然草《つれづれぐさ》［随筆］	兼好法師《けんこうほうし》(吉田兼好《よしだけんこう》)
一三七五頃	太平記《たいへいき》［軍記物語］	作者不明
一四〇〇頃	風姿花伝《ふうしかでん》［能楽書］	世阿弥《ぜあみ》

主要作品などの解説

平家物語《へいけものがたり》

源氏《げんじ》と平家の争いと、平家一門の栄華《えいが》と滅亡《めつぼう》を描《えが》いた**軍記物語**。仏教の無常観が基調となっている。**琵琶法師《びわほうし》**によって語り広められた。

『慕帰絵詞《ぼきえことば》』に描かれている琵琶法師

徒然草《つれづれぐさ》

序段と二四三段から成る**随筆集《ずいひつしゅう》**。兼好《けんこう》の見聞を中心に、**人生や社会、自然**についての考えを述べたもの。**仏教的な無常観**が根本に流れ、皮肉な話、ユーモアのある話、珍《めずら》しい話など内容は多様で、深い教養と鋭《するど》い観察力がうかがえる。

住吉具慶《すみよしぐけい》作『徒然草画帖』より草庵《そうあん》の兼好法師

太平記《たいへいき》

鎌倉《かまくら》幕府滅亡から南北朝の対立に至る約50年の動乱を、南朝の立場から描いた**軍記物語**。

風姿花伝《ふうしかでん》

能楽書。能の稽古《けいこ》の様子、演技の方法、心得などについて

文学の流れと特徴

軍記物語

平安《へいあん》時代末期からの武士の合戦の様子とそれにまつわる出来事を題材に作られた物語。力強い和漢混交体《わかんこんこうたい》(和文と漢文の書き下し文を混ぜた文体)が特徴。『平家物語』『太平記』などがある。

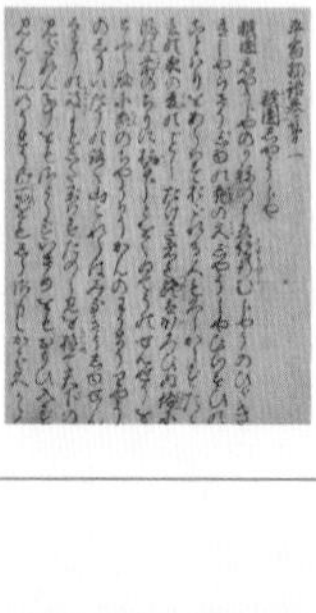

『平家物語』冒頭

能と狂言

田植えの時の農耕儀礼《ぎれい》で歌い舞《ま》ったことに始まった田楽《でんがく》、滑稽《こっけい》な舞踏《ぶとう》である猿楽《さるがく》がもととなる。三代将軍**足利義満《あしかがよしみつ》の保護**を受けて、**観阿弥・世阿弥**父子が室町《むろまち》時代に能として大成させた。能の滑稽な部分が分かれて狂言《きょうげん》となった。

論じている。能役者、能作者であった父、**観阿弥**《かんあみ》の教えを体系化して伝えようとしたもの。『花伝書』ともいわれている。

江戸時代

一六八二	好色一代男《こうしょくいちだいおとこ》［浮世草子《うきよぞうし》］	井原西鶴《いはらさいかく》
一六八八	日本永代蔵《にっぽんえいたいぐら》［浮世草子］	井原西鶴
一六九二	世間胸算用《せけんむねさんよう》［浮世草子］	井原西鶴
一六九四頃	おくのほそ道［俳諧紀行文《はいかいきこうぶん》］	松尾芭蕉《まつおばしょう》
一七〇四頃	去来抄《きょらいしょう》［俳論集］	向井去来《むかいきょらい》
一七〇三初演	曾根崎心中《そねざきしんじゅう》［浄瑠璃《じょうるり》］	近松門左衛門《ちかまつもんざえもん》
一七一五初演	国性爺合戦《こくせんやかっせん》［浄瑠璃］	近松門左衛門
一七一六	折《おり》たく柴《しば》の記《き》［自叙伝《じじょでん》］	新井白石《あらいはくせき》
一七四七初演	義経千本桜《よしつねせんぼんざくら》［浄瑠璃］	竹田出雲《たけだいずも》ら
一七四八初演	仮名手本忠臣蔵《かなでほんちゅうしんぐら》［浄瑠璃］	竹田出雲ら

井原西鶴《いはらさいかく》［一六四二～一六九三］
浮世草子《うきよぞうし》の作者。作品は江戸《えど》時代の社会を背景に、恋愛《れんあい》を扱《あつか》った好色物、義理堅《がた》い武士を描いた武家物、町人の生活を扱った町人物など、**人々の悲喜劇**を鋭《するど》く生き生きと描きだした。

井原西鶴

松尾芭蕉《まつおばしょう》［一六四四～一六九四］
俳人。蕉風《しょうふう》と呼ばれる高い芸術性をもった俳諧《はいかい》をうち立てた。「**さび、しおり、細み、軽み**」と呼ばれる上品で静かな味わいを尊んだ。人生を旅のようなものと見て、生涯《しょうがい》旅の中で精進を続けた。

近松門左衛門《ちかまつもんざえもん》［一六五三～一七二四］
浄瑠璃《じょうるり》**・歌舞伎**《かぶき》**作者。**作品は大きく歴史や伝説をもとにした時代物(『国性爺合戦《こくせんやかっせん》』など)と、町人社会を題材とした世話物(『曾根崎心中《そねざきしんじゅう》』など)とに分けられる。封建《ほうけん》社会の中で**義理と人情**に縛《しば》られながらも、愛に生きることを願った人々の**葛藤**《かっとう》などを描いた。

江戸時代

商工業の発達により、江戸・大阪《おおさか》に住む**町人階級が経済上の実権**を握《にぎ》った。その結果、**町人文化**とよばれる独自の文化が栄えた。

文学の世界でも、**町人のための読み物**が多数書かれた。また、浄瑠璃、歌舞伎《かぶき》、俳諧が盛んになり、優れた台本や句集が生まれた。

国学とよばれる古典の研究も進んだ。賀茂真淵《かものまぶち》、本居宣長《もとおりのりなが》らによる『古事記《こじき》』『万葉集《まんようしゅう》』『源氏物語《げんじものがたり》』の研究は、今日まで大きな影響《えいきょう》力《りょく》をもっている。

また、**木版印刷による大量出版**が行われるようになって、一度に大量の書物が多数の読者にゆき渡《わた》るようになった。

江戸時代

時代	成立年	文学作品［ジャンル］	作者・編者
江戸時代	一七六五	誹風柳多留《はいふうやなぎだる》［川柳集《せんりゅうしゅう》］	柄井川柳《からいせんりゅう》撰
	一七六八頃《ころ》	万葉集考《まんようしゅうこう》［万葉集論］	賀茂真淵《かものまぶち》
	一七七六	雨月物語《うげつものがたり》［読本《よみほん》］	上田秋成《うえだあきなり》
	一七八三	万載狂歌集《まんざいきょうかしゅう》［狂歌集］	四方赤良《よものあから》・朱楽菅江《あけらかんこう》編
	一七八四	蕪村句集《ぶそんくしゅう》［俳諧集《はいかいしゅう》］	与謝蕪村《よさぶそん》
	一七九五頃	玉勝間《たまかつま》［随筆《ずいひつ》］	本居宣長《もとおりのりなが》
	一七九七	新花摘《しんはなつみ》［俳諧・俳文集］	与謝蕪村

主要作品などの解説

上田秋成《うえだあきなり》［一七三四〜一八〇九］

浮世草子《うきよぞうし》、読本《よみほん》の作者。歌人・随筆家《ずいひつか》としても特色がある。国学や医学を学び、深い知識を身につけた。物語の筋の面白さをねらった読本《よみほん》で、中国の小説や『今昔物語《こんじゃくものがたり》』から材を取った怪異《かいい》小説の傑作《けっさく》『**雨月物語**《うげつものがたり》』が有名。

『雨月物語』の挿絵《さしえ》

与謝蕪村《よさぶそん》［一七一六〜一七八三］

俳人《はいじん》・画家。芭蕉《ばしょう》への復帰を目指しながら、さらに独自の道を開き、絵のようにくっきりした**絵画的な俳風**を確立した。近代的感性のあふれる句も多い。

本居宣長《もとおりのりなが》［一七三〇〜一八〇一］

国学者。賀茂真淵《かものまぶち》を師と仰《あお》ぎ、**日本古典を研究**した。三〇数年を費やして『古事記《こじき》』の注釈《ちゅうしゃく》を行い、全四四巻の『**古事記伝**《こじきでん》』を完成させた。また、『源氏物語《げんじものがたり》』の本質は「もののあはれ」であると説いた。『玉勝間《たまかつま》』は没年《ぼつねん》まで書き続けた随筆。

「本居宣長六十一歳自画自賛像」

文学の流れと特徴

江戸時代の戯曲《ぎきょく》

歌舞伎《かぶき》と浄瑠璃《じょうるり》が町人の娯楽《ごらく》として発展した。

浄瑠璃は、室町《むろまち》時代の語り「浄瑠璃節」が、三味線《しゃみせん》や人形操りと結びついて、上方《かみがた》を中心に流行した。歌舞伎も名優が現れて人気が出て、立派な劇場もつくられるようになった。

菱川師宣《ひしかわもろのぶ》作と伝えられる『歌舞伎図屏風《びょうぶ》』。江戸時代の歌舞伎の劇場の様子がわかる。

江戸時代の読み物

次のような読み物が庶民《しょみん》を楽しませた。

■**浮世草子**　元禄《げんろく》時代の町人生活を描いた小説。

一七九八	古事記伝《こじきでん》［古事記注釈書《ちゅうしゃくしょ》］	本居宣長
一八〇二	東海道中膝栗毛《とうかいどうちゅうひざくりげ》［滑稽本《こっけいぼん》］	十返舎一九《じっぺんしゃいっく》
一八〇九	浮世風呂《うきよぶろ》［滑稽本］	式亭三馬《しきていさんば》
一八一三	浮世床《うきよどこ》［滑稽本］	式亭三馬
一八一四	南総里見八犬伝《なんそうさとみはっけんでん》［読本］	曲亭《きょくてい》（滝沢《たきざわ》）馬琴《ばきん》
一八一五	蘭学事始《らんがくことはじめ》［回想記］	杉田玄白《すぎたげんぱく》
一八二〇	おらが春《はる》［俳諧・俳文集］	小林一茶《こばやしいっさ》
一八二五初演	東海道四谷怪談《とうかいどうよつやかいだん》［歌舞伎《かぶき》］	鶴屋南北《つるやなんぼく》

十返舎一九《じっぺんしゃいっく》 ［一七六五～一八三一］
滑稽本《こっけいぼん》の作者。『**東海道中膝栗毛《とうかいどうちゅうひざくりげ》**』一八冊が大当たりした。弥次《やじ》郎兵衛《ろべえ》と喜多八《きたはち》が、江戸《えど》から京都・大阪《おおさか》まで東海道の旅の途中《とちゅう》で起こす滑稽な出来事を描《えが》いた話。その後、続編二五冊が約20年に渡《わた》り刊行された。

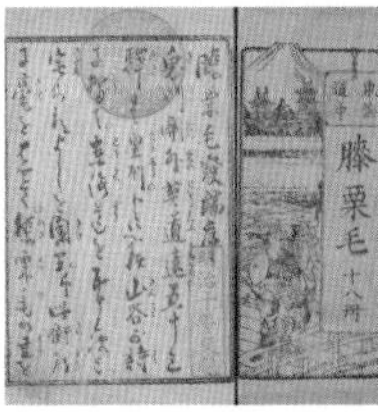
『東海道中膝栗毛』冒頭

曲亭《きょくてい》（滝沢《たきざわ》）馬琴《ばきん》 ［一七六七～一八四八］
読本の作者。『**南総里見八犬伝《なんそうさとみはっけんでん》**』は全九八巻一〇六冊からなる長編で、28年をかけて完成させた。内容は伏姫《ふせひめ》の体内から八つの玉が飛び散り、八人の勇士が現れ、その勇士が正義のために戦い、悪を滅《ほろ》ぼすという**勧善懲悪《かんぜんちょうあく》**、因果応報の思想に貫《つらぬ》かれている。雄大《ゆうだい》な伝奇《でんき》物語。

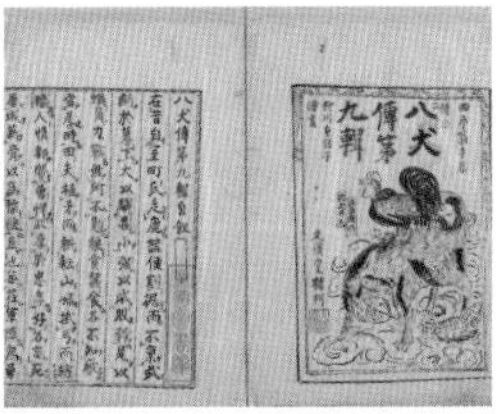
『南総里見八犬伝』冒頭

小林一茶《こばやしいっさ》 ［一七六三～一八二七］
俳人。弱者へのいたわりを終生もち続け、生活派の俳人として異彩《いさい》を放った。俗語《ぞくご》や方言なども使った、**素朴《そぼく》で飾《かざ》り気のない句**が特色である。

■**草双紙《くさぞうし》** 絵入りの通俗《つうぞく》的な読み物。形式や体裁により、黄表紙《きびょうし》、合巻《ごうかん》などの種類に分かれる。
■**読本** やや高級な小説。絵が主の草双紙に対して、読むことを主とする本という意味。
■**洒落本《しゃれぼん》** 遊里《ゆうり》を材料にした恋愛《れんあい》小説。
■**滑稽本** 庶民的な題材を滑稽に描いた小説。会話を中心とした文で書かれている。

資料5

伝統芸能の世界

伝統芸能とは、昔から代々伝えられ、現代も生きている芸能を指す。例えば、室町《むろまち》時代に成立した能・狂言《きょうげん》、江戸《えど》時代に成立した人形浄瑠璃《じょうるり》(文楽《ぶんらく》)、歌舞伎《かぶき》などは、それぞれ独自の特徴《とくちょう》をもつ舞台《ぶたい》芸能で、互《たが》いに影響《えいきょう》を受けながら発展して、今も多くの人々に感動を与《あた》えている。

能・狂言

◆能・狂言の歴史

能・狂言は、室町時代初期に、田楽《でんがく》・猿楽《さるがく》などの大衆的な芸能から枝分かれして成立した。能は、人間の運命などを描《えが》いた劇で、観阿弥《かんあみ》・世阿弥《ぜあみ》父子によって、芸術性の高いものに大成された。一方、狂言は、喜劇的色合いが強いせりふ劇で、能と能の合間に演じられた。能と狂言は、対照的な内容ではあるが、同じ舞台で演じられ、ともに現代に伝えられている。能と狂言をあわせて、「能楽」とよばれる。

◆能・狂言の特徴

能……舞《まい》と歌を主な要素とした劇。演者と囃子《はやし》(笛・小鼓《こつづみ》・大鼓《おおつづみ》・太鼓《たいこ》)、地謡《じうたい》(合唱)から成り、音曲によって話が展開する。シテ方という主役の演者が能面(仮面)をつけるのが特徴的である。登場人物は、過去の伝説的な人物や神や亡霊《ぼうれい》などが多い。

狂言…滑稽《こっけい》・喜劇を主軸《しゅじく》とする対話劇。狂言のせりふは、室町時代に使われていた話し言葉が現代でも使われている。登場人物は無名の人で、「太郎冠者《たろうかじゃ》」「主人」などの役名でよばれる。能と能の合間に演じられていたが、最近は狂言のみ独立して行われることも多い。

くわしく **能・狂言の演目(曲)のもと**

能は歴史的な出来事や古典文学などを、狂言は庶民《しょみん》の生活や説話(昔から語り伝えられる神話や伝説)などをもとにして、さまざまな演目が作られた。

くわしく **能・狂言を歌舞伎化した演目**

能・狂言の演目(曲)の中には、後に歌舞伎で上演されるようになったものも多い。

能・狂言	歌舞伎
能「安宅《あたか》」	「勧進帳《かんじんちょう》」
能「土蜘蛛《つちぐも》」	「土蜘《つちぐも》」
狂言「花子《はなご》」	「身替座禅《みがわりざぜん》」
狂言「棒縛《ぼうしばり》」	「棒しばり」

◆能・狂言の舞台

昔、屋外の舞台で演じられていたころの名残《なごり》で、舞台には屋根があり、白い砂利《じゃり》(白洲《しらす》)で囲まれている。橋掛《はしがかり》は登場人物の通路や舞台の延長として使われており、能楽堂によって長さや角度が違《ちが》う。橋掛に沿って植えられている松は、舞台に近いものから、一ノ松、二ノ松、三ノ松といい、舞台に近いほど大きな松が植えられている。正面の板(鏡板《かがみいた》)には、松が描《えが》かれている。

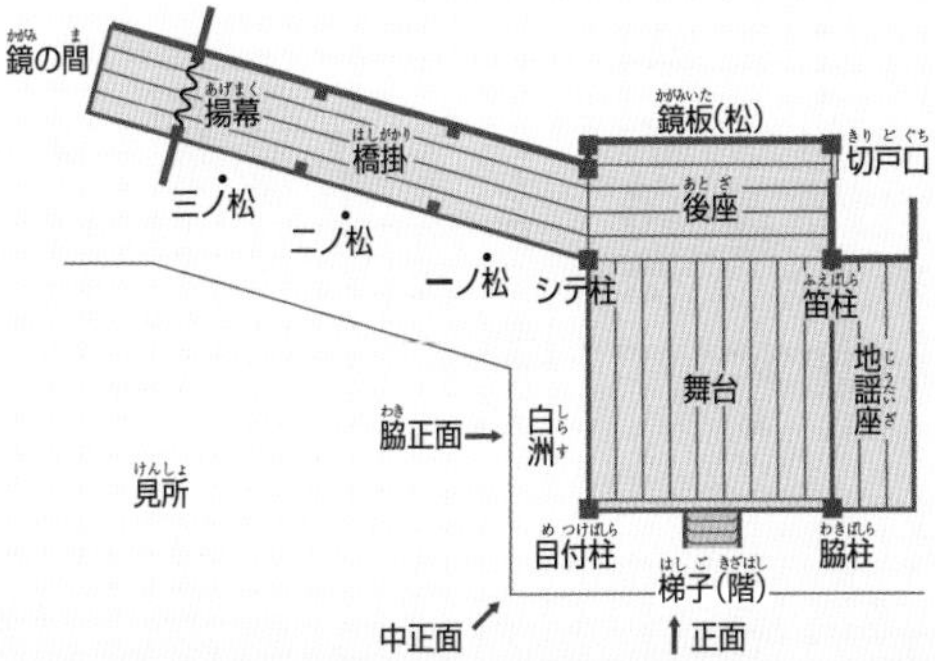

観世能楽堂　能舞台全景

[写真提供：国立能楽堂]

くわしく

観阿弥・世阿弥

世阿弥は幼いころから、父・観阿弥の観世座《かんぜざ》で舞台に立っており、室町幕府三代将軍足利義満《あしかがよしみつ》に認められ、観阿弥とともに保護を受ける。「高砂《たかさご》」「老松《おいまつ》」「敦盛《あつもり》」などの作品や「風《ふう》姿花伝《しかでん》」「花鏡《はなかがみ》」などの能楽論を残す。六代将軍義教《よしのり》によって佐渡《さど》に流され、晩年は不運だったが、優れた能の大成者として高く評価されている。

参考

見所とは

上段の図に「見所」とあるが、見所とは、能・狂言の観客席のこと。見所には、正面、脇正面・中正面がある。

人形浄瑠璃［文楽］

◆人形浄瑠璃［文楽］の歴史

人形浄瑠璃《じょうるり》（文楽《ぶんらく》）は、江戸《えど》時代に成立した。三味線《しゃみせん》などの伴奏《ばんそう》によって太夫《たゆう》が語る浄瑠璃節《ぶし》のことを浄瑠璃といい、人形芝居《しばい》と浄瑠璃が結び付き、人形浄瑠璃となった。
元禄《げんろく》時代に近松門左衛門《ちかまつもんざえもん》が人形浄瑠璃のための作品を書いたことによって人気を集め、そこに優れた語り手・竹本義太夫《たけもとぎだゆう》が現れ、独自の語り口（義太夫節）を生み出し、全盛期を迎《むか》えた。義太夫節以前の浄瑠璃を古浄瑠璃、以降のものを新浄瑠璃という。

◆人形浄瑠璃［文楽］の特徴

人形浄瑠璃（文楽）は、太夫・三味線・人形遣《づか》いによって構成されている。太夫は、物語に書かれた文章を義太夫節で感情を込《こ》めて語る。三味線は、棹《さお》が太くて低音に特徴《とくちょう》のある太棹《ふとざお》三味線を用いて、太夫の呼吸や間合いに応じて的確に演奏する。人形遣いは、主《おも》遣い・左遣い・足遣いの三人で、一つの人形を動かす。演目には、時代物（江戸時代以前の歴史上の事件などを扱《あつか》ったもの）、世話物（江戸時代当時の庶民《しょみん》の生活などを扱ったもの）の二種類がある。

◆人形浄瑠璃と歌舞伎の関係

人形浄瑠璃（文楽）と歌舞伎《かぶき》は、ほぼ同じころに成立した。元禄期には、演技や演出を工夫《くふう》しながら発展していった歌舞伎が人気を集めたが、近松門左衛門をはじめとする優れた作家が人形浄瑠璃（文楽）の作品を書くようになると、物語の面白さが人気を集め、人形浄瑠璃（文楽）は全盛時代に入った。

くわしく

近松門左衛門

江戸時代前期の人形浄瑠璃（文楽）・歌舞伎作家（一六五三〜一七二四年）。歌舞伎作家として初代坂田藤十郎《さかたとうじゅうろう》が主演する歌舞伎を手がけた。その後、竹本義太夫の竹本座で浄瑠璃作家として活躍《かつやく》した。「曽根崎心中《そねざきしんじゅう》」を発表し、それまで時代物しかなかった人形浄瑠璃（文楽）に、世話物という新しい分野を誕生させた。「冥途《めいど》の飛脚《ひきゃく》」「国性爺合戦《こくせんやかっせん》」などを発表した。

参考

人形浄瑠璃と文楽

江戸時代、人形浄瑠璃の小屋は多数あったが、明治・大正時代にそのほとんどがなくなってしまった。しかし、その中で植村文楽軒《うえむらぶんらくけん》が創設した「文楽座」のみが営業を続け、高い評価を受けたことから、文楽という言葉が芸能そのものを人気が低迷した歌舞伎は、人形浄瑠璃(文楽)の作品を歌舞伎化して上演するなどして人気の回復に努めた。人形浄瑠璃(文楽)と歌舞伎は、お互《たが》いのよいところを取り入れるといった交流をしながら、現在に至っているのである。

歌舞伎

◆歌舞伎の歴史

歌舞伎は、安土桃山《あづちももやま》時代から江戸時代初期にかけて流行した風俗《ふうぞく》「かぶく」(奇抜《きばつ》な服装や髪型《かみがた》で自由にふるまうという意味)が語源である。歌舞伎の発祥《はっしょう》は出雲《いずも》の阿国《おくに》という女性の「かぶき踊《おど》り」で、初めは女性の役者だけによる女歌舞伎であった。その後、若い男性の役者だけによる若衆歌舞伎を経て、成年男性の役者だけによる野郎《やろう》歌舞伎となった。「かぶく」という発祥の精神を受け継《つ》ぎながら、ほかの芸能のよい点やそのときどきの流行などを取り入れて、今日に続いている。

◆歌舞伎の特徴

歌舞伎の演目には、時代物・世話物・舞踊《ぶよう》・新歌舞伎の四種類がある。上演される作品の数は四〇〇余にも上り、作品ごとにさまざまな演技や演出が工夫されている。

登場人物の人物像が隈取《くまどり》や顔色、髪型、衣裳《いしょう》などからわかるのも歌舞伎の特徴である。隈取の隈はもともと筋肉を表したもので、隈取を施《ほどこ》しているのは超人《ちょうじん》的な力を発揮《はっき》する人物。紅隈《べにくま》は正義の味方、茶や青で描《えが》かれた隈は悪者や敵役である。また、男性の顔色が肌色《はだいろ》ならばまじめな人物(実事《じつごと》)、白塗《しろぬ》りならば二枚目の優男《やさおとこ》である。女性の役も身分によって衣裳と髪型が異なり、お姫様《ひめさま》は赤い振袖《ふりそで》が多いことから、赤姫《あかひめ》ともよばれる。

指すようになった。

参考

もっと知りたい人のために

独立行政法人　日本芸術文化振興会《しんこうかい》ホームページ

http://www.ntj.jac.go.jp/

能楽(能・狂言)、文楽、歌舞伎の劇場案内や、公演情報、チケット情報、学習コンテンツなどを提供しているホームページ。

ホームページ内の「文化デジタルライブラリー」には、「義経千本桜《よしつねせんぼんざくら》」「勧進帳《かんじんちょう》」などの音声付きあらすじ紹介《しょうかい》など、よくわかるコンテンツが豊富にある。手軽に伝統芸能に親しみ、舞台《ぶたい》の様子を知ることができるので、初心者にお勧《すす》めである。

資料6

伝統芸能の舞台を味わう

能 葵上

登場人物

シテ［主役］……六条御息所の生霊

ツレ［シテの助演者］……巫女

ワキ［シテの相手役］……横川《よかわ》の小聖《こひじり》

ワキツレ［ワキの助演者］……臣下

あらすじ…光源氏《ひかるげんじ》の正妻である葵上《あおいのうえ》は、もののけに取りつかれ、重病で寝込《ねこ》んでいる。回復させようと、さまざまな方法を試みたが、少しも効き目がない。そこで、梓《あずさ》という弓の音で霊《れい》を招き寄せることのできる巫女《みこ》が呼ばれる。巫女が霊を呼び寄せると、女性の生霊《いきりょう》が姿を現し、源氏のかつての恋人《こいびと》、六条御息所《ろくじょうのみやすどころ》であると名乗る。そして、生霊は源氏の愛情を自分から奪《うば》った葵上に対する恨《うら》みを語る。

読んでみよう［御息所の生霊が現れる場面］

《シテ…御息所の生霊　ツレ…巫女》

シテ　三つの車に法《のり》の道、火宅《かたく》の門《かど》をや、出《い》でぬらん、
仏様が導かれる道(を行っても)　つらいこの世は、粗末〈そまつ〉な破れ車では

夕顔の、宿の破《や》れ車《ぐるま》、遣《や》る方《かた》なきこそ、悲しけれ。
逃〈のが〉れようもなく　心を晴らす方法もないのが

シテ　梓の弓の音はいづ《ズ》くぞ、梓の弓の音はいづ《ズ》くぞ
どこから聞こえるのだろう

ツレ　東屋《あずまや》の母屋《もや》の妻戸《つまど》に、居たれども
とびら　いるのだけれども

シテ　姿なければ問ふ《ウ》人もなし
私の姿は見えないので

くわしく

『源氏物語』

能「葵上」は、平安時代に紫式部《むらさきしきぶ》が書いた『源氏物語《げんじものがたり》』の中の「葵」の巻を題材にしている。『源氏物語』は光源氏やその周辺の女性たちを中心にして、宮中の生活などを描《えが》いた作品。

参照 448ページ **源氏物語**

参考

現在、能のシテ方《かた》には五つの流儀《りゅうぎ》(観世《かんぜ》流・金春《こんぱる》流・宝生《ほうしょう》流・金剛《こんごう》流・喜多《きた》流)がある。上段の「読んでみよう」の詞《ことば》(せりふ)は、観世流のもの。詞《ことば》は流儀や家によって少しずつ異なる。

上段の「読んでみよう」のせりふは、歴史的仮名遣《かなづか》いで表記してある。ただし、振《ふ》り仮名は現代仮名遣いで表記してある。能・狂言《きょうげん》・人形浄瑠璃《じょうるり》(文楽)・歌舞伎《かぶき》のせりふには、それぞれ独自の節《ふし》がある。

姿を現した御息所の生霊は、葵上への恨みを語る。写真手前の着物が重病で寝込んでいる葵上を表している。
[シテ：高橋忍][撮影：辻井清一郎、協力：公益社団法人能楽協会]

御息所の生霊が上着を頭からかぶったまま姿を現す。シテの面は般若《はんにゃ》(鬼女)に変わっている。

あらすじ…葵上に対する御息所の恨みは深く、御息所の生霊は、葵上を打ちつけて魂《たましい》を抜き取《ぬ》ろうとする。生霊は「源氏の君への恋心《こいごころ》は増すばかりなのに、変わり果ててしまった自分の姿が恥《は》ずかしい」と言い、姿を消してしまう。もののけの激しさに驚《おどろ》いた家臣たちは、偉大《いだい》な法力《ほうりき》をもつ横川の小聖を呼ぶ。小聖が祈《いの》り始めると、御息所の生霊が鬼《おに》の姿となって現れる。

読んでみよう [生霊が葵上への恨みを語る場面]

《シテ…御息所の生霊　ツレ…巫女》

シテ　あら《ああ》恨めしや、今は打たでは叶《かな》ひ《イ》候《そうろ》ふ《ウ》まじ《(葵上を)打たないではいられない》

ツレ　あら浅ましや六条の、御息所ほどのおん身にて、後妻《うわなり》打ちのおんふるまひ《イ》《(葵上を)打ちすえるおふるまい》、いかでさる事の候ふ《ウ》べき《どうしてそんなことがあってよいでしょうか》、ただ思《おぼ》し召《め》し止まり給《たま》へ《エ》《とにかく思いとどまってください》

シテ　いやいかにと言ふ《ウ》とも、今は打たでは叶ふ《ウ》まじ《打たずにはいられない》

参考　御息所が葵上を恨む理由

御息所が葵上を恨むのは、葵上が光源氏の正妻で、若くて美しいからだけではない。賀茂祭《かものまつり》に参列する光源氏を見るために、御息所が車で出かけたとき、葵上と車を止める場所をめぐって争いとなり、御息所はその場を追い出されてしまった。それ以来、御息所は葵上を深く恨むようになったのである。

参考　御息所の魂が生霊となった理由

御息所は皇太子妃《こうたいしひ》であったが、夫に先立たれ、光源氏の愛人の一人となった。御息所は光源氏より身分が高いため、光源氏への恋心や葵上へのねたみを表に出すことができない。自分の気持ちを押《お》し殺しているうちに、魂が生霊となって、葵上を苦しめるようになったのである。

御息所の生霊と小聖は激しく闘う。笛・小鼓《こつづみ》・大鼓・太鼓《たいこ》による演奏も勢いを増していく。
［ワキ：野口敦弘(写真右)］

あらすじ…小聖《こひじり》が信仰《しんこう》する神々を呼び出して祈《いの》り続ける中、鬼《おに》の姿をした御息所《みやすどころ》の生霊《いきりょう》は、小聖に襲《おそ》いかかる。小聖と生霊は激しい闘《たたか》いを続けるが、ついには小聖の強力な法力《ほうりき》によって、生霊は祈り伏《ふ》せられ、心安らかに立ち去る。

読んでみよう ［生霊と小聖が闘う場面］

《シテ…御息所の生霊　ワキ…横川《よかわ》の小聖》

シテ　いかに行者《ぎょうじゃ》、はや帰り給《たま》へ《エ》、帰らで不覚し給《たも》ふ《ウ》なよ
（これ／早く／帰らないで後悔なさるなよ）

ワキ　たとひ《イ》いかなる悪霊《あくりょう》なりとも、行者の法力尽《つ》くべきかと、重ねて数珠《じゅず》を押《お》し揉《も》んで
（たとえ／尽きるわけはない／もう一度）

地謡《じうたい》　東方《とおぼう》に降三世明王《ごうざんぜみょうおう》、
（東方に(いらっしゃる)）

ワキ　南方軍荼利夜叉《なんぼうぐんだりやしゃ》、

地謡　西方大威徳明王《さいほうだいいとく》明王、

ワキ　北方金剛《こんごう》、

地謡　夜叉明王、

くわしく

般若
般若《はんにゃ》は怨霊《おんりょう》の面であり、角が二本生えている。ねたみ狂《くる》う怒《いか》りと、やり切れない悲しみの、二つの表情を表した面である。

くわしく

直面
シテが面をつけずに素顔のままで出ることもあるが、それを直面《ひためん》という。能では直面も面として捉《とら》えるので、表情をつけずに演じる。

参考

鑑賞のマナー
演目が終わると、役者は静かに引き上げるが、余韻《よいん》を楽しむのも能の鑑賞《かんしょう》に含《ふく》まれる。したがって、演目が終わってすぐに拍手《はくしゅ》をしないのがマナーである。

参考

◆能面

能を演じる役者が、その役に従《したが》って使用する面を能面（面《おもて》）という。通常、シテ（主役）だけが面をつける。面は約六〇種類あり、三〇〇以上の役に用いられている。役者は、顔の微妙《びみょう》な角度や動きによって、一つの面で喜怒哀楽《きどあいらく》のさまざまな感情を表現する。能において面は大切な道具であり、役者は面に一礼してから面をつける。［写真提供：国立能楽堂］

◆「葵上」に登場する面

御息所の生霊は前半は泥眼《でいがん》、後半は般若《はんにゃ》を用いる。泥眼と般若は生霊や死霊を表した面である。巫《み》女《こ》は小面《こおもて》などを用いる。小面は若くて美しい女性を表した面である。

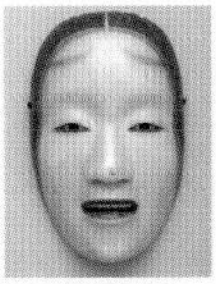
泥眼

般若

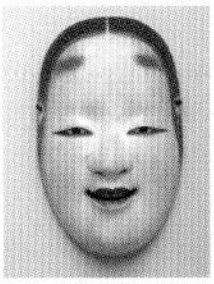
小面

◆その他の主な面

白色尉《はくしきじょう》は神聖な祈りの儀式《ぎしき》に用いる面で、老人の神を表している。平太《へいだ》は戦国の武将で、連戦の戦によって肌《はだ》が焼けている。小飛出《ことびで》（泥《でい》小飛出）はきつねなどの動物の神霊《しんれい》の役に用いる。

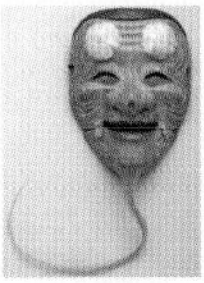
白色尉

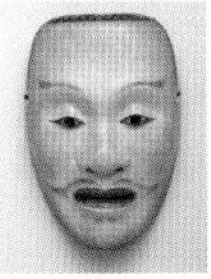
平太

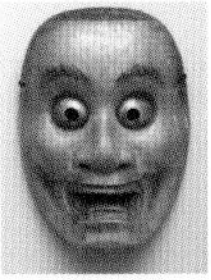
泥小飛出

能の種類と演目

能は主題やシテ（主役）の役柄《やくがら》によって、五つに分類される。これは「五番立て」といって、一日に五曲を上演する場合に、さまざまな種類の演目を上演して全体のバランスを取るためである。

初番目物《しょばんめもの》（脇能物《わきのうもの》）…神様がシテ。
例「高砂《たかさご》」「老松《おいまつ》」

二番目物（修羅物《しゅらもの》）…武将の亡霊《ぼうれい》がシテ。
例「敦盛《あつもり》」「八島《やしま》」

三番目物（鬘物《かずらもの》）…『源氏物語《げんじものがたり》』などのヒロインや植物の精などがシテ。
例「羽衣《はごろも》」「井筒《いづつ》」

四番目物（雑能《ざつのう》）…ほかの分類に属さない能。
例「道成寺《どうじょうじ》」「隅田川《すみだがわ》」

五番目物（切能《きりのう》）…鬼《おに》やてんぐ、竜神《りゅうじん》などがシテ。
例「紅葉狩《もみじがり》」「鞍馬天狗《くらまてんぐ》」

狂言
附子

登場人物
シテ［主役］……太郎冠者
アド［シテの相手役］……主人
アド［シテの相手役］……次郎冠者

あらすじ…外出することになった主人が、太郎冠者《たろうかじゃ》と次郎《じろう》冠者を呼び、留守番を命じる。主人は、おけを指して、「附子《ぶす》という毒だ。吹《ふ》く風に当たっただけでも死ぬ。」と言う。
主人が出かけたあと、留守番の二人は、好奇心《こうきしん》から附子を見たくなる。風上から見れば大丈夫《だいじょうぶ》だろうと考えた二人は、扇《おうぎ》で仰《あお》ぎながら、恐《おそ》る恐るおけのふたを取る。

読んでみよう［主人が留守番を言い渡《わた》す場面］

主人　これ《私》はこのあたりに住まい致《いた》す者でござる。今日は《こんにッタ》所用《用事(が)》あって、山一つあなた《向こう》へ参りまする。まず両人の者を呼び出《い》だいて、留守を申し付《つ》きょう《申し付けよう》と存ずる。ヤイヤイ両人の者、あるか《いるか》やい。
太郎冠者・次郎冠者　ハアー。
主人　いたか。
太郎冠者　両人とも、
太郎冠者・次郎冠者　お前におりまする。

くわしく
「附子」のもとになった話
「附子」は、鎌倉《かまくら》時代の説話集『沙石集《しゃせきしゅう》』に出てくる話がもとになっている。また、一休《いっきゅう》さんのとんちばなしとしても有名。

参考
「このあたりに住まい致す者でござる」
狂言《きょうげん》は、たいていこれらの言葉と状況《じょうきょう》説明から始まる。

参考
現在、狂言には二つの流《りゅう》儀《ぎ》(大蔵《おおくら》流・和泉《いずみ》流)がある。上段の「読んでみよう」のせりふは、流儀や家によって少しずつ異なる。
上段の「読んでみよう」のせりふは、現代仮名遣《かなづか》いで表記してある。

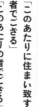

風が来ないように仰ぎながら、おけの中身を確かめようとする二人。
[太郎冠者：山本則重(写真右)、次郎冠者：山本則秀(写真左)]
[撮影：前島写真店]

次郎冠者が止めるのにもかかわらず太郎冠者は、おけの中の物を食べ始める。

あらすじ…太郎冠者がおけの中をのぞくと、黒くておいしそうな物が入っている。どうしても食べたくなった太郎冠者がなめてみると、それは甘《あま》くておいしい砂糖だった。主人は、留守番の二人に砂糖を食べられまいとして、毒だと言ったのである。

砂糖だと気づいた二人は、「こんなにおいしい物は食べたことがない。」と言いながら、全部食べてしまう。

読んでみよう [おけの中をのぞく場面]

太郎冠者　ソリャ　見たは見たは（見たぞ、見たぞ）。

次郎冠者　何と見たか（何であったか）。

太郎冠者　黒うどんみりとして（黒くて、こんもり）、うまそうな物じゃ。

次郎冠者　なんじゃ（何だって）、黒うどんみりとして、うまそうな物じゃ（だと言うのか）。

太郎冠者　なかなか（そのとおり）。

次郎冠者　それならば某《それがし》（私）も見て参ろう。

参考

狂言に登場する人物

太郎冠者…いちばん古くからいる使用人。狂言の代表的な人物。ずる賢《がしこ》い役、横着な役、酒好きな役などが多い。

次郎冠者…使用人。太郎冠者の弟分。

主人…太郎冠者と同様、狂言の代表的な人物。長袴《ながばかま》(長く引きずった袴)をはいている。

その他に、女(妻)、果報者(大名)、山伏《やまぶし》などがよく登場する。

用語解説

「附子」・「砂糖」

附子…トリカブトという植物の根を干して作った毒薬で、生命にかかわる毒性をもつ。

砂糖…ここでは、黒砂糖のこと。当時、砂糖はとても高価で、貴重な品物だった。

太郎冠者と次郎冠者は主人に言い訳をしたあと、「死なれぬことのめでたさよ。」と歌う。
［主人：山本則孝（写真右）］

あらすじ…砂糖を食べてしまった二人は言い訳を考え、帰ってきた主人に、「留守中にすもうを取って、大切な掛け軸と茶わんを壊《こわ》してしまいました。死んでおわびをしようと思い、毒を食べましたが、死ねません。」と言う。

読んでみよう［茶わんを割る場面］

太郎冠者《たろうかじゃ》　あの台天目《だいてんもく》を打ち割らしめ。（台にのせた天目茶わんを打ち割れ）

次郎《じろう》冠者　某《それがし》は　もはや（もう）いやじゃ。

太郎冠者　さてさて気の弱いことを言う者じゃ。それならば　ともども（一緒）に割ろう。

次郎冠者　それならば割ろう。

太郎冠者　これへ寄らしめ。（こっちに近寄れ）

次郎冠者　心得た。

太郎冠者・次郎冠者　エイエイヤットナ。

太郎冠者　グヮラリ、

次郎冠者　チン。

［『狂言集 上』（岩波書店）より］

くわしく

笑いのポイントの一つは擬音語

狂言《きょうげん》では擬音《ぎおん》語を演者が声に出して言う。上段「読んでみよう」の「グヮラリ」「チン」は、茶わんを割る音である。太郎冠者と次郎冠者は、茶わんを割る前に掛け軸を破るが、それは「サラリ　サラリ、パッタリ」などと表現する。

〈その他の擬音語・擬声語〉
のこぎりで木を切る音…「ズカズカズカ」
酒を注ぐ音…「ドブ、ドブドブドブ」
犬の鳴き声…「ビョウ、ビョウ、ビョウビョウビョウ」
にわとりの鳴き声…「コーコーコーコー、コキャー」

◆狂言で使われている言葉

狂言《きょうげん》のせりふには、室町《むろまち》時代の言葉や言い回しが使われている。声に出して、昔の言い回しを楽しんでみよう。

- 「**いかなこと**」…【意味】〈困ったり驚《おどろ》いたりしたときに言う言葉〉どうしたことだ。
- 「**おんでもない**」…【意味】当然である。もちろんである。
- 「**かしこまってござる**」…【意味】わかりました。
- 「**苦しゅうない**」…【意味】差《さ》し支《つか》えない。
- 「**さてもさても**」…【意味】やあやあ。やれやれ。まあまあ。
- 「**さようならば…**」…【意味】そういうことならば…。
- 「**ざれこと**」…【意味】冗談《じょうだん》。
- 「**さればのことでござる**」…【意味】こういうわけでございます。
- 「**そなた**」…【意味】〈目下の者に用いる、やや丁寧《ていねい》な二人称《しょう》〉あなた。お前。
- 「**ちゃっと**」…【意味】すぐに。早く。
- 「**とてものこと**」…【意味】いっそのこと。どうせ同じことなら。
- 「**なかなか**」…【意味】〈同意を表す言葉〉いかにも。そのとおり。
- 「**(言い訳は)なんとする**」…【意味】(言い訳は)どうする。
- 「**のうのう**」…【意味】〈呼びかける言葉〉もしもし。ねえねえ。
- 「**まことに**」…【意味】本当に。
- 「**みども**」…【意味】〈対等、もしくは目下の者に用いる一人称〉私。おれ。
- 「**物《もの》もう案内もう**」…【意味】〈人の家を訪問したときのあいさつ〉ごめんください。
- 「**やんややんや**」…【意味】〈ほめ言葉〉いいぞいいぞ。

発展

よく知られている狂言(あらすじ)

「柿山伏《かきやまぶし》」…修行を終えた山伏が、帰国の途中《とちゅう》で柿の木を見つけた。山伏が柿の木に登って柿を食べていると、そこに柿の木の持ち主がやってきた。山伏をからかおうと思った柿の木の持ち主は、「そこにいるのは、猿《さる》だ。」と言う。山伏はとっさに、猿のまねをする。さらに柿の木の持ち主が「そこにいるのは、とんびだ。」と言ったので、山伏はとんびのように飛ぼうとして、木から落ちて、けがをしてしまう。

人形浄瑠璃【文楽】
義経千本桜《よしつねせんぼんざくら》
河連法眼館《かわつらほうげんやかた》の段

主な登場人物（人形）
源義経《みなもとのよしつね》
静御前《しずかごぜん》
佐藤忠信《さとうただのぶ》（実は狐《きつね》）

写真中央は、佐藤忠信に化けている狐。鼓を与えられ、うれしくて踊《おど》る。
［写真：国立劇場蔵　協力：一般社団法人人形浄瑠璃文楽座］

あらすじ…平家追討で功績があったはずの源義経《みなもとのよしつね》は、兄に謀反《むほん》を疑われて追われて旅立つ。追いかけようとした静御前《しずかごぜん》は義経の家来の佐藤忠信《さとうただのぶ》に助けられる。

場面変わって、佐藤忠信が、河連法眼《かわつらほうげん》の館に義経を訪ねる。義経は託《たく》した静御前の安否《あんぴ》を尋《たず》ねるが、忠信には覚えがない。そのとき、静とその供をする忠信が到着《とうちゃく》する。忠信が二人となり、どちらが本物か確かめるために、義経に言われて静が初音《はつね》の鼓《つづみ》を打つと、静と共に現れた忠信は鼓の音色に聞き入り、鼓の前にひれ伏《ふ》した。初音の鼓は神通力《じんつうりき》を得た牝狐《めぎつね》と牡狐《おぎつね》の皮を用いた鼓で、この忠信は実はその狐の子であったのだった。狐は、親が恋《こい》しくて忠信の姿を借りて付《つ》き添《そ》っていたのである。

様子を見ていた義経は、生後間もなく父と死別し、今また親同然の兄と不和になった自身の身の上とひき比べ、狐の愛情の深さに心動かされる。そして狐に静の供をした褒美《ほうび》として鼓を与《あた》えるのだった。狐は追っ手の夜襲《やしゅう》を知らせ、神通力で援護《えんご》すると約束し、鼓を持って一礼すると、飛ぶように姿をくらませる。

参考

「義経千本桜」

二世竹田出雲《たけだいずも》、三好松洛《みよししょうらく》、並木千柳《なみきせんりゅう》の合作。全五段（五つのまとまり）から成り、「河連法眼館の段」は四段目の最後の場面である。「菅原伝授手習鑑《すがわらでんじゅてならいかがみ》」「仮《か》名《な》手《で》本忠臣蔵《ほんちゅうしんぐら》」とともに、人形浄瑠璃（文楽）の三大時代物とよばれ、上演回数が多い作品である。人形浄瑠璃（文楽）の作品をもとにして、歌舞伎《かぶき》でも数多く上演されている。

追われて悲劇的な最期《さいご》を遂《と》げた源義経や、さらには滅《ほろ》びた平家《へいけ》に寄せる民衆の思いを受けた作品といえる。「義経千本桜」の他の段では、滅びてすでに死んだはずの平家の人々が登場している。

◆人形浄瑠璃［文楽］の人形の首

人形浄瑠璃《にんぎょうじょうるり》では人形の首を「かしら」とよぶ。首《かしら》は、性別や年齢《ねんれい》、身分や性格などによって多くの種類があり、それぞれの首には名前が付いている。上演する演目が決まると、それらの人形の中から登場人物に合った首を選ぶのである。首は、首を担当する職人が公演ごとに塗《ぬ》り直し、役に合った化《け》粧《しょう》をし、髪《かみ》を結う職人が鬘《かずら》(かつら)を取り付けて役柄《やくがら》に合った髪型に整える。

◆「義経千本桜」に登場する首

源太《げんだ》は元服《げんぷく》後の二枚目の若者、娘《むすめ》はお姫様《ひめさま》から町娘までこの首が用いられる。動く仕掛《しか》けはなく、わずかなしぐさで感情を表す。孔明《こうめい》は思慮《しりょ》深い役柄《やくがら》に用いられる。それが「義経千本桜」では、狐のようなしぐさをする。［写真：国立劇場　国立文楽劇場蔵］

役名
源義経
首の名前
源太

役名
静御前
首の名前
娘

役名
佐藤忠信
(実は狐)
首の名前
孔明

◆その他の主な首

大団七《おおだんしち》は豪快《ごうかい》に暴れ回る武士、お福は三枚目の女性として使われる。ガブは、首元を操作することにより、美しく若い娘が恐ろしい般若《はんにゃ》の行相《ぎょうそう》に変身する。そのほかにも数多くの首がある。

【男役の首】
首の名前
大団七

【女役の首】
首の名前
お福

【特殊《とくしゅ》首】
首の名前
ガブ

用語解説

「鼓」

源義経の恋人である静御前は、歌や踊《おど》りを披露《ひろう》する「白拍子《しらびょうし》」だった。踊りの伴奏《ばんそう》には鼓が使われることがあり、静御前にとっては身近な楽器であったと言える。

「義経千本桜」の中で鼓を打つ静御前。

歌舞伎　勧進帳

ⓒ松竹（株）

主な登場人物

源義経《みなもとのよしつね》（九郎判官《くろうほうがん》義経）…兄の頼朝に追われる武将。判官（検非違使尉《けびいしのじょう》という役人）だったことから、判官といえば義経を指す。

武蔵坊《むさしぼう》弁慶……義経の家臣。

四天王……義経の四人の家臣。

富樫左衛門《とがしのさえもん》……安宅の関の関守。

あらすじ…兄の頼朝《よりとも》と対立し、追われる身となった義《よし》経《つね》は、奥州《おうしゅう》へ逃《に》げようとしていた。一方、安宅《あたか》の関の関守《せきもり》である富樫《とがし》は、義経一行が山伏姿《やまぶしすがた》であるという情報を得ていた。関所にさしかかった弁慶《べんけい》は、東大寺再建の勧進《かんじん》の山伏であると告げ、関所を通ろうとする。すると、富樫はその勧進帳を読むように言う。弁慶は、ありあわせの巻物を取り出し、勧進帳に見立てて、朗々と読み上げる。

読んでみよう〔弁慶が勧進帳を読めと言われる場面〕

富樫　先に承《うけたまわ》れば、南都東大寺の勧進と仰《おお》せありし（おっしゃいました）が、勧進帳を遊ばさ（読み上げ）れ候《そうら》え（なさってください）。定めて勧進帳の御《ご》所持なき事はあらじ（決して勧進帳をお持ちでないということはないでしょう）。これにて聴問《ちょうもん》つかまつらん（お聞きしましょう）。

弁慶　なんと、勧進帳を読めと申候《もうしそうろう》や（おっしゃるのですか）。

富樫　いかにも（そのとおり）。

（ト弁慶思い入れあって）

弁慶　心得《こころえ》申して候（承知致しました）。

巻物が白紙であることを富樫に見破られないように、巻物を読む弁慶〔武蔵坊弁慶：十一代目市川海老蔵（写真左）・富樫左衛門：五代目尾上菊之助（写真右）〕。

用語解説

「勧進」・「勧進帳」とは

寺や神社・仏像などの建《こん》立《りゅう》や修理のための寄付を募《つの》ることを「勧進」という。その趣旨《しゅし》を記した巻物や帳《ちょう》簿《ぼ》を「勧進帳」という。

くわしく

作者と、もとになった作品

「勧進帳」の作者は三代目並木五瓶《なみきごへい》で、能「安宅」をもとにしている。能・狂《きょう》言《げん》の内容をもとにした歌舞《かぶ》伎《き》の作品を「松羽目物《まつばめもの》」といい、「勧進帳」は代表的な松羽目物である。

参考

上段の「読んでみよう」の「ト弁慶思い入れあって」の「ト」はト書き（登場人物の動作や気持ちを説明した言葉）のこと。

上段の「読んでみよう」のせりふは、現代仮名遣《かなづか》いで表記してある。

義経を金剛づえでたたく弁慶。［源義経：七代目中村芝雀（写真左）］

©松竹（株）

さらに富樫は鋭《するど》い質問をして、本物の山伏かどうかを確かめる。これに弁慶が明快に応じたため、富樫は一行の通行を許可する。しかし、義経の顔を知る富樫の部下が義経であると見抜《みぬ》き、富樫に耳打ちする。富樫が、強力《ごうりき》が義経に似ていることを告げると、弁慶は「強力のくせに荷物一つでよろよろするから義経殿《との》に疑われるのだ。」と言って、義経を金剛《こんごう》づえで思いきりたたく。それを見た富樫は、義経一行と察しつつ、主君を思う弁慶の姿に心を打たれて通行を許可する。

読んでみよう［弁慶が義経を責める場面］

弁慶 判官《ほうがん》殿（義経）に似たる強力め、一期《いちご》の思い出な。エエ腹立ちや。日高くば（まだ日が高いので）能登《のと》の国まで越《こ》そうずると思えるに、僅《わず》か（たった）の笈《おい》一つ背負うて（よろよろと）後《あと》に下がればこそ（あとに下がるので）、人も怪《あや》しむれ（疑うのだ）。総じて、この程《ほど》より、ややもすれば判官殿よと怪しめらるるは、おのれが仕業《しわざ》のつたなきゆえなり（お前の修行が足りないからだ）。ムム、思えば憎《にく》しや、憎し憎し。イデもの見せん（思い知らせてやろう）。

用語解説

「強力」・「笈」

強力…山伏の家来で、荷物を運ぶ人。

笈…山伏や強力などが衣服や食器などを入れて背負う箱。

参考

歌舞伎「勧進帳」が人気のある理由

判官であった義経は悲運の英雄《えいゆう》として同情を集めた。このことから、「判官びいき（意味…弱者や敗者に対して、第三者がひいきや同情をする感情）」という言葉が生まれた。

この判官びいきの心情が日本人に好まれたこともあり、歌舞伎「勧進帳」は長い間にわたって、数多く上演されているのである。

あらすじ…富樫《とがし》たちがその場を去ると、義経《よしつね》は弁慶《べんけい》の手を取って、主君である自分を思う気持ちと機転をねぎらう。そこに、再び富樫がやってきて、無礼のおわびにと、酒をふるまう。弁慶は富樫の情を感じつつ、舞《まい》を披露《ひろう》する。そして、舞いながら義経に先に立つようにと目配せをする。義経一行を先に出発させた弁慶は、富樫に深く礼をして、自分も急いで一行のあとを追う。

読んでみよう［義経が弁慶をねぎらう場面］

義経　いかに弁慶、さても今日《こんにち》の機転、更《さら》に凡《ぼん》慮《りょ》のなす業《わざ》に非《あら》ず、とかくの是非《ぜひ》をば問答《もんど》わずして、ただ下人のごとくさんざんに打ちて我を助くる、これ弁慶が計らいに非ず。弓矢八幡《はちまん》の御託宣《ごたくせん》かと思えば、忝《かたじけな》く覚《おぼ》ゆるぞ。

凡慮のなす業に非ず…平凡な人間の考えでする行いではない
とかくの是非をば問答わずして…あれこれと理屈を言わないで
ただ下人のごとく…召し使いのように
弁慶が計らいに非ず…弁慶の計らいではない
弓矢八幡の…弓矢の神様である
御託宣…八幡大菩薩《だいぼさつ》のお告げ
忝く覚ゆるぞ…ありがたいと思われるぞ

［服部幸雄《はっとりゆきお》『歌舞伎《かぶき》オン・ステージ 勧進帳《かんじんちょう》』（白水社）より］

©松竹（株）

「勧進帳」の最後の場面。義経一行のあとを追う弁慶。左手に持っているのは金剛《こんごう》づえ。飛び六法《ろっぽう》（飛ぶように、はずみをつけた勇ましい歩行の型）を踏《ふ》んで、花道を下がる。

くわしく

歌舞伎の舞台
歌舞伎《かぶき》の舞台《ぶたい》には、さまざまな工夫《くふう》が施《ほどこ》されている。
回り舞台…舞台の中央が回転し、短時間で別の場面に転換《てんかん》される。今ではさまざまな演劇で用いられているが、初めて用いたのは歌舞伎である。
せり・すっぽん…舞台の床《ゆか》を四角に切り、昇降《しょうこう》装置を付けた部分を「せり」といい、登場人物や大道具を乗せて上下させる。花道にあるせりを「すっぽん」といい、登場人物の一人がそこから上がってくる。

参考

歌舞伎の種類と演目
時代物…江戸《えど》時代以前の武士や公家《くげ》などの社会を扱《あつか》ったもの。ただし、その当時に起きた事件を実名で演じることは幕府によって禁じられていたので、登場人物

◆歌舞伎の用語がもとになって、一般に使われるようになった言葉

十八番…【意味】いちばん得意な芸や技。「十八番」と書いて「おはこ」とも読む。【使い方】ぼくは、カラオケで自分の十八番を歌った。

三枚目…【意味】こっけいなことをして、笑わせる人や俳優。【使い方】わたしは、三枚目のお笑いタレントが好きだ。

どんでん返し…【意味】物事の流れなどがすっかり変わってしまうこと。【使い方】野球の試合で、九回裏にどんでん返しがあった。

花道…【意味】最後にはなばなしく活躍《かつやく》するとき。【使い方】引退の花道を飾《かざ》る。

見得《みえ》を切る…【意味】大きなことを自信ありげに言う。【使い方】今度のマラソン大会で必ず優勝すると、見得を切る。

だんまり…【意味】黙《だま》って口をきかないこと。また、そのような人。【使い方】立場が悪くなった妹は、だんまりを決め込《こ》んだ。

楽屋…【意味】劇場などで、出演者がしたくをしたり、休息したりする部屋。【使い方】劇の出番までの間、楽屋で過ごす。

段取り…【意味】物事を進める順序、方法。また、それを決めること。【使い方】誕生会の段取りを決める。

大《おお》詰《づ》め…【意味】物事の終わりの場面。【使い方】新校舎の工事が大詰めに入った。

差し金…【意味】陰《かげ》で人をそそのかし、操ること。【使い方】弟がいたずらをしたのは、兄の差し金だった。

板につく…【意味】仕事や動作、服装などがその人にぴったりする。【使い方】五月に入り、新入生の制服姿も板についてきた。

の名前などは変えて演じられる。

例「仮名手本忠臣蔵《かなでほんちゅうしんぐら》」…赤穂《あこう》浪士《ろうし》による討《う》ち入りの事件を、時代や場所を『太平記《たいへいき》』の世界に移した物語。史実の人物である大石内蔵助《おおいしくらのすけ》は大星由良之助《おおぼしゆらのすけ》の名前で登場する。

世話物…主に江戸時代の庶《しょ》民《みん》生活を題材にし、人情や当時の世相を扱ったもの。

例「白浪《しらなみ》五人男　弁天小僧《べんてんこぞう》」…正体を暴《あば》かれた弁天小僧が言う「知らざあ言って聞かせやしょう。」のせりふで有名。

舞踊《ぶよう》…所作事《しょさごと》ともいわれる。衣裳《いしょう》が一瞬《いっしゅん》のうちに替《か》わる「引き抜《ぬ》き」というシーンのある、華《はな》やかなものも多い。

例「藤娘《ふじむすめ》」…藤の花の精が美しい娘になって現れ、夕暮れとともに消えていくという舞踊《ぶよう》。

新歌舞伎…明治の中期以降に、歌舞伎作家以外の作家によって書かれた作品。

例「一本刀土俵入《いっぽんがたなどひょういり》」

解答 516ページ

1 次の文章を読んで、あとの問いに答えなさい。

〔富山県・改〕

> 次の文章は、宗岳大頼《むねおかのおおより》[1]が京の凡河内躬恒《おうしこうちのみつね》[2]のもとを訪れたときのものです。

宗岳大頼が越《こし》[3]よりまうで来たりける[4]時に、雪の降りけるを見て「①おのが思ひはこの雪のごとくなむ積もれる」と言ひける折によめる

[5] 君が思ひ雪と積もらば②頼《たの》まれず
　　春よりのちは③あらじと④おもへば

（『古今和歌集《こきんわかしゅう》』より）

（注） **1**：宗岳大頼＝人名。 **2**：凡河内躬恒＝歌人。古今和歌集の撰者《せんじゃ》の一人。 **3**：越《こし》＝現在の北陸地方。 **4**：まうで来たりける時＝上京した時。 **5**：君が思ひ…おもへば＝凡河内躬恒が作った歌。

〔問1〕 歌の前にある、「宗岳大頼が越より…と言ひける折によめる」のような、歌が詠《よ》まれた事情を述べた部分を何というか。漢字二字で書きなさい。

〔問2〕 ——線部①「おのが思ひ」の説明として適切なものを次から一つ選び、記号で答えなさい。

ア 宗岳大頼の、凡河内躬恒に対する心情である。
イ 宗岳大頼の、積もる雪に対する心情である。
ウ 凡河内躬恒の、宗岳大頼に対する心情である。
エ 凡河内躬恒の、積もる雪に対する心情である。

〔問3〕 ——線部②「頼まれず」とあるが、どういう意味か。適切なものを次から一つ選び、記号で答えなさい。

ア たどりつけない　**イ** 頼《たよ》りにしている
ウ 遠慮《えんりょ》してしまう　**エ** あてにできない

〔問4〕 ——線部③「あらじ」と言う理由は二つ考えられる。一つは、春になると宗岳大頼が越に帰って京にはいなくなるからということだが、もう一つはどういうことか。簡潔に書きなさい。

〔問5〕 ——線部④「おもへば」を、現代仮名遣《かなづか》いに直して、平仮名で書きなさい。

2 次の文章を読んで、あとの問いに答えなさい。

【北海道】

岸玄知《きしげんち》は、1雲州候《うんしゅう》の茶道なり。和歌を2好めるの癖《くせ》あり。或日《ある》、郊外《こうがい》へア出《い》でて、3梅圃《ばいほ》の花盛《はなざか》りにて、梅樹の主を問ひて、樹を買はんとす。4敢《あ》へてイ肯《がへん》ぜざるを、高価を以《もっ》て強《し》ひて望みければ、已《や》む事なく約す。翌日、酒魚を以て樹下に来たり5ウ慰《なぐさ》む。農夫曰《いは》く、根の損せざるやうに掘《ほ》りうがち、明日持ちまゐるべしとエ云《い》ふ。玄知の云ふ、いな左様に非《あら》ず。いつまでも爰《ここ》に置くべし。さあらば実、熟さば如何《いか》にすべしとオ問ふ。実は用なし、只《ただ》花のみ望む所にして、吾物《わが》にして見ざればおもしろからずとぞ。

（司馬江漢《しばこうかん》『春波楼筆記《しゅんぱろうひっき》』より）

（注）1：雲州候の茶道＝出雲《いずも》の国（現在の島根《しまね》県東部）の領主に仕え、茶会を取り仕切る者。2：好めるの癖あり＝こよなく愛している。3：梅圃＝梅の木を植えている畑。4：敢へて肯ぜざる＝どうしても了承《りょうしょう》しない。5：慰む＝楽しむ。

[問1] ――線「約す」について、ここでの意味と同じ意味で使われている「約」を含《ふく》む熟語を次から一つ選び、記号で答えなさい。

ア 要約　イ 婚約《こんやく》　ウ 倹約《けんやく》　エ 集約

[問2] 〰〰線ア〜オのうち、岸玄知の動作を表しているものを、二つ選びなさい。

[問3] この文章の内容に合うものを次から一つ選び、記号で答えなさい。

ア 農夫は、梅の木が他の人の手に渡《わた》ると、梅の実の収穫量《しゅうかく》が少なくなるので、梅の木の値段を高くして、その木を買うことを岸玄知にあきらめさせようとした。

イ 農夫は、梅の木を買った岸玄知の目的は、梅の実を手に入れることだと思っていたが、玄知は、和歌の題材となる梅の花を持ち帰りたいと思っていた。

ウ 農夫は、岸玄知が梅の畑に来たのは、食事をしながら梅の花を見るためだと思っていたが、玄知は梅の花には興味がなく梅の実が欲しいと考えていた。

エ 農夫は、梅の木を買った岸玄知のためにその木を掘って届けようとしたが、玄知は、今の場所で、ただ梅の花を自分のものとして眺《なが》めたいと考えていた。

3 次の文章を読んで、あとの問いに答えなさい。

【千葉県・改】

[1]法性寺殿《ほつしやうじどの》に会[2]ありける時、[3]俊頼《としより》①まゐりたりけり。[4]兼昌《かねまさ》 [5]講師《かうじ》にて歌よみ上ぐるに、俊頼の歌に名を書かざりければ、見合はせて、[6]うちしはぶきて、「御名《おんな》はいかに」と忍《しの》びやかにいひけるを、「ただよみ給《たま》へ」といはれければ、②よみける歌に、

[7]卯《う》の花の身の白髪《しらが》とも見ゆるかな[8]賤《しづ》が垣根《かきね》もとしよりにけり

と書きたりけるを、兼昌[9]下泣きして、しきりにうちうなづきつつ、賞《め》で感じけり。[10]殿聞かせ給ひて、召《め》して御覧《ごらん》じて、③いみじう興ぜさせ給ひけりとぞ。

（『無名抄《むみょうしょう》』より）

（注）**1**：法性寺殿＝藤原忠通《ふじわらのただみち》。平安《へいあん》後期の摂政《せっしょう》・関白・太政大臣《だいじょうだいじん》・歌人。ここでは、その屋敷《やしき》のこと。**2**：会＝歌会。**3**：俊頼＝源《みなもとの》俊頼。平安後期の有名な歌人。**4**：兼昌＝源兼昌。平安後期の歌人。**5**：講師＝歌会などで和歌をよみ上げる役。**6**：うちしはぶきて＝せきばらいをして。**7**：卯の花＝ウツギの花。ここでは、その白い花をわが身の白髪になぞらえている。**8**：賤が垣根＝わが家の垣根。「賤」は身分の低い者。ここでは謙遜《けんそん》の表現。**9**：下泣きして＝忍び泣きして。**10**：殿聞かせ給ひて＝忠通殿もお聞きになって。

［問1］ ――線部①「まゐり」を現代仮名遣《かなづか》いに直して、平仮名で書きなさい。

［問2］ ――線部②「御名はいかに」とあるが、この言葉について説明した次の文の□に入る言葉の組み合わせとして適切なものをあとから一つ選び、記号で答えなさい。

・和歌に作者の名前が書かれていなかったので、□が□おうかがいを立てた。

ア 講師・それとなく　**イ** 歌会の参加者・それとなく
ウ 講師・困った様子で　**エ** 歌会の参加者・困った様子で

［問3］ ――線部③「いみじう興ぜさせ給ひけりとぞ」とあるが、このことについて述べた次の説明文の□に入る言葉を書きなさい。ただし、Ⅰは文章中から二字で書き抜《ぬ》き、ⅡとⅢはそれぞれ七字以内で書くこと。

> 歌会で、講師が披露《ひろう》しようとした歌に名前がなかったが、言われたとおりそのまま歌を披露すると、実はその歌にはⅠの名がよみ込《こ》まれていた。歌の、卯の花が咲《さ》く垣根にⅡの境地を重ねるという内容に加え、作者名を書かなくても、歌がⅢことでだれの歌かがわかる仕掛《しか》けを作った、作者の作歌の巧《たく》みさ、歌の心の深さに、講師のみならず、あるじの殿も、とても感激したということ。

4 次の文章を読んで、あとの問いに答えなさい。

【兵庫県・改】

鎌倉《かまくら》の大臣殿が京へ上る意向を示したため、幕府では その是非《ぜひ》について評議が行われた。

人々、京上あるべしや否《いな》やの①評定ありけるに、上の御気色《みけしき》[1]を恐《おそ》れて、子細申す人なかりけり。[2]故筑後前司《こちくごのぜんじ》入道知家《ともいへ》、遅参《ちさん》す。この事意見申すべきよし、御気色ありければ、申されけるは、「天竺《てんぢく》[3]に②獅子《しし》と申す獣《けだもの》は、[4]一切の獣の王にて候《さぶら》ふなるが、余の獣を損ぜんと思ふ心は候はねども、その声を聞く獣は、みな肝《きも》失ひ、或《ある》は命絶え候ふとこそ承れ。されば、君は人を悩《なや》まさんと思《おぼ》しめす御心はなけれども、人の嘆《なげ》き、いかでか候はざらん」と申されければ、「③御《ご》京上は留《とど》まりぬ」と仰《おほ》せありける時、万人悦《よろこ》び申しけり。「聖人は心なし、万人の心をもて心とす」と言へり。人の心の願ふ所をまつりごととす。これ聖人のすがたなり。

（無住《むじゅう》『沙石集《しゃせきしゅう》』より）

（注） 1：御気色＝機嫌《きげん》・気分。 2：故＝今は亡《な》き。 3：天竺＝インドの古称《こしょう》。 4：一切の＝すべての。

【問1】——線部①「評定」の読みは、歴史的仮名遣《かなづか》いでは「ひやうぢやう」となる。これを現代仮名遣いに直して、平仮名で書きなさい。

【問2】——線部②「獅子」とはだれをたとえたものか。文章中から適切な言葉を二つ、それぞれ一字で答えなさい。

【問3】——線部③「御京上は留まりぬ」とあるが、このように判断した理由として適切なものを次から一つ選び、記号で答えなさい。

ア 人の上に立つ者にあえて意見を述べようとする者は少ないという現実を示され、積極的に民衆の考えを知ろうと思ったから。

イ 人の上に立つ者が果たすべき役割を説かれたことで、自分が上京することの意義に気づき、民衆を喜ばせようと考えたから。

ウ 人の上に立つ者が発する威圧《いあつ》感についての自覚をうながされ、自身の言動が民衆に及《およ》ぼす影響《えいきょう》の大きさに気づいたから。

エ 人の上に立つ者としての望ましい振《ふ》る舞《ま》いを示されたことで、自分のこれまでの悪政に気づき、民衆の苦悩《くのう》を悟《さと》ったから。

第2章 漢文

漢文は、主に中国の文語体で書かれた文章・文学で、日本の国語国文の母体となったものだ。

「五十歩百歩」や「蛇足《だそく》」などの故事成語は漢文から生まれたものだし、新聞やニュースで、漢文や漢詩から引用された言葉が使われることもある。

漢文・漢詩を学んで教養を深め、語いや表現力を豊かにしよう。

孔子《こうし》の言う
「君子（人格者）」とは、
いったいどんな人？
➡ 494ページ

「眠《ねむ》れない孤独《こどく》な夜」――。
中唐の人気詩人白居易《はくきょい》は
それをどう表現したか。

➡ 498ページ

砂漠《さばく》での「心細さ」や
「やるせなさ」。
岑参《しんじん》は、どのような表現で
迫《せま》るのか。

➡ 500ページ

漢文の基礎知識

1 訓読のきまり

◆訓読とは

訓読とは、漢文を日本語の文法・語順にしたがって、日本語の文章のように読むことである。つまり、**漢文の訳読**である。昔の日本人は、訓読するために、漢字だけで書かれた**白文**《はくぶん》（もとの漢文）に**訓点**（**返り点・送り仮名・句読点**）などの符号《ふごう》を付けることを考え出した。白文にこの訓点を付けて読み方を示したものを**訓読文**という。

◆返り点

漢文は、日本語と語順が大きく異なる。訓読に際して、日本語と語順の違《ちが》う部分に付け、**読む順序を示す符号**を**返り点**という。主に次のようなものがあるが、いずれも漢字の左下に付ける。

（[1][2][3]…は読む順序を示す。）

1 レ《れ》点…下の一字を先に読み、上の一字に返って読むときに用いる。（このレ点が使える場合は、他の点を使わず、すべてレ点を優先させる。）

例 感ジテハレ 時ニ 花ニモ 濺《そそ》ギレ 涙《なみだ》チ
[2] [1] [3] [5] [4]
（時に感じては花にも涙を濺ぎ）

参考

漢文学習の流れ
白文↓訓読文↓書き下し文↓口語訳を対応させて見るとよい。

参照 481ページ **書き下し文**

発展

返り点の使い方

①一・二点とレ点の混用
百 聞ハ 不《ず》レ 如《し》カ二 一 見ニ一。
[1] [2] [6] [5] [3] [4]
（百聞は一見に如かず。）

②二字の熟語に返る場合
下から返って読む語が、二字から成る熟語の場合は「-」で結び、返り点はその二字の間に付ける。

游《いう》-**説**《ぜい》シテ二 秦《しん》ノ 恵《けい》 王《おう》ニ一、不《ず》レ 用。
[4] [5] [1] [2] [3] [7] [6]
（秦の恵王《けいおう》に游説《*ゆうぜい》して、用ゐ《イ》られず。）

2 一・二点…二字以上離《はな》れた上の字に返って読むときに用いる。（「三・四」と返り点がある場合も、その数字の順に読む。）

例 牀《しやう》前《ぜん》看《み》ル二月光一チ （牀前《ショウ しやうぜん》月光を看る）

寝台《しんだい》

[1] [2] [5] [3] [4]

3 上・下点…一・二点を付けた部分をはさんで、上点《じょう》から下点《げ》に返って読むときに用いる。（「上・中・下」の場合もある。）

例 有リ下朋《とも》自《よ》リ二遠方一来《き》タル上。 （朋遠方より来たる有り。）

[6] [1] [4] [2] [3] [5]

例 不《ず》下為《ため》ニ二児《じ》孫《そん》ノ一買ハ中美《び》田《でん》チ上。 （児孫の為に美田を買はず。）

子供や孫　よく肥えた田地

[7] [3] [1] [2] [6] [4] [5]

4 一レ点《いちれ》・上レ点《じょうれ》…レ点で返った字からさらに一字以上を隔《へだ》てて上点に返って読むときに用いる。（二レ点、中レ点などはない。）

例 楚《そ》人《ひと》ニ有リ下鬻《ひさ》グ二盾《たて》ト与《と》一レ矛《ほこ》チ者上。 （楚人に盾と矛とを鬻ぐ者有り。）

[1] [2] [8] [6] [3] [5] [4] [7]

例 不《ず》レ欲《ほっ》セ下与《と》二廉《れん》頗《ぱ》一争《あらそ》フコトヲ上レ列《れつ》チ。 （廉頗と列を争《あらそ》ふことを欲《ほっ》せず。）

戦国時代の趙《ちょう》の武将

[7] [6] [3] [1] [2] [5] [4]

（**注**）＊游説
各国を巡《めぐ》って、君主に自己の説を主張すること。

参考

「刎頸の交わり」

上段**4**の例「不レ欲セ下与二廉頗一争上レ列《フコトヲ》。」は、『史記《しき》』の「廉頗藺相如列伝《りんしょうじょ》」の一部である。この話からは「刎頸《ふんけい》の交わり（互《たが》いのためには首をはねられても後悔《こうかい》しないほどの親しい交わり）」という故事成語が生まれている。廉頗は、戦国時代の武将。藺相如は文臣である。

「廉頗が、自分は武功があるのに文臣たる藺相如が口先だけの働きで手柄《てがら》を立て、自分より上位にあるということに怒《おこ》った。しかし、その後、藺相如の徳に服して刎頸の交わりを結んだ」という故事によっている。

◆ 送り仮名

送り仮名は、漢文を訓読するために、もともとの漢文にはない日本語の助詞・助動詞・活用語の活用語尾《ごび》などを補うために添《そ》える仮名で、文語の文法にしたがい、歴史的仮名遣《づか》いを用い、漢字の右下に片仮名で付ける。主に次のようなきまりがある。

1 助詞・助動詞…文意により必要な助詞・助動詞を補う。

例 己ノ所ハレ不《ざ》ルレ欲《ほつ》セ （己**の**欲《ほっ》せざ**る**所**は**）→「ノ・ハ」は助詞、「不」は助動詞「不《ず》」で、「不ル」のように語尾の一部のみを送る。

2 活用語（動詞・形容詞・形容動詞）…その活用語尾を送る。誤読のおそれがある場合は、「来**たる**→来タル」のように語幹の一部から送ることもある。

例 今無シ二一《いち》人《にん》ノ還《かへ》ルモノ一。 （今一人の還《かへ》**る**もの無**し**。）→「無シ」は形容詞、「還ル」は動詞。

例 樹《き》欲《ほつ》スレドモレ静カナラント （樹静**かならん**と欲《ほっ》**すれ**ども）→「静カナラ」は形容動詞。「欲スレ」は動詞。

ほかに、副詞から転じた活用語は、「再**びす**→再ビス」のようにもとの副詞の送り仮名の部分から送る。

3 副詞…最後の一字を送る。「就中《なかんづく》」などの漢字二字の副詞は送らない。

例 既《すで》ニ罷《や》メテ帰ルレ国ニ。 （既**に**罷めて国に帰る。）→「既ニ」は副詞。

4 接続詞…最後の一字を送る。

例 故《ゆゑ》ニ知ル二守《しゆ》成《せい》ノ難《かた》キヲ一。 （故《ゆゑ》**に**守成《しゆせい》の難きを知る。）→「故ニ」は接続詞。

守成：事業を固め守ること

参照 395ページ **文語文法**
392ページ **歴史的仮名遣い**

くわしく

会話文と引用文

漢文には会話文や引用文が多い。その表し方は次のようになる。

・会話文の直前には、「曰《いハク》」が付くことが多い。

・会話文や引用文の終わりに格助詞「ト」を送る。

例 曰《いハク》、「莫《なキ》二能《よク》陥《とほス》一也《なリト》。」

→曰はく、「能く陥《とほ》す莫きなり。」**と**。

発展

再読文字のとき

再読文字（二度訓読みする文字）の送り仮名の付け方と書き下し文のきまりは次のようになる。

①**送り仮名**…最初に読む副詞の部分の送り仮名を右下に送り、返って再び読

◆書き下し文

漢文を訓読のきまりにしたがって**漢字仮名交じり文**に改めたものを**書き下し文**という。歴史的仮名遣いを用い（文語文にする）、送り仮名は平仮名で書く。主に次のようなきまりがある。

1 日本語の**助詞**（「之《の》・哉《や》」など）・**助動詞**（「不《ず》・可《べし》・如《ごとし》」など）に当たる漢字は**平仮名**にし、その他の動詞・名詞・副詞などの**自立語**は漢字のままで書く。

例 一寸ノ光《くわう》陰《いん》**不**《ず》レ**可**《べ》カラレ軽ンズ。（一寸の光陰《コウくわういん》軽んず**べ**から**ず**。）

2 **訓読しない漢字**（置き字「而・矣・於」など）は書き下し文には書かない。

例 過《あやま》チテ**而**不《ざ》ルレ改メ、是《こ》レ謂《い》フレ過チト**矣**。（過ちて改めざる、是れを過ちと謂ふ《ウ》。）

確認問題

問1 次の(1)〜(3)について、□を漢字として、返り点にしたがって読む順序を算用数字で書きなさい。

(1) □ □レ□ □レ□

(2) □ □ □ □二□ □ □一

(3) □下□二□ □ □ □レ□ □上

問2 次の漢文を書き下し文に直しなさい。

温メテレ故《ふる》キヲ而知レバレ新シキヲ、可《べ》シ二以《もつ》テ為《た》ル一レ師矣。

む助動詞（または動詞）の活用語尾を左下に送る。

例 当《まさ》ニ《ベシ》二勉《べん》励《れい》ス一。

（当に勉励すべし。）↓「当ニ―ベシ」が再読文字「当」の読み方。

②**書き下し文**…最初に読む副詞の部分は漢字で、返って再び読む助動詞（または動詞）は平仮名で書く。

例 過《ギタルハ》猶《な》ホ《ごとシ》レ不《ざ》ルガレ及《およ》バ。

（過ぎたるは**猶**ほ《オ》及ばざるが**ごとし**。）

↓「猶ホ―ごとシ」が再読文字「猶」の読み方。

参照 544ページ 再読文字
545ページ 置き字

確認問題解答

問1 (1) 1 3 2 5 4
(2) 1 2 3 7 4 5 6
(3) 8 6 1 2 3 5 4 7

問2 故きを温めて新しきを知れば、以て師為るべし。

2 漢詩のきまりと技法

◆漢詩とは

漢詩とは、主に中国の古い時代の人々が書いた詩で、最古の漢詩集は周《しゅう》の時代に作られた『詩経《しきょう》』であるといわれている。唐《とう》代に最盛期を迎《むか》え、日本の文学にも多大な影響《えいきょう》を与《あた》えた。漢詩は大きく**古体詩**《こたいし》(唐代以前に成立した形式の詩)と**近体詩**《きんたいし》(唐代以降の形式の詩)とに分けられ、私たちが学習する多くは近体詩である。ここでは、近体詩について理解しよう。

◆漢詩の形式と種類

近体詩の代表的なものには**絶句**《ぜっく》と**律詩**《りっし》があり、**句数(行数)**と**各句の文字数**で分類される。

絶句は、全体が**起・承・転・結**の**四句**から成る詩で、一句の字数が五字と七字のものがある。一句が五字のものを**五言**《ごごん》**絶句**、七字のものを**七言**《しちごん》**絶句**という。

律詩は、二句で一まとまりの一聯《いちれん》を作り、全体が**首聯**《しゅれん》・**頷聯**《がんれん》・**頸聯**《けいれん》・**尾聯**《びれん》の**八句**から成る詩である。一句の字数が五字と七字のものがある。一句が五字のものを**五言律詩**、七字のものを**七言律詩**という。

◆漢詩の技法

1 対句《ついく》…互《たが》いに対応する二つの句の、文法構造が一致《いっち》するか、または類似し、相対する用語が対照的な意味をもつもの。意味を強めたり印象を深めたりする。

律詩では、第三句と第四句(頷聯)、第五句と第六句(頸聯)にそれぞれ対句を用いるきまりがある。律詩のそれ以外の句や絶句には、対句を用いるきまりはないが、用いてもかまわない。

くわしく

詩句の構成と展開

漢詩は、それぞれの詩形によって、次のような構成と展開をする。

①絶句

起句(第一句)…詩の内容をうたい**起こす**。

承句(第二句)…起句を**承**《う》けて、展開する。

転句(第三句)…内容を**転**じる。

結句(第四句)…全体をまとめて**結ぶ**。

②律詩

首聯(第一・二句)、頷聯(第三・四句)、頸聯(第五・六句)、尾聯(第七・八句)の各聯が絶句の起承転結に当たり、同じ役割をもつ。

くわしく

技法の例

①対句

風物 色彩《しきさい》 **風物 色彩**

例

江 碧 鳥 逾 白

山 青 花 欲 然

2 押韻《おういん》…漢詩の句末を同じ響《ひび》きの音（「**韻**」という）であわせるきまり。**押韻する**または**韻を踏《ふ》む**という、詩のリズムを整える働きがある。原則として五言詩は偶数《ぐうすう》句末、七言詩は第一句末と偶数句末に押韻する。

◆漢詩の読み方

漢詩はリズムを重んじるので、一句の中にもリズムによる意味の切れ目がある。意味の切れ目を意識して音読しよう。

確認問題

問1 次の漢詩を読んで、あとの問いに答えなさい。

江《かう》雪《せつ》　柳《りう》《リュウ》宗元《そうげん》

千山鳥飛ブコト絶エ
万《ばん》径《けい》人《＊じん》蹤《しよう》滅《めつ》ス
孤《こ》舟《しう》蓑《さ》笠《りふ》ノ翁《をう》
独リ釣《つ》ル二寒江ノ雪ニ一

千山鳥飛ぶこと絶え
万径人蹤滅《しようめつ》《ショウメツ》す
孤《こ》舟《しう》《シュウ》蓑《さ》笠《りふ》《リュウ》の翁《をう》《オウ》
独り寒江《かんかう》《コウ》の雪に釣る

（注）＊人蹤＝人の足跡《あしあと》。

(1) この詩の形式を次から選びなさい。
ア 五言絶句　**イ** 七言絶句　**ウ** 五言律詩　**エ** 七言律詩

(2) この詩で対句になっているのは第何句と第何句か書きなさい。

・句全体も、句の中の各語も、互いに対応している。

②押韻

絶句　杜甫《とほ》
江《かう》ハ碧《みどり》ニシテ鳥ハ逾《いよい》ヨ白ク
山ハ青クシテ花ハ欲《ほつ》スレ然《も》エント　…**ネン**(nen)
今春看《みすみ》ス又《また》過グ
何《いづ》レノ日カ是《こ》レ帰ル**年**ゾ　…**ネン**(nen)
└─**押韻**─┘

・音読みにして確かめる。

参考
参照 500ページ **意味の切れ目**

確認問題解答
問1 (1) **ア**　(2) 第一句と第二句

解説
問1 (1) 一句が五字なので「五言」、四句から成るので「絶句」である。(2) 第一句では「天」を、第二句では「地」をうたい、広大な自然を描写《びょうしゃ》している。

作品別の読解

1 故事の内容を読み取る

◆画竜点睛《がりようてんせい》

張《ちやう》僧《そう》繇《えうハ》、呉《ご》中《ちゆうノ》人也《なり》。武《ぶ》帝《てい》崇《すう》二‐飾《しよくスルニ》仏寺《ヲ》一、多《ク》命《ジテ》二
僧繇《ニ》一画《ゑがカシム》レ之《これニ》。金《きん》陵《りようノ》安《あん》楽《らく》寺《じノ》四《し》白《はく》竜《りようハ》、不《ず》レ点《ゼ》二眼《がん》睛《せいヲ》一。
毎《つねニ》云《いフ》、「点《ゼバ》レ睛《ひとみヲ》即《すなはチ》飛《ビ》去《ラント》。」人以《もつテ》為《なシ》二妄《まう》誕《たんト》一、固《ク》請《こヒテ》点《ゼシム》レ之《ヲ》。
須《しゆ》臾《ゆニシテ》雷《らい》電《でん》破《リ》レ壁《かべヲ》、両竜乗《リ》レ雲《ニ》、騰《とう》去《きよシテ》上《ル》レ天《ニ》。二竜
未《いまダざル》レ点《ゼ》レ眼《まなこヲ》者《は》見《げんニ》在《リ》。

ポイントガイド

出典…歴代名画記《れきだいめいがき》
時代…晩唐《ばんとう》の9世紀半ばに成立した。
編者…張彦遠《ちようげんえん》
故事の意味…物事を完成させるために最後に加える大切な仕上げ。

くわしく

この逸話の本来の目的

この故事（逸話《いつわ》）は、『歴代名画記』という、中国の絵画の歴史や歴史上の名画について評論した書物に載《の》っているものである。

その逸話は、張僧繇という画家の力量のすばらしさを伝えるためのものである。張僧繇が、竜の瞳を描き入れなかったのは、あえて不完全にすることによって、竜が飛び去ってしまわないようにするためであった。というのは、完全なものにしてしまえば、絵の竜は本物の竜になり、飛び去ってしまうことを知ってい

張《ちやう》《チョウ》僧《そう》繇《えう》《ヨウ》は、呉中《ごちゆう》の人なり。武帝《ぶてい》が仏寺を崇飾《すうしよく》《ショク》するに、多く僧繇に命じて之《これ》に画《ゑが》《エ》かしむ。
（中国の南北朝時代の画家　現在の中国江蘇省蘇州市　である　南北朝時代の梁の国の皇帝　立派に装飾する(とき)　僧繇　描《か》かせた）

金陵《きんりよう》《リョウ》の安楽寺《あんらくじ》の四白竜《しはくりよう》《リョウ》は、眼睛《がんせい》を点ぜず。毎《つね》に云《い》《ウ》ふ、「睛《ひとみ》を点ぜば即《すなは》《ワ》ち飛び去らん。」と。人は以《もつ》《ッ》て
（現在の中国江蘇省南京市の寺院　四匹の白い竜　ひとみ　描き入れていない　いつも　言うには　描き入れれば　すぐに　飛び去っ　てしまうだろう　(その言葉を聞いて)）

妄誕《まうたん》《モウ》と為《な》し、固く請《こ》《イ》ひて之を点ぜしむ。須臾《しゆゆ》《シュ》にして雷電《らいでん》が壁《かべ》を破り、両竜が雲に乗り、騰去《とうきよ》《キョ》し
（でたらめなこと(を言う)と思い無理に　頼んで　ひとみ　描き入れ　させた　たちまち　雷鳴と稲妻　二匹の竜　躍り上がって）

て天に上る。二竜で未《いま》だ眼《まなこ》を点ぜざるは見《げん》に在り。
（二匹の竜　まだ　描き入れて　いなかった(もの)　現在も残っている）

口語訳

張僧繇は、呉中の人である。武帝が仏教の寺を立派に装飾するときに、多く僧繇に命じて（絵を）描かせた。金陵の安楽寺の四匹《ひき》の白い竜《りゅう》は、瞳《ひとみ》を描き入れていなかった。（僧繇が）いつも言うには、「瞳を描き入れれば、すぐに飛び去ってしまうだろう。」と。人々はでたらめ（を言っている）と思い、無理に頼《たの》んで瞳を描き入れさせた。たちまちにして、雷鳴《らいめい》と稲妻《いなずま》が壁を破って、（瞳を描き入れた）二匹の竜が雲に乗り、躍《おど》り上がって天に昇《のぼ》ってしまった。二匹の竜で、まだ瞳を描き入れていなかったものは、現在も残っている。

確認問題

問1 ――線部「点ぜず」の主語として適切なものを次から選びなさい。

ア 張僧繇　**イ** 武帝　**ウ** 四白竜　**エ** 雷電

たからである。つまり、それほどの神業《かみわざ》の持ち主であったということを伝えている。

現在の「画竜点睛を欠く」は、「よくできていても最後の仕上げが欠けているため完全ではないこと」の意。

確認問題解答

問1 **ア**

解説

問1 「点ず」は、「筆で点をうつ。描《えが》く」の意味。「点ぜず」とは、張僧繇が、四匹の竜(について)は瞳を描き入れなかったということ。すぐ前に「四白竜は、」とあるので**ウ**と誤らないように注意する。張僧繇が眼睛を点じなかった理由は、「毎に云ふ、『睛を点ぜば即ち飛び去らん。』と。」である。

◆ 蛇足《だそく》

楚《そ》ニ有リ二祠《まつ》ル者一。賜《たま》フ二其《そ》ノ舎《しゃ》人《じん》ニ卮《し》酒《しゅ》ヲ一。舎人相《あひ》謂《い》ヒテ曰《い》ハク、「数人飲マバレ之《これ》ヲ不《ず》レ足ラ、一《いち》人《にん》飲マバレ之ヲ有ランレ余リ。請《こ》フ画《ゑが》キテレ地ニ為《つく》リレ蛇《へび》ヲ、先《ま》ヅ成ル者飲マントレ酒ヲ。」一人ノ蛇、先ヅ成ル。引イテレ酒ヲ且《まさ》ニすレ飲マントレ之ヲ。乃《すなは》チ左手ニ持チレ卮《し》ヲ、右手ニ画キテレ蛇ヲ曰ハク、「吾《われ》能《よ》ク為《な》サント二之ガ足ヲ一。」未《いま》ダざルニレ成ラ、一人之《の》蛇成ル。奪《うば》ヒテ二其ノ卮ヲ一曰ハク、「蛇ハ固《もと》ヨリ無シレ足。子《し》安《いづ》クンゾ能ク為サント二之ガ足ヲ一。」遂《つひ》ニ飲ム二其ノ酒ヲ一。為ル二蛇ノ足ヲ一者、終《つひ》ニ亡《うしな》フ二其ノ酒ヲ一。

楚《そ》に祠《まつ》る者有り。其《そ》の舎人《しやじん》《シャ》に卮酒《ししゆ》《シュ》を賜《たま》ふ《ウ》。舎人相謂《あひい》《イ》ひ《イ》て曰《い》は《ワ》く、「数人之《これ》を飲まば足らず、一人《いちにん》之を飲まば余り有らん。請《こ》ふ《ウ》地に画《ゑが》《エ》きて蛇《へび》を為《つく》り、先《ま》づ《ズ》成る者酒を飲まん。」と。

祭りをつかさどる者が　あった
門人　大さかずき一杯の酒　与えた
（舎人）が　話し合って　言うには
（数人）で　卮酒　飲めば
ない（が）
（一人）で　有る
だろうどうだろうか絵を描《か》いて　作り
最初に　できた
（者）が　飲もう

ポイントガイド

出典…戦国策《せんごくさく》

時代…前漢《ぜんかん》時代末期の紀元前後のころに成立した。

編者…劉向《りゅうきょう》

故事の意味…よけいなもの。あっても意味のないもの。

くわしく

全体の話の内容

楚の武将が魏《ぎ》を破り、さらに斉《せい》を攻めようとするときに、楚の説客《ぜいかく》(遊説《ゆうぜい》する弁士)が「蛇足」の話をし、「斉は十分にあなたを恐《おそ》れている。これ以上功績を上げても、現在の地位以上の出世は望めない。引き際《ぎわ》を考えないと自滅《じめつ》して、その地位は後任の者に移ってしまう。それでは、蛇の足を描くようなものだ」と言って、進軍を思いとどまらせたという逸話《いつわ》である。

一人の蛇が、先づ《ズ》成る。酒を引いて且《まさ》に之を飲まんとす。乃《すなは》ち左手に巵《し》を持ち、右手に蛇を画きて
（手元に）引き寄せて　いまにも飲もうとしている　そこで　大きなさかずき

曰は《ワ》く、「吾《われ》は能《よ》く之が足を為《な》さん。」と。未《いま》だ成らざるに、一人の蛇が成る。其の巵を奪《うば》ひ《イ》
わたし　できる　の　描こう（と思えば）　まだ（足が）　描きあがら　ない（うち）　（もう）　（その男は）（最初の男の）

て曰は《ワ》く、「蛇は固《もと》より足は無し。子《し》は安《いづ》くんぞ能く之が足を為さん。」と。遂《つひ》に其の酒を飲む。蛇の
その大きなさかずき　はじめから　ない　どうして　描けるものか　その結果（その男が）

足を為る者は、終《つひ》に其の酒を亡《うしな》ふ《ウ》。
描いた　とうとう　飲みそこなった

口語訳

楚の国に、祭りをつかさどる者があった。その人は、門人たちに大さかずき一杯《いっぱい》の酒を与《あた》えた。門人たちが、互《たが》いに話し合って言うには、「数人（みんな）でこの酒を飲んだら足らないが、一人でこれを飲んだら十分すぎるほどだろう。どうだろう、地面に蛇の絵を描《えが》いて、最初にできた者が酒を飲むことにしようではないか」と。（みんなは描きはじめ、）一人の蛇がまず描きあがった。（その男は）酒を引き寄せて、今にも飲もうとしている。そして、左手に大さかずきを持ち、右手で蛇を描き続けて言うには、「私は、蛇の足だって描けるよ」と。（その足が）まだ描き終わらないうちに、もう一人の蛇が描きあがった。（その男は、最初の男から）大さかずきを奪い取って言うには、「蛇には、もともと足はない。君は、どうして蛇の足を描けるものか（描けたならば、それは蛇ではない）」と。その結果、（その男が）その酒を飲んでしまった。蛇の足を描いた人は、とうとうその酒を飲みそこなった。

確認問題

問1 この故事からできた「蛇足」の意味を書きなさい。

確認問題解答

問1 よけいなもの。

解説

問1 蛇の足を描くという「よけいなこと」をしたために、せっかくいちばん先に蛇を描きあげたのに酒を飲みそこねてしまったというのが、この故事の要点。そこから「蛇足」は「よけいなもの。あっても意味のないもの」の意味となった。男のした失敗とは、自分が描きあげた蛇の絵を、自分で蛇の絵ではなくしてしまったということ。よけいな付け足しをしたために全体をだめにしてしまったのである。

矛《む》盾《じゅん》

楚《そ》人《ひとニ》有《リ》下鬻《ひさグ》二盾《たてト》与《とヲ》レ矛《ほこ》者上。誉《ほメテ》レ之《これヲ》曰《いハク》、「吾《わガ》盾之《の》堅《かたキコト》、莫《なキ》二能《よク》陥《とほスモノなりト》一也。」又《また》、誉《メテ》二其《そノ》矛《ヲ》一曰《ハク》、「吾《ガ》矛之利《とキコト》、於《おイテ》レ物《ニ》無《キ》レ不《ざル》レ陥《サ》也《ト》。」或《あるヒト》曰《ハク》、「以《もつテ》二子《し》之矛《ヲ》一、陥《サバ》二子之盾《ヲ》一、何如《いかんト》。」其《ノ》人弗《ざル》レ能《あたハ》レ応《こたフルコト》也。夫《それ》不《ル》レ可《べカラ》レ陥《ス》之盾《ト》、与《とハ》二無《キ》レ不《ル》レ陥《サ》之矛一、不《ず》レ可《カラ》二同《ジクシテ》レ世《ヲ》而立《ツ》一。今、堯《ぎょう》・舜《しゅん》之不《ルハ》レ可《カラ》二両《ふたツナガラ》誉《ム》一、矛《む》盾《じゅん》之説也。

楚《そ》人《ひと》に盾《たて》と矛《ほこ》とを鬻《ひさ》ぐ者……有り。之《これ》を誉《ほ》めて曰《い》はく、「吾《わ》が盾の堅《かた》きこと……、能《よ》く陥《とほ》すもの……莫《な》きなり。」と。又《また》、其《そ》の矛を誉めて曰は《ワ》く、「吾が矛の利《と》きこと……、物に於《お》いて陥さざる……無きなり。」と。

（楚の国の人／売る／が／私の／は／突き通せる／はない　のだ／鋭い／は／どんな物でも／突き通さない(こと)／はない　のだ）

ポイントガイド

出典…韓非子《かんぴし》

時代…戦国時代末期の紀元前3世紀に成立したと考えられる。

編者…韓非とその一派。

故事の意味…つじつまが合わないこと。

くわしく

「曰はく」の意味

「曰はく」は、「言うことには」という意味を表す古い表現。漢文では「だれそれ曰はく、……と。」という形でよく使われる。

或《ある》ひと曰はく、「子《し》の矛を以《もっ》《ツ》て、子の盾を陥さば何如《いかん》。」と。其の人応《こた》《ウ》ふること能《あた》《ワ》はざるなり。

が　あなた　突いたら　どうなるか　は　答える　が　できなかった

夫《そ》れ陥すべからざるの盾と、陥さざる無きの矛とは、世を同じくして立つべからず。今、

そもそも　突き通すことができない　突き通さない(もの)のない　存在することはできない

堯《ギョウ》《ぎょう》・舜《シュン》《しゅん》の両《ふた》つながら誉むべからざるは、矛《む》盾《じゅん》《ジュン》の説なり。

を　褒《ほ》めることができないのは

口語訳

楚の国の人で盾と矛とを売る者がいた。その盾を自慢《じまん》して言うには、「私の盾の堅いこと（といったら）、突《つ》き通せるものはないのだ。」と。さらに、その矛を自慢して言うには、「私の矛の鋭《するど》いこと（といったら）、どんなものでも突き通さないことはないのだ。」と。（すると、）ある人が言うには、「あなたの矛で、あなたの盾を突いたら、どうなるか。」と。その人は答えることができなかった。そもそも、突き通すことができない盾と、突き通さないもののない矛は、同時に存在することはできない。（ところで）今、堯と舜とを（同時に聖人として）二人とも褒《ほ》めることができないのは、この矛と盾の話と同じ理屈《りくつ》である。

確認問題

問1 ——線部「其ノ人」と同じ人を指している言葉を、「子」とは別に漢文中から二つ探して書き抜《ぬ》きなさい。

くわしく

商人の困惑

ある人に質問されて、「その人」は「答えることができなかった」とある。自分で説明していた矛と盾の特徴《とくちょう》が、両方を合わせると食い違《ちが》ってしまうことになるからである。そこから「矛盾」という言葉が生まれた。

参考

韓非子

法律を整えて国を治めることを訴《うった》えた思想家の韓非の考えを、寓話《ぐうわ》などを用いて表したもの。

確認問題解答

問1 楚人
鬻盾与矛者

解説

問1 本文冒頭《ぼうとう》の、盾と矛を売る楚の国の人を指す。

故事成語・中国の名句名言

青《あお》は藍《あい》より出《い》でて藍《あい》より青《あお》し

教えを受けた者が、師よりも優れること。

●荀子《じゅんし》が学問の重要性を説くために言った言葉から。あとに「氷は水よりつくりて水よりも寒《つめた》し」と続く。青色の染料は藍という植物から作られるが、その色彩《しきさい》は、原料である藍《あい》草《くさ》よりもさらに青い、の意味。弟子がその師（先生）を越えて優れること。「出藍《しゅつらん》の誉《ほま》れ」とも言う。［荀子］

羹《あつもの》に懲《こ》りてなますを吹《ふ》く

失敗に懲りて、用心をしすぎること。

●熱い吸い物（羹）で口にやけどした者が、そのあとは、冷たいあえもの（なます）まで吹き冷ましてから食べた。［楚辞《そじ》］

一将功成《いっしょうこうな》りて万骨枯《ばんこつか》る

功名を立てた者の陰《かげ》には、そのために犠牲《ぎせい》となった人が数多くいるものだということ。

●一人の将が功名を上げるために、戦死して白骨をさらした多数の兵の犠牲があることを忘れてはならないという戒《いまし》めを含《ふく》む。唐《とう》の詩人曹松《そうしょう》の詩の一節。

隗《かい》より始《はじ》めよ

①大事をするときには、まず手近なところから始めるのがよい。②何事もまず言い出した者から実行せよ。

●燕《えん》の国の昭王《しょうおう》が人材を集めようとして郭隗《かくかい》という人物に尋《たず》ねると、この隗を優遇《ゆうぐう》するところから始めれば、やがて自分以上の人物がやってくるだろうと言った。［戦国策《せんごくさく》］

臥薪嘗胆《がしんしょうたん》

復讐《ふくしゅう》のためあらゆる苦労を耐《た》え忍《しの》ぶこと。成功を期し苦難に耐えること。

●呉《ご》と越《えつ》の戦いで戦死した呉王の子が、父親の恨《うら》みを忘れまいと薪《たきぎ》の中で寝《ね》起きして、ついに越王を降伏《こうふく》させた。越王は、獣《けもの》の苦い胆《きも》をなめて復讐《ふくしゅう》を誓《ちか》い、呉王の子を破った。［十八史略《じゅうはっしりゃく》］

苛政《かせい》は虎《とら》よりも猛《たけ》し

悪政は、人食い虎よりも恐《おそ》れられる。過酷《かこく》な政治はするなという戒《いまし》め。

●孔子《こうし》が墓前で泣き悲しんでいる婦人を見て訳を尋《たず》ねると、養父・夫・息子を虎に食い殺されたと言う。なぜ、そんな危険な土地から離《はな》れないのかと問うと、ここには苛政（税や刑罰《けいばつ》が厳しい政治）がないからだと答えた。［礼記《らいき》］

隔靴掻痒《かっかそうよう》

もどかしいこと。

●靴《くつ》の外側から足のかゆい部分を掻《か》くのでは、かゆいところに手が届かず、思うようにいかない。［詩話総亀《しわそうき》］

画竜点睛《がりょうてんせい》

物事を完成させるために最後に加える大切な仕上げ。⬇484ページ

管鮑《かんぽう》の交《まじ》わり

非常に親しい交際のこと。

●斉《せい》の国にいた管仲《かんちゅう》と鮑叔《ほうしゅく》という二人は仲がよく、貧しく老母を抱《かか》えた管仲が商売の分け前を多く取ったり、戦《いくさ》で逃《に》げ帰ってきたりしても、鮑叔は一言もとがめなかった。二人

は、利害得失を抜《ぬ》きにし、どんな境遇《きょうぐう》にあっても変わらぬ友情をもち続けた。［列子《れっし》］

杞憂《きゆう》

取り越《こ》し苦労。無用の心配。

●周《しゅう》の時代の杞《き》の国の人が、天が落ち、地が崩《くず》れたらどうしようと思い悩《なや》み、寝ることも食べることもできなくなった。［列子《れっし》］

玉石混淆《ぎょくせきこんこう》

よいものとつまらないものとが入り交じっていること。

●晋《しん》の葛洪《かっこう》が「近ごろは大人物《だいじんぶつ》が現れず真と偽《ぎ》が逆になり、宝と石が入り交じって嘆《なげ》かわしい」と時勢を批判《ひはん》した。「混淆」は入り交じること。［抱朴子《ほうぼくし》］

漁父《ぎょふ》（夫）の利《り》

二者が互《たが》いに争っているすきに、第三者が利益を横取りすること。

●戦国時代、蘇代《そだい》が趙《ちょう》の恵文王《けいぶんおう》に語った話。口を開けたはまぐりの肉をついばもうとしたしぎが、くちばしをはさまれた。お互いが相手を放そうとせずに争っているところを、漁師が両方とも捕《つか》まえた。［戦国策《せんごくさく》］

義《ぎ》を見《み》てせざるは勇無《ゆうな》きなり

人として当然行うべき正義と知りながら、それを実行しないのは勇気がないからだ。

●「其《そ》の鬼《き》に非《あら》ずして之《これ》を祭るは諂《へつら》うなり。義を見て為《な》さざるは勇無きなり（＝自分の祖先ではない霊《れい》を祭るのはへつらいというものだ。人として為《な》すべき正しいことと知りながら、それを行わないのは勇気がないというものだ）」より。［論語《ろんご》・為政《いせい》］

鶏口《けいこう》となるも牛後《ぎゅうご》となるなかれ

大きい団体で人のしりについているよりは、小さい団体でもその長となったほうがよい。

●戦国時代、秦《しん》が強くなったとき、蘇秦《そしん》が、韓《かん》・魏《ぎ》・趙《ちょう》・楚《そ》・斉《せい》・燕《えん》の六国の王に、秦に従属することなく、一国の王として、連合して秦に立ち向かうべきだと説いた。［史記《しき》］

捲土重来《けんどちょうらい》

一度戦いに敗れた者が、再び勢いを盛り返して攻め寄せてくること。

●「捲土」とは、土煙《つちけむり》を巻き上げること。唐《とう》の詩人杜牧《とぼく》は、もしも項羽《こうう》が故郷に帰って再起を図っていたなら、「江東《こうとう》（項羽の故郷）の子弟才俊《さいしゅん》多し、捲土重来、未《いま》だ知るべからず（勝敗はどうなっていたかわからない）」とうたった。［烏江亭《うこうてい》に題《だい》す］

呉越同舟《ごえつどうしゅう》

仲の悪い者どうしが同じ場所に居合わすこと。敵どうしが共通の困難に当たり協力し合うこと。

●春秋《しゅんじゅう》時代、揚子江《ようすこう》下流の呉と越の国は常に戦争をしていた。敵同士の呉の人と越の人でも、同じ舟《ふね》に乗り合わせて嵐《あらし》にあえば、日頃《ひごろ》の憎《にく》しみを忘れ助け合った。［孫子《そんし》］

虎穴《こけつ》に入《い》らずんば虎子《こじ》を得《え》ず

危険を冒《おか》さなければ大きな成果は得られない。

●漢の国の班超《はんちょう》が西域に派遣《はけん》され、手厚い待《たい》遇《ぐう》を受けていたが、ある日を境に冷遇《れいぐう》された。それは、匈奴《きょうど》（漢の脅威《きょうい》となっていた北《ほっ》方《ぽう》民族）の使者が来ているためとわかった。班超は、「虎の穴に入らなくては虎の子は得られない」と部下を励《はげ》まし、匈奴の使者の軍を全滅《ぜんめつ》させた。［後漢書《ごかんじょ》］

五十歩百歩《ごじっぽひゃっぽ》

違《ちが》うように見えても、実際はほとんど変わりがないこと。

●梁《りょう》の恵王《けいおう》が、善政を行う自国と、そうでない隣国《りんごく》とで人口の増減が変わらない理由を孟《もう》子《し》に尋《たず》ねた。孟子《もうし》は「戦場で五十歩退却《たいきゃく》した者が、百歩退却した者を臆病《おくびょう》だと笑うのはどうか」と尋《たず》ねた。恵王《けいおう》は、逃《に》げたことに変わりはないと答えた。孟子は、王の善政もこれと同じだと言った。［孟子］

塞翁《さいおう》が馬《うま》

人生の幸不幸は予測できないものであること。

●国境の砦《とりで》(塞)近くに住んでいた老人が飼っている馬に逃げられたが、やがてその馬は別の良い馬を連れて戻《もど》ってきた。しかし、その馬に乗って遊んでいた息子は落馬して足を折った。戦争が起こり若者はみな徴兵《ちょうへい》されて戦死したが、息子は足のけがのために徴兵されずに無事であった。［淮南子《えなんじ》］

四面楚歌《しめんそか》

自分の周りがみな敵で、助けもなく孤立《こりつ》すること。

●楚《そ》の項羽《こうう》が漢《かん》の劉邦《りゅうほう》と戦っていたとき、四面を敵軍に囲まれた。夜になり、敵の陣地《じんち》から楚の国の歌が聞こえてきたのを受けて、すでに楚の国は漢に降伏《こうふく》してしまったと思って嘆《なげ》いた。［史記《しき》］

将《しょう》を射《い》んと欲《ほっ》すればまず馬《うま》を射《い》よ

大きな目的を達成するには、対象に直接当たるより、周辺の問題を片づけるのが先決である。

●唐《とう》の詩人杜甫《とほ》の詩の中に「人を射ば先《ま》ず馬を射よ。敵を擒《とりこ》にせば先ず王を擒《とりこ》にせよ」とある。［前出塞《ぜんしゅつさい》の詩《し》］

大器晩成《たいきばんせい》

大人物《だいじんぶつ》は早くからは目立たず、年を取ってから大成すること。

他山《たざん》の石《いし》

他の人の言動を、自分の修養のための参考として役立たせること。自分より劣《おと》ったものや無関係のものでも、自分の向上のために役立つこと。

●他の山から採れた石が、自分の持つ玉(宝石)より粗悪《そあく》であっても、自分の玉を磨《みが》く石として役立つ。「他山の石、以《もっ》て玉《たま》を攻《おさ》むべし」。［詩経《しきょう》］

蛇足《だそく》

よけいなもの。あっても役に立たないもの。

➡486ページ

断腸《だんちょう》の思《おも》い

はらわたがちぎれるほどの痛切な思い。深い悲しみ。

●晋《しん》の桓温《かんおん》が三峡《さんきょう》を過ぎるとき、従者が猿《さる》の子を捕《と》らえた。母猿が追って百里余り(約七キロ)もついてきて、泣き叫《さけ》んで死んでしまった。腹をさいてみると、腸がちぎれていた。桓温は怒り、従者を首にした。［世説新語《せせつしんご》］

朝三暮四《ちょうさんぼし》

①うまい言葉で人をだまし、からかうこと。②目先の違《ちが》いに気をとられ、結果が同じことに気がつかないこと。

●宋《そう》の狙公《そこう》は多くの猿を飼っていたが、食料が乏《とぼ》しくなってきたので、餌《えさ》のトチの実を朝に三つ、夕方に四つにしたいと猿たちに言うと怒《おこ》りだした。では、朝に四つ、夕方に三つではどうかと言うと、頭を下げて喜んだ。［列子《れっし》］

天網恢恢疎《てんもうかいかいそ》にして漏《も》らさず

天が悪人を捕らえるために張りめぐらした網《あみ》は広大で、網の目も粗《あら》いが、悪人を取り逃《に》がすことは決してない。

●老子《ろうし》の文章に、「天網恢恢、疏《そ》(=疎)にして失わず」とあるのに基づく。

桃李《とうり》言《い》わざれども下自《したおの》ずから蹊《みち》を成《な》す

立派な徳を備えた人の周りには、自然に大勢の人が慕《した》って寄り集まってくる。

●桃《もも》や李《すもも》は何も言うわけではないが、美しい花とおいしい実の魅力《みりょく》にひかれて人々が集まってきて、下にひとりでに小道ができる。［史記《しき》］

虎《とら》の威《い》を借《か》る狐《きつね》

権勢のある者の力を利用していばる人のこと。

●虎が狐を捕らえた。狐は「自分は天帝から百獣《ひゃくじゅう》の長となるように命ぜられているから食べてはならない。信用できないなら、私の後についてきて、獣《けもの》たちが私を恐《おそ》れて逃げるところを見なさい」と言った。獣たちは、狐の後ろの虎を恐れて逃げたが、虎は自分が恐られているとは気づかず、狐の言葉を信じた。［戦国策《せんごくさく》］

敗軍《はいぐん》の将《しょう》は兵《へい》を語《かた》らず

失敗した者は、そのことについて弁解がましいことを言うべきではない。

●「史記」の文章に、「敗軍の将は以《もっ》て勇《ゆう》を言うべからず。亡国の大夫《たいふ》は以て存《そん》を図るべからず(＝戦争に負けた将軍は武勇について語る資格がなく、滅《ほろ》んだ国の家老は国家の存立を考えてはいけない)」とあるのに基づく。

背水《はいすい》の陣《じん》

決死の覚悟《かくご》で敵に立ち向かうこと。全力を尽《つ》くして事に当たること。

●「背水の陣」は、川や沼《ぬま》などを背にして陣を作ること。こうすると、敵を前にしたとき後退できない。漢《かん》の名将韓信《かんしん》が趙《ちょう》と戦ったとき、この方法を用いて勝利を収めたという。［史記《しき》］

覆水盆《ふくすいぼん》に返《かえ》らず

①一度別れた夫婦は、元《もと》の仲には戻れない。②一度してしまったことは取り返しがつかない。

●「覆水」はこぼした水のこと。周《しゅう》の呂尚《ろしょう》(太公望《たいこうぼう》)が読書ばかりして生活を考えないのに愛想《あいそ》を尽《つ》かした妻は離婚《りこん》して去った。やがて呂尚が出世すると、妻は復縁《ふくえん》を望んだ。呂尚は盆(水や酒を盛る器)の水をこぼして、「この水を元どおりにしたら希望どおりにしよう」と言った。［拾遺記《しゅういき》］

病膏肓《やまいこうこう》に入《い》る

①不治の病にかかる。②物事に熱中して手がつけられなくなる。

●「膏」は心臓《しんぞう》の下の部分。「肓」は胸と腹の間の薄《うす》い膜《まく》。これらの周辺は、治療《ちりょう》ができないとされていた。晋《しん》の景公《けいこう》が、夢で二人の子供の姿の病魔《びょうま》を見た。二人は、もうすぐ医者が来るので膏の下、肓の上にいようと言っていた。やってきた医者は、手の施《ほどこ》しようがないと言った。［春秋左氏伝《しゅんじゅうさしでん》］

羊頭《ようとう》を懸《か》げて狗肉《くにく》を売《う》る

見かけだけ立派で内容が伴《ともな》わないこと。

●店先には羊の頭をぶら下げて客を引き、実際には犬(狗)の肉を売りつけるという話に基づく。「羊頭狗肉」とも言う。［無門関《むもんかん》］

李下《りか》に冠《かんむり》を正《ただ》さず

疑惑《ぎわく》を招くような行動はしないほうがよい。

●「瓜田《かでん》に履《くつ》を納《い》れず。李下に冠を正さず(＝うりの田で靴《くつ》を履《は》き直せばうりを盗《ぬす》もうと、すももの木の下で冠を直せばすももを盗もうとしていると思われるので、そのような行動はしない)」という古い詩に基づく。［文選《もんぜん》・古楽府《こがふ》・君子行《くんしこう》］

2 論語《ろんご》

①
子《し》曰《いハク》、三人行《ケバ》、必《ズ》有《リ》二我《ガ》師一焉。択《えらビテ》二其《そノ》善《ナル》者《ヲ》一而従《ヒ》レ之《これニ》、其《ノ》不善《ナル》者《ニシテ》而改《ム》レ之《ヲ》。

②
子曰《ハク》、吾《われ》未《いまダ》《ず》《ト》レ見二剛《がうナル》者《ヲ》一。或《あルヒト》対《こたヘテ》曰《ハク》、申《しん》棖《たうアリト》。
子曰《ハク》、棖也《や》欲《アリ》。焉《いづくンゾ》得《ント》レ剛《ナルヲ》。

③
子曰《ハク》、「君子《ハ》和《シテ》而不《ず》レ同《ゼ》、小人《ハ》同《ジテ》而不《ト》レ和《セ》。」

ポイントガイド

時代…漢代に成立したと考えられる。

編者…孔子《こうし》の直弟子たちが記録したものを、孫弟子たちが編集したものと考えられている。

分野…言行録《げんこうろく》

内容…孔子や弟子たちの発言・問答などを記録している。約五〇〇の章を、二〇編に分けてある。

善と不善…善は見習うべきものだが、不善も自分の行いを反省するきっかけとなるものであるから、どちらも師となるというのである。

剛…精神的な強さをいう。私欲がある限りは、利に屈《くっ》する恐《おそ》れがある。欲がなくなってはじめて、正義や道に生きることができ、「剛」と言い得るというのである。

① 子《し》〈が〉曰《いわ》はく《ワ》、三人〈で〉行けば《(その中に)》、必ず我《自分の》が師〈が〉有り。其《そ》の善なる《自分以外の二人の(うちの)行いの善い》者を択《えら》びて之《これ》《(その者の)善い行い》に従ひ《イ》《見習い》、其の不善《(行いの)善くない》なる者にして之《善くない行い》を改む。

② 子〈が〉曰はく《ワ》、吾《われ》〈は〉未《いま》だ《まだ》剛《がう》《ゴウ》《剛《つよ》い》なる者を見ずと。或《あ》るひと〈が〉対《こた》へ《エ》て《答えて》曰はく《ワ》、申棖《しんたう》《トウ》〈が〉あり《いる》と。子曰はく《ワ》、棖や欲〈が〉あり。焉《いづ》《ズ》んぞ《どうして》剛なるを得んと《できるだろうか(いや、できない)》。

③ 子〈が〉曰はく《ワ》、「君子《人格者》は和して同ぜず、小人《思慮分別の足りない人》は同じて和せず。」と。

口語訳

① (孔) 先生が言われるには、「三人で行動すると、(その中に) 自分の師とすべき者が必ずいるものだ。行いの善い者を選んでその善い行いを見習い、行いの善くない者については、その善くない行いを見て、自分の不善を改めるようになる。(どちらも師となるものだ。)」と。

② (孔) 先生が言われるには、「自分はまだ剛《つよ》い者というのを見たことがない。」と。ある人が答えて言うには、「申棖がおります。」と。(孔) 先生が言われるには、「申棖には欲がある。(欲がある限り) どうして剛くなることができるだろうか、いや、できはしない。」と。

③ (孔) 先生が言われるには、「人格者は他人と調和を図ろうとはするが、訳もなく賛成はしない。思慮《しりょ》分別の足りない人は訳もなく賛成するが、他人と調和を図ろうとはしない。」と。

確認問題

問1 ①の――線部「之を改む」とは、何を改めるのか。口語訳の中から五字で書き抜《ぬ》きなさい。［北海道］

君子…学問的知識と道徳的な行いを身につけた人格者。

小人…自分の欲で行動し、思慮分別が足りないつまらない人物。

和…それぞれの特徴《とくちょう》を合わせて一つに溶《と》け合うこと。

同…外面だけを他と合わせて、同じように見せること。

確認問題解答

問1 自分の不善

解説

問1 「之」が直接指すのは、「不善」である。「不善」なる者の「不善」の行為《こうい》を見て、「自分の不善」を改めるというのである。なお、前の行の「之」が直接指すものは「善」であり、「善なる者の善い行い」に従うというのである。「善と不善」という対比的なものを並べて、どちらにも学ぶ点はあると述べている。

なるほどコラム

孔子とその時代

孔子 〔前五五一～前四七九年〕
中国の春秋《しゅんじゅう》時代の思想家。儒家《じゅか》の始祖。

孔子と『論語』

戦乱の続く中国の春秋時代末期に、仁《じん》（思いやり）と礼（社会的な作法・きまり）の思想によって平和な社会を築こうとしたのが魯《ろ》の国の思想家、孔子である。思想を実現させてくれる君主を求めて諸国を遊説《ゆうぜい》するが、諸国の政情は厳しく、孔子の思想が政治に受け入れられることはなかった。その後、魯に戻《もど》り、弟子たちの教育と著述に専念した。

『論語《ろんご》』は、孔子の言葉や行い、弟子たちとの問答を、孔子の死後、孔子の弟子たちがまとめたもので、「四書」の一つである。

『論語』は、日本にも古くから伝わっており、特に江戸《えど》時代には幕府が儒教を重んじたこともあり、多くの人たちに孔子の思想が広まった。

『論語』にある言葉は、「温故知新（昔の物事をよく研究し、そこから新しい知識を得ること）」「敬遠（表面上は敬うふりをして実際はかかわりを避《さ》けること。孔子は、神様に対して、敬うが、頼《たよ》らずに自分で努力する、という意味で使った）」のように、今も私たちの暮らしの中に生き続けている。

［『まんが攻略BON！ 中学故事成語・漢文』より］

孔子と弟子

孔子はおよそ三〇〇〇人の弟子を育成し、その教えを究めたものは七二人いたと、中国の歴史書『史記《しき》』は伝えている。

孔子の没後《ぼつご》、戦国時代になると、弟子たちに受け継《つ》がれた孔子の思想は諸国に広がり、儒教として発展した。争いの続く中国を統一した秦《しん》に続き、統一王朝となった漢の時代に、儒教は国教に制定され、国家の行政を指導する政治理論として、清代《しんだい》に至るまでの長い間、中国で尊重された。

孔子と『史記』

孔子の生涯《しょうがい》と弟子たちのことは、中国の歴史書『史記』の中で伝えられている。『史記』は中国を代表する歴史書で、前漢の武帝《ぶてい》の時代に、司馬遷《しばせん》によってまとめられた。司馬遷は孔子を「至聖《しせい》（極めて知徳が高いこと）」とし、その業績をたたえている。

『史記』の大きな特徴《とくちょう》として、出来事を年代順に並べるのではなく、人間を中心に書いた点が挙げられる。人物を取り上げ、注目することによって、人物像が生き生きと伝わってくる。

3 漢詩を味わう

夜《や》雪《せつ》

白居《キヨ》易《はくきょい》

已《すで》ニ訝《いぶか》リ二衾《きん》枕《ちん》ノ冷ヤヤカナルヲ一
復《ま》タ見ル二窓《さう》戸《こ》ノ明ラカナルヲ一
夜深クシテ知ル二雪ノ重キヲ一
時ニ聞ク折《せつ》竹《ちく》ノ声

ポイントガイド

作者…白居易
形式…五言絶句《ごごんぜっく》
押韻《おういん》…冷・明・声
主題…雪の夜の静けさと、作者の孤独《こどく》な思い。

くわしく

対句について

第一句（起句）と第二句（承句）が対句で、それぞれ次の語が対応している。

已	訝	衾	枕	冷
⇕	⇕	⇕	⇕	⇕
復	**見**	**窓**	**戸**	**明**

寝具《しんぐ》の冷たさと窓の明るさとが、夜の雪の情景を強調している。寝具の冷たさに眠《ねむ》れない作者の姿に、孤独な思いが重ねられている。

深夜、雪の白さ、静けさに響《ひび》く竹の折れる音という幻想《げんそう》的な情景を味わいたい詩である。

夜雪

白居易

已に《もう》衾枕の冷ややかなるを訝り《不思議に思って》
復た《しかし(いったいどうしてと)》窓《ソウ》《さう》戸の明らかなるを見る
夜深くして雪の重き《何層にもかさなること》を知る
時に聞く　折《セツ》《せつ》竹《ちく》の声

口語訳

布団《ふとん》とまくらが冷たいのを不思議に思って目を覚まし、いったいどうしてと、見ると、（雪の白さで）窓が明るくなっている。もう夜も更《ふ》けて、雪が降り積もったことがわかった。時々、竹の折れる音が聞こえる（雪の重みで竹が折れたのだろう）。

確認問題

問1 ――線部「折竹声」という表現によって、この情景のどんな事柄《ことがら》が強調されているか。適切なものを次から選びなさい。

ア 静寂《せいじゃく》　**イ** 繊細《せんさい》　**ウ** 空虚《くうきょ》　**エ** 重厚

［兵庫県・改］

参考

白居易と日本文学

白居易（七七二～八四六）は、字《あざな》を楽天《らくてん》といい、日本では**白楽天**《はくらくてん》の名で親しまれた。詩文集の**「白氏文集」**《はくしもんじゅう》は当時の知識人が必ず知っておくべき教養書となった。

確認問題解答

問1 **ア**

解説

問1 「声」は、ここでは「音」の意味。深夜に、竹の折れる音が部屋の中まで聞こえるということは、周囲が静かだからである。この詩では、作者は布団の中にいて、外を見ていない。

この詩全体としては、寝具の冷たさ、窓の外の明るさという雪以外のものの様子を描《えが》き、雪が降り積もっている静かな夜の情景を読者に想像させている。

磧《せき》中《ちゆう》ノ作《さく》

岑《しん》参《じん》

走ラセレ馬ヲ西《せい》来《らい》欲《ほっ》スレ到《いた》ラントレ天ニ
辞シテヨリレ家ヲ見ル二月ノ両回円《まど》カナルヲ一
今夜ハ不《ず》レ知ラ何《いづ》レノ処《ところ》ニカ宿《しゆく》スルヲ
平《へい》沙《さ》万《ばん》里《り》絶《た》ユ二人《じん》煙《えん》一

ポイントガイド

作者…岑参
形式…七言絶句《しちごんぜっく》
押韻《おういん》…天・円・煙
主題…辺境を旅する苦難と心細さ、頼《たよ》るものもない孤独《こどく》な思い。

くわしく

句の意味をとらえる

漢詩の句の意味は、切れ目に注目してとらえる。五言と七言では次のように区切る。

〈五言〉
○○＋○○○
2＋3
例 夜深／知雪重
夜深くして＋雪の重きを知る

〈七言〉
○○＋○○＋○○○
2＋2＋3
例 走馬／西来／欲到天
馬を走らせて＋西来＋天に到らんと欲す
○○○○＋○○○

磧中の作*

岑参

馬を走らせて西来天に到らんと欲《ほっ》す
（西へ西へと／届いてしまいそうだ）

家を辞してより月の両回円かなるを見る
（出発してから／が二度／円くなる(の)）

今夜は知らず何《いず》れの処にか宿するを
（(自分でも)わからない／どこに／宿るのかも）

平沙万里人煙絶ゆ
（広く平らな砂漠／人家の煙が見えない）

（注）＊磧中＝砂漠の中。

口語訳

馬を走らせて西へ西へと旅して、このまま進めば天にまで届いてしまいそうだ。我が家を出てから、月が二度円くなるのを見た。さて、今夜は、いったいどこに宿ることになるのだろうか。宿のあてもない。広く平らな砂漠《さばく》は、見渡《みわた》すかぎり万里のかなたまで続いて、人家から出る炊事《すいじ》の煙《けむり》などまったく見えない。

確認問題

問1 この詩の主題として適切なものを次から選びなさい。

ア 故郷への懐《なつ》かしさ　**イ** 広大な自然の美しさ
ウ 未知の世界への憧《あこが》れ　**エ** 旅の苦難と孤独《こどく》

4＋3
例 孤帆遠影／碧空尽
孤帆《こはん》の遠影《えんえい》＋碧空《へきくう》に尽《つ》き
＊李白《りはく》「黄鶴楼《こうかくろう》にて孟浩《もうこう》然《ねん》の広陵《こうりょう》に之《ゆ》くを送る」の第三句。

参考

辺塞詩人、岑参

岑参（七一五～七七〇）は、盛唐《せいとう》を代表する詩人。シルクロード付近や現在の新疆《しんきょう》ウイグル自治区などの辺境の地を詩にうたった。「辺塞《へんさい》」とは「国境の砦《とりで》」の意味。唐《とう》の時代には国境周辺でしばしば異民族との戦争が行われた。岑参も長く辺境に従軍していた。

確認問題解答

問1 エ

解説

問1 宿の当てもなく、人家の煙も見えないという、砂漠を旅する苦難と孤独をうたっている。

なるほどコラム

盛唐の詩人たち

中国の唐《とう》の時代は、詩の時代といわれるほど、多くの詩人たちが登場し、詩の改革・発展に尽《つ》くした。特に、唐が最も栄えた盛唐の時代に、詩は最盛期を迎《むか》える。李白《りはく》や杜甫《とほ》などの優れた詩人たちが登場し、多種多様な詩が作られた。

李白と孟浩然

李白(七〇一〜七六二年)は、中国各地を旅し、その暮らしの中で、明るく力強い詩を作った。超俗《ちょうぞく》的な詩風から「詩仙《しせん》」とよばれる。

玄宗皇帝《げんそうこうてい》が国を治めた盛唐の時代、都の長安《ちょうあん》は、外国の使節をはじめ、商人や留学生などが集まる国際都市であった。玄宗皇帝に詩文の才能を認められた李白は、長安で宮廷《きゅうてい》詩人となるが、自由奔放《ほんぽう》な性格と傍若無人《ぼうじゃくぶじん》な振《ふ》る舞《ま》いから宮廷に仕える人にうらみをかい、長安を追い出されてしまう。

李白が親しくし、尊敬していた詩人の一人に孟浩然《もうこうねん》(六八九〜七四〇年)がいる。孟浩然は、自然の美とその中での心情を詠《よ》んだ詩人として知られ「春暁《しゅんぎょう》」の詩が有名である。

「黄鶴楼《こうかくろう》にて孟浩然の広陵《こうりょう》に之《ゆ》くを送《おく》る」では、旅立つ孟浩然を見送る李白の、別れを惜《お》しむ気持ちがうたわれている。

国破レテ山河在リ城春ニシテ草木深シ
唐《とう》の都長安《ちょうあん》は戦乱で破壊《はかい》されたが、山河は昔どおりにある。長安の町にも春は訪れ、草木だけがいつものように生い茂《しげ》っている。

感ジテハレ時ニ花ニモ濺《そそ》ギレ涙ヲ恨ンデハレ別レヲ鳥ニモ驚カスレ心ヲ
戦乱のこの時世を悲しみ思えば、花を見ても涙《なみだ》がこぼれ落ち、家族との別離《べつり》を嘆《なげ》いては、鳥の声を聞いても心が痛む。

烽《ほう》火《くわ》連ナリ二三月一ニ家書抵《あた》ルニ万金一ニ
敵の来襲《らいしゅう》を知らせるのろしは、もう三ケ月間も続いていて、家族からの便りは、万金にも値するほど貴重なものに思われる。

白頭搔《か》ケバ更ニ短ク渾《す》ベテ欲スレ不《ざ》ラントレ勝《た》ヘレ簪《しん》ニ
(悲しみで)白髪《しらが》頭をかけばかくほど、髪《かみ》は抜《ぬ》けて薄《うす》くなり、冠《かんむり》をとめるピンを挿《さ》すこともできなくなろうとしている。

[『まんが攻略BON! 中学故事成語・漢文』より]

杜甫

杜甫(七一二~七七〇年)は、中国を代表する詩人で、「詩聖《しせい》」とよばれる。

繁栄《はんえい》を誇《ほこ》った唐だったが、玄宗皇帝が楊貴妃《ようきひ》を愛しすぎて、政治を顧《かえり》みなくなったことから内乱が起こり、詩人たちも戦乱に巻き込まれていく。杜甫は、安史《あんし》の乱(七五五~七六三年)で、都の長安が反乱軍に占領《せんりょう》された際、長安を逃《に》げ出すが、その途《と》中《ちゅう》で反乱軍につかまり、長安に戻《もど》されてしまう。そのころに詠《よ》んだ詩が「春望《しゅんぼう》」である。戦乱の世を悲しみ、家族との別れや自分の老いを嘆《なげ》いている。

杜甫の詩は、安史の乱以後に作られたものが多い。詩の中で、杜甫は、社会的な混乱状況《じょうきょう》を描写《びょうしゃ》し、社会や人生の憂《うれ》いをうたった。

杜甫は生涯《しょうがい》を通じて不遇《ふぐう》であった。杜甫が感じた社会や政治の矛盾《むじゅん》は、社会詩となり、後に白居易《はくきょい》に影響《えいきょう》を与《あた》えた。

資料 8

中国古典文学の流れ

時代

西周《せいしゅう》

前七七〇

東周《とうしゅう》 春秋《しゅんしゅう》

人物・作品

孔子《こうし》『春秋《しゅんじゅう》』『論語《ろんご》』

老子《ろうし》『老子』

曾参《そうしん》『大学《だいがく》』

子思《しし》『中庸《ちゅうよう》』

主要人物・作品の解説

孔子《こうし》〔前五五一〜前四七九〕

儒家《じゅか》の祖《そ》。生まれた国、魯《ろ》で理想的な政治を実現しようとしたができず、弟子とともに14年間諸国を遊説した後、魯に帰り弟子の教育に専念した。心のあり方として、人が人を思いやる「仁《じん》」を説き、その行動形式として、強制力のある「法」よりも、罰則《ばっそく》のない人の心を尊重した「**礼**」を重んじた。

孔子

〔提供：アフロ〕

『論語《ろんご》』

孔子と弟子たちの言行を収録した、孔子の思想を伝える書。二〇編。**孔子の死後**、門人たちが編纂《へんさん》した。「仁」の意義、政治・教育などについて述べているばかりでなく、弟子たちとのふれあいの様子も描《えが》かれている。『**孟子《もうし》**』『**大学《だいがく》**』『**中庸《ちゅうよう》**』と並ぶ儒教の教典四書《ししょ》の一つ。

論語序説　朱熹集註
史記世家曰孔子名丘字仲尼其先宋人父
叔梁紇母顏氏以魯襄公二十二年庚戌
之歳十一月庚子生孔子於魯昌平鄉陬
邑為兒嬉戲常陳俎豆設禮容及長為委
吏料量平
司職吏畜蕃息
適周問禮於老子既反而弟

『論語』冒頭

孔子と論語➡496ページ

歴史事項

春秋時代

周王朝は異民族の侵入《しんにゅう》を受け、紀元前七七〇年、都を鎬京《こうけい》から東の洛邑《らくゆう》に移した。遷都《せんと》以前を西周、以後を東周といい、東周の前期を春秋時代という。周王朝の勢力は衰《おとろ》え、諸侯《しょこう》の実力者が争った。斉《せい》の桓公《かんこう》・晋《しん》の文公《ぶんこう》など有力な諸侯は覇《は》者《しゃ》とよばれた。

日本

縄文《じょうもん》時代

前四〇三
戦国《せんごく》

孫武《そんぶ》『孫子《そんし》』
墨子《ぼくし》『墨子』
孟子《もうし》『孟子』
荘子《そうし》『荘子《そうじ》』
荀子《じゅんし》『荀子』
韓非子《かんぴし》『韓非子』

老子《ろうし》［生没年不詳《せいぼつねんふしょう》］
道家《どうか》の祖。実在は明確ではないが、**『老子』**という書が存在する。上巻「道」、下巻「徳」からなる二巻、全八一章。その中で、欲望のために無理なことをしたり、知恵《ちえ》におごったりせず、自然のままにと「**無為自然《むいしぜん》**」の「**道**」を説いた。これは儒家の思想に対する批判でもある。

老子
［提供：アフロ］

孟子《もうし》［前三七二?～前二八九?］
孔子の後継者《こうけいしゃ》を自任。人間の本性は生まれながらにして「善」であるという「**性善説**」が思想の特徴《とくちょう》である。その思想をもとに、孔子の「仁」の思想を継承《けいしょう》・発展させた「**仁義説《じんぎせつ》**」、そして仁義によって国を治める「**王道政治**」を説いた。

韓非子《かんぴし》［前二八〇?～前二三三?］
法家の大成者。「**性悪説**」を説いた儒家の**荀子《じゅんし》**に師事。徹底《てってい》的《てき》な**法治思想**を説き、**信賞必罰《しんしょうひつばつ》**により、悪を規制しようとした。**『韓非子』**はその思想を著《あらわ》したもので、「**矛盾《むじゅん》**」「**守株《しゅしゅ》**」などの寓話《ぐうわ》の宝庫でもある。秦《しん》の始皇帝《しこうてい》にその思想が気に入られ仕えるが、同門の李斯《りし》にねたまれ、自殺した。

戦国時代
紀元前四〇三年、晋が韓《かん》・魏《ぎ》・趙《ちょう》に分裂《ぶんれつ》して、斉・楚《そ》・秦《しん》・燕《えん》を含《ふく》めた七国(戦国の七雄《しちゆう》)を中心とした抗争《こうそう》の時代となった。やがて、秦が紀元前二二一年に中国を統一するまでを、戦国時代という。

諸子百家
変動の激しい時代に適応する考え方が求められ、多くの思想家が活躍《かつやく》した。この春秋・戦国時代に生まれた思想家群を諸子百家《しょしひゃっか》という。その代表的な学派には以下のようなものがある。
■**儒家** 孔子、孟子、荀子など。
■**道家** 老子、荘子など。
■**法家** 韓非子、李斯、管《かん》仲《ちゅう》など。
■**墨家《ぼっか》** 墨子《ぼくし》など。

弥生時代《やよいじだい》

時代

前二二一 秦《しん》

前二〇二 前漢《ぜんかん》

人物・作品

劉安《りゅうあん》『淮南子《えなんじ》』

司馬遷《しばせん》『史記《しき》』

劉向《りゅうきょう》『戦国策《せんごくさく》』

主要人物・作品の解説

司馬遷《しばせん》［前一四五？～前八六？］

前漢《ぜんかん》の歴史家。10歳《さい》で古文を学び、20歳のとき全国を周遊し、各地の歴史遺跡《いせき》を調査するとともに史料を収集した。父の死後、父を継《つ》いで**官吏《かんり》となり歴史編纂《へんさん》**事業に携《たずさ》わる。紀元前九九年、匈奴《きょうど》に降伏《こうふく》した友人の李陵《りりょう》を弁護して武帝《ぶてい》の怒《いか》りに触《ふ》れ、宮刑《きゅうけい》（去勢の刑）を受ける。数年後に出獄《しゅつごく》して、屈辱《くつじょく》の中で一〇数年を費やし『**史記《しき》**』を完成させた。

司馬遷 ［提供：アフロ］

武田泰淳《たけだたいじゅん》『司馬遷』 ➡303ページ

『史記《しき》』

伝説時代の黄帝《こうてい》から前漢時代の武帝までの歴史書。**人間を中心**に書かれている。一三〇巻。構成は本紀《ほんぎ》（帝王の伝記）・表（年表）・書（文化に関する記録）・世家《せいか》（諸侯《しょこう》の伝記）・列伝《れつでん》（個人の伝記）からなる。年代順に記した**編年体**に対し、**本紀**と**列伝**を不可欠とする歴史書を**紀伝体《きでんたい》**といい、『史記』から始まり以後の歴史書の形として定着する。

歴史事項

秦

紀元前二二一年に秦王の政《せい》は、中国を統一し、秦を建国した。王の称号《しょうごう》をやめて皇帝《こうてい》と称した。始皇帝《しこうてい》である。郡県制を実施《じっし》するなど法治主義に基づく徹底《てってい》した中央集権を行った。急激な改革やたび重なる外征《がいせい》、大規模な墓の建造や万里《ばんり》の長城《ちょうじょう》の修築工事などは民衆を苦しめたので、始皇帝の死後、反乱が起こり、混乱のうちに秦は滅《ほろ》んだ。

万里《ばんり》の長城《ちょうじょう》 ［写真：アフロ］

日本

弥生《やよい》時代

新《しん》 八

後漢《ごかん》 二五

班固《はんこ》『漢書《かんじょ》』

許慎《きょしん》『説文解字《せつもんかいじ》』

『戦国策《せんごくさく》』

戦国時代に思想家たちが**諸侯に述べた策略**を、戦国の七雄《しちゆう》の斉《せい》・楚《そ》・秦《しん》・燕《えん》・韓《かん》・魏《ぎ》・趙《ちょう》の国別に集めた書。三三編。前漢の劉向《りゅうきょう》の編。故事成語の「**蛇足《だそく》**」「**漁夫《ぎょふ》の利**」「**虎《とら》の威《い》を借る狐《きつね》**」などは、この書から出た。

蛇足➡486ページ
故事成語・中国の名句名言➡490ページ

『漢書《かんじょ》』

前漢の歴史を**紀伝体**で記した書。後漢の班固《はんこ》の著。構成は本紀一二巻、表八巻、志一〇巻、列伝七〇巻の一〇〇巻(現行一二〇巻)からなる。日本について「楽浪《らくろう》海中に倭人《わじん》あり」という記事がある(当時、日本は「倭」とよばれていた)。『史記』とともに後世の史書の模範《もはん》とされた。

『説文解字《せつもんかいじ》』

中国最古の字典。漢字九三五三字を五四〇の部首により分けて簡潔に字義を解説。後漢の許慎《きょしん》の著。漢字の成り立ちを「**象形《しょうけい》**・**指事《しじ》**・**会意《かいい》**・**形声《けいせい》**・**転注《てんちゅう》**・**仮借《かしゃ》**」の六つの法則に求めて説明している。この法則を**六書《りくしょ》**という。

六書➡34ページ

漢

紀元前二〇二年に劉邦《りゅうほう》が中国を統一し、漢を建国した。長安《ちょうあん》を都とする。七代武帝のとき儒教《じゅきょう》を国教とし、中央集権体制を確立した。外征で勢力を拡大したが、財政は厳しくなり、社会は不安定になった。そこで、八年に外戚《がいせき》の王莽《おうもう》が、国を奪《うば》って新《しん》を建てたが、二五年に漢の一族の劉秀《りゅうしゅう》すなわち光武帝《こうぶてい》が、漢王朝を復興し、洛陽《らくよう》を都とした。新以前を前漢、以後を後漢という。

漢王朝 [提供：アフロ]

時代	人物・作品
二二〇 三国《さんごく》	
二六五 西晋《せいしん》	陳寿《ちんじゅ》『三国志《さんごくし》』
三一七 東晋《とうしん》	陶淵明《とうえんめい》「桃花源記《とうかげんき》」

主要人物・作品の解説

『三国志《さんごくし》』

魏《ぎ》・呉《ご》・蜀《しょく》の三国時代約60年間の**歴史を国別に記述した歴史書**。西晋《せいしん》の陳《ちん》寿《じゅ》の撰《せん》。構成は本紀四巻、列伝六一巻の六五巻。「魏志」三〇巻、「呉志」二〇巻、「蜀志」一五巻からなる。魏の歴史を記した「魏志《ぎし》」の「東夷伝《とういでん》」の中に、当時の日本の記録がある（魏志《ぎし》倭人伝《わじんでん》）。

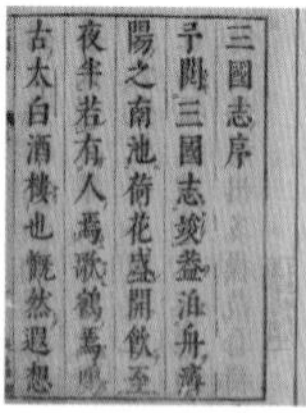
三國志序
予閲三國志癸丑泊舟齊
陽之南池荷花盛開飲至
夜半若有人焉歌鶴焉
古太白酒樓也慨然遐想

『三国志』の冒頭

竹林《ちくりん》の七賢《しちけん》

三国時代末から西晋にかけて、不安定な時代を背景に、知識人の間で、形式的になった儒教《じゅきょう》への反発から、「無《む》為自然《いしぜん》」を説いた老子《ろうし》・荘子《そうし》の**老荘思想**が尊ばれ、**俗世《ぞくせい》から超越《ちょうえつ》**して竹林で音楽や酒を楽しみ、**清談《せいだん》**とよばれる哲《てつ》学《がく》的な談論にふけることが流行した。阮籍《げんせき》・嵆康《けいこう》・山濤《さんとう》らの七人の隠者《いんじゃ》が有名で、竹林の七賢といわれる。

竹林七賢図。右から、嵆《けい》康《こう》、王戎《おうじゅう》、向秀《しょうしゅう》、劉伶《りゅうれい》、山濤《さんとう》、阮咸《げんかん》、阮籍《げんせき》

歴史事項

三国時代

後漢《ごかん》末に農民の反乱が起こり、この混乱の中、華北《かほく》の魏が、二二〇年に後漢を倒《たお》した。四川《しせん》の蜀、江南《こうなん》の呉も起こり、中国を三分して争う三国時代となった。

魏は蜀を滅《ほろ》ぼし、魏の将軍が晋《しん》を二六五年に建国した。その後、晋は呉を二八〇年に滅ぼして、中国を統一した。

三国時代の蜀の名宰相《めいさいしょう》といわれた諸葛孔明《しょかつこうめい》

［写真：アフロ］

日本

弥生《やよい》時代 ／ 大和《やまと》時代

南北朝《なんぼくちょう》

四二〇

劉義慶《りゅうぎけい》『世説新語《せせつしんご》』

范曄《はんよう》『後漢書《ごかんじょ》』

昭明太子《しょうめいたいし》『文選《もんぜん》』

陶淵明《とうえんめい》［三六五～四二七］

東晋《とうしん》末から南北朝時代初期の詩人。名は潜《せん》。41歳《さい》で官を辞《や》めて故郷に帰り、農耕生活を送りながら、詩や酒を楽しみ、**田園詩人**といわれる。「**桃花源記**《とうかげんき》」などの作品がある。

陶淵明 ［提供：アフロ］

「**桃花源記**《とうかげんき》」

漁師が迷い込《こ》んだ桃林は、俗界から離《はな》れたユートピアだった。また尋《たず》ねようとしたが行けなかったという話。老荘思想の影響《えいきょう》がみられる。「**桃源郷**」の言葉はここからきている。

『**世説新語**《せせつしんご》』

後漢から東晋までの代表的人物の**逸話**《いつわ》を収録。**竹林の七賢**についての話が多い。南朝宋《そう》の劉義慶《りゅうぎけい》の編。三巻。

『**後漢書**《ごかんじょ》』

後漢時代の歴史を**紀伝体**で記した書。南朝宋の范曄《はんよう》の撰《せん》。一二〇巻。「倭《わ》の奴《な》の使いが来た」と日本についての記事がある。

『**文選**《もんぜん》』

周《しゅう》**から南朝の梁**《りょう》**まで**の約一〇〇〇年の代表的**文人の詩文選集**。梁の昭明太子《しょうめいたいし》の編。一三〇余人の作品約八〇〇編を収録。三〇巻。

晋・南北朝時代

晋は匈奴《きょうど》に三一六年に滅ぼされた。しかし、翌年に江南に逃《のが》れた晋の一族によって、晋が復活する。これを東晋といい、以前を西晋という。

この頃《ころ》、北では匈奴らによる国が興亡《こうぼう》していた。北《ほく》魏、東魏《とうぎ》、西魏《せいぎ》、北斉《ほくせい》、北《ほく》周《しゅう》で、この五王朝を北朝という。

北魏《ほくぎ》の文成帝《ぶんせいてい》が建立した雲《うん》崗《こう》の石仏 ［写真：アフロ］

南では、東晋が滅ぼされ、その後、宋、斉《せい》・梁・陳《ちん》の四王朝が興亡した。これを南朝という。この南北両朝の対立の時代を南北朝時代という。

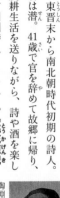

時代

五八九 隋《ずい》

六一八 唐《とう》

人物・作品

顔之推《がんしすい》『顔氏家訓《がんしかくん》』

玄奘《げんじょう》『大唐西域記《だいとうさいいきき》』

孟浩然《もうこうねん》「春暁《しゅんぎょう》」

李瀚《りかん》『蒙求《もうぎゅう》』

李白《りはく》「静夜思《せいやし》」

主要人物・作品の解説

『顔氏家訓《がんしかくん》』

子孫に残した人生への指針。「兄弟」「勉学」など二〇編からなる。書名は「**顔家の家訓**」という意味。顔之推《がんしすい》の著。

玄奘《げんじょう》［六〇二？〜六六四］

唐《とう》代の僧《そう》。六二九年〜六四五年まで、**仏教の原典を研究**しようと**インド（天竺《てんじく》）への旅**に出る。帰国後、持ち帰った仏典の翻《ほん》訳《やく》にあたる。三蔵法師《さんぞうほうし》ともよばれている。

天竺への旅姿の玄奘

『大唐西域記《だいとうさいいきき》』

玄奘のインドへの旅の見聞録。体験し見聞した西域、**中央アジア・インドの風土・伝説・習俗《しゅうぞく》などが記録**されている。

『蒙求《もうぎゅう》』

古代から南北朝までの故事を四字句にまとめ、五九六句を収めた、**児童教育用の教科書**。李瀚《りかん》の著。

歴史事項

隋

北朝から出た隋《ずい》が五八九年に南朝を倒《たお》して、中国を統一した。中央集権国家を作ったが、大土木事業や遠《えん》征《せい》などによる重税に民衆の反乱が起こり、短期間で滅《ほろ》んだ。

隋の初代皇帝楊堅《こうていようけん》

［提供：アフロ］

唐

六一八年に李淵《りえん》が隋を倒して、長安を都として唐を建国した。

隋の制度を受け継《つ》ぎ、さらに律令《りつりょう》政治を整えた。国

日本

大和《やまと》時代

奈良《なら》時代

五代《ごだい》　九〇七

杜甫《とほ》「春望《しゅんぼう》」

柳宗元《りゅうそうげん》「江雪《こうせつ》」

韓愈《かんゆ》「雑説《ざっせつ》」

白居易《はくきょい》「長恨歌《ちょうごんか》」

柳宗元《りゅうそうげん》［七七三〜八一九］

詩人・文人。官僚《かんりょう》となったが左遷《させん》されて都に帰れずに没《ぼっ》した。**自然詩人**として知られ、自然をうたったその詩にも、左遷された孤独感《こどくかん》が漂《ただよ》っている。「永州八記《えいしゅうはっき》」などで名文家としても知られている。韓愈《かんゆ》とともに**古文復興運動**の中心となった。

韓愈《かんゆ》［七六八〜八二四］

詩人・文人。仏教と道教を批判し、**儒教《じゅきょう》を復活**させようとした。美文の流行に対し**形式美を否定**し、漢《かん》以前の「古文」に基づいた内容を重視した文を作るべきだと、柳宗元とともに古文復興運動を提唱した。その詩は論理的、散文的なものが多い。

白居易《はくきょい》（白楽天《はくらくてん》）［七七二〜八四六］

詩人。作品は文字が読めない人に聞かせても理解できるようにと、わかりやすい表現がなされている。政治、社会を**風刺《ふうし》した詩**も多くあるが、**感傷的な詩**も優れている。日本でも平安《へいあん》時代の貴族たちに親しまれ、『枕草子《まくらのそうし》』『源《げん》氏物語《じものがたり》』にその影響《えいきょう》がみられる。玄宗《げんそう》皇帝《こうてい》と楊貴妃《ようきひ》の悲劇をつづった**長編叙事詩《じょじし》**「**長恨歌《ちょうごんか》**」は有名である。

白居易　［写真：アフロ］

力が充実《じゅうじつ》し、二代目の太宗《たいそう》のときには世界的な大帝国《ていこく》となった。外国との交易も盛んになり、芸術や文化も栄えた。

第六代の玄宗皇帝は晩年、楊貴妃を寵愛《ちょうあい》して政治に熱意を失い、その結果起こった安史《あんし》の乱により、国が荒《あ》れ、唐王朝は衰《おとろ》えていった。

楊貴妃　［提供：アフロ］

五代

九〇七年に節度使《せつどし》の朱全《しゅぜん》忠《ちゅう》が唐を倒し、後梁《こうりょう》を建てた。それから50年余りの間に、華北《かほく》において五王朝が興亡《こうぼう》した。この期間を五代《ごだい》という。

平安《へいあん》時代

時代	人物・作品
九六〇 北宋《ほくそう》	司馬光《しばこう》『資治通鑑《しじつがん》』
一一二七 南宋《なんそう》	朱熹《しゅき》・呂祖謙《りょそけん》『近思録《きんしろく》』
一二七一 元《げん》	
一三六八 明《みん》	羅貫中《らかんちゅう》『三国志演義《さんごくしえんぎ》』

主要人物・作品の解説

『資治通鑑《しじつがん》』

戦国時代の紀元前四〇三年から五代の九五九年までの一三六二年間の歴史を**編年体で記述した通史**。北宋《ほくそう》の司馬光《しばこう》の撰《せん》。二九四巻。多くの学者の協力を得て、豊富な資料と考証のもとに完成された。

朱熹《しゅき》［一一三〇〜一二〇〇］

儒者《じゅしゃ》。朱子《しゅし》と尊称《そんしょう》される。北宋の時代に起こった儒学の新しい流れに、宇宙から人間にいたるまでを統一して理解する哲学《てつがく》大系を与《あた》えた。**朱子学**ともいわれる。日本でも封建《ほうけん》制度を維持《いじ》する思想として、江戸《えど》時代に幕府公認の官学となった。

『三国志演義《さんごくしえんぎ》』

歴史書『**三国志**』をもとに作られた**長編歴史小説**。羅貫中《らかんちゅう》の作。三国時代の魏《ぎ》・蜀《しょく》・呉《ご》の戦いの歴史を、たくさんの**英雄《えいゆう》の活躍《かつやく》**に焦点《しょうてん》をあてて描《えが》いた魅力《みりょく》あふれる物語。史書『三国志』では魏を正統の王朝としているのに対し、『演義』では蜀を正統の王朝とみなし、劉備《りゅうび》・関羽《かんう》・張飛《ちょうひ》・諸葛孔明《しょかつこうめい》らを主人公としている。

中国の成都にある、蜀の初代皇帝《こうてい》 劉備の像

［写真：アフロ］

歴史事項

宋・元

九六〇年に五代《ごだい》最後の王朝の後周《こうしゅう》の趙匡胤《ちょうきょういん》が宋《そう》（北宋）を建てたが、12世紀に金《きん》が侵入《しんにゅう》し、江南《こうなん》に移って南宋《なんそう》となった。

モンゴル帝国《ていこく》の皇帝フビライが、都を大都《だいと》（現在の北京《ペキン》）に定め、一二七一年に国名を元《げん》として、一二七九年には南宋を滅《ほろ》ぼした。モンゴル人中心の政策は各地で反乱をまねき、朱元璋《しゅげんしょう》により中国本土を追われ、モンゴルの高原に追い払《はら》われた。

フビライ

［提供：アフロ］

日本

平安《へいあん》時代 ／ 鎌倉《かまくら》時代 ／ 室町《むろまち》時代

施耐庵《したいあん》『水滸伝《すいこでん》』

呉承恩《ごしょうおん》『西遊記《さいゆうき》』

一六四四 清《しん》

康熙帝《こうきてい》『康熙字典《こうきじてん》』

『水滸伝《すいこでん》』
長編小説。腐敗《ふはい》した官僚《かんりょう》政治に対して反乱を起こした、**豪傑《ごうけつ》たちの物語**。施耐庵《したいあん》の作といわれる。実際に北宋の末に起こった乱が、民衆に語り伝えられ英雄《えいゆう》伝説となっていったものをまとめたもの。**『三国志演義』『西遊記《さいゆうき》』『金瓶梅《きんぺいばい》』**とともに**中国四大奇書《きしょ》**の一つ。

『西遊記《さいゆうき》』
長編小説。唐《とう》の僧《そう》、玄奘《げんじょう》すなわち三蔵法師《さんぞうほうし》が天竺《てんじく》(インド)へ孫悟空《そんごくう》・猪八戒《ちょはっかい》・沙悟浄《さごじょう》をお供に、妖怪《ようかい》らを退治しながら教典を取りに行くという**奇想天外な物語**。呉承恩《ごしょうおん》の作。**玄奘の『大唐西域記《だいとうさいいきき》』**がもとになっている。

清朝期に描《えが》かれた『西遊記』の画
[提供:アフロ]

『康熙字典《こうきじてん》』
字書。約四万七〇〇〇字を部首別に配列。**画《かく》で引く字書の形式**はこの字典で完成された。清《しん》の康熙帝《こうきてい》の命により作られた。

康熙帝
[写真:アフロ]

部首➡36ページ

明
朱元璋は、一三六八年に金陵《きんりょう》(現在の南京《ナンキン》)を都にし、明《みん》を建国した。第三代の永楽帝《えいらくてい》のとき都を北京に移し、長く平穏《へいおん》な時代が続いた。16世紀ごろから、倭寇《わこう》に沿岸《えんがん》を侵《おか》され、宮廷《きゅうてい》内では争いが絶えなくなった。17世紀になると反乱が頻発《ひんぱつ》し、李自成《りじせい》に北京を占領《せんりょう》され滅亡《めつぼう》した。

清
満州《まんしゅう》の女真族《じょしんぞく》が建てた清が、明の滅亡をきっかけに一六四四年に中国に侵入して、都を北京においた。以後、15年で中国を統一した。清は、中国最後の王朝として、中華民国《ちゅうかみんこく》誕生まで中国を治めた。

江戸《えど》時代

明治《めいじ》時代

完成問題 CHECK

第2章 漢文

解答 517ページ

1 次の文章を読んで、あとの問いに答えなさい。 [岩手県・改]

次の文章は、中国の楚《そ》の国の王であった荘王《そうおう》と、その家臣の右司馬《ゆうしば》とが会話している場面です。

楚の荘王、政《まつりごと》[1]に臨むこと三年、令[2]を発することなく、政をなすことなし。右司馬曰《い》はく、「①鳥有りて南方の丘《をか》に止まる。三年はばたきせず、飛ばず、鳴かず、黙然《もくぜん》として声なし。②これを何の名となす。」と。

③王曰はく、「三年はばたきせざるは、まさにもつて[3]羽翼《うよく》を長ぜむとし、飛ばず、鳴かざるは、まさにもつて民則《みんそく》[4]を見むとするなり。飛ぶなしといへども、飛ばば必ず天に至らむ。鳴くなしといへども、鳴かば必ず人を驚《おどろ》かさむ。」と。居《を》ること半年、すなはち自ら政をなす。

(『韓非子《かんぴし》』より)

(注) 1：政＝政治。 2：令＝政治上の命令または法令。 3：まさにもつて羽翼を長ぜむとし＝飛ぶために羽を伸《の》ばそうとしていて。 4：民則＝人々の動き。

[問1] ――線部①「鳥有りて南方の丘に止まる」は、漢文では「有鳥止南方之《の》丘」となる。これに返り点を付けなさい。

[問2] ――線部②「これを何の名となす」とあるが、これは「この鳥の名は何というのか」という意味である。右司馬が荘王にこのように問いかけたのはなぜか。適切なものを次から一つ選び、記号で答えなさい。

ア 荘王から帰郷を許してもらうため。

イ 荘王に政務の執行《しっこう》をうながすため。

ウ 荘王がもっている知識を試すため。

エ 荘王に気に入られて出世するため。

[問3] ――線部③「王曰はく」とあるが、荘王が言おうとしたのはどのようなことか。適切なものを次から一つ選び、記号で答えなさい。

ア 今は次の行動を起こす準備をしているのであって、いったん行動を起こせば大きな事を成し遂《と》げられるということ。

イ 今は次の行動の準備を考えていないけれども、いつでも行動を起こして期待に沿うような結果を出せるということ。

ウ 今はこれといった功績を挙げてはいないように見えるが、時がたてば後世の人々から業績を認められるということ。

エ 今はもうすでに大きな功績を挙げているので、国民はだれ一人として不平不満を口にしないということ。

2 **次の漢詩を読んで、あとの問いに答えなさい。** [沖縄県・改]

早《つと》に白帝城《はくていじやう》を発す
朝《あした》に辞す白帝彩雲《さいうん》の間
千里の江陵《かうりよう》一日にして還《かへ》る
両岸の猿声《ゑんせい》啼《な》いて住《や》まざるに
軽舟《けいしう》已《すで》に過ぐ万重《ばんちよう》の山

早ニ発ス二白帝城チ一　李白《りはく》
朝ニ辞ス白帝彩雲ノ間
千里ノ江陵一日ニシテ還ル
両岸ノ猿声啼イテ不レ住マルニ
軽舟已ニ過グ万重ノ山

（『唐詩選《とうしせん》』より）

大意：早朝に朝焼け雲の美しい雲間に見える白帝城《はくていじょう》に別れを告げ、はるか千里離《はな》れた江陵《こうりょう》まで長江《ちょうこう》の急流を下り、一日で着いた。長江の両岸で鳴く猿《さる》の声がやまないうちに、軽やかな小舟《こぶね》は、幾重《いくえ》にも重なっている山々を一気に通り過ぎていった。

問1 この漢詩の形式として適切なものを次から一つ選び、記号で答えなさい。

ア 五言絶句　**イ** 七言絶句
ウ 五言律詩　**エ** 七言律詩

問2 ――線部「千里」と対比的に用いられている語句を詩中から書き抜《ぬ》きなさい。

問3 次の文章はこの漢詩の鑑賞《かんしょう》文である。［Ⅰ］・［Ⅱ］に入る語句として適切なものをあとからそれぞれ一つずつ選び、記号で答えなさい。

> 起句は「白帝城」の白と「彩雲」の赤を対比させ、［Ⅰ］を高めている。また、朝の空気の清澄《せいちょう》さも感じさせる。承句は白帝城から江陵までを急流に乗って豪快《ごうかい》に一日で下った舟旅《ふなたび》の様子を描《えが》いている。
> さらに転句の「猿声《えんせい》」で聴覚《ちょうかく》に訴《うった》え、結句は「軽舟《けいしゅう》」と「万重山《ばんちょうざん》」を対比させている。これらの描写《びょうしゃ》は舟旅の軽快さと、後ろへ流れていく岸の動きをも感じさせるもので、スピード感と［Ⅱ］をうたい上げている。

ア 躍動感《やくどうかん》　**イ** 季節感　**ウ** 悲壮感《ひそうかん》　**エ** 色彩感

解答と解説

第1章 古文

↓472ページ

1

［問1］詞書（題詞）　［問2］ア　［問3］エ　［問4］宗岳大頼の思いが雪のように消えてしまうから。　［問5］おもえば

解説　［問3］「頼《たの》まれず」は、直訳すれば「信用できない」ということ。
［問4］宗岳大頼《むねおかのおおより》が「雪のように」と言ったのを受けて、返したのである。

〈口語訳〉宗岳大頼が北陸地方から上京した時に、雪が降っているのを見て、「私の（あなた＝凡河内躬恒《おおしこうちのみつね》に対する）思いはこの雪のように積み重なっています」と言ったときに（躬恒が）詠《よ》んだ歌

　あなたの思いが雪のように積み重なるというのならばあてにはできません。春になったならば雪が消えるように、あなたの思いも、春より先はないだろうと思いますから。

2

［問1］イ　［問2］ア・ウ　［問3］エ

解説　［問1］「約す」は「約束する」という意味なので、「婚約《こんやく》」（結婚の約束をすること）が同じ意味である。
［問2］**イ**は「梅樹の主」の動作、**エ・オ**は「農夫」の動作を指す。
［問3］最後の一文の、玄知の発言の内容をとらえる。

〈口語訳〉岸玄知《きしげんち》は、出雲《いずも》国の領主に仕える茶会を取り仕切る者である。和歌をこよなく愛している。ある日、郊外《こうがい》へ出かけて、梅畑が花盛《はなざか》りだったので、梅の木の持ち主を探して、木を買おうとした。（持ち主は）どうしても了承《りょうしょう》しなかったので、高い値段で買い取るといって強く望んだところ、（持ち主は）仕方なく売ると約束した。翌日、（玄知は）酒と魚を持って梅の木の下で楽しんでいた。農夫は、「木の根を傷《いた》めないように木を掘《ほ》り起こして、明日（あなたの家へ）お届け申し上げましょう。」と言った。玄知は、「いや、そうしてほしいのではない。いつまでもここに植えておくのがよいのだ。」と言った。（農夫が）「それならば梅の実が熟したらいかがいたしましょうか。」と尋《たず》ねた。（玄知は）「梅の実には用がないのだ。ただ、花だけが私の望むもので、自分一人のものにして見なければおもしろくないのである。」と答えた。

3

［問1］まいり　［問2］ア　［問3］Ⅰ俊頼　Ⅱ例自らの老い（5字）　Ⅲ例よみ上げられる（7字）

解説　［問2］「御名はいかに」と問うたのは講師《こうじ》である源兼昌《みなもとのかねまさ》。「忍《しの》びやかに」は「人目につかないように」という意味。
［問3］Ⅰ「賤《しず》が垣根《かきね》もとしよりにけり」に俊頼《としより》は自分の名前を詠《よ》み込《こ》んでいる。Ⅱ「卯《う》の花の身の白髪《しらが》とも見ゆるかな」「垣根もとしより」で、自らの老いについて詠んでいる。Ⅲ名前は書かれていなかったが、和歌が読み上げられることで、俊頼の和歌であることがわかったのである。

〈口語訳〉法性寺殿（藤原忠通《ふじわらのただみち》）の屋敷《やしき》で歌会があったとき、源俊頼が参上した。源兼昌が歌の読み上げ役として歌を読み上げたとき、俊頼が和歌に名前を書かなかったので、兼昌は俊頼と顔を見合わせて、せきばらいをして、「お名前はどうしたのでしょうか。」とそれとなく言ったが、（俊頼は）「そのままお読みください」とおっしゃったので、読んだ歌に、

　卯の花が我が身の白髪のように見えることだなあ。（私と同じように）我が家の垣根も古びてしまったことよ。

と書いていたので、兼昌は忍び泣きして、しきりにうなずいては、称賛した。

忠通殿もお聞きになって、歌をお取り寄せになってご覧になり、たいそうおもしろがりなさったということだ。

4 〔問1〕ひょうじょう 〔問2〕上・君（順不同） 〔問3〕ウ

解説 〔問1〕母音がauと連続するときはôと読む。「ひやう」（hyau）は「ひょう」（hyô）、「ぢやう」（dyau）は「ぢょう」（dyô）となる。また、「ぢ」は「じ」と読むため、「じょう」となる。

〔問3〕知家《ともいえ》は獅子《しし》の例を挙げて上に立つものの威圧《いあつ》感について説明した。ア「積極的に民衆の考えを知ろうと思ったから」が、イ「自分が上京することの意義に気づき」が、エ「自分のこれまでの悪政に気づき」が誤り。

〈口語訳〉人々が、（鎌倉《かまくら》の大臣殿が）上京すべきかどうかの話し合いをしたが、上様のご機嫌《きげん》（を損なうこと）を恐《おそ》れて、支障があることを申し上げる人はいなかった。今は亡《な》き筑後前司《ちくごのぜんじ》入道知家《ともいえ》が遅《おく》れて参上した。このこと（上京の是非《ぜひ》）について意見を申せとの、（大臣の）ご様子だったので、（知家が）申し上げられたことには、「天竺《てんじく》にいる獅子という獣《けもの》は、すべての獣の王でございますが、他の獣を傷つけようという気持ちはありませんが、その声を聞く獣は、みな肝《きも》をつぶして、ある者は死んでしまうとお聞きしています。そういうわけで、上様（大臣殿）は人を悩《なや》まそうとお思いになるお心はないけれども、人々の嘆《なげ》きは、どうしてないでしょうか（いやあります）。」と申されたので、「上京は中止にすることにした。」とおっしゃったとき、万人がお喜び申し上げた。「聖人には（自分の）心がない、万人の心を（自分の）心とする」と言う。人の心が願うことを政治とする。これが聖人のあり方である。

第2章 漢文

↓514ページ

1 〔問1〕有レ鳥止二南方之丘一 〔問2〕イ 〔問3〕ア

解説 〔問2〕政治をする立場にありながら、政治を行わない荘王《そうおう》に対して、鳥のたとえ話をして、政治をするように遠まわしに促《うなが》したのである。

〔問3〕「羽翼《うよく》を長ぜむとし」、「民則《みんそく》を見むとする」、「飛ばば」、「鳴かば」といった、意志を表す表現、仮定を表す表現に注意する。

〈口語訳〉楚《そ》の国の王である荘王は、王の位についてから三年、政治上の命令や法令を発することもなく、目立った政治をすることがなかった。（そこで）家臣の右司馬《ゆうしば》が（王になぞをかけて）言うには、「（一羽の）鳥が南方の丘《おか》に止まっています。（しかし）三年間も羽ばたきせず、飛びもせず、鳴きもしないで、黙《だま》っていて声がありません。この鳥の名は何というのですか。」と。王が答えて言うことには、「三年羽ばたかないのは、飛ぶために羽を伸ばそうとしており、飛ぶことも鳴くこともしないのは、人々の動きを見ようとしているのだ。今は飛ばないが、飛んだら必ず天に至るだろう。（また）今は鳴かないが、鳴いたら必ず人を驚《おどろ》かせるだろう。」と。その後そのまま（政治をしないで）いること半年、そこで王は自ら政治に乗り出した。

2 〔問1〕イ 〔問2〕一日 〔問3〕Ⅰ＝エ Ⅱ＝ア

解説 〔問1〕一句が七文字（七言）で、全体が四句（絶句）の形式である。

〔問2〕「千里」はとても距離《きょり》があることのたとえ。その距離を「一日」という短い時間で着いたとして、長江《ちょうこう》の流れが急であることを表現した。

〔問3〕Ⅰ朝日の赤さに雲が赤く染まっているのである。Ⅱ急流を下って行く小舟《こぶね》の様子と、そこから見える景色を想像してみる。この詩は、一句で美しく静かな光景から歌い起こして、二・三・四句で軽やかな小舟による旅の軽快さ、スピード感、躍動《やくどう》感を楽しむ心地《ここち》よさをうたったものである。

発展学習 1

文語文法

1 動詞の活用

◆動詞の活用の種類

文語の動詞の活用の種類は、口語（現代語）より多く、下の**九種類**である。

文語	例	口語
四段	行く・言ふ・住む…	五段
ナ変	死ぬ・往《い》ぬ（去《い》ぬ）（二語のみ）	
ラ変	あり・をり・侍《はべ》り・いますがり（いまそがり）	
下一段	蹴《け》る（一語のみ）	
上一段	着る・似る・見る（十数語）	上一段
上二段	落つ・過ぐ・滅《ほろ》ぶ…	
下二段	植う・越《こ》ゆ・流る…	下一段
カ変	来《く》（一語のみ）	カ変
サ変	す・おはす（二語＋複合動詞）	サ変

◆動詞の活用の形

活用形は、**未然形・連用形・終止形・連体形・已然形《いぜん》・命令形**の六つがある。

参照
396ページ **文語の動詞の活用**
114ページ **口語の動詞の活用**

発展

文語の動詞の終止形

上段の表で例として挙げた語は終止形（基本形）で示してある。文語の動詞の終止形は、「あり」などのラ行変格活用の動詞を除いて**ウ段で終わる**が、口語と形の異なるものが多いので注意しよう。

例

口語	文語
思う	思ふ
ある	あり
落ちる	落つ
投げる	投ぐ
来る	来《く》
する	す

活用形に連なる主な言葉

「聞く」という動詞で考えると

- **●未然形……ず・む・ば**　聞かず　(訳)聞かない　「ず」は打ち消しを表す助動詞
- **●連用形……たり・て**　聞きたり　(訳)聞いた　「たり」は完了《かんりょう》を表す助動詞
- **●終止形……言い切りの形**　聞く　(訳)聞く
- **●連体形……とき・こと**　聞くとき　(訳)聞くとき　「とき」は時間の意味の名詞
- **●已然形……ば・ども**　聞けば　(訳)聞くので　「ば」は接続助詞
- **●命令形……命令形の意味で言い切る形**　聞け　(訳)聞け

●四段活用　四段活用は、**ア・イ・ウ・エの四つの段の音**にわたって活用する。

行	基本形	語幹	未然形 (ア)	連用形 (イ)	終止形 (ウ)	連体形 (ウ)	已然形 (エ)	命令形 (エ)
サ行	押《お》す	押	さ	し	す	す	せ	せ
タ行	打つ	打	た	ち	つ	つ	て	て
ハ行	言ふ	言	は	ひ	ふ	ふ	へ	へ
下に続く主な言葉			ず・む・ば に連なる	たり に連なる	言い切る	とき に連なる	ば・ども に連なる	命令して 言い切る

確認問題

問1　涙《なみだ》を流さずといふことなし。の――線部の活用形は何形か書きなさい。

参考

四段活用と五段活用の違い

右ページの上段の表のとおり、文語の四段活用の動詞は、口語では五段活用となる。口語が五段であるのに対して、文語が四段なのは、文語の活用では、口語の場合と違《ちが》って、意志を表す未然形のオ段(例行こう)がないからである。意志を表す言い方は、「行かむ」となる。

参考

ハ行の活用

「願ふ」のように活用語《ご》尾《び》に歴史的仮名遣《かなづか》いが使われているハ行の活用に注意しよう。

確認問題解答

問1　未然形

●ナ行変格活用（ナ変）

「死ぬ・往《い》ぬ（去《い》ぬ）」の二語のみ。四段活用と似ているが、連体形と已然《いぜん》形が異なる。

基本形	語幹	未然形	連用形	終止形	連体形	已然形	命令形
死ぬ	死	な	に	ぬ	ぬる	ぬれ	ね
下に続く主な言葉		ず・む・ば に連なる	たり に連なる	言い切る	とき に連なる	ば・ども に連なる	命令して 言い切る

●ラ行変格活用（ラ変）

「あり・をり・侍《はべ》り・いますがり（いまそがり）」の四語のみ。四段活用と似ているが、終止形が四段活用とは異なる。

基本形	語幹	未然形	連用形	終止形	連体形	已然形	命令形
あり	あ	ら	り	り	る	れ	れ
下に続く主な言葉		ず・む・ば に連なる	たり に連なる	言い切る	とき に連なる	ば・ども に連なる	命令して 言い切る

●下一段活用

下一段活用は、**エ段の音**を中心に活用する。「蹴《け》る」の一語のみ。

くわしく

ナ行変格活用動詞の意味

「往ぬ」と「去ぬ」は、どちらも「行ってしまう。去る」という意味。

くわしく

ラ行変格活用動詞の意味

「あり・をり・侍り・いますがり」は存在することを表す動詞で、次のような違《ちが》いがある。

- **「あり・をり」**…「存在する・ある・いる」という意味。
- **「侍り」**…「あり・をり」の丁寧語《ていねいご》で、「あります・おります」という意味。
- **「いますがり」**…「あり・をり」の尊敬語で、「いらっしゃる・おいでになる」という意味。

参考

語幹と活用語尾

活用語の変化しない部分

基本形	語幹	未然形	連用形	終止形	連体形	已然形	命令形
蹴る	○	け	け	ける	ける	けれ	けよ
下に続く主な言葉		ず・む・ば に連なる	たり に連なる	言い切る	とき に連なる	ば・ども に連なる	命令して 言い切る

●上一段活用　上一段活用は**イ段の音**を中心に活用する。

行	基本形	語幹	未然形	連用形	終止形	連体形	已然形	命令形
			（イ）	（イ）	（イる）	（イる）	（イれ）	（イよ）
マ行	見る	○	み	み	みる	みる	みれ	みよ
ワ行	率ゐる	率	ゐ	ゐ	ゐる	ゐる	ゐれ	ゐよ
下に続く主な言葉			ず・む・ば に連なる	たり に連なる	言い切る	とき に連なる	ば・ども に連なる	命令して 言い切る

確認問題

問1 次の――線部の活用形は、それぞれ何形か書きなさい。
古人も多く旅に死せるあり。

問2 次の中から下一段活用の動詞を選びなさい。
ア 死ぬ　**イ** あり　**ウ** 蹴る　**エ** 着る

を「語幹」、変化する部分を「活用語尾《ごび》」という。ラ行変格活用の「あり」の場合、語幹は「あ」、活用語尾は「ら・り・り・る・れ・れ」である。それに対して、下一段活用や上一段活用などは、語幹と活用語尾との区別がない語が多い。その場合、上段の活用表では、語幹を「○」と示している。

参考

上一段活用動詞の例

カ行●着る
ナ行●似《に》る・煮《に》る
ハ行●干《ひ》る・乾《ひ》る
マ行●見る・顧《かへり》みる
ヤ行●射《い》る・鋳《い》る
ワ行●居《ゐ》る・率ゐる
※上一段活用に属する動詞は「きる・にる・ひる・みる・いる・ゐる」と発音する十数語を覚えておけばよい。

確認問題解答

問1 終止形
問2 ウ

●上二段活用

上二段活用は、**イ段とウ段の音**を中心に活用する。

行	基本形	語幹	未然形	連用形	終止形	連体形	已《い》然《ぜん》形	命令形
			（イ）	（イ）	（ウ）	（ウる）	（ウれ）	（イよ）
カ行	起く	起	き	き	く	くる	くれ	きよ
タ行	落つ	落	ち	ち	つ	つる	つれ	ちよ
ハ行	恋《こ》ふ	恋	ひ	ひ	ふ	ふる	ふれ	ひよ
ヤ行	老《お》ゆ	老	い	い	ゆ	ゆる	ゆれ	いよ
下に続く主な言葉			ず・む・ば に連なる	たり に連なる	言い切る	とき に連なる	ば・ども に連なる	命令して 言い切る

●下二段活用

下二段活用は、**ウ段とエ段の音**を中心に活用する。

行	基本形	語幹	未然形	連用形	終止形	連体形	已然形	命令形
			（エ）	（エ）	（ウ）	（ウる）	（ウれ）	（エよ）
カ行	受く	受	け	け	く	くる	くれ	けよ
マ行	求む	求	め	め	む	むる	むれ	めよ
ヤ行	覚《おぼ》ゆ	覚	え	え	ゆ	ゆる	ゆれ	えよ
ダ行	出《い》づ	出	で	で	づ	づる	づれ	でよ
下に続く主な言葉			ず・む・ば に連なる	たり に連なる	言い切る	とき に連なる	ば・ども に連なる	命令して 言い切る

参考

上二段活用動詞の例

カ行●尽《つ》く　タ行●落つ
ハ行●強《し》ふ　マ行●試《こころ》む
ヤ行●悔《く》ゆ　ラ行●降《お》る
ガ行●過《す》ぐ　ダ行●恥《は》づ
バ行●侘《わ》ぶ

※ハ行・ヤ行・ダ行に属する動詞は、歴史的仮名遣《かなづか》いも考えて活用する行や活用のしかたに注意しよう。

参考

下二段活用動詞の例

ア行●得《う》　カ行●助く
サ行●失《う》す　タ行●捨《す》つ
ナ行●尋《たづ》ぬ　ハ行●仕《つか》ふ
マ行●求む　ヤ行●越《こ》ゆ
ラ行●離《か》る　ワ行●植《う》う
ガ行●告《つ》ぐ　ザ行●混《ま》ず
ダ行●撫《な》づ　バ行●比ぶ

※ハ行・ヤ行・ワ行（わゐうゑを）・ザ行・ダ行は、活用する行や活用のしかたに注意しよう。

●カ行変格活用（カ変）

「来《く》」の一語のみ。

基本形	語幹	未然形	連用形	終止形	連体形	已然形	命令形
来	○	こ	き	く	くる	くれ	こ（こよ）
下に続く主な言葉		ず・む・ば に連なる	たり に連なる	言い切る	とき に連なる	ば・ども に連なる	命令して言い切る

●サ行変格活用（サ変）

「す・おはす」の二語のみ。「欲す・念ず」などの複合動詞もサ行変格活用の動詞である。

基本形	語幹	未然形	連用形	終止形	連体形	已然形	命令形
す	○	せ	し	す	する	すれ	せよ
下に続く主な言葉		ず・む・ば に連なる	たり に連なる	言い切る	とき に連なる	ば・ども に連なる	命令して言い切る

確認問題

問1 次の中からカ変とサ変の動詞をそれぞれ選びなさい。

ア 来　**イ** 起く　**ウ** 寄す　**エ** おはす

くわしく

動詞の活用の種類の見分け方

①語の数が限られている、次の活用に属する語は覚える。

・ナ行変格活用（二語）
・ラ行変格活用（四語）
・下一段活用（一語）
・上一段活用（十数語）
・カ行変格活用（一語）
・サ行変格活用（二語＋複合動詞）

②残りの三種類の活用の種類（四段・上二段・下二段）は、打ち消しの助動詞「ず」を付けて未然形を作り、その活用語尾《ごび》が五十音図のどの段になるかで判断する。

・ア段の音→四段活用
例 聞く→聞か（ず）
・イ段の音→上二段活用
例 起く→起き（ず）
・エ段の音→下二段活用
例 受く→受け（ず）

確認問題解答

問1 カ変…**ア**　サ変…**エ**

2 形容詞・形容動詞の活用

◆形容詞の活用

1 口語の形容詞の終止形は「〜い」であるが、**文語の形容詞の終止形**は「〜し」である。

2 文語の形容詞には、**ク活用**と**シク活用**の二種類の活用がある。

・ク活用……連用形は「寒く」「高く」となる。

・シク活用…連用形は「美しく」「うるはしく」となる。

3 口語の形容詞には命令形はないが、文語の形容詞には命令形がある。

4 口語の形容詞は終止形と連体形が同じ形だが、文語の形容詞は終止形と連体形が異なる。

活用型	基本形	語幹	未然形	連用形	終止形	連体形	已然《いぜん》形	命令形
ク活用	高し	高	(く) から	く かり	し	き かる	けれ	かれ
シク活用	涼《すず》し	涼	(しく) しから	しく しかり	し	しき しかる	しけれ	しかれ
下に続く主な言葉			ず・む・ば に連なる	て・けり に連なる	言い切る	とき・べし に連なる	ば・ども に連なる	命令して 言い切る

表の右側の「(く)・く・し・き・けれ」が本来の活用で、本活用という。それに対して、左側の「から・かり・かる・かれ」は「〜く」に「あり」が付いてできたもので、補助活用という。

◆形容動詞の活用

参考

ク活用とシク活用の例

①ク活用の形容詞

よし・わろし・なし・多《おほ》し・白し・暑し・はかなし

②シク活用の形容詞

正し・美し・悲し・懐《なつ》かし・すさまじ・をかし・優し

参考

形容詞・形容動詞の語幹の用法

形容詞・形容動詞の語幹は、感動表現として用いられることがある。この場合、前に「あな」や「あら」があることが多い。

例 あな、幼や。

(訳) ああ、子供っぽい。

例 あら、奇怪《きくわい》や。

(訳) ああ、不思議だなあ。

形容詞・形容動詞の命令形

「あり」の命令形「あれ」が付いて音韻《おんいん》変化したものである。

1 口語の形容動詞の終止形は「～だ(～です)」であるが、**文語の形容動詞の終止形は「～なり」「～たり」である。**

2 文語の形容動詞には、**ナリ活用**と**タリ活用**の二種類の活用がある。

3 口語の形容動詞には命令形はないが、文語の形容動詞には命令形がある。

活用型	基本形	語幹	未然形	連用形	終止形	連体形	已然形	命令形
ナリ活用	静かなり	静か	なら	なり・に	なり	なる	なれ	なれ
タリ活用	平然たり	平然	たら	たり・と	たり	たる	たれ	たれ
下に続く主な言葉			ず・む・ばに連なる	けり・なるに連なる	言い切る	とき・べしに連なる	ば・どもに連なる	命令して言い切る

確認問題

問1 次の――線部の単語の品詞名を書きなさい。

(1) 白き灰がちになりてわろし。

(2) 容顔まことに美麗《びれい》なり。

問2 次の――線部の基本形(終止形)を書きなさい。

紫《むらさき》だちたる雲のほそくたなびきたる。

参考

ナリ活用とタリ活用の例

①ナリ活用の形容動詞

はるかなり・あはれなり・けなげなり・のどかなり

②タリ活用の形容動詞

堂々たり・洋々たり・騒《さう》然《ぜん》たり

要注意

「たり」の区別

次の①と②は、どちらも「～たり」となっている。

① 「平然たり」「堂々たり」

② 「咲《さ》きたり」「書きたり」

けれども、①は形容動詞、②は動詞の連用形に存続・完了《かんりょう》の助動詞「たり」が付いたものである。タリ活用の形容動詞の語幹は、状態や性質を表した漢語であることが多い。

確認問題解答

問1 (1)形容詞 (2)形容動詞

問2 ほそし

3 助動詞

◆助動詞の主な意味と用例

1「る」・「らる」

①受け身(～れる)

例 読書に心奪《うば》は《ワ》る。〈訳〉読書に心を奪われる。

②尊敬(お～になる・～なさる)

例 師、かく教えらる。〈訳〉先生がこのようにお教えになる。

③自発(自然に～れる・つい～てしまう)

例 故郷思ひ出《い》でらる。〈訳〉故郷が(自然に)思い出される。

④可能(～できる)

例 冬はいかなる所にも住まる。〈訳〉冬はどんな所にも住むことができる。

2「す」・「さす」・「しむ」

①使役《しえき》(～せる・～させる)

例 (かぐや姫《ひめ》を)妻《め》の嫗《おうな》にあづけて養はす。〈訳〉妻であるおばあさんに預けて養わせる。

②尊敬(お～になる・～なさる)

例 御身《おんみ》は疲《つか》れさせ給《たま》ひて候《さぶら》《ソウロ》ふ《ウ》。〈訳〉お体はお疲れになっていらっしゃいます。

3「き」

・**過去**(～た)

例 つひに及《およ》ばざりき。〈訳〉とうとう及ばなかった。

参考

助動詞の働き

文語の助動詞は、口語の助動詞と同様に、用言や体言などに付いて、ある意味を付け加えたり、書き手や話し手の判断を表したりする品詞である。

参照 395ページ **助動詞(文語)**
170ページ **助動詞(口語)**

くわしく

助動詞の種類と用法

上段に挙げた助動詞とその用法(意味)は、主なものだけである。例えば、「まじ」の用法には、上段に挙げた用法以外に、打ち消しの当然、禁止・不適当、不可能の推量がある。

4「けり」

①過去（～た）

例 竹取の翁《おきな》といふものありけり。〈訳〉竹取の翁という人がいた。

②詠嘆《えいたん》（～たのだなあ）

例 人の心も、荒《あ》れたるなりけり。〈訳〉人の心も、荒れてしまったのだなあ。

5「つ」・「ぬ」

・**完了《かんりょう》**（～た・～てしまった）

例 物ども舟《ふね》に乗せつ。〈訳〉荷物などを舟に乗せた。

6「たり」・「り」

①完了（～た）

例 皇子《みこ》はのぼり給へり。〈訳〉皇子は都にお上りになった。

②存続（～ている・～てある）

例 かきつばたいとおもしろく咲《さ》きたり。〈訳〉かきつばたがとてもすばらしく咲いている。

7「ず」

・**打ち消し**（～ない）

例 日いまだ暮れず。〈訳〉日はまだ暮れない。

8「じ」・「まじ」

①打ち消しの推量（～ないだろう）

例 思ひ残すことあらじ。〈訳〉思い残すことはないだろう。

②打ち消しの意志（～ないつもりだ・～まい）

例 ただ今は見るまじとて…〈訳〉今ここでは見まいと…

くわしく

「たり」には断定の意味も

「たり」には完了・存続を表す語のほかに、断定の意味を表す別の助動詞もある。文中の「たり」がどちらにあたるかは、「たり」が何に接続しているかを見て決定する。

●活用語の連用形＋「たり」
＝完了（～た）
例 沈《しず》みたり。〈訳〉沈《しず》んだ。

●体言（名詞）＋「たり」
＝断定（～だ・～である）
例 君、君たらずとも、臣、臣たり。〈訳〉主君が主君らしくなくても、家臣は家臣である。

9 「む」・「むず」

①推量（～だろう）

例 これやわが求むる山ならむ…　〈訳〉これが私が探し求めていた山だろう…

②意志（～う・～よう）

例 女もしてみむとてするなり。　〈訳〉女（の私）もしてみようと思ってするのである。

10 「らむ」

①現在の推量（～ているだろう）

例 我が子必ず追ひて来たるらむ。　〈訳〉我が子は必ず追って来ているだろう。

②原因の推量（〈なぜ〉～のだろう）

例 などや苦しき目を見るらむ。　〈訳〉なぜ苦しい目にあうのだろう。

11 「まし」

・反実仮想《はんじつかそう》（〈もし〉～たら～だろうに）

例 この木なからましかばと覚えしか。　〈訳〉この木がなかったらよかっただろうにと思われた。

（**「ましか」は「まし」の已然形**《いぜんけい》）

12 「らし」

・推定（～らしい）

例 春過ぎて夏来たるらし…　〈訳〉春が過ぎて夏が来たらしい…

13 「べし」

①推量（〈きっと〉～だろう）

例 この戒《いまし》め、万事にわたるべし。　〈訳〉この教訓は、どんなことにも広く通じるだろう。

発展

文語の助動詞の活用の種類

助動詞は活用する付属語である。文語の助動詞の活用の種類には、動詞型・形容詞型・形容動詞型・特殊《とくしゅ》型がある。

⑴動詞型

●下二段型…る・らる・す・さす・しむ・つ

例「る」

未然	連用	終止	連体	已然	命令
れ	れ	る	るる	るれ	れよ

●四段型…む・らむ

●ナ変型…ぬ

●ラ変型…けり・たり（完了《かんりょう》）・り

②形容詞型

●ク型…べし・ごとし

●シク型…まじ・まほし

③形容動詞型

●ナリ型…なり（断定）

●タリ型…たり（断定）

④特殊型…き・ず・まし

例「き」

未然	連用	終止	連体	已然	命令
（せ）	○	き	し	しか	○

②意志（〜よう）

例 この一矢《ひとや》に定むべしと思へ。　〈訳〉この一矢で決めようと思え。

③当然（〜はずだ・〜べきだ）

例 負けじと打つべきなり。　〈訳〉負けまいと思って打つべきだ。

（「べき」は「べし」の連体形）

14「なり」「たり」

・**断定**（〜だ・〜である）　**例** 月の都の人なり。　〈訳〉月の都の人である。

15「ごとし」

・**比況**《ひきょう》（〜ようだ）

例 おごれる人も久しからず、ただ春の夜《よ》の夢のごとし。

〈訳〉おごりたかぶっている人も長くは続かない、ちょうど春の夜の（短い）夢のようだ。

16「まほし」「たし」

・**希望**（〜たい）　**例** 一声聞かまほし。　〈訳〉一声聞きたい。

確認問題

問1 次の——線部の助動詞の意味をあとから選びなさい。

(1) 勝つべきいくさに負くることよもあらじ。　**（注）**よも＝まさか。

(2) ありがたきもの。舅《しゅうと》にほめらるる婿《むこ》。　**（注）**ありがたきもの＝珍《めずら》しいもの。

ア 断定　**イ** 完了《かんりょう》　**ウ** 受け身　**エ** 可能　**オ** 打ち消しの推量

確認問題解答

問1 (1)**オ**　(2)**ウ**

4 助詞

文語の助詞は、主に**格助詞**・**接続助詞**・**副助詞**・**終助詞**・**係助詞**・**間投助詞**の六種類に分類する。

◆注意すべき格助詞

1「が」

①主語を示す。（〜が）

例 犬君《いぬき》が逃《に》がしつる。　〈訳〉犬君が逃がしてしまった。

②連体修飾語《しゅうしょくご》を示す。（〜の）

例 梅が枝を見たり。　〈訳〉梅の枝を見た。

③同格であることを示す。（〜で・〜であって）

例 いとやむごとなき際《きは》《ワ》にはあらぬが、すぐれて時めきたまふありけり。

〈訳〉それほど高貴な家柄《いえがら》ではない方で、とりわけ帝《みかど》のご寵愛《ちょうあい》を受けていらっしゃる方があった。

2「の」

①主語を示す。（〜が）

例 紫《むらさき》だちたる雲のほそくたなびきたる。　〈訳〉紫がかった雲が細くたなびいている。

②連体修飾語を示す。（〜の）

例 筒《つつ》の中光りたり。　〈訳〉筒の中が光っている。

③同格であることを示す。（〜で）

例 大きなる柑子《かうじ》《コウ》の木の、枝もたわわになりたる…

〈訳〉大きなみかんの木で、枝もたわむほどになっている木が…

くわしく

●**格助詞**
その文節がどんな文の成分になるかを決め、文節の関係を示す。

●**接続助詞**
前後の文節や文をつなぐ。

●**副助詞**
強調・限定・程度などの意味を添《そ》える。

●**終助詞**
主に文の終わりに付いて、疑問や呼びかけなど、話し手・書き手の気持ちを表す。

●**係助詞**
疑問・反語、強調などを表し、「ぞ・なむ・や・か・こそ」を受ける結びは終止形ではなく、特殊《とくしゅ》な活用形になる（係り結びの法則）。

要注意

助詞の種類と用法
上段に挙げた助詞とその用法（意味）は、主なものだ

◆注意すべき接続助詞

1「つつ」

①動作や状態の繰《く》り返し・継続《けいぞく》を表す。（〜てはまた〜・ずっと〜していて）

例 竹を取りつつ、よろづ《ズ》のことに使ひけり。〈訳〉竹を取っては、いろいろな物を作るのに使った。

②二つの動作が同時に行われることを表す。（〜ながら）

例 落つる涙《なみだ》おし隠《かく》しつつ、臥《ふ》して…〈訳〉落ちる涙をおし隠しながら、うつむいて…

2「ば」

①活用語の未然形＋「ば」の形で、仮定条件を表す。（〜ならば・〜たら）

例 風吹《ふ》かば花散らむ《ン》。〈訳〉（もし）風が吹いたら花が散るだろう。

②活用語の已然《いぜん》形＋「ば」の形で、既定《きてい》（確定）条件を表す。（〜ので・〜から）

例 幼ければ養ふ《ウ》。〈訳〉幼いので養う。

◆注意すべき副助詞

1「ばかり」

①限定を示す。（〜だけ）

例 我ばかりかく思ふにや。〈訳〉私だけがこのように思うのだろうか。

②程度を示す。（〜くらい）

例 三寸ばかりなる人…〈訳〉三寸くらいの人（が）…

けである。例えば、「が」の用法には体言の代用、「の」の用法には体言の代用や比喩《ひゆ》もある。

参照 396ページ **助詞（文語）**

要注意 口語と意味の違う助詞の例

①**「で」**（接続助詞）…「〜ないで」という意味。

例 明くるも知らで…

〈訳〉（夜が）明けるのも知らないで…

②**「を」**（接続助詞）…「〜のに」という意味で使う用例がある。

例 雨はげしきを…

〈訳〉雨が激しいのに…

2「だに」

①程度の軽いものを取り上げ、程度の重いものについて類推させる。（〜さえ）

例 水をだに咽喉《のど》に入れたまは《ワ》ず…

〈訳〉水さえのどにお入れにならない…（「まして食べ物は当然召《め》し上がれない」と類推させる。）

②最小限の希望や条件を表す。（せめて〜だけでも）

例 昇《のぼ》らむ《ン》をだに見送り給《たま》へ《エ》。 〈訳〉せめて（天に）昇るのだけでもお見送りください。

◆注意すべき終助詞

1「ばや」…自分の願望を表す。（〜たいものだ）

例 ほととぎすの声たづ《ズ》ねに行かばや。 〈訳〉ほととぎすの声を探し求めに行きたいものだ。

2「なむ」…他に対する希望を表す。（〜してほしい）

例 はや夜も明けなむ《ン》と思ひつつ… 〈訳〉早く夜が明けてほしいと思いながら…

3「かな」…感動・詠嘆《えいたん》を表す。（〜だなあ・〜ことだ）

例 美しき雪かな。 〈訳〉美しい雪だなあ。

確認問題

問 次の――線部の助詞の意味を表す口語をあとから選びなさい。

大きなる榎《え》の木のありければ、人、「榎木僧正《えのきのそうじやう》《ジョウ》」とぞ言ひける。

ア〜が　**イ**〜たい　**ウ**〜たら　**エ**〜ので

くわしく

口語にない助詞の例

①**「ゆ」**（格助詞）…経由場所を示す。「〜を通って」という意味。

例 田子《たご》の浦《うら》ゆ…

〈訳〉田子の浦を通って…

②**「かも」**（終助詞）…感動や詠嘆《えいたん》を表す。

例 三笠《みかさ》の山に出《い》でし月かも

〈訳〉三笠山に出ていたのと同じ月なのだなあ

参考

間投助詞

間投助詞には「や・よ・を」がある。

例 少納言《せうなごん》よ、香炉峰《かうろほう》の雪いかならむ。

〈訳〉少納言《しょうなごん》よ、香炉峰《こうろほう》の雪はどうであろうか。

（呼びかけ）

確認問題解答

問 エ

5 係り結び

係助詞「ぞ・なむ・や・か」があると文末は**連体形**、**「こそ」**があると**已然《いぜん》形**で結ぶというきまりがある。これを**係り結び（の法則）**という。これによって、**疑問・反語**、**強調**の意味が加わる。

係助詞	結びの活用形	意味	例文
ぞ	連体形	強調	三ところ［ぞ］流れ［たる］。 〔訳〕実に三か所も流れている。
なむ	連体形	強調	竹［なむ］一筋あり［ける］。 〔訳〕竹が一本あった。
や	連体形	疑問	危なきこと［や］　［ある］。 〔訳〕危ないことがあるのではないだろうか。
か	連体形	反語	君ならでたれに［か］見せ［む］。 〔訳〕あなた以外にだれに見せようか、いや、だれにも見せはしない。
こそ	已然形	強調	神へ参る［こそ］本意《ほい》［なれ］。 〔訳〕神へ参拝することこそが目的だ。

確認問題

問1 次の［　］に当てはまる活用形をあとから選びなさい。

「『堀池《ほりけ》の僧正』とぞ言ひける。」は、「ぞ」があるために文末が「ける」という［　］になっている。

ア 未然形　**イ** 連用形　**ウ** 連体形　**エ** 已然形

参照 397ページ 係り結び

参考

係助詞「なむ」の訳し方

「なむ」は文の意味を強調する係助詞だが、同じ強調を表す係助詞「ぞ」や「こそ」に比べて、強調の度合いがやや軽い。そのため、口語訳する場合は、特に訳さなくてよい。（上段の表の「竹なむ一筋～」の原文と口語訳を参照。）

用語解説

反語

「や・か」は疑問・反語を表す係助詞である。反語とは、はっきりとした結論がありながら、疑問の形をとった表現のこと。「～だろうか。いや、ちがう」という意味を表す。

確認問題解答

問1 ウ

6 副詞の呼応

「つゆ・え・よも・な・ゆめ」などの**副詞**が使われると、**下に決まった言い方がきて、打ち消しや禁止、不可能などの意味を表す。**

1「**つゆ**」…下に「ず・なし」などの打ち消しの語を伴《ともな》い、「まったく〜ない」という意味を表す。

例 つゆおとなふ《ウ》ものなし。〈訳〉まったく音を立てるものがない。

2「**え**」…下に打ち消しの語を伴い、「〜することができない」という意味(不可能)を表す。

例 え出《い》でおは《ワ》しますまじ。〈訳〉出ていらっしゃれないだろう。

3「**よも**」…下に打ち消しの推量の語を伴い、「まさか〜ないだろう」という意味を表す。

例 いまだ遠くはよも行かじ。〈訳〉まさかまだ遠くには行っていないだろう。

4「**な**」…「な〜そ」の形で、「〜するな」「〜してはいけない」という意味(禁止)を表す。

例 な起こしたてまつりそ。〈訳〉お起こし申し上げるな。

5「**ゆめ**」…下に禁止の語を伴い、「決して〜するな」という意味を表す。

例 ゆめ寝《い》ぬな。〈訳〉決して寝《ね》るな。

確認問題

問 次の——線部の口語訳をあとから選びなさい。

この玉たやすくはえ取らじ

ア 取ってはいけない　**イ** 取ることができないだろう　**ウ** まさか取らないだろう

参照 145ページ **副詞の呼応(口語)**

参考

その他の副詞の呼応

① 「**よし**」…「よし〜とも」の形で、「たとえ〜ても」という仮定の意味を表す。

例 人はよし思ひ止《や》むとも…

〈訳〉他人はたとえあきらめても…

② 「**いかで**」…下に「ばや・がな」「む」を伴《ともな》い、強い願望(「なんとかして〜たい」)や強い意志(「なんとかして〜よう」)を表す。

例 いかでこのかぐや姫《ひめ》を得てしがな…

〈訳〉なんとかしてこのかぐや姫を手に入れたい…

確認問題解答

問 **イ**

7 敬語

古文には多くの敬語が出てくるが、その種類や意味を一つひとつ丁寧《ていねい》にとらえることによって、登場人物の関係（身分の違《ちが》い）や、その行動を正しく読み取ることができる。

①尊敬語…相手を直接うやまう言い方。
②謙譲《けんじょう》語…自分がへりくだり、相手を高める言い方。
③丁寧語…丁寧な気持ちを表す言い方。

○代表的な敬語の使い方

種類	語句	例文	
尊敬語	給《たま》ふ	泣き給ふ	〈訳〉お泣きになる
	おはす	聖《ひじり》おはしけり	〈訳〉聖がいらっしゃった
謙譲語	申す	文《ふみ》にて申す	〈訳〉手紙にて申し上げる
	まゐる	東宮《とうぐう》にまゐる	〈訳〉東宮に参上する
丁寧語	侍《はべ》り	果たし侍りぬ	〈訳〉果たしました
	さぶらふ	恥《はぢ》を見さぶらふ	〈訳〉恥《はじ》をかきます

確認問題

問1 次の――線部の敬語の種類をあとから選びなさい。

尊くこそおはしけれ。

ア 尊敬語　**イ** 謙譲語　**ウ** 丁寧語

要注意

敬語の対象

敬語は多く身分や年齢《ねんれい》が上の人に対して用いられるが、人物だけに用いられるとは限らない。

例 聞きしにも過ぎて尊《たふと》くこそおはしけれ。

〈訳〉聞いていたよりもまさって、（石清水《いわしみず》八幡《はちまん》宮《ぐう》は）尊い様子でいらっしゃいました。

参考

その他のよく使われる敬語

①尊敬語
のたまふ・おはします・思ほす・聞こしめす・あそばす

②謙譲語
聞こゆ・たてまつる・まかる・うけたまはる

参照 192ページ 敬語（口語）

確認問題解答

問1 ア

漢文法

1 漢文の基本文型

◆基本の文型

漢文の基本文型は次の**五つ**である。文の構造が日本語の文と大きく異なるので、返り点を用いて読む順序を示す。白文《はくぶん》を書き下す場合は、これらの基本文型をもとに考える。

1 主語＋述語…「――が(は)～する・～だ」。日本語と語順が同じ。

例 孔《こう》子《し》ハ聖人ナリ。（孔子は聖人なり。＝孔子は聖人だ。）
主語　述語

2 主語＋述語＋目的語…「――が(は)□を～する」。日本語と語順が異なる。目的語は、述語の目的・対象を表す語で、送り仮名として「ヲ」を送る。

例 風ハ吹《ふ》ク二仙《せん》袂《べい》ヲ一。（風は仙袂を吹く。＝風は仙人《せんにん》のたもとを吹いた。）
主語　述語　目的語
仙人の着物のたもと

3 主語＋述語(＋於・于・乎)＋補語…「――が(は)○に(と・より)～する」。日本語と語順が異なる。補語は、述語の意味を補う語で、送り仮名として「ニ」「ト」「ヨリ」などを送る。「於」などの助字は読まない。

くわしく

その他の文型

上段で挙げた以外にも、次のような文型がある。

①**主語＋述語＋補語(＋於・于・乎)＋補語**…二番目の補語は場所を表す。「於」などの助字は読まない。

例 管《くわん》仲《ちう》任ゼラル二政《まつりごと》ヲ於斉《せい》ニ一。
主　述　補　補
（管仲《かんちゅう》政に斉に任ぜらる。＝管仲は斉で宰相《さいしょう》に任命された。）

②**修飾《しゅうしょく》・被修飾《ひしゅうしょく》の関係**…基本的に修飾部分が上、被修飾部分が下にある。

例 何《いづ》レノ処《ところ》ヨリカ秋《しう》風《ふう》至ル。
修飾　被修飾
（何《いず》れの処よりか秋風《しゅうふう》至る。＝どこから秋風が吹《ふ》いてきたのか。）

参照 544ページ
助字

例 富貴ハ在リレ天ニ。（富貴は天に在り。＝富貴となるかどうかは、天の定めによるものだ。）
主語 述語 補語

4 主語＋述語＋目的語（＋於・于・乎）＋補語…「――が（は）□を○に（と・より）～する」。**2**と**3**を合わせた形で、日本語と語順が異なる。「於」などの助字は読まない。

例 君子ハ求ム二諸《これ》ヲ己ニ一。（君子は諸を己に求む。＝君子は何事も自分に責任を求めて反省する。）
主語 述語 目的語 補語

5 主語＋述語＋補語＋目的語…「――が（は）○に（と・より）□を～する」。**2**と**3**を合わせた形で、日本語と語順が異なる。この文型は、「於」などの助字は用いられない。

例 師授ク二弟《てい》子《し》ニ書ヲ一。（師弟子に書を授く。＝先生が門人に書物を与《あた》える。）
主語 述語 補語 目的語

確認問題

問1 次の各文は、それぞれどの文型に当たるか。適切なものをあとから選びなさい。

①人之《の》性ハ悪ナリ。 ②我与《あた》フ二彼《かれ》ニ花ヲ一。 ③王好ムレ戦ヒヲ。

ア 主語＋述語 **イ** 主語＋述語＋目的語 **ウ** 主語＋述語（＋於・于・乎）＋補語
エ 主語＋述語＋目的語（＋於・于・乎）＋補語 **オ** 主語＋述語＋補語＋目的語

参考

ヲ・ニ・ト

「**鬼《おに》と（ヲ・ニ・ト）会ったら上へ帰れ（返れ）**」。これは、上段の**3**・**4**の文型を覚えるための語呂《ごろ》合わせである。

3・**4**の文型の場合、補語の前に「於・于・乎」などの助字を置き、場所・比較《ひかく》などの意味を表すことが多いので、補語に「ニ」「ト」「ヨリ」などの送り仮名を付ける。目的語には「ヲ」を付けて、それぞれ上の述語に返読することが多いことを説明したものである。

参考

補足語

漢文の文型において、目的語と補語は正確に区別できない場合も多い。目的語と補語を合わせて**補足語**ともいう。

確認問題解答

問1 ①**ア** ②**オ** ③**イ**

2 漢文の句法

◆使役形…他のものに何かをさせるという意味を表す。

1 使・令・遣・教など（〜チシテ…**し**ム＝〜に…させる）

例 **使**《しム》㆓子《し》路《ろチシテ》問《ハ》㆑之《これチ》。（子路**をして**之を問は《わ》**しむ**。＝子路にこのことをたずねさせる。）

2 命・召など使役を暗示する語が上にある場合、下の動詞に「シム」の送り仮名を付ける

例 **命**㆓故《ジテ》人㆒《ニ》書㆑《セシム》之《これチ》。（故人**に命じて**之を書せ**しむ**。＝親友に命令してこれらを書かせる。）

◆受身形…他からの動作・作用を受ける意味を表す。

1 見・被・所・為など（〜**る**・〜**ら**ル＝〜される）

例 三《タビ》**見**《る》㆑逐《おハ》㆓於 君㆒《ニ》。（三たび君に逐は《わ》**る**。＝三度とも主君に追放される。）

2 為㆓〜**所**㆒…（〜ノ…スル**ところ**ト**な**ル＝〜に…される）

例 遂《つひニ》**為**《なル》㆓楚《そノ》**所**《ところト》㆑敗《ル》。（遂《つひ》に楚**の**敗**る所と為る**。＝とうとう楚の国に敗られる。）

3 於・于・乎など（〜ニ…ル・セラル＝〜に…される）

例 辱《はづかしメラル》㆓**於** 奴《ど》隷《れい》人《じん》之《の》手㆒《ニ》。（奴隷人の手**に**辱《はづかし》め《ズ》**らる**。＝使用人に粗末《そまつ》に扱《あつか》われる。）

◆否定形…動作や状態などを打ち消す意味を表す。

1 不・非・無・莫・勿など**否定（禁止）の語**を用いる

例 勇 者《ハ》**不**《ず》㆑懼《おそレ》。（勇者は懼れ**ず**。＝勇者は恐《おそ》れない。）

例 人《ハ》 **非**《あらズ》㆓木 石㆒《ニ》。（人は木石**に非ず**。＝人は木や石ではない。）

くわしく

否定の語の読みと意味

否定形で用いられる否定（禁止）の語の読みと意味は次のようになる。

①**不・弗**（〜**ず**＝〜しない）
②**非・匪**（〜ニ**あら**ズ＝〜ではない）
③**無・莫・勿・毋**（〜**な**シ＝〜ない）
④**無・莫・勿・毋**（〜**な**カレ＝〜はいけない）→禁止形になる。

くわしく

その他の否定形

否定形には、否定の語を二つ重ねて用いる二重否定の形も多い。上段**2**で挙げた以外にも次のようなものがある。

①**無**㆑**不**㆑〜（〜セざルハ無シ＝〜しないものはない）
②**莫**㆑**非**㆑〜（〜ニ非《あら》ザルハ莫《な》シ＝〜でないものはない）
③**不**㆑**可**㆑**不**㆑〜（〜セざルベカラず＝〜しないわ

2 否定の語を二つ重ねて強い否定を表す（二重否定）

例 無シ二草トシテ不《ざ》ルハレ枯《か》レ。（草として枯れざるは無し。＝どんな草でも枯れないものはない。）

例 不《さ》ル二敢《あ》ヘテ不《ず》ンバアラレ告ゲ也《なり》。（敢へて告げずんばあらざるなり。＝どうしても告げないわけにはいかないのである。）

3 部分否定（否定の語＋副詞〈①〉）・全部否定（副詞＋否定の語〈②〉）

例 貧《ひん》ニシテ不《ず》二常《つね》ニハ得レ油チ。（貧にして常には油を得ず。＝貧しくていつも油を得られるとは限らない。〈①〉）

例 貧ニシテ常《つね》ニ不《ず》レ得レ油チ。（貧にして常に油を得ず。＝貧しくていつも油を得られない。〈②〉）

◆ **比較形《ひかく》**…物事の優劣《ゆうれつ》を表す。

1 於・于・乎など（～ヨリ〈モ〉…＝～より〈も〉…だ）

例 苛《か》政《せい》ハ猛《まう》二於虎《とら》ヨリモ一也《なり》。（苛政は虎よりも猛《まう》モウなり。＝苛酷《かこく》な政治は虎の害より恐《おそ》ろしい。）

2 不如・不若など（～ニしカず＝～に及《およ》ばない・～のほうがよい）

例 百聞ハ不《ず》レ如《し》カ二一見ニ一。（百聞は一見に如かず。＝百度聞いても、一度見ることには及ばない。）

確認問題

問1 「天《てん》帝《てい》使《し》ム三我《われ》チシテ長《ちやう》タラ二百《ひやく》獣《じう》ニ一。」で用いられている句法の形を次から選びなさい。

ア 使役形　**イ** 受身形　**ウ** 否定形　**エ** 疑問形

けにはいかない）

④**未**二**嘗**不レ**～**（**未**《いま》**ダ嘗**《かつ》テ～セ**ず**ンバアラ**ず**＝これまで～しないことはなかった）→「未《ず》二ダ」は再読文字。

確認問題解答

問1 **ア**

◆疑問形・反語形…相手に問いかける意味を表す。反語は、表現上のものとは反対の意味を表す。

1 何・奚・誰・孰・安・悪など**疑問の語**を用いる

例 **何**《なんゾ》能《よク》爾《しかルト》。（**何ぞ**能く爾ると。＝どうしてそうすることができるのか。）

例 **誰**《たれカ》加《くはヘン》レ衣《ヲ》者《ゾ》。（**誰か**衣を加《くは》へ《ワエ》し者ぞ。＝だれが衣服をかけたのか。）

例 卮《し》酒《しゅ》**安**《いづクンゾ》足《ラン》レ辞《スルニ》。（卮酒**安**《いづ》**くんぞ**辞するに足ら**ん**。＝大さかずきについだ酒をどうして辞退しようか、いや辞退しない。）

2 乎・邪・耶・也・与・哉など（～**か**・～**や**＝～か／～か、いや～ない）

例 真《しんニ》無《キ》レ馬 **邪**《か》。（真に馬無き**か**。＝本当に馬がいないのか。）

例 其《そレ》能《よク》久《シカラン》 **乎**《や》。（其れ能く久しから**んや**。＝どうして長く続くことがあろうか、いやありはしない。）

◆限定形…限定の意味を表す。

1 唯・惟・但・只・徒・直など（**た**ダ～〈ノミ〉＝ただ～だけだ）

例 **但**《たダ》聞《クノミ》二人語《ノ》響《ひびキヲ》一。（**但だ**人語の響きを聞く**のみ**。＝ただ人の話し声が響いてくるだけだ。）

2 耳・已・爾・而已・而已矣など（～**のみ**＝～だけだ）

例 此《こレ》亡《ぼう》秦《しん》之《の》続《ぞく》 **耳**《のみ》。（此れ亡秦の続**のみ**。＝これは滅《ほろ》びた秦の二の舞《まい》になるだけだ。）

くわしく

反語形の疑問詞と複合語

反語形は疑問形と形の上では同じものが多いので、そのいずれかは意味によって判断する。また、反語形の文末は「～ン」「～ンヤ」と結ぶのが普通《ふつう》で、意味も「～か、いや～ない」の形になる。

①何・奚・胡（**なん**ゾ～ン＝どうして～か、いや～ない）

②誰・孰（**たれ**カ～ン＝だれが～か、いやだれも～ない）

③何以（**なにヲもつ**テカ～ン＝どうして～か、いや～ない）

④幾何・幾許（**いくばく**ゾ＝どれくらいか、いやいくらもない）

くわしく

その他の句法

上段で挙げた以外にも、感嘆《かんたん》の意味を表す**詠嘆**《えいたん》**形**がある。詠嘆形も形の上では疑

◆抑揚形《よくよう》…前文を抑《おさ》えて、あとの文を強調する。

1 況～乎（いはンヤ～ヲ**や**＝まして～はなおさらだ）

例 貧《ひん》賤《せんナレバ》則《すなはチ》親《しん》戚《せきモ》軽《けい》二易《いス》之《これヲ》一。**況**《いはンヤ》衆人《ヲ》**乎**《や》。（貧賤なれば則《すなは》ち親戚も之を軽易す。**況**《いは》**んや**衆人**をや**。＝貧賤になると親戚でさえ軽んじ侮《あなど》る。まして世間の人ならなおさらだ。）

2 ～且…。況―乎（～スラ**か**ツ…。**いは**ンヤ―ヲ**や**＝～でさえ…だ。まして―はなおさら〈…〉だ。」

例 死馬**且**《スラかツ》買《フ》レ之《これヲ》。**況**《いはンヤ》生者《ケルヲ》**乎**《や》。（死馬**すら且つ**之を買ふ《ウ》。**況んや**生ける者**をや**。＝死んだ馬でさえ買ったのだ。まして生きている馬ならなおさら高く買うであろう。）

◆仮定形…願望や仮想の意味を表す。

1 如・若・設など（**も**シ～バ＝もし～ならば）

例 **若**《もシ》嗣子《し》可《べクンバ》レ輔《たすク》、輔《ケヨ》レ之《これヲ》。（**若し**嗣子輔くべくん**ば**、之を輔けよ。＝もし我が子に補佐《ほさ》する値打ちがあるならば、我が子を補佐していただきたい。）

2 縦・縦令・仮令など（**たと**ヒ～トモ＝たとえ～としても）

例 **縦**《たとヒ》彼《かれ》不《ずトモ》レ言《ハ》、籍《せき》独《リ》不《ざラン》レ愧《はヂ》二於心《ニ》一乎《や》。（**縦ひ**彼言はず**とも**、籍独り心に愧《ハ》ぢざらんや。＝たとえ彼らが言わないとしても、私（籍）はどうして心に恥《は》じないでいられようか。）

確認問題

問1 「直《ダ》不《ル》二百歩《ナラ》一耳。」の文（限定形）をすべて平仮名で書き下し文にしなさい。

問形や反語形と同じになる。

①**嗚・嗟・嗚呼・嗟乎**など（**ああ**＝ああ）を**文頭**に用いる

例 **噫**《ああ》、豎子《じゅし》不《ず》レ足《ラ》二与《ともニ》謀《はかルニ》一。（**噫**、豎子与に謀るに足らず。＝ああ、青二才とは一緒《いっしょ》に仕事はできんわい。）

②**哉・乎・矣・也 哉**など（～**かな**・～**か**・～**や**＝～だなあ）を**文末**に用いる

例 孝**哉**《ナルかな》。（孝なる**かな**。＝親孝行であるなあ。）

③**疑問・反語を用いて詠嘆を表す**

例 **何**《なんゾ》楚《そ》人《ひと》之《の》多《キ》**也**《や》。（**何ぞ**楚人の多きや。＝なんと楚の国の人間の多いことよ。）

例 **不**《ず》二**亦**《また》惑《まど》一**乎**《ヒナラ や》。（**亦**惑ひ《イ》ならず**や**。＝なんと誤った考え方ではないか。）

確認問題解答

問1 ただひゃっぽならざるのみ。

3 漢文の用字法

◆返読文字

返読文字《へんどくもじ》とは、訓読する際、**必ず下から返って読む文字**のことをいい、返り点が付く。

1 日本語の助動詞に当たるもの（書き下し文にするときは平仮名に直す。）

①**不《ず》・弗《ず》**…例 歳《さい》月《げつ》不《ず》レ待《タ》レ人《ヲ》。（歳月人を待た**ず**。＝年月は人を待ってはくれない。）

②**使《しム》・令《しム》・遣《しム》・教《しム》**…例 令《しム》二項《こう》羽《う》ヲシテ攻《せ》メレ秦《しん》ヲ。（項羽**をして**秦を攻め**しむ**。＝項羽に秦を攻撃《こうげき》させる。）

③**見《る・らル》・被《る・らル》・所《る・らル》・為《る・らル》**…例 厚者《キハ》為《らレ》レ戮《りくせ》、薄《うすキ》者《ハ》見《る》レ疑《ハ》。（厚き者は戮せ**られ**、薄き者は疑は**る**《ワ》。＝ひどい場合は死罪に処せられ、軽くて済んだ場合でも疑われる。）

④**可《べシ》**…例 後世可《べシ》レ畏《おそル》。（後世畏る**べし**。＝若者は畏敬《いけい》すべき存在だ。）

⑤**如《ごとシ》・若《ごとシ》**…例 霜《しも》如《ごとシ》レ雪《ノ》。（霜、雪の**ごとし**。＝霜が真っ白で雪のようだ。）

⑥**為《たり》**…例 四《し》海《かい》之《の》内、皆《みな》為《たり》二兄《けい》弟《てい》一。（四海の内、皆兄弟**たり**。＝この天下の人々は、皆兄弟である。）

2 日本語の助詞に当たるもの（書き下し文にするときは平仮名に直す。）

①**與《と》・与《と》**…例 与《と》二朋《ほう》友《いう》一交《ハル》。（朋友《ほういう》**と**交《ユウ》はる《ワ》。＝友達と交際する。）

②**自《より》・従《より》・由《より》**…例 君自《より》二故郷一来《タル》。（君故郷**より**来たる。＝君は私の故郷から来た。）

3 用言に当たるもの

①**有《あり》・無《なシ》（莫）**…例 有《あレバ》レ備《へ》無《なシ》レ憂《うれヒ》。（備へ《エ》**有れ**ば憂ひ《イ》**無し**。＝万一の備えがあれば、心配することはない。）

くわしく

助動詞の意味

①不《ず》・弗《ず》…否定
②使《しム》・令《しム》・遣《しム》・教《しム》…使役
③見《る》・被《る》・所《る》・為《る》…受身
④可《べシ》…可能・適当・許可
⑤如《ごとシ》・若《ごとシ》…比況《ひきょう》（たとえ）
⑥為《たり》…主に資格や身分

くわしく

「如《ク》・若《ク》」

助動詞の「如・若」には「ごとシ」のほかに「しク」の読みもある。「不《ず》レ如《カ》二――一」「不レ若《カ》二――一」の形で「――に如（若）《し》かず」と読み、「――に及《およ》ばない」の意味になる。

例 心不《ず》レ若《しカ》レ人《ニ》。（心人**に若かず**。＝その心は他人には及ばない。）

くわしく

その他の返読文字

●**体言に当たるもの**

②易《やす》シ・難《かた》シ…例 少《せう》年《ねん》易《やす》クレ老イ、学難《がた》シレ成リ。（少年《せうねん》《ショウ》老い**易く**、学成り**難し**。＝若者は年を取りやすく、学業はなかなか成就《じょうじゅ》しにくい。）

③多《おほ》シ・少《すくな》シ（寡・鮮）…例 得ルレ道ヲ者ハ多《おほ》クレ助ケ、失フレ道ヲ者ハ寡《すくな》シレ助ケ。（道を得る者は助け**多《おほ》《オ》く**、道を失ふ《ウ》者は助け**寡なし**。＝仁義の道を行っている者には助けが多く、仁義の道を失った者には助けが少ない。）

④欲《ほっ》ス…例 花欲《ほっ》スレ然《も》エント。（花然えんと**欲《ほっ》《ッ》す**。＝花は燃えるような色になろうとしている。）

⑤勿《な》カレ・莫《な》カレ・毋《な》カレ…例 己ノ所ハレ不《ざ》ルレ欲《ほっ》セ、勿《な》カレレ施《ほどこ》スコト二於人一ニ。（己の欲せざる所は、人に施すこと**勿かれ**。＝自分の望まないことは、人にしてはいけない。）

4 連語に当たるもの

①非《あら》ズ・匪《あら》ズ…例 富貴ハ非《あら》ズ二吾《わ》ガ願ヒニ一。（富貴は吾が願ひ《イ》**に非ず**。＝富貴は私が願ったことではない。）

②雖《いへど》モ…例 雖《いへど》モレ令スト不《ず》レ従ハ。（令すと**雖《いへど》《エ》も**従は《ワ》ず。＝命令を下しても従わない。）

③以《もつ》テ…例 以《もつ》テ二五十歩ヲ一笑フ二百歩ヲ一。（五十歩を**以《もつ》《ッ》て**百歩を笑ふ《ウ》。＝五十歩しか逃《に》げなかったという理由で、百歩逃げた者を笑う。）

④不《ず》レ能《あた》ハ…例 不《ざ》ルレ能《あた》ハレ知ル也《なり》。（知る**能は《ワ》ざる**なり。＝知ることはできない。）

確認問題

問1 次の各文から、助動詞に当たる返読文字をそれぞれ訓読文から書き抜《ぬ》きなさい。

① 春《しゅん》眠《みん》不レ覚エレ暁《あかつき》ヲ。（春眠暁を覚えず。）

② 恐《おそ》ルレ見《れ》ンコトヲレ欺《あざむ》カ。（欺かれんことを恐る。）

①毎《ごと》ニ…例 毎《ごと》ニレ見ルレ書ヲ、心静カナリ。（書を見る**毎に**、心静かなり。＝本を見るたびに、心は静かになるのである。）

②為《ため》ニ…例 為《ため》ニ二朋友ノ一謀《はか》ル。（朋友の**為に**謀る。＝友達のために謀る。）

③所《ところ》…例 死モ亦《また》我ガ所《ところ》ナリレ悪《にく》ム。（死も亦我が悪む**所**なり。＝死もまた私の憎《にく》むものである。）

④所以《ゆゑん》…例 所以《ゆゑん》不《ざ》ルレ信《ぜ》也《なり》。（信ざる**所以《ゆゑん》《エ》**なり。＝信じられない理由である。）

確認問題解答

問1 ①不　②見

◆再読文字

再読《さいどく》文字は、訓読するときに、**一字を二度読む文字**のことをいう。主に次の**八つ**がある。

1未（**未**《いま》ダ～**ず**＝まだ～ない）

例 未《いまダ》レ《ず》知《ラ》レ生《チ》。（**未だ**生を知ら**ず**。＝まだ生とは何かがわからない。）

2将・且（**将**《まさ》ニ～〈ント〉**す**・**且**《まさ》ニ～〈ント〉**す**＝今にも～ようとする）

例 大樹将《まさニ》レ《す》顚《たふレント》。（大樹**将に**顚《たふ》《タオ》れんと**す**。＝大きな木が今にもたおれようとしている。）

3当（**当**《まさ》ニ～**ベシ**＝当然～べきである）

例 当《まさニ》レ《ベシ》惜《をシム》二寸《すん》陰《いんチ》一。（**当に**寸陰を惜《を》《オ》しむ**べし**。＝当然わずかな時間をも惜しむべきである。）

4応（**応**《まさ》ニ～**ベシ**＝おそらく～だろう）

例 応《まさニ》レ《ベシ》有《ル》レ意。（**応に**意有る**べし**。＝おそらく考えがあってのことだろう。）

5宜（**宜**《よろ》シク～**ベシ**＝～するのがよい）

例 学生宜《よろシク》二《ベシ》勉学《ス》一。（学生**宜しく**勉学す**べし**。＝学生というものは、勉学するのがよい。）

6須（**須**《すべか》ラク～**ベシ**＝ぜひ～する必要がある）

例 須《すべかラク》重《ンズ》二《ベシ》礼《れい》儀《ぎチ》一。（**須らく**礼儀を重んず**べし**。＝ぜひとも礼儀を重視する必要がある。）

7猶・由（**猶**《な》ホ～〈ノ・ガ〉**ごとシ**・**由**《な》ホ～〈ノ・ガ〉**ごと**シ＝ちょうど～のようなものだ）

例 学《ハ》猶《なホ》レ《ごとシ》登《ルガ》レ山《ニ》。（学は**猶ほ**《オ》山に登るが**ごとし**。＝学問はちょうど山に登るようなものだ。）

8盍（**盍**《なん》ゾ～**ざル**＝どうして～しないのか）

例 盍《なんゾ》レ《さル》反《かへラ》二其《そノ》本《もとニ》一矣。（**盍ぞ**其の本に反《かへ》《エ》ら**ざる**。＝どうして根本に立ち返らないのか。）

◆助字

くわしく

再読文字の読み方

再読文字は、まず返り点に関係なく副詞として読み、次に下から返って助動詞（または動詞）として読む。

例 未《いまダ》↑初めに読む
ず↑あとから返って読む

↓未《いまダ》《ず》レ来《タラ》。
（未だ来たらず。）

参照

480ページ **送り仮名の付け方**

481ページ **書き下し文のきまり**

要注意

置き字を訓読する例

上段に挙げた置き字は、訓読《そ》して意味を添える場合もある。

助字《じょじ》とは、実質的な内容のある意味をもつ語に付いて、さまざまの意味を添《そ》えるために用いる字のことをいう。助詞や助動詞、接続詞のような働きをする。

例 **哉**《か・や》**・邪・耶・与…疑問・反語**を表す。　**哉**《かな》**・与・夫…詠嘆**《えいたん》を表す。

例 **耳**《のみ》**・已・爾・而已・也已・而已矣…限定**を表す。

◆置き字

助字の中で、漢文の原文にはあっても、意味を添えるだけで、訓読するときには**読まない文字**のことを**置き字**という。その表す意味は、他の部分に送り仮名を用いて示されることが多い。

1 於・于・乎…場所・対象・受身・比較《ひかく》などを表す。

例 良薬ハ苦シ二**於**口ニ一。（良薬は口に苦し。＝良く効く薬は飲むと苦い。）

例 受ク二禄《ろく》ヲ**于**天ニ一。（禄を天に受く。＝俸給《ほうきゅう》を天から授かる。）

2 而…接続を表す。

例 学ビテ**而**時ニ習フレ之《これ》ヲ。（学びて時に之を習ふ。＝学問をして、適当な時期に復習する。）

3 矣・焉・也…断定などを表す。

例 不《ず》レ可《べ》カラレ強《し》フ**也**。（強《し》ふべからず。＝無理強《じ》いしてはいけない。）

確認問題

問1 次の各文を書き下し文に直しなさい。

① 及《およ》ンデレ時ニ一当ニシ二勉《べん》励《れい》スー。

② 人未《いま》ダレ知ラレ之《これ》ヲ。

③ 猶ホシ二魚《うを》之《の》有ルガレ水。

例 不《ず》ニ亦《また》楽シカラ一乎《や》。（亦楽しからずや。＝なんと楽しいことではないか。）↓疑問・反語・詠嘆を表す。

例 甚《はなはだ》シキかな**矣**、汝《なんぢ》之《の》不《ざ》ルコトレ恵《けい》ナラ。（甚だしき**かな**、汝《なんじ》の恵ならざること。＝なんとひどいことよ、君の知恵《ちえ》のないことは。）↓詠嘆を表す。

例 此《こ》レ天子ノ気**也**《なり》。（此れ天子の気**なり**。＝これは皇帝《こうてい》の運気だ。）↓断定を表す。

ここに挙げた例以外にも、文中の位置や用法によって読みや意味が異なる文字もあるので、漢和辞典などで確認するとよい。

確認問題解答

問1 ①時に及んで当に勉励すべし。②人未だ之を知らず。③猶ほ魚の水有るがごとし。

思考力
表現力
UP

あなたが好きな『平家物語』はどっち？

自分好みの『平家物語』を選んで、その理由を考えよう

約50年にわたる平家の興亡の歴史をベースに、戦国の世を生きる人たちの心情や無常観、親子の情愛、恋愛模様を描いた『平家物語』。

さまざまな武士たちの躍動《やくどう》する戦闘シーン、というエンターテイメント性まで盛り込まれ、今なおその魅力《みりょく》は色あせることなく、私たちの心をひきつけます。

ここでは、明治の人気流行作家だった尾崎士郎と、劇作家としても活躍する古川日出男の二人の『平家物語』を紹介《しょうかい》します。

それぞれ原文と比べながら読み、どちらが好みか、理由もあわせて考えてみましょう。例として、二つの意見を掲載《けいさい》しますので、参考にしてく

原文を読もう（本文424ページより）

「そもそもいかなる人にてましまし候《さうら》《ソウロ》ふ《ウ》ぞ。名のらせたまへ《エ》、助けまゐ《イ》らせん。」と申せば、「なんぢ《ジ》はたそ。」と問ひ《イ》たまふ《モウ》。「物そのもので候は《ワ》ねども、武蔵《むさし》の国の住人、熊谷《くまがへ》《エ》次郎《じらう》《ロウ》直実《なほざね》《オ》。」と名のり申す。「さては、なんぢ《ジ》にあふ《オウ》ては、名のるまじいぞ。なんぢ《ジ》がためにはよい敵《かたき》ぞ。名のらずとも首をとつ《ッ》て人に問へ《エ》。見知らふ《ロウ》ずるぞ。」と**ぞ**のたまひ《イ》**ける**。

熊谷は……、「あつ《ッ》ぱれ大将軍や。この人一人《いちにん》を……討《う》ちたてまつ《ッ》たりとも、負くべきいくさに勝つべきやう《ヨウ》もなし。また討ちたてまつらずとも、勝つべきいくさに負くることよもあらじ。小次郎《こじらう》《ロウ》が薄手《うすで》を……負ひたるをだに、直実は心苦しう《シュウ》こそ思ふ《ウ》に、この殿《との》の父は……、討たれぬと聞いて、いかばかり**か**嘆《なげ》きたまは《ワ》んず**らん**。あはれ《ワ》、助けたてまつらばや。」と思ひ《イ》て、後ろをきつ《ッ》と見ければ、土肥《とひ》《イ》、梶原《かぢはら》《ジワ》が……五十騎《き》ばかりでつづいたり。

明治の人気流行作家の『平家物語』を読もう

尾崎士郎（おざき しろう）

一八九八（明治三一）年〜一九六四（昭和三九）年。小説家。自伝的な内容を含む『人生劇場』を新聞に連載したところ大人気となり流行作家となった。

「一体、和殿《わどの》は誰方《どなた》でござる？　お名乗り下さらば、お助け申しましょう」

「そういうご貴殿《きでん》は？」

組み敷《し》かれたまま鎧《よろい》武者が聞いた。

「これというほどの者ではございませぬが、武蔵国住人、熊谷次郎直実と申します」

「そなたにはよい敵じゃ、名を名乗らずとも、見知った者もおろうから、首を取ってお聞きになるがよい。知った者があるはずじゃ」

と、既《すで》に観念のまなこを閉じているのを見るにつけても直実は、わが子小次郎が、かすり傷を負っただけでも心配しつづけたことを憶《おも》いだし、この若殿の父が、討たれたと聞いて、どんなに悲しむことかと思うと、手を下す気にもなれないのである。

「一人の生命など、戦況《せんきょう》には何の関りもないのだからお命を助けて進ぜよう」

と思ってあたりを見廻《みまわ》すと、間の悪いことに、土肥、梶原と合せて五十騎ばかりが、続いて押《お》しかけて来るのが目に入った。

［『現代語訳 平家物語（下）』岩波書店］

現代の人気劇作家の『平家物語』を読もう

古川日出男（ふるかわ ひでお）

一九六六（昭和四一）年〜。小説家。劇作家。『13』で小説家としてデビュー。自ら朗読ライブを行ったり、戯曲が上演されたりもしている。

「これは、そもそもどのような身分のお方であられますか。お名乗りなされ。お助け申します」

助命を口にする。と、相手が尋《たず》ねられる——組み敷かれながら。

「お前は誰《だれ》か」

「大した者ではありません。武蔵の国の住人、熊谷次郎直実」

「対等にはならぬ身分か」と熊谷の名乗りに応じられ、美しい平家の若公達《きんだち》は続けられた。「では、お前に向かっては名乗らぬぞ。しかし私はお前にとってはよい敵。名乗らずともこの首を取り、人に尋ねよ。きっと見知っていよう」

堂々たる受け答えに熊谷は感嘆《かんたん》した。なんと見上げた大将なのか、これは！　この人一人をお討ち申したとて、負けるはずの戦さに勝つはずもなければ、お討ち申さぬとして、勝つはずの戦さに負けることもよもやあるまい。今日の一《いち》の谷《たに》の先陣《せんじん》争いで小次郎が浅傷《あさで》を負ったのでさえ父親の俺《おれ》はつらかった。だとしたら、この殿の父親は「討たれた、首を取られた」と聞いたらどれほど歎《なげ》かれることか！　ああ、この直実、お助けしたい——。

それが可能な状況か否か、熊谷は後ろを見た。さっと後方をうかがい見た。すると目に入ったのは、土肥次郎実平《といのじろうさねひら》と梶原平三景時《かじわらへいぞうかねとき》の、その軍勢。源氏《げんじ》方の侍《さむらい》大将たちの手勢が、五十騎ばかり、続いて現われる。

［日本文学全集09『平家物語』河出書房新社］

思考力表現力UP ほかの人の意見を知ろう 1

尾崎士郎の『平家物語』がよかったです！

文が簡潔でわかりやすく、原文のテンポのよさに近い感じがしたからです

そもそも『平家物語』は、琵琶法師《びわほうし》が語って聞かせて広まったものだということです。今ならさしずめギターの弾《ひ》き語りのようなイメージで、テンポよく、また、盛り上がるところは大いに盛り上がるような話し方で話され、聞く人もそれによってわくわくしていたのではないかと思います。

この尾崎士郎の文章は、短い会話文が続き、かつ、心情描写《びょうしゃ》部分はしっかり書かれていて、当時の「語り」をイメージさせるように思います。また、「〜ござる」「ご貴殿《きでん》」など、時代劇のような言い回しが使われているのも特徴的《とくちょう》だと思いました。原文の文体とは時代がやや違《ちが》う感じがしますが、「歴史的なある時代のできごと」という印象が強まり、そのことによって『平家物語』の世界に引き込《こ》まれた感じがします。特に、中ほどにある「観念のまなこを閉じる」という表現は、単に「諦《あきら》めて目を閉じる」と表現するのとはまったく違う印象です。ここに、首を取られる敦盛《あつもり》の潔さや無念が凝縮《ぎょうしゅく》されていて、琵琶法師の張り上げた声が聞こえてくるように思いました。

思考力表現力UP ほかの人の意見を知ろう 2

古川日出男の『平家物語』がよかったです！

情景描写が丁寧《ていねい》で、原文の雰囲気《ふんいき》がよく伝わるように思えたからです

古川日出男の『平家物語』を読んだ第一印象は、「映画のシナリオみたい！」ということでした。

たとえば冒頭《ぼうとう》の熊谷直実のせりふの直後にある「助命を口にする。と、相手が尋《たず》ねられる——組み敷《し》かれながら。」は、原文にはありません。もちろん、古文は省略が多いものですが、まさにこの部分は映画のシナリオで言えば「ト書き」にあたる部分ではないでしょうか。

これらの丁寧な説明が挿入《そうにゅう》されているおかげで、場面の情景や、登場人物の動きが、映像を見ているようにありありと思い浮《う》かべられます。直実に名乗られた直後の敦盛のせりふ「対等にはならぬ身分か」も、原文にはありません。ここで敦盛は鼻で笑って直実に対してちょっと馬鹿にしたような態度を示したことでしょう。そのあと改めて負けを認め、毅然《きぜん》とした態度で臨んだのです。原文では直実の心情が中心の場面ですが、この一言が付け加えられたことで、敦盛の姿も浮き上がり、両者の心理面での対決や交流が、より心に迫《せま》ってくるように感じました。

も

や

ゆ

よ

ら

り

る

れ

ろ

わ

を

ふ

へ

ほ

ま

み

む

め

あ
か
さ
た
な
は
ま
や
ら
わ

に

ぬ

ね

の

は

ひ

ち

つ

て

と

な

す

せ

そ

た

さ

し

く

け

こ

か

き

さくいん

あ

い

う

え

お

監修　中島克治（麻布学園中学校・高等学校教諭），梅澤実（元 鳴門教育大学教授）
編集協力　鈴木瑞穂，坪井俊弘，岡崎祐二，㈱エイティエイト
本文デザイン　武本勝利，峠之内綾［ライカンスロープデザインラボ］
イラスト　こつじゆい，伊野孝行，高村あゆみ，中村頼子
図版　㈱アート工房，㈲木村図芸社
写真提供　国立国会図書館，東京国立博物館，PIXTA，本居宣長記念館，㈱学研プロダクツサポート
この他のものは写真そばに記載
DTP　㈱明昌堂
データ管理コード：23-2031-3239（CC18／2022）

この本は下記のように環境に配慮して製作しました。
●製版フィルムを使用しないCTP方式で印刷しました。 ●環境に配慮して作られた紙を使用しています。

パーフェクトコース参考書
わかるをつくる 中学国語 新装版